Wolfgang Schimank

Der Ostdeutsche, das unbekannte Wesen

Band 1

www.tredition.de

© 2022 Wolfgang Schimank
Lektorat, Korrektorat: Christiane Lober

Coverdesign: BookDesigns unter Verwendung einer Grafik von
© Leontura, istockphoto.com und Cteconsutling, depositphotos.com

Verlag & Druck: tredition GmbH, Halenreie 40–44, 22359 Hamburg

ISBN
Softcover   978-3-347-52616-7
Hardcover 978-3-347-52617-4
E-Book   978-3-347-52618-1

Bibliografische Information der Deutschen Nationalbibliothek

Die Deutsche Nationalbibliothek verzeichnet diese Publikation in der Deutschen Nationalbibliografie; detaillierte bibliografische Daten sind im Internet über www.dnb.de abrufbar.

Neuruppin im November 1989: Menschenschlange vor der Pass- und Meldestelle des Volkspolizei-Kreisamtes

Inhaltsverzeichnis

Tabellenverzeichnis

Vorwort

„Aufklärung ist der Ausgang des Menschen aus seiner selbstverschuldeten Unmündigkeit. Unmündigkeit ist das Unvermögen, sich seines Verstandes ohne Leitung eines anderen zu bedienen. Selbstverschuldet ist diese Unmündigkeit, wenn die Ursachen derselben nicht an Mangel des Verstandes, sondern der Entschließung und des Muthes liegt, sich seiner ohne Leitung eines anderen zu bedienen. Sapere aude! Habe Muth, dich deines eigenen Verstandes zu bedienen! ist also der Wahlspruch der Aufklärung."[1]

Immanuel Kant, 1784

Die Berliner Mauer war zweifellos das Symbol der schmerzhaften Teilung Deutschlands. Im Gegensatz zur Grenze zu Westdeutschland konnte sie aufgrund der räumlichen Enge nicht versteckt werden und erinnerte somit insbesondere die Berliner täglich an die deutsche Tragödie. Wenn sie beispielsweise mit der S-Bahn zwischen Berlin-Pankow und Berlin-Schönhauser Allee fuhren, passierten sie Grenzgebiet. Dort war auch für einen kurzen Augenblick in der Ferne der Geisterbahnhof Bornholmer Straße zu sehen. Auch wenn sich die Mehrheit aller Deutschen mehr oder weniger mit der Existenz der Mauer abgefunden hatte, so wurde sie stets als ein Fremdkörper empfunden. Udo Lindenberg brachte es mit dem Titel „Mädchen aus Ostberlin" musikalisch auf den Punkt ... Der Fall der Mauer im November 1989 wurde von den Menschen im Westen wie im Osten des geteilten Deutschlands gleichermaßen frenetisch bejubelt. Men-

---

[1] Immanuel Kant: Beantwortung der Frage: Was ist Aufklärung? In: Berlinische Monatsschrift 4 (1784), S. 481–494, hier: 481.

schen lagen sich in den Armen, die sich nicht kannten. Die Deutschen waren wohl in diesem Moment das glücklichste Volk der Welt. Da ich Großeltern in Westberlin hatte, war dieses Ereignis auch für mich sehr emotional.

Wenn ich heutzutage Freunden und Bekannten meinen in der Wendezeit erworbenen Berliner Stadtplan „Mit den neu eingerichteten Übergängen; Stand: 46. Woche 1989" zu ihren Berlin-Exkursionen mitgebe, dann sind sie sehr erstaunt, wie wenig von der Berliner Mauer übrig geblieben ist, sodass wenig an die Teilung Berlins und indirekt auch Deutschlands erinnert. Am baulichen Zustand der Gebäude lässt sich ebenfalls nicht mehr erkennen, ob man sich gerade im Ostteil oder Westteil Berlins befindet. Die Jugendlichen können immer weniger mit den Begriffen „Ossi" und „Wessi" etwas anfangen, was ich sehr begrüße. Nun wächst zusammen, was zusammengehört, könnte man meinen. Oder doch nicht?

Der 3. Oktober 2020, der 30. Jahrestag der Vereinigung der beiden deutschen Staaten, wäre ein geeigneter Anlass gewesen, sich kritisch mit dieser Frage auseinanderzusetzen, eine Bestandsaufnahme vorzunehmen. Bedauerlicherweise hatte die Coronakrise verhindert, dass die Menschen diesen wichtigen Feiertag gemeinsam würdig begehen konnten. Meine Befürchtung ist eingetreten, dass sich die Politiker und die Vertreter der Leitmedien gegenseitig auf die Schulter klopfen und die Vereinigung ohne Wenn und Aber als eine einzigartige Erfolgsgeschichte darstellen. Die Frage, ob die Vereinigung auch im Sinne der ehemaligen DDR-Bürger oder gar im Sinne der DDR-Bürgerrechtler erfolgt ist, stellten sie sich überhaupt nicht. Vielmehr verwiesen sie darauf, dass es den Bürgern der neuen Bundesländer dank des Wohlstands und der Freiheit so gut wie nie zuvor gehe. Daran ist zweifellos etwas Wahres. Allerdings sind mir die Betrachtungen zu sehr auf das Materielle abgestellt. Und was die Aussagen der Politiker zur gewonnenen Freiheit betrifft: In Anbetracht der Tatsache, dass die dem einfachen Bürger zugestandenen Freiheiten auf dem Rückzug sind, ist es mir etwas zu billig, darauf hinzuweisen, dass die Situation in der DDR noch viel schlechter war. Aber war da nicht noch etwas? Gibt es nicht bis heute gewisse Ungerechtigkeiten zwischen den ehemaligen DDR-Bürgern und ihren Kindern und den Westdeutschen, was deren Behandlung betrifft? Existieren nicht noch aus den 1990er-Jahren Verletzungen, die bis heute unsichtbar wirken? Gibt es nicht bis heute Dinge, über die sich der ehemalige DDR-Bürger immer wieder wundert? Haben die Menschen im vereinigten Deutschland wirklich Demokratie und Meinungsfreiheit, oder erinnert nicht schon wieder vieles an die DDR? Wenn man sich nicht nur auf die Aussagen der Politiker und der Leitmedien, einschließlich ARD und ZDF, verlässt, dann dürfte jedem klar sein, dass es doch noch einiges zu besprechen gibt.

Viele Landes- und Bundespolitiker der etablierten Parteien werden auf die von mir genannten Fragen keine befriedigende Antwort geben können, denn die Revolution hat ihre Kinder gefressen. Kaum ein Bürgerrechtler, der vor Dezember 1989 in der DDR-Bürgerrechtsbewegung aktiv tätig war, wird noch in der Politik dabei sein. Ich vermute, dass zudem ein Teil der wenigen übrig gebliebenen Bürgerrechtler durch Geld und Macht korrumpiert sein dürfte und die Befindlichkeiten der ehemaligen DDR-Bürger längst nicht mehr kennt oder ignoriert, denn ansonsten wäre ein öffentlicher Aufschrei zu hören. Bei Angela Merkel ist der Fall klar: Sie hatte mit der DDR-Bürgerrechtsbewegung nur sehr wenig zu tun. Außerdem hat sie stets ihre ostdeutsche Sozialisierung verleugnet.

Gewiss, es gibt eine Reihe von Büchern, die sich mit dem Leben in der DDR auseinandersetzen, teils wissenschaftlich, teils sachlich in Form von Erzählungen und teils reißerisch abgefasst. Bei den von staatlicher Seite erstellten Beschreibungen der DDR, zum Beispiel von der „Bundeszentrale für politische Bildung" (bpb), habe ich den Eindruck, dass das Geschriebene nicht immer mit der Realität in der DDR übereinstimmt. Zuweilen werden DDR-Gesetze und Aussagen von SED-Funktionären (Wunschdenken) als einzige DDR-Realität angenommen, dabei wären Befragungen vieler ehemaliger DDR-Bürger ratsamer gewesen. Man sollte sich aber beeilen, da sich die Reihe der Personen lichtet, die einen großen Teil ihres Lebens in der DDR bewusst verbracht hatten.

Was hat mich veranlasst, ein Buch über die DDR und ihre Bürger zu schreiben? Hierfür gibt es drei Gründe:

Ich war in der DDR von Anfang an aktives Mitglied in der „Sozialdemokratischen Partei in der DDR" (SDP) in der Ortsgruppe Neuruppin. Diese war in den ersten Oktobertagen 1989 gegründet worden. Dort kamen Menschen zusammen, die für die Verwirklichung von Rechtsstaatlichkeit, Meinungs-, Presse- und Reisefreiheit in der DDR nach westlichem Vorbild eintraten. Zu diesem Zweck wurden auch zwischen Oktober und Dezember 1989 Demonstrationen organisiert. Dass die SPD-Führung in der BRD anfangs etwas irritiert war, gern die privilegierte Rolle bei der DDR-Staatsführung weiterhin behalten hätte und daher nicht immer für die SDP eine große Hilfe war, sei nur am Rande erwähnt. Nahezu alle SDP-Mitglieder votierten für die Vereinigung der DDR mit der BRD. Öffentlich thematisiert wurde das aber erst Ende November/Anfang Dezember 1989. Als dann am

3. Oktober 1990 die nationale Einheit vollzogen wurde, sahen meine Mitstreiter und ich uns am Ziel angekommen.

Dass es eine Weile dauern würde, die Lebensverhältnisse im Osten und Westen Deutschlands anzugleichen, war uns schon damals bewusst. Dass die Angleichung aber so lange dauern und die Transformation so viel Leid und Verbitterung mit sich bringen würde, konnte keiner von uns voraussehen. Am allerwenigsten hatten wir uns vorstellen können, dass sich im vereinigten Deutschland bei der Meinungs- und Pressefreiheit langsam, aber sicher Verhältnisse einstellen würden, die immer mehr denen in der DDR ähneln. Dafür sind nicht Tausende Menschen in der DDR auf die Straße gegangen und haben riskiert, eventuell verhaftet oder anderen Schikanen ausgesetzt zu werden!

Ein zweiter Punkt, warum ich beschloss, etwas über die Ostdeutschen zu schreiben, entstand beim Lesen vieler Passagen im Buch „Wer wir sind – die Erfahrung, ostdeutsch zu sein" von Jana Hensel und Wolfgang Engler, denen ich einfach nicht zustimmen kann, weder was die Beschreibung der Verhältnisse in der DDR noch was die in der heutigen BRD betrifft. Das wollte und konnte ich nicht so stehen lassen. Im zweiten Teil meines Buches werde ich darauf ausführlich eingehen.

Ein dritter Punkt für meine Motivation, als Autor tätig zu werden, ist die Tatsache, dass die Westdeutschen zu wenig über ihre Mitbürger in den neuen Bundesländern wissen. Unter anderem, um sie dafür zu interessieren und eine Brücke zu ihnen zu bauen, habe ich mein Buch mit der gemeinsamen deutschen Geschichte in den letzten Tagen des Zweiten Weltkrieges begonnen und Szenen während der Schließung der Berliner Mauer beschrieben. Meine Familie war davon auch stark betroffen. Mein Anliegen ist es, mit diesem Buch, nicht, wie es so manche Medien vorexerzieren, die Deutschen in Ost und West gegeneinander auszuspielen, sondern sie zusammenzubringen, Verständnis dafür zu schaffen, warum die Ostdeutschen sind, wie sie sind.

***

Was ist das Besondere an diesem Buch?

Ich beginne die Betrachtungen über die wirtschaftliche Entwicklung Deutschlands mit dem Ende des Zweiten Weltkrieges und stelle anhand neuer wissenschaftlicher Forschungsergebnisse dar, ab wann sich die Schere in der Produktivität der Wirtschaft der auseinanderstrebenden beiden Landesteile zu öffnen begann.

Ich schildere das Leben der einfachen Menschen in der Nachkriegszeit und in den ersten Jahren nach der Gründung der DDR. Dabei komme ich auch auf die Speziallager und auf das Sowjetische Militärtribunal (SMT) zu sprechen und habe ermittelt, wie viele Todesopfer diese Willkürherrschaft kostete. Dieses Thema anzusprechen und dafür zu sorgen, dass es nicht in Vergessenheit gerät, halte ich für überaus wichtig, da momentan von vielen Vertretern der etablierten Parteien und der Leitmedien das Treiben der Antifa verharmlost und sogar staatlich durch das SPD-geführte Familienministerium finanziert wird. Am 12. März 2020 beklagte sich Renate Künast in einer Bundestagsrede, dass „NGOs und Antifagruppen" immer nur jahresweise, nicht aber in Form einer Dauerüberweisung bezahlt werden würden.[2] Damit wurden Vermutungen über eine staatlich finanzierte Unterstützung der Antifa zur Gewissheit …

---

[2] Bündnis 90/Die Grünen (Hrsg.) (2020): Rede von Renate Künast. Rechtsextremismus und Hasskriminalität. (Rede vom 12.03.2020.) Online abrufbar unter https://www.gruene-bundestag.de/parlament/bundestagsreden/rechtsextremismus-und-hasskriminalitaet (zuletzt abgerufen am 19.09.2020).

Besorgniserregend ist auch, dass das Wort „Linksterrorismus" aus dem Bericht des Bundesamtes für Verfassungsschutz 2019 gestrichen wurde.[3] Es zeigt, in welche Richtung der Meinungskorridor von staatlicher Seite aus eingeengt wird … Ich möchte daran erinnern: Anfang der 1950er-Jahre waren in der DDR die Liberalen noch die einzige politische Kraft, die regierungskritisch blieb. Von den Christdemokraten war zu dieser Zeit schon nichts mehr zu hören. Viele Liberale waren zu 25 Jahren Zuchthaus verurteilt worden, weil sie Flugblätter verteilt hatten. In meinem Buch habe ich konkrete Beispiele für die Willkür genannt und gehe auch auf die Zerstörung von Kirchen und Schlössern und auf die Unterdrückung der Kirche ein. Das sind alles Erscheinungen eines linksgerichteten totalitären Staates!

Den Unterstützern, vor allem den Grünen, der SPD, dem DGB, müsste klar sein, dass die Antifa solche Verhältnisse anstrebt. Wo ist ihr Langzeitgedächtnis geblieben? Ich jedenfalls möchte nicht, dass sich diese Zustände wiederholen! Ich bin weder für den Linksextremismus, Rechtsextremismus, Islamismus noch für andere menschenverachtende Ideologien. Wenn diese Protagonisten jährlich der Opfer des Volksaufstandes in der DDR am 17. Juni 1953 gedenken, dann habe ich angesichts der Unterstützung der Antifa den Eindruck, dass ihre Reden zu Worthülsen verkommen sind und dass sie hieran nur teilnehmen, um den Termin abzuhaken.

---

[3] Uwe G. Kranz, Gründer und ehemaliger LKA-Chef Thüringens und langjähriger nationaler Experte bei Europol, über die Themen Antifa und Verfassungsschutzbericht 2019, weist im Interview mit HALLO MEINUNG – Gesellschaft für freies Denken und politische Einflussnahme mbH, Sitz: Nürnberg, darauf hin: https://www.youtube.com/watch?v=n5Xioc9H3V0 (ab Minute 4:12).

In meinem Buch bin ich sehr ausführlich auf die Reparationen, auf die Sozialpolitik und auf die Frage, ob 1989/1990 die DDR pleite gewesen sei, eingegangen. Mich interessierte, wie hoch die Rente in der DDR war. Die Rentner waren zu stolz, darüber zu reden. „Zum Leben zu wenig, zum Sterben zu viel!", lautete häufig der Spruch. Trotzdem hatten sie für ihre Enkelkinder zum Geburtstag und zu anderen Anlässen Geld von ihrem Munde abgespart ... Interessanterweise fand ich in der Literatur zur Höhe der Rente keine durchgängige Zahlenreihe, sondern hier und dort ein paar versprengte Zahlen. Daher machte ich mir die Mühe, in den Statistischen Jahrbüchern der DDR von Anfang der 1950er-Jahre an zu recherchieren und eine Zahlenreihe aufzustellen. Ich stellte dieser das durchschnittliche Einkommen eines Werktätigen gegenüber. Darüber hinaus interessierte mich, wie sich die Renten im vereinigten Deutschland entwickelt haben, und ich stellte die Renten der Ost- denjenigen der Westdeutschen gegenüber. Hier kam ich zu erstaunlichen Ergebnissen.

Die Leserschaft erfährt auch einiges über die Kultur in der DDR, die trotz der staatlichen Gängelung vielfältig war. Bei der Gesellschaftskritik waren die Künstler sehr erfinderisch. Sie bewegten sich auf einem schmalen Grat. Wenn ein Künstler illegal die DDR verließ, im SED-Jargon „Republikflucht" beging, dann wurde er in den staatlichen Medien totgeschwiegen, als hätte es ihn nie gegeben. Durch meine Recherchen habe ich mich intensiv mit den DDR-Künstlern und ihren Werken beschäftigt und so beispielsweise die musikalischen Werke Holger Bieges erst jetzt richtig schätzen gelernt. Vielleicht begeistert sich jemand aus der westdeutschen Leserschaft für diese oder jene Musik eines DDR-Künstlers, nachdem ich ihn auf dieses Genre aufmerksam gemacht habe.

Weitere interessante Themen sind das Schicksal der Reichsbahner im vereinten Deutschland und das Agieren der Treuhandgesellschaft im Rahmen der Privatisierung der ehemaligen DDR-Wirtschaft. Unter der Rubrik „Fremd im eigenen Land" habe ich eine tabellarische Übersicht erstellt, wo die Ostdeutschen nach mehr als 25 Jahren der deutschen Vereinigung noch immer ungleich behandelt werden. Das dürfte mitunter eine Erklärung dafür sein, warum es bei den Ostdeutschen in unterschiedlichem Grad eine gewisse Frustration gibt.

**

Den Menschen in den neuen Bundesländern wird von bestimmten Politikern und Medien vorgeworfen, patriotisch zu sein, jedenfalls wesentlich patriotischer als die Westdeutschen. Der Frage, warum das so ist, bin ich in einem separaten Kapitel nachgegangen.

Die Verächtlichmachung des Patriotismus hat auch etwas damit zu tun, dass der Nationalstaat im Zangengriff von linksgrünen, transatlantischen und von „neoliberalen" Kräften steht und dass ein zentralistisch regierter europäischer Superstaat aufgebaut werden soll. So behauptete Angela Merkel allen Ernstes, dass Nationalstolz/Nationalismus die Ursache aller Kriege gewesen sei und deshalb die Abgabe von Souveränität an die EU vorangetrieben werden müsse.

Wegen Merkels Geschichtsdefiziten und wegen der in der Argumentation lückenhaften und einseitigen (alliiertenfreundlichen) Geschichtsdarstellung in den deutschen Leitmedien hatte ich 2019 im „The European" einen Artikel anlässlich des 100. Jubiläums des Vertrages von Versailles und des 100. Jubiläums des

Vertrages von Saint-Germain-en-Laye geschrieben.[4] Das hat mich sehr viel Zeit gekostet, wodurch ich dieses Buch nicht rechtzeitig zum 30. Jahrestag der Vereinigung beider deutscher Staaten fertigstellen konnte. Ein weiterer Grund für die Verzögerung ist, dass ich bei der Werbung für mein Buch an Verlage geraten bin, deren Geschäftspolitik darin besteht, Bücher mit unliebsamen Inhalten nicht zu veröffentlichen, um damit die öffentliche Meinung in ihrem Sinne zu steuern. Die Veröffentlichung beider Artikel war mir aber wichtig, weil den Deutschen, insbesondere den Ostdeutschen, ständig ein schlechtes Gewissen eingeredet werden soll. Ohne den Ersten Weltkrieg hätte es keinen Hitler, keinen Zweiten Weltkrieg und keine Teilung Rumpfdeutschlands gegeben! Dabei sollen keineswegs die Verbrechen im Zweiten Weltkrieg beschönigt werden.

***

Mit diesem Buch ist die Absicht verbunden, die gesellschaftspolitische Situation in der verblichenen DDR und in der neuen BRD näher zu beleuchten. Ich halte beides für wichtig, denn: Wer die Vergangenheit nicht kennt, kann keine Zukunft gestalten!

Die DDR soll auf keinen Fall verherrlicht werden. Vielmehr möchte ich an die Menschen erinnern, die versucht haben, aus den teilweise widrigen Bedingungen das Beste zu machen. Nach der Vereinigung beider deutscher Staaten fragte sich die jüngere

---

[4] Schimank, Wolfgang (2019b): Die Auswirkungen des Versailler Vertrages bis in die Gegenwart. In: The European vom 22.06.2019. Online abrufbar unter https://www.theeuropean.de/wolfgang-schimank/100-jahre-versail ler-vertrag/ (zuletzt abgerufen am 19.09.2020); ders. (2019a): Der Weg bis zur Unterzeichnung des Vertrages von St. Germain. In: The European vom 12.08.2019. Online abrufbar unter https://www.theeuropean.de/wolfgang-schimank/der-vertrag-von-saint-germain-en-laye/ (zuletzt abgerufen am 19.09.2020).

Generation zu Recht, wie es zu solchen diktatorischen Verhältnissen kommen konnte. Die DDR konnte unter anderem so lange existieren, weil in der DDR der totale Rückzug in die Privatsphäre, Anpassung, Begeisterung durch Manipulation und/oder Denunziation die Begleiter im Alltag waren. Jeder ehemalige DDR-Bürger, der damals erwachsen war, muss sich selbst die Frage stellen, inwiefern er mitschuldig an den Verhältnissen in der DDR war. Die friedliche Revolution im Jahre 1989 war zweifellos eine große emanzipatorische Leistung der Ostdeutschen, bei denen die Freiheit im Mittelpunkt stand. Sie geschah auch im Sinne des eingangs erwähnten Zitats von Immanuel Kant. Und die Vereinigung beider deutscher Staaten ist ein hohes Gut, das man sich bei aller Kritik an nachfolgenden Ereignissen und Ungerechtigkeiten nicht schlechtreden lassen sollte.

Auch wenn die Leserschaft womöglich nicht jedem meiner Gedankengänge folgen möchte, würde ich mich freuen, wenn sie anhand der von mir vorgelegten Fakten überlegen könnte, wie das künftige Deutschland, ihre Heimat, aussehen sollte. Zum anderen hoffe ich, zu einem besseren Verständnis zwischen den Deutschen in West und Ost beigetragen zu haben.

Neuruppin, im August 2021   Wolfgang Schimank

1 Einleitung

Als ich im Sommer 2017 in Südtirol am Kalterer See meinen Urlaub verbrachte, fand anfangs im Hotel eine Begrüßungsveranstaltung statt. Dort kam ich mit einem netten westdeutschen Ehepaar ins Gespräch, das einen gepflegten und gebildeten Eindruck machte. Wir sprachen über Gott und die Welt, und die Zeit verging wie im Flug. Als dann politische Themen angesprochen wurden, war die Stimmung zusehends nicht mehr so gut. Zuerst schimpften sie über die in ihren Augen widerspenstigen Ungarn und Polen, die nicht so wollten, wie es sich Angela Merkel und die EU vorgestellt haben. Mir schien das Ehepaar von mir Zustimmung zu erwarten. Sie waren daher überrascht, dass ich die Polen und Ungarn zwar nicht in allen, aber in vielen Punkten in Schutz nahm und darauf hinwies, dass jedes Volk das Recht hat, selbst über sein Schicksal zu bestimmen. Ich drückte auch meine Zufriedenheit aus, weil die osteuropäischen Regierungen im Gegensatz zu Angela Merkel und zur EU zumindest noch einen Restanstand haben und sich dem Willen des Volkes beugen. Irgendwann fielen dann die Sätze: „Ihr habt doch alle die SED gewählt! Ihr wolltet sie doch!" Ich muss gestehen, ich war in diesem Moment nicht schlagfertig genug. Denn sonst hätte ich ihnen gesagt, dass sie sich gerade in einem Widerspruch verfangen haben, hörte und las man doch in den westdeutschen Medien hinauf und hinunter, die Wahlen in der DDR seien nicht demokratisch. Ich versuchte, in ruhiger Weise zu erklären, dass die SED ihre Vormachtstellung über die Nationale Front gesichert hatte. Ich glaube, sie haben es nicht verstanden. Nein, der Abend endete nicht mit einem Eklat. Irgendwie schafften wir es, ganz seicht auf andere Themen umzuschwenken. Der Abend endete harmonisch bei einem „Glaserl" Gewürztraminer, einem speziellen Südtiroler Wein, bei einem sternklaren Himmel und einer erfrischend kühlen Brise am Ufer des Sees. Über Politik haben wir in den nächsten Tagen nicht mehr geredet …

Hier zeigt sich, dass selbst nach 27 Jahren der deutschen Wiedervereinigung – oder, besser gesagt, nach dem Beitritt der DDR zur BRD – die Verständigung zwischen Westdeutschen und ehemaligen DDR-Bürgern immer noch sehr schwierig ist und wie wenig viele Westdeutsche über die Geschichte ihrer „Brüder und Schwester im Osten", wie Dr. Helmut Kohl die DDR-Bürger einst nannte, wissen.

Die „Ostdeutschen" unterscheiden sich von den Westdeutschen nicht nur, wie von bestimmten gesellschaftlichen Kreisen gern kolportiert, im Wahlverhalten zur Alternative für Deutschland (AfD), sondern in ihrer kritischeren Haltung gegenüber Politikern und Medien, in ihrer Gefühlswelt und darin, wie sie sich im Ausland verhalten.

Es gibt zweifelsohne schon eine Handvoll Bücher über die „Ostdeutschen". Wenn aber ARD und ZDF für einige dieser Bücher kräftig die Werbetrommel schlagen, dann ist zumindest bei mir Misstrauen angesagt. Und in der Tat erwiesen sich diese für mich als oberflächlich und mehr oder weniger im Sinne der Leitmedien, der Politiker und einer kleinen wohlhabenden und einflussreichen Schicht geschrieben …

Um zu begreifen, warum die „Ostdeutschen" nun so sind, wie sie sind, was sie geformt hat, muss in die Geschichte bis 1945 zurückgegangen werden. Zunächst möchte ich den Begriff „Ostdeutscher" bestimmen. Diese Definition kommt aber erst im letzten Teil dieses Buches und im zweiten Band voll zum Tragen.

1.1   Der „Ostdeutsche" – Versuch einer Begriffsbestimmung

Nachdem die sowjetische Armee in den Schlachten um die Seelower Höhen und in der Kesselschlacht bei Halbe im April 1945 die restlichen deutschen Armeeverbände vernichtend geschlagen und nach einer blutigen Straßenschlacht im Mai 1945 Berlin eingenommen hatte, brach das Hitler-Regime endgültig zusammen. Am 7. Mai 1945 in Reims und am 8. Mai 1945 in Berlin-Karlshorst unterschrieb die deutsche Militärführung die bedingungslose Kapitulation.

Die preußischen Provinzen Ostpreußen, Westpreußen, Pommern, Schlesien und Brandenburg sowie die Länder Mecklenburg, Sachsen-Anhalt, Thüringen und Sachsen wurden von den Russen besetzt. Auf der Potsdamer Konferenz (17. Juli bis 2. August 1945) teilten die Siegermächte das Deutsche Reich in Besatzungszonen auf. Entgegen vorheriger Vereinbarungen schlug Stalin vor, sämtliche Gebiete östlich der Oder-Neiße-Linie Polen zu schenken. Seine erstaunliche Begründung war, dass dort ohnehin wenige Deutsche lebten. Um nicht der Lüge überführt zu werden, ließ er den Termin für die erste anberaumte Sitzung der Potsdamer Konferenz platzen und in der Zwischenzeit in einem Streifen von ungefähr 200 km östlich der Oder-Neiße-Linie alle Deutschen vertreiben. Auch wenn es diesbezüglich in Großbritannien und in den USA heftigen Widerstand gab, so wurden letzten Endes auf dieser Konferenz die Oder-Neiße-Grenze als die Ostgrenze Nachkriegsdeutschlands und die Aussiedlung/Vertreibung der deutschen Bevölkerung aus den Ostgebieten beschlossen. Mein Eindruck ist, dass die Siegermächte zum Zeitpunkt dieses verhängnisvollen Beschlusses nicht wussten, wie viele Ostdeutsche davon betroffen waren … Die Zahl der Menschen, die dadurch ihre Heimat verloren, wird in der

Literatur mit zwischen 11 und 15 Millionen angegeben, wobei ich die letztgenannte Zahl für wahrscheinlicher halte. Viele von ihnen fanden ihre zweite Heimat in der von den Westalliierten regierten Zonen bzw. später in der BRD, aber auch viele in der sowjetisch besetzten Zone bzw. später in der DDR. Ich habe selbst erlebt, wie noch Ende der 1960er-Jahre Spätaussiedler aus Schlesien in die DDR kamen …

Das Gebiet zwischen Elbe/Werra und Oder/Neiße sowie zwischen Rügen und dem Vogtland galt bis 1945, geografisch gesehen, als die Mitte Deutschlands. Fälschlicherweise wurde und wird dieses Gebiet immer wieder als Mitteldeutschland bezeichnet. Die Verunsicherung bei der Begriffsbestimmung hat meines Erachtens drei Gründe: Zum einen liegt es daran, dass die Brandenburger und Berliner sich nicht als Norddeutsche fühlen, zum anderen daran, dass der Begriff Mitteldeutschland in den letzten 220 Jahren der deutschen Geschichte eine große Veränderung seiner Bedeutung erfahren hat. So galt in der Zeit des Heiligen Römischen Kaiserreiches Deutscher Nation der Gebietsstreifen zwischen (einschließlich) dem Großherzogtum Luxemburg und dem Königreich Sachsen als Mitteldeutschland. Seit der Gründung des Deutschen Kaiserreiches im Jahre 1871 zählten zu Mitteldeutschland Hessen, Sachsen-Anhalt, Thüringen und Sachsen und nach dem Ersten Weltkrieg nur noch die drei letztgenannten Gebiete. Es ist wohlgemerkt nur eine grobe Zeiteinteilung. Der dritte Grund ist, dass von 1949 bis zur staatlichen Anerkennung der DDR im Jahre 1972 mit dem Abschluss des Grundlagenvertrages aus ideologischen Gründen die Menschen, die in der DDR lebten, von der Bundesregierung und von den bundesdeutschen Leitmedien als „Mitteldeutsche" oder als „Bürger in der SBZ" bezeichnet wurden.[5] Zwischen 1972 und 1989 kam es in der BRD in den Medien vermehrt zu der Bezeichnung „Ostdeutschland" bzw. „Ostdeutsche". Spätestens nachdem die DDR und die BRD 1990 im Zwei-plus-vier-Vertrag auf die Ostgebiete verzichtet hatten, setzte sich für die ehemaligen DDR-Bürger endgültig der Begriff „Ostdeutsche", oder auch mit negativer Konnotation der Begriff „Ossi", durch.

Ich habe mit dieser Bezeichnung etwas Bauchschmerzen, denn was ist mit den Menschen aus den ehemaligen deutschen Ostgebieten? Was ist mit den 2,8 Millionen Russlanddeutschen, die nach dem Scheitern der Gründung einer neuen Wolgadeutschen Republik zwischen 1989 und 1995 nach Deutschland, mehrheitlich in die neuen Bundesländer, zogen? Was ist mit den Westdeutschen, die Aufbauhilfe betrieben und schon 30 Jahre auf dem Gebiet der ehemaligen DDR leben? Richard Schröder, ehemaliger Vorsitzender der Sozialdemokratischen Partei der DDR (SDP), fragte in einem Beitrag in der FAZ nicht zu Unrecht, ob ein Westdeutscher, der bereits 30 Jahre im östlichen Teil der BRD lebe, immer noch ein Westdeutscher sei.[6] Allerdings stimme ich nicht seiner Aussage zu, dass der „Ostdeutsche" nur eine Erfindung sei. Ich werde es auch in meinem Buch begründen.

---

[5] Anmerkung: In meinen späteren Betrachtungen der wirtschaftlichen Entwicklung der SBZ/DDR habe ich, wenn es zum Vergleich auf die Zeit der 1930er- und 1940er-Jahre zurückgeht, das oben umrissene Gebiet in Abgrenzung zu „Mitteldeutschland" als „mittleres Deutschland" bezeichnet.

[6] Schröder, Richard (2018): Die Erfindung der Ostdeutschen. FAZ vom 03.10.2018. Online verfügbar unter https://www.faz.net/aktuell/politik/inland/pegida-und-chemnitz-was-ist-mit-dem-osten-los-15814890.html (zuletzt abgerufen am 30.09.2020).

Wenn ich von den „Ostdeutschen" schreibe, dann möchte ich den Personenkreis einschränken auf die Bürger, die bis 1990 in der ehemaligen DDR lebten, ihre Kinder. Die Vertriebenen aus den Ostgebieten sind in meine Betrachtungen also mit einschlossen, weil sie in der DDR sozialisiert wurden. Die Russlanddeutschen haben neben ihren Erlebnissen in der Sowjetunion als eine unterdrückte nationale Minderheit zumindest teilweise die gleiche Erfahrung mit der sozialistischen Gesellschaft und ihren politischen Vertretern gesammelt wie die DDR-Bürger. Sie kamen auf Betreiben des Bundeskanzlers Dr. Helmut Kohl nach der Wende in die neue BRD, hatten also keine einschlägigen Erfahrungen mit dem Alltag in der DDR. Die Bürger der alten BRD, die nach 1990 in die neuen Bundesländer kamen, wurden lediglich mit den Folgen der Diktatur des Proletariats konfrontiert, konnten sich viele Erscheinungen nur durch Hörensagen und eine nicht immer korrekte westdeutsche Geschichtsschreibung erklären. Wenn sie aus beruflichen Gründen in die neuen Bundesländer kamen, so waren oftmals die westdeutschen Netzwerke ihr Bezugspunkt.

Auch wenn es etwas hart klingen mag, so ist es meiner Meinung nach für die Betrachtung, warum der „Ostdeutsche" so ist, wie er ist, sinnvoller, den Betrachtungskreis auf die ehemaligen DDR-Bürger, ihre Kinder und Kindeskinder zu beschränken. Denn die heutigen Widersprüche zwischen „Ost" und „West" resultieren aus den Erfahrungen aus der DDR und während der gesellschaftlichen Transformation in den 1990er-Jahren und Anfang der 2000er-Jahre, aus den in der DDR gehegten Wünschen nach einem besseren (vereinigten) Deutschland, die teils erfüllt, größtenteils aber nicht erfüllt wurden. Der von mir eingegrenzte Personenkreis bildet in „Ostdeutschland" die Mehrheitsgesellschaft.

1.2 Warum die Westdeutschen so wenig über die ehemaligen DDR-Bürger wissen

Die Erklärung für dieses Phänomen darin zu suchen, dass der Sieger die Geschichte schreibt, ist nicht ganz von der Hand zu weisen. Trotzdem ist sie mir zu einfach. Tatsache ist, dass bis heute Westdeutsche führende Positionen bei den Leitmedien innehaben. Einige von ihnen schreiben über die DDR mit einer gewissen politischen Verblendung und mit Hochmut, andere mit der Absicht, Westdeutsche und Ostdeutsche gegeneinander auszuspielen, und eine dritte Gruppe von Journalisten lässt aus Bequemlichkeit und Gleichgültigkeit jegliche notwendige Sorgfalt beim Verfassen von Artikeln fehlen.

Spätestens seit der Flüchtlingskrise im Jahre 2015, als es in den neuen Bundesländern zu Demonstrationen gegen die Flüchtlingspolitik Merkels kam, trat eine vierte Gruppe von Journalisten, aber auch von Politikern, in Erscheinung, die die neuen Bundesbürger beschimpften und die Hass und Zwietracht schüren wollten zwischen den Menschen im Westen und im Osten Deutschlands. Es sind die Transatlantiker und Befürworter einer zentralistisch regierten EU und einer in weiterer Zukunft anvisierten Weltregierung. Besonders hervorgetan hat sich die Wochenzeitung „Die Zeit". Pikanterweise sind deren Journalisten fast schon Dauergäste bei der Bilderberg-Konferenz und somit transatlantisch eingenordet. Bei dieser Zeitschrift konnte ich die meisten Artikel finden, die sehr einseitig über die neuen Bundesländer berichteten. Hier wird der Eindruck erweckt, als wäre die Grenze zwischen West und Ost einzig und allein daran zu erkennen, wo die Menschen nach der Vorstellung dieser Journalisten „fremdenfeindlich" sind und AfD wählen und wo nicht. Die Beschimpfung dieses Teils Deutschlands als „Dunkeldeutschland" durch den ehemaligen Bundespräsidenten Joachim Gauck[7] geht in die gleiche Richtung. Auf die lange Zeit verschwiegenen Demütigungen und Benachteiligungen der Ostdeutschen komme ich noch zu sprechen. Das Auseinanderdividieren von West und Ost hat den Vorteil, Schlagzeilen zu produzieren, um die Zeitungsauflage zu erhöhen, aber auch bestimmte Entwicklungen zu befördern oder zu verhindern. Für Angela Merkel wäre es äußerst peinlich, wenn sie von den aufmüpfigen ehemaligen DDR-Bürgern wie einst Erich Honecker mit Schimpf und Schande aus ihrem Amt verjagt werden würde. Sie, die wahrlich keine Bürgerrechtlerin ist, ist erst Anfang Dezember 1989, als die größte Gefahr vorbei war, rechtzeitig aus der Deckung gekommen und auf den (politischen) Zug Richtung „Wiedervereinigung" aufgestiegen. Sie ist, wenn man ihren Worten glauben darf, eine glühende Verfechterin einer neuen Weltordnung, einer Weltregierung, wo letztendlich die USA, die Finanzelite, die Konzerne und andere Protagonisten den Ton angeben.[8] Die „Vereinigten Staaten von Europa" sind nur ein Zwischenschritt auf dem Weg dahin. Mit ihrer Flüchtlingspolitik und der damit einhergehenden

---

[7] Ondreka, Lukas (26.08.2015): Joachim Gauck, die Ossis und Dunkeldeutschland. In: Süddeutsche Zeitung vom 26.08.2015. Online verfügbar unter https://www.sueddeutsche.de/politik/bundespraesident-joachim-gauck-die-ossis-und-dunkeldeutschland-1.2622780 (zuletzt abgerufen am 05.10.2020).

[8] So äußerte Angela Merkel am 4. Juni 2011 auf dem Evangelischen Kirchentag in Dresden: „Wenn man eine wirkliche Weltordnung will, eine globale politische Weltordnung haben möchte, dann wird man nicht umhinkommen, an einigen Stellen auf Souveränität zu verzichten und Rechte an andere abzugeben." Siehe PHOENIX (04.06.2014): „Evangelischer Kirchentag. Angela Merkel fordert öffentlich neue Weltordnung." In: PHOENIX vor Ort vom 04.06.2011. Online noch verfügbar unter http://bewusstsein-online.de/index.php?mact=News,cntnt01,detail,0&cntnt01articleid=100&cntnt01returnid=15 (zuletzt abgerufen am 05.10.2020).

Islamisierung Deutschlands/Europas sollen die Entnationalisierung vorangetrieben und der Widerstand der autochthonen Bevölkerung gebrochen werden. Der Politologe Yascha Mounk von der Universität Harvard in Cambridge (Großbritannien) sprach am 20. Februar 2018 bei der ARD-Fernsehsendung „Tagesthemen" ganz unumwunden von einem „historisch einzigartigem Experiment" ...[9] Der Sturz Merkels wäre natürlich ein schwerer Verlust für die Protagonisten einer New World Order (NWO). Die ehemaligen DDR-Bürger werden daher als gefährliche Antagonisten dieses Vorhabens gesehen.

Es kommen noch zwei weitere Gesichtspunkte hinzu, warum sie von den Mainstream-Medien angefeindet werden: Die DDR-Bürger haben es notgedrungen gelernt, zwischen den Zeilen von Nachrichten zu lesen. Sie haben sich sowohl beim Ost- als auch beim Westfernsehen informiert und sich ein eigenes Urteil gebildet. Bei ihnen haben heutzutage die Medien und die Politiker einen wesentlich schwereren Stand als bei den Westdeutschen. An den zweiten Gesichtspunkt denkt kaum jemand: In den letzten 20 Jahren sind in den Leitmedien (neben den Transatlantikern) immer mehr Journalisten nachgerückt, die eine linksgrüne Weltanschauung vertreten.[10] Diese sind bereits in der Mehrheit und auf die ehemaligen DDR-Bürger sauer, weil sie schuld daran sind, dass das sozialistische Gesellschaftsmodell, dem die Journalisten anscheinend nachtrauern, gescheitert ist. Etwas

---

[9] Tagesschau.de (Hrsg.) (20.02.2018): „Yascha Mounk, Politikwissenschaftler Harvard University, sorgt sich um den Fortbestand der Demokratie". Online verfügbar unter https://www.tagesschau.de/multimedia/video/video-378713.html (zuletzt abgerufen am 05.10.2020).

[10] Rasch, Michael (08.11.2018): „Das Herz des deutschen Journalisten schlägt links." In: Neue Zürcher Zeitung vom 08.11.2018. Online abrufbar unter https://www.nzz.ch/international/das-herz-des-deutschen-journalisten-schlaegt-links-ld.1434890 (zuletzt abgerufen am 05.10.2018).

zugespitzt formuliert: Es gibt eine linksgrüne/transatlantische Querfront gegen die ehemaligen DDR-Bürger.

Auch wenn der Westdeutsche täglich schon beim Frühstück eine nicht korrekte Darstellung der DDR durch die Leitmedien präsentiert bekommt, so liegt es auch an ihm, sich vor Ort ein eigenes Bild zu machen. Aus vielen Gesprächen/Telefonaten habe ich von ihnen immer wieder gehört, dass sie selbst nach mehr als 20 Jahren der Vereinigung nicht die ehemalige DDR besucht haben. Mein Eindruck ist es, dass zwar 90 Prozent der Ostdeutschen Westdeutschland mindestens einmal besucht haben, aber umgekehrt nur vielleicht 60 bis 70 Prozent der Westdeutschen die neuen Bundesländer. Anscheinend sind billige Auslandsurlaube wichtiger, als das eigene Vaterland näher kennenzulernen.

1.3 Wie heute offiziell die DDR gesehen wird und eine kleine Richtigstellung

Wenn es bei offiziellen Stellen um die Charakterisierung der DDR geht, so müssen folgende Punkte immer enthalten sein:

- Tote an der Unrechtsgrenze,
- Diktatur der SED,
- die umfassende Überwachung der Bevölkerung durch die Staatssicherheit,
- Zwangseinweisung von Kindern bei politischen Häftlingen,
- Meinungsdiktatur,
- Unterdrückung der Kirche,
- akuter Wohnungsmangel,
- Enteignung und Verstaatlichung privater Betriebe,
- Zwangskollektivierung in der Landwirtschaft,

- Gleichmacherei,
- Mangelwirtschaft usw.

Das ist zweifellos richtig. Etwas Positives über die DDR zu sagen, erscheint manchem schon als etwas anrüchig. Ohne gleich dieses System reinzuwaschen, möchte ich einige positive Dinge aufzählen. Nach meinem Geschichtsverständnis müssen alle Facetten des Diskussionsgegenstandes betrachtet werden. Es mag zwar sein, dass einige positive Erscheinungen systembedingt sind, sie haben aber real existiert und das Denken, das Selbstbewusstsein der ehemaligen DDR-Bürger, mehr oder weniger beeinflusst.

Ich sehe eine Richtigstellung auch deshalb als notwendig an, weil viele ältere Westdeutsche beklagen, dass sich für sie seit dem Anschluss der DDR an die BRD vieles verändert habe. Außerdem gelten für sie die Ostdeutschen, was wohl ganz bewusst von den Mainstream-Medien befördert worden ist, als „Jammerossis". Hier möchte ich darauf hinweisen, dass sich für die ehemaligen DDR-Bürger außerhalb der eigenen Familie, Verwandtschaft und Bekanntschaft komplett alles verändert hat! Insofern ist auch die Bezeichnung „Wiedervereinigung" irreführend, weil diese suggeriert, als hätten 1990 bei den Verhandlungen zwei gleichberechtigte Partner einander gegenübergesessen. In Wahrheit hat die ehemalige DDR alle Gesetze von der BRD übernommen. Es gab einige befristete Ausnahmeregelungen. Darauf komme ich noch zu sprechen.

Folgende positive Dinge fallen mir im Zusammenhang mit der DDR ein:

- Arbeitsplatzsicherheit,
- wohnungsnahe Arbeitsplätze,
- erschwingliche Mieten für Wohnungen für jedermann,

- abgesicherte Grundversorgung in der ländlichen Gegend (Dorfkonsum, Landarzt, Briefkästen, zuweilen Postaußenstelle, Dorfkneipe),
- sehr gute Grundlagenausbildung in den Schulen (ähnlich wie in Finnland),
- ein einheitliches Bildungssystem,
- Lehrstellenangebote für alle Jugendliche,
- großes Freizeitangebot für Jugendliche (Sport- und Kulturorganisationen, Jugendklubs),
- Polikliniken (mehrere Arztpraxen unter einem Dach),
- konsequente Durchsetzung der Gleichberechtigung von Mann und Frau,
- große Hilfsbereitschaft der Menschen untereinander,
- relativ geringe Kriminalität,
- pünktliche Eisenbahnzüge,
- Transport des überwiegend größten Teils der Güter auf der Schiene,
- weniger chemiebelastete Lebensmittel,
- viel weniger Menschen mit Allergien als in Westdeutschland,
- zentrale Erfassung von Krankheitsbildern in der Bevölkerung,
- größere Parteienvielfalt (rein auf dem Papier; allerdings nützte diese effektiv nichts) als in der BRD und
- keine Rundfunkzwangsgebühren.

ERSTER TEIL:
Besatzungszeit und DDR-weite Gesprächsthemen

2 Die sowjetische Besatzung

2.1 Die Potsdamer Konferenz

Vom 17. Juli bis zum 2. August 1945 hielten die Vertreter der Siegermächte auf dem Schloss Cecilienhof in Potsdam eine Konferenz ab. An dieser nahmen Josef Stalin für die Sowjetunion, Harry Truman für die USA und Winston Churchill für Großbritannien teil. Da Churchills Partei die Unterhauswahlen verloren hatte, kam ab dem 28. Juli 1945 für Churchill als neuer Premierminister Clement Attlee, zu diesem Treffen. Frankreich blieb außen vor. Es erhielt aber die Möglichkeit, den Beschlüssen dieser Konferenz zuzustimmen oder sie abzulehnen …

Mit der nach außen gezeigten Geschlossenheit bekräftigten die Konferenzteilnehmer, dass sie gewillt waren, als Besatzungsmacht Verantwortung für „Berlin und Deutschland als Ganzes" in den Grenzen von 1937 zu übernehmen.

Auf diesem Treffen wurde das nördliche Ostpreußen der UdSSR zugeschlagen, die Ostgrenze Polens endgültig und die Oder-Neiße-Grenze als vorläufig festgelegt. Ein künftiger Friedensvertrag sollte Deutschlands Ostgrenze bzw. Polens Westgrenze endgültig regeln. Im Kommuniqué vom 1. August 1945 umrissen die Vertreter der UdSSR, der USA und Großbritanniens (sowie unter Vorbehalt Frankreich) die Aufgaben des Alliierten Kontrollrates. Hierzu gehörten in groben Zügen die Entmilitarisierung, die Demokratisierung, die Entnazifizierung und die Dezentralisierung der Machtbefugnisse.

Im Londoner Abkommen vom 14. November 1944 wurde beschlossen, zur Verwaltung Nachkriegsdeutschlands einen Alliierten Kontrollrat einzurichten. Dieser trat am 30. Juli 1945, also während der Potsdamer Konferenz, das erste Mal zusammen.

Im Gegensatz zum Versailler Vertrag wurde den Deutschen, die seit 1945 plötzlich unter der Staatshoheit anderer Staaten lebten, das Recht aberkannt, eine andere Staatsbürgerschaft anzunehmen. Sie mussten ihre angestammte Heimat verlassen. Damit legalisierten die drei Staatsvertreter eine millionenfache gewaltsame Vertreibung/Zwangsaussiedlung und missachteten damit die Atlantik-Charta! Laut Artikel XIII sollte die „Überführung" der Deutschen aus der russischen Enklave Kaliningrad, aus Polen, aus der Tschechoslowakei und aus Ungarn „in ordnungsgemäßer und humaner Weise erfolgen". Diese Wortwahl ist in Anbetracht dessen, was die deutschen Vertriebenen erlebt haben und noch erleben werden, blanker Euphemismus! Die Realität sah ganz anders aus! Im Bericht des Bundesarchivs vom 28. Mai 1974 ging man von schätzungsweise 600 000 Deutschen bzw. Deutschstämmigen aus, die zwischen Ende 1944 und Ende 1947 durch Flucht und Vertreibung ums Leben kamen. Es mutet schon etwas befremdlich an, wenn Staatsführer, an deren Händen Blut klebt, über das Schicksal eines anderen Volkes entscheiden wollen. Damit soll keineswegs die Schuld, die die Deutschen im Zweiten Weltkrieg auf sich geladen haben, klein geredet werden. 1985 schrieb der deutsche Journalist und Verleger des „Spiegels", Rudolf Augstein, in einem Beitrag dazu:

„Das Gespenstische an der Potsdamer Konferenz lag darin, daß hier ein Kriegsverbrechergericht von Siegern beschlossen wurde, die nach den Maßstäben des späteren Nürnberger Prozesses allesamt hätten hängen müssen. Stalin zumindest für Katyn, wenn nicht überhaupt, Truman für die überflüssige Bombardierung von Nagasaki, wenn nicht schon von Hiroschima, und Churchill zumindest als Ober-Bomber von Dresden, zu einem Zeitpunkt, als Deutschland schon erledigt war.

Alle drei hatten ‚Bevölkerungsumsiedlungen' verrückten Ausmaßes beschlossen, alle drei wußten, wie verbrecherisch diese vor sich gingen."[11]

Dieses Zitat ist nicht nur in seiner Klarheit, sondern auch dahin gehend bemerkenswert, dass in den heutigen Leitmedien angesichts der fortgeschrittenen transatlantischen Indoktrination der (west-)deutschen „Elite" solch ein Satz nicht mehr zu lesen wäre, nicht einmal im heutigen „Spiegel"!

Auf der Potsdamer Konferenz wurde auch die Frage nach der Reparation angesprochen. Die Russen und eigentlich auch die Franzosen wollten dabei einen radikaleren Kurs fahren als die US-Amerikaner und die Briten. Und als die Konferenz an dieser Meinungsdifferenz zu scheitern drohte, hieß die Kompromissformel, dass jede Besatzungsmacht in ihrer Besatzungszone nach Belieben die Reparationen eintreiben dürfe. Das war eine folgenreiche Entscheidung für die Menschen, die in der Sowjetischen Besatzungszone (SBZ) bzw. später in der DDR lebten! Sehenden Auges hatten die Westalliierten die Bevölkerung in der SBZ bzw. in der DDR einer wesentlich brutaleren russischen Ausplünderungspolitik überantwortet.

Ich möchte hier noch mit einem Irrtum aufräumen: Fälschlicherweise wird das Kommuniqué der Potsdamer Konferenz als „Potsdamer Abkommen" bezeichnet. Das ist insofern verkehrt, als es sich hier um eine Willenserklärung dreier Staatsmänner handelt. Aus staatsrechtlicher Sicht hatte es nie Gesetzeskraft erlangt, weil es nicht von den Parlamenten verabschiedet worden

---

[11] Augstein, Rudolf (07.01.1985): „Auf die schiefe Ebene zur Republik". Rudolf Augstein über das zu mächtig aufgeblähte Reich. In: Der Spiegel, Nr. 2/1985, S. 22–32, hier: 30.

ist. Einige Textteile wurden sogar bis 1947 geheim gehalten. Allerdings erfolgte eine Umsetzung der Vorgaben aus der Potsdamer Konferenz trotzdem, weil es alle Alliierten so wollten.

2.2 Die Organisation des sowjetischen Besatzungsapparates in Deutschland zwischen 1945 und 1949

Die Alliierten richteten sich nach 1945 in den ihren zugewiesenen Besatzungszonen in Deutschland häuslich ein. Für die grundsätzlichen politischen und wirtschaftlichen Entscheidungen war der **Alliierte Kontrollrat** verantwortlich. Ansonsten schalteten und walteten die Alliierten in ihren Zonen, wie sie wollten. Der Alliierte Kontrollrat arbeitete auf der rechtlichen Grundlage des Londoner Abkommens von 14. November 1944 und auf der Grundlage der Berliner Vier-Mächte-Erklärung vom 5. Juni 1945. Im Kontrollrat waren die vier von den Alliierten als Oberbefehlshaber in Deutschland eingesetzten Personen vertreten: Marschall Schukow (UdSSR), General Dwight D. Eisenhower (USA), Feldmarschall Bernard Law Montgomery (Großbritannien) und General de Lattre de Tassigny (Frankreich). Der Wirkungskreis war auf die deutschen Gebiete westlich der von nun an als vorläufig bezeichneten Oder-Neiße-Grenze beschränkt. Der Alliierte Kontrollrat erließ Kontrollgesetze und Direktiven. Inwieweit diese dann umgesetzt wurden, lag in der Verantwortung der Militärgouverneure. Waren die Meinungen zu einem Sachverhalt zu gegensätzlich, so konnten sie nach den Anweisungen ihrer Regierungen handeln. In der sowjetisch besetzten Zone hatte seit Juni 1945 die **Sowjetische Militäradministration in Deutschland** (SMAD) die Verwaltungshoheit inne.

Sehr schnell zeichneten sich die gegensätzlichen Meinungen in Wirtschaft, Politik und in der Umsetzung der Entnazifizierung ab, waren die Gemeinsamkeiten so gut wie aufgebraucht. Im Gegensatz zu den anderen Besatzungszonen fand in der SBZ 1946 eine Bodenreform statt, bei der der Landadel vollkommen und die Großbauern teilweise enteignet wurden. Alle Großbetriebe wurden in Volkseigentum überführt. Personen, die bezichtigt wurden, Kriegsverbrechen begangen zu haben, verloren ihr gesamtes Hab und Gut und wurden, wenn sie sich nicht rechtzeitig in die westlichen Zonen absetzten, eingesperrt. Wie ich noch zeigen werde, verlief die Entnazifizierung in der SBZ weitaus härter als in den Westzonen und schoss teilweise auch über das Ziel hinaus. Die sowjetische Militärverwaltung förderte mehr oder weniger die Machtergreifung der deutschen Kommunisten und die Verdrängung der Sozialdemokraten, die mit der Gründung der SED am 21./22. April 1946 ihren Anfang nahm. Die SED wurde Stück für Stück zur Kader- und Staatspartei aufgebaut. Die demokratischen Parteien und Organisationen, die die sowjetische Militäradministration zuließ, waren für die SED eher schmückendes Beiwerk, aber keine starke konkurrierende politische Kraft. In der SBZ stellten die Russen in Wirtschaft und Politik alle Hebel in Richtung Sozialismus.

Die von mir geschilderte sowjetische Politik in Deutschland und die Schaffung von Satellitenstaaten führten zunehmend zu Spannungen mit den Westalliierten. Wirtschaftlich und politisch entwickelten sich die West- und die Ostzone auseinander. Im November/Dezember 1947 kamen in London die Außenminister der Siegermächte zusammen, um ihre wirtschaftspolitischen Vorstellungen über Deutschland auf einen gemeinsamen Nenner zu bringen. Die Sowjetunion sah es als eine Einmischung an und verließ am 20. März 1948 den Alliierten Kontrollrat und am 16. Juni 1948 die Alliierte Kommandantur (für Groß-Berlin). Den kleinsten gemeinsamen Nenner sehe ich darin, dass die Besatzungsmächte hüben wie drüben nach relativ kurzer Zeit (nach ungefähr einem Jahr) zur Erkenntnis gekommen sind, dass es nicht funktioniert, das Maximale aus Deutschland herauszuholen, wenn sie die deutsche Industrie weiter demontieren und ihren Machtanspruch auf Deutschland für möglichst lange Zeit zu zementieren.

Zur endgültigen Spaltung kam es, als in der Westzone am 20./21. Juni 1948 die Deutsche Mark eingeführt wurde, die Ostzone vom 24. bis zum 28. Juni 1948 mit einer Währungsreform nachziehen musste und am 8. April 1949 durch den Beitritt der französischen Besatzungszone zur angloamerikanischen Wirtschaftszone in Deutschland die Trizone entstand.

Die Gründung der BRD und dann der DDR im Jahre 1949 war nur noch eine offizielle Bestätigung der Spaltung Deutschlands. Das änderte aber nichts am Zustand, keine staatliche Souveränität zu haben. Die Besatzungsmächte hüben wie drüben behielten alle Macht fest in ihren Händen.

Die Mehrheit der Bevölkerung, die eher unpolitisch war, sah die Staatsgründungen eher gelassen. Das lag daran, dass die Menschen zu dieser Zeit mit großen existenziellen Problemen zu kämpfen hatten. Deutschland lag noch in Trümmern. Zudem gab es noch keine befestigte Staatsgrenze, sodass man ohne Hindernisse von Ost nach West oder von West nach Ost gehen konnte. Über die Situation der Menschen werde ich an anderer Stelle ausführlich eingehen.

Zwischen 1945 und 1949 ließ die SMAD zur Entlastung ihrer Arbeit Zentralverwaltungen einrichten, die alle Lebensbereiche abdeckten. Es gab bis zu 15 Zentralverwaltungen. Die Posten in diesen Verwaltungen wurden im Laufe der Zeit immer mehr mit systemtreuen Deutschen, insbesondere Kommunisten, besetzt.

Die Sowjetunion leistete somit sozialistische Aufbauarbeit. Als die DDR dann gegründet wurde, gingen einige Zentralverwaltungen nahtlos in Ministerien der DDR über.

2.3 Die Organisation des sowjetischen Besatzungsapparates in der DDR zwischen 1949 und 1990

Am 7. Oktober 1949 wurde die DDR gegründet. Mit der Gründung der DDR erhielt die DDR-Regierung zwar offiziell die Verwaltungshoheit. Diese war allerdings eher formell, weil die sowjetische Militäradministration immer das letzte Wort hatte.

Drei Tage nach der Gründung der DDR, also am 10. Oktober 1949, wurde die SMAD aufgelöst. An ihre Stelle trat dann die **Sowjetische Kontrollkommission** (SKK). Diese trat dezent in den Hintergrund. Sie ließ die DDR-Regierung schalten und walten und griff nur dann ein, wenn diese Politik den Interessen der Sowjetunion zuwiderlief. Die SKK konnte auch Gesetze vorgeben. Sie achtete auf die Durchsetzung der Beschlüsse der Potsdamer Konferenz.

Nach dem Tod Josef Stalins am 5. März 1953 setzte in der Sowjetunion eine gewisse Liberalisierung ein, die sich auch auf die Satellitenstaaten auswirkte. Am 28. Mai 1953 wurde die Sowjetische Kontrollkommission in die **Hohe Kommission der UdSSR in Deutschland** umgewandelt. Auf der Grundlage eines Ministerratsbeschlusses vom 20. September 1955 erlangte die DDR die „volle Souveränität". Diese politische Entscheidung kam nicht rein zufällig. Denn kurz zuvor, am 5. Mai 1955, hatte die BRD von den Westalliierten mit dem Deutschlandvertrag die „volle Souveränität" zuerkannt bekommen. Im Gegensatz zur Zusage an die DDR gab es im Grundgesetz der BRD Textpassagen, die ganz offen die Vorherrschaft der Besatzungsmächte zementierten. Das soll aber nicht das exklusive Thema dieses Buches sein. Jedenfalls ist es ein offenes Geheimnis, dass beide deutsche Staaten nur eine beschränkte Souveränität genossen.

Diese Lockerung der Zügel der Macht war von allen Besatzungsmächten keineswegs uneigennützig. Sie brauchten schlichtweg hochmotivierte militärische Bündnispartner für den Kalten Krieg. So wurde am 12. November 1955 in Westdeutschland die Bundeswehr und am 1. März 1956 in der DDR die Nationale Volksarmee (NVA) gegründet. Beide Staaten wurden 1955 Mitglied sich feindlich gegenüberstehender Militärbündnisse. Die BRD wurde Mitglied der NATO und die DDR Mitglied des Warschauer Vertrages. Es ist schon eine gewisse Tragik, dass sich von nun an Deutsche militärisch gegenüberstanden …

Zurück zur Organisation des sowjetischen Unterdrückungsapparates: Nachdem die UdSSR per Ministerratsbeschluss 1955 der DDR die „volle Souveränität" zugesichert hatte, wurde das Amt des Hohen Kommissars durch einen Rechtsakt aufgehoben und durch einen Beistandspakt ersetzt. Fortan fand die dezente Kontrolle der DDR-Staats- und der Bezirksregierungen durch die sowjetische Botschaft in Berlin statt. Interessant ist, dass, wie schon angedeutet, es wohl bis heute keine eindeutigen schriftlichen Belege analog den alliierten Vorbehaltsrechten für eine Defacto-Machtausübung der Sowjetunion auf die DDR seit dem Jahr 1955 gibt. Die in der DDR stationierte sowjetische Armee dürfte allemal ein Druckmittel gewesen sein. Zudem stand seit 1968 die Breschnew-Doktrin im Raum, wonach alle Ostblockstaaten, die sich in der sowjetischen Einflusssphäre befanden, keine souveränen Staaten seien.

Der Alliierte Kontrollrat existierte seit 1948 lediglich auf dem Papier. Aufgrund der friedlichen Revolution in der DDR kam er im Dezember 1989 wieder zusammen. Durch den Zwei-plus-vier-Vertrag wurde der Alliierte Kontrollrat aufgelöst.

2.4 Die sowjetischen Truppen in Deutschland zwischen 1945 und 1994

Die sowjetischen Truppen, die ab dem 29. Mai 1945 im restlichen Deutschland – genauer gesagt: in der SBZ – blieben, setzten sich aus Truppenteilen der Ersten und Zweiten Weißrussischen Front sowie aus der Ersten Ukrainischen Front zusammen. Sie nannten sich **Gruppe der Sowjetischen Besatzungstruppen in Deutschland** (GSBTD). Das Oberkommando residierte bis 1951/1952 in Potsdam-Babelsberg und dann in Wünsdorf. Die anfängliche Truppenstärke wurde von ungefähr 1,5 Millionen Soldaten und Offizieren 1947 auf 350 000 reduziert und stieg während des Koreakrieges (1950–1953) und der Berlin-Krise (1958–1962) auf 500 000 bis 600 000 Militärangehörige an. Prinzipiell sank die Zahl der sowjetischen Soldaten in der DDR und im vereinigten Deutschland nie unter 350 000. Die sowjetischen Truppen hatten in der DDR 616 Standorte mit 1116 Liegenschaften, die insgesamt so groß wie das Saarland waren. Das damalige und jetzige Land Brandenburg trug mit 237 Standorten die Hauptlast der Besatzung.[12] Das lag wohl auch daran, dass es territorial Berlin umschließt, und vielleicht auch daran, dass es Teil des Staates Preußens war.

---

[12] Keller, Thorsten (04.11.2019): „Als Gorbatschow die sowjetischen Soldaten heimholte". In: Märkische Allgemeine Zeitung vom 04.11.2019. Online verfügbar unter https://www.maz-online.de/Brandenburg/Wendejahr-19 89-Als-Gorbatschow-die-sowjetischen-Soldaten-heimholte (zuletzt abgerufen am 19.09.2020).

Seit 1947 gab es für die sowjetischen Besatzungstruppen in Deutschland eine Richtlinie, wonach diese den Kontakt mit der deutschen Bevölkerung möglichst meiden sollten. Diese Regelung entsprang der Angst vor Spionage. Und so kamen sowjetische Soldaten und Offiziere eher über staatlich organisierte Veranstaltungen in Kontakt mit Deutschen, meistens aber höchstens mit DDR-Funktionären. Sollte es zu privaten Kontakten gekommen sein, so mussten sie abgebrochen werden oder es kam zu Versetzungen und anderem mehr.

Sowjetische Wehrpflichtige mussten in Deutschland für zwei Jahre bleiben. Sie blieben, wenn nicht militärische Übungen angesetzt waren oder wenn sie nicht von einem militärischen Standort zum anderen gehen mussten, fast immer in der Kaserne. Unterkunft und Essen würden viele deutsche Wehrpflichtige dort eher als eine Zumutung empfinden. Im Monat bekam der Soldat 30 DDR-Mark. Er wurde von den Offizieren oftmals nicht gut behandelt, erst recht nicht, wenn er gegen Regeln verstieß oder wenn er in der deutschen Öffentlichkeit Straftaten jeglicher Art beging. Der sowjetische Soldat war in den Augen vieler DDR-Bürger ein armer Schlucker … Den sowjetischen Offizieren ging es dagegen in der DDR sehr gut. Sie erhielten je nach Dienstgrad einen Sold zwischen 750 und 1.500 DDR-Mark. Sie durften ihre Familien mit zum Standort nehmen und wohnten oftmals in Villen und anderen Wohnhäusern, die 1945 enteignet worden waren. Für die Schulkinder der Offiziere gab es eine Schule. Die ganze Infrastruktur befand sich oftmals in abgegrenzten, vor neugierigen Blicken geschützten Arealen. Diese durfte kein Deutscher ohne ausdrückliche Genehmigung betreten. Seit den 1970er-Jahren waren von der sowjetischen Armee betriebene Lebensmittelgeschäfte, sogenannte Russenmagazine, auch für die deutsche Bevölkerung zugänglich. Dort konnte man russische Produkte kaufen.

Auf dem militärischen Gelände wurde es mit dem Umweltschutz nicht so genau genommen. Das ist noch eine nette Untertreibung ...

Beim Aufstand vom 17. Juni 1953 reagierte die sowjetische Militäradministration mit drakonischen Maßnahmen. Für 167 der 217 (Land-)Kreise in der DDR wurde der Ausnahmezustand verhängt. An der Zerschlagung des Aufstandes beteiligten sich 16 Divisionen mit ungefähr 20 000 Soldaten. 34 Demonstranten wurden von der deutschen kasernierten Polizei und von sowjetischen Soldaten erschossen. Sowjetische und deutsche Gerichte sprachen insgesamt sieben Todesurteile aus. Diese wurden dann auch ausgeführt. Weitere Personen starben in der Haft.

Die Umbenennung der sowjetischen Truppen in der DDR im Jahre 1954 in **Gruppe der Sowjetischen Streitkräfte in Deutschland** (GSSD) muss in dem Zusammenhang gesehen werden, da die Regierung der UdSSR am 25. März 1954 die Absicht erklärte, dass die DDR „voll souverän" werden solle.

Am 12. März 1957 schlossen die Regierungen der DDR und der Sowjetunion ein **Abkommen über den zeitweiligen Aufenthalt sowjetischer Streitkräfte auf dem Territorium der DDR** ab. In diesem wurden die Truppenstärke der GSSD, ihre Stationierungsstandorte und die Übungsplätze mit den zuständigen Staatsorganen der DDR abgestimmt. Interessant ist, dass in diesem Abkommen festgelegt wurde, dass sich die sowjetischen Besatzungstruppen nicht in innere Angelegenheiten der DDR einzumischen hatten. Welchen Wert diese Zusicherung hatte, was der DDR bei Ausscheren aus der von Moskau vorgegebenen Marschrichtung blühen könnte, zeigten das Eingreifen der in

Dresden stationierten sowjetischen Soldaten 1968 bei der Niederschlagung des Prager Frühlings und die Verkündung der **Breschnew-Doktrin** im selben Jahr.

1959 stationierte die sowjetische Armee in Fürstenberg an der Havel Mittelstreckenraketen vom Typ R-5M und ab 1968 nukleare Sprengköpfe in den Sonderwaffenlagern Himmelpfort und Stolzenhain.

Nach dem Tod des Generalsekretärs der KPdSU Konstantin Tschernenko wurde am 11. März 1985 Michail Sergejewitsch Gorbatschow zu seinem Nachfolger gewählt. Im Zuge der Reformierung der Armee wurde 1988 die Gruppe der Sowjetischen Streitkräfte in Deutschland in **Westgruppe der Truppen** (WGT) umbenannt. Gorbatschow hob die Breschnew-Doktrin auf, 1985 noch inoffiziell, 1988 ganz offiziell. Am 21. März 1989 erhielt Erich Honecker von Gorbatschow ein Schreiben, dass er sich von nun an nicht auf einen militärischen Beistand durch die sowjetischen Truppen verlassen könne. Auf der Basis des **Erlasses über die Reduzierung der UdSSR-Truppen** ließ Gorbatschow die Truppenstärke in den Staaten des Warschauer Vertrages um 500 000 Mann reduzieren. Davon war in der DDR insbesondere Jüterbog betroffen, wo die 32. Garde-Panzerdivision Poltawa stationiert war. Diese Maßnahme war nicht nur das Ergebnis seiner Vision eines gemeinsamen Hauses Europa, sondern auch den gähnend leeren Staatskasse geschuldet. Die sowjetischen Truppen griffen auch nicht ein, als im Herbst 1989 in der DDR immer mehr Menschen auf die Straße gingen und die Herrschaft der SED ins Wanken geriet. Dass diese Revolution friedlich vonstattenging und die Deutschen die Vereinigung der DDR mit der BRD erleben durften, hatte zweifellos mit der Rolle Gorbatschows und der Sowjetunion allgemein zu tun. Das sollten die Deutschen nie vergessen.

Im Zwei-plus-vier-Vertrag wurde auch der Abzug der sowjetischen Truppen bis Ende 1994 beschlossen.

Während die Führung der Sowjetunion 1994 unter die Besetzung Deutschlands einen Schlussstrich zog, dachte und denkt die US-Regierung bis heute nicht im Traum daran, Deutschland zu verlassen. Ein Teil der Besatzungsrechte lebt in deutschen Gesetzen und eventuell in Geheimverträgen fort. Ansonsten sorgt die geglückte Indoktrination weiter Teile der westdeutschen „Elite" durch die angloamerikanischen Alliierten dafür, dass jedes Unabhängigkeitsstreben bei ihnen im Keim erstickt worden ist, sodass die US-Truppen auch weiterhin in Deutschland bleiben dürfen. Für die ehemaligen DDR-Bürger bot sich ein sehr entlarvendes Schauspiel: Westdeutsche Medienvertreter und Politiker bekamen Schnappatmung, als Anfang August 2019 der US-amerikanische Botschafter in Deutschland, Richard Grenell, der Bundesregierung drohte, die US-Truppen aus Deutschland abzuziehen, falls diese ihre Militärausgaben nicht umgehend auf zwei Prozent des Bundeshaushalts erhöht.[13]

---

[13] Krauel, Torsten (09.08.2019): Warum der Abzug aus Deutschland auch für die USA gefährlich wäre. In: Welt.de vom 09.08.2019. Online verfügbar unter https://www.welt.de/politik/ausland/article198274947/Grenell-Warum-der-Truppenabzug-fuer-die-USA-gefaehrlich-waere.html (zuletzt abgerufen am 07.10.2020).

2.5 Die Sowjetische Besatzungszone, die DDR und die Reparationskosten

2.5.1 Das Ringen der Alliierten um eine gemeinsame Haltung gegenüber Nachkriegsdeutschland

Nachdem im Juli 1943 die deutschen Truppen die Schlacht am Kursker Bogen verloren hatten und Italien im September 1943 kapituliert hatte, war absehbar, dass Hitler den Krieg nicht mehr gewinnen würde. Auf der **Konferenz von Teheran** im Dezember 1943 und vielen darauffolgenden Treffen der Westalliierten mit der Sowjetunion wurden Vorstellungen ausgetauscht, wie das Nachkriegsdeutschland aussehen könnte und welche Maßnahmen man ergreifen müsse, um zu verhindern, dass Deutschland erneut einen Krieg anzettele, und wie man Deutschland nicht nur militärisch, sondern auch ökonomisch schwächen könne. Auch in den Administrationen der Regierungen in Moskau, London und Washington wurden Deutschlandpläne ausgearbeitet. Einige Entwürfe sahen eine äußerst harte Haltung gegenüber Deutschland vor. Es gab auch Vorstellungen, dass Deutschland nach der Erfüllung bestimmter Bedingungen die Möglichkeit bekommen solle, relativ schnell wieder auf die Beine zu kommen. Letztere Ideen wären aber bei der Bevölkerung in den USA und in Großbritannien und auch bei Stalin nicht auf Zustimmung gestoßen.

Eine der bekanntesten und umstrittensten Vorstellungen, wie das Nachkriegsdeutschland zu gestalten sei, ist zweifellos der **Morgenthau-Plan**. Diesen arbeitete der US-amerikanische Finanzminister Henry Morgenthau im August 1944 für den US-Präsidenten Franklin D. Roosevelt aus. Er beinhaltete unter anderem die Umwandlung Deutschlands von einem Industrie- in einen Agrarstaat. Er war einer von mehreren Entwürfen. Auf der

Zweiten Québec-Konferenz, die vom 11. bis zum 19. September 1944 stattfand, trafen sich Churchill und Roosevelt. Der US-Präsident nahm anstatt seines Außenministers Cordell Hull seinen Gegenspieler Henry Morgenthau zur Konferenz mit. Bei der Québec-Konferenz ging es um die Verlängerung der US-amerikanischen Militär- und Wirtschaftshilfe, aber auch um die Abstimmung gemeinsamer Ziele für den Umgang mit Deutschland. Pikanterweise stand am Textende des Abkommens ein Satz, der aus dem Morgenthau-Plan entnommen wurde. Dieser lautete: *„Dieses Programm zur Ausschaltung der Kriegsindustrie in* Ruhr und Saar soll Deutschland in ein Land mit vorwiegend agrarischem und ländlichem Charakter verwandeln."[14] Anfangs lehnten Winston Churchill und sein Außenminister Anthony Eden den Morgenthau-Plan ab, akzeptierten ihn aber als weitere Diskussionsgrundlage. Morgenthau stellte den Briten einen 6,5-Milliarden-Kredit in Aussicht. Das stimmte Churchill um. Während die Außenminister der USA und Großbritanniens dagegen Einwände erhoben, hatten Churchill und Roosevelt dieses Abkommen unterschrieben. Als am 21. September 1944 aufgrund einer Indiskretion aus dem US-Finanzministerium diese Textpassage veröffentlicht wurde, war der Protest in der Bevölkerung der USA und Großbritanniens unerwarteterweise sehr groß. Auch die Reaktionen der US-Presse waren sechs Wochen vor den Präsidentschaftswahlen durchweg negativ. Daraufhin distanzierten sich Churchill und Roosevelt von dieser Aussage. Der Plan wurde deshalb nicht dem Senat zur Beratung zugeleitet, sondern ad acta gelegt. Am 20. Oktober 1944 lehnte Roosevelt jede

---

[14] Volkmann, Hans-Erich (1995): „Ende des Dritten Reiches – Ende des Zweiten Weltkrieges. Eine perspektivische Rückschau", herausgegeben im Auftrag des Militärgeschichtlichen Forschungsamtes, München: Piper, 1995, S. 32.

konkrete Deutschlandplanung ab, setzte in der Folge die harsche Direktive JCS 1067 durch, wonach Deutschland als besiegtes und nicht als befreites Land behandelt werden sollte, und unterband alle Instruktionen für die European Advisory Commission EAC (zu Deutsch: Europäische Beratende Kommission) in London. Diese wurde Anfang 1944 von Russland, den USA und Großbritannien gebildet, um eine gemeinsame Haltung zu den Kapitulationsbedingungen und zum Besatzungsstatut für Deutschland auszuarbeiten. Aufgrund von Meinungsverschiedenheiten mit dem neuen US-Präsidenten Harry S. Truman schied Henry Morgenthau aus dem Außenministerium und aus den wichtigsten Entscheidungsgremien aus. Formal ist die Aussage des US-amerikanischen Nachschlagewerkes Wikipedia richtig, dass der Morgenthau-Plan nicht die Grundlage angloamerikanischer Nachkriegspolitik für Deutschland war. Ein mündiger Bürger unterscheidet aber bei Politikern zwischen deren Worten und Taten. Und wie sich dann noch zeigte, kann man sich nicht des Eindruckes erwehren, dass beim Handeln vieler amerikanischer Politiker und Militärs der Morgenthau-Plan zumindest im Hinterkopf präsent gewesen sei: Zur unangenehmen Wahrheit gehörte die praktizierte Bestrafungsphilosophie der USA nach Kriegsende, der deutschen Bevölkerung keine Hilfe zu gewähren, weder eine wirtschaftliche noch eine humanitäre. Die US-Besatzungstruppen wurden angewiesen, keine Lebensmittel an die hungernden Deutschen zu verteilen. Bis zum 5. Juni 1946 durfte die US-amerikanische Hilfsorganisation CARE (Cooperative for American Remittance for Europe) nicht ihre europaweit bekannten CARE-Pakete nach Deutschland senden. Die Direktive JCS 1067 wurde erst im Juli 1947 durch die deutschlandfreundlichere **Direktive JCS 1779/1** ersetzt.

Es bleibt festzuhalten, dass weder auf der Konferenz von Teheran, auf der Québec-Konferenz, auf der Konferenz von Jalta, bei der Europäischen Beratenden Kommission noch auf der Potsdamer Konferenz sich Russland, die USA und Großbritannien darauf einigen konnten, wie und in welchem Ausmaß die Reparationen Deutschlands stattfinden sollten. Aufgrund der Erfahrungen mit den Reparationszahlungen wegen des Ersten Weltkrieges waren sich die Alliierten nur in einem einig: Die Reparationen sollten nicht mehr über Geldzahlungen erfolgen. Stalins Reparationsforderung an Nachkriegsdeutschland in Höhe von 10 Mrd. US-Dollar wurden von den USA und Großbritannien entschieden abgelehnt. Der verzweifelte Kompromiss auf der Potsdamer Konferenz, jeder könne sich in seiner Besatzungszone nach Belieben bedienen, war für die Bevölkerung in der Sowjetisch Besetzten Zone und der daraus entstandenen DDR äußerst tragisch.

2.5.2 Was zu den Reparationsleistungen zählt und die Diskrepanz bei der Wertstellung

Im **Pariser Reparationsabkommen** vom 14. Januar 1946 wurden die Forderungen der alliierten Verbündeten (außer diejenigen der Sowjetunion) an Deutschland aufgelistet. Die Sowjetunion bestand hingegen auf ihren Maximalforderungen.

Als Reparation galten die Konfiszierung des Auslandsvermögens, von Devisenbeständen, von Patenten, Warenzeichen, Sachlieferungen, die Demontage von Industrieanlagen und Ähnlichem sowie die Zwangsarbeit deutscher Kriegsgefangener und Zivilisten. Nicht nur in den Bombennächten der letzten Kriegsmonate, auch durch den Raub von Kunstschätzen durch die alliierten Streitkräfte ging viel kulturelles Erbe verloren. Selbst wenn ich kein Rechtsexperte bin, so glaube ich nicht, dass geraubte Kunst, egal, von wem sie gestohlen wurde, für die Verrechnung von Reparationskosten herangezogen werden darf, dass das also nicht mit internationalem Recht vereinbar ist. Ich denke da insbesondere an die **Beutekunst** aus Deutschland, die in Sankt Petersburg deponiert ist.[15]

Der erste Deutsche Bundestag beschäftigte sich 1949 mit der Ermittlung des Auslandsvermögens nach dem Zweiten Weltkrieg und kam zum Schluss, dass sich eine Ermittlung der Gesamtsumme als äußerst schwierig erweise, sodass ihre Schätzung um den Faktor 16 über derjenigen der **Inter-Allied Reparations Agency (IARA)** lag. Da die damalige Bundesregierung davon ausging, dass die Abtretung der ostdeutschen Gebiete an Russland und Polen bis zum Friedensvertrag nur eine vorübergehende Sache sei, wurde der Wert dieser Gebiete nicht in die Ermittlung des Auslandsvermögens einbezogen. Allerdings blieb der Bundesregierung auch nichts anderes übrig, die Kröte der starken Diskrepanz bei der Werteinschätzung der IARA zu schlucken, da sie sich in der schlechteren Position der Bittstellerin befand. Angesichts der damaligen Situation der BRD erschien es der Bundesregierung als ratsamer, das Angebot der Alliierten anzunehmen. Denn die Summe des Schuldenerlasses beim **Londoner Schuldenabkommen** vom 27. Februar 1953 lag weit über ihrer Schätzung der Höhe des deutschen Auslandsvermögens. Der Erlass bezog sich zwar nicht auf die Reparationsschulden

---

[15] Windisch, Elke (21.06.2013): Merkel fordert Beutekunst von Moskau zurück. In: Der Tagesspiegel vom 21.06.2013. Online verfügbar unter https://www.tagesspiegel.de/politik/eroeffnung-von-ausstellung-in-st-petersburg-merkel-fordert-beutekunst-von-moskau-zurueck/8388712.html (zuletzt abgerufen am 08.10.2020).

des Zweiten Weltkrieges, für die junge Bundesrepublik ging es aber ums finanzielle Überleben. Hierzu später mehr.

2.5.3   Die Demontage in der West- und in der Ostzone

Die UdSSR erlitt im Zweiten Weltkrieg die größten Kriegsschäden. Daher wurde ihr von den Westalliierten zugestanden, sich bei Reparationen (bei der Demontage von Industrieanlagen) auch in der Westzone bedienen zu dürfen. Ihr standen 25 Prozent aller Demontagen zu, wobei sie für 15 Prozent einen Gegenwert aus der SBZ in Form von Nahrungsmitteln, Holz, Kali, Kohle und Zink u. a. m. liefern sollte. Zehn Viermächtekommissionen wählten die zu demontierenden Betriebe aus. Da die Sowjetunion eine Gegenleistung ablehnte, stoppte der US-amerikanische Militärgouverneur Lucius Clay am 25. Mai 1946 den Transfer von Sachleistungen auf das sowjetische Reparationskonto aus der von den USA besetzten Zone. Daraufhin stellten auch Frankreich und Großbritannien die Transferleistungen aus ihren Besatzungszonen an die Sowjetunion ein.[16]

Bis März 1947 wurden in der SBZ 11 800 km Eisenbahnschienen demontiert und in die UdSSR transportiert. Das entspricht einer Verringerung auf 48 Prozent des 1938 im mittleren Deutschland existierenden Schienennetzes. Zwischen 2000 und 2400 der größten und modernsten Betriebe wurden vollkommen demontiert. Die Demontage des Schienennetzes und der Industrieanlagen endete in der Ostzone in dem Moment, als die USA ab 1948 die Westzone mit dem **European Recovery Program,**

---

[16] Latour, Conrad Franchot/Vogelsang, Thilo (1973): Okkupation und Wiederaufbau. Die Tätigkeit der Militärregierung in der amerikanischen Besatzungszone Deutschlands 1944–1947, Stuttgart: Deutsche Verlags-Anstalt, 1973, S. 159.

eher bekannt unter dem Namen **Marshallplan**, unterstützte. Der Nutzen der Demontage wurde immer fraglicher, weil sich abzeichnete, dass nur circa 25 Prozent der abgebauten Anlagen in der Sowjetunion wirklich in Betrieb genommen werden konnten. Viele Maschinen und Maschinenteile wurden falsch gelagert und transportiert. Dann fehlten die richtigen Montagepläne, oder die Arbeiter in Deutschland hatten aus stillem Protest gegen die Zerstörung ihrer Arbeitsplätze bei der Demontage und Einlagerung „aus Versehen" Teile mit in die Sendung hineinzulegen „vergessen", sodass diese dann in der Sowjetunion fehlten. Der Abbau von Anlagen in der Energiewirtschaft führte zu Stromengpässen. Da für die sowjetische Militärverwaltung und für die Regierung der DDR die Produktion von Gütern oberste Prioritäten hatte, kam es zu Spitzenzeiten in den Wohnvierteln immer wieder zu Stromabschaltungen.

Die Gefahr, die SBZ durch Demontagen nicht mehr überlebensfähig zu machen und dieser dann seitens der UdSSR finanziell unter die Arme greifen zu müssen, stieg mit jeder Demontage. Zudem drohte die Stimmungslage in der Bevölkerung zu kippen. Das waren die Hauptgründe, den Abbau von Anlagen und ganzen Betrieben zu stoppen. Der Ministerrat der Sowjetunion erließ zwar die Verordnung Nr. 32-19s, die die „weitere Montage von Ausrüstungen deutscher Betriebe verbot". Trotzdem forderten verschiedene sowjetische Ministerien die Fortsetzung der Demontage in der SBZ. In Wirklichkeit endete diese erst im April 1948, als sich die Führungsriege in der UdSSR sicher war, dass sich die SBZ auf dem besten Weg zum „demokratischen" (Satelliten-)Staat befand.[17]

---

[17] Karlsch, Rainer/Laufer, Jochen (2002): Sowjetische Demontagen in Deutschland 1944–1949. Hintergründe, Ziele und Wirkungen (Zeitge-

In der Westzone und in der jungen BRD ging die Demontage noch weiter bis Ende 1950. Erst mit dem Petersberger Abkommen vom 22. November 1949 wurde offiziell ihr Ende beschlossen. Viele westdeutsche Betriebe nutzten die Kredite des Marshall-Planes, um sich für die fehlenden Maschinen sofort neue und produktivere zu kaufen ...

Der Wert aller demontierten Anlagen betrug in der SBZ/DDR 5 Mrd. DM und in der Westzone/BRD 5,4 Mrd. DM. Auch wenn die Demontage im Vergleich zwischen den beiden Zonen wertmäßig ausgeglichen zu sein schien, so war diese für den Osten weitaus schmerzlicher. Denn: Bis 1948 hatte der Substanzverlust an industrieller und infrastruktureller Kapazität in der Sowjetischen Besatzungszone ein Maß angenommen, das, alle Branchen zusammengerechnet, 70 Prozent der Wirtschaftskraft von 1944 auf dem gleichen Gebiet entspräche. Das Verhältnis des Kapazitätsverlustes durch Demontagen zwischen West und Ost beträgt nach wissenschaftlichen Ermittlungen des Wirtschaftshistorikers Dr. Rainer Karlsch immerhin 1 : 10![18]

Die KPD, die SPD und seit April 1946 die SED glaubten, dass Betriebe, die in Volkseigentum überführt worden seien, einen gewissen Schutz vor der Demontage hätten. Die SMAD und die Führungsriege in der UdSSR ließen sich in ihrem einmal eingeschlagenen Deutschlandkurs nicht beirren. Selbst das Bitten, wenigstens Teile der Betriebe aus volkswirtschaftlichen Gründen in der SBZ zu belassen, hatte bis zu 99,9 Prozent keinen Erfolg. Es

---

schichtliche Forschungen [ZGF], Band 17), Berlin: Duncker & Humblodt, 2002, S. 62.

[18] Karlsch, Rainer (2004): Allein bezahlt? Die Reparationsleistungen der SBZ/DDR 1945–1953, Mockrehna: Elbe-Dnepr-Verlag, Reprint 2004, S. 233.

gab Fälle, wo der SMAD Kompromissbereitschaft zeigte, dann aber seine Zusage nicht mehr einhielt und wo SED-Funktionäre aus der unteren Ebene der Bevölkerung/der Belegschaft vortäuschten, sie hätten positive Signale von der SMAD bekommen, was aber nicht der Wahrheit entsprach. Von ganz wenigen Aktionen abgesehen, herrschte in der SED-Führung ein lähmendes Schweigen. Die Demontage von Betrieben und Anlagen durch die Sowjetunion sowie das Verhalten der SED führten zu einem bleibenden Imageschaden. Es war einer von vielen Gründen, die letztendlich zum Volksaufstand am 17. Juni 1953 führten …

2.5.4   Sowjetische Aktiengesellschaften in der SBZ/DDR

Relativ schnell gelangten die Besatzungsmächte in Ost und West zur Erkenntnis, dass die anvisierten Reparationsleistungen allein durch Demontage der Industrieanlagen u. Ä. nicht zu erreichen waren. Der, etwas zugespitzt formuliert, „Morgenthau-Plan light" konnte zuerst aus finanziellen und später aus bündnispolitischen Gründen nicht durchgehalten werden. Deshalb sollte beispielsweise aus ökonomischer Sicht von nun an zweigleisig gefahren werden: Demontage und Entnahme aus einer stabilisierten Produktion. In der amerikanisch besetzten Zone sorgte die Direktive JCS 1779/1 für eine deutschlandfreundlichere Politik. Der **Befehl Nr. 167 der SMAD vom 5. Juni 1946** mit dem Titel „Über den Übergang von Unternehmungen in Deutschland in das Eigentum der UdSSR auf Grund der Reparationsansprüche" markierte einen Wendepunkt in der sowjetischen Besatzungspolitik. Um die 200 größere Betriebe in der SBZ sollten in **Sowjetische Aktiengesellschaften** (SAG) nach deutschem Recht überführt werden, wobei ungefähr 300 000 Beschäftigte in bis zu 35 Aktiengesellschaften zusammengefasst wurden. Die Hauptverwaltung sowjetischen Vermögens im Ausland beim Ministerrat der UdSSR war einhundertprozentiger Besitzer. 1947 betrug der Anteil an der Industrieproduktion in der SBZ ungefähr 20 Prozent. Zeitweise lag sie sogar bei 30 Prozent. Die SAG waren hauptsächlich in der chemischen, Elektro-, Gummi- und in der Mineralölindustrie angesiedelt. Ab Ende der 1940er-Jahre durften die Länder der SBZ bzw. die DDR die Sowjetischen Aktiengesellschaften zurückkaufen.

Die Kosten für die seit Beginn des Kalten Krieges heimlich betriebene Aufrüstung (Aufbau einer Kasernierten Volkspolizei), die Reparationen und die Unterhaltskosten für die Besatzungstruppen banden große Teile des Staatshaushalts. 1952 machten diese 22 Prozent und 1953 noch 18 Prozent aus.[19] Hinzu kamen Kosten für den Rückkauf der SAG und für die Inhaftierung politischer Gefangener. 1953 waren die Ausgaben zeitweise nicht durch Einnahmen gedeckt. Deshalb ordnete die Regierung der DDR für die Volkseigenen Betriebe (VEB) drastische Normerhöhungen an. Das, aber auch noch andere Gründe führten zu einer Welle von Streiks durch Arbeiter und Angestellte. So bedauerlich die Niederschlagung des Volksaufstandes vom 17. Juni 1953 war, war dieser jedoch nicht ganz umsonst. Die Führung in der Sowjetunion erkannte, dass sie ihre Besatzungspolitik in Bezug auf Reparationen nicht fortsetzen konnte. Sie stellte zum 1. Januar 1954 die Reparationsforderungen ein. Die letzten 33 SAG gingen zu diesem Zeitpunkt eigentumsrechtlich auf die DDR über.

Eine SAG spielte hier von Anfang an eine Sonderrolle und war von der vollkommenen Eigentumsübergabe ausgeschlossen: Es war die Wismut AG. Diese hatte für das sowjetische

---

[19] Wenzke, Rüdiger/Diedrich, Torsten (2003): Die getarnte Armee: Geschichte der Kasernierten Volkspolizei der DDR 1952–1956, 2. Auflage, Berlin: Ch. Links, 2003, S. 311–312.

Atomwaffenprogramm eine enorme Bedeutung, weil sie Uran aus den Bergwerken in Thüringen und Sachsen lieferte. Ab dem 1. Januar 1954 wurde dieses Unternehmen in die Sowjetisch Deutsche Aktiengesellschaft SDAG Wismut mit 50-prozentiger deutscher Beteiligung umgewandelt. Am 20. Dezember 1991 wurden von der BRD die sowjetischen Aktienanteile übernommen.

2.5.5   Der Aderlass an Wissen und Fachleuten in der SBZ

Nach dem Zweiten Weltkrieg erlebte Deutschland einen Aderlass an Wissen, Wissenschaftlern und Fachleuten in einem bis dato nie bekannten Ausmaß. Ich möchte mich hierbei vornehmlich auf die Sowjetische Besatzungszone konzentrieren, aber auch ab und zu diesbezüglich einen Blick auf die Westzone/auf die Westalliierten werfen, weil es immer wieder Interaktionen zwischen der Sowjetunion und den Westalliierten gab.

Da die USA im Zweiten Weltkrieg von der Zerstörung verschont geblieben war, waren die Amerikaner weniger an Sachleistungen als an der Erlangung deutschen Wissens interessiert. Sofort, als die US-amerikanischen Truppen deutschen Boden betreten hatten, schwärmten eigens dafür ausgebildete Truppen aus, um Patente, eingetragene Warenzeichen, Experimentier- und hochmoderne Industrieanlagen, Wissenschaftler, Ingenieure und Techniker aufzuspüren und in die USA zu bringen. Von besonderem Interesse waren die Raketen-, die Flugzeug-, die Antriebs-, die optische, die chemische, die Farbfilm- und die Maschinenbauindustrie.

Was viele ehemalige DDR-Bürger nicht wissen, weil es zwar noch regional besprochen, da nicht abstreitbar, aber in den offiziellen Geschichtsbüchern in der DDR verschwiegen wurde, ist die Tatsache, dass die US-Truppen Sachsen-Anhalt, Thüringen und das westliche Sachsen einschließlich Leipzig bis Ende Juni 1945 besetzt hielten.[20] Allenfalls wurde vom „Handschlag in Torgau", als am 25. April 1945 sowjetische Truppen auf die US-amerikanischen stießen, berichtet …

Bis 1945 war die Industrie des mittleren Deutschlands konzentriert im südlichen Teil: in Sachsen-Anhalt, in Thüringen und in Sachsen. Ich denke an Jenaer Glaswerke Schott & Gen. sowie Carl Zeiss in Jena, die Leunawerke in Leuna, die Buna-Werke in Schkopau, die Filmfabrik in Wolfen, Hentschel in Staßfurt, die Junkers Flugzeug- und Motorenwerke in Dessau, die Siebel Flugzeugwerke KG in Halle usw. Seit 1944 wurden Berlin, das Berliner Umland und die Heeresversuchsanstalt Peenemünde, wo die Ernst Heinkel Flugzeugwerke an der Entwicklung von Einstrahlflugzeugen und Raketenantrieben beteiligt waren, immer stärker von den Alliierten bombardiert. Daher erfolgte eine Dezentralisierung. Betriebsteile und Berliner Forschungseinrichtungen wurden nach Thüringen, Sachsen-Anhalt und nach Sachsen umgesiedelt. Im Harz und im Gebirge um Jena trieben Zwangsarbeiter Stollen in die Berge, wo dann die Produktion von Munition, Flugzeug- und Raketenteilen sowie die Forschung relativ ungestört bis Kriegsende fortgesetzt werden konnte.

Das starke Interesse der Amerikaner am deutschen Wissen/an Patenten in der Chemie und in der Flugzeug- und Raketentechnik war nicht ganz unbegründet. Denn nach Aussage Adenauers hatte zum Beispiel die IG-Farben gegenüber der

---

[20] Althaus, Johann (09.07.2015): US-Herrschaft über Leipzig verunsicherte die DDR. In: Welt.de vom 09.07.2015. Online verfügbar unter https://www.welt.de/geschichte/article143763148/US-Herrschaft-ueber-Leipzig-verunsicherte-die-DDR.html (zuletzt abgerufen am 08.10.2020).

Chemieindustrie in den USA einen Wissensvorsprung von mindestens zehn Jahren.[21] So ähnlich war es auch in der Flugzeug- und Raketentechnik.

Die USA nutzte die kurze Zeit ihrer Besatzung in Sachsen-Anhalt, Thüringen und Sachsen intensiv aus, um an Patente, Industriegeheimnisse, wissenschaftliche Forschungsergebnisse, an Experimentieranlagen und an wichtige Wissenschaftler, Ingenieure und Techniker zu kommen. Von 1945 bis 1947 eigneten sich die USA in ihrem Machtbereich deutsche Patente und Betriebsgeheimnisse im Wert von 10 Mrd. US-Dollar an.[22] Im Vergleich dazu: Beim Marshall-Plan erhielt die Westzone einen Kredit von lediglich 1,4 Mrd. US-Dollar! Der Schaden für Deutschland war allein aus der Sicht immens.

Mit der **Operation Overcast** rekrutierten die USA 1945/1946 deutsche Wissenschaftler und Ingenieure, um mit ihrer Hilfe das militärische Rüstungsprogramm bezüglich der Flugzeug- und Raketentechnik deutlich voranzubringen. Die **Operation Paperclip** diente dazu, wichtige deutsche Fachleute vor der Flucht ins Ausland abzuhalten und sie stattdessen in die USA zu bringen und sie eventuell auch einzubürgern. Die bekannteste Person war zweifellos **Wernher von Braun**. Der Umgang mit ihm ist ein Beispiel dafür, dass die USA wenig Berührungsängste

---

[21] Adenauer, Konrad (1983): Memoirs 1945–1953, United Kingdom: Gateway Books, März 1983, S. 148.
[22] Naimark, Norman M. (1997): The Russians in Germany: A History of the Soviet Zone of Occupation, 1945–1949, Cambridge: Belknap Press of Harvard University Press, Reprint 1997, S. 206.

gegenüber Personen hatten, die mit einer nationalsozialistischen Vergangenheit behaftet waren, wenn es um ihre Vorteile ging.[23]

Deutsche Wissenschaftler und Ingenieure, die die USA nicht für ihr Rüstungsprogramm brauchte und die die anderen Siegermächte nicht für ihre Zwecke nutzen sollten, wurden im Rahmen des **Projektes Safehaven** gefangen genommen, aufs Land verfrachtet und zum Nichtstun verdammt. Es handelte sich hierbei um 1800 Wissenschaftler und Techniker aus allen Bereichen der Forschung und Entwicklung und 3700 Familienangehörige. Diese Personen durften, von der Umwelt abgeriegelt, höchstens artfremde Tätigkeiten durchführen. Sie befanden sich gewissermaßen in einem Abklingbecken des Wissens. Damit sollten sie ihre Spitzenposition in der Wissenschaft verlieren. Diese Wissenschaftler, Techniker und herausragenden Denker standen somit dem Aufbau Deutschlands nicht zur Verfügung.[24]

Das britische „Engagement" zur Erlangung von Wissen und Wissenschaftlern aus Deutschland war etwas bescheidener und von weniger Erfolg gekrönt. Am ehesten bekannt ist die **Operation Matchbox**. Hierbei wurden 200 deutsche Wissenschaftler zusammen mit ihren Familienangehörigen gegen ihren Willen nach Australien gebracht. Schwerpunkt der Forschung war es, aus Braunkohle Treibstoff zu gewinnen. Diesbezüglich hatten sich Forscher in den Buna-Werken schon ein Verfahren ausgedacht.

---

[23] O. V. (15.11.2020): USA gewährten Nazis Unterschlupf. In: Zeit-Online.de vom 15.11.2020. Online verfügbar unter https://www.zeit.de/wissen/geschichte/2010-11/nazis-USA-unterschlupf (zuletzt abgerufen am 08.10.2020).

[24] Gimbel, John (1986): U.S. Policy and German Scientists: The Early Cold War. In: Political Science Quarterly, Vol. 101, No. 3, 1986, S. 433–451.

Das VW-Werk in Wolfsburg wollten die Briten vollkommen demontieren. Bestimmte Kreise in der britischen Militäradministration, Politik und Wirtschaft konnten aus den technischen Unterlagen von VW keine besonderen Erkenntnisse ziehen und sahen beim Verkauf der bisher produzierten Modelle auf dem britisch beherrschten Markt keine Aussicht auf Verkaufserfolge. Dieser Fehleinschätzung ist es zu verdanken, dass der Betrieb erhalten blieb, die Produktion von Pkws in Wolfsburg wieder anlaufen durfte und heutzutage VW zu einem der größten und weltweit führenden Konzerne in seiner Branche geworden ist ...

Auch die Sowjetunion zog schnell nach, als es um die Ergreifung von Maßnahmen zur Erlangung deutschen Wissens ging. Ab Mai 1945 konzentrierte sich in der Sowjetischen Besatzungszone die Suche der sowjetischen Militäradministration auf alle deutschen Wissenschaftler und Ingenieure, die sich mit Flugzeug- und Raketentechnik beschäftigten und sich nicht in die Westzone oder ins Ausland abgesetzt hatten. Sie wurden teils dienstverpflichtet, teils durch hohe Gehälter gelockt, in Experimental-Konstruktionsbüros, in sogenannten **OKB**, zu arbeiten. (OKB steht auf russisch für: **о**пытно-**к**онструкторское **б**юро). In der SBZ gab es sieben dieser Art.

Nachdem die US-amerikanischen Truppen mit Menschen und Material abgezogen waren, errichtete die SMAD in Bleicherode, bei Nordhausen und südlich des Harzes im Sommer 1945 das Institut RABE (**Ra**keten-**B**au und -**E**ntwicklung) und die „Zentralwerke", ein weiteres Zentrum, wo alle Wissenschaftler und Techniker zusammengefasst wurden. Bis zu 6000 Beschäftigte mussten die V2 (eine deutsche Großrakete) konstruieren und bauen. Diese wurde dann in die Sowjetunion geliefert und getestet. Die sowjetischen Spezialtruppen versuchten notgedrungen, viele Wissenschaftler aus der zweiten Reihe, die eng mit Wernher von Braun zusammenarbeiteten, für ihr Raketenprogramm zu gewinnen oder sie dazu zu zwingen. Es gelang ihnen sogar, Helmut Gröttrup, der Stellvertreter von Wernher von Braun gewesen war, aus der Westzone für diese Arbeit anzuwerben. Zu jenen bekannten deutschen Wissenschaftlern, die am gleichen Projekt arbeiteten, gehörten auch Heinrich Wilhelmi und Werner Albring.

Alle von mir genannten Zentren wurden dem sowjetischen Ministerium für Bewaffnung unterstellt und von einem sowjetischen Offizier geleitet. Die deutschen Wissenschaftler und Ingenieure hatten die Aufgabe, verloren gegangene oder zerstörte wissenschaftlich-technische Dokumente über die neuesten deutschen Waffensysteme zu rekonstruieren und fertigzustellen. Damit verstieß die Sowjetunion gegen Geist und Buchstabe der Abmachungen der Potsdamer Konferenz, auf deutschem Boden keine Waffensysteme zu entwickeln und herzustellen. Daher kam von den Westalliierten scharfer Protest. Die Sowjetunion sah sich genötigt, ihre Strategie bei der Aufrüstung mit deutscher Beteiligung zu ändern …

Am 22. Oktober 1946 ab 05:30 Uhr wurde in der SBZ eine lange, bis ins letzte Detail geplante Aktion, die von der SMAD geleitet wurde, durchgeführt. Mehr als 100 Güterzüge wurden hierzu bereitgestellt und das örtliche Telefonnetz außer Betrieb gesetzt. Diese Operation lief unter dem Namen **Aktion Ossawakim.** (In Wirklichkeit müsste sie „Operation Ossoawiachim" heißen.) Im Rahmen dieser Aktion suchten Spezialkräfte der Sowjetarmee die Wohnungen ausgewählter Wissenschaftler und Techniker auf, die sich mit Flugzeug- und Raketentechnik beschäftigten. Sie umstellten die Wohnungen und forderten sie auf, alles auszuräumen, was sie mit in die Sowjetunion nehmen wollen. *„Auf Befehl der sowjetischen Militäradministration müssen Sie fünf Jahre in Ihrem Fach in der Sowjetunion arbeiten. Die Arbeitsbedingungen sind dieselben wie für einen Russen in entsprechender Stellung. Sie werden Ihre Frau und Ihr Kind mitnehmen. Sie können von ihren Sachen so viel mitnehmen, wie sie wollen. Packen Sie!"* Diesen Spruch bekamen die vollkommen überraschten Personen von den bei der Aktion mitgenommenen Dolmetschern aus der Sowjetarmee zu hören.[25] Innerhalb weniger Stunden wurden in Bleicherode 150 Personen zumeist gegen ihren Willen mit Familie und Mobiliar in Züge ins Ausland verfrachtet. So oder so ähnlich lief es zeitgleich in mehreren Orten in der SBZ ab. Insgesamt betraf es rund 2500 Wissenschaftler, Techniker und andere Spezialisten und ungefähr 4000 Familienangehörige.

Die im Rahmen der Aktion Ossawakim verschleppten Wissenschaftler und Techniker kamen aus den Spezialgebieten „Radar und Funk", „Kreisel- und Navigationssysteme", „Feststoffraketenantriebswerke", „Flüssigkeitsraketen", „Flugzeuge, Strahltriebwerke und Flugabwehrraketen", aus der Erdölindustrie und aus der Foto- und Kinoindustrie. Die verschleppten Deutschen wurden auf verschiedene Forschungszentren in der Sowjetunion aufgeteilt. Einerseits bauten sie dort die deutschen Waffensysteme und Flugzeuge nach und verbesserten diese, andererseits wurden völlig neue Waffen und Flugzeugtypen entwickelt. Das Hauptziel war es, eine Trägerrakete zu entwickeln, die drei Tonnen Nutzlast 3000 km weit transportieren konnte. Als 1953 Stalin starb, durften viele Deutsche, nachdem sie die

---

[25] Sapinski, Hellin (22.10.2016): Als die Sowjets deutsche Techniker „erbeuteten". In: Die Presse vom 22.10.2016. Online verfügbar unter https://www.diepresse.com/5104265/als-die-sowjets-deutsche-techniker-erbeuteten (zuletzt abgerufen am 08.10.2020).

sowjetischen Militärs und Wissenschaftler eingearbeitet hatten, in die nun entstandene DDR zurückkehren. Dort erwarteten sie oftmals hohe Positionen in Wissenschaft und Wirtschaft.

Ich möchte hier einige Beispiele nennen: Brunolf Baade, der bei den Junkers-Werken in Dessau Leiter der Konstruktionsabteilung war, 1946 in die Sowjetunion verschleppt worden war, kam 1954 ins Nachkriegsdeutschland zurück. Er wurde Chefkonstrukteur in der DDR-Flugzeugindustrie. Baade entwickelte das Strahlenverkehrsflugzeug 152.

Erich Apel, ein Maschinenbauingenieur, arbeitete in Peenemünde und in Bleicherode zeitweise mit Wernher von Braun zusammen. Er wurde auch in die Sowjetunion gebracht und musste sich mit Raketentechnik beschäftigen. Apel durfte 1952 in die Heimat zurückkehren und machte im DDR-Ministerium eine steile politische Karriere.

Manche gingen mit Unterstützung westlicher Geheimdienste auch in die BRD. Die letzten deutschen Wissenschaftler und Techniker durften erst 1958 in ihre stark veränderte Heimat zurückkehren.

Obwohl die Deutschen insbesondere in der Raumfahrt der UdSSR und der USA für einen enormen Entwicklungsschub sorgten, nahmen in der Öffentlichkeit dieser Länder andere die Lorbeeren entgegen …

Carl Zeiss Jena erlebte nach dem Zweiten Weltkrieg zwei ähnliche Verschleppungsaktionen: Zuerst nahmen US-amerikanische Truppen 150 Spezialisten und einige für sie interessante Maschinen mit nach Baden-Württemberg. Für eine komplette Demontage war die Besatzungszeit zu kurz. Danach verschleppten sowjetische Truppen 300 Wissenschaftler, Ingenieure und andere

Fachleute in die Sowjetunion. Carl Zeiss Jena sollte vollkommen demontiert werden. Es gleicht schon einem Wunder, dass diese Firma erhalten blieb und ihre Produkte selbst unter DDR-Wirtschaftsverhältnissen wieder Weltniveau erlangten.

Während es der Sowjetunion mit der Hilfe der Deutschen in der Raketentechnik gelang, eine weltweit führende Position in der Raumfahrttechnik zu erringen, gab es diesen Erfolg mit der sowjetischen Optikindustrie nicht. Das lag unter anderem daran, dass für diese Aktion im Gegensatz zur Entwicklung der Flugzeug- und Raketentechnik durch Deutsche viel weniger Geld zur Verfügung stand, die Standorte für die Optik in der UdSSR sehr dezentralisiert waren, die deutschen Optik-Spezialisten daher überlastet waren und es einen mangelhaften Wissenstransfer auf die russischen Mitarbeiter gab.[26]

2.5.6   Reparationen der Westzonen/BRD und der SBZ/DDR

Wenn es um die Reparationen für Schäden und Verluste aus dem Zweiten Weltkrieg geht, wird in verschiedenster Literatur immer wieder auf die Londoner Schuldenkonferenz vom 28. Februar bis 8. August 1952 verwiesen. Es bleibt festzuhalten, dass die Konferenz diese Frage nur am Rande behandelt hatte. Viel eher wurden die einzelnen Schulden für Deutschland als Ganzes und für die junge BRD aufgedröselt. Es ging hauptsächlich um die Benennung der verbliebenen Schulden, die sich für ganz Deutschland aus dem Versailler Vertrag ergaben, und um die Schulden, die die Westzonen/die BRD durch den Marshall-Plan angehäuft hatten.

---

[26] Karlsch/Laufer (2002), S. 134–140.

Die BRD hatten den Alleinvertretungsanspruch auf Deutschland als Ganzes (in den Grenzen von 1938) erhoben. Die Vertreter der BRD wiesen darauf hin, dass die Weimarer Republik letztendlich an den zu hohen Reparationskosten gescheitert sei. Denn große Teile Deutschlands (gemeint sind das mittlere Deutschland und Ostdeutschland) seien bis zur Klärung der Grenzen in einem Friedensvertrag abgetrennt, sodass die ökonomische Kraft zur Erbringung der Reparationskosten nur sehr eingeschränkt sei. Adolf Hitler hatte gleich bei seinem Machtantritt im Jahre 1933 sein Wahlversprechen eingelöst und die Reparationszahlungen, die sich aus dem Versailler Vertrag ergaben, eingestellt. Die Geldsumme aus dieser Zeit stand nun im Raum. Diese Summe wurde Gesamtdeutschland von den Alliierten erlassen. Wenn sich Deutschland, in welchen Grenzen auch immer, vereinigen sollte, dann sollte der Restbetrag abgeleistet werden. Mit der Vereinigung der BRD und der DDR im Jahre 1990 begann die Begleichung der Reparationsschulden, und sie endete 2010.[27]

Die Westzonen und die BRD hatten 1948 bis 1952 aus dem Fonds des Marshallplans, offiziell European Recovery Program (ERP) genannt, 1,4128 Mrd. US-Dollar erhalten. Bis 1966 zahlte die BRD ungefähr 1 Mrd. US-Dollar ab. Der Rest wurde ihr erlassen.

Die Reparationskosten aus dem Zweiten Weltkrieg wurden Deutschland als Ganzes mit dem Abschluss der Londoner Schuldenkonferenz ausgesetzt und sollten bei einem Friedensvertrag neu geklärt werden. Aus bestimmten Gründen wurde bei der

---

[27] Kellerhoff, Sven Felix (28.09.2020): Deutschlands Reparationszahlungen laufen aus. In: Welt.de vom 28.09.2020. Online verfügbar unter https://www.welt.de/wirtschaft/article9923669/Deutschlands-Reparationszahlungen-laufen-aus.html (zuletzt abgerufen am 11.10.2020).

Vereinigung der deutschen Staaten auf einen Friedensvertrag verzichtet. Im Zwei-plus-vier-Vertrag wurde angemerkt, dass dieser faktisch ein Friedensvertrag sei. Die Alliierten und die anderen ehemaligen Verbündeten verzichteten auf Reparationen aus dem Zweiten Weltkrieg.

Da die DDR die Bezahlung von Reparationen aus dem Ersten Weltkrieg ablehnte, keinen Kredit aus dem Marshallplan erhielt, sich auch nicht als Teil Gesamtdeutschlands verstand und keine Vereinigung mit der BRD anstrebte, war für sie die Londoner Schuldenkonferenz im Gegensatz zur BRD ohne Bedeutung. Für die BRD endeten mit dieser Konferenz die Reparationszahlungen. Sie wurde aber verpflichtet, jährlich Besatzungskosten in Höhe von 2,4 Mrd. US-Dollar zu zahlen.

2.5.6.1 Was haben nun die Westzonen/die BRD und die SBZ/die DDR an Reparationen für den Zweiten Weltkrieg bezahlt?

Hierzu finde ich in der Literatur diverse Summen, die mitunter erheblich auseinanderliegen. Folgende Ursachen haben dazu geführt:

1. ideologisch geprägte Absichten,
2. die Verwendung unterschiedlicher Bezugsgrößen,
3. regelwidriges Verhalten der Besatzungsmächte und fragwürdige Berechnung beim Reparationskonto durch die Interalliierte Reparationsagentur in Brüssel und
4. eine unklare Berechnung/„Gutschreibung" des Wertes zur Reparationslast auf die SBZ/DDR bzw. auf die Westzonen/BRD bezüglich des geistigen Diebstahls durch die Besatzungsmächte.

Ich möchte auf die einzelnen Punkte näher eingehen.

Zu Punkt 1:

Um die Sowjetunion in einem besonders schlechten Licht dastehen zu lassen, wurde besonders im Kalten Krieg von westlichen Wissenschaftlern, Medien und Politikern die Summe der durch die SBZ/DDR bezahlten Reparationen bewusst in die Höhe getrieben. Aber auch glühende Anhänger der DDR waren bemüht, einen sehr großen Unterschied in den Reparationsleistungen zwischen den Westzonen/BRD und der SBZ/DDR herbeizuschreiben.

Zu Punkt 2:

Die verwendeten Bezugsgrößen waren/sind höchst unterschiedlich. Mal wird der US-Dollar mit seinem Wert aus der Vorkriegszeit, ein anderes Mal wird der Dollar mit seinem Wert aus der Nachkriegszeit zum Vergleich herangezogen. Bei einigen Vergleichen wurden die Reparationskosten in DM umgerechnet. Der Dollar und auch die DM der BRD war zu unterschiedlichen Zeiten unterschiedlich viel wert. Zuweilen lässt sich nicht erkennen, ob in einem Vergleich die Zahlen in der Währung Deutsche Mark mit Zahlen in der Währung Mark der DDR gegenübergestellt wurden.

Zu Punkt 3:

Am 14. Januar 1946 wurde im Pariser Reparationsabkommen unter den 18 Teilnehmern der ehemaligen alliierten Verbündeten die prozentualen Anteile an Reparationssprüchen festgelegt. Die am 24. Januar 1946 gegründete Interalliierte Reparationsagentur in Brüssel (IARA) eröffnete ein Reparationskonto. Mit diesem Konto sollte dann die festgelegte Verteilung der Kriegsbeute überwacht werden. Hierzu war sie auf die wahrheitsgemäßen Angaben der vier Besatzungsmächte angewiesen. Das ist genau der wunde Punkt, wo vieles zuungunsten Deutschlands und der anderen ehemaligen alliierten Verbündeten lief. Es ist ein offenes Geheimnis, dass alle vier Besatzungsmächte bereits vor der Eröffnung des Reparationskontos kräftig Selbstbedienung betrieben. Denn sie betrachteten sich als „reparationspolitische Sonderfälle". Die sowjetischen Truppen betraten bereits 1944 dauerhaft deutschen Boden. Sie zerstörten oder verschleppten bereits zu dieser Zeit Industrieanlagen, beschlagnahmten Lokomotiven und Schiffe. Für die deutschen Wirtschaftshistoriker Rainer Karlsch und Jochen Laufer gibt es Indizien dafür, dass sich die Sowjetunion auch in Ostpreußen, Pommern und Schlesien kräftig bediente.[28]

Die Briten eigneten sich Maschinen/Industrieanlagen im Wert von 2 Millionen Pfund Sterling an. Der als General und seit 1949 als Militärgouverneur der US-amerikanischen Besatzungszone fungierende Lucius D. „*Clay berichtete zunächst für seine Zone Entnahmen in Höhe von 500000 Dollar, was später dann nach oben bis zu 10 Millionen Dollar (2,5 Millionen Pfund) korrigiert wurde. Die Franzosen wiederum räumten ein, aus ihrem Gebiet ohne vorherige Benachrichtigung der IARA 6000 Maschinen entfernt zu*

---

[28] Karlsch, Rainer (2004), S. 85; Karlsch/Laufer (2002), S. 66.

haben; der Wert dieser Maschinen lag wahrscheinlich, auch wenn die Abnutzung berücksichtigt wird, über 2 Millionen Pfund."[29]

Es stellt sich die Frage, wie seriös die Angaben des Zeitwerts der demontierten Industrieanlagen u. a. m. waren, ob da nicht kräftig manipuliert wurde. Am 30. September 1961 verfasste die aufgelöste Interalliierte Reparationsagentur (IARA) einen Abschlussbericht. Hierzu existiert ein Schriftstück, das zwischen dem Abwickler der Deutschen Reichsbank und den verschiedenen Ministerien der Deutschen Bundesregierung kursierte. Im Schreiben vom 14. Februar 1963 ist auf Seite 2 unter Punkt II zu lesen: *„Die beträchtlichen Bewertungsunterschiede, die in der Stellungnahme aufgezeigt werden, sind den beteiligten Bundesbehörden nicht unbekannt. Das gleiche gilt für die durch die IARA nicht verrechneten Reparationsleistungen (vgl. Abschnitt IV der Stellungnahme). Die sog. Restwerte (residual values), die der Alliierte Kontrollrat der IARA gemeldet hatte, sind erheblich niedriger als die sog. Zeitwerte der Reparationskartei (Abweichung etwa 40 %)."*[30]

Zu Punkt 4:

Wie bereits erwähnt, bezifferte Bundeskanzler Adenauer den Wert der angeeigneten deutschen Patente und Werksge-

---

[29] Farquharson, John (1998): Grossbritannien und die deutschen Reparationen nach dem Zweiten Weltkrieg. In: Vierteljahrshefte für Zeitgeschichte (VfZ) 46 (1998), Heft 1, S. 43–67, hier: 56; aus dem Englischen übersetzt von Hermann Graml. Online verfügbar unter https://www.ifz-muenchen.de/heftarchiv/1998_1_3_farquharson.pdf (zuletzt abgerufen am 08.10.2020).

[30] Schreiben des Abwicklers der Deutschen Reichsbank im Bundesministerium für Wirtschaft, Dr. Heinze, vom 14. Februar 1963, Geschäfts-Nr. ZA2-101033, S. 2, Abschnitt II. Online verfügbar unter https://peter-koppen.de/Reichsbankgold/3_Reichsbankgold_Inhaltsverzeichnis/Reichsbankgold_3_inhalt_dokumente/3_S_354.htm (zuletzt abgerufen am 08.10.2020).

heimnisse durch die USA auf etwa 10 Mrd. US-Dollar. Hier ist es schwierig, diese wertemäßig auf die Westzonen/BRD und auf die SBZ/DDR aufzuteilen, sie als Reparationsleistung „gutzuschreiben". Die USA hatten auch in Thüringen, Sachsen-Anhalt und in Sachsen diesbezüglich gewildert. Zudem ist es aus der Sicht schwierig, den legitimierten geistigen Diebstahl Ost und West zuzuschreiben, weil die großen Betriebe im gesamten Deutschen Reich aktiv waren.

Im Abschlussbericht der IARA wurde die Tatsache nicht berücksichtigt, dass die USA sich den gesamten oder, wie die Amerikaner behaupteten, nur den vorgefundenen Rest des Reichsbankgoldes bis zum heutigen Tage angeeignet haben. Immerhin waren es insgesamt 365 Tonnen Gold.

Doch nun zu den Zahlen. Der ehemalige stellvertretende Vorsitzende der Staatlichen Planungskommission der DDR, Siegfried Wenzel, geht davon aus, dass die SBZ/DDR 99,1 Mrd. DM (Kaufpreis 1953) und die Westzonen/BRD nur 2,1 Mrd. DM (Kaufpreis 1953) an Reparationen bezahlt haben.[31] Klaus Behlings Ermittlungsergebnisse gehen eher dahin, dass die SBZ/DDR 12 bis 14 Mrd. US-Dollar und die Westzonen/die BRD 12 Mrd. US-Dollar an Reparationen bezahlt haben.[32] Der deutsche Wirtschaftshistoriker Dr. Rainer Karlsch errechnete für die SBZ/DDR Reparations- und Besatzungskosten in Höhe von 14 Mrd. Dollar zu Preisen von 1938 aus.[33] Abgesehen davon, dass die aus der Produktion entnommenen Waren und die

---

[31] Wenzel, Siegfried (2006): Was war die DDR wert? Und wo ist dieser Wert geblieben?, 7. Auflage, Berlin: Das Neue Berlin, 2006, S. 43.

[32] Behling, Klaus (2018): Leben in der DDR: Alles, was man wissen muss, Berlin: Bild und Heimat Verlag, 2018, S. 18.

[33] Karlsch (2004), S. 230.

demontierten Anlagen oftmals zu niedrig bewertet wurden, hatte die Sowjetunion die von ihr geforderten und von den West- alliierten abgelehnten Reparationsforderungen in Höhe von 10 Mrd. Dollar bei Weitem überzogen.

Ich halte die von Siegfried Wenzel errechnete Reparationslast der SBZ/DDR für zu hoch. Hier steckt allem Anschein nach die durch seine Ideologie geprägte Absicht, die wirtschaftlichen Schwierigkeiten, die die DDR auch später noch hatte, allein auf die schlechteren Startbedingungen zu reduzieren. Die Angaben Klaus Behlings halte ich für realistischer. Selbst für den Fall, den ich persönlich nicht glaube, dass die SBZ/DDR genauso viele Re- parationen wie die Westzonen/BRD bezahlt hat, ergibt sich eine ungleiche Belastung der Bürger. Denn laut der Statista GmbH lebten um 1950 herum in der SBZ/DDR 27,1 Prozent der Ge- samtbevölkerung Nachkriegsdeutschlands.[34] Das heißt, dass die Menschen in der SBZ/DDR selbst bei gleich großer Reparations- summe viermal stärker belastet wurden! Sie hatten die größte Reparationslast getragen, die im 20. Jahrhundert je einem Land aufgebürdet wurde.[35] Es ist mittlerweile eine unbestrittene Tat- sache, dass die Menschen in der SBZ/DDR fast die gesamte Last an Reparationen für die Sowjetunion und für Polen bezahlt ha- ben.

---

[34] Rudnicka, J. (30.06.2020): Entwicklung der Gesamtbevölkerung Deutsch- lands von 1871 bis 2019. In: Statista GmbH. Online verfügbar unter https://de.statista.com/statistik/daten/studie/1358/umfrage/entwick- lung-der-gesamtbevoelkerung-deutschlands/ (zuletzt abgerufen am 08.10.2020); Statista Research Department (01.06.1990): Wohnbevölkerung in der Deutschen Demokratischen Republik (DDR) von 1949 bis 1989. In: Statista GmbH. Online verfügbar unter https://de.statista.com/statis- tik/daten/studie/249217/umfrage/bevoelkerung-der-ddr/ (zuletzt abge- rufen am 08.10.2020).

[35] Karlsch (2004), S. 228.

2.5.6.2 Welche Bedeutung haben die Zahlen für die Weiterentwicklung der DDR und der BRD?

Als ich anfing, dieses Buch zu schreiben, unterlag ich der Illusion, mit dem Herausfinden der wirklichen Reparationslasten begründen zu können, warum die wirtschaftliche Entwicklung in den beiden deutschen Staaten so weit differierte. Indem ich mich in die Materie einarbeitete und Wirtschaftswissenschaftler befragte, kam ich mittlerweile zu der Erkenntnis, dass es noch viele weitere Faktoren gibt, die hierbei eine Rolle spielen. Hierzu müssten unter anderem folgende Fragen beantwortet werden:

- Wie stark war die Infrastruktur zerstört?

- Welche Branchen waren von Bombardierung und Demontage besonders betroffen?

- Wie hoch ist der finanzielle Aufwand, um diese Lücke wieder zu schließen?

- Standen unbegrenzt viele Fachleute zur Verfügung?

- Welchen Handlungsspielraum hatten die SBZ/DDR bzw. die Westzonen/BRD ab dem 1. Januar 1954 nach ihrem Schuldenerlass durch die Sowjetunion/Polen bzw. durch die Westalliierten und ihre Verbündeten?

- Welches Wirtschaftssystem förderte oder behinderte die wirtschaftlichen Triebkräfte?

So viel steht fest:

- In der Westzone/BRD waren die meisten Großstädte sehr zerstört, in der SBZ/DDR waren es „nur" vier Großstädte (Berlin, Potsdam, Magdeburg und Dresden).

- In der SBZ/DDR war die Infrastruktur nach 1945 genauso mittelmäßig erhalten wie in den Westzonen/der BRD. Allerdings fand eine großflächige Zerstörung/Beeinträchtigung der Infrastruktur durch die SMAD statt. So wurden jedes zweite Gleis und jede zweite Lokomotive aufgebracht, Telefonleitungen wurden aus der Erde und von den Masten geholt, auf große Kabeltrommeln gewickelt und in die Sowjetunion geliefert. Meine Mutter musste bei solchen Arbeiten mithelfen …

- Die planmäßige Demontage von Industrieanlagen/Maschinen setzte in der Westzone/BRD etwas später ein als in der SBZ/DDR und klang zu dem Zeitpunkt langsam aus, als die USA ab 1948 in den Westzonen/der BRD anhand des Marshallplanes den wirtschaftlichen Aufbau forcierte.

- Die Fachkräfte waren in der SBZ/DDR dünner gesät wegen der Fluktuation. Einerseits war die Intensität der Entnazifizierung im Westen nicht so stark, andererseits stieg die Höhe der Auswanderungswilligen gleich einer Fieberkurve an, wenn politische Säuberungs- und Enteignungswellen durch das Land schwappten.

- Führungskräfte wurden oft eher nach Gesinnung als nach Befähigung ausgesucht.

- Die SBZ/DDR brauchte im Gegensatz zum Westen mit keiner großen finanziellen Unterstützung zu rechnen. Die Sowjetunion konnte es nicht und wollte es auch nicht. Stalins Philosophie war die maximale Ausplünderung Nachkriegsdeutschlands.

- In der SBZ/DDR machten die Volkseigenen Betriebe (VEB) bereits Anfang der 1950er-Jahre die absolute Mehrheit der Firmen aus. Sie hatten den Vorgaben sowohl der SED als auch der SMAD zu folgen. Der Freitod Erich Apels, des Vorsitzenden der Staatlichen Planungskommission, im Jahre 1965 hatte allem Anschein nach mit den zwei Hauptproblemen der DDR-Wirtschaft zu tun: der Drangsalierung der Betriebe durch die SED und der starken Rohstoffabhängigkeit der DDR von der Sowjetunion.[36] Hierzu mehr in einem späteren Kapitel.

Auch wenn die Reparationslast für die Menschen in der SBZ/DDR ungleich höher war, so ist für das Auseinanderdriften der Effektivität der Betriebe und des Wohlstands der Bevölkerung zwischen Ost und West dieser Umstand in einem geringeren Maße verantwortlich, als in der Öffentlichkeit angenommen wird. Der deutsche Wirtschaftshistoriker Prof. Dr. Albrecht Ritschl und Prof. Tamás Vonyó (beide von der London School of Economics and Political Science berufen) beschäftigten sich mit der Frage, wie und wann es zu der besagten Schere gekommen ist. Hierzu betrachteten sie den Zeitraum zwischen 1945 und 1950. Die Studie heißt: „The roots of economic failure: What

---

[36] Karlsch, Rainer (02.12.1995): Der Selbstmord des Chefs der Staatlichen Plankommission und das Ende der Wirtschaftsreformen 1965 in der DDR: Warum ging Erich Apel in den Tod?. In: Berliner Zeitung vom 02.12.1995. Online verfügbar unter https://www.berliner-zeitung.de/der-selbstmord-des-chefs-der-staatlichen-plankommission-und-das-ende-der-wirtschafts-reformen-1965-in-der-ddr-warum-ging-erich-apel-in-den-tod-li.54615 (zuletzt abgerufen am 11.10.2020).

explains East Germany's falling behind between 1945 and 1950?"
Die Verfasser kamen zu erstaunlichen Erkenntnissen. Hier erst
einmal einige Untersuchungsergebnisse in Form von Tabellen:

Tabelle 1: *Indizes des industriellen Bruttokapitalbestands (Vorkriegsgebiet, 1936 $\triangleq$ 100)*

Jahr	Westdeutschland/Westzonen/BRD	Mittleres Deutschland/SBZ/DDR
1944	136,2	143,0
1946	115,7	94,8
1948	112,9	79,9
1950	122,0	84,4

Bruttowert aller Ausrüstungen, Maschinen in Industrieunternehmen mit mehr als 10 Beschäftigten[37]

Kommentar zu Tabelle 1:

Die SBZ erlebte durch die sowjetische Besatzungsmacht mehrere Wellen der Enteignungen, Demontagen und andere Formen der Schädigung der Wirtschaft. Das hatte zur Folge, dass der wirtschaftliche Kapitalstock drastisch zusammenschmolz. Vor

---

[37] Ritschl, Albrecht/Vonyó, Tamás (2014): The roots of economic failure: what explains East Germany's falling behind between 1945 and 1950?. In: European Review of Economic History, Volume 18, Issue 2, May 2014, S. 166–184, hier: 169. Online verfügbar unter https://academic.oup.com/ereh/article-abstract/18/2/166/405398?redirectedFrom=fulltext (zuletzt abgerufen am 11.10.2020).

und während des Krieges wurde mehr in das mittlere Deutschland investiert als nach dem Krieg. Bereits ab 1946 hatte die Ostzone gegenüber der Westzone das Nachsehen.

Tabelle 2: *Indizes der industriellen Beschäftigung (Vorkriegsgebiet, 1936 ≙ 100)*

Jahr	Westdeutschland/Westzonen/BRD	Mittleres Deutschland/SBZ/DDR
1939	123,2	125,0
1944	123,2	125,0
1946	89,7	106,2
1948	98,0	118,7
1950	128,3	121,6

Referenzwert für Beschäftigungszahlen in Tausend (von Sleifer 2006 errechnet): 1 937 976 für die SBZ/DDR (einschließlich Ostberlin) und 3 869 757 für die Westzonen/BRD (außer Saarland und Westberlin). Während des Krieges wird von einer konstanten Beschäftigungszahl ausgegangen.[38]

Kommentar zu Tabelle 2:

Nach dem Zweiten Weltkrieg stieg die Anzahl der Beschäftigten im Osten wie im Westen Nachkriegsdeutschlands. Die sowjetische Besatzungsmacht verstand es aber, die industriellen

---

[38] Ritschl/Vonyó (2014), S. 170.

Arbeitskräfte wesentlich schneller zu mobilisieren und umzustrukturieren. Allerdings erreichte die Beschäftigungszahl 1950 im Osten nicht mehr das Niveau von 1939. Zum einen kamen im Laufe der Zeit immer mehr Kriegsgefangene zurück, zum anderen strömten auch Flüchtlinge aus den Ostgebieten in die SBZ und in die Westzonen. Lebensmittelkarten mit umfangreicheren/zusätzlichen Leistungen erhielten nur diejenigen, die arbeiten gingen. In der SBZ/DDR gab es fünf Kategorien. Insofern war es ein Anreiz, sich eine Arbeit zu suchen.

Eine hohe Anzahl von Beschäftigten bedeutet aus ökonomischer Sicht noch längst nicht, dass ein Betrieb effektiv arbeitet. Wie Tabelle 4 zur Effektivität verdeutlicht, liegt die Schlussfolgerung nahe, dass hinter der gestiegenen Anzahl der Beschäftigten im Westen eine Erhöhung der Anzahl der Betriebe stecken muss. Auch in der SBZ/DDR ist die Zahl der Unternehmen gestiegen, aber nicht in dem Maße wie im Westen.

In den Westzonen wirkte sich die Währungsreform für die Wirtschaft wie ein Katalysator (Beschleuniger) aus, wo neue ungeahnte Kräfte freigesetzt wurden.

Tabelle 3:   *Indizes der industriellen Nettoproduktion (Vorkriegsgebiet, 1936 $\triangleq$ 100)*

Jahr	Westdeutsch-land/Westzo-nen/BRD	Mittleres Deutsch-land/SBZ/DDR
1939	126,0	143,0
1944	137,0	153,0
1946	34,3	42,0

1948	59,5	59,5
1950	111,2	81,1

Referenzwert ist eine Nettoproduktion im Jahre 1936 im Wert von 16,8 Mrd. RM durch die westdeutsche Industrie und 7,6 Mrd. RM durch die Industrie im mittleren Deutschland zu Preisen von 1939 (Sleifer 2006).[39]

Kommentar zu Tabelle 3:

Im mittleren Deutschland war die Nettoproduktion im Jahre 1939 größer als in Westdeutschland. Mit Kriegsende sank in diesen Landesteilen die Produktion in einem Maße, das das 19. Jahrhundert noch nie gesehen hat. Ende 1945 betrug die Produktion im Westen 30 Prozent des Niveaus von 1936 und in der SBZ 40 Prozent. 1948 war der Wendepunkt, als sich das Blatt drehte und die Westzonen gegenüber der SBZ die Führung übernahmen.

Tabelle 4: *Indizes der industriellen Arbeitsproduktivität (Vorkriegsgebiet, 1936 ≙ 100)*[40]

Jahr	Westdeutschland/West- zonen/BRD	Mittleres Deutsch- land/SBZ/ DDR
1936	100,0	100,0

---

[39] Ritschl/Vonyó (2014), S. 171.
[40] Ritschl/Vonyó (2014), S. 172.

1939	102,3	114,4
1944	111,2	122,4
1946	38,4	39,5
1948	60,7	50,1

Kommentar zu Tabelle 4:

Bis 1946 arbeiteten die Betriebe im mittleren Deutschland/in der SBZ produktiver. Spätestens ab 1948 hinkte der Osten dauerhaft dem Westen hinterher. Die Verfasser dieser Studie verwiesen auf den holländischen Wirtschaftshistoriker Jaap Sleifer, der in seinem Buch „Planning Ahead and Falling Behind: The East German Economy in Comparison with West Germany 1936–2002" ermittelte, dass 1954 ein Arbeiter in der DDR nur 65 Prozent so viel erarbeitete wie einer in Westdeutschland.

Hierbei muss aber auf ein typisches Phänomen im östlichen Teil Nachkriegsdeutschlands hingewiesen werden: Die Betriebe durften keine Gewinne anhäufen. Sie mussten diese an den Staat abgeben. Die Staatliche Plankommission entschied über die Verteilung der Gelder, welche Branche besonders gefördert werden sollte. Die Kombinate (ein [Zwangs-]Zusammenschluss von Betrieben der gleichen Branche) entschieden wiederum, wer wie viel Geld bekam. Es gab also durchaus gut wirtschaftende Betriebe. Diese Aussage halte ich für umso wichtiger, als im Zusammenhang mit der Arbeit der Treuhand in den 1990er-Jahren selbst der „Spiegel", von dem ich zu dieser Zeit noch sehr viel hielt, fraglos die Aussagen von Vertretern der Treuhand und von Bundespolitikern hinnahm, alle DDR-Betriebe seien Schrott gewesen … Carl Zeiss Jena ist das prominenteste Beispiel dafür, dass diese Aussage nicht stimmen kann.

Tabelle 5:   *Indizes der industriellen totalen Faktorproduktivität (Vorkriegsgebiet, 1936 ≙ 100)[41]*

Jahr	Westdeutsch-land/Westzonen/BRD	Mittleres Deutsch-land/SBZ/DDR
1936	100,0	100,0
1944	111,9	117,6
1946	35,3	41,1
1948	57,9	57,2
1950	88,2	75,4

Kommentar zu Tabelle 5:

Die industrielle totale Faktorproduktivität (englisch: industrial total factor productivity, industrial TFT) ist noch aussagekräftiger als die industrielle Arbeitsproduktivität, weil sie das Kapital, die Arbeit und den Produktionsausstoß gleichzeitig berücksichtigt. 1946 ging diese Effektivität in beiden Landeshälften auf ein Drittel des Niveaus von 1944 zurück. Die Bombardierung der Eisenbahnanlagen, der Stromversorgung und anderer für die Wirtschaft empfindlicher Bereiche ab Mitte 1944 führte offenbar zu einem dramatischen Rückgang der Produktion. Das mittlere Deutschland/die SBZ hatte bis 1946 noch die bessere industrielle totale Faktorproduktivität. Spätestens ab 1948 überholte die Wirtschaft der Westzonen mit ihrer Produktivität den Osten permanent.

---

[41] Ritschl/Vonyó (2014), S. 173.

Zusammenfassung:

Das mittlere Deutschland war aufgrund der Nähe zur Reichshauptstadt Berlin ein bevorzugter Investitionsstandort. Wegen der Bombardierung Berlins wurden ab Mitte 1944 viele Forschungsstätten und Betriebsteile in das nähere und entferntere Umland ausgelagert. Nach 1945 bewirkte die sowjetische Besatzungsmacht durch Demontagen von Maschinen, von Industrie- und Forschungseinrichtungen eine Skelettierung der Wirtschaft, die mit der westdeutschen Wirtschaft eng verzahnt war. Die Bodenschätze waren geografisch zum Leidwesen der SBZ/DDR ungleich verteilt. Außer Kali, Braunkohle und radioaktives Uran gab es keine weiteren Bodenschätze. Somit entwickelte sich eine große Abhängigkeit von den Bodenschätzen aus der Sowjetunion.

Für die Wirtschaftshistoriker Prof. Dr. Ritschl und Tamás Vonyó waren zwar Westdeutschland/die Westzonen allgemein mehr zerstört als das mittlere Deutschland/die SBZ, was aber in ihren Augen durch die Reparationen an Russland und Polen mehr als ausgeglichen worden sei. Nicht die hohen Reparationskosten einschließlich der Demontagen und auch nicht die Gründung zweier deutscher Staaten im Jahre 1949 haben laut der Studie von Ritschl und Vonyó dazu geführt, dass die Schere in der Prosperität der Wirtschaft zwischen Ost und West auseinanderging. Der Beginn der Scherenbildung, so die Wirtschaftshistoriker, sei viel früher zu verorten, bereits zwischen 1946 und 1948. Und der Grund sei vornehmlich das Auseinanderdriften der Effektivität der Betriebe in den Westzonen und in der SBZ.

Hierbei darf auch nicht verschwiegen werden, dass die volkseigenen Betriebe in der DDR ihre Gewinne nicht behalten durften. Sie mussten an den Staat abgeführt werden. Zudem war es auch nicht möglich, ausländisches Kapital in die Wirtschaft der SBZ/DDR zu investieren. Gerade die kostenintensive Schwerindustrie hätte diese Unterstützung dringend gebraucht. Somit mussten die Finanzen im eigenen Land erwirtschaftet werden, was zunehmend schwieriger wurde. Bereits 1993 kam der Wirtschaftshistoriker Rainer Karlsch zu der Feststellung: *„Die immer wieder zitierte Schere in der Entwicklung beider deutscher Teile öffnete sich bereits in den ersten Nachkriegsjahren."*[42] Ritschl und Vonyó haben mit ihrer Studie aus dem Jahre 2018 das auch wissenschaftlich bewiesen. Ihre Studie bezog sich auf das Zeitfenster 1945–1950.

Die Demontage von Betrieben und Industrieanlagen hatte, wie bereits gesagt, insbesondere für die Wirtschaft in der DDR eine langfristige Wirkung. Rainer Karlsch schreibt in seinem Buch „Allein bezahlt?": *„… doch die ‚Spätfolgen' der Demontagen wuchsen sich in den fünfziger Jahren zu erheblichen Wachstumshemmnissen aus. In einzelnen Bereichen konnten sie bis zum Ende der DDR nicht gänzlich überwunden werden."*[43] Ein prominentes Beispiel ist die Deutsche Reichsbahn. Diese hatte für den arbeitsteiligen industriellen Produktionsprozess eine herausragende Bedeutung. Der Wirtschaftskreislauf drohte immer wieder zu stocken, weil es zu wenige Lokomotiven und Güterwagen gab. Tausende von ihnen wurden im Laufe des Zweiten Weltkrieges von den sowjetischen Truppen erbeutet und gingen in das Staatseigentum der UdSSR über. Vier Abkommen mit der Sowjetunion in den Jahren 1951 und 1952 ermöglichten einen Rückkauf. Die DDR kaufte 693 Dampflokomotiven, 186 Elektrolokomotiven, 894

---

[42] Karlsch (2004), S. 237.
[43] Karlsch (2004), S. 234.

Personenwagen, 152 S-Bahnwagen und 50 982 Güterwagen zu einem Preis von 257,476 Millionen DM-Ost zurück.[44] Diese Menge war immer noch nicht ausreichend. Selbst 1966 lag der Bestand an Dampflokomotiven 24 Prozent unter dem Stand von 1936![45] Die DDR hatte den Verlust durch den Abbau von 11 800 km Eisenbahnschienen durch die sowjetische Besatzungsmacht, das entspricht 48 Prozent aller Gleisanlagen im Jahre 1938, bis zu ihrem Ende nicht ausgleichen können. Rüdiger Kühr befasste sich im Buch „Sowjetische Demontagen in Deutschland 1944–1949" sehr ausführlich mit den Folgen der Demontage bei der Deutschen Reichsbahn. Ob nun die Führungsriege der DDR eine ausreichende Modernisierung/Finanzierung der Reichsbahn nicht wollte, wie es Kühr mit der Formulierung „beharrliche Weigerung" zum Ausdruck brachte, halte ich für nicht bewiesen, zumal seine Zahlen nur bis zum Jahr 1966 gingen.[46] Ich vermute eher, dass die nötigen finanziellen Mittel angesichts anderer Schwerpunktsetzung in der Politik nicht vorhanden waren.

Als Lehrling, Angehöriger der Nationalen Volksarmee und als Student nutzte ich in den 1970er- und 1980er-Jahren sehr oft die Bahn. Ich hatte trotz Wind und Wetter keine Zugausfälle erlebt. Zugegeben, die meisten Personenwaggons waren nicht auf dem neuesten Stand der Technik und Ästhetik. Als im März 1990 Willy Brandt auf einer Wahlveranstaltung in Neuruppin war, witzelte er über die Ostberliner S-Bahn: Die Holzsitze und die robusten Heizungen erinnerten ihn an seine Jugendzeit, als er in Berlin gewesen sei …

---

[44] Karlsch/Laufer (2002), S. 495.
[45] Karlsch/Laufer (2002), S. 489.
[46] Karlsch/Laufer (2002), S. 506.

Allerdings sehe ich keinen Grund, sich über die Deutsche Reichsbahn in der Zeit der DDR lustig zu machen. Denn das Erscheinungsbild der heutigen Bundesbahn ist katastrophal: Große Teile des Schienennetzes wurden stillgelegt. Der Güterverkehr führt nur noch ein Schattendasein. Die Bahn ist so unzuverlässig wie noch nie. Seit 20 Jahren bin ich Berufspendler und nutze täglich die Bundesbahn. So lange wird schon über eine kurze und schnelle Eisenbahnverbindung zwischen Neuruppin und Berlin diskutiert. Aber nichts ist passiert! Durch Zugausfälle, Verspätungen und das Warten auf den Gegenzug hat sich bei mir bestimmt ein halbes Jahr an Wartezeit angesammelt! Nicht umsonst gibt es den Witz: „Wer sind die größten Feinde der Bundesbahn? Frühling, Sommer, Herbst und Winter!" Lenin bezeichnete einmal die kaiserliche Eisenbahn als die zuverlässigste Institution der Welt. Von diesem Anspruch ist die Deutsche Bundesbahn weiter entfernt denn je. Daran sind wohlgemerkt nicht die Schaffner, die Lokführer und die einfachen Angestellten in der Verwaltung der DB schuld. Sie versuchen tagtäglich im Rahmen ihres vorgegebenen Handlungsspielraums, daraus noch das Beste zu machen. Den bejammernswerten Zustand der Bahn haben einzig und allein das Management der Deutschen Bundesbahn und die Bundespolitiker zu verantworten …

Doch zurück zu der Schere bei der Effektivität der Wirtschaft und den Folgen der Demontage. Hierbei möchte ich Ihre Aufmerksamkeit auf die Situation außerhalb des nationalen Tellerrandes lenken. Die Tschechoslowakei war vor 1945 ein Industrieland, das sich von der Wirtschaftskraft und Effektivität nicht groß vom mittleren Deutschland unterschied. Es war bis Ende des Zweiten Weltkrieges nicht so zerstört wie das mittlere

Deutschland. Es zählte zu den Verbündeten der Siegermächte und bekam von der SBZ/DDR Reparationen gezahlt.

In den Siebziger- und Achtzigerjahren des letzten Jahrhunderts glichen sich die DDR und die ČSSR in puncto Wirtschaftskraft, Effektivität, Wohlstand und bezüglich der Schere zur BRD einander sehr stark an. Wie konnte das passieren? Sowohl in der DDR als auch in der ČSSR regierten die kommunistischen/sozialistischen Parteien in die Wirtschaftspolitik hinein. Die Betriebe durften die erwirtschafteten Gewinne nicht behalten, sondern mussten diese an den Staat abführen. Die Staatliche Plankommission verteilte die Gelder dann an alle volkseigenen Betriebe.

Es gibt auch Dinge, die die Wirtschaftswissenschaftler nicht in Zahlen fassen können und daher oft nicht genannt werden: Es sind die psychologischen Folgen einer Politik. Die Aktion Ossawakim im Oktober 1946 hatte beispielsweise zur Folge, dass viele Wissenschaftler und Fachleute, die bis zu diesem Zeitpunkt noch in der SBZ lebten, sich in den Westen absetzten und somit nicht mehr der Wissenschaft und Wirtschaft hierzulande zur Verfügung standen. Ein anderes Beispiel aus der Psychologie ist die Auswirkung der im Sozialismus durchgesetzten Sicherheit, nicht den Arbeitsplatz zu verlieren, auf die Werktätigen. (Das trifft somit auch für die ČSSR zu!) Die Arbeitsplatzsicherheit selbst bei gröberen Vergehen führte dazu, dass ein Teil der Arbeiter und Angestellten sich auf der Arbeit nicht mehr anstrengte, wodurch es Betriebe gab, die teilweise oder insgesamt ineffektiv arbeiteten. Zuweilen mündete hier eine soziale Errungenschaft nicht in eine unbeschwerte und alle Geisteskräfte erweckende Arbeitsatmosphäre, sondern verkehrte sich in das Gegenteil. Teilweise gab es hier eine Doppelmoral: Während es eine schlimme Sache war, wenn man privat bestohlen wurde, empfanden einige es eher als ein Kavaliersdelikt, aus dem Betrieb etwas mitgehen zu lassen. Das Wort „Volkseigentum" war für viele zu abstrakt. Bei der Führungsriege, so hatten die meisten DDR-Bürger den Eindruck, war man sich nicht bewusst, dass auch für die sozialistischen Staaten die ökonomischen Gesetze gelten. Nicht umsonst kursierte in der Bevölkerung der DDR ein Witz über einen von Erich Honecker getätigten Ausspruch: „Der Kapitalismus steht vor dem Abgrund. Wir sind einen Schritt weiter!"

Der Vergleich mit der ČSSR zeigt, dass bestimmte sozialistische Entscheidungen und Erscheinungen zu einem Hinterherhinken hinter der Effektivität der kapitalistischen Ökonomie geführt haben. (Das heutige China scheint diesbezüglich deshalb erfolgreicher zu sein, weil die Kommunistische Partei einen anderen Weg gegangen ist. Sie hat sich die politische und militärische Macht gesichert, aber den Großteil der Wirtschaft privatisiert und dort nicht hineingeredet.)

Es muss also festgestellt werden, dass die Reparationsleistungen unterschiedlichster Art nicht als alleiniger Grund herangezogen werden dürfen, um den wirtschaftlichen Rückstand der DDR zur BRD zum Zeitpunkt der Vereinigung zu erklären. Die Ausrichtung der Wirtschaft der DDR auf den Osten ist zweifellos ein Ergebnis der sowjetischen Besatzung und der Politik der SED-Führung. Diese wirkt bis heute nach …

2.6 Repressionen durch die sowjetische Besatzung

2.6.1 Erst vergewaltigt, dann vergessen – eine gern verschwiegene Nachkriegsgeschichte

Während des Krieges, aber auch danach rollte eine Welle der Vergewaltigung von Mädchen/Frauen durch Soldaten der Siegermächte über das deutsche Land. Es begann 1944 in Ostpreußen und fand seinen Höhepunkt in Berlin: Schon in den ersten drei Monaten der sowjetischen Besatzung (Mitte Mai bis Mitte August 1945) begingen Armeeangehörige allein in Berlin ungefähr 110 000 Vergewaltigungen.[47] Die Motive und die Art der Verbrechen waren beim Einmarsch der sowjetischen Armee in die Ostgebiete anders als die nach Ende des Krieges: Anfangs ging es den Armeeangehörigen um brutale Rache für alles, was die „Russen" bei Einfall deutscher Truppen in die Sowjetunion erlebt hatten, um Zerstörungswut und um die kollektive Demütigung und Bestrafung der Deutschen. Nach der vollständigen Kapitulation Deutschlands ging es um Inbesitznahme in einem scheinbar rechtlichen Niemandsland …

Lange Zeit wurden nur die „Russen" als Täter angeführt. Das passte gut in das Konzept des Kalten Krieges. In den 1990er-Jahren gab es zaghafte Versuche, darauf hinzuweisen, dass auch Amerikaner, Franzosen und Briten massenhaft deutsche Mädchen/Frauen vergewaltigt hatten.

---

[47] Sontheimer, Michael (22.02.2018): Erst vergewaltigt, dann vergessen. In: Spiegel Geschichte vom 22.02.2018. Online verfügbar unter https://www.spiegel.de/spiegelgeschichte/deutschland-nach-dem-zweiten-weltkrieg-das-leid-vergewaltigter-frauen-a-1190761.html (zuletzt abgerufen am 17.10.2020).

Von Ausnahmen abgesehen, wagten es die fast ausschließlich aus Westdeutschland stammenden und zudem transatlantisch ausgerichteten Leitmedien erst 2015, darüber öffentlich zu berichten.[48] Das finde ich sehr beschämend. Sahen sich vielleicht diese Medien in Zugzwang, weil zu diesem Thema am 2. März 2015 ein Buch mit entlarvenden Fakten veröffentlicht wurde? Es handelte sich um das Buch mit dem Titel „Als die Soldaten kamen. Die Vergewaltigung deutscher Frauen am Ende des Zweiten Weltkriegs" von Miriam Gebhardt.

Da es für die betroffenen Mädchen/Frauen eine schmerzhafte und äußerst peinliche Angelegenheit ist, wird das Ausmaß dieses Verbrechens wohl niemals sichtbar werden. Die Schätzungen gehen weit auseinander. Sie schwanken zwischen 800 000 und 2 000 000 Vorfällen.[49] Ich bin mir sicher: Die seelischen Wunden, die durch die Erfahrungen während der Vergewaltigung und danach geschlagen wurden, sind/waren bei den Betroffenen niemals verheilt …

Am 8. Mai 2020 jährte sich das Ende des Zweiten Weltkrieges zum 75. Mal. Angela Merkel, Frank-Walter Steinmeier und andere Bundespolitiker haben der vielen deutschen

---

[48] Kratzer, Hans (20.05.2010): Vergewaltigt, verschwiegen, verdrängt. In: Süddetsche.de vom 20.05.2010. Online verfügbar unter https://www.sueddeut sche.de/bayern/nach-kriegsende-vergewaltigt-verschwiegen-verdraengt-1.944243 (zuletzt abgerufen am 19.09.2020).

[49] Langels, Otto (04.05.2015): Massenhafte Vergewaltigungen durch Siegermächte. In: Deutschlandfunk vom 04.05.2020. Online verfügbar unter https://www.deutschlandfunk.de/zweiter-weltkrieg-massenhafte-verge-waltigungen-durch.1310.de.html?dram:article_id=318892 (zuletzt abgerufen am 17.10.2020). Siehe auch Satjukow, Silke; Gries, Rainer (22.03.2015): Schweigen und schmerzhafte Fragen. In: Die Zeit vom 22.03.2015. Online verfügbar unter https://www.zeit.de/zeit-geschichte/2015/01/vergewal-tigung-soldaten-besatzungszone-hilfe (zuletzt abgerufen am 22.03.2015).

Vergewaltigungsopfer nicht gedacht. Mir gegenüber gab Klaus-Peter Willsch, Mitglied der CDU und Bundestagsabgeordneter, an, dass die Bundeskanzlerin zu diesem Thema nirgendwo eine Rede gehalten habe. Bundespräsident Steinmeier hielt zwar eine Gedenkrede, sprach aber nur von „Hunger, Flucht, Gewalt, Vertreibung", die deutsche „Kinder durchlitten" hätten.[50] Führende deutsche Politiker schwiegen hierzu genauso beharrlich, genauso, wie sie es auch am 100. Jahrestag der Unterzeichnung des schicksalhaften Versailler Vertrages am 28. Juni 2019 und es zur Massenvergewaltigung in der Kölner Silvesternacht 2015/2016 getan haben!

2.6.2 Speziallager und Sowjetisches Militärtribunal in der SBZ/DDR

Bis in die 1990er-Jahre waren die vom sowjetischen Geheimdienst eingerichteten Speziallager ein Tabuthema. Es wurde in der DDR lediglich dazu gesagt, diese dienten zur Entnazifizierung und dort hielten sich nur die gefährlichsten Nazigrößen auf. Erst nach der Vereinigung beider deutscher Staaten fand zögerlich eine Aufarbeitung dieses dunklen Kapitels statt. Es ist ein Kapitel, das das deutsch-sowjetische Verhältnis zweifellos belastet, weil es hier um Rechtlosigkeit und Willkür geht, aber das auch den bis heute von bestimmten linksgrünen Kräften glorifizierten Aufbau des Sozialismus auf deutschem Boden als recht fragwürdig erscheinen lässt.

Was war geschehen?

---

[50] Steinmeier, Frank-Walter (08.05.2020): 75. Jahrestag des Endes des Zweiten Weltkrieges. Online verfügbar unter https://www.bundespraesident.de/SharedDocs/Reden/DE/Frank-Walter-Steinmeier/Reden/2020/05/200508-75-Jahre-Ende-WKII.html (zuletzt abgerufen am 06.11.2020).

Auf dem gesamten Gebiet des ehemaligen Deutschen Reiches wurden mit dem ausgehenden Zweiten Weltkrieg Internierungslager eingerichtet. In den von den „Russen" eroberten Gebieten war dafür die Rechtsgrundlage der NKWD-Befehl 00315 vom 18. April 1945 mit dem Zweck der „Säuberung des Hinterlandes der kämpfenden Truppen der Roten Armee von feindlichen Elementen". (NKWD ist Abkürzung für das „Volkskommissariat für innere Angelegenheiten", auf Russisch: Народный комиссариат внутренних дел). Diese Maßnahme steht erst einmal im Einklang mit den Beschlüssen der Alliierten, deutsche Kriegsverbrecher sowie Funktionäre, Militär- und Polizeiangehörige des nationalsozialistischen deutschen Staates zu internieren. Die Siegermächte benutzten hierzu die bereits vorhandenen Konzentrations-, Kriegsgefangenen- und Zwangsarbeiterlager. In der britischen Zone wurden 90 000, in der französischen Zone 21 500, in der US-amerikanischen 120 000 und in der sowjetischen Zone 189 000 Personen deshalb festgehalten.[51] Die sowjetischen Besatzer nannten diese Lager „Speziallager". In der SBZ gab es zehn Speziallager:

-Nr. 1: Mühlberg (September 1945–Oktober 1948)

-Nr. 2: ehem. KZ Buchenwald (August 1945–Februar 1950)

-Nr. 3: Berlin-Hohenschönhausen (Mai 1945–Oktober 1946)

-Nr. 4: Bautzen (Mai 1945–Februar 1950)

---

[51] Würz, Markus (19.02.2016): Internierungs- und Speziallager. In: Lebendiges Museum Online, Stiftung Haus der Geschichte der Bundesrepublik Deutschland. Online verfügbar unter https://www.hdg.de/lemgo/kapitel/nachkriegsjahre/entnazifizierung-und-antifaschismus/internierungs-und-speziallager.html (zuletzt abgerufen am 17.10.2020).

-Nr. 5: Ketschendorf b. Fürstenwalde (April 1945–Februar 1947)

-Nr. 6: Jamlitz (September 1945–April 1947)

-Nr. 7: Weesow b. Werneuchen (Mai 1945–August 1945, dann in das KZ Sachsenhausen verlegt)

-Nr. 7: ehem. KZ Sachsenhausen (August 1945–März 1950)

-Nr. 8: Torgau (Seydlitz-Kaserne) (August 1945–März 1947)

-Nr. 9: Fünfeichen b. Neubrandenburg (April 1945–Oktober 1948)

-Nr. 10: Torgau (Fort Zinna) (Mai 1946–Oktober 1948)

Bekannte Speziallager in den Ostgebieten des Deutschen Reiches befanden sich im ehemaligen KZ Auschwitz, in Graudenz, in Landsberg (Warthe), in Oppeln, in Posen, in Schneidemühl, in Schwiebus und in Tost. Diese wurden spätestens im Frühjahr 1946 geschlossen und die Gefangenen in die oben genannten zehn Speziallager in der SBZ verteilt.

Das Kontrollratsgesetz Nr. 10 vom 20. Dezember 1945 sah die Einrichtung von Gerichtshöfen vor, die die Aufgabe hatten, NS- und Kriegsverbrechen zu untersuchen und strafrechtlich zu ahnden. Insofern stand die Installation eines „Sowjetischen Militärtribunals" (SMT) auf dem Gebiet der SBZ im Einklang mit dem oben genannten gemeinsam gefassten Beschluss der Alliierten. Der sowjetische Geheimdienst NKWD spürte die betreffenden Deutschen auf und transportierte diese in die Speziallager. Der NKWD benannte sich 1946 in MWD um (Abkürzung für Ministerium für innere Angelegenheiten, auf Russisch: Министерство внутренних дел), ohne dass die Struktur und ihr Aufgabengebiet sich geändert hätten.

Wegen der für den Sieg über Hitlerdeutschland notwendigen Koalition zwischen der Sowjetunion und den Westalliierten wurden die gegensätzlichen Interessen hintangestellt und für die Öffentlichkeit verdeckt. Jedoch frühestens im Frühjahr 1946 mit der Irankrise und spätestens mit der Verkündung der Truman-Doktrin im Frühjahr 1947 brach der Konflikt und damit der Kalte Krieg offen aus. Die Sowjetunion begann, den Menschen in der SBZ ihr sozialistisches Gesellschaftsmodell überzustülpen. Die Bodenreform in den Jahren 1945/1946 in der SBZ war ein untrügliches Anzeichen dafür. Bisher hatten das Bild der Lagerinsassen von Speziallagern solche Personen geprägt, die eines Kriegsverbrechens bezichtigt wurden (ungefähr 20 Prozent), auch Funktionäre/Mitglieder der NSDAP, der Gestapo, der HJ, des SD, der SA, der SS und Jugendliche, die angeblich den Werwölfen angehört haben sollen (circa 80 Prozent). Dann kamen immer mehr politische Gefangene, Bauern, Gutsbesitzer und Fabrikbesitzer, die sich der Enteignung von Grund und Boden widersetzten, Adlige, Bürgermeister und Zeitungsredakteure in die Speziallager. Das Spektrum der politischen Gefangenen reichte von ehemaligen NS-Widerstandskämpfern über Kommunisten, Sozialdemokraten, Liberale bis zu Konservativen. Bekanntere Personen sind NS-Regimegegner Joachim Ernst von Anhalt, Schauspieler Heinrich George und Ernst Fresdorf, der 1945 von den US-amerikanischen Truppen zum Oberbürgermeister von Eisenach eingesetzt worden war.

Ohne das Mitwirken deutscher Zuträger (Denunzianten) hätte der sowjetische Geheimdienst die Säuberungsaktionen in diesem Ausmaß nie durchführen können. Eine wichtige Rolle spielte hierbei der paramilitärische Teil der KPD. Der Aufbau der politischen Polizei in der SBZ, die ihre Aufgabe in der Bekämpfung politisch Andersdenkender, „faschistischer Banden" und „westlicher Agenten" sah, war auf den Befehl Nr. 201 vom 16. August 1947 des MWD zurückzuführen. Dieses war bei der Deutschen Volkspolizei, bei der Kriminalpolizei im Kommissariat 5 („K5") angesiedelt. Bereits am 28. Dezember 1948 genehmigte die sowjetische Regierung, einen ostdeutschen Geheimdienst zu gründen. Er sollte dann auch im „kapitalistischen Ausland", vornehmlich in Westdeutschland, tätig werden. Am 7. Oktober 1949 wurde die DDR gegründet. Am 8. Februar 1950 verabschiedete die noch junge DDR-Regierung ein „Gesetz über die Bildung eines Ministeriums für Staatssicherheit" (MfS). Dieses trat am 21. Februar 1950 in Kraft. Das MfS wurde dann mithilfe und unter Aufsicht der sowjetischen Berater des KGB aufgebaut. Der MfS verfügte anfangs über fünf Landesverwaltungen, die Sonderverwaltung W (für das „Wismut-Gebiet") und die Verwaltung E (die bei der Deutschen Reichsbahn tätige Transportpolizei). Mit der Auflösung der Länder und der Bildung von Bezirken infolge der Verwaltungsreform von 1952 wurde die Verwaltung der MfS noch feingliedriger organisiert. Der Stamm der hauptamtlichen Mitarbeiter stieg rasant an: Waren es 1950 nur 2 700, so gab es 1951 schon 4 500, 1952 gar 8 800 und 1956 bereits 16 000. Da das Sowjetische Militärtribunal in der DDR bis 1955 tätig war, soll von einer zahlenmäßigen Entwicklung des MfS weit über dieses Jahr hinaus abgesehen werden. Ich denke, wenn ich davon ausgehe, dass auf einen hauptamtlichen Mitarbeiter zehn informelle Zuträger kommen, dann dürfte das gesamte Ausmaß an Überwachung und Denunziation der Bevölkerung noch untertrieben sein …

Anfangs spürte der NKWD bzw. der MWD (wirkliche und vermeintliche) deutsche Kriegsverbrecher, nationalsozialistische staatstragende Funktionäre sowie Menschen, die sich gegen die sowjetische Besatzungsmacht in verschiedenster Weise betätigten, auf, verhörte diese und steckte sie ohne Gerichtsurteil und Benachrichtigung der Angehörigen in Speziallager. Viele Jugendliche wurden einfach auf der Straße aufgegriffen, vom sowjetischen Geheimdienst verhört, und es wurde ihnen vorgeworfen, bei den Werwölfen gekämpft zu haben. Das Kommissariat 5 unterstützte den sowjetischen Geheimdienst, um Deutsche im Sinne des Kontrollratsgesetzes Nr. 10 festzusetzen. Allerdings verlagerte sich zusehends ihre Aktivität in die Richtung, dass die Klientel der Festgenommenen fast nur noch aus Andersdenkenden bestand.

Die Insassen der Speziallager wurden vom NKWD/MWD nach Belieben gefoltert, um die gewünschten Geständnisse herauszupressen. Oftmals unterschrieben die Malträtierten einen auf Russisch verfassten Text, dessen Inhalt sie nicht verstanden. Nicht alle Inhaftierten, aber ein großer Teil, kam dann vor ein Sowjetisches Militärtribunal (SMT). Die praktizierten rechtsstaatlichen Prinzipien, die hier zur Anwendung kamen, spotteten jeder Beschreibung und erinnern mich an die Schreckensherrschaft der Jakobiner während der Französischen Revolution. Die Verhörprotokolle wurden für den sowjetischen Staatsanwalt zur Grundlage seiner Anklageschrift. Die Urteile wurden geheim und ohne Öffentlichkeit gefällt. Verteidiger und Entlastungszeugen wurden nicht zugelassen. Dem Sowjetischen Militärtribunal kam es nicht auf die Ermittlung der Schwere der Schuld an, sondern darauf, ein Exempel zu statuieren. Für Nichtigkeiten wurden drakonische Strafen verhängt. Zum Beispiel wurde der 18-jährige Eduard Lindhammer zu 25 Jahren Arbeitslager verurteilt, weil er Flugblätter der in der SBZ zugelassenen Liberaldemokratischen Partei (LDP) verteilt hatte.[52] Als Außenstehender habe ich den Eindruck, dass dieses Tribunal nur zwischen den beiden Strafen „25 Jahre Arbeitslager" und „Todesstrafe" tendierte. Paragraf 58 des sowjetischen Strafgesetzbuches bot viel Spielraum, um eine Tat als „antisowjetische Handlung", „Hochverrat" oder „Spionage" zu interpretieren. Es war ein sogenannter „Gummiparagraf", dessen Auslegung zwischen Leben und Tod entschied. Einige Todesurteile wurden in den vorrangig für SMT-Verurteilte reservierten Speziallagern Bautzen, Sachsenhausen und Torgau, einige in Brest und rund 1 000 in Moskau, im Butyrka-Gefängnis, vollstreckt. Die Todeskandidaten hatten die Möglichkeit, ein Gnadengesuch zu schreiben.

Wie hoch die Wahrscheinlichkeit war, dass die Todesstrafe in lebenslängliche Haft umgewandelt wurde, ist in der Literatur umstritten. Das liegt möglicherweise daran, weil es mehrere Sowjetische Militärtribunale gab und ihre Dokumente nicht zusammengeführt wurden, weil in den Kriegswirren amtliche Papiere verloren gegangen waren oder die russische Staatsführung kein Interesse daran hatte, der Nachwelt ein komplettes Bild des Grauens zu offenbaren. Die Unklarheit bezieht sich auf den gesamten Zeitraum des Wirkens des SMT (1944–1955). Das Hannah-Ahrendt-Institut für Totalitarismusforschung hatte 2015 eine historisch-biografische Studie herausgebracht mit dem Titel „Todesurteile sowjetischer Militärtribunale gegen Deutsche (1944–1947)". Dort werden 2 469 Kurzbiografien von Menschen zusammengetragen, die vom SMT zum Tode verurteilt wurden.

---

[52] Tagesschau.de (Hrsg.) (25.08.2007): „Die Verkündung des Urteils war irrwitzig". Online verfügbar unter https://www.tagesschau.de/ausland/meldung131382.html (zuletzt abgerufen am 17.10.2020).

759 Todeskandidaten wurden in diesem Zeitraum begnadigt.[53] Der Leiter der Dokumentationsstelle der Stiftung Sächsische Gedenkstätten, Dr. Pampel, schrieb mir, dass nach dem gegenwärtigen Erkenntnisstand zwischen 1944 und 1955 „mindestens 4 438 Deutsche von SMTs zum Tode verurteilt, 3 498 Todesurteile" vollstreckt wurden. Sowohl in der SBZ als auch in der Sowjetunion wurden die Exekutierten namenlos in Massengräbern verscharrt.

Die Situation der in den Speziallagern lebenden Menschen war katastrophal: Die Gefangenen hatten für alle Jahreszeiten nur die Kleidung an, die sie bei der Verhaftung getragen hatten oder die ihnen gelassen wurde. So makaber es auch klingen mag: Die Toten waren die Spender „neuer" Kleidung für die Lebenden. Die Versorgung mit Essen und die hygienischen Bedingungen waren schlecht. Es gab keine medizinische Versorgung, geschweige eine regelmäßige Betreuung. Hunger, Kälte, Krankheiten und Ungeziefer setzten den Menschen zu. Die körperlich geschwächten Lagerinsassen erkrankten an Dystrophie, an der Ruhr und an TBC. Als von Herbst 1946 bis Juni 1947 die ohnehin schon magere Verpflegungsration halbiert wurde, kam es zu einem Massensterben. Dieses wurde durch den äußerst harten Winter 1946/47 noch begünstigt. Es starben in dieser Zeit 14 450 Häftlinge.

Auch wenn die aus den Speziallagern Entlassenen eine Verpflichtungserklärung unterschreiben mussten, nichts über die dort herrschenden Zustände zu berichten, waren die meisten

---

[53] Weigelt, Andreas; Müller, Klaus-Dieter; Schaarschmidt, Thomas; Schmeitzer, Mike (2015): Todesurteile sowjetischer Militärtribunale gegen Deutsche (1944–1947), Schriften des Hannah-Arendt-Instituts für Totalitarismusforschung, Band 56, Göttingen: Vandenhoeck & Ruprecht, 2015, S. 5.

Westdeutschen darüber sehr gut informiert. Bis zum Ausbruch des Kalten Krieges verboten die Westalliierten, Kritik an die Siegerjustiz der Sowjetunion zu üben. Ab Ende 1946/Anfang 1947 änderte sich das grundlegend: Im Wettstreit um die ökonomische und moralische Überlegenheit der Gesellschaftssysteme war jetzt Kritik sogar erwünscht. Es war auch ein Kampf um die Herzen und Hirne der Menschen. Bei der nun stetig anwachsenden Kritik kam die Sowjetunion immer mehr in Erklärungsnot. In diesem Kontext ist möglicherweise die Aussetzung der Todesstrafe durch ein Moratorium der sowjetischen Regierung zwischen Oktober 1947 und Februar 1950 zu sehen. Bis 1948 reduzierte die Sowjetunion die Anzahl der Speziallager auf drei: Bautzen, KZ Buchenwald und KZ Oranienburg. Viele Lagerinsassen kamen zu dieser Zeit frei. Um die junge DDR nicht mit diesem Nachkriegserbe moralisch zu belasten, wurden 1950 die letzten Speziallager geschlossen. 45 261 Gefangene wurden in die Freiheit entlassen, 12 770 Lagerinsassen wurden in die Sowjetunion in Gulags deportiert, 6 680 Personen erhielten nun den Status eines Kriegsgefangenen, 756 wurden in diesen letzten Jahren noch zum Tode verurteilt und 14 202 Gefangene auf die DDR-Gefängnisse verteilt. 3 442 Personen kamen auf diese Weise in das Zuchthaus in Waldheim. Ihnen wurde vom 21. April bis zum 29. Juni 1950 vor dem Landgericht Chemnitz im Schnellverfahren und ohne Anklage der Prozess gemacht. Unter ihnen gab es in der Tat Personen, die sich schwerer Verbrechen schuldig gemacht hatten. Allerdings fehlten bei der Prozessführung jegliche rechtsstaatlichen Prinzipien. Diese strafrechtliche Aktion der DDR ist unter dem Namen „Waldheimer Prozesse" bekannt. Spätestens jetzt hatte die frisch gegründete DDR ihre Unschuld verloren …

Das traurige Resultat der sowjetischen Speziallager ist, dass von den 189 000 Lagerinsassen 43 000 ums Leben kamen.[54] Das Sowjetische Militärtribunal bestand bis Ende 1955 weiter. Ab März 1950 wurden wieder Todesurteile gefällt. Es war eine Paralleljustiz zur DDR-Justiz. In der Zeit von 1945 bis 1955 fällte das SMT nach Angaben des Leiters der Dokumentationsstelle der Stiftung Sächsische Gedenkstätten, Dr. Pampel, 35 000 bis 40 000 Urteile gegen deutsche Zivilisten sowie ungefähr 32 000 Urteile gegen deutsche Kriegsgefangene. Nach den bis 2015 gesichteten Dokumenten wurden laut der Studie des Hannah-Arendt-Instituts für Totalitarismusforschung ungefähr 3 300 Todesurteile ausgesprochen.[55] Dr. Pampel geht aktuell (Stand: Oktober 2019) von 3 498 Todesurteilen aus.

Wie bereits erwähnt, wurden noch in den 1950er-Jahren Deutsche zu Zwangsarbeiten in die Sowjetunion verschleppt, obwohl es in der DDR-Verfassung einen Passus zum Auslieferungsverbot gab. Diese Zustände zeigen eindeutig, dass die 1953 von der Sowjetunion offiziell zugestandene staatliche Souveränität der DDR real nicht existierte. Die Existenz der Speziallager und des Sowjetischen Militärtribunals schüchterte in der SBZ/DDR die Bevölkerung ein.

Die Themen „Sowjetische Speziallager" und „Sowjetische Militärtribunale" waren in der DDR weitgehend tabu. Dass viele Lagerinsassen in den 1990er- und Anfang der 2000er-Jahre von der Hauptmilitärstaatsanwaltschaft der Russischen Föderation rehabilitiert wurden, ist begrüßenswert, es kann ihnen aber nicht das unbeschwerte Leben zurückgeben. Viele unschuldig

---

[54] MDR.de (Hrsg.) (10.08.2020): Sowjetische Speziallager in der DDR. Online verfügbar unter https://www.mdr.de/zeitreise/sowjetische-speziallager-104.html (zuletzt abgerufen am 17.10.2020).

[55] Weigelt et al. (2015), S. 72.

Eingesperrte leben nicht mehr. Mehr als 10 000 Anträge auf Rehabilitation sind bisher in Moskau eingegangen. Rund 95 Prozent der Antragsteller wurden rehabilitiert. Das verdeutlicht, wie haltlos viele Urteile der SMTs waren. Die Quote der Rehabilitation war deshalb so hoch, weil viele der Lagerinsassen der Spionage für die Westalliierten bezichtigt wurden, ohne einen Beweis dafür zu erbringen. Die zweite große Gruppe der Rehabilitierten bildeten ehemalige Jugendliche, denen Aktivitäten bei den Werwölfen vorgeworfen wurden. In den letzten Kriegsmonaten hatte die Reichsführung die Jugendlichen aufgerufen, im Hinterland der Alliierten militärisch zu attackieren. Davor fürchteten sich insbesondere die „Russen" selbst nach der offiziellen Kapitulation so sehr, dass sie schon prophylaktisch Jugendliche von der Straße weg aufgriffen und in die Sonderlager steckten.

Ich weiß, Vergleiche hinken sehr oft. Dennoch wage ich, einen anzustellen: Hinter den nationalsozialistischen KZ stand die Absicht des vorsätzlichen Mordes, und bei den sowjetischen Speziallagern war es fahrlässiger Mord. In beiden Fällen wurde der Tod vieler Menschen billigend in Kauf genommen. Die Arbeitsweise der Sowjetischen Militärtribunale hatte nichts mit Rechtsstaatlichkeit zu tun. Die Sowjetunion hatte in der Tat die größten Opfer im Zweiten Weltkrieg gebracht. Allerdings hatte sie sich durch ihre Praxis moralisch nahezu auf das gleiche Niveau begeben wie ihr ehemaliger Kriegsgegner.

Angesichts dieser bedrückenden Situation in der DDR ist der Volksaufstand vom 17. Juni 1953 schon ein Wunder.

2.7 Meine Erlebnisse mit der Sowjetunion und der sowjetischen Besatzungsmacht

Neuruppin war, wie schon erwähnt, bereits seit 1740 Garnisonsstadt. In den 1930er-Jahre wurden die bestehenden Kasernen noch durch Panzerkasernen zwischen Neuruppin und Altruppin und durch einen Flugplatz, der nach modernsten technischen Erkenntnissen gebaut wurde, ergänzt. Als 1945 die Rote Armee die Armeeanlagen der Wehrmacht übernahm und sich für Neuruppin als den wichtigsten Standort im nördlichen Brandenburg entschied, wurden sich die schönsten Villen (für die Offiziersfamilien) angeeignet, nördlich von Neuruppin ein großer Panzerübungsplatz und in der Ruppiner Heide ein Bombenabwurfplatz eingerichtet. Den damals etwa 25 000 Neuruppinern dürfte wohl die gleiche Anzahl an „Russen" gegenübergestanden haben.

Die sowjetischen Truppen hatten ihr Gelände, das kein Deutscher betreten durfte, durch Mauern oder Bretterzäune blickdicht gemacht. Außer bei Manövern oder Aufmärschen aus bestimmten feierlichen Anlässen waren die einfachen Soldaten kaum zu sehen. Sie waren nicht zu beneiden. Einerseits bekamen sie im Monat nur 30 DDR-Mark, was gerade einmal für ein paar Schachteln Papirossa-Zigaretten reichte. Andererseits, da sie die Kaserne so gut wie nie verlassen durften, waren sie ständig dem Drill durch die Offiziere ausgesetzt. Es drehten auch einige Soldaten durch und versuchten zu desertieren. Oft endete die Flucht tödlich …

Die Präsenz der sowjetischen Armee war in Neuruppin schon bedrückend. Selbst bei jemandem wie mir, der mit diesem Zustand groß geworden ist und es auch zeitweise ausblenden konnte, war spätestens, wenn ich an einer Kaserne der Sowjetarmee vorbeikam oder einem sowjetischen Armeeangehörigen begegnete, ein leichtes Gefühl des Unwohlseins vorhanden. Bereits als Kind verspürte ich, dass ihre Anwesenheit kein Normalzustand sein konnte. Nicht selten hörte ich von älteren Westdeutschen, sie hätten als Kind von den Engländern oder Amerikanern ein Stück Schokolade bekommen, und seitdem seien sie absolute (kritiklose) Anhänger Großbritanniens oder der USA geworden, und die Stationierung ihrer Truppen in der alten und neuen BRD fanden sie in Ordnung. Im Nachhinein hätte ich von diesen gern gewusst, ob sie sich zumindest als Erwachsene einmal die Frage gestellt haben, welche Interessen diese Staaten in Wirklichkeit verfolgten und inwiefern sie ihre persönlichen Erlebnisse mit den alliierten Soldaten in die große Weltpolitik eingeordnet haben. Mich erschreckt schon, dass der Freiheitsgedanke bei sehr vielen Westdeutschen überhaupt nicht vorhanden ist. Denn frei ist man nur, wenn man souverän ist. Wenn man von eventuell vorhandenen Geheimverträgen absieht, so ist Deutschland zwar auf dem Papier souverän, aber die Politiker und die Vertreter der Leitmedien verhalten sich wie Vasallen: Gegenüber den USA verhalten sie sich oft demütig und im vorauseilenden Gehorsam. Dabei sollte man sich nicht von ihrer Oppositionshaltung gegenüber Trump irritieren lassen. Die Stationierung von US-amerikanischen Truppen, die Existenz von Drohnenleitzentralen und eines Spionagezentrums auf deutschem Boden, die freiwillige Umrüstung von Flugzeugen der Bundeswehr zur Befähigung des Transportes und Abwurfes US-amerikanischer Atombomben und die starke logistische Unterstützung der Bundeswehr in Osteuropa für die US-Truppen, um Russland zu drohen und zu provozieren, sind nur einige Beispiele der devoten Haltung. Es gibt sie noch in anderen Bereichen, was aber nicht Thema dieses Kapitels sein soll. Unter Freiheit wird von vielen Westdeutschen bedauerlicherweise nur die individuelle, aber nicht die staatsrechtliche verstanden. Oft merken sie nicht: Selbst die persönliche Freiheit hängt vom Geldbeutel ab …

Meine Eltern zogen Anfang der 1950er in Neuruppin in ein Miethaus in die Musikersiedlung. Diese Häuser waren in den 1920er-/1930er-Jahren gebaut worden. Das Haus, in das sie zogen, war von einem idyllischen Garten umgeben. Es hatte aber einen Schönheitsfehler: Es lag in der Einflugschneise für die sowjetischen Flugzeuge, die auf dem nahe gelegenen Flugplatz landen wollten. Die Piloten flogen so niedrig über das Haus, dass ich teilweise sogar ihre Gesichter erkennen konnte. Es mag sein, dass die Flugzeuge in der Wehrmacht noch leiser gewesen waren. Die sowjetischen Jagdflugzeuge, die MIGs, waren dagegen sehr laut und ihre Nachfolgetypen noch lauter. Aus heutiger Sicht ist es mir rätselhaft, wie meine Familie und ich das jahrelang ausgehalten haben. Der Lärm nahm solche Ausmaße an, dass bei ungünstigen Windverhältnissen die Menschen in der Stadt, die draußen standen, sich nicht mehr unterhalten konnten. Sie mussten eine Pause machen. Wenn ein Düsenflugzeug die Schallmauer durchbrach, dann bebten ganz leicht die Hauswände, und die Fenster klirrten leise. Dieser unhaltbare Zustand ging bis in die 1980er-Jahre. Dann einigte sich die sowjetische Kommandantur mit den Kommunalpolitikern Neuruppins, dass die Flüge nur noch montags, mittwochs und freitags durchgeführt werden sollten. Manöver waren von dieser Regelung ausgenommen. Gelegentlich flogen die sowjetischen Düsenjäger dicht über die Stadt, was bei den Neuruppinern schon den Eindruck hinterließ, es werde der Angriff auf Ziele in der Stadt geübt.

Gegen den Fluglärm und die zuletzt genannten fragwürdigen Übungen regte sich auch Widerstand. Von den deutschen Verwaltungsstellen bekam der Beschwerdeführer dann zur

Antwort, ob er gegen den Weltfrieden sei. Wer zu penetrant wurde, bekam es dann mit der Staatssicherheit zu tun.

Unabhängig davon gab es auch Panzerschießübungen in der Nähe Neuruppins. Die Schüsse waren auch gut hörbar. Jährlich führten die sowjetischen Panzertruppen, die in der DDR stationiert waren, ein gemeinsames Manöver durch. Dann fuhren die Panzer durch die Stadt zum Güterbahnhof. Dort wurden sie auf Waggons verfrachtet. Auf ihrem Weg durch die Stadt beschädigten sie das Straßenpflaster. An den Kreuzungen, wo die Panzer abbiegen mussten, wurden die Bordsteinkanten einfach weggedrückt. Ich denke, für die Beseitigung der Straßenschäden musste die DDR selbst aufkommen.

Hierzu habe ich eine Episode: In den 1960er-Jahren kam mein Großonkel aus Westberlin zu Besuch nach Neuruppin. Altersbedingt war er nicht mehr so agil. Dass er nun gar nicht aus dem Haus gehen wollte, damit hatte keiner von uns gerechnet. Einmal konnten wir ihn doch überreden. Seine Lieblingstorte wartete auf ihn in unserem Garten. Auf dem Weg dorthin mussten wir den Bahnübergang des Güterbahnhofs passieren. Ausgerechnet an diesem Tag um diese Uhrzeit mussten die Schranken geschlossen sein und die „Russen" ihre Panzer auf dem Güterbahnhof auf die Waggons verladen. Wir wussten nicht, wann die Schranken wieder geöffnet werden würden. Aber wir dachten uns, eine zu lange Wartezeit würde die Reichsbahn bzw. würden die „Russen" den Wartenden nicht zumuten. Doch Pustekuchen! Letztendlich standen wir eine Dreiviertelstunde davor. Manchmal sollen die Schranken bei einer solchen Aktion eineinhalb Stunden am Stück geschlossen gewesen sein! Nun kann sich der Leser ausmalen: Zu einem weiteren Spaziergang konnten wir meinen Großonkel nicht mehr motivieren …

Da mein Vater Russischlehrer war, gab es von der Schule aus in regelmäßigen Abständen Veranstaltungen mit Vertretern der sowjetischen Armee. Auf diesem Wege kam er in Kontakt mit einer russischen Offiziersfamilie. Einmal war das Ehepaar sogar in unserer Wohnung. Allerdings hatte diese freundschaftliche Verbindung keinen Bestand. Diese Familie wurden an einen anderen Standort in der DDR versetzt. Private Kontakte zu Deutschen waren aus Angst vor Spionage strikt verboten. So war die von der DDR-Führung gepredigte deutsch-sowjetische Freundschaft eher etwas Theoretisches.

Seit den 1970er-Jahren gab es eine geringfügige Öffnung gegenüber der deutschen Bevölkerung: Die von der sowjetischen Armee betriebenen Lebensmittelgeschäfte, die sogenannten Russenmagazine, wurden auch für Deutsche zugänglich. Dort konnte man auch russische Produkte kaufen. Dadurch lernte ich russisches Konfekt kennen, das so verpackt wurde, als wären es Bonbons, und das sehr gut schmeckte. Die sowjetische Sektsorte „Krimskoje" erlangte über die Russenmagazine in der DDR einen großen Bekanntheits- und Beliebtheitsgrad. Anstatt einer Ladenkasse verwendeten die russischen Verkäuferinnen zur Ermittlung der Verkaufsendsumme immer einen Abakus, was den Deutschen etwas exotisch vorkam …

Ab der 5. Klasse lernten die Schüler in der DDR die russische Sprache, und ab der 7. Klasse bestand die Möglichkeit, am Englischunterricht teilzunehmen. Die Teilnahme am Russischunterricht war Pflicht, die am Englischunterricht freiwillig. Russisch wurde als ein Hauptfach angesehen, sodass der Schüler bei der Note „5" nicht in die nächsthöhere Klasse versetzt werden durfte. Im Gegensatz zu vielen meiner Mitschüler fiel mir das Erlernen der russischen Sprache wesentlich leichter. Das lag daran, dass mein Vater Russischlehrer war, aber auch, weil er Sorbe war.

Ab der 5. Klasse erhielten die Kinder Briefadressen von russischen Schülern gleichen Alters. Dadurch sollten die deutschen Kinder besser Russisch lernen und die russischen besser Deutsch. Es war zweifellos ein kleiner Beitrag zur Völkerverständigung. Mancher Schriftwechsel währte nur einige Monate, viele mehrere Jahre. Ganz selten hielten die Brieffreundschaften ein Leben lang. Spätestens wenn eine Lehre begonnen wurde, zudem noch an einem anderen Ort, oder die erste große Liebe das Leben bestimmte, wurde der Briefkontakt abgebrochen. Ich hielt eine Brieffreundschaft mit einem Mädchen, das „unweit" von Moskau lebte. In der Sowjetunion galt ein Ort als vom anderen „unweit" (russisch: ne dalekó) gelegen, wenn er 100, 200, oder 300 km entfernt war. Das sind die Entfernungsempfindungen eines in der Sowjetunion lebenden Menschen. Ich hatte natürlich den Vorteil, jederzeit meinen Vater fragen zu können. Die Brieffreundschaft hielt bis zur 10. Klasse … Ich denke, dass diese Brieffreundschaften schon eine Wirkung auf die Menschen in der DDR und in der Sowjetunion ausgeübt hatten. Denn bemerkenswert ist: Obwohl die Sowjetunion im Zweiten Weltkrieg im Kampf gegen Deutschland mehr als 20 Millionen Menschen verloren hatte, schlug (schlägt) den Deutschen in den Ländern der (ehemaligen) Sowjetunion kein Hass entgegen, sondern Höflichkeit und Herzlichkeit.

Hierzu gibt es auch eine Episode zum Schmunzeln: Eines Tages schrieb mir meine russische Brieffreundin, ob ich sie für ein paar Tage besuchen könnte. Ich weiß nicht, ob sie sich dessen bewusst war, dass das nicht so einfach ging. Ihre Familie hätte eine Einladung schreiben müssen. Ob ich in dem Alter allein dorthin hätte fahren dürfen, war auch nicht so klar. Ich war jedenfalls sehr begeistert. Mein Vater hatte schon längere Zeit zuvor gesagt, dass er wenigstens einmal im Leben in die Sowjetunion fahren möchte. (Er war Russischlehrer, aber auch überzeugter Kommunist. Er hatte eine solche Reise nie angetreten …) Umso erstaunter war ich, dass er es nicht wollte, dass ich führe. Warum nur? Ich denke, er wollte nicht, dass ich sähe, dass es den Menschen in der Sowjetunion wesentlich schlechter ging als den Menschen in der DDR. Da hätte ich mir vielleicht die Frage stellen können, ob der Kommunismus/Sozialismus wirklich so toll sei. Hatte er wirklich gedacht, dass ich das nicht wüsste? In den Schulen in der DDR wurde das Leben in der Sowjetunion glorifiziert. Allerdings gab es Menschen aus der DDR, die geschäftlich oder durch Bauarbeiten in der Sowjetunion unterwegs waren und ungeschminkt ihre teils deprimierenden Eindrücke wiedergaben. Solche Informationen gingen trotz Propaganda, Meinungsdiktat und Stasi wie ein Lauffeuer von einer zur anderen Ecke des Landes. Schlussendlich war bald keine Rede mehr von dem Besuch. Je erwachsener ich wurde, desto heftiger wurden die Diskussionen mit meinem Vater darüber, ob der von der Sowjetunion vorgelebte Sozialismus/Kommunismus wirklich ein erstrebenswertes Ziel sei.

Als ich als Jugendlicher in das Arbeitsleben eintrat, wurde ich damit konfrontiert, in die Gesellschaft für Deutsch-Sowjetische Freundschaft (DSF) einzutreten. Der Druck kam nicht direkt und offen vom Staat. Hier wurde viel raffinierter vorgegangen: Die Kollegen bedrängten mich, in diese Organisation einzutreten. Denn wenn alle Kollegen des Kollektivs Mitglied der DSF sein sollten und einige weitere Bedingungen erfüllen würden, dann könnten sie als „Kollektiv der sozialistischen Arbeit" ausgezeichnet werden und eine hohe Geldprämie bekommen. Wer wollte da als neuer Kollege Spielverderber sein? Auf diesem Wege bin ich wie viele Jugendliche Mitglied der DSF geworden. Diese Mitgliedschaft bestand nur auf dem Papier und zog für mich keine Verpflichtungen nach sich. In die SED einzutreten, wäre hingegen etwas gewesen, was nach außen hin und bis in die Familie hineingewirkt hätte ...

1994 sind die letzten Truppen der Sowjetarmee aus der DDR und somit auch aus Neuruppin abgezogen. Große Gebiete der ehemaligen Übungsgebiete sind noch heute gesperrt, weil dort russische Munition herumliegt. Am ehemaligen Militärflugplatz und in einem Neubaugebiet am See Neuruppins ist das Grundwasser wegen des katastrophalen Umweltbewusstseins des sowjetischen Militärs mit Halogenkohlenwasserstoffen (krebserregenden Giftstoffen) verseucht, weshalb die Nutzung dieses Wassers offiziell verboten wurde.

Auch wenn ich gegen die Besatzung der DDR durch die Sowjetarmee war und übrigens gegen jede Besatzung einer fremden Militärmacht auf deutschem Boden, so konnte ich stets das eine und das andere auseinanderhalten. Es ist lobenswert, wenn man Soldaten, egal in welcher Armee sie dienten, ehrt, weil sie im Krieg und danach menschliche Größe und Mitgefühl gegenüber der Bevölkerung des unterlegenen Volkes zeigten. Trotzdem sollte man sich fragen, welche Agenda die Führungsschicht eines Landes verfolgt, aus dem der Soldat kommt.

Dieses Abstraktionsvermögen vermisse ich bei vielen westdeutschen Zeitgenossen.

Es macht mich schon sehr traurig, wenn ich sehe, dass deutsche Soldaten erneut an der Grenze zu Russland stehen und dass sich die deutsche Bundesregierung von den USA und den Scharfmachern in Polen und den baltischen Staaten gegen Russland aufhetzen lässt. Seit Ende der 1990er-Jahre haben sich bei den Grünen unterhalb des Radars der öffentlichen Wahrnehmung Kräfte durchgesetzt, die einen proamerikanischen und zutiefst antirussischen Kurs eingeschlagen haben.

Die Außenpolitik der angloamerikanischen Finanzelite und des US-amerikanischen militärisch-industriellen Komplexes, Deutschland und Russland gegeneinander aufzuhetzen, trägt bei den Bundespolitikern und bei den Vertretern der westdeutsch geprägten Leitmedien zweifellos Früchte. Zur Erinnerung: Am 4. Februar 2015 sagte der US-amerikanische Geostratege, Politiker und Sicherheitsexperte George Friedman vor dem **Chicago Council on Global Affairs** in Chicago unverblümt: *„Das Hauptinteresse der US-Außenpolitik während des letzten Jahrhunderts, im Ersten und im Zweiten Weltkrieg und im Kalten Krieg waren die Beziehungen zwischen Deutschland und Russland. Weil vereint sind sie die einzige Macht, die uns bedrohen kann. Unser Hauptziel galt sicherzustellen, dass dieser Fall nicht eintritt."*[56] Zu dieser Äußerung gab es weder von Merkel noch von den anderen Bundespolitikern, außer von den Linken, und auch nicht von den Mainstream-Medien eine Reaktion ...

---

[56] Friedman, George (Chicago Council on Global Affairs) (04.02.2015): Europe: Destined for Conflict?, ab Minute 53:50. Online verfügbar unter https://www.youtube.com/watch?v=QeLu_yyz3tc (zuletzt abgerufen am 17.10.2020).

3   Wie die Menschen in der Zeit zwischen 1945 und 1961 in der SBZ/DDR lebten

Die Zeit nach dem Zweiten Weltkrieg war für viele Deutsche, egal ob sie in der West- oder in der Ostzone lebten, geprägt von großen Entbehrungen. Es war eine Zeit, in der es um das nackte Überleben ging, es viele Umbrüche gab und in der Hoffnungen aufkeimten. Für die Trauer um die Toten in der Familie und in der Verwandtschaft sowie um die verlorene Heimat blieb da oft wenig Zeit …

Mein Augenmerk richtet sich in diesem Kapitel auf das Leben in der SBZ/DDR. Aus der Zeit Mitte der 1930er-Jahre bis 1953 liegen mir im Einzelnen Erinnerungspuzzleteile meiner Eltern vor. Da ein großer Teil der Verwandtschaft meiner Mutter in Schlesien lebte, komme ich nicht umhin, auch über die Vertriebenen zu berichten.

3.1   Geschichtsrelevante Erlebnisse meines Vaters

Mein Vater, Jahrgang 1929, lebte in seiner Kindheit im Spreewald, im preußischen Teil der Lausitz. Er erinnerte sich sehr genau daran, wie Ende der 1930er-/Anfang der 1940er-Jahre unter Androhung der Prügelstrafe das Sprechen der sorbischen Sprache verboten wurde. (Solche Verbote gab es nicht einmal zur Kaiserzeit.) Diese Erfahrung musste er selbst sammeln, als er einmal auf dem Schulhof lauthals Sorbisch sprach.

Er erinnerte sich auch an die Nächte, als im Februar 1945 Dresden von der britischen Luftwaffe bombardiert wurde. Obwohl sein Heimatort 100 km Luftstrecke von Dresden entfernt war, sah er, wie sich bei Nacht der Himmel blutrot färbte. Der Bevölkerung in der Lausitz war bekannt, dass zu diesem Zeitpunkt

Abertausende Flüchtlinge aus Schlesien in diese wunderschöne Stadt geströmt waren. Entsetzen, Fassungslosigkeit, Wut und Angst vor dem, was noch kommen mochte, so könnte man die Stimmungslage der Lausitzer beschreiben.

Im Frühjahr 1945 überschritt die sowjetische Armee die Oder. Es war nur eine Frage der Zeit, bis sie auch das Dorf erreichte. Eilig wurde die Hitlerjugend, bestehend aus einem Dutzend von Jungen im Alter unter 17 Jahren, bewaffnet. Sie mussten Schützengräben ausheben. Auch mein Vater gehörte zum letzten Aufgebot Hitlers. Der Befehlshaber dieser Gruppe muss wohl ziemlich sprachlos gewesen sein, als meine wendische Großmutter vor ihm stand und meinen Vater mitnahm. Im Nachhinein gesehen, war das schon eine sehr mutige Tat, die Gott sei Dank folgenlos blieb. Kurz bevor die Russen kamen, türmten der Bürgermeister und der Befehlshaber dieser Hitlerjugendtruppe. Die Familie versteckte sich auf dem Heuboden des Bauerngehöfts …

Spätestens mit der Bodenreform im Jahre 1946, als viele Flüchtlinge und andere Landlose sich in der Lausitz niederließen, war es mit der sorbischen Sprachhoheit vorbei.

Mein Vater erzählte auch von einer öffentlichen Veranstaltung in Cottbus im Jahre 1946. Diese muss es wohl in vielen Orten der Lausitz gegeben haben. Dort wurde von der Möglichkeit gesprochen, dass eventuell ein großer Teil der Lausitz der Tschechoslowakei zugeschlagen werden sollte. Er erinnerte sich, dass sich dort tumultartige Szenen abgespielt haben. Es mag sein, dass zumindest einige Oberlausitzer Sorben, deren Sprache der tschechischen ähnelt, für diese Idee Sympathie hatten. Die Mehrheit aller in der Lausitz lebenden Menschen lehnte diese Idee aber kategorisch ab. Der endgültige Status quo des Gebietes Nachkriegsdeutschlands war bis 1947 nicht klar. Auch der Ruhrpott wurde erst dann endgültig Deutschland zugeschlagen …

In der SBZ/DDR wurde die Entnazifizierung, insbesondere im öffentlichen Dienst, rigoros durchgeführt. Zuweilen wurde über das Ziel hinausgeschossen und nicht selten sogar Sippenhaft betrieben, was der Vergangenheit hätte angehören sollen. Viele Lehrer, Rechtsanwälte, Bürgermeister und Angestellte in den kommunalen Verwaltungen vom Bürgerhaus bis zur Landesverwaltung usw., die Mitglied der NSDAP gewesen waren oder sich anderweitig für das Dritte Reich hervorgetan hatten, wurden entlassen. Hunderttausende waren davon betroffen. Arbeiter und Bauern sollten diese Funktionen übernehmen. Um schnell voranzukommen und diese zu befähigen, entstanden sogenannte „Arbeiter-und-Bauern-Fakultäten" (ABF). Dort wurden Arbeiter und Bauern an die Hochschulreife herangeführt. Damit sollte auch das Bildungsmonopol bestimmter Gesellschaftsschichten gebrochen werden. Mein Vater arbeitete als Maurer. Er nahm diese Gelegenheit wahr, absolvierte erfolgreich das Abitur, studierte an der Brandenburgischen Landeshochschule Potsdam und nahm Anfang der 1960er-Jahre die Arbeit als Deutsch- und Russischlehrer auf.

Die Entlassung Tausender zu Recht oder Unrecht Beschuldigter bot vielen jungen Menschen die Möglichkeit, in der DDR eine Karriere zu machen. Insofern war die Stimmungslage in der DDR sehr gespalten. Es gab nicht wenige, die mit der Gründung der DDR die Möglichkeit sahen, einen deutschen Staat zu gestalten, der sich nur das „Beste" aus der langen deutschen Geschichte herausfischte und weiterentwickelte. Die Spaltung der Gesellschaft zeigte sich sehr deutlich im Jahre 1953: Am 5. März starb Stalin. Wie mir meine Eltern berichteten, gab es schon einige Zeitgenossen, die seinen Tod beweinten. Am 17. Juni desselben Jahres streikten Arbeiter, anfangs gegen zu hohe

Arbeitsnormen und gegen das Missmanagement durch SED-Funktionäre, dann prinzipiell gegen die SED und die sowjetische Besatzungsmacht.

Nur mit harter Hand und dem Erlass der Reparationsschulden konnte dieser Staat noch gerettet werden und weiterexistieren. Wie fragil die gesellschaftlichen Verhältnisse in den 1950er-Jahren waren, zeigte sich auch darin, dass die ab Mai 1945 herausgegebenen Lebensmittelmarken in der DDR bis 1958 ihre Anwendung fanden. Noch über die 1960er-Jahre hinaus gab es eine Bezugsberechtigung für Speisekartoffeln und für Braunkohlebriketts. In der BRD endete die Ausgabe von Lebensmittelkarten bereits 1950.

Die Aufteilung der Lebensmittelkarten in fünf Kategorien und die Ausgabe von Zusatzkarten für schwere und sehr schwere Arbeit sowie für die Intelligenz führten dazu, dass sich die Menschen eine Arbeit suchten. Denn Nichterwerbstätige, Kinder, Schwerbehinderte, Rentner und ehemalige NSDAP-Mitglieder erhielten auf ihre Lebensmittelkarte so wenig, dass diese im Volksmund als „Friedhofskarte" bezeichnet wurde. Es war zum Leben zu wenig und zum Sterben zu viel.

3.2   Die Erlebnisse meiner Mutter

Die Familie meiner Mutter kam aus Oberschlesien. Ende der 1930er-Jahre zogen sie nach Berlin um. Berlin musste wohl in dieser Zeit eine unglaubliche Sogwirkung auf die Menschen gehabt haben. Die Einwohnerzahl Berlins war 1942 mit knapp 4,5 Millionen Menschen so hoch wie noch nie in der Vergangenheit und in der Zukunft. Meine Großmutter erzählte mir immer wieder mit leuchtenden Augen, wie toll sie die Besuche im Kino und im Friedrichstadt-Palast fand …

1940 erlebte Berlin seine ersten Bombardierungen. Jedoch seit Januar 1943 wurde Berlin von US-amerikanischen und britischen Flugverbänden regelmäßig und massiv bombardiert. Braunschweig lag in der Einflugschneise für Flüge in Richtung Berlin. Wenn über Braunschweig solche Bombenflugzeuge erschienen, kam diese Nachricht über das Radio. Dann hatten die Berliner eine halbe bis eine Stunde Zeit, sich in die Luftschutzräume zu begeben.

Um wenigsten meine Mutter, Jahrgang 1931, nicht der ständigen Gefahr durch die Bombardierungen auszusetzen, sorgten meine Großeltern dafür, dass sie durch die sogenannte Kinderlandverschickung weit weg vom Kriegsgeschehen kam und dort auch weiter am Schulunterricht teilnehmen konnte. Meine Mutter gelangte dadurch nach Königshütte (Schlesien, Regierungskreis Oppeln), nach Kärnten an den Millstätter See und nach Dänemark.

Zwischen dem 18. und 26. November 1943 in der Nacht wurde das Nachbarhaus in der Bergstraße, wo meine Urgroßmutter, meine Großeltern, meine Mutter und meine Tante wohnten, durch eine Brandbombe mit Zeitzünder getroffen. Da sich in der betroffenen Wohnung zu dieser Zeit keiner aufhielt, wurde die Bombe erst sehr spät bemerkt. Bevor es im 4. Stock des Nachbarhauses eine Familie bemerkte, brannte die Treppe im Hausflur bereits lichterloh, sodass ihnen der Fluchtweg abgeschnitten war. Ein Mann und zwei Frauen standen an den Fenstern und schrien vor Verzweiflung. Unten standen zwei Männer mit einem Sprungtuch und riefen, dass sie herunterspringen mögen. Sie zögerten. Doch dann sprang einer nach dem anderen … in den Tod. Keiner überlebte den Sprung. Meine Mutter sah, wie

124

die drei Leichen am gegenüberliegenden Friedhof abgelegt wurden. Bei den Wirren der Ausräumaktion wäre meine Tante, damals ein Kleinkind, um Haaresbreite zwischen den Decken erstickt worden. Während die Familie meiner Mutter glimpflich mit dem Leben davongekommen war, kam ihre beste Schulfreundin mit ihrer Familie in jener Nacht durch eine britische Phosphorbombe ums Leben. Meine Mutter, die es gar nicht fassen konnte, stand vor dem ehemaligen Haus ihrer Freundin, das bis zum Kellergeschoss zerstört war und wo es noch schwelte und bläulich glomm … Nachdem die Familie meiner Mutter eine Nacht im nahe gelegenen U-Bahn-Tunnel Stettiner Bahnhof und danach in einem stillgelegten S-Bahn-Tunnel einige Tage verbracht hatte, bekam sie ein Quartier bei einem Großbauern in Protzen, einem Dorf bei Neuruppin, zugewiesen. Mein Großvater blieb in Berlin, da er als Elektriker bei der Polizei eine Arbeit hatte. Meine Großmutter musste somit allein für die Familie sorgen. Das war wohl das Schicksal vieler deutscher Frauen.

Neuruppin war seit der Regierungszeit des Vaters Friedrichs des Großen eine Garnisonsstadt. Die sowjetische Armee hatte die Kasernen und das Übungsgelände nahtlos von der Wehrmacht übernommen. Sie war in der SBZ für die Zeit, als die Betriebe noch nicht richtig arbeiteten, einer der wenigen Arbeitgeber. Da Protzen ein sehr großes Dorf war, wurde auch dort eine sowjetische Kommandantur eingerichtet. Eines Tages hielt ein Lkw der Sowjetarmee vor dem Bauernhaus, wo meine Großmutter mit ihrer Mutter und den Kindern untergebracht war, an. Es stieg ein älterer russischer Offizier aus und ließ mehrere deutsche Frauen antreten. Er gab zu verstehen, dass sie kaputte sowjetische Armeekleidung, die bereits gewaschen sei, zu reparieren hätten. Hierzu ließ er Säcke voller Kleidung und Nähmaschinen vom Lkw holen. Ehe sich meine Großmutter dessen versah, bekam sie bei den Russen eine zeitlich befristete Verdienstmöglichkeit. Mit dieser Art von Referenz für zuverlässige und gute Arbeit erhielt sie die Möglichkeit, in einer der sowjetischen Kasernen in Neuruppin zu arbeiten. Als Lohn gab es immer Lebensmittel. Ein anderes Mal wurde der Bürgermeister des Dorfes vom sowjetischen Militär angerufen, er solle eine bestimmte Anzahl Männer und Frauen für eine Arbeit für sie bereitstellen. Gesagt, getan. Mein Großvater und meine Mutter wurden auch dem noch unbekannten Arbeitseinsatz zugeteilt. Sowjetische Soldaten holten sie mit Lkws ab und brachten sie nach Neuruppin. Dort mussten sie aus bereits ausgehobenen Gräben Telefonleitungen bergen, die auf einer großen Rolle aufgerollt wurden. Die Arbeit zog sich wochenlang hin. Da zu dieser Zeit nur Reiche, wichtige Leute der Gesellschaft, Handwerksbetriebe und die staatlichen Verwaltungen ein Telefon hatten, nehme ich an, dass das Telefonleitungen waren, die zum großen Teil für das deutsche Militär bestimmt gewesen waren. Diese Aktion gehörte zweifellos zu den Reparationsleistungen, die Nachkriegsdeutschland zu erbringen hatte.

Da das, was man oftmals für die Lebensmittelkarte bekam, nicht satt machte, ging die Familie in der Nacht auf die Felder, um ein paar Kartoffeln zu stoppeln. Immer wieder hörte ich von meinen Großeltern mütterlicherseits die Geschichte, wie sie bei einer solchen Aktion das mitgenommene Fahrrad so gut getarnt hätten, dass sie stundenlang gesucht und es erst im Morgengrauen gefunden hätten. Ich denke, so hat jede deutsche Familie ihre eigene unvergessliche Nachkriegsgeschichte.

Ende der 1950er-Jahre kehrten die Eltern meiner Mutter in einer Nacht-und-Nebel-Aktion der DDR den Rücken und nahmen sich eine Wohnung in Westberlin. Ich nehme an, meine Großmutter vermisste zu sehr das Flair einer Großstadt. Der Wegzug war für meine Familie zwar schmerzlich, aber zu dieser Zeit insofern nicht so tragisch, als ein Besuch jederzeit möglich war. Über die Irrungen und Wirrungen sowie die politische Situation kurz vor und nach dem Bau der Berliner Mauer habe ich ein gesondertes Kapitel geschrieben ...

3.3 Die SBZ/die DDR und die Vertriebenen/Spätaussiedler

Ein Teil der Verwandtschaft meiner Mutter blieb in Oberschlesien, auch nachdem es Polen zugeschlagen worden war. Allerdings fanden viele von ihnen das Leben unter polnischer Herrschaft unerträglich. Einige von ihnen starben vor Kummer, andere versuchten, auf legalem oder illegalem Wege ihre Heimat für immer zu verlassen. Es blieben nur ganz wenige Deutsche in Schlesien, die bereit waren, ihre Identität weitgehend zu verleugnen. Eine Schwester meiner Großmutter mütterlicherseits wurde bei dem Versuch, das jetzige Polen illegal zu verlassen, vom polnischen Militär aufgegriffen und ins Gefängnis gesteckt. Sie wurde von der BRD freigekauft. Der DDR-Führung war das Schicksal der Deutschen, die nach 1945 in den ehemaligen Ostgebieten lebten, vollkommen egal. Sie machte für diese Menschen keinen Finger krumm.

Ende der 1960er-Jahre kam in meine Klasse ein sogenannter Spätaussiedler aus Schlesien. Nach langer Zeit hörte ich wieder den schwer klingenden schlesischen Dialekt ...

Während die Vertriebenen in Westdeutschland eine Entschädigung für ihre in den Ostgebieten verlorenen Güter bekamen, erhielten sie in der DDR nichts, nicht einmal einen symbolischen Geldbetrag.

In der DDR konnte sich die Allgemeinheit keine Reichtümer anhäufen. Da es eine Arbeitsplatzsicherheit und nichts zu verteilen/zu verteidigen gab, gelang die Eingliederung der Vertriebenen und Spätaussiedler wesentlich unproblematischer als in Westdeutschland. Diese haben sich im Osten wie im Westen sehr verdient gemacht im Aufbau des Landes. Die Schattenseite ist, dass die Kultur und die Sprache der Pommeraner, der Ostpreußen und der Schlesier immer mehr verloren ging. Sie hatten einst die deutsche Kultur ungemein bereichert.

Die SED-Führung hatte zu Preußen und zu den Ostgebieten ein schon recht krankhaft distanziertes Verhältnis. Ich kann mich nicht entsinnen, dass im Geschichtsunterricht auf die Ostgebiete näher eingegangen worden wäre. Ich übertreibe an dieser Stelle etwas: Hätte es nicht die Flucht König Wilhelms III. und der Königin Luise vor Napoleon im Jahre 1807 nach Memel gegeben, dann wäre Ostpreußen nicht erwähnt worden. Und hätte der schlesischer Weberaufstand von 1844 nicht stattgefunden, dann wäre Schlesien mit keiner Silbe erwähnt worden. Folglich wurde im Geschichtsunterricht auch nicht über die Flüchtlingstrecks und das Leiden und Sterben der Vertriebenen berichtet. Kein Wort über die Beschießung der Flüchtlingsströme durch britische und russische Jagdflugzeuge! Und plötzlich war die Oder-Neiße-Grenze da! In diesem Sinne ist also das Verhältnis der SED-Führung zu den Vertriebenen und Spätaussiedlern zu verstehen.

Übrigens: Die punktuelle Geschichtsdarstellung findet heutzutage in der öffentlichen Meinungsbildung eine unglaubliche Renaissance. Denn dadurch kann die Bevölkerung gut politisch manipuliert werden …

3.4 Lebte in der DDR wirklich nur „der dumme Rest"?

Die Zeit zwischen 1945 und 1961 war in der SBZ/DDR keineswegs einfach. Die Zahl der Menschen, die die DDR verließen, stieg in dem Moment, als es erneut Repressionen durch den Machtapparat gab. Die Grenze zu Westdeutschland war bereits seit den 1950er-Jahren nahezu unüberwindbar. Bis zum 13. August 1961, dem Tag des Baus der Berliner Mauer, war zumindest die Flucht über Westberlin noch möglich. Erst als am 1. August 1975 die KSZE-Schlussakte von Helsinki von 35 europäischen Staaten unterschrieben und die DDR als eigenständiger Staat anerkannt wurde, ging es den Menschen in der DDR, rechtlich gesehen, wesentlich besser.

Die meisten arrangierten sich mit dem System insoweit, als sie sich noch nicht mit der Sache der sozialistischen Gesellschaft gemein machten. Aber wo ist die Grenze dafür? Als Schüler wurde man regelrecht gezwungen, in die Pionierorganisation und in die FDJ einzutreten. Allerdings habe ich noch nie gehört, dass jemand Funktionär für Agitation und Propaganda (Agitprop) werden musste, wie es Angela Merkel der Öffentlichkeit weismachen will.

Immer wieder wurde im Westen abschätzig angemerkt, die DDR sei die Abkürzung für „der dumme Rest". Der Vorwurf, ob er berechtigt sei oder nicht, kann sich nur auf den Zeitraum von 1949 bis 1961 beziehen, denn mit dem Bau der Berliner Mauer wurde den DDR-Bürgern die letzte Fluchtmöglichkeit genommen. Die Kritiker machen es sich hierbei etwas zu einfach. Ihre Kritik resultiert meines Erachtens aus einer gewissen Lebensfremdheit, denn die Gründe des Bleibens waren vielfältig. Die einen blieben, weil

- sie in der DDR einen Menschen liebten und ihn nicht verlieren wollten,
- ihre ganze Verwandtschaft im Osten lebte,
- sie überzeugt waren vom sozialistischen Gesellschaftssystem,
- sie die Erfahrung gesammelt hatten, dass Politiker gehen, aber das Volk bleibt,
- sie sich vollkommen aus der Politik heraushielten und sich ganz und gar der Kunst/Kultur oder anderen Interessengebieten verschrieben haben oder
- sie eine tiefe Verbundenheit mit ihrer Heimat und der Natur entwickelt hatten.

Des Öfteren hatte ich von anderen gehört, dass Westverwandte, wenn sie in den Osten zu Besuch kamen, einerseits damit prahlten, wo sie überall im Ausland Urlaub machten. Andererseits kannten diese ihre eigene Heimat wenig. Es lag wohl daran, dass der Auslandsurlaub billiger war als der Urlaub in Westdeutschland. Im Osten war die Situation vollkommen anders: Die DDR-Bürger hatten nur eine sehr begrenzte Auswahl von Urlaubsplätzen im Ausland. Die Ausflugziele lagen in erster Linie in der ČSSR, in Ungarn und in Bulgarien. Diese Länder waren trotz günstigem Wechselkurs relativ teuer bzw. der DDR-Bürger durfte nicht beliebig viel Geld umtauschen. Deshalb blieb er oft im eigenen Land und kannte zwangsläufig nahezu jeden Winkel seiner Heimat. Dadurch entstand ein gewisser Patriotismus, eine Heimatverbundenheit, die bei den Westdeutschen, außer bei den Bayern, in dieser Intensität oft nicht feststellbar war und ist. Hinzu kommt in Westdeutschland der Umstand, dass viele Ausländer die deutsche Staatsbürgerschaft angenommen haben,

ohne sich wirklich mit Deutschland zu identifizieren (Parallelge-
sellschaften) …

Im nachfolgenden Kapitel stelle ich DDR-weite Gesprächsthe-
men vor.

4 Worüber die Menschen in der ganzen DDR redeten

4.1 Der Winter 1978/79 in der DDR

4.1.1 Allgemeine meteorologische Situation

Ein Ereignis, wovon die ehemaligen DDR-Bürger ihren Kindern und Kindeskindern immer wieder gern erzählen, ist der Wintereinbruch 1978/79.

Zu Weihnachten erlebten die Menschen im Norden der BRD und der DDR im letzten Jahrhundert durchschnittlich in acht bis zehn Jahren ein einziges Mal die ersehnten weißen Weihnachten. Ansonsten herrschte dort immer Schmuddelwetter bei frühlingshaften Temperaturen. Wer in der DDR mit einer größeren Wahrscheinlichkeit Weihnachten oder Silvester im Schnee erleben wollte, der fuhr in den Harz oder in den Thüringer Wald.

Auch 1978 war an weiße Weihnachten nicht zu denken.[57] Noch am 28. Dezember 1978 lagen im Norden der BRD und der DDR die Temperaturen um die +10 °C. In Flensburg und auf Rügen regnete es unentwegt. In Flensburg schlug gegen Mittag die Witterung in ein Schneegestöber um. Auf Rügen sah man am 29. Dezember 1978 früh am nördlichen Horizont eine schwarze Wolkenfront aufziehen. Am späten Nachmittag setzte dann ein 72-stündiger Schneesturm ein, wobei der eisige Wind aus dem Osten kam …

---

[57] Allerdings musste ich bei Gesprächen mit Verwandten und Bekannten zuweilen hören, dass es 1978 bereits zu Weihnachten geschneit haben soll. Hier verschwimmen offenbar die Erinnerungen mit anderen Wintern.

Eine Kaltwetterfront bewegte sich aus Skandinavien über Schleswig-Holstein, über das östliche Niedersachsen und dann langsam auch über die gesamte DDR und bedeckte diese Gegenden mit meterhohem Schnee. In kürzester Zeit stürzte die Temperaturanzeige von milden Temperaturen auf –25 bis –30 °C! Der Schneeräumdienst hatte auf einmal so viel zu tun, dass man es in den Städten und Dörfern aufgab, die Nebenstraßen vom Schnee zu befreien. Zumindest die Gehwege wurden immer wieder geräumt. Oft war der Schnee so hoch, dass man nur noch anhand von Straßenschildern, Straßenbeleuchtungen und Strommasten den Verlauf der Straßen erahnen konnte. Über die Schneelandschaft peitschte ein eisiger Ostwind. Es entstanden Schneeverwehungen, die vier bis fünf Meter hoch waren. An freien Stellen wurden die tagsüber freigeschaufelten Straßenverbindungen zwischen den Orten nachts immer wieder zugeweht. Es gab im Norden der DDR 40 Orte, die tagelang abgeschnitten waren. 32 Dörfer konnten nach zwei Tagen wieder versorgt werden. Die Zahl der Toten lag in der DDR zwischen 5 und 18. Es gibt hierzu keine offiziellen Zahlen ...

4.1.1.1 Die Situation auf Rügen

Nach dem Schneesturm war die Ostsee zugefroren und der Rügendamm unpassierbar. Die Überseehäfen in Saßnitz und Mukran boten mit ihren eingefrorenen Schiffen ein höchst seltenes Bild. 9 000 Bewohner Rügens und 3000 Urlauber waren ab dem 29. Dezember 1978 vollkommen von Schneemassen eingeschlossen. Die ersten Hilferufe aus Rügen nahm man in der SED-Bezirksleitung in Rostock und im SED-Zentralkomitee in Berlin nicht ernst. In Berlin herrschten zu dieser Zeit noch frühlingshafte Temperaturen. Erich Honecker brach am 30. Dezember 1978 zu einer Afrika-Reise auf. Im Großraum Berlin und in

Thüringen kam der große Temperatursturz erst zu Silvester. Erst am 1. Januar 1979 machten sich die Regierungsvertreter an mehreren Schwerpunkten in der DDR ein Bild von der Lage ... Neun Dialyse-Patienten und zwei schwangere Frauen mit einem schwierigen Verlauf wurden mit Hubschrauber von der Insel geholt. 13 Kinder wurden auf Rügen in diesen Tagen zu Hause geboren, da der Weg zum Krankenhaus unpassierbar war. Nur durch massiven Einsatz der NVA, der Sowjetarmee, der Polizei und Freiwilliger konnte die Bevölkerung mit dem Notwendigsten versorgt werden. Die Soldaten und Freiwilligen wurden von der Bevölkerung mit großer Herzlichkeit empfangen. Rührende Momente waren da keine Seltenheit. Schon allein nach mehreren Tagen wieder mit einem anderen Menschen zu sprechen, war eine seelische Erleichterung ... 432 Hubschrauber-Einsätze waren zu verzeichnen und angesichts der Windverhältnisse und der Beschaffenheit des Untergrundes mitunter sehr riskant. Ungefähr 30 000 Tonnen Lebensmittel wurden auf die Insel gebracht. Soldaten der Sowjetarmee buken für die Ruganer und die unfreiwillig festsitzenden Urlauber aus ihren Lebensmittelreserven Brote. Es dauerte fünf bis sechs Tage, bis sich auf Rügen der öffentliche Nahverkehr und die Lebensmittelversorgung normalisierten. Am 6. Januar 1979 ab 18.00 Uhr wurde der Rügendamm offiziell wieder für den öffentlichen Verkehr freigegeben. Auf Rügen und im Norden der DDR lag der Schnee 66 Tage, also bis in den März hinein.

4.1.1.2 Die Energieversorgung

In der DDR wurde zur Energieerzeugung fast ausschließlich Braunkohle verwendet. Das ging auf einen verhängnisvollen SED-Parteitagsbeschluss von 1976 zurück – die Achillesferse der DDR. Da die Braunkohle bis zu 60 Prozent Wasser enthielt, war sie im Tagebau gefroren und damit schwierig abbaubar. Selbst beim Transport fror sie in den Eisenbahnwaggons an, sodass die Ladungen, als sie an den Wärmekraftwerken ankamen, mit Bohrhämmern, mit Gasbrennern, umgebauten Flugzeugtriebwerken oder durch Sprengungen herausgelöst wurden. Am 1. Januar 1979 standen alle 34 Braunkohletagebaue still. Gleisverschiebungen für die riesigen Abbauanlagen waren aufgrund der Witterungsbedingungen nicht möglich. Nur durch den Einsatz Tausender Armeeangehöriger konnte die Kohleförderung wiederaufgenommen werden.

Die Energieversorgung verschärfte sich, weil einerseits durch die kalte Witterung ein erhöhter Energiebedarf bestand und andererseits die Wärmekraftwerke immer weniger Kohle bekamen. Die Netzfrequenz sank auf bedenkliche Werte um die 49 Hz. Jetzt wurde der „Notfallplan X" bei den Kraftwerken aus dem Safe geholt. Demnach mussten zuerst die Normalverbraucher, dann Betriebe und zuletzt Krankenhäuser, SED-Bezirks-, Polizei- und Stasizentralen sowie die Armee vom Netz abgeschaltet werden. Am 1. Januar 1979 um 15.00 Uhr wurden die Normalverbraucher in der ganzen Republik großflächig vom Netz genommen. Während das fehlende Licht die gesamte Bevölkerung betraf, fiel in den Neubaugebieten zudem noch die Fernheizung aus.

4.1.1.3   *Die wirtschaftlichen Auswirkungen*

Die Abschaltung des Stroms bei Gebäuden für die Tierhaltung war äußerst problematisch, da die Tiere gefüttert werden mussten und auch nicht erfrieren sollten. Zudem mussten die Kühe täglich gemolken werden. In diesen Tagen sind zweifellos viele Tiere in der Tierhaltung (und in der Wildnis) elendig erfroren oder verhungert. In einem Schriftprotokoll des Zentralkomitees der SED vom 6. Februar 1979 wurden die Verluste an Tieren und Bruteiern aufgelistet:[58]

101.695 Stück Ferkel

14.646 Stück Läufer

1.414 Stück Mastschweine

5.260 Stück Kälber

256 Stück Rinder

1.344 Stück Schafe

92.973 Stück Geflügel

99.317 Stück Küken

54.000 Stück Bruteier

Das sind die Ausfälle von Tieren allein in den staatlichen Landwirtschaftsbetrieben, nicht in der privaten Tierhaltung. Daher dürften die Zahlen der toten Tiere weitaus höher sein.

Als hätte der Wintereinbruch nicht schon genug Schaden angerichtet, kam der Winter mit extremen Schneefällen und Schneeverwehungen nach einer leichten Temperaturerholung ab Mitte Januar 1979 am 13. Februar mit voller Wucht zurück. Die alten Verwehungen waren, soweit nicht weggeräumt, zu diesem Zeitpunkt noch vorhanden. Jetzt betraf es vornehmlich die Bezirke Rostock, Schwerin und Neubrandenburg.

---

[58] MDR.de (Hrsg.) (25.03.2016): [Doku] Der Katastrophenwinter in der DDR 1978–79. Online verfügbar unter https://www.youtube.com/watch?v=qGdKKjhSJjg (zuletzt abgerufen am 12.12.2020), ab Minute 34:09.

Dieser Winter brachte die Wirtschaft der DDR ins Wanken und zeigte die menschlichen Grenzen bei Naturgewalten auf. Die Ökonomie brauchte noch viele Jahre, um sich von den Folgen des Katastrophenwinters zu erholen. Klaus Siebold, Minister für Kohle und Energie, musste im Juni 1979 sein Amt wegen der Stromabschaltung und deren Folgen räumen. Kurt Fichtner, Minister für Erzbergbau und Metallurgie, musste auch den Ministerposten quittieren. Im Gegensatz zu Siebold wurde ihm trotzdem für seine Arbeit gedankt. Siebold war das Bauernopfer, um vom Versagen der gesamten SED-Führungsriege abzulenken. Ihm wurde vorgeworfen, nicht sofort die „Einsatzstufe III", die höchste Einsatzstufe, ausgerufen zu haben. Diese hätte die Einberufung eines Operativstabes zur Folge gehabt. Der wirtschaftliche Gesamtschaden wurde auf ungefähr acht Milliarden Mark der DDR geschätzt.

4.1.2   Geschichten zum Winter 1978/79

Zum Winter 1978/79 möchte ich noch zwei Geschichten erzählen. Die erste führt die Leserschaft nach Thüringen zum Prestige-Hotel Panorama. Die Handlungen entstammen einem Dokumentarfilm des MDR und werden von mir mit einigen Fakten umrahmt. Die zweite Geschichte gibt persönliche Erlebnisse wieder. Damals war ich Angehöriger der Nationalen Volksarmee und an einem Standort kaserniert, der zwischen Strausberg (bei Berlin) und Buckow (Märkische Schweiz) lag.

4.1.2.1   *Interhotel Panorama in Oberhof (Thüringen)*

Eines der markantesten Gebäude im Thüringer Wald ist zweifellos das Hotel Panorama. Es befindet sich in Oberhof in Kammlage auf einer Höhe von 825 m. Das Gebäude selbst ist 56 m hoch und hat die Silhouette zweier nebeneinanderstehender, aber entgegengesetzt ausgerichteter Skisprungschanzen. Der Gedanke für die gewählte Form ist nicht ganz aus der Luft gegriffen, schließlich war Oberhof schon seit Anfang des 20. Jahrhunderts für die Menschen in Mitteldeutschland ein beliebter Ausflugsort, sowohl im Sommer als auch im Winter. Bereits in den 1950er-Jahren wurde zu Zeiten der DDR dieser Ort auch zum Ausbildungsort für Wintersport ausgebaut. 1961 wurde dort im Kanzlersgrund die größte Skisprungschanze der DDR, die Rennsteig-Schanze, errichtet. Mittlerweile stehen dort mehrere Schanzen. Zudem wurde in Oberhof auch eine Rennrodelbahn gebaut. Oberhof entwickelte sich zur Kaderschmiede des Wintersports der DDR.

Für Walter Ulbricht war Thüringen und speziell Oberhof ein Lieblingsausflugsort. Um diesem Ort eine noch größere Bedeutung und Attraktivität zu verleihen, ließ er das Interhotel Panorama errichten. Der Architekt und die den Bau ausführende Firma kamen aus Jugoslawien. In relativ kurzer Zeit, von 1967 bis 1969, wurde das Hotel errichtet. Hierfür wurden Gelder außerhalb des staatlichen Budgets für Wohn- und Zweckbauten bewilligt. Nun rächte sich der Umstand, dass auf Biegen und Brechen und in kürzester Zeit der jugoslawische Bauvorschlag in die Wirklichkeit umgesetzt werden sollte. Der äußerst kalte Winter 1969/70 offenbarte die Mängel: Der Hotelkomplex war für das warme Klima an der Adriaküste ausgelegt, nicht aber für die klimatischen Bedingungen in der DDR und erst recht nicht für eine Kammlage. Der oft auftretende Wind zog durch die Fenster, und die Dachkonstruktion war nicht für größere Schneemassen ausgelegt. Zudem waren die existierenden Treppenaufgänge nur als Notausgang konzipiert und daher abgeschlossen. Der untere Teil der Notausgangstreppe war außen angebracht.

Daher wurde das Hotel im Februar 1970 geschlossen und baulich verbessert. Allerdings merkte man den Mangel betreffs des Notausgangs erst viel später.

Dieses Gebäude war mit 900 Betten seinerzeit das größte Ferienhotel Europas. Es war/ist elf- bzw. zwölfgeschossig und hatte sieben Restaurants zu verschiedenen Themen. Unter anderem gab es dort ein jugoslawisches und das erste japanische Restaurant in der DDR. Als Interhotel sollte es durch den hohen Standard beim Service, bei der Ausstattung und bei den Speisen Touristen aus dem „kapitalistischen Ausland" sowie hochrangige Staatsdiener, die Reichen und erfolgreiche Künstler aus der DDR anziehen. Als Speisen wurden Delikatessen wie Fasan, Hummer, Austern, Froschschenkel und Schildkrötensuppe angeboten. Hier traf sich sozusagen die High Society der DDR, um „zu sehen und gesehen zu werden" und um Kontakte zu knüpfen. Wie ich in einem Kapitel dieses Buches thematisierte, gab es in der DDR durchaus sehr reiche Personen. Interessanterweise wurde auch dem FDGB, der in der DDR die Urlaubsreisen für die Werktätigen organisierte, ein Kontingent von Urlaubsplätzen im Interhotel Panorama zugestanden. Dadurch kamen auch einfache Leute mit den Reichen und Mächtigen der DDR in Kontakt, zumindest gab es Blickkontakt und oberflächliche Gespräche. Einen Urlaubsplatz in diesem Hotel zu bekommen, war zweifellos wie ein Lottogewinn. Den Glückspilzen war wohl durchaus bewusst, dass dort eine andere Preisliga angesagt war. Aber im Urlaub ist man ohnehin etwas spendabler. Es bestand für den einfachen DDR-Bürger die Möglichkeit, einen Urlaubsplatz im Interhotel Panorama zu bekommen, wenn er sehr spendable Westverwandte hatte, die über GENEX in Devisen alles bezahlten. Das traf aber nur für einen äußerst begrenzten Personenkreis in der DDR zu.

Besonders beliebt waren die Veranstaltungen in diesem Hotel zu Silvester. Die Hotelleitung ließ sich zu dieser Feierlichkeit immer etwas Originelles einfallen. Die Silvesterfeier 1978/79 wird wohl keiner ihrer Teilnehmer sein Leben lang vergessen. Allerdings war diese von einer anderen Art … Der MDR strahlte am 2. Januar 2020 hierzu den Dokumentarfilm „Der Katastrophenwinter 1978/79 in Oberhof – Party, Stasi, Stromausfall" aus.[59] Nun, der Titel ist etwas reißerisch. Ob sich dort wirklich Stasi-Bonzen ein Stelldichein gaben, ist fraglich, eher eine Spekulation. Die Erwähnung der Stasi scheint noch heute ein Garant für erhöhte Aufmerksamkeit der Zuschauer/Zuhörer zu sein. James Bond lässt grüßen! Tatsache ist aber, dass in den Interhotels Stasi-Leute „beruflich" unterwegs waren, weil sich dort auch Bürger aus dem „kapitalistischen Ausland" aufhielten … Nur so viel will ich der Handlung des Films vom MDR vorgreifen: An dieser denkwürdigen Silvesterfeier nahmen bekannte Schauspieler/Entertainer der DDR wie Fred Delmare, Heinz Rennhack und Hans-Joachim Preil als Privatpersonen teil. Letzterer war mit Rolf Herricht als ein Komikerduo in der DDR sehr bekannt. Allerdings waren sie schon längere Zeit vor der besagten Silvesterfeier im Streit auseinandergegangen. Im Dokumentarfilm wird Heinz Rennhack hauptsächlich als Zeitzeuge gezeigt. Zur Silvesternacht gab es wieder einmal die ausgefallensten Speisen. In allen sieben Restaurants spielten unterschiedliche Musikgruppen, sodass sich jeder nach seinem Musikgeschmack auch sein Tanzrevier aussuchen konnte. Die Teilnehmer der Feier hatten sich alle in Schale geworfen. Man hatte sich, da ja die Veranstaltungen im Hause abliefen, nicht zu dick angezogen. Zur

---

[59] MDR Dok (Film von Dirk Schneider) (02.01.2020): Der Katastrophenwinter 1978/79 in Oberhof – Party, Stasi, Stromausfall. Online verfügbar unter https://www.mdr.de/meine-heimat/video-260586_zc-9ff90cf5_zs-3e45afd1.html (zuletzt abgerufen am 12.12.2020).

fortgeschrittenen Stunde wurden die Kinder ins Zimmer gebracht. Die Menschen tanzten und unterhielten sich vergnügt. Zu Mitternacht gab es ein schönes Feuerwerk. Neujahr hätte so schön sein können … Allerdings verfolgten die Hotelgäste aus dem Norden der DDR die Berichte über das Wetter aus ihrer Heimat mit etwas Sorge. Am 31. Dezember 1978 waren es tagsüber noch +7 °C. Es hatte 48 Stunden lang geregnet. Doch dann fielen die Temperaturen auf –28 °C. Alles vereiste draußen. Zwischen 00.15 und 00.30 Uhr wurde das erste Mal der Strom abgeschaltet. Kerzen ersetzten das Licht, was erst einmal romantisch war. Dann sprangen die Notstromaggregate des Hotels an. Diese fielen aber nach kurzer Zeit aus. Nun erlosch das Licht endgültig. Als die Leute in ihre Zimmer wollten, bemerkten sie, dass auch der Fahrstuhl nicht funktionierte. Der als Notausgang ausgewiesene innere Treppenaufgang konnte nur genutzt werden, wenn man bei einem kleinen Kasten die Scheibe einschlug, den Schlüssel nahm und die Treppenaufgangstür aufschloss. Wer zu den untersten Etagen wollte, der musste den Notausgang über eine außen befindliche stark vereiste Metalltreppe nutzen. Bei zu langem Anfassen des Metallgeländers bestand die Gefahr, mit der Haut am Geländer festzukleben. So war es schon ein Wunder, wenn die Frauen in festlichen und dünnen Abendkleidern, zumeist mit Pumps, und die Männer im Anzug ohne nennenswerte Probleme diese Hürde überwinden und unbeschadet ihre Zimmer aufsuchen konnten. Für viele Gäste muss es schon skurril gewirkt haben: Während das Hotel im Dunkeln versank, war die nahe gelegene Rodelbahn voll beleuchtet.

Für alle Gäste fand der Urlaub in diesem Hotel ein jähes Ende. Sie fuhren zu Neujahr, gewiss mit großen witterungsbedingten Behinderungen, nach Hause. Nach Aussage eines der damaligen Mitarbeiter gab es nur sehr wenige, die die Zeche prellten.

Keiner ahnte, wie lange der strenge Winter noch andauern würde ...

4.1.2.2   Winter 1978/79 in der NVA-Kaserne Rotes Luch bei Strausberg

Ich erlebte den Jahreswechsel 1978/79 als Unteroffizier in der Kaserne Rotes Luch, die zwischen Strausberg (bei Berlin) und dem wunderschönen Örtchen Buckow in der Märkischen Schweiz lag. Dort war das 14. Nachrichtenregiment der Luftstreitkräfte/Luftverteidigung der Nationalen Volksarmee (NVA) stationiert. Ich war direkt Oberstleutnant Bader unterstellt, dem damals zweitranghöchsten und dienstältesten Offizier des Regiments.

Die Soldaten und Zeitsoldaten mussten sich entscheiden, ob sie zu Weihnachten oder zu Silvester Urlaub nehmen wollten. Für den anderen Teil der Truppe galt eine strikte Ausgangssperre. Im Gegensatz zur Bundeswehr, wo alle zu diesen Anlässen nach Hause gehen durften und der Wachschutz dann die Kaserne bewachte, musste bei der NVA immer eine Gefechtsstärke von 60 Prozent gewährleistet sein.

Meine Kompanie war bis Sommer 1978 in einer Holzbaracke untergebracht gewesen. Dann war sie in ein neu errichtetes Gebäude gezogen. Das ebenfalls neu gebaute und mit Diesel betriebene Heizhaus versorgte das Haus mit Heizungswärme. Zum Jahresende entschied ich mich für den Weihnachtsurlaub. Demzufolge musste ich beim Jahreswechsel in der Kaserne bleiben. Der 31. Dezember 1978 verlief wie jeder andere Tag. Um 22.00 Uhr war Nachtruhe angesagt. Nach Dienstende und nach einer kompanieweise erfolgten Einnahme des Abendbrotes konnten sich die Soldaten im Fernsehraum die vom DDR-

Fernsehen übertragene Silvesterfeier anschauen. Im Zimmer blieb man an diesem Tag schon länger auf. In meinem Zimmer waren sechs Personen untergebracht. Bei den Wehrdienstpflichtigen waren es viel mehr. Wenn man nicht zu laut war, dann schritten an diesem Tag auch nicht der diensthabende Unteroffizier und Offizier ein. In mein Zimmer hatte einer der Zimmerkameraden etwas Alkohol eingeschmuggelt.

Da die Temperatur im Roten Luch abends am 31. Dezember 1978 knapp über 0 °C lag, stellte ich eine Halbliter-Glasflasche Milch zwecks Kühlung außen auf das Fensterbrett. Als ich am nächsten Morgen früh aus dem Fenster sah, staunte ich nicht schlecht: Aus der unzerstörten Milchflasche ragte eine ungefähr 5 cm lange zu Eis gefrorene Milchsäule heraus, auf der der Alu-Deckel lag. Die Temperatur war über Nacht auf ungefähr –30 °C gefallen! Es schneite unaufhörlich. Nun merkte man, dass es im Gebäude immer kälter wurde, weil das dieselbetriebene Heizhaus ausgefallen war. Für einige Tage, bis die Temperaturen wieder etwas moderater wurden und die Heizanlage wieder in Gang gesetzt werden konnte, musste man sogar im Gebäude im Watteanzug herumlaufen. Einige Soldaten aus meinem Regiment, die ihren Heimurlaub im Norden der DDR verbrachten, kamen erst Tage später zurück, weil sie dort eingeschneit waren. Ab dem 1. Januar gab es deshalb eine Urlaubssperre. Erst Mitte Januar 1979 normalisierte sich in der DDR wieder der öffentliche Nah- und Fernverkehr. Als ich dann Mitte Januar Urlaub machte und mit dem Linienbus Oranienburg–Neuruppin nach Hause fuhr, passierte ich den Stöffiner Berg. Das ist eine Anhöhe auf dem freien Feld zwischen Fehrbellin und Neuruppin. Dort waren noch am Straßenrand die vier bis fünf Meter hohen Schneeverwehungen zu sehen. Anfang des Jahres war dort kein

Durchkommen möglich. In Neuruppin waren noch Mitte Januar 1979 viele Nebenstraßen nicht vom Schnee geräumt.

Es gab in der Nachkriegszeit im letzten Jahrhundert mehrere harte Winter, aber diesen wird keiner, der ihn bewusst erlebt hat, jemals vergessen ...

4.2   Der Kreuzworträtsel-Mord

Das Thema Kriminalität wurde in der DDR nicht unbedingt tabuisiert, aber nach Möglichkeit weitgehend heruntergespielt. Nur was sich nicht verleugnen ließ, wurde öffentlich gemacht. Dafür gab es drei Gründe: Einerseits wollte sich die SED-geführte Regierung gegenüber der damaligen BRD brüsten und zeigen, dass es in der DDR so gut wie keine Konflikte gäbe. Andererseits sollte die Bevölkerung in Sicherheit gewogen und ihr zudem gezeigt werden, dass die DDR nicht mehr weit vom Kommunismus, einer „konfliktfreien" Gesellschaft, entfernt wäre.

Da der Sozialismus eine Zwischenstufe zwischen Kapitalismus und Kommunismus ist, sind schon aus der Logik heraus nicht alle Widersprüche gelöst. In der sozialistischen DDR gab es nach wie vor sehr wohlhabende und weniger reiche Menschen. Ich denke, selbst im Kommunismus würde man nicht an der Realität verbeikommen, dass es Menschen mit unterschiedlicher Mentalität, Geistesauffassung, mit unterschiedlicher körperlicher und psychologischer Verfassung sowie mit Konflikten im familiären und im Arbeitsbereich gibt. Es ist nur die Frage, ob man dann mit diesen Problemen offen umgeht oder sie ignoriert oder gewaltsam unterdrückt ...

Tatsache ist aber, dass, weil es in der DDR eine gegenüber Westdeutschland geringere Spannbreite zwischen Arm und Reich sowie eine Wohnungs- und Arbeitsplatzsicherheit gab, die

Konflikte nicht so groß waren wie in der damaligen BRD. Und wenn jemand zu Recht oder zu Unrecht zu viel Geld gekommen ist, dann stieß er durch die Mangelwirtschaft immer wieder an die Grenzen der Umsetzung seiner Pläne. Insofern glaube ich schon, dass die Kriminalität in der DDR nicht an die Dimensionen in der BRD herangereichte. Das Erstaunen über grausame Morde in der Bevölkerung der DDR war dementsprechend größer als in der alten BRD.

In der DDR haben die jungen Mütter, wenn sie einkaufen gingen, ohne Sorge den Kinderwagen vor dem Geschäft stehen lassen. Das wäre in der BRD undenkbar gewesen. Das wurde mir bereits sehr zeitig in meiner Kindheit bewusst. Als beispielsweise meine Schwester und ich ungefähr zehn bis zwölf Jahre alt waren, besuchten wir meine Tante und meinen Onkel. Die Großtante aus Dänemark war das erste Mal zu Besuch in Neuruppin und wollte uns gerne sehen. Es war Frühjahr oder Herbst. Als meine Schwester und ich in der Abenddämmerung in Neuruppin dann alleine nach Hause gehen wollten, war die Großtante ganz entsetzt. So etwas würde es in Dänemark und in Westdeutschland nicht geben …

***

Der Kreuzworträtsel-Mord gehört zweifellos zu den Taten, die die Bevölkerung der DDR sehr beschäftigten und die nicht so schnell in Vergessenheit gerieten. Am 6. November 1988 strahlte das Fernsehen der DDR in der Filmserie „Polizeiruf 110" als 123. Folge die Episode „Der Kreuzworträtselfall" aus. In diesem Film spielten Werner Godemann, Günter Naumann und Andreas Schmidt-Schaller die Rolle der Kriminalisten. Namen und Handlungsorte wurden geändert. Ansonsten hielten sich die Gestalter des Films weitgehend an die Tatsachen.

Mit der nachfolgenden Rekapitulation der Ereignisse soll auch der vielen Kinder gedacht werden, die Opfer von Sexualverbrechen geworden sind, und an die Eltern, die Schlimmes durchgemacht haben.

Am 15. Januar 1981 gegen 18.00 Uhr wurde bei einem Abschnittsbevollmächtigten in Halle (Neustadt) ein zutiefst beunruhigtes Ehepaar vorstellig. Es meldete seinen siebenjährigen Sohn Lars Bense als vermisst. Er ging in die erste Klasse. So viel stand fest: Nachdem er seine Hausaufgaben erledigt hatte, hatten ihm seine Eltern gestattet, das von der Wohnung nur 600 m entfernte Kino für Kinder „Treff" zu besuchen. Der Trickfilm „Däumelinchen" stand auf dem Plan. Seine etwas ältere Schwester begleitete ihn so weit, bis er seine Freunde vor dem Kino sehen konnte. Ab dann verliefen sich die Spuren.

Noch am selben Abend begann die Suche. Laut einer Dienstanweisung für die Sicherheitskräfte der DDR musste eine Suchaktion gestartet werden, sobald ein Kind als vermisst gemeldet wurde. Es wurden die Gebäude in seinem Wohnbereich, im und um Block 483[60] herum, durchsucht und Leute befragt, jedoch ohne Ergebnis. Ab dem nächsten Tag erfolgte die Suche mit großer personeller Verstärkung. Neben Polizeikräfte waren auch freiwillige Zivilisten beteiligt. Allein die Neubauten in Plattenbauweise boten viele Verstecke: ausgedehnte Kellerräume, leer stehende Treppenaufgänge, Abstellkammern, Dachböden und ein weitverzweigtes unterirdisches Tunnelsystem für die Fernheizungsrohre.

Im vierten Stock der Feuerwache wurde eine Morduntersuchungskommission (MUK) einquartiert. Siegfried Schwarz

---

[60] Zu dieser Zeit wurden in Halle-Neustadt noch keine Straßennamen vergeben.

arbeitete als Leiter der MUK. Zufälligerweise befand sich die Wohnung des vermissten Jungen genau gegenüber. Immer wieder schaute er aus dem Fenster und dachte an die Familie des kleinen Jungen, was diese zurzeit durchmache und was vorgefallen sein mag. Da er selbst Kinder hatte, konnte er es zumindest erahnen, wie sehr die Familie zuerst unter der Ungewissheit und dann unter dem Verlust ihres Kindes litt.

Zunächst beschränkte sich die Arbeit der MUK auf die Suche des Kindes. Sie beriet die Suchtrupps und koordinierte deren Arbeit. Die Ursache des Verschwindens konnte vielfältiger Natur sein. Nach zwei Tagen ergebnislosen Suchens schaltete die Polizei eine Anzeige in den Zeitungen für das Gebiet Halle mit der Überschrift „Volkspolizei bittet um Hilfe". Allerdings kamen keine hilfreichen Hinweise. Auch die Suche nach dem Jungen zog sich schon ungefähr zwei Wochen hin, ohne ein Ergebnis vorweisen zu können.

Doch dann machte der bei der Deutschen Reichsbahn als Streckenläufer arbeitende Uwe Theuerkorn einen erschütternden Fund: Am Bahnkilometer 107,4, auf der Eisenbahnstrecke zwischen Halle und Leipzig, wo neben den Gleisen noch ausgewechselte Bahnschwellen herumlagen, entdeckte er einen halb zugeschneiten Koffer aus Hartpappe mit verstärkten Ecken. Er hoffte, den Fund seines Lebens gemacht zu haben. Viele Gedanken schwirrten ihm durch den Kopf: Wenn sich im Koffer bestimmte Dinge befänden, dann könne er dies und jenes tun. Vorsichtig öffnete er den Koffer. Nachdem er einige Zeitungen beiseite gepackt hatte, kam ein Kinderbein zum Vorschein. Nach einem kurzen Schreck stupste er mit einem Gegenstand gegen das Bein, um zu sehen, ob noch eine Reaktion vom eventuell lebenden Körper käme. Doch es kam nichts. Dann legte er den leblosen Körper frei und sah eine blutüberströmte Kinderleiche, die in den Koffer hineingepresst worden war. Es war der gesuchte Lars Bense. Uwe Theuerkorn musste sich erst einmal fassen. Er fragte sich immer wieder, wer so etwas tue. Als sich ein Güterzug näherte, hielt er ihn an. Der Lokführer war im ersten Moment etwas aufgebracht. Der Streckenläufer beruhigte ihn, erklärte den Sachverhalt und bat ihn, den nächstgelegenen Fahrdienstleiter zu informieren. Der Streckenläufer meldete es auch sofort seinem Vorgesetzten.

Der Koffer mit Inhalt wurde sofort nach Leipzig in die Gerichtsmedizin gebracht. Der Koffer und ein Teil der Zeitungen hatten Wasser aufgesogen. In Leipzig sicherte man die Spuren und untersuchte die Kinderleiche. Prof. Wolfgang Dürwald war der damalige Chef der Gerichtsmedizin. Er stellte massive dumpfe Schläge auf den Kopf des Jungen und Einstiche im Brustkorbbereich fest. Zudem fand er heraus, dass Lars Bense sexuell missbraucht wurde. Der Junge war mit vielen Zeitungen eingewickelt worden. Auffällig war, dass sämtliche Zeitungen Kreuzworträtsel enthielten, die, nach den Schriftzügen zu urteilen, alle von derselben Person ausgefüllt worden waren.

Ab jetzt hatte die Morduntersuchungskommission sich nur noch auf ihre Kernaufgaben zu konzentrieren. Sie stand nun aber auch unter zusätzlichem Druck. Denn für Oberstaatsanwalt Wilfried Wölfel und für die Kriminalpolizei war klar, dass der Mörder so schnell wie möglich gefunden werden musste, weil es sich um einen Sexualmörder handelte, der jederzeit wieder zuschlagen könnte, um seine krankhaften Fantasien zu befriedigen. Daher spielte es fast keine Rolle, wie viele Personen des Sicherheitsapparates zwecks Lösung dieser Aufgabe gebunden wurden. Siegfried Schwarz, dem Leiter der Mordkommission, fiel die Aufgabe zu, die Eltern Lars Benses zu informieren. Während die Mutter still und in sich gekehrt war, wurde der Vater aufbrausend und hätte den Mörder am liebsten eigenhändig umgebracht. Siegfried Schwarz versprach den Eltern in die Hand, den Mörder zu finden, egal, wie lange es dauern würde. Es war angesichts der mageren Faktenlage ein Versprechen auf tönernen Füßen.

Der Kriminalkommissar sah nun zwei Möglichkeiten, dem Mörder auf die Spur zu kommen: über den Koffer und über die Schriftzüge in den Kreuzworträtseln. Daher verfuhr er zweigleisig: Einerseits ließ er den Koffer im Schaufenster eines Ladens gegenüber dem Kino ausstellen, wo Lars Bense das letzte Mal gesehen worden war, mit der Aussage, dass dieser in Zusammenhang mit einem schweren Verbrechen stehe. Es wurde um Hinweise gebeten, wer diesen Koffer kenne. Dabei wurde das Verbrechen an Lars Bense ganz bewusst nicht erwähnt. Ob das taktisch klug war, sei dahingestellt. Siegfried Schwarz, Leiter der MUK, musste Überzeugungsarbeit leisten, denn die Besitzer des Schaufensterladens sträubten sich anfangs sehr, da sie der Ansicht waren, dass es in einer sozialistischen Gesellschaft keine schweren Verbrechen gäbe … Andererseits wurde in der Bezirkszeitung der SED „Freiheit" ein Preis von 10 Mark der DDR für die Lösung eines Kreuzworträtsels ausgelobt. Beide Aktionen führten aber zu keinem gewünschten Ergebnis.

Nun blieben den Kriminalisten nur noch die Schriftzüge als Anhaltspunkt. Um herauszufinden, wer die Person sei, die die besagten Kreuzworträtsel ausfüllte, wurde nicht an Aufwand und an Personen gespart. Es war wohl weltweit die größte Schriftfahndung in der Polizeigeschichte, die jemals stattgefunden hatte. Dem Schriftsachverständigen fielen bestimmte Besonderheiten auf. So hatten beispielsweise die Buchstaben B, D und P einen Grundstrich und ein abgerundetes Kopfelement. Beide Teile dieser Buchstaben wurden oftmals nicht zusammengeschrieben, es bestand eine Lücke. Das Z wurde oben und unten mit Wellenlinie und mit einem Querstrich geschrieben. Einerseits ließ man die Jungpioniere unauffällig aus den Haushalten vorgeschriebener Wohnblöcke Zeitungen sammeln. Diese gingen dann nicht, wie gewohnt, zum SERO (Altstoffhändler), sondern zur Polizei. Dort wurden sie nach Kreuzworträtseln und den gesuchten Schriftzügen gesichtet. Andererseits ließ man sich von jeder Person in Halle-Neustadt eine Schriftprobe geben. Die Kriminalpolizei besorgte sich alle Namen von Personen, die in Halle-Neustadt registriert waren, von der bei der Volkspolizei angesiedelten Abteilung „Paß- und Meldewesen". Es wurden nach Möglichkeit auch Schriftproben von kürzlich Verstorbenen und von Personen eingeholt, die eigentlich nach Angaben des Amtes dort gar nicht wohnen dürften. Zudem wurden die bei der Post aufgegebenen Telegrammformulare abgeglichen. Mitarbeiter der Staatssicherheit ließen sich von den umliegenden Betrieben Kaderakten vorlegen. Es war die Suche nach der Stecknadel im Heuhaufen, denn allein Halle-Neustadt hatte zu dieser Zeit ungefähr 100 000 Einwohner. Angehörige der Polizei, der Feuerwehr und Freiwillige klapperten jeden Aufgang, jede Wohnung ab und ließen sich von jeder erwachsenen Person eine Schriftprobe geben. Sie legten den Personen ein mit der Schreibmaschine geschriebenes Schriftstück vor. Der Text hatte eine Länge von mehr als einer halben DIN-A4-Seite. Dort waren viele der markanten Buchstaben enthalten. Die aufgesuchten Bürger sollten den vorgeschriebenen Text in Großbuchstaben zu Papier bringen. Das dauerte aber viel zu lange, mitunter bis zu einer halben Stunde. Wenn die Polizisten und Freiwilligen Glück hatten, konnten von einer Familie gleichzeitig mehrere Personen die Schriftstücke anfertigen. Teilweise war man mit nur einer Person für eine halbe Stunde beschäftigt. Noch zeitaufwendiger war es, wenn die autorisierten Personen noch einmal anrücken mussten oder wenn eine Person berufsbedingt oder aus anderen Gründen hauptsächlich in einem anderen Ort lebte. Dann musste die Polizei am jeweiligen Ort beauftragt werden, von der betreffenden Person eine Schriftprobe einzuholen und diese an die Kripo in Halle zu schicken. Insbesondere mit Parteisekretären und anderen hochgestellten gesellschaftlichen Personen gab es immer wieder Schwierigkeiten, weil sie es nicht einsahen oder gekränkt waren, eine Schriftprobe abzugeben. Dann wurde oftmals der Vorgesetzte eingeschaltet. Der Leiter der Kripo sorgte dafür, dass jeder den vorgeschriebenen Text schreiben musste …

Gegen Ende März 1981 war die Polizeiführung ungeduldig und wollte angesichts des immensen Aufwands endlich Ergebnisse präsentiert bekommen. Es gab ein Treffen. Daraufhin musste Siegfried Schwarz einen Bericht schreiben. Auf einen weiteren Anruf seines Vorgesetzten hin reagierte er unbeherrscht und ließ seinen Chef, etwas milde ausgedrückt, wissen, dass er ihm mal … könne. Das hatte die Konsequenz, dass Schwarz vom Fall „Lars Bense" abgezogen wurde. Er blieb aber in der Mordkommission. Leiter wurde sein Stellvertreter Hauptmann Löser. Mittlerweile kamen die Schriftverständigen zum Schluss, dass die Kreuzworträtsel von einer Frau mittleren Alters ausgefüllt worden sein mussten. Schriftverursacher und Mörder waren demnach nicht ein und dieselbe Person. In einer gewissen Weise war diese Erkenntnis für die Kripo schon ein Rückschlag. Im Sommer 1981 waren die Mitarbeiter der Mordkommission ziemlich entmutigt, weil der riesige Aufwand und die unendlichen Mühen keine verwertbaren Ergebnisse zeitigten. Insofern ist es schon ein Wunder, wie sich die Mitarbeiter der MUK moralisch wieder aufrappelten.

Die Kriminalpolizei ersuchte an der Humboldt-Universität Berlin Hans Girod, Professor für Kriminalistik, um Rat. Es ging darum, sowohl den Tatort als auch den Personenkreis einzuengen. Bei letzterem Thema wurde die Psyche Lars Benses analysiert, um herauszufinden, wer bei dem Jungen so viel Respekt/Interesse hatte auslösen können, mit dieser Person mitzugehen.

Da man bis zum Herbst 1981 erst 20 000 von 100 000 Personen abgearbeitet hatte, wurden die abzuleistenden Schriftproben drastisch verkürzt, zuerst als Text, dann als Kreuzworträtselschema. Im November 1981 war Block 398 im Visier der Schriftfahnder: Eine Frau mittleren Alters war immer nicht zu erreichen, obwohl sie dort registriert war. Dann erfuhren die Kriminalpolizisten, dass diese Frau in Wustrow in einem kleinen Café am Ostseestrand als Saisonkraft arbeitete. Es wurde der Abschnittsbevollmächtigte (ABV) in Wustrow verständigt und mit der Einholung der Schriftprobe beauftragt. Am 13. November 1981 wurde von der Frau die Schriftleistung erbracht und diese sofort an die MUK Halle geschickt. Da ein Wochenende dazwischenlag, gelangte das Schriftstück erst am 17. November 1981 in die Hände der Schriftsachverständigen. Sofort wurde es als das des Schriftverursachers identifiziert. Zwar war damit noch nicht der Mörder ermittelt, jedoch die Emotionen, die bei den Mitarbeitern der MUK plötzlich aufkamen, kann man kaum beschreiben. Es waren unter anderem Erleichterung, Freude, aber auch Stolz.

Der ABV von Wustrow wurde sofort verständigt, um die betreffende Frau vorzuladen. Das klappte aber nicht, weil sie inzwischen zu ihrer 20-jährigen Tochter nach Werder an der Havel abgereist war. Von dort aus wollten sie gemeinsam in den Urlaub fahren. Noch in der Nacht fuhr Adolf Döling mit einigen seiner Kollegen mit zwei Autos nach Werder bei Potsdam. Sie kamen dort in aller Frühe an. Beide waren vom Besuch der

Kriminalpolizei vollkommen überrascht. Nach einem kurzen Gespräch erhärtete sich der Verdacht, Schriftverursacherin gewesen zu sein. Daraufhin wurden sie und ihre Tochter mit nach Halle genommen, um dort weiterverhört zu werden. Die Kriminalpolizisten vermieden es, über den Mord an dem Jungen Lars Bense zu reden. Bereits bei den Gesprächen im Auto fügte sich vieles sinnvoll zu einem Puzzle zusammen: In der Wohnung der Frau G. in Halle-Neustadt lebte auch ihre Tochter. Sie hatte einen festen Freund. Dieser kam auch aus Halle-Neustadt. Wochentags arbeitete er in einem erst kürzlich errichteten FDGB-Ferienheim in Friedrichroda in Thüringen im technischen Bereich. Sie hatte eine Arbeit in Halle. Noch während der Fahrt wurden die MUK und der Oberstaatsanwalt in Halle per Funk benachrichtigt. Sofort fuhren zwei Kriminalpolizisten in Zivil nach Friedrichroda und verhafteten Matthias S. Die Arbeitskollegen erfuhren nichts vom Grund der Verhaftung. In seinem Arbeitsumfeld verhielt sich Matthias S. immer korrekt, war eher zurückhaltend und von seinen Kollegen akzeptiert und geachtet worden.

In Halle am späten Nachmittag angekommen, begann sofort die Vernehmung. In den anderen Räumen der MUK wurden Frau G. und ihre Tochter befragt. Beide wussten zu der Zeit immer noch nicht, worum es ging. Sie konnten aber nachweisen, dass sie aus zeitlichen und örtlichen Gesichtspunkten heraus nichts mit dem Mord zu tun hatten. Als Frau G. aus einer Reihe von Koffern ihren Koffer identifizierte, begann sie plötzlich zu begreifen, dass es um den Mord an dem Jungen Lars Bense ging. Denn als Adolf Döling zum Ende der Vernehmung Frau G. darum bat, für ein Foto die Hand auf den betreffenden Koffer zu legen, weigerte sie sich. Offenbar ging ihr die Vorstellung durch den Kopf, wie der kleine unschuldige Bub zugerichtet und die

Leiche in diesen Koffer gepackt worden war. Das löste bei ihr eine psychische Blockade aus …

Die Vernehmung von Mathias S. zog sich bis Mitternacht hin, bis er endlich die Tat gestand. Für die Mitarbeiter der MUK war das zweifellos ein erhebender Moment, denn die Mühe und Geduld hatten sich letzten Endes ausgezahlt. Mathias S. schilderte detailliert den Tathergang: Am Nachmittag des 15. Januar 1981 hatte er genau den Moment abgepasst, als der Junge Lars Bense sich von der Schwester getrennt und noch nicht die vor dem Kino stehenden Freunde erreicht hatte. Er hatte ihn angesprochen, ob Lars sich nicht ein paar schicke Spielzeugautos ansehen und mit diesen spielen wolle. Vielleicht hatte er dem Jungen vor dem Kino auch ein paar Matchbox-Autos gezeigt oder ihm welche versprochen, bevor Lars mit Matthias S. in die Wohnung der Frau G. gegangen war. Matchbox-Autos standen zu dieser Zeit bei den Kindern in der DDR hoch im Kurs, zumal man diese für DDR-Geld nicht kaufen konnte. Die Wohnung Frau G.s befand sich knapp einen halben Kilometer von derjenigen der Familie des kleinen Jungen entfernt. Matthias S. war sich sicher, dass seine Freundin nicht in die Wohnung käme, weil sie noch arbeiten musste. In der Wohnung missbrauchte er den Jungen. Damit er nicht schrie, betäubte Täter er ihn mit Hammerschlägen auf den Kopf. Möglicherweise geriet Matthias S. dann in Panik und wusste nicht, wohin mit dem Kind. Seit seiner Kindheit plagten ihn die Erlebnisse, als er auf dem Bauernhof seiner Großeltern gesehen hatte, wie Schweine getötet wurden. Möglicherweise obsiegten dann krankhafte Tötungsfantasien. Denn als es noch Lebenszeichen gab, trug er den Jungen in die Badewanne, schlug nochmals auf den Kopf und stach „zur Sicherheit" mit dem Messer mehrmals im Brustkorbbereich auf ihn ein. Anschließend packte er die Leiche in einen Koffer, wobei viele Zeitungen (mit ausgefüllten Kreuzworträtseln) als Füllmaterial dienten. Dann hatte er sich zum Bahnhof begeben und einen Zug in Richtung Leipzig bestiegen. In einem unbeobachteten Moment, zwischen den Bahnhöfen von Schkeuditz und Lützschena, hatte er den Koffer aus dem Zug geworfen.

Auch wenn Siegfried Schwarz vom Fall abgezogen wurde, durfte er den Eltern Lars Benses die Einlösung seines Versprechens verkünden. Wie bei seiner ersten Begegnung mit ihnen reagierte der Vater sehr impulsiv und hätte den Mörder am liebsten eigenhändig umgebracht. Die Mutter hingegen nahm die Nachricht gefasst auf. Tags darauf, am 21. November 1981, wurde die Lösung dieses Kriminalfalls in der SED-Bezirkszeitung „Freiheit" auf Seite 2 kurz und knapp mitgeteilt. Angesichts des personellen, finanziellen und zeitlichen Aufwandes und der großen Anteilnahme der Bevölkerung Halles an diesem Fall ist das unverständlich und nur mit ideologischen Beweggründen erklärbar. Denn in einer sozialistischen Gesellschaft hätte es solche Verbrechen eigentlich nicht geben dürfen, eigentlich …

Bereits kurz nach der Verhaftung des Matthias S. erschien sein Vater bei der Staatsanwaltschaft. Er fragte nach, welcher Tat sein Sohn bezichtigt werde. Als er den Grund erfuhr, brach er seelisch zusammen. Da der Name des Mörders des Lars Bense trotz Geheimhaltung sehr schnell bekannt wurde, besorgte man für die Eltern des Täters eine andere Wohnung und eine andere Arbeit. Der Vater kam mit der Tat seines Sohnes nicht zurecht und nahm sich am 15. Januar 1994 das Leben.

Im Juni 1982 wurde Matthias S. vom Bezirksgericht Halle wegen Mord in Tateinheit mit sexuellem Missbrauch zu lebenslanger Haft verurteilt. Auf der Gerichtsverhandlung kamen seine bereits geschilderten traumatischen Erlebnisse als Kind, seine krankhaften Tötungsfantasien und seine gestörte Sexualität zur

Sprache. Matthias S. kam in das Zuchthaus in Brandenburg an der Havel.

Mit dem Beitritt der DDR zur BRD am 3. Oktober 1990 änderte sich auch die Rechtsprechung. Da Matthias S. zum Zeitpunkt des Verbrechens 18 Jahre alt gewesen war, hätte in der BRD das Jugendstrafrecht gegolten. Daher wurde sein Fall vor einem bundesdeutschen Gericht erneut aufgerollt. Hier ging es aber nicht um den Tathergang, sondern um das Strafmaß. Und in der Tat wurde dieses abgemildert: Laut einem Urteil vom 20. Mai 1992 sprach das Gericht zwar auch die Höchststrafe aus, was aber laut Jugendstrafrecht nur zehn Jahre Haft bedeutete. Diese hatte er mittlerweile abgesessen. Nach der abgebüßten Haft folgte dann aber eine Einweisung in den Maßregelvollzug. Bis 1996 musste er sich im Landeskrankenhaus für Forensische Psychiatrie Uchtspringe aufhalten, bevor er drei Jahre lang in einem Projekt „betreutes Wohnen" untergebracht wurde. 1999 war er ein freier Mann. Es gab Gerüchte, dass Matthias S. mit seiner Frau und einem Kind dann nach Thüringen gezogen wäre. In Wirklichkeit nahm Matthias S. den Familiennamen seiner Frau an und zog mit der Familie nach Magdeburg. Mit nur 50 Jahren verstarb er aufgrund einer schweren Krankheit am 15. Januar 2013, genau 32 Jahre nach dem von ihm begangenen Verbrechen. Die Beisetzung fand am 2. Februar 2013 auf dem Magdeburger Westfriedhof statt.

***

Die Freundin von Matthias S., Kerstin Apel, schrieb kurz vor seinem Tod ein Buch mit dem Titel „Der Kreuzworträtselmord: Die wahre Geschichte". Dieses erschien im Februar 2013. Darin belastete sie sich selbst, sodass sich die Staatsanwaltschaft genötigt sah, sie wegen Mitwisserschaft und Beihilfe zum Mord anzuklagen. Im Gegensatz zu ihrer Aussage vor dem Gericht im Jahre

1981 behauptete sie hier, beim Mord dabei gewesen zu sein. Daraufhin ruderte der Verlag zurück und behauptete, dass alles frei erfunden sei. Mit den kompromittierenden Aussagen solle lediglich die Aufmerksamkeit der Öffentlichkeit auf dieses Buch gelenkt werden. Es hat schon den Anschein, dass die ehemalige Freundin Matthias S.' noch einmal Kasse machen wollte, solange das Eisen heiß war. Zudem wurde damit ein zweites Mal auf der Familie des Opfers herumgetrampelt …

***

Zur Aufklärung des Kreuzworträtsel-Mordes hatte die Kriminalpolizei ungefähr zehn Monate gebraucht. 551 498 Schriftproben und 60 t Altpapier waren ausgewertet worden. Es war zweifellos einer der spektakulärsten Kriminalfälle der DDR und, was die Auswertung der Schriftleistungen betraf, einer der weltweit umfassendsten. Das war zweifellos nur möglich, ohne, wie oft in den westdeutsch geprägten Leitmedien gern versucht, die Leistung aller Beteiligten herabzuwürdigen, weil in der DDR die Polizeikräfte zentralistisch organisiert waren. Das Leben Lars Benses konnte nicht gerettet werden, möglicherweise aber das anderer Kinder …

ZWEITER TEIL:
Die DDR in ihren verschiedenen Facetten

In diesem Teil gehe ich näher auf die DDR ein. Hierbei fließen auch eigene Erfahrungen und wissenschaftliche Untersuchungsergebnisse ein. Zuweilen stelle ich das aktuelle bundesdeutsche System in seinen Facetten dem DDR-System gegenüber.

Gewiss, es wurden schon mehrere Bücher über die DDR geschrieben. Viele haben aber eine starke ideologische Schlagseite. Mein Bestreben ist es, die Geschichte der DDR zu entideologisieren.

5 Das Macht-, Parteien- und Sicherheitssystem

Das in der DDR bestehende Parteiensystem begann sich mit dem Befehl Nr. 2 der Sowjetischen Militäradministration über die Zulassung der Gründung und Tätigkeit von antifaschistischen Parteien und Organisationen vom 10. Juni 1945 zu formieren. Schon am 11. Juni 1945 trat die KPD mit ihrem Programm an die Öffentlichkeit. Für die Westalliierten, aber auch für die politische Konkurrenz kam dieser Schritt überraschend schnell. Die sowjetische Führung wollte damit in dieser Sache das Heft des Handelns an sich reißen und den Alliierten einen Schritt voraus sein.

Bereits ab 1944 machte sich die KPD in Moskau zusammen mit der sowjetischen Führung Gedanken darüber, wie das Parteiensystem im Nachkriegsdeutschland aussehen könnte. Dasjenige der Weimarer Republik mit der SPD als großer Gegenspielerin sollte vermieden werden. Teils unter Vortäuschung falscher Tatsachen durch KPD- und auch durch SPD-Funktionäre, teils unter Druck durch die sowjetische Besatzungsmacht, die beispielsweise eine Urabstimmung der SPD-Mitglieder untersagte, kam am 21./22. April 1946 eine Vereinigung von KPD und SPD zur SED zustande. In der Westzone scheiterte dieser Parteienzusammenschluss.

Die SED sah sich somit als alleinige Interessenvertreterin der Arbeiterschaft. Bei den Landtagswahlen am 20. Oktober 1946 schnitten die politischen Konkurrenten in den Augen der SED zu gut ab. Im Durchschnitt auf alle Länder bezogen, erhielten die SED 47,6 Prozent, die LDP 24,6 Prozent, die CDU 24,5 Prozent und die VdgB 2,9 Prozent der Stimmen. Um den bürgerlichen Block mit CDU, LDP und VdgB zu schwächen, wurde auf Initiative von SMAD und SED 1948 die Gründung der Demokratischen Bauernpartei (DBP) und der Nationaldemokratischen Partei (NDPD) zugelassen.

Die LDP, später LDPD, war die schärfste Gegnerin der SED. Daher stand die Führung dieser Partei unter besonderem Druck durch die SED und durch die SMAD. Am 18. Oktober 1949 wurden in Schwerin 14 junge LDPD-Mitglieder verhaftet. Unter ihnen war Arno Esch, der vom Sowjetischen Militärtribunal wegen angeblicher Spionage zum Tode verurteilt und am 24. Juli 1951 in Moskau hingerichtet wurde. Spätestens Anfang der 1950er-Jahre gelang es der SED und der sowjetischen Besatzungsmacht, die LDPD auf Linie zu bringen.

Als Konsequenz aus den nicht zufriedenstellenden Wahlergebnissen bei den Landtagswahlen von 1946 ließ die SED keine freien Wahlen mehr zu. Um die Parteien und Massenorganisationen unter Kontrolle zu halten, gab es mit der Gründung der DDR die „Nationale Front". Nur über die „Einheitsliste der Nationalen Front" wurden Kandidaten für die Volkskammer- und Landtagswahl (ab 1952 Kreistagswahl) zugelassen. Die Massenorganisationen waren im Laufe ihrer Existenz von Kommunisten und SED-sympathisierenden Personen durchsetzt, sodass die SED zusammen mit den Massenorganisationen immer die absolute Mehrheit hatte. Alle Parteien und Massenorganisationen mussten den Führungsanspruch der SED anerkennen. Die Christlich Demokratische Union, die Demokratische Bauernpartei Deutschlands, die Liberal-Demokratische Partei Deutschlands und die Nationaldemokratische Partei Deutschlands wurden oft auch „Blockpartei" genannt.

Zu den Massenorganisationen, die in der Nationalen Front vertreten waren, gehörten unter anderem:

- der Demokratische Frauenbund Deutschlands (DFD),

- die Domowina, die Interessenvertretung der Sorben und Wenden,
- der Freie Deutsche Gewerkschaftsbund (FDGB),
- die Freie Deutsche Jugend (FDJ),
- die Gesellschaft für Deutsch-Sowjetische Freundschaft (DSF),
- das Komitee der Antifaschistischen Widerstandskämpfer (KdAW),
- der Kulturbund (KB),
- die Pionierorganisation „Ernst Thälmann",
- der Schriftstellerverband der DDR (DSV),
- die Vereinigung der gegenseitigen Bauernhilfe (VdgB) und
- die Volkssolidarität (VS).

Da in der DDR die Wirtschaft zu einem großen Anteil volkseigen war und die SED die militärische Macht hatte, wurde auf den Parteitagen der SED bestimmt, in welche politische, wirtschaftliche, soziale und militärische Richtung die DDR ging.

Die Wurzeln der **Deutschen Volkspolizei** reichen bis zum Juni 1945 zurück. Gleich nach Ende des Zweiten Weltkrieges ließ die Sowjetische Militäradministration in Deutschland (SMAD) die Reorganisation der Polizei in ihrer Besatzungszone zu. Diese Polizei wurde den neu gebildeten Landesregierungen unterstellt und setzte sich fast ausschließlich aus KPD-Angehörigen zusammen. Auf der Grundlage des Befehls 212 der SMAD vom 30. Juli 1946 wurde die **Deutsche Verwaltung des Inneren** (DVdI) gebildet. Sie sollte die Polizei zentralistisch verwalten. Unter ihrem Dach arbeiteten die Kriminal-, die Schutz-, die Verkehrs- und die Verwaltungspolizei.

Innerhalb der Kriminalpolizei wurde die Abteilung K5 installiert, die anfangs für das Aufspüren deutscher Kriegsverbrecher und nationalsozialistischer Funktionäre zuständig war. Sie arbeitete eng mit den sowjetischen Besatzungsbehörden zusammen und übergab die Verhafteten dem Sowjetischen Militärtribunal. Jedoch zusehends ging es um die Verfolgung Andersdenkender. Diese politische Polizei setzte sich aus dem militanten Flügel der KPD zusammen. So war zum Beispiel Erich Mielke an einem Polizistenmord in der Weimarer Zeit beteiligt. Die Abteilung K5 würde ich als den Vorläufer der Staatssicherheit sehen. Am 28. Dezember 1948 gab das Politbüro der KPdSU der SED grünes Licht, eine „Hauptverwaltung zum Schutz der Volkswirtschaft", also eine Geheimpolizei, zu bilden. Nachdem die DDR am 7. Oktober 1949 gegründet worden war, beschloss am 24. Januar 1950 das Politbüro der SED die Bildung des **Ministeriums für Staatssicherheit** (MfS). Am 8. Februar 1950 wurde dieser Repressions- und Überwachungsapparat dann gegründet. Das MfS wurde fortan zum „Schild und Schwert" der SED ...

Die alliierten Bestimmungen verboten die Existenz einer deutschen Armee auf deutschem Boden. Das wurde mit dem Aufbau einer Polizei, die kaserniert war, umgangen. Auf Befehl der SMAD wurde ab Oktober 1948 begonnen, eine „Hauptabteilung Grenzpolizei und Bereitschaften" aufzubauen. Zunächst waren es 40 Bereitschaften à 250 Mann. Am 1. Juli 1952 bildete sich auf Anweisung der sowjetischen Regierung die **Kasernierte Volkspolizei** (KVP). 1955 hatte diese den Zustand einer regulären Armee erreicht. Allerdings wollte die Sowjetunion aus politischen Gründen nicht die Einsatzbereitschaft dieser De-facto-Armee offiziell verlautbaren lassen. Da sich ganz Europa in den 1950er-Jahren mitten im Kalten Krieg befand, belauerten sich die Sowjetunion und die Alliierten auf Schritt und Tritt. Erst als im

November 1955 die BRD die Bundeswehr gründete, war für die DDR der Weg frei. Die Volkskammer der DDR verabschiedete am 18. Januar 1956 nach Billigung Moskaus das Gesetz zur „Schaffung der **Nationalen Volksarmee** und des Ministeriums für Nationale Verteidigung". Seit der Schlacht bei Königgrätz im Jahre 1866 stand sich wieder deutsches Militär feindlich gegenüber. Darin sehe ich eine gewisse Tragik, denn sie manifestierte nun die endgültige Teilung der deutschen Nation …

Das Eisenbahnnetz spielte im Nachkriegsdeutschland eine sehr große Rolle. Es war wichtig für den militärischen Nachschub der Alliierten, für die Wirtschaft und für die Versorgung der Bevölkerung. Daher beschloss der Alliierte Kontrollrat am 10. Mai 1946, in allen Besatzungszonen eine Bahnpolizei aufzubauen. In der SBZ gab es einen rudimentären Bahnschutz, der aber den anstehenden Aufgaben nicht gewachsen war. Die nun gegründete Eisenbahnpolizei wurde in der SBZ zusammen mit der Wasserpolizei der „Deutschen Verwaltung des Innern" unterstellt. Ab der Gründung der DDR im Herbst 1949 wurde die Polizei umstrukturiert, wobei die Eisenbahnpolizei dem Ministerium des Innern (MdI) zugeteilt wurde. Von nun an nannte sie sich **Transportpolizei**. Sie wurde vorrangig in Grenznähe zur BRD und zu Westberlin eingesetzt. Die Transportpolizei war auch für die Personenkontrolle zuständig, wodurch sie sich in der Bevölkerung der DDR sehr unbeliebt machte. Ältere Menschen, die zwischen der DDR und Westberlin pendelten und kleinere Dinge über die Grenze schmuggelten, schildern bei Familientreffen so manche Geschichten, wie sie die „Trapo" ausgetrickst oder was sie sonst in diesem Zusammenhang erlebt hätten. In einem späteren Kapitel schildere ich die Grenzerlebnisse meiner Tante und meines Onkels kurz vor und kurz nach dem Bau der Berliner Mauer …

Zur militärischen Verteidigung von Betrieben und wichtigen zivilen Einrichtungen im Falle eines Krieges wurden Mitte 1953 die (Betriebs-)**Kampfgruppen** ins Leben gerufen. Die Kampfgruppen waren kein stehendes Heer. Ihr Dienst war freiwillig. Sie sind eher vergleichbar mit der Schweizer Armee. Sie rekrutierten sich aus der Zivilbevölkerung, insbesondere aus der Betriebsbelegschaft, die einige Male im Jahr zu den Waffen gerufen wurde, um Übungen abzuhalten.

Die DDR war ein hochmilitarisierter Staat. Die Finanzierung des Militärs, der paramilitärischer Einheiten sowie der Sicherung der Staatsgrenze verschlang einen großen Anteil des geschaffenen Volksvermögens. Nach Angaben des Wissenschaftlichen Dienstes des Deutschen Bundestages machte der Verteidigungshaushalt in den Jahren 1980 bis 1989 zwischen 8,16 Prozent und 5,54 Prozent des DDR-Staatshaushaltes aus.[61] Im Jahre 1953, als der Aufbau der Kasernierten Volkspolizei begann, betrug der Anteil der Ausgaben für die Verteidigung sogar 13 Prozent des DDR-Staatshaushaltes!

Während die BRD am 9. Mai 1955 der NATO beitrat, wurde die DDR am 14. Mai 1955 Mitglied des Warschauer Vertrages. Damit wurde für Nachkriegsdeutschland der Weg verbaut, wie Österreich ein neutraler Staat zu werden. Die Konsequenz dieser Entscheidung ist, dass noch heute US-amerikanische Truppen mit Sonderrechten in Deutschland stationiert sind.

---

[61] Deutscher Bundestag/Wissenschaftliche Dienste (2018): „Militärausgaben der DDR zwischen 1980 und 1989". WD 2 – 3000 – 163/18. Online verfügbar unter https://www.bundestag.de/resource/blob/586200/fdff2641d7f70f 0d96a99089ef6fb8f2/WD-2-163-18-pdf-data.pdf (zuletzt abgerufen am 28.10.2020).

6   Das Wirtschaftssystem

6.1   Die Verstaatlichung der Landwirtschaft und der mittelständischen Betriebe

Die DDR wurde am 7. Oktober 1949 gegründet. Jedoch bereits kurz nach Ende des Zweiten Weltkrieges fanden die ersten Weichenstellungen in Richtung sozialistisches Wirtschaftssystem statt. Unter der Parole „Junkerland in Bauernhand" wurde 1946 eine Bodenreform durchgeführt. Bei dieser wurden diejenigen Flächen entschädigungslos enteignet, die über eine Größe von 100 Hektar hinausgingen. Davon waren 7000 Gutsbesitzer und Großbauern betroffen. Bei tatsächlichen und vermeintlichen Kriegsverbrechern und hohen NS-Funktionären wurde der gesamte Besitz konfisziert. Hier gab es bei der Auslegung der Schuldfrage zuweilen eine Grauzone. Insgesamt wurden ungefähr 2,5 Millionen Hektar Landbesitz enteignet.

Alle größeren Betriebe wurden in Volkseigentum, in sogenannte **volkseigene Betriebe** (VEB), überführt, wobei ein Teil davon in sowjetisches Eigentum überging (sowjetische Aktiengesellschaften). Diese musste die DDR bis Ende 1953 alle zurückkaufen. Ausgenommen war davon nur die Wismut AG. Dieses Datum hing damit zusammen, dass ab dem 1. Januar 1954 die Reparationslieferungen/-leistungen an die Sowjetunion und Polen endeten.

Ab Herbst 1952 erhöhte sich der staatliche Druck auf die Bauern, sich in **landwirtschaftlichen Produktionsgenossenschaften** (LPG) zusammenzuschließen. In der Sowjetunion arbeiteten die Bauern in Kolchosen. Dieses Modell schwebte der SED auch bei der Umsetzung in der Landwirtschaft der DDR vor. Es war nichts anderes als eine Zwangskollektivierung. Die wenigsten Bauern verspürten Lust, sich zusammenzuschließen. 1958 wurden wohl aus Prestigegründen gegenüber dem Ausland die Lebensmittelkarten abgeschafft. Das führte zu einer erhöhten Nachfrage nach Lebensmitteln. Die Versorgung mit landwirtschaftlichen Produkten lief nicht rund. Bis zum 1. Januar 1960 hatten sich lediglich 3,2 Prozent der Bauern in LPGs organisiert. Im September 1959 verkündete Walter Ulbricht, den sozialistischen Produktionsverhältnissen nun endgültig zum Sieg verhelfen zu wollen. Aus all diesen Gründen wurde der staatliche Druck auf die Landwirte massiv erhöht. Von Januar bis Ende Mai 1960 sind nahezu alle Bauern (ungefähr 400 000) in die LPGs eingetreten. Es entstanden insgesamt 19 345 Landwirtschaftsgenossenschaften. Diese bewirtschafteten 84,1 Prozent aller landwirtschaftlichen Nutzflächen. Neben den LPGs gab es noch die volkseigenen Güter (VEG), die aber in der Landwirtschaft eher eine untergeordnete Rolle spielten.

Die in der DDR heruntergespielte Schattenseite dieser Zwangskollektivierung war, dass 15 500 Bauern und Familienangehörige nach Westberlin oder in die BRD flohen, 200 Bauern Selbstmord begingen und ungefähr 8000 Schauprozesse stattfanden.[62]

Seit Anfang der 1950er-Jahre drängte die SED die Besitzer der noch verbliebenen mittelständischen Betriebe dazu, den Staat zu

---

[62] Böhmer, Wolfgang (2010): „Das war ein großes Unrecht". Zwangskollektivierung vor 50 Jahren. In: Thüringische Zeitung vom 26. April 2010. Online verfügbar unter http://www.are-org.de/are/?q=en/node/1240 (zuletzt abgerufen am 28.10.2020).

50 Prozent an den Unternehmen zu beteiligen. Es entstanden somit viele **Kommanditgesellschaften** (KG). Andere kleinere Unternehmen und Handwerker wurden gezwungen, in **Produktionsgenossenschaften des Handwerks** (PGH) zu gehen. Obwohl die halbstaatlichen und privaten Unternehmen bei der Materialbelieferung gegenüber den VEBs benachteiligt wurden, waren sie wesentlich ideenreicher und flexibler als die staatlichen Betriebe. Zudem hatten ihre Produkte oftmals eine bessere Qualität und waren daher auch im sozialistischen wie im kapitalistischen Ausland sehr beliebt.

Ob die SED-Führung diese Tugenden zu schätzen wusste, ist nicht bekannt. Allerdings störte sie, dass sich private Handwerker und Unternehmer der Kommanditgesellschaften einen „unangemessenen" Wohlstand, also Villen, teure Autos und teure Urlaube, leisten konnten. Das passte einfach nicht ins Bild einer sozialistischen Gesellschaft! Und so wurde unterschwellig eine Neiddebatte entfacht, die dem Leser aus heutigen Tagen nicht fremd sein dürfte. Allerdings wollte die SED nicht öffentlich als Unruhestifterin oder als Antreiberin einer erneuten Enteignungswelle dastehen, zumindest vorerst nicht.

Auf einer Tagung der Gesellschaftswissenschaftler im Jahre 1971 sprach Kurt Hager, Mitglied des Politbüros und Chefideologe der SED. Er sagte klipp und klar, dass es in der DDR „noch Unterschiede und bestimmte differenzierte Interessen zwischen den Klassen und Schichten" gebe. Das war zweifellos eine realistische Beschreibung der Situation in der DDR. Ich denke aber, dass seine Aussage eher als eine Kampfansage an den Mittelstand zu verstehen und zudem ein Seitenhieb gegen Walter Ulbricht war, der von Moskau fallen gelassen wurde und immer von einer „sozialistischen Menschengemeinschaft" sprach. Auf der 4. Tagung des Zentralkomitees der SED im Dezember 1971 sprachen ihre Mitglieder Klartext und beschlossen, halbstaatliche Betriebe, Industriebetriebe der PGH sowie private Kleinbetriebe in Volkseigentum zu überführen. Seitdem wurde auf diese Unternehmen und auf die CDU und LDPD massiv Druck ausgeübt.

Auf den zeitlich darauffolgenden Parteitagen dieser beiden Parteien, die Vertreter des Mittelstands waren, spielten sich höchst merkwürdige Szenen ab: Die Parteiführungen von CDU und LDPD empfahlen ihren Mitgliedern, gegen Bezahlung ihre Betriebe dem Staat zu überlassen. Die Betriebe würden dadurch noch effektiver arbeiten können, was im Sinne des Sozialismus wäre. Reihenweise kündigten Unternehmer an, ihre Firmen zu verkaufen. Die zu den Parteitagen eingeladenen SED-Funktionäre drückten hierbei ihr wohlwollendes „Interesse" oder ihr „Erstaunen" aus. Was für ein Schmierentheater! Die Zeitung „Die Zeit" zog eine schockierende Bilanz dieser verdeckten Aktion der SED: *„Innerhalb weniger Monate wurden ganze Bereiche des Mittelstandes beseitigt. Für Ende 1971 wies das Statistische Jahrbuch der DDR noch 5658 halbstaatliche und 2976 private Industriebetriebe auf. Ein Jahr später war ihre Zahl auf eine nicht mehr erwähnenswerte Ziffer gesunken. Der Anteil der halbstaatlichen Betriebe an der Industrieproduktion war in einem Jahr von 9,9 auf null Prozent geschrumpft, der der privaten Betriebe von 1,3 auf 0,1 Prozent."*[63] Die CDU und die LDPD spielten hierbei eine sehr fragwürdige Rolle.

Das Geld für die zumeist unter Wert verkauften Unternehmen ging auf ein Sperrkonto. Pro Monat durfte nur eine geringe dreistellige Geldsumme abgehoben werden. Den ehemaligen

---

[63] Nawrocki, Joachim (04.01.1974): Die Abschaffung des Mittelstandes. In: Die Zeit Nr. 2/1974. Online verfügbar unter https://www.zeit.de/1974/02/die-abschaffung-des-mittelstandes/komplettansicht (zuletzt abgerufen am 28.10.2020).

Unternehmern wurde es oftmals „erlaubt", als Betriebsdirektor weiterzuarbeiten. Die kleinen Handwerkerbetriebe wie Bäcker, Fleischer, Elektriker, Friseur, Installateur, Schuster und Uhrenmacher blieben von dieser Verstaatlichungswelle weitgehend verschont. Offenbar hatte die SED erkannt, dass eine Kollektivierung dieser Branchen die Dienstleistung wesentlich verschlechtern würde.

6.2   Wie funktionierte die DDR-Wirtschaft?

Die volkseigenen Betriebe einer Branche einschließlich Forschung/Entwicklung, Absatz und ihrer Zulieferbetriebe wurden organisatorisch zusammengefasst. Ab 1948 waren es die **Vereinigungen Volkseigener Betriebe** (VVB) und ab Ende der 1960er-Jahre die **Kombinate**. Die Anzahl der Kombinate schwankte. Am Ende der DDR waren es 167 zentral geleitete Kombinate und 90 Kombinate der bezirksgeleiteten Industrie. In der letzteren Sorte von Kombinaten waren die mittelständischen Unternehmen zusammengefasst, die, wie ich schon beschrieben habe, von Kommanditgesellschaften und PGHs in VEBs umgewandelt wurden.

Damit die Betriebe im Sinne der SED handelten, mussten alle Leiter, vom Gruppenleiter bis zum Kombinatsleiter, Mitglied der SED sein. Im VEB Elektro-Physikalische Werke Neuruppin waren in dem Bereich, wo ich arbeitete, weder der Gruppenleiter, der Abteilungsleiter noch der Bereichsleiter SED-Mitglied. Das war eine extreme Ausnahme. Anscheinend gab es in meinem Fachbereich zu viele Freidenker …

Wie lief die Organisation ab? Auf dem Parteitag der SED wurden die Schwerpunkte gesetzt, welche Branchen besonders gefördert werden sollten und was die einzelnen Branchen bis zum

nächsten Parteitag zu leisten hätten. Hierzu zwei Beispiele: Der
III. Parteitag der SED im Juli 1950 beschloss, den Aufbau der
Schwerindustrie zu forcieren, der V. Parteitag im Juli 1958 legte
die Förderung der Chemieindustrie fest, und der VI. Parteitag
der SED vom Januar 1963 setzte darauf, die Wirtschaft durch
verstärkte Förderung der Arbeit in den Naturwissenschaften
und technische Innovationen zu modernisieren. Ab 1971 wurden alle fünf Jahre Parteitage abgehalten. Das heißt, für die Wirtschaft galten zeitlich versetzt Fünfjahrespläne.

Tabelle 6:   *Parteitage der SED in der DDR*

Parteitage	Datum der Ta-gung	Schwerpunkte
III. Partei-tag	20.–24. Juli 1950	Schwerindustrie
IV. Partei-tag	30. März–6. April 1954	Konsequenzen aus dem Volksaufstand
V. Parteitag	10.–16. Juli 1958	Chemieprogramm
VI. Partei-tag	15.–21. Januar 1963	Wissenschaftsprogramm, „Neues Ökonomisches System"
VII. Partei-tag	17.–22. April 1967	mehr Verantwortung den Betrieben
VIII. Partei-tag	15.–19. Juni 1971	Rücknahme von Wirt-schaftsreformen, „Einheit von Wirtschafts- und Sozi-alpolitik"

IX. Partei-tag	18.-22. Mai 1976	Sozialprogramm, Abgrenzung von der BRD
X. Parteitag	11.-16. April 1981	Sicherung des Erreichten, bessere Nutzung von Wissenschaft und Technik, Einsatz von Industrierobotern
XI. Partei-tag	17.-21. April 1986	Motto: „Einheit von Wirtschafts- und Sozialpolitik"; Gorbatschow, Generalsekretär der KPdSU, Gast des Parteitages, fordert von der SED Selbstkritik
Außerordentlicher Parteitag	8.–9. und 16.–17.12.1989	Wahl des neuen Vorsitzenden der SED, Gregor Gysi. Umbenennung der Partei in Sozialistische Einheitspartei Deutschlands – Partei des Demokratischen Sozialismus.

Die **Staatliche Plankommission**, die im Ministerrat der DDR angesiedelt war, bereitete die Vorgaben für die Fünfjahrespläne vor. Sie vergab auch die Bilanzanteile an die Kombinate. Die Kombinatsleitung verteilte die Gelder an die einzelnen Betriebe. Es gab Betriebe, die sehr effektiv arbeiteten und stets die Vorgaben erfüllten oder auch übererfüllten, aber auch Betriebe, die gelegentlich oder auch immer Verluste verbuchten. Wie die Kombinate und die VEBs in den gesamtwirtschaftlichen Prozess eingebunden waren und was sie zu beachten hatten, wurde in der

Verordnung über die volkseigenen Kombinate, Kombinatsbetriebe und volkseigenen Betriebe festgelegt.[64]

Jedes Kombinat hatte seine Leuchtturmbetriebe. Diese exportierten aufgrund ihrer sehr guten Produkte auch ins westliche Ausland und waren für die DDR wichtige Devisenbringer. Zu diesen gehörten unter anderem Carl Zeiss Jena, der Maschinenbau in Karl-Marx-Stadt, der Schwermaschinenbau in Magdeburg und in Leipzig sowie der Schiffbau in Rostock/Warnemünde. Die Aussage der westdeutschen Leitmedien nach der Vereinigung beider deutscher Reststaaten, alle DDR-Betriebe seien Schrott gewesen, kann ich daher nicht nachvollziehen.

6.3   Warum war die DDR-Wirtschaft in der Summe ineffektiver als die westdeutsche?

Wenn Ökonomen im Nachhinein mit Produktionszahlen der DDR-Wirtschaft hantieren, um die Effektivität der DDR-Betriebe auszurechnen, dann können sie nur auf Zahlen zurückgreifen. Diese widerspiegeln nackte Tatsachen. So weit, so gut! Es wäre aber fair, darauf hinzuweisen, dass die Betriebe/die Kombinate keine Gewinne einbehalten durften. Diese mussten an den Staat abgeführt werden. Und die Staatliche Plankommission entschied dann in Einklang mit den Beschlüssen der SED-Parteitage über die Verteilung der Gelder. Auf die Bilanz der Betriebe wirkte sich negativ aus, dass sie viele soziale Dinge zu erfüllen hatten: Sie finanzierten Kindergärten, Bibliotheken und Urlaubsheime. Die Gewerkschaft war zum Reiseorganisator degradiert worden. Ein

---

[64] Verfassungen.de (o. J.): Verordnung über die volkseigenen Kombinate, Kombinatsbetriebe und volkseigenen Betriebe vom 8. November 1979. Online verfügbar unter http://www.verfassungen.de/ddr/kombinatsverord nung79.htm (zuletzt abgerufen am 28.10.2020).

weiterer Hemmschuh für eine kontinuierliche Entwicklung war die Republikflucht. In den Jahren 1949 bis 1961 flohen jährlich zwischen 129 000 und 331 000 Menschen. Davon waren fast die Hälfte Jugendliche zwischen 18 und 25 Jahren. (Die Zahl der Flüchtlinge glich einer Fieberkurve und war besonders hoch bei bestimmten Repressionsmaßnahmen durch die SED.) Mit dem Bau der Berliner Mauer versiegte der Flüchtlingsstrom. Als die DDR-Staatsführung 1975 die KSZE-Schlussakte von Helsinki unterschrieb, stieg die Zahl derjenigen, die einen „Antrag auf ständige Ausreise" stellten, rasant an: 1978 waren es 11 287 Bürger und 1984 schon 36 699.[65] Es waren in erster Linie Menschen zwischen 18 und 50 Jahren, die zudem eine gute fachliche Ausbildung genossen hatten. Diese fehlten der Wirtschaft.

6.4   Die Wirtschaftsreformen in der DDR

Die DDR erlebte in den Jahren 1961 bis 1971 unter Walter Ulbricht vorsichtige Wirtschaftsreformen. Zwischen 1963 und 1965 wurde die erste und zwischen 1965 und 1967 die zweite Stufe dieser Reformen umgesetzt. Die erste Reformetappe wurde als **Neues Ökonomisches System der Planung und Leitung** (NÖSPL) bezeichnet. Die zweite lief unter dem Namen **Ökonomisches System des Sozialismus** (ÖSS). Ziele:

- Es sollten die volkseigenen Betriebe wesentlich autonomer arbeiten dürfen (ökonomische Subsidiarität).
- Deren Initiative sollte gefördert werden.

---

[65] Malycha, Andreas (31.10.2011): Auf dem Weg in den Zusammenbruch (1982 bis 1990). In: Bundeszentrale für politische Bildung. Online verfügbar unter https://www.bpb.de/izpb/48560/auf-dem-weg-in-den-zusammenbruch-1982-bis-1990 (zuletzt abgerufen am 06.11.2020).

- Gewinne zu erwirtschaften, sollte sich auch für den Betrieb lohnen (Einbehalt eines Teils des Gewinns).

In der SED regte sich aber immer mehr Widerstand, befürchtete doch ein großer Teil von Parteifunktionären, durch eine Verlagerung von Kompetenzen auf die Betriebe die eigene Macht zu verlieren. Am 14. Oktober 1964 wurde Nikita Chruschtschow durch eine Mehrheit im Politbüro und im Zentralkomitee als Chef der KPdSU abgesetzt. Sein Nachfolger wurde Leonid Iljitsch Breschnew, ein marxistisch-leninistischer Hardliner. Dieser war von Ulbrichts Wirtschaftspolitik wenig angetan. Witterte Breschnew einen **„dritten Weg"** à la Josip Broz Tito in Jugoslawien?

Erich Apel, seit 1963 Vorsitzender der Plankommission, und Günter Mittag, seit 1962 ZK-Sekretär der SED für Wirtschaftsfragen, waren mit Ulbrichts Billigung die treibenden Kräfte der Wirtschaftsreform. Als Erich Apel für seinen geplanten Fünfjahresplan auf einer außerordentlichen Sitzung des Politbüros der SED schwer kritisiert wurde und die Sowjetunion der DDR die erhofften Rohstofflieferungen versagte, nahm er sich am 3. Dezember 1965 in seinem Dienstzimmer das Leben. Möglicherweise wurde er auch von seinen Widersachern erpresst, weil er in der Zeit des Nationalsozialismus unter dem Raketenforscher Wernher von Braun an der Entwicklung der V2-Rakete gearbeitet hatte … Gerhard Schürer wurde sein Nachfolger.

6.5   Der Niedergang der Wirtschaft der DDR

Um das Jahr 1970 herum erlebte die DDR eine sich zuspitzende Wirtschaftskrise. Günther Mittag und Gerhard Schürer wandelten sich, wohl aus Sorge um ihre politische Laufbahn in der SED-Führung, plötzlich zu Kritikern der Wirtschaftsreform. Mit

Rückendeckung von Moskau wurde Walter Ulbricht am 3. Mai 1971 auf einer Sitzung des SED-Politbüros wirtschaftspolitisches Versagen vorgeworfen, und er wurde durch Erich Honecker zum Rücktritt gezwungen. Damit endete in der DDR die Wirtschaftsreform. Der VIII. Parteitag der SED stand im Zeichen der Machtübernahme Erich Honeckers und seiner reformfeindlichen Mitstreiter.

Die größeren wissenschaftlichen Projekte ließ Erich Honecker per Geldentzug auslaufen. Die Bedeutung der Mikroelektronik für die technische Revolution in dieser Zeit wurde von der neuen SED-Führung vollkommen verkannt und daher nur noch halbherzig gefördert. Stattdessen wurde der größte Teil der Gelder in die Sozialpolitik wie Wohnungsbau, Subventionierung der Mieten, Erhöhung des Kindergeldes, Schaffung von Kinderkrippen und Kindergärten, Erhöhung der Mindestlöhne und Renten gesteckt. Allein die staatliche Subventionierung der Mieten stieg von 2,1 Milliarden Mark im Jahre 1971 auf 16 Milliarden Mark im Jahre 1988.

Es dauerte Jahre, bis die SED-Führung begriff, dass die modernen Maschinen und elektromechanischen bzw. elektronischen Geräte mit Prozessoren und Speicherchips ausgestattet waren und daher die Exportchancen der äquivalenten Produkte aus der DDR gefährdeten. Insofern kann der Sinneswandel um das Jahr 1976 herum als ein großer Fortschritt gesehen werden. Auf der 6. Tagung des ZK der SED am 23. und 24. Juni 1977 wurde die „beschleunigte Entwicklung, Produktion und Anwendung der Mikroelektronik" beschlossen. Dr. Alexander Schalck-Golodkowski schrieb hierzu in seinen Memoiren: *„Der technologische Rückstand der DDR musste abgebaut werden – eine schier unlösbare Aufgabe. Aber es gab keine andere Wahl. Denn auf dem Weltmarkt würde es keine Maschinen ohne moderne Elektronik* *mehr geben. [...] Wir konnten ja nicht alles importieren. Entweder jetzt eine gigantische Kraftanstrengung, oder unser Ende als Industrienation wäre absehbar."*[66]

Nun wurden enorme finanzielle und wissenschaftliche Anstrengungen unternommen, um dieses Ziel zu erreichen. Allerdings war es nicht möglich, die verschlafenen sechs bis sieben Jahre aufzuholen ...

Ein persönliches Erlebnis zeigt bildhaft, wie die DDR in der Mikroelektronik dem Westen hinterherhinkte: Um das Jahr 1985 herum bekam die Entwicklungsabteilung, wo ich arbeitete, gerade einmal einen Personal Computer. Zuerst okkupierte diesen mein Abteilungsleiter und dann mein Gruppenleiter. Letztendlich wurde ein Zeitplan aufgestellt, wer wann daran arbeiten durfte. Das schlecht kopierte Datenbankprogramm REDABAS stürzte immer wieder ab. In dieser Zeit wurden im Westen bereits Computer für Privathaushalte verkauft!

Die Kombinate konnten die unrealistisch hoch gesteckten Ziele des Fünfjahresplanes 1981 bis 1985 nicht erfüllen, sodass die Ziele korrigiert werden mussten.

Da die Wirtschaft diese sozialen Wohltaten durch ihre erwirtschafteten Gewinne immer weniger finanziell abfangen konnte, wuchs die Staatsverschuldung in nie zuvor gekannte Höhen. Die sowjetische Führung sah es mit einem gewissen Unmut, wie die DDR-Wirtschaft die aus der Sowjetunion stammenden Rohstoffe veredelte und sie gewinnbringend im Westen verkaufte. In den 1980er-Jahren war die Sowjetunion nicht bereit, so viele Rohstoffe an die DDR zu verkaufen, wie diese wollte. Im Gegenteil:

---

[66] Meyer, René (23.10.2019): Computer in der DDR. Online verfügbar unter https://www.heise.de/ct/artikel/Computer-in-der-DDR-4559007.html? utm_source=pocket-newtab (zuletzt abgerufen am 28.10.2020).

Von 1982 bis 1987 wurde die sowjetische Erdöllieferung sogar um 13 Millionen Tonnen reduziert! Dadurch sanken drastisch die Deviseneinnahmen, und die DDR kam ökonomisch in große Schwierigkeiten.

Gerhard Schürer, Vorsitzender der Plankommission, erstellte zusammen mit vier anderen Personen für das Politbüro des Zentralkomitees der SED eine „Analyse der ökonomischen Lage der DDR mit Schlussfolgerungen".[67] Diese Analyse ging in die Geschichte ein als das **Schürer-Papier**. Sie war datiert auf den 30. Oktober 1989. Schürer zeichnete ein düsteres Bild von der wirtschaftlichen Lage der DDR. Ob die DDR nun wirklich pleite war oder ob diese Analyse absichtlich zugespitzt formuliert wurde, das möchte ich in einem weiteren Kapitel näher beleuchten.

6.6   Die DDR und die Devisenbeschaffung

Die DDR war zwar ein hoch industrialisiertes Land, aber es mangelte an allen Ecken und Enden an Rohstoffen. Nur Braunkohle und Kali waren nahezu im Überfluss vorhanden. Die Mitgliedschaft im **Rat für gegenseitige Wirtschaftshilfe** (RGW) und die immer wieder beschworene „unverbrüchliche Freundschaft zur Sowjetunion" half der DDR nicht aus diesem Dilemma. Die sowjetische Führung setzte knallhart ihre politischen und nationalen Interessen durch. Mit der Brüderlichkeit war es also nicht so weit

---

[67] Schürer, Gerhard/Beil, Gerhard/Schalck, Alexander/Höfer, Ernst/Donda, Arno (30.10.1989): Analyse der ökonomischen Lage der DDR mit Schlussfolgerungen, Vorlage für das Politbüro des Zentralkomitees der SED. Online verfügbar unter file:///C:/Users/info/AppData/Local/Temp/w5.grenze.1989_10_30_PB_Vorlage_Schuerers_Krisen_Analyse_BArch_DY_30_J_IV_2_2A_3252.pdf (zuletzt abgerufen am 06.11.2020).

her. Im für die Wirtschaft nötigen technischem Know-how waren Westeuropa und die USA bereits ab Mitte der 1960er-Jahren den sozialistischen Staaten in vielen Bereichen überlegen. Um Rohstoffe und technisches Know-how zu beschaffen, waren also Devisen vonnöten.

Um die Staatskasse mit Devisen zu füllen, gründete die DDR 1962 die Einzelhandelskette **Intershop**. Dort konnten Besucher aus Westdeutschland und aus den anderen kapitalistischen Staaten billig Westprodukte kaufen. 1974 gab es in den größeren Städten der DDR und entlang der Transitwege zwischen Westberlin und Westdeutschland bereits 271 solcher Geschäfte. In den Intershops wurden Nahrungsmittel, Alkohol, Unterhaltungselektronik, Schallplatten, Kassetten, Kosmetik, Schmuck, Zahngold, Spielzeug, Kleidung und kleinere Möbel angeboten. Die in der DDR so raren und begehrten Jeans wurden dort sehr billig verkauft. So kostete eine Wrangler-Hose um die 50 DM und eine Wrangler-Jacke um die 65 DM. Ende der 1980er-Jahre wurden in Berlin-Friedrichstraße auf dem Dach eines Hochhauses sogar Pkws angeboten.

Ab April 1979 durften DDR-Bürger im Intershop nicht mehr mit Westgeld in Form von Münzen und Geldscheinen bezahlen. Denn die DDR führte den **Forumscheck** ein. Für eine DM erhielten sie eine Forum-Mark. Die kleinste Einheit war der 50-Pfennig-Forumscheck. Der Besitz von Devisen wurde hingegen verboten. Dadurch kam der Staat schneller an die Devisen heran. Mitte der 1980er-Jahre wurden diese Vorschriften/Verbote wieder aufgehoben.

Ab 1974 durften auch die DDR-Bürger in den Intershops einkaufen. Selbst wenn sie kein Westgeld hatten, durften sie sich alles anschauen. Teils bewunderten sie die Westprodukte, die sie sonst nur von der Werbung im Westfernsehen kannten, und waren von der Buntheit beeindruckt, teils ärgerten sie sich auch, warum es diese in der DDR nicht frei verkäuflich gab. Wenn man in den Intershop hereinkam, duftete es oft dezent nach Seife, Waschmittel oder Parfüm. „So muss wohl der Duft der freien Welt sein!", „So müssen wohl alle Westgeschäfte aussehen!", dachten sich, etwas zugespitzt formuliert, viele DDR-Bürger. Zu dieser Zeit hatte der Käufer in Westdeutschland und Westberlin zumindest bei Aldi und Penny noch die Produkte aus der Groß-verpackung genommen ... Einerseits gab es durch den Inter-shop-Flair einen verklärten Blick auf den Westen, andererseits entstand eine Zweiklassengesellschaft: Die einen hatten West-geld, die anderen nicht. Die einen konnten sich die begehrten Jeans von Levis und Wrangler kaufen, die anderen Jugendlichen mussten sich mit den Wisent-Jeans aus der DDR begnügen. So entstand bereits bei den Jugendlichen eine gewisse Neidsitua-tion. Es entwickelte sich in der DDR ein Schwarzmarkt um die heiß begehrte DM. Und so mancher viel beschäftigte Handwer-ker konnte erst mit DM motiviert werden, einen Termin für eine Reparatur oder eine andere Arbeit zu vereinbaren.

Alles in allem war der Intershop für die DDR ein einträgliches Geschäft. Ungefähr eine halbe Milliarde DM flossen pro Jahr in den Staatshaushalt.

Neben dem Intershop gab es eine zweite Einnahmequelle für De-visen: die Geschenkdienst- und Kleinexporte GmbH, eher unter dem Namen **Genex** bekannt. Diese wurde 1956 gegründet. Ur-sprünglich war dieses Handelsunternehmen nur für die Bedie-nung der Kirchengemeinden in der DDR gedacht gewesen. Als die DDR den Kundenkreis auf Privatpersonen erweitern wollte, lehnte die BRD ab. Die früheren Bundesregierungen wollten der DDR-Führung keine Möglichkeit geben, sich mit der DM zu konsolidieren. Das wohl noch größere Dilemma war, dass in den 1950er- und in den 1960er-Jahre zwischen den beiden deutschen Staaten nur Ware gegen Ware getauscht wurde. Und so wurden Außenstellen in Dänemark (über die Jauerfood AG) und in der Schweiz (über die Palatinus GmbH) gegründet. Erst ab 1989 war es möglich, dass Bundesbürger und Westberliner für ihre Verwandten und Bekannten im „Osten" die Geschenke über eine westdeutsche Firma, die Inter-Geschenkdienst GmbH, bestellen konnten.

Im Genex-Katalog waren Ostartikel gelistet, die es in der DDR nur selten gab, weil diese fast ausschließlich in die BRD und Westberlin exportiert wurden, oder auf die der DDR-Bürger extrem lange warten musste. Auf den Trabant lag die Wartezeit bei ungefähr zehn Jahren und beim Wartburg bei circa 12 bis 14 Jahren. Daher witzelte man in der DDR, dass man vorsichtshalber bereits bei Geburt des Kindes das Wunschauto bestellen sollte. Ein Trabant kostete je nach Ausstattung zwischen 10.000 und 15.000 DDR-Mark und ein Wartburg zwischen 20.000 und 25.000 DDR-Mark. Im Katalog kostete der Trabant zwischen 5.200 und 7.400 DM und ein Wartburg zwischen 9.400 und 12.500 DM. Hierbei gab es keine Wartezeiten. Die Autohersteller in Zwickau und Eisenach waren davon wenig begeistert, da sie von den Devisen nichts abbekamen und zudem jährlich 10.000 Autos zwecks schneller Verfügbarkeit für Genex immer auf Reserve halten mussten. Zudem war es für die Wartezeit der anderen Kunden destruktiv. Seit 1983 wurden im Genex-Katalog sogar Fertighäuser angeboten.

Für die Freiwilligen, die für die DDR im sozialistischen Ausland tätig waren, zum Beispiel an der Druschba-Trasse, einer Gasleitung von Sibirien nach Westeuropa, wurde ein abgespeckter Genex-Katalog herausgegeben.

Laut Spiegel hatte Genex einen Kundenstamm von 350 000 Personen/Institutionen. 1980 betrug der Gewinn 180 Millionen DM und 1985 schätzungsweise 220 Millionen DM.[68]

Zwischen dem Intershop und Genex gab es einen entscheidenden Unterschied: Die Erträge des Intershops flossen in den DDR-Staatshaushalt. Genex war der **Kommerziellen Koordinierung** (KoKo), einer Abteilung des Ministeriums für Außenhandel der DDR, unterstellt. Die Gewinne von Genex gingen am Staatshaushalt vorbei. Nutznießer war eine kleine Kaste von SED-Parteifunktionären.

Da die Betriebe der DDR auch Produkte herstellten, die qualitativ hochwertig waren, konnten diese im Westen verkauft werden. Das Versandhaus Quelle verkaufte zum Beispiel unter der Handelsmarke „Privileg" diverse Haushaltsgeräte, die in der DDR hergestellt wurden. Diese mussten zuvor eine Qualitätskontrolle durchlaufen. Viele Produkte wurden im Westen extrem unter Wert verkauft, nur um Devisen zu ergattern.

Bereits seit den 1960er-Jahren, aber besonders in den letzten Jahren des Bestehens der DDR wurden aus der wirtschaftlichen Not heraus Antiquitäten in den Westen verkauft. Hierfür war insbesondere Alexander Schalck-Golodkowski, Oberst des MfS und Leiter des Bereichs Kommerzielle Koordinierung im Ministerium für Außenhandel, verantwortlich. Möglicherweise kam Schalck-Golodkowski auf diese Idee durch Siegfried Kath, der in

---

[68] O. V. (1985): „Da kriegst du alles, was es nicht gibt". In: Der Spiegel, Nr. 41/1985, S. 131–140. Online verfügbar unter https://magazin.spiegel.de/EpubDelivery/spiegel/pdf/13514070 (zuletzt abgerufen am 28.10.2020).

der DDR durch Kunsthandel schnell zum Millionär wurde und dadurch ins Visier der Staatssicherheit geriet.[69] Wie der Deutschlandfunk berichtete, ließ Schalck-Golodkowski Museen und Privatpersonen durch die Staatssicherheit ausplündern. Bei mindestens 200 Privatpersonen wurden die Kunstwerke unter dem Vorwand, die Steuern nicht oder nicht rechtzeitig bezahlt zu haben, beschlagnahmt. *„Der Kunstraub von Staats wegen* [bei Privatpersonen] *spülte etwa zehn Millionen D-Mark in die klammen Kassen, schätzt der Berliner Rechtsanwalt Ulf Bischof.“*[70] Die Rückerstattung an diesen ist bis heute nicht geklärt. Laut einem ZDF-Beitrag vom 4. November 2019 brachte der Handel mit Kunstgegenständen/Antiquitäten insgesamt 318 Millionen DM ein.[71]

Als Devisenbeschaffer war Schalck-Golodkowski sehr emsig und kreativ. Er war in den **Giftmüllimport** aus dem Westen (Einnahmen: 1,2 Mrd. DM), den **Freikauf von politischen**

---

[69] Locke, Stefan (20.05.2018): Wie die Stasi anfing, mit Antiquitäten zu handeln. In: FAZ vom 20.05.2018. Online verfügbar unter https://www.faz.net/aktuell/feuilleton/buecher/rezensionen/sachbuch/neues-buch-ueber-ddr-millionaer-siegfried-kath-15597140.html (zuletzt abgerufen am 28.10.2020).

[70] Budde, Vanja (05.05.2015): Wie raffiniert die DDR Privatsammlungen plünderte. In: Deutschlandfunk. Online verfügbar unter https://www.deutschlandfunk.de/kunstraub-wie-raffiniert-die-ddr-privatsammlungen-pluenderte.691.de.html?dram:article_id=319033 (zuletzt abgerufen am 28.10.2020).

[71] ZDF.de (04.11.2019): Preis der Freiheit – die Dokumentation, ab Minute 33:53. Online verfügbar unter https://www.zdf.de/filme/preis-der-freiheit/preis-der-freiheit-die-dokumentation-100.html (zuletzt abgerufen am 06.11.2020).

Häftlingen (Einnahmen: 3,4 Mrd. DM), in den **Waffenhandel***[72] (Einnahmen: 719 Mio. DM), in das Betreiben von **Devisenhotels** (Einnahmen: unklar) und in andere Bereiche involviert. Allerdings konnte das nicht den wirtschaftlichen Niedergang der DDR verhindern …

---

[72] Übrigens: Der am 11. Oktober 1987 tot in ein einem Genfer Hotel aufgefundene Ministerpräsident Schleswig-Holsteins Uwe Barschel wird in Zusammenhang gebracht mit dem Waffenhandel der DDR. Zu diesem Waffenhandel vgl. ZDF.de (04.11.2019) ab Minute 30:24.

7   Die Außenpolitik der DDR

Während Walter Ulbricht noch an der Einheit Deutschlands hing, ging Erich Honecker mit seiner Machtergreifung andere Wege. Für Honecker gab es zwei Nationen, die der DDR und die der BRD. Das machte sich auch beim Singen der Nationalhymne der DDR bemerkbar: Ich erinnere mich, dass in der Schule ab 1972, in meinem letzten Schuljahr, plötzlich beim Singen der Nationalhymne die erste Strophe weggelassen wurde, denn dort steht die Zeile „Deutschland, einig Vaterland".

Die Anerkennung der DDR erfolgte in drei Schritten: In den 1950er-Jahren erkannten die anderen sozialistischen Staaten die DDR als souveränen Staat an. In den 1960er-Jahren fand die Anerkennung der DDR durch einige Staaten der Dritten Welt statt. 1972 gab die BRD endgültig ihren Alleinvertretungsanspruch auf: Die BRD und die DDR schlossen den **Grundlagenvertrag** ab. 1973 wurden sie als gleichberechtigte souveräne Staaten Mitglied der UNO. Daraufhin wurde die DDR von ungefähr 200 Staaten als eigenständiger Staat anerkannt.

Im August 1975 unterschrieben die DDR und die BRD die **KSZE-Schlussakte von Helsinki**, die die Einhaltung bestimmter Grundrechte der Menschen und die Anerkennung des Status quo in Europa beinhaltete. Der BRD gelang ein gewiefter Schachzug: In die Verträge wurde der Passus aufgenommen, dass (in Hinblick auf das Selbstbestimmungsrecht der Deutschen) Grenzen friedlich verändert werden können. Die sozialistischen Staaten sahen sich wegen der anerkannten Grenzen als Sieger der Helsinki-Konferenz. Wie die Geschichte aber zeigte, wog der zweite Teil der Vereinbarungen, die Grundrechte der Menschen betreffend, viel schwerer und wurde zu ihrem Verhängnis …

7.1 Militärpolitik

Die DDR war militärisch in den **Warschauer Vertrag** eingebunden. Es war ein Militärbündnis der sozialistischen Staaten, wobei hier die Sowjetunion den Ton angab, und galt als Gegenstück zur NATO. Die DDR trat diesem am 14. Mai 1955 bei. Die DDR hatte auf die Stationierung der sowjetischen Armee auf ihrem Boden keinen Einfluss, da sie kein souveräner Staat war.

Während die sowjetischen Truppen an der Niederschlagung der Volksaufstände in Ungarn im Jahre 1956 und in der ČSSR im Jahre 1968 beteiligt waren, hielt sich die Regierung der DDR aufgrund der deutschen Geschichte dabei zurück.

7.2 Wirtschaftspolitik und die Frage: War die DDR 1989 pleite?

Die DDR war seit dem 29. September 1950 Mitglied des **Rates für gegenseitige Wirtschaftshilfe** (RGW), einer wirtschaftlichen Vereinigung der sozialistischen Staaten. Sie war das Pendant zur westlichen **Organisation für europäische Zusammenarbeit** (OEEC) und später zur **Europäischen Wirtschaftsgemeinschaft** (EWG). Im RGW wurden die Handelspartner bevorzugt behandelt und erhielten die Rohstoffe zu Preisen, die unterhalb der Weltpreise lagen. Für die Währungen gab es einen festgesetzten Umrechnungskurs. Es fanden dort einige Spezialisierungen statt. So stellte die Sowjetunion Flugzeuge her, Ungarn Busse, die DDR und Bulgarien Großrechner, die DDR Krane und Werkzeugmaschinen usw.

Sowohl die Spezialisierung als auch der Warentausch stießen schnell an ihre Grenzen, wenn es um nationale Interessen und um den Erwerb von Devisen ging: Das gemeinsame Auto (RGW-

Auto) wurde lange diskutiert und geplant, aber nie verwirklicht. Obwohl in Ungarn und in Bulgarien Melonen, Pfirsiche, Aprikosen, Weintrauben und Paprika ideale Wuchsbedingungen haben und diese dort auch massenhaft angebaut wurden, bekam sie der DDR-Bürger so gut wie nie zu Gesicht.

Die Sowjetunion fungierte in erster Linie als Rohstofflieferant. Die DDR und die ČSSR waren hoch industrialisierte Länder, wo die Rohstoffe veredelt wurden. Allerdings war die Rohstoffabhängigkeit von der Sowjetunion zu groß und der sowjetische Handelspartner etwas eigenwillig. Mitte der 1960er- und Ende der 1980er-Jahre hatte die Reduktion der Lieferung von Erdöl und Eisenerz die DDR in eine tiefe Krise gestürzt und die Fünfjahrepläne zur Makulatur werden lassen.

War die DDR 1989 nun pleite?

Auf diese Frage würde die Allgemeinheit sofort mit „Ja!" antworten. Ich stellte sie auch mehreren namhaften deutschen Ökonomen. Nur von zwei Persönlichkeiten, deren Namen ich nicht nennen möchte, erhielt ich eine Antwort. Unter dem Vorbehalt, sich damit nicht intensiv beschäftigt zu haben, würden sie die Frage bejahen. Ich finde das sehr bedenklich. Es wirft aber ein Licht auf die Gesellschaft, wie desinteressiert bis desinformiert/manipuliert viele Zeitgenossen sind.

Das Geschichtsbild der DDR ist heutzutage sehr ideologisch geprägt. Auf der einen Seite findet eine Glorifizierung und auf der anderen Seite eine kategorische Verdammnis statt. Daher lohnt es sich, einen Blick hinter die Kulissen zu werfen. Zuerst möchte ich auf das Jahr 1982 eingehen, um dann in die Zeit des Monats Oktober 1989 einzutauchen.

7.2.1 Die finanzielle und wirtschaftliche Lage in der DDR im Jahre 1982/1983

Wie bereits in einem der vorangegangenen Kapitel geschildert, änderte sich die Schwerpunktsetzung in der Wirtschafts- und Sozialpolitik der DDR mit dem Sturz Walter Ulbrichts und dem Amtsantritt Erich Honeckers im Jahre 1971. Honecker reduzierte die Investitionen in Wirtschaft und Entwicklung zugunsten eines ehrgeizigen, aber teuren Wohnungsbauprogramms, vieler sozialer Maßnahmen und zugunsten von Lohn-/Gehalts- und Rentenerhöhungen. Er wollte damit die Menschen für die Sache des Sozialismus gewinnen. Das hatte aber zur Folge, dass in vielen Bereichen der Wirtschaft und Wissenschaft der Anschluss an die Weltspitze immer mehr verloren ging. Mehrere Jahre lang wurde die Bedeutung der Mikroelektronik für die Wirtschaft nicht erkannt. Dadurch ließen sich schlechter Maschinen und Anlagen im Ausland verkaufen. Sie mussten daher zu Dumpingpreisen verschleudert werden. In der DDR konnte das Vermögen der Bürger nicht abgeschöpft werden, weil es die gewünschten Produkte schlichtweg nicht gab. Im Jahre 1982 spitzte sich die wirtschaftliche und finanzielle Lage dramatisch zu. Das Ministerium für Staatssicherheit erstellte am 4. November 1982 eine höchst alarmierende Studie mit dem Namen „Sicherheitspolitischer Standpunkt zum Ansatz des Volkswirtschaftsplanes 1983". Dort ist zu lesen: *„Die industrielle Warenproduktion wurde um 10 Mrd. M reduziert. Das hat Auswirkungen auf das produzierte Nationaleinkommen, das um rund 4 Mrd. M herabgesetzt wurde."* ... *„Die Sicherung der Zahlungsbilanz mit dem NSW erfordert es, einen Exportüberschuss von 9,3 Mrd. VM zu erwirtschaften. Das ist mehr als das Doppelte im Jahr 1982. Der geplante Zuwachs im NSW-Export mit 3,7 Mrd. VM ist der höchste, der jemals angesetzt wurde."*[73]

---

[73] Behling (2018), S. 812.

(Valutamark [VM] ist in diesem Fall in der DDR der offizielle Sprachgebrauch für Deutsche Mark.) Es kam zu Engpässen bei der Versorgung der Bevölkerung. So konnte 1982 beispielsweise der Bedarf an Strumpfwaren für Männer, Damen und Kinder nur zu 54 bis 78 Prozent, an Untertrikotagen nur zu 66 Prozent und an Bettwäsche nur zu 19 Prozent gedeckt werden.[74] Die Bevölkerung spürte die prekäre Versorgungslage und reagierte darauf mit Hamsterkäufen. Wer so alt ist, um die DDR noch bewusst erlebt zu haben, erinnert sich, wie in nahezu jedem privaten Haushalt im Schlafzimmerschrank die vorsorglich mehr gekauften Handtücher und die Bettwäsche fein gestapelt lagen. Dadurch spitzte sich die Versorgungslage noch mehr zu … Die Staatssicherheit berichtete in ihrer Analyse auch, dass sogar die Staatsreserven angegriffen worden seien. *„Die verfügbaren Bestände wurden vom 1.1. bis 30.09.1982 um 1,3 Mrd. M (55 Prozent) reduziert."* … *„Für wichtige Erzeugnisse, wie z B. Kupfer, Blei, Zinn, Aluminium, Fleisch, Zucker, Getreide und Ölfrüchte, gibt es überhaupt keine Staatsreserve mehr. Für andere Erzeugnisse wie Benzin, Dieselkraftstoff, Butter und Reis wurden die Normen für die Selbstbevorratung bedeutend herabgesetzt. Die Bestände sind zum Teil nur noch gering."*[75]

Angesichts dieser Lage kam der vom Devisenbeschaffer Schlack-Golodkowski mit Franz-Josef Strauß (CSU) eingefädelte Kredit in Höhe von etwas mehr als 1 Mrd. DM im Jahre 1983 wie gerufen. Strauß und der frisch gekürte Bundeskanzler Dr. Helmut Kohl glaubten, die DDR von Krediten so abhängig machen zu können (zugunsten wirtschaftlicher und politischer Forderungen) wie einen Junkie vom Rauschgift. Der Abbau von Selbst-

---

[74] Behling (2018), S. 813.
[75] Behling (2018), S. 814.

schussanlagen vom Typ SM-70, die Räumung der Minenfelder im Grenzgebiet und dass westdeutsche und Westberliner Kinder bis 14 Jahre beim DDR-Besuch kein Geld mehr umtauschen mussten, wurden von der Bundesregierung dann als großer Erfolg verkauft. Allerdings, wie sich später herausstellte, gab es bereits 1982 ein Papier, aus dem ersichtlich wird, dass die Grenztruppen ohnehin die Selbstschussanlagen abbauen wollten, weil sie selbst für die eigenen Leute zu gefährlich waren.[76] Die DDR war durch diesen Kredit haarscharf an einem Staatsbankrott vorbeigeschlittert.

Die Wirtschaftskrise und die steigende Auslandsverschuldung in den 1980er-Jahren kam auch dadurch zustande, dass die Sowjetunion zwischen 1982 und 1987 ihre Erdöllieferungen an die DDR um 13 Millionen Tonnen verringerte. Die Chemieindustrie der DDR verstand es sehr gut, veredelte Erdölprodukte herzustellen, die dann äußerst gewinnbringend im Westen veräußert wurden. Durch diese Verringerung brachen die hohen Devisengewinne nun drastisch ein.

1985/1986 schickte die DDR über den Flughafen Berlin-Schönefeld und den Grenzübergang Berlin-Friedrichstraße um die 150 000 Asylbewerber/Wirtschaftsflüchtlinge aus Afrika und Asien nach Westberlin. Flüchtlinge wurden praktisch als politisches Druckmittel benutzt. Dadurch konnte die SED-Führung eine Erhöhung des zinslosen Überziehungskredits für den

---

[76] Kellerhoff, Sven Felix (23.08.2018): Wie die DDR den CSU-Chef über den Tisch zog. In: Welt.de vom 23.08.2018. Online verfügbar unter https://www.welt.de/geschichte/article181273938/Strauss-Milliardenkredit-Wie-die-DDR-den-CSU-Chef-ueber-den-Tisch-zog.html (zuletzt abgerufen am 29.11.2020).

innerdeutschen Handel von 600 Mio. DM auf 850 Mio. DM erzwingen.[77]

Auch die Transitstrecke zwischen Westberlin und der BRD wurde von der DDR immer wieder gern als Druckmittel verwendet.

Dass die DDR-Staatsführung bei der Wahl ihrer Mittel zum Zwecke der Vergrößerung des finanziellen Spielraums nicht zimperlich war, lässt die Vermutung aufkommen, dass sie mindestens seit 1982 immer am Rande eines Staatsbankrotts jonglierte.

7.7.2 Die finanzielle und wirtschaftliche Lage in der DDR im Jahre 1989

Als im Herbst 1989 Tausende Menschen auf die Straße gingen und mehr Freiheit forderten und auch das bestehende System kritisierten, konnte Erich Honecker den Unmut der Bürger nicht verstehen. Er beharrte auf einem „Weiter so!". Daraufhin wies ihn Gerhard Schürer, Vorsitzender der Staatlichen Planungskommission, auf die prekäre wirtschaftliche Lage der DDR hin. Honecker war darüber sehr erbost und bezeichnete ihn als „Saboteur". Am 18. Oktober 1989 wurde Honecker aufgrund seiner Uneinsichtigkeit, dass sich in der DDR etwas Grundlegendes ändern müsse, vom Posten des Generalsekretärs des ZK der SED abgesetzt. Egon Krenz wurde zu seinem Nachfolger gewählt. Eine seiner ersten Amtshandlungen bestand darin, eine Gruppe von Verantwortlichen, die in das Wirtschaftsleben der DDR

---

[77] Kellerhoff, Sven Felix (30.11.2015): Schon die DDR nutzte Flüchtlinge als Druckmittel. In: Welt.de vom 30.11.2015. Online verfügbar unter https://www.welt.de/geschichte/article149441251/Schon-die-DDR-nutzte-Fluechtlinge-als-Druckmittel.html (zuletzt abgerufen am 29.11.2020).

einen tiefen Einblick hatten, zu beauftragen, einen ungeschminkten Bericht über die finanzielle und ökonomische Situation der DDR für die geplante Politbürositzung am 30. Oktober 1989 zu erstellen. Neben Gerhard Schürer erstellten die gewünschte Analyse

- Gerhard Beil, der Außenhandelsminister,
- Alexander Schalck-Golodkowski, Chef für Kommerzielle Koordinierung (KoKo),
- Ernst Höfner, Finanzminister,
- Arno Donda, Leiter der Staatlichen Zentralverwaltung für Statistik, und
- Günther Ehrensperger, Leiter der Abteilung Planung und Finanzen des ZK der SED.

Dieses Papier trug die Überschrift „Analyse der ökonomischen Lage der DDR mit Schlussfolgerungen, Vorlage für das Politbüro des Zentralkomitees der SED, 30.10.1989" und war als „Geheime Verschlusssache" eingestuft.[78] In der Allgemeinheit ist diese Analyse eher unter dem Namen „Schürer-Papier" bekannt und wird je nach ideologischer Ausrichtung mitunter als eine Bankrotterklärung der DDR angesehen ...

Nachfolgend eine auszugsweise Bestandsaufnahme:

1. Da die Kosten der Erzeugung mikroelektronischer Bauelemente ein Mehrfaches gegenüber dem internationalen Stand betrugen, mussten diese Erzeugnisse jährlich mit 3 Mrd. Mark vom Staat subventioniert werden.
2. Um die Versorgung der Bevölkerung sicherzustellen, war es notwendig, die Verluste durch die Missernten in den

---

[78] Schürer et al. (30.10.1989).

Jahren 1988 und 1989 durch Getreideimporte aus dem nichtsozialistischen Wirtschaftsgebiet (NSW) auszugleichen.

3. Im Bestreben, die Transporte von der Straße auf die Schiene zu verlagern, wurde die Elektrifizierung der Gleisanlagen von 20 auf 40 Prozent erhöht.

4. Im Zeitraum von 1980 bis 1988 war das Realeinkommen der Bevölkerung um 4,4 Prozent gestiegen, während sich das produzierte Nationaleinkommen nur um 4,2 Prozent erhöhte.

5. Seit 1970 wurden für 9 Mio. Menschen 3 Mio. Wohnungen gebaut. Die Konzentration der Mittel führte aber dazu, dass an anderen Stellen, zum Beispiel in Leipzig und in Görlitz, Tausende Wohnungen verfielen.

6. *„Die Feststellung, dass wir über ein funktionierendes System der Leitung und Planung verfügen, hält jedoch einer strengen Prüfung nicht stand."*[79] Einem „übermäßigen Planungs- und Verwaltungsaufwand" stand die Einschränkung der „Selbstständigkeit der Kombinate und wirtschaftlichen Einheiten sowie der Territorien" gegenüber. Die daraus resultierende Kostenerhöhung führte dazu, dass die internationale Wettbewerbsfähigkeit der produzierten Ware abnahm. *„Im internationalen Vergleich der Arbeitsproduktivität liegt die DDR gegenwärtig um 40 % hinter der BRD zurück."*[80]

7. In Teilgebieten der Industrie gab es durchaus modernste und hocheffektive Anlagen. *„Insgesamt hat sich jedoch der Verschleißgrad der Ausrüstungen in der Industrie von 47,1 % 1975 auf 53,8 % 1988 erhöht, im Bauwesen von 49 % auf 67 %,*

---

[79] Schürer et al. (30.10.1989), S. 3.
[80] Schürer et al. (30.10.1989), S. 3.

im Verkehrswesen von 48,4 % auf 52,1 % und in der Land-,
Forst und Nahrungsgüterwirtschaft von 50,2 % auf 61,3 %."[81]
Die dadurch notwendigen Reparaturen führten dazu,
dass sich der Anteil der Beschäftigten mit manueller Arbeit seit 1980 nicht verringert hat.

8. Die Ausgaben für den produzierenden Bereich waren von
   29 Prozent im Jahre 1970 auf 21 Prozent im Jahre 1989 gesunken. Das hatte auch zur Folge, dass „eine Reihe wissenschaftlich-technischer Ergebnisse nicht in die Produktion überführt werden konnten" und das Wachstumstempo des Nationaleinkommens im laufenden Fünfjahresplan wesentlich unter dem des letzten Jahres lag.

9. Die Verschuldung gegenüber dem nichtsozialistischen
   Ausland stieg von 2 Mrd. DM im Jahre 1970 auf 49 Mrd.
   DM im Jahre 1989.

10. Da die Kaufwünsche („Warenfond") der Menschen vielfach nicht erfüllt werden konnten, entstand ein Kaufkraftüberhang in Höhe von 6 Mrd. Mark.

11. Der Wert der Spareinlagen und Lebensversicherungen
    der DDR-Bürger stieg von 136 Mrd. Mark im Jahre 1985
    auf 175 Mrd. Mark im Jahre 1989. Das jährliche Wachstum
    des Vermögens in Höhe von 6,5 Prozent war damit höher
    als der Zuwachs der jährlichen Wertschöpfung. Für das
    Jahr 1989 wurden Zinszahlungen an die Bevölkerung in
    Höhe von 5 Mrd. Mark erwartet.

12. Indem der Staat mehr Geld ausgab, als er einnahm, entstand die Staatsverschuldung. 1970 betrug diese 12 Mrd.
    Mark, 1980 schon 43 Mrd. Mark und 1988 bereits 123 Mrd.
    Mark. Für 1990 war eine Staatsverschuldung in Höhe von
    140 Mrd. Mark erwartet worden.

---

[81] Schürer et al. (30.10.1989), S. 4.

13. Die innere und äußere Verschuldung „hat zu einer Schwächung der Währung der DDR geführt".
14. Für den Zeitraum 1986 bis 1990 stellten sich nicht die erwarteten Exportüberschüsse gegenüber dem NSW ein. Anstelle des geplanten Exportüberschusses von 23,1 Mrd. DM entwickelte sich ein Importüberschuss von 6 Mrd. DM.
15. Die Verschuldung gegenüber dem NSW hatte Ausmaße angenommen, die es erforderten, zur Finanzierung der Zinsen „mehr als die Hälfte des Einnahmenzuwachses des Staatshaushaltes" einzusetzen. Es wurde auf Seite 6 eine Tabelle erstellt, die zeigt, wie hoch die Exportüberschüsse Jahr für Jahr sein müssten, um die „Aufrechterhaltung der Zahlungsfähigkeit" zu gewährleisten. Allerdings wurde dann angemerkt, dass „unter den jetzigen Bedingungen keine realen Voraussetzungen" dafür bestünden. *Die Konsequenzen der unmittelbar bevorstehenden Zahlungsunfähigkeit wäre ein Moratorium (Umschuldung), bei der der internationale Währungsfonds bestimmen würde, was in der DDR zu geschehen hat. ... Es ist notwendig, alles zu tun, damit dieser Weg vermieden wird.*"[82]

Die Verfasser dieser niederschmetternden Analyse schlugen dem Politbüro der SED unter anderem folgende Maßnahmen vor:
1. Es könne in der DDR nur das verbraucht werden, was nach Abzug der zur Schuldentilgung erforderlichen Exportüberschüsse gegenüber dem NSW notwendig sei.
2. Die Investitionen müssten verstärkt in den produktiven Bereich fließen, weniger in den Wohnungsbau.

---

[82] Schürer et al. (30.10.1989), S. 6.

3. Es müsse ein drastischer Abbau „von Verwaltungs- und Bürokräften sowie hauptamtlich Tätiger in gesellschaftlichen Organisationen und Einrichtungen" erfolgen. (Ob damit auch der Wegfall der betrieblichen SED-Parteisekretäre gemeint war, ist unklar.)

4. Neben der strikteren Durchsetzung des Leistungsprinzips solle es auch „für nicht erbrachte Leistungen, Schluderei und selbstverschuldete Verluste Abzüge vom Lohn und Einkommen" geben.

5. Die Preis- und Subventionspolitik müsse neu überdacht werden: So sollen alle Elemente dieser Politik, „die dem Leistungsprinzip widersprechen sowie zur Verschwendung und Spekulation führen", beseitigt werden.

6. Der Kaufkraftüberhang solle eingeschmolzen werden durch eine erhöhte Produktion hochwertiger Konsumgüter, durch Verbesserung der Dienstleistung und der Möglichkeit, Sachvermögen zu bilden wie zum Beispiel durch Schaffung von Eigenheimen und Eigentumswohnungen.

7. Die Betriebe und Kombinate sollten mehr in eigener Verantwortung arbeiten.

8. Klein- und Mittelbetriebe könnten nach eingehender Prüfung die Möglichkeit erhalten, aus dem Kombinat ausgegliedert zu werden, zu Deutsch, privatisiert zu werden.

9. Die Betriebe, die durch ihren Export dem Staat konvertierbare Währungen in die Kasse spülen, sollten finanziell daran beteiligt werden.

10. Künftige Statistiken/Informationen hätten wahrheitsgemäß zu sein.

11. Die wirtschaftliche Zusammenarbeit mit der Sowjetunion sei zu vertiefen. Bei den neuen Formen der Zusammenarbeit, z. B. gemeinsame Betriebe, darf es keine Vorbehalte mehr geben.

12. Im Jahre 1985, so die eindringliche Aussage, wäre es noch möglich gewesen, die jetzige prekäre finanzielle Situation durch große Anstrengungen zu entschärfen. Aber: *„Heute besteht diese Chance nicht mehr. Allein ein Stoppen der Verschuldung würde im Jahre 1990 eine Senkung des Lebensstandards um 25–30 % erfordern und die DDR unregierbar machen. Selbst wenn das der Bevölkerung zugemutet würde, ist das erforderliche Endprodukt in dieser Größenordnung nicht aufzubringen."*[83] Daher schlagen die Verfasser dieses Papiers vor, konstruktiv mit der BRD, aber verstärkt mit allen kapitalistischen Staaten zusammenzuarbeiten, die an der Erhaltung der DDR (als Gegengewicht zur BRD) interessiert sind.

13. Die Staatliche Plankommission solle im Einklang mit diesen Vorschlägen bis Dezember 1989 ein Gesamtkonzept der Entwicklung der Volkswirtschaft für den Zeitraum 1991 bis 1995 entwickeln. Dabei sei weder eine Vereinigung beider deutscher Staaten noch eine Konföderation vorgesehen.

Man kann sich bildlich vorstellen, wie versteinert vor Schreck die hochbetagten Mitglieder des Politbüros der SED dagesessen haben mussten, als sie diesen Bericht lasen, insbesondere, als es um die Verschuldung ging. Wahrscheinlich schlich sich auch die Angst vor dem eigenen Volk ein, falls man ihm die Senkung des Lebensstandards zumuten würde. Der Volksaufstand von 1953 war ihnen noch in guter Erinnerung. Im Gegensatz zu damals würde ihnen dieses Mal die Sowjetarmee bei der Niederschlagung eventueller Unruhen nicht mehr behilflich sein.

---

[83] Schürer et al. (30.10.1989), S. 9.

Wie Gerhard Schürer in seinen späteren Memoiren schrieb, war die Schockwirkung auch gewollt. Er gab zu, zu diesem Zweck die Zahlen „etwas" nach oben manipuliert zu haben. Nun mag man rätseln, welche Zahlen er gemeint habe. Bei der Verschuldung der DDR gegenüber dem NSW wurde auf jeden Fall absichtlich oder nicht absichtlich massiv manipuliert. Denn es wurden die Deviseneinnahmen, die die KoKo unter Schalck-Golodkowski erwirtschaftete, nach dem Willen der SED-Führung nicht im offiziellen Haushaltsbudget der DDR aufgeführt. Es ist schwer zu glauben, dass das Schürer nicht gewusst haben will. 1990, als für die SED die Messe gelaufen war, gab er zu: „*Die Auslandsverschuldung der DDR war mit 20,3 Milliarden DM um mehr als die Hälfte niedriger, als wir im Oktober 1989 ausgewiesen haben.*"[84] Bei der Analyse wurden auch die Verbindlichkeiten gegenüber den RGW-Partnern und gegenüber den Entwicklungsländern „vergessen". Allein gegenüber elf Entwicklungsländern hatte die DDR Forderungen in Höhe von 6,75 Mrd. DM.[85] Im August 1999 berechnete die Deutsche Bundesbank die Auslandsschulden der DDR. Sie ermittelte, dass die DDR gegenüber der Sowjetunion Forderungen in Höhe von 3,085 Mrd. VM und gegenüber den anderen sozialistischen Staaten in Höhe von 6,111

---

[84] MDR.de (Hrsg.) (07.08.2018): Wie pleite war die DDR?. Online verfügbar unter https://www.mdr.de/zeitreise/war-die-ddr-pleite100.html (zuletzt abgerufen am 29.11.2020).

[85] Mai, Karl (Arbeitsgruppe Alternative Wirtschaftspolitik der Uni Bremen) (2006): Für eine objektive Aufarbeitung der DDR-Geschichte: War die DDR bankrott und total marode? -Fiktion und Wirklichkeit 1989, S. 7. Online verfügbar unter http://www.memo.uni-bremen.de/docs/m2706b.pdf (zuletzt abgerufen am 29.11.2020).

Mrd. VM hatte. Die Deutsche Bundesbank kam auf eine Auslandsverschuldung von insgesamt 19,9 Mrd. DM.[86]

Die Auslandsverschuldung der DDR war halbwegs moderat, ebenso die Staatsverschuldung. Um Letztere größenmäßig einordnen zu können, soll eine Gegenüberstellung zu der Staatsverschuldung der BRD angestellt werden:

Tabelle 7:   Gegenüberstellung der Staatsverschuldung der DDR und der BRD im Jahre 1990[87]

	DDR	BRD
Staatsverschuldung	86,3 Mrd. DM	929 Mrd. DM
Verschuldungsquote	27,6 %	41,8 %
Schuldenlast der Bürger	5.384 DM	15.000 DM

Wie zu erkennen ist, war die DDR 1989 (noch) nicht pleite. Die wirtschaftlichen Probleme hätten bei einem charismatischen Politiker à la Gorbatschow aus den Reihen der SED zu einem früheren Zeitpunkt gelöst werden können. Ich bin vom Fleiß und der

---

[86] Deutsche Bundesbank (1999): Die Zahlungsbilanz der ehemaligen DDR 1975 bis 1989. Online verfügbar unter https://web.archive.org/web/201 40809041853/http://www.bundesbank.de/Redaktion/DE/Downloads/Sta tistiken/Aussenwirtschaft/Zahlungsbilanz/zahlungsbilanz_ddr.pdf? __blob=publicationFile (zuletzt abgerufen am 29.11.2020).

[87] Mai, Karl (Arbeitsgruppe Alternative Wirtschaftspolitik der Uni Bremen) (2006), S. 6.

Kreativität der ehemaligen DDR-Bürger überzeugt. Allerdings fällt mir keine Persönlichkeit ein, die sie hätte motivieren können, auch unter zeitlicher Befristung Entbehrungen auf sich zu nehmen und Höchstleistungen zu vollbringen. Die SED war diesbezüglich genauso blutleer wie derzeit die Merkel'sche CDU. Im November 1989 gab es nur noch einen kleinen Teil der ostdeutschen „Elite", der an eine reformierte DDR glaubte. Erinnert sei an die Resolutionen der Künstler der DDR aus dem Herbst 1989. Es bedarf keiner großen Fantasie: Bei einem Zusammenbruch der Sowjetunion wären die Tage der DDR gezählt gewesen.

Nein, die Analyse der sechs wichtigsten Wirtschaftskenner der DDR war keine Bankrotterklärung der DDR. Viel eher hatte die SED moralisch abgewirtschaftet. Die Menschen in der DDR waren nicht mehr bereit, ihr Leben von einer kleinen Politikerkaste bestimmen zu lassen. Dieses Gefühl verstärkte sich noch seit dem Fall der Mauer am 9. November 1989.

Übrigens: Die Übertreibungen im Schürer-Papier entwickelten sich für die SED zum Bumerang: Als am 13. und 14. Februar 1990 eine Delegation unter Führung des Vorsitzenden des Ministerrates Hans Modrow in Bonn um einen Überbrückungskredit im zweistelligen Milliardenbereich ersuchte, wusste die Bundesregierung bereits vom Schürer-Papier. Zudem stand die Modrow-Regierung unter Druck, weil 1989 nach Helmut Kohls Worten 340 000 Menschen der DDR den Rücken kehrten und allein bis Ende Februar 1990 mit 100 000 ausgereisten DDR-Bürgern zu rechnen war. „Kommt die DM, bleiben wir, kommt sie nicht, geh'n wir zu ihr!" Dieser Ruf war wenige Wochen nach Maueröffnung immer stärker zu hören … Der Kredit wurde von Helmut Kohl abgelehnt und stattdessen eine Wirtschafts- und Währungsunion vorgeschlagen. Nach einigen Schreckstunden stimmte die DDR-Delegation zu, diesen Weg wohl oder übel zu beschreiten.[88] Sie wurde von den bundesdeutschen Ansprechpartnern regelrecht düpiert.

Als die Wirtschaft der DDR über Nacht marktwirtschaftlichen Bedingungen ausgesetzt war, wirkten sich die geschilderten Unzulänglichkeiten sofort in Heller und Pfennig aus. Mit Beginn der Währungsunion wurden weitgehend großzügig die privaten und betrieblichen Guthaben eins zu eins in DM umgetauscht. Die Kehrseite war aber, dass die Kommunalen Wohnungsverwaltungen (KWV) und die unter der Treuhand stehenden ehemaligen volkseigenen Betriebe die aus der Zeit der DDR fälligen „Altkreditschulden" gnadenlos aufgedrückt bekamen. Das war eine schwere Hypothek, die vielen Betrieben die Zukunft erschwerte, wenn nicht gar verbaute. Da sich die Bundesregierung nicht die Hände schmutzig machen wollte, wurde die Treuhand als williger Vollstrecker der schlechten Botschaft vorgeschickt …

Zum Thema, ob die DDR wirklich pleite gewesen sei, ist auch das Lesen einer Studie der Universität Bremen aus dem Jahre 2006 mit dem Titel „War die DDR bankrott und total marode? – Fiktion und Wirklichkeit 1989" empfehlenswert. Aus dieser Arbeit hatte ich für das vorliegende Kapitel einige Zahlen entnommen. Diese Studie trägt zur Versachlichung der Diskussion über die wirtschaftliche und finanzielle Situation der DDR bei, so, wie ich es auch mit diesem Kapitel erhoffe. Selbst bei einer neutralen

---

[88] Presse- und Informationsamt der Bundesregierung (2020a): 13. Februar 1990 – Auf dem Weg zur Deutschen Einheit DDR-Regierung zu Gast in Bonn. Online verfügbar unter https://www.bundesregierung.de/breg-de/aktuelles/ddr-regierung-zu-gast-in-bonn-353986 (zuletzt abgerufen am 29.11.2020).

Haltung kommt man aber nicht umhin, festzustellen, dass die Staatsführung der DDR in den 1980er-Jahren ständig knapp am Staatsbankrott vorbeilavierte. 1989 war die wirtschaftliche und finanzielle Lage der DDR nicht so prekär wie 1982. Allerdings wollte die Mehrheit der DDR-Bürger nichts mehr vom Sozialismus wissen. Die Abstimmung mit den Füßen war voll im Gange.

Ich befürchte, dass die Linkskräfte, gemeint sind zwar in erster Linie die Mitglieder der Linken, aber auch große Teile der Grünen und der Sozialdemokraten, aus der Tatsache, dass die DDR 1989 (noch) nicht pleite war, die falschen Schlüsse ziehen. Ich erkenne es an der Bereitschaft, das Geld mit vollen Händen auszugeben, und dem Irrglauben, ökonomische Gesetze aushebeln zu können, an der Kultivierung einer Neiddebatte gegen „Reiche" jeglicher Art, an der Diskreditierung von Unternehmergeist/Unternehmertum und an der Radikalität gegenüber Andersdenkenden und Wohlhabenderen.

7.2.3   Ausländerpolitik und Entwicklungshilfe

Im Nachfolgenden werde ich zu diesem Thema die Politik der DDR derjenigen der alten und neuen BRD gegenüberstellen. Ich werde erklären, warum die schlimmsten Diktatoren Afrikas freudig den von Merkel hochgelobten Migrationspakt unterschrieben haben.

Die DDR exportierte Waffen in die mit ihr verbündeten Staaten und in die von ihr unterstützten sogenannten Befreiungsorganisationen. Die BRD unterstützte oftmals die Gegenseite. In diesem Punkt handelte die DDR nicht anders als die BRD.

Der DDR ging es um die politische Einflussnahme auf ehemalige Kolonien und auf die Dritte Welt und auch um die eigene staatliche Anerkennung. In Afrika wurden Ägypten, Algerien,

Angola, Mosambik und Namibia, in Asien Irak, Nordkorea und Vietnam und in Amerika Chile, Kuba und Nikaragua unterstützt.

Zur Entwicklungshilfe der DDR gehörte einerseits, eine Industrie und eine funktionsfähige Landwirtschaft in den oben genannten Staaten aufzubauen und die Fachkräfte in der DDR auszubilden. So wurden beispielsweise in den Elektro-Physikalischen Werken Neuruppin nordkoreanische Jugendliche zum Elektronikfacharbeiter, im Fertighäuserwerk Werder bei Neuruppin Kubaner zu Zimmerleuten und in der Ingenieurschule in Eisleben Algerier zu Elektrotechnikern ausgebildet. Die Unterstützung dieser Staaten lief unter dem Motto „Hilfe zur Selbsthilfe".

Andererseits waren in der DDR in den volkseigenen Betrieben ausländische Vertragsarbeiter beschäftigt. Zum Beispiel im Halbleiterwerk Frankfurt (Oder) arbeiteten Polen, im (Elektro-)Porzellanwerk Margarethenhütte in Großdubrau Mosambikaner und in der sächsischen Textilindustrie Vietnamesen. Damit sollte der Arbeitskräftemangel ausgeglichen werden. Denn obwohl zwischen August 1961 und November 1989 die Staatsgrenze zur BRD und zu Westberlin geschlossen war, verließen durch Familienzusammenführung, genehmigte ständige Ausreise, Ausweisung und Flucht nach Angabe des Bundesausgleichsamtes 616 051 DDR-Bürger ihre Heimat.

Am 31. Dezember 1989 waren in der DDR rund 190 000 Ausländer registriert. Davon gingen 93 000 Menschen in den volkseigenen Betrieben einer regulären Arbeit nach. Die anderen waren größtenteils Lehrlinge. Der größte Teil der Arbeitskräfte kam aus Vietnam (59 000), der zweitgrößte Teil aus Polen (51 700) und der drittgrößte Teil aus Mosambik (15 000).

Tabelle 8:   Ausländische Vertragsarbeiter in der DDR 1966–1989[89]

Jahr	Ausländische Vertragsarbeiter
1966	ca. 3 500
1967	14 000
1969	14 134
1970	12 200
1971	14 800
1974	18 680
1977	16 500
1978	18 692
1979	20 567
1980	26 006
1981	24 000
1984	29 000
1986	61 000

[89] Gruner-Domić, Sandra (1999): Beschäftigung statt Ausbildung. Ausländische Arbeiter und Arbeiterinnen in der DDR (1961 bis 1989). In: Motte, Jan/Ohliger, Rainer/Oswald, Anne von: 50 Jahre Bundesrepublik – 50 Jahre Einwanderung. Nachkriegsgeschichte als Migrationsgeschichte. Frankfurt a. M./New York 1999, S. 215–240, hier: S. 224- Online abrufbar ist die Tabelle unter https://www.bpb.de/gesellschaft/migration/dossier-migration-ALT/56368/migrationspolitik-in-der-ddr?type=galerie&show=image&k=1 (zuletzt abgerufen am 28.10.2020).

1987	52 015
1988	87 793
1989	93 568

Tabelle 9:   *Ausländer in der DDR 1989 nach Nationalitäten*[90]

Staatsangehö-rigkeit	Zahl	Anteil in %
Vietnam	60 100	31,4
Polen	51 700	27,1
Mosambik	15 500	8,1
Sowjetunion	14 900	7,8
Ungarn	13 400	7,0
Kuba	8 000	4,2
Belgien	4 900	2,6
Tschechoslo-wakei	3 200	1,7
Jugoslawien	2 100	1,1
Angola	1 400	0,7
Gesamt	191 200	100

[90] O. V. (1990): Ausländer in der DDR 1989 nach Nationalitäten. In: Wirtschaft und Statistik, 1990, H. 8, S. 544. Online verfügbar unter https://www.bpb.de/gesellschaft/migration/dossier-migration-ALT/56368/migrationspoli tik-in-der-ddr?type=galerie&show=image&i=56375 (zuletzt abgerufen am 28,10.2020).

Die Jugendlichen, die eine Lehrausbildung bekommen sollten, und die Arbeiter kamen auf der Grundlage zwischenstaatlicher Vereinbarungen für eine befristete Zeit in die DDR. Frauen, die schwanger wurden, mussten sofort zurück in ihr Heimatland. Ab 1988 wurde diese Regelung etwas aufgeweicht. Eine Familienzusammenführung war nicht vorgesehen. Die Rückkehr wurde dadurch versüßt, dass ein Teil des Gehaltes erst nach der Rückkehr ausgezahlt wurde. Das Leben der Ausländer in der DDR-Gesellschaft wurde durch ein Ausländergesetz und durch Ausländerverordnungen geregelt.

Die meisten ausländischen Lehrlinge und Vertragsarbeiter wurden separat untergebracht. Die Bundeszentrale für politische Bildung (Eigenschreibweise der Abkürzung: bpb) behauptet, dass die Regierung der DDR einen Kontakt der Ausländer zur Bevölkerung nicht gewollt habe. Ich möchte diese Aussage eher im Raum stehen lassen, solange nicht der Beweis dafür erbracht worden ist. In der DDR herrschte stets extreme Wohnungsknappheit. Das ist hingegen eine Tatsache. Die Aussage der bpb, dass es zwecks Kontaktaufnahme mit der deutschen Bevölkerung eine Genehmigungs- und Berichtspflicht gegeben habe, kann ich aus persönlichen Erlebnissen nicht bestätigen. So heißt es in einem Artikel mit der Überschrift „Migration, Ausländerbeschäftigungen und Asylpolitik in der DDR": Sie wurden „sozial auf Distanz gehalten. Nähere Kontakte waren genehmigungs- und berichtpflichtig."[91] An dieser Stelle hätte ich gern

---

[91] Bade, Klaus J./Oltner, J. (15.03.2015): Migration, Ausländerbeschäftigung und Asylpolitik in der DDR 1949–1989/90. Online verfügbar unter https://www.bpb.de/gesellschaft/migration/dossier-migration-ALT/56 368/migrationspolitik-in-der-ddr?p=all (zuletzt abgerufen am 28.10.2020).

von den Autoren einen Beleg ihrer Aussage erwartet. Doch Pustekuchen! Ich hatte 1988/1989 zwei nordkoreanische Lehrlinge bei der Facharbeiterausbildung neben meiner eigentlichen Arbeit betreut. Ich wurde von ihnen mit meiner Familie eingeladen. Meine Familie und ich hatten diese auch nach Hause eingeladen. Es gab keine Genehmigung und keine Berichte! Selbst wenn die Autoren ein Schriftstück hätten, so zeigt es doch, dass die theoretische DDR mit der realen DDR nicht identisch ist. Das ist ein gutes Beispiel dafür, wie sich ehemalige DDR-Bürger in der neuen BRD oftmals von Westdeutschen missverstanden fühlen, wenn diese anfangen zu erzählen, wie der DDR-Bürger gelebt habe.

Zurück zur Ausländer- und Flüchtlingspolitik der DDR, zum Asylrecht. Artikel 10 der Verfassung der DDR von 1949 besagte, dass Personen, *„wenn sie wegen ihres Kampfes für die in dieser Verfassung niedergelegten Grundsätze im Ausland verfolgt werden, weder ausgeliefert noch ausgewiesen werden dürfen"*. Dieser Passus wurde auch bei den Verfassungen von 1968 und 1974 in Artikel 23 übernommen. Das galt sowohl für Staatsbürger anderer Länder als auch für Staatenlose. Dadurch kam es dazu, dass 1949 Griechen und Spaniern Asyl gewährt wurde. Nachdem am 11. September 1973 in Chile ein blutiger Staatsstreich stattgefunden hatte, kamen ungefähr 2000 Chilenen in die DDR und erhielten Asyl. Am 31. Dezember 1989 waren noch 482 Griechen und 334 Chilenen in der DDR. Die Spanier waren 1975 in ihre Heimat zurückgekehrt, als Francisco Franco gestorben war.

Im Frühjahr 1989 wurde ein kommunales Wahlrecht für Ausländer eingeführt. Voraussetzung zur Berechtigung waren ein Mindestalter von 18 Jahren und ein sechsmonatiger Aufenthalt in der DDR. Da es nur Vertreter der Nationalen Front zu wählen gab, wären Verschiebungen bei der Wählergunst zugunsten einer bestimmten Partei oder gar das Entstehen von Ausländerparteien undenkbar gewesen.

Im Zusammenhang mit der Flüchtlingskrise wurden in den letzten Jahren öfters Artikel darüber geschrieben, wie Flüchtlinge von Staaten als Druckmittel verwendet werden. 1985/1986 wendete auch die DDR dieses Mittel an. Sie schickte Tausende Flüchtlinge über den Grenzübergang in Berlin-Friedrichstraße nach Westberlin. Dadurch erzwang die DDR-Führung eine Erhöhung des zinslosen Überziehungskredites (Swing) im innerdeutschen Handel. Dieser war für die DDR anscheinend überlebenswichtig. Denn bereits zu dieser Zeit zeichneten sich in der DDR wirtschaftliche und finanzielle Probleme ab.

Von der heutigen Öffentlichkeit weitgehend vergessen oder wenig wahrgenommen ist folgende afrikanische Episode: Als am 23. November 1979 Samuel Nujoma, der Präsident der Südwestafrikanischen Volksorganisation (SWAPO), in der DDR sich mit der SED-Führung traf, wurde eine Vereinbarung getroffen, in der DDR namibische Kinder und Jugendliche zu einer späteren Elite ihres künftigen freien Heimatlandes ausbilden zu lassen. Zu diesem Zeitpunkt befand sich Namibia im Unabhängigkeitskampf gegen Südafrika. Gesagt, getan. Zwischen 1979 und 1989 wurden 430 namibische Kinder in die DDR geschickt. Sie kamen aus Flüchtlingslagern oder waren Kinder gefallener Soldaten der SWAPO.

Erster Anlaufpunkt und Ausbildungsort war das Schloss Bellin in Mecklenburg. Über ihre Kindheit und ihre Erlebnisse in diesem Schloss schrieb Lucia Engombe ein Buch mit dem Titel „Kind Nr. 95". Allerdings muss man beim Lesen dieses Buches eine hohe Toleranzschwelle haben, weil sich der Schreibstil immer wieder stark ändert ... Ein Teil der Kinder und Jugendlichen, die die Grundausbildung durchlaufen hatten, wurden nach Staßfurt geschickt, wo sie zur Schule gingen und im Fernsehwerk eine Berufsausbildung erhielten. Als sie dann nach Namibia kamen, litten sie nicht nur unter der erneuten kulturellen Anpassung. Zum einen wurden sie dort oftmals als Fremde, als Deutsche betrachtet und ausgegrenzt. Zum anderen wurden sie beruflich und gesellschaftlich nicht so eingesetzt, wie es einmal angedacht gewesen war. Für viele war es eine Odyssee.

Bestimmte politische Kräfte in der alten und in der neuen BRD, die ihre eigene Ausländerpolitik in den Himmel heben und diejenige der DDR in Misskredit bringen wollen, behaupten, dass die Waffe bei der Ausbildung der namibischen Kinder und Jugendlichen ein steter Begleiter gewesen sei und sie ständig unter Indoktrination gestanden hätten. Nangula Costa, eine namibische Frau, die auch in der DDR war, bekam durch das Auswärtige Amt der BRD und durch das Goethe-Institut im April 2017 zusammen mit fünf namibischen Reportern die Gelegenheit, ihre alten Lebensstationen in der DDR zu besuchen. Sie gab zu Protokoll, dass die Behauptungen über eine militärische Ausbildung und Indoktrination vollkommen aus der Luft gegriffen seien und sie und ihre Landsleute mit der DDR, abgesehen vom Heimweh, glückliche Jahre in Verbindung brächten. Sie sagte: *„Dass wir mit Gewehren rumgelaufen seien, stimmt nicht. Wir hatten auch keine Propagandaschulungen. Im Grunde genossen wir denselben Unterricht wie alle DDR-Schüler, nur dass wir erst Deutsch lernen mussten und*

früher Englischunterricht hatten. Und natürlich beschäftigten wir uns
in Geografie und Geschichte mehr mit Afrika."[92]

Fazit:

Bei aller berechtigten Kritik in einigen Punkten der Auslän-
der- und Flüchtlingspolitik komme ich zum Gesamturteil, dass
es der DDR hauptsächlich darum ging, Hilfe zur Selbsthilfe zu
geben. Im öffentlich-rechtlichen Fernsehen habe ich in der letzteren Zeit Filmbeiträge gesehen und Artikel von Leitmedien gelesen, wo krampfhaft versucht wurde, diese Praxis zu diskreditieren. Wenn etwas aus der DDR kommt, dann kann es nur
schlecht sein ... Angesichts der Tatsache, dass die Protagonisten
der Merkel'schen Willkommenskultur die Probleme der unbe-
grenzten und unkontrollierten Einwanderung verschweigen
bzw. verniedlichen und den Nationalstaat am liebsten abschaf-
fen wollen (was übrigens ganz im Interesse der großen Konzerne
ist), muss die Ausländer- und Flüchtlingspolitik der DDR geradezu suspekt erscheinen.

---

[92] Goethe-Institut e. V. (o. J.): Protokoll: Ein DDR-Kind von Namibia. Online
verfügbar unter https://www.goethe.de/de/uun/auf/bes/dsa/20985020.
html (zuletzt abgerufen am 28.10.2020).

8 Innenpolitik

8.1 Sozialpolitik

8.1.1 Gesundheitswesen

In der DDR waren die medizinische Untersuchung und Behandlung sowie die Medikamente für jedermann kostenlos. Darüber hinaus gab es nur für einige Spitzenpolitiker und Künstler eine exklusive Behandlung.

8.1.1.1 Medizinische Vorsorge

Zur medizinischen Vorsorge zählte die Impfpflicht. Diese wurde 1953 eingeführt und galt für Impfungen gegen Diphterie, Keuchhusten, Kinderlähmung, Pocken, TBC und Wundstarrkrampf. Ab 1970 wurde diese auch auf Masern erweitert.

Zudem gab es eine Röntgenreihenuntersuchung. Hierzu stellten die Gesundheitsbehörden in größeren Orten in regelmäßigen Zeitabständen Röntgenbusse auf. Die Bewohner bekamen eine offizielle Aufforderung, zu einem bestimmten Termin dort zu erscheinen, und wurden im Brustkorbbereich geröntgt, um rechtzeitig Erkrankungen zu erkennen.

In den Schulen erfolgten sowohl Impfungen als auch zahnärztliche Untersuchungen.

8.1.1.2 Organisation des Gesundheitswesens

Alle Schwestern und Ärzte waren Angestellte des vor Ort zuständigen Bezirkskrankenhauses und wurden von ihm bezahlt.

Auch Zahnärzte und Schwestern, die in einer Einzelpraxis auf dem Land ihre Arbeit verrichteten, standen auf seiner Gehaltsliste. Letztendlich kam die Bezahlung vom Staat.

Bereits in der SBZ wurde im Gesundheitswesen mit der Realisierung des Modells begonnen, wonach die ambulante Behandlung der Patienten in Polikliniken und eine darüber hinausgehende in Krankenhäuser und in Sanatorien zu erfolgen hatte. 1950 gab es in der DDR 132 Polikliniken. 1990 waren es bereits 1650.[93]

Zudem ließ der Staat im ländlichen Raum Landambulatorien errichten und Gemeindeschwestern zwecks Entlastung der Landärzte agieren. Bis zum Ende der DDR entstanden um die 400 solcher Einrichtungen. Es gibt hierzu unterschiedliche Zahlen. In einem Ambulatorium mussten mindestens zwei Fachbereiche unterbracht werden. Die Arbeit der Gemeindeschwester wurde im DDR-Film „Schwester Agnes" sehr erfolgreich thematisiert. Sie musste in der Realität eine erweiterte Krankenschwesternausbildung absolvieren, die auch praktische Arbeiten in der Chirurgie, in der Orthopädie, in der Augenheilkunde, in der inneren Medizin und bei der Geburtshilfe beinhaltete. Auch wenn die Ärzte zuweilen Bauchschmerzen bezüglich ihrer medizinischen Aufgaben gehabt haben mögen, so war die gesellschaftliche Rolle der Gemeindeschwester nicht zu unterschätzen. Ganz nebenbei übernahm sie zudem auch die Rolle des Sozialarbeiters … Daneben gab es noch medizinische Einrichtungen für die NVA. Auch wenn das gesamte Gesundheitswesen staatlich

---

[93] Dostal & partner management-beratung gmbh (18.03.2019): Poliklinik damals, Medizinisches Versorgungszentrum heute. Online verfügbar unter https://www.dostal-partner.de/aerztemangel-vorhaben-aus-nrw-bringt-kliniken-in-laendlichen-regionen-in-not-2-2-2-2-2-2-2-2-2-2/ (zuletzt abgerufen am 04.11.2020).

gelenkt war, so spielte die Charité Berlin aufgrund ihres internationalen Renommees eine gewisse Sonderrolle. Das soll aber nicht heißen, dass es dort keine Engpässe gegeben hätte.

8.1.1.3   Maßnahmen gegen die Ärzteflucht

Wenn ein Medizinstudent in der DDR erfolgreich sein Studium abgeschlossen hatte, musste er als junger Arzt oftmals dort seine Arbeit aufnehmen, wo ihn der Staat brauchte. Sein anfängliches Gehalt lag anfangs bei ungefähr 850 DDR-Mark. Das durchschnittliche Bruttomonatseinkommen eines Arbeitnehmers betrug in der DDR 1985 laut STATISTA hingegen 1.130 DDR-Mark. Sein Gehalt stieg dann aber relativ schnell an. Viele Ärzte waren aber mit Blick auf Verdienst- und Entwicklungsmöglichkeiten, die es in der BRD gab, trotzdem unzufrieden und versuchten, die DDR zu verlassen. Um der Ärzteflucht Einhalt zu gebieten, wurde den Ärzten oft die Teilnahme an Kongressen u. ä. im Westen verboten. Teilweise erhielten sie bevorzugt eine Wohnung, und/oder ihnen wurde zugesichert, dass ihre Kinder das Abitur und ein Studium absolvieren dürften. Einige bekamen auch ein Eigenheim angeboten. Zumindest war es in Neuruppin so. In anderen Regionen/Bezirken kann es ganz anders gewesen sein. Womöglich scheiterten dort die Versuche, die Ärzte umzustimmen, an den realsozialistischen Verhältnissen (Wohnungsmangel, kompromisslose/realitätsfremde Parteisekretäre u. a. m.).

In der DDR hielt sich der maximale Gehaltsunterschied zwischen einem Arbeiter und einem Arzt in Grenzen, vielleicht im Verhältnis 1:2 bis 1:3. Eine Schwester erhielt ohne Schichtzuschläge in den 1980er-Jahren zwischen 400 und 600 DDR-Mark ausgezahlt.

Am 22. Juli 1990 wurde ein „Gesetz zur Umstrukturierung des staatlichen ambulanten Gesundheitswesens, Veterinärwesens und Apothekerwesens" verabschiedet, wonach Ärzte den Antrag stellen konnten, sich in den bisher genutzten staatlichen Einrichtungen/Räumlichkeiten selbstständig machen zu dürfen. Sie bekamen oftmals die Möglichkeit, die bestehenden Einrichtungen und Instrumente preiswert abzukaufen. Für die Ärzte, die sich später selbstständig machten, waren die Startbedingungen ungleich ungünstiger.

8.1.1.4 *Streitpunkt Polikliniken*

Bereits im Wahlkampf zu den ersten freien Volkskammerwahlen im März 1990 entbrannte eine Diskussion über den Sinn von Polikliniken. Auch bei den Sozialdemokraten in der DDR gab es kontroverse Meinungen dazu. Ich war von Anfang an in der Sozialdemokratischen Partei in der DDR (SDP), die ab Januar 1990 in SPD umbenannt wurde. Für den Wahlbezirk Potsdam trat Dr. Kalz als SPD-Kandidat an, der am liebsten sofort alle Kindergärten und Polikliniken abgeschafft hätte. Ich war über solche Ansichten ziemlich entsetzt. Insofern grenzt es für mich an ein Wunder, dass im Einigungsvertrag der Bestandsschutz für Polikliniken wenigstens bis 1995 zugesichert wurde.

Im Westen hatten ohnehin die meisten Politiker kein Verständnis für die Poliklinik als ärztliches Betreuungsmodell. Dabei wäre ein Blick in die Geschichte hilfreich, um die Diskussion zu entideologisieren: Denn die erste Poliklinik gab es bereits 1810 im preußischen Berlin. Christoph Wilhelm Hufeland, Gelehrter und Leibarzt des Königs Wilhelm III. und der Königin Luise, hatte diese neben anderen Neuerungen im preußischen Gesundheitswesen ins Leben gerufen.

Bei den Polikliniken mussten in der DDR mindestens fünf verschiedene Medizinbereiche unter einem Dach untergebracht sein. Einigkeit zwischen den Befürwortern und Gegnern von Polikliniken bestand darin, dass teure Geräte nicht mehrere Male angeschafft werden mussten und die Wege zu den verschiedenen Ärzten kurz waren. Am augenscheinlichsten ist der Vorteil einer Poliklinik beim Röntgen. Einerseits sind Röntgenanlagen sehr teuer. Andererseits kann durch Abstimmung unter den Ärzten vermieden werden, dass der Patient wegen drohender Verstrahlung zu oft geröntgt wird.

Die Gegner von Polikliniken argumentieren, dass es dort unendliche Wartezeiten gegeben habe und die Behandlung unpersönlich gewesen sei, weil die Ärzte im Rotationsmodell gearbeitet hatten. Leider ist sich der MDR nicht zu schade, sich ohne Abwägung von Pro und Kontra auf die Seite der Kritiker der Polikliniken zu schlagen.[94]

Richtig ist, dass bei der zentralen Anmeldung immer wieder andere Personen Ansprechpartner waren. Bei der Neuruppiner Poliklinik waren aber bestimmte Ärzte im gleichen Raum untergebracht. Und wenn ich zu einem bestimmten Arzt wollte, musste ich es in der Anmeldung nur angeben.

In der Poliklinik waren die Wartezeiten mitunter lange. Allerdings ist es heutzutage nicht anders: Trotz Termin musste ich bei verschiedenen Fachärzten zwei Stunden und länger warten. Wer einen Termin bei einem Augenarzt, Orthopäden, HNO-Arzt oder Urologen haben will, muss sich ein halbes Jahr vorher

---

[94] MDR.de (Hrsg.) (14.08.2020): Mangelmedizin und endlose Wartezeiten. Online verfügbar unter https://www.mdr.de/zeitreise/stoebern/damals/ge sundheit300.html (zuletzt abgerufen am 04.11.2020).

anmelden. Und wer glaubt, schnell vom Kardiologen behandelt zu werden, dem wünsche ich viel Glück und Gottvertrauen!

Ein Teil der Gegner von Polikliniken kritisiert, dass es eine einzige Patientenakte gegeben habe, in die jedermann im medizinischen Bereich hatte Einblick nehmen können. Spätestens mit der Einführung der geplanten elektronischen Patientenakte wird der gleiche Effekt erreicht.

In Neuruppin hat es nun das Krankenhaus als Eigentümer „geschafft", alle Arztpraxen aus der ehemaligen Poliklinik „loszuwerden". Die Krankenhausverwaltung war weder bereit, den Ärzten die Räume zu verkaufen, noch das Gebäude zu sanieren oder die Miete abzusenken. Seit geraumer Zeit stand dieses Gebäude leer. 2020 verkaufte die Verwaltung die ehemalige Poliklinik an eine private Holding-Gesellschaft.[95] Seit Sommer 2020 steht nun fest, dass die Räumlichkeiten in Mietwohnungen umgebaut werden sollen. Die Geschichte der Neuruppiner Poliklinik hat damit ein trauriges Ende gefunden. Die Poliklinik war im ganzen Kreis als Anlaufpunkt bekannt. Der Krankenhausverwaltung war dieser hohe Bekanntheitsgrad anscheinend vollkommen egal. Während diese jahrelang in einer gewissen Untätigkeit verharrte, wurden in Neuruppin mindestens vier Ärztehäuser errichtet, wo es allerdings diese in der Poliklinik gewohnte Vielzahl von Medizinbereichen nicht mehr gibt.

---

[95] Reblin, Gunnar (29.08.2020): In Neuruppin entsteht auf Poliklinik-Gelände für 70 Millionen Euro neues Wohngebiet. In: MOZ.de vom 20.08.2020. Online verfügbar unter https:// www.moz.de/lokales/neuruppin/immobilien-in-neuruppin-entsteht-auf-poliklinik-gelaende-fuer-70-millionen-euro-neues-wohngebiet-50967619.html (zuletzt abgerufen am 30.03.2021).

8.1.1.5 Das Gesundheitswesen der DDR im Wettstreit zum westdeutschen

In der DDR waren die ärztliche Versorgung und die Heil- und Hilfsmittel, wenn man von den Sozialversicherungsbeiträgen absieht, kostenlos. Allerdings standen jedem Patienten die gleichen Hilfsmittel zu, die zudem oftmals eine eher mittelmäßige Qualität hatten.

Einen offenen Wettstreit mit dem Gesundheitswesen der BRD hatte die Staatsführung der DDR nie vor. Die kostenlose ärztliche Versorgung und die kostenlosen Heil- und Hilfsmittel für jedermann waren zweifellos eine gute Sache, die den Staat aber auch sehr viel kosteten. Den Wettbewerb mit den Möglichkeiten der Heil- und Hilfsmittel hätte die DDR schon sehr früh verloren. Wenn der Bundesbürger gut verdient hatte, dann konnte er sich schon gewisse Extras leisten.

Dass das Gesundheitswesen der DDR trotzdem auf bestimmte Maßnahmen in der BRD reagiert hat, möchte ich an nachfolgendem Beispiel zeigen:

Anstatt den Zahn nach allen Möglichkeiten zu retten, neigte der Zahnarzt in der DDR in früheren Zeiten schneller dazu, ihn zu ziehen. Für Zahnreparaturen wurde gern Amalgam verwendet, was zuweilen Kritiker auf den Plan rief. Dieses Material ist einerseits quecksilberhaltig, lässt sich aber andererseits sehr gut verarbeiten und ist sehr haltbar.

Ab 1975 wurde in der BRD bestimmter Zahnersatz wie Plasteprothesen, Kronen und Brücken aus Silber-Palladium-Legierung (Sipal) und Modellgussprothesen zuzahlungsfrei. Ab 1976 gab es auch in der DDR ein großes Umdenken. Man ging dazu über, mehr für den Zahnersatz zu tun.

Zusätzliche Leistungen gab es für den normalen Bürger nicht. Daher kann ich mich nicht daran erinnern, zu Zeiten der DDR jemals Zuzahlungen getätigt zu haben. Wer Zahngold aus dem Intershop oder von Verwandten aus dem Westen mitbrachte, konnte zu einer exklusiveren Behandlung seines Gebisses beitragen.

***

Das bundesdeutsche Gesundheitswesen zu Zeiten der DDR kann nicht mit dem heutigen gleichgesetzt werden. Es gab auch in der alten BRD gelegentlich Kritik. Aber das heutige ist weitaus kranker. Der sogenannte Neoliberalismus mit einhergehendem Bürokratismus hat auch im Gesundheitswesen seine Spuren hinterlassen: Selbstständige Ärzte beklagen eine Bürokratie, die es in dem Ausmaß noch nicht gegeben hat. Ärzte, die beispielsweise in Krankenhäusern arbeiten und in einem Angestelltenverhältnis sind, dürfen nicht selten zwei Schichten hintereinander absolvieren. Es fliehen deutsche Ärzte ins Ausland, wo es anscheinend bessere Arbeitsverhältnisse gibt. Dafür kommen verstärkt billige ausländische Ärzte. (Und die Bundesregierung unter Angela Merkel wirbt noch für diesen Trend, ohne den Ursachen der Verwerfungen auf den Grund zu gehen!) Einige Krankenhausverwaltungen schrecken nicht einmal davor zurück, diese auch in Intensivstationen, wo es um Leben und Tod geht, einzusetzen.[96] Zudem ist das Personal, das die Patienten

---

[96] In diesem Zusammenhang erinnere ich mich an heftige Diskussionen in Südtirol. Das deutschsprachige Südtirol, einst Teil der Gefürsteten Grafschaft Tirol und Kronland Österreich-Ungarns, wurde nach dem Ersten Weltkrieg Italien zugeschlagen. Unter Mussolini fanden dann eine brutale Unterdrückung der Südtiroler und eine Bevölkerungsumschichtung größeren Ausmaßes statt (Italienisierung). Erst 1972 konnten die Südtiroler den

Tag und Nacht betreuen soll, oftmals vollkommen überfordert. Es kommt nicht selten vor, dass eine Fachpflegekraft nachts mit 30 Patienten und mehr allein gelassen wird.

Im Zusammenhang mit meinem verstorbenen Vater habe ich schon einige unglaubliche Dinge erlebt. Ich möchte nur ein Beispiel nennen: Mein Vater wurde vor ein paar Jahren ins Krankenhaus eingeliefert. Er musste täglich mehrere Male Tabletten einnehmen. Die zu verabreichenden Tabletten wurden in Plastiktüten eingeschweißt. Auf diese wurden der Name, das Geburtsdatum, das aktuelle Datum, wann die Tablette einzunehmen ist, der Name des Medikaments und der Name der Apotheke aufgedruckt. Als ich mehrere Male um etwas später als 20.00 Uhr ins Krankenhaus kam und meinen Vater besuchte, lagen auf seinem Tisch am Krankenbett noch die Tabletten herum, die er um 18.00 Uhr und die er um 20.00 Uhr hätte einnehmen müssen. Mein Vater konnte so gut wie nicht mehr sehen. Er sah also nicht die Tabletten und hätte sie auch selbst nicht der Plastiktüte entnehmen können. Keiner hatte sich darum gekümmert! Obwohl ich mich beim diensthabenden Arzt darüber beschwerte, passierte das erneut! Ich bin mir nicht sicher, ob dieser Arzt so viel Deutschkenntnisse hatte und verstand, was ich sagte. Die Verabreichung von Medikamenten generell und die zeitversetzte insbesondere hat schon einen Sinn.

Italienern ein Autonomiestatut abringen. Darin wurde unter anderem festgelegt, dass in der Provinz Südtirol in allen öffentlichen Einrichtungen die Mitarbeiter deutsche und italienische Sprachkenntnisse haben müssen. Trotzdem wird diese Vorschrift im Südtiroler Gesundheitswesen zuweilen auf verschiedene Art und Weise unterlaufen. So kommt es immer wieder dazu, dass nur italienisch sprechende Ärzte oder Schwestern auf Südtiroler Patienten treffen, die kein oder nur schlecht Italienisch verstehen. In bestimmten Situationen kann das fatale Auswirkungen haben.

Mir geht es nicht um Schuldzuweisungen. Ich bin weder ein Mediziner, noch habe ich Kenntnisse in der Arbeitsorganisation im betreffenden Krankenhaus. Die Nichtverabreichung von Medikamenten bei hilfsbedürftigen Menschen bleibt aber ein Missstand. Daran gibt es nichts zu deuteln. Und leider ist das ein Symptom für den aktuellen Zustand des deutschen Gesundheitswesens.

In den deutschen Leitmedien und in den Schriften der Bundeszentrale für politische Bildung wird, wenn es um das Gesundheitswesen der DDR geht, gern über Engpässe bei der Lieferung von Medikamenten geschrieben. Keine Frage, diese gab es. Fairerweise sollten diese Medien aber auch darauf hinweisen, dass im Gesundheitswesen der BRD auch nicht alles so toll war, erst recht nicht im jetzigen. So berichteten beispielsweise der ARD und der RBB in den Nachrichten, dass es seit mindestens Juli 2019 gravierende Engpässe bei der Lieferung von Medikamenten gibt.[97] Die Ursachen sind zwar anders geartet, was aber für den Patienten, der die betreffenden Medikamente dringend braucht, irrelevant ist. Insofern braucht heutzutage keiner über das Gesundheitswesen in der DDR die Nase rümpfen und das jetzige in der BRD in den Himmel heben.

---

[97] Tagesschau.de (Hrsg.) (24.01.2020): Was tun gegen Medikamenten-Engpass?. Online verfügbar unter https://www.tagesschau.de/ausland/medikamente-engpaesse-101.html (zuletzt abgerufen am 04.11.2020); Tagesschau.de (Hrsg.) (13.02.2020): Wichtige Medikamente sollen verfügbar sein. Online verfügbar unter https://www.tagesschau.de/ausland/medikamente-engpaesse-103.html (zuletzt abgerufen am 04.11.2020); Rundfunk Berlin-Brandenburg/Studio Cottbus (Hrsg.) (16.10.2019): In Berlin und Brandenburg fehlen Hunderte Medikamente. Online verfügbar unter https://www.rbb24.de/studiocottbus/wirtschaft/2019/10/arzneimittel-engpaesse-lieferung-apotheken.html (zuletzt abgerufen am 04.11.2020).

8.1.1.6 Exkurs: Probleme der Stomatologischen Schwestern nach dem Beitritt der DDR zur BRD

In der DDR erfolgte die Ausbildung zur Zahnarzt- oder Krankenschwester über eine Fachschulausbildung. Diejenigen, die an der Ausbildung teilnahmen, erhielten kein Lehrlingsgeld, sondern ein Stipendium. Diese Ausbildung war im medizinischen Bereich viel tiefgreifender als eine vergleichbare in der BRD.

Nach dem Beitritt der DDR zur BRD hatte dieser in der DDR hochgeachtete Beruf schon eine gewisse Abwertung erfahren. Ich denke, viele in der DDR zur Kranken- oder Zahnarztschwester ausgebildete Frauen haben das auch so empfunden. Die Stomatologische Schwester hieß nach der Wende nur noch „Zahnarzthelferin". Jetzt wird sie etwas aufwertend Zahnmedizinische Fachangestellte genannt.

Die Fachschulausbildung der Zahnarzt- und Krankenschwestern ist in der neuen BRD für diese Personengruppe bei der Berechnung der Höhe der Rente zu einem ernsthaften Problem geworden. Im Renten-Kapitel beschäftige ich mich damit genauer …

Nach der Vereinigung der beiden deutschen Staaten war eine Zeit lang nicht sicher, ob der in der DDR erlernte Beruf einer Krankenschwester und einer stomatologischen Schwester anerkannt werde oder nicht. Dann kam Entwarnung. Die Schwestern mussten an einigen Lehrgängen teilnehmen. Die Stomatologischen Schwestern wurden dann in ein Zahnarztabrechnungsprogramm namens „Dampsoft" oder „Charly" oder ein anderes eingewiesen, je nachdem, für welches sich der Zahnarzt entschied.

8.1.2 Die Preispolitik

Die DDR-Staatsführung hatte es sich mit der Gründung der DDR unter anderem zum Ziel gemacht, dass niemand in der DDR hungern müsse, die ärztliche Versorgung für jedermann finanziell erschwinglich sei, jeder ein Dach über dem Kopf habe und eine Arbeit vorweisen könne. Das sind erst einmal sehr löbliche Ziele. Nur so kann man sich erklären, dass bei einem nicht unbedeutenden Teil der Bevölkerung zum Anfang Begeisterung und Aufbruchsstimmung vorhanden war. Um das zu erreichen, wurde eine gezielte Preispolitik betrieben. Das waren auch später nicht die Gründe, warum mehrere Millionen DDR-Bürger ihrer Heimat den Rücken kehrten …

Unter Walter Ulbricht stand mehr die Investition in Wirtschaft und Forschung im Vordergrund. Der Volksaufstand am 17. Juni 1953 und die Schließung der Berliner Mauer am 13. August 1961, um einem drohenden Zusammenbruch zuvorzukommen, haben Ulbricht nur in einem geringen Maße veranlasst, von seinem Kurs abzuweichen. Er wollte höhere Sozialausgaben durch eine reformierte Wirtschaft erzielen. Breschnew und Honecker gingen die ins Auge gefassten Freiheiten der Betriebe zu weit. Die wirtschaftlichen Fehlschläge nahm dann Erich Honecker zum Anlass, um Walter Ulbricht zu stürzen.

Mit dem Machtantritt Erich Honeckers am 3. Mai 1971 begann eine Verlagerung der Schwerpunkte der Investitionen zugunsten einer breit angelegten Subventionspolitik. Vom 15. bis 19. Juni 1971 fand der VIII. Parteitag der SED statt. Dieser stand unter dem Motto „Einheit von Wirtschafts- und Sozialpolitik". Es wurden das Wohnungsbauprogramm und andere sozialpolitische Maßnahmen beschlossen. Hierzu gehörten die Erhöhung der bezahlten Urlaubstage, der Mindestlöhne und -renten, die Bezahlung des Arbeitsausfalls bei krankem Kind sowie zinslose

Kredite junger Eheleute und der teilweise Erlass und anderes mehr. Auf die Wohnungs- und Familienpolitik komme ich in den späteren Abschnitten meines Buches zu sprechen.

Nun zur Preispolitik. Zu den Subventionsschwerpunkten gehörten:

- Lebensmittel einschließlich Essen in der Gaststätte,
- Bücher einschließlich Schulbüchern,
- Büroarbeitsmittel,
- Werkzeuge,
- Textilien und
- Eintrittskarten zu kulturellen Veranstaltungen.

Bei den Mieten erfolgte eine teilweise Subventionierung. Denn diejenigen, die ein Haus besaßen, mussten zwar ihre Wohnungen billig zur Miete anbieten, bekamen aber keinen Zuschuss.

Ich möchte auf die Preise von Produkten, auf die Mieten, Fahrpreise und auf die Entwicklung der Löhne und Gehälter eingehen.

8.1.2.1 Preise für Lebensmittel, Genussmittel und sonstige Ware

Hier ist eine kleine Auflistung von Preisen von Produkten:

Tabelle 10:   Preise einiger Produkte in der DDR

Lebensmittel

Einfaches Brötchen	0,05 Mark
Knüppel (Milchbrötchen)	0,08 Mark
Roggenmischbrot, 1,5 kg	0,78 Mark
Burger Knäckebrot, 275 g	0,55 Mark
Toastbrot Spezial Toast, 500 g	1,00 Mark
Streuselschnecke	0,10 Mark
Pfannkuchen	0,24 Mark
Mohnkuchen, 1 Stück	0,37 Mark
Tafelbutter, 250 g	2,40 Mark
Salz, 1 kg, in Tüte verpackt	0,12 Mark
Zucker, 1 kg, in Tüte verpackt	1,55 Mark
Weizenmehl, 1 kg, in Tüte verpackt	1,40 Mark
Frischeier, 12 Stück	4,68 Mark
Margarine Marina, 250 g	0,75 Mark
Margarine Sana, 250 g	1,00 Mark
Bauz'ner Senf, mittelscharf	0,37 Mark
Bienenhonig Meißen, 550 g	4,95 Mark
Nudossi	3,00 Mark

Malzkaffee, 500 g	0,50 Mark
Grusinische Mischung, 50 Teebeutel à 1,75 g	5,00 Mark
Mineralwasser, 0,33 l plus 0,30 M Pfand	0,12 Mark
Brause, 0,33 l plus 0,30 M Pfand	0,21 Mark
Bier, Pilsner, aus der Region, plus 0,30 M Pfand	0,48 Mark
Wernesgrüner Hell, 0,5 l, plus 0,30 M Pfand	0,72 Mark
Milch, 2,2 % Fett, 0,5 l, plus 0,20 M Pfand	0,36 Mark
Trinkvollmilch (in Plastetüte), 2,2 %, 1 l	0,66 Mark
Kakaomilch, 0,35 l, in Tetrapack	0,35 Mark

Essen zu Hause, in der Kantine, am Stand oder in der Gaststätte

Wurzener Reis im Kochbeutel, 250 g	0,80 Mark
Tempolinsen, 285 g	1,05 Mark
Halberstädter Bockwürste im Glas	4,50 Mark
Globus Naturletscho, 860 g	1,60 Mark
Bockwurst mit Brötchen am Stand	0,85 Mark

Kantinen-Essen für Lehrlinge und Studenten	unter 1,00 Mark
Kantinen-Essen für Arbeiter und Angestellte	zw. 1,00 und 2,50 Mark
Schnitzel mit Mischgemüse und Kart. (1970)	2,65 Mark
Rumpsteak mit Mischgemüse und Kart. (1970)	3,95 Mark

Süßwaren

Eine Kugel Eis am Stand	0,10 Mark
Cocktail-Eisbecher, 135 g	1,25 Mark
Halloren Kugeln	2,25 Mark
Schokolade Süßtafel (Schlager-Süßtafel), 100 g	0,80 Mark
Schokolade Creck, 100 g	1,00 Mark
Schokolade bambina, Zetti, 100 g	2,00 Mark

Wasch- und Reinigungsmittel

Geschirrspülmittel Fit	1,75 Mark
Scheuermittel ATA, 250 g	0,13 Mark
Vollwaschmittel Spee, gekörnt, 640 g	3,30 Mark
Weichspüler Wofalor, 1 l	6,30 Mark

Seife Nautic   0,95 Mark

Luxusartikel

Kakao, 250 g   4,00 Mark

Schokolade Meisterklasse, 100 g   3,85 Mark

Katzenzungen, Edelbitter   4,80 Mark

Kakao-Trinkpulver Trink-Fix   8,00 Mark

Mokka Fix, Gold Kaffee, 125 g   8,75 Mark

Ananas in Scheiben (in der Dose)   14,50 Mark

Goldbrand, 0,7 l, 32 %   14,50 Mark

Nordhäuser Doppelkorn, 0,7 l, 38 %   17,60 Mark

Rotkäppchen süß, 0,75 l, 11 %   15,00 Mark

Rotkäppchen Grand Mousseux, 0,75 l   22,00 Mark

Rotkäppchen Carte d'Or Demi Sec,   28,00 bis 35,00 Mark
0,75 l

Rotkäppchen Jubiläumssekt trocken,   28,00 bis 35,00 Mark
0,75 l

Florena Creme   5,50 Mark

Esda Feinstrumpfhose   15,00 Mark

Toplader-Waschmaschine   VA861,   2.990,00 Mark
Foron

Farbfernsehapparat Colormat	5.688,60 Mark
Trabant 601	um 14.000,00 Mark
Wartburg 353	um 25.000,00 Mark

Da Kakao nur mit Devisen beschafft werden konnte, wurden in der DDR die Lebensmittel-Ingenieure angehalten, Ersatz zu finden. So wurden die preiswerten Schokoladen mit den unterschiedlichsten essbaren Füllstoffen gestreckt. Dagegen war Schokolade mit einem hohen Kakaogehalt relativ teuer und daher eher im Exquisit-Laden vorzufinden. In der DDR wurde auch die weiße Schokolade erfunden.

Die Strumpfhose war, wie der Leser aus meiner Auflistung ersehen kann, sehr teuer. Daher lohnte sich oft eine Reparatur durch den Laufmaschendienst.

8.1.2.2 Miet- und Fahrpreise

Als Nächstes möchte auf die Mietpreise in der DDR eingehen. Diese waren in den Augen der Westdeutschen sehr niedrig. Aber was ist niedrig? Was ist hoch? Das hängt immer vom Verhältnis zum Gesamteinkommen ab. Im Westen war die Miete ein großer Posten im Familienbudget und machte oft 30 Prozent und mehr aus. In den nachfolgenden Betrachtungen werde ich zeigen, welchen Anteil die Miete im Familienhaushalt an Ausgaben ausmachte. Ich stelle hier nun fünf Fallbeispiele vor:

Fallbeispiel 1:

- Wohnfläche: 56 m²

- dazu gehörten: Keller und Bodenkammer
- monatliche Miete: 46,00 Mark
- einmalige Zahlung: 900 Mark Genossenschaftsanteile
- Vermieter: Gemeinnützige Wohnungsgenossenschaft
- Art des Hauses: Mehrfamilienhaus
- Baujahr: 1938

Fallbeispiel 2:

- Wohnfläche: 59 m²
- dazu gehörten: Balkon, Bodenkammer, Keller
- monatliche Miete: 62,00 Mark
- Vermieter: kommunale Wohnungsverwaltung
- Art des Hauses: Mehrfamilienhaus
- Baujahr: 1958

Fallbeispiel 3:

- Wohnfläche: 63 m²
- dazu gehörten: Balkon, Bodenkammer, Keller
- monatliche Miete: 35,00 Mark
- einmalige Zahlung: 2.700 Mark
- 200 Arbeitsstunden
- Vermieter: Arbeiterwohnungsbaugenossenschaft (AWG)
- Art des Hauses: Mehrfamilienhaus
- Baujahr: 1959

Fallbeispiel 4:

- Wohnfläche: 70 m²
- dazu gehörten: Balkon, Bodenkammer, Keller, Garage
- monatliche Miete: 99,00 Mark
- Vermieter: Rat der Gemeinde
- Art des Hauses: Zweifamilienhaus
- Baujahr: Ende 1960/Anfang 1970

Fallbeispiel 5:

- Wohnfläche: 96 m²
- dazu gehörten: Balkon, Keller
- monatliche Miete: 110,00 Mark (Warmmiete!)
- Vermieter: kommunale Wohnungsverwaltung
- Art des Hauses: Plattenbau
- Baujahr: 1970

Ein weiterer Posten für die werktätige Bevölkerung waren die Fahrten zur Arbeit. Dieser war für die meisten DDR-Bürger vielleicht nicht ganz so bedeutend wie bei den Westdeutschen, denn die Arbeit lag oft vor der Haustür. Allerdings gab es schon zu Zeiten der DDR Berufspendler: Aufgrund der guten Anbindung kamen viele Beschäftigte aus den Dörfern mit dem Bus zur Arbeit. Es strömten auch viele aus dem Umland nach Ostberlin. Als Lehrling bekam ich mit, wie viele aus Velten, Hennigsdorf, Oranienburg und Birkenwerder hierzu die S-Bahn nutzten. In Ostberlin verdienten die Menschen nicht nur mehr, dort war auch das Warenangebot viel größer. So ähnlich wird es auch in den damaligen Industriezentren Halle, Leipzig und Dresden gewesen sein.

Der Autoverkehr hatte in den 1960er- und 1970er-Jahre noch keine große Rolle gespielt.

Die Kosten, zur Arbeit zu kommen, konnten nicht steuerlich abgesetzt werden. Es gab in der DDR keine Steuererklärung ...

Nachfolgend eine kleine Übersicht über die in der DDR gültigen Fahrpreise:

Tabelle 11:   *Übersicht über die in der DDR gültigen Fahrpreise*

Deutsche Reichsbahn

Fahren in der Zweiten Klasse	0,08 Mark/km
Fahren in der Ersten Klasse	0,116 Mark/km
Zuschläge für den Eilzug	1,50 Mark
Zuschläge für den Schnellzug	3,00 Mark
Zuschläge für den Expresszug	5,00 Mark
Ermäßigung für Lehrlinge auf dem Weg zur Ausbildung und zurück	75 %
S-Bahn-Fahrkarte in Ostberlin, kurze Strecke	0,20 Mark
S-Bahn-Fahrkarte in Ostberlin, lange Strecke	0,50 Mark

Berliner Verkehrsbetriebe (Ostberlin)[98]

Fahrkarte, einfach*	0,20 Mark
Fahrkarte, Schüler*	0,15 Mark
Fahrkarte mit einmaligem Umsteigen*	0,30 Mark
Sammelfahrkarte (fünf einfache Fahrten)*	1,00 Mark
Monatsfahrkarte, eine Linie*	9,00 Mark
Monatsfahrkarte, gesamtes Netz*	30,00 Mark
Busfahrkarte Neuruppin-Oranienburg	4,60 Mark
Benzin (VK88)	1,50 M/l

*) gilt für Bus, Straßenbahn und U-Bahn

Bei allen Verkehrsbetrieben in der DDR hatte es für Rentner und Schwerbehinderte eine Ermäßigung von mindestens 50 Prozent gegeben.

---

98 Von Lisone, Jurziczek (Redaktion Berliner Verkehrsseiten) (04.04.2011): Verkehrstarife der BVG 1.6.1949–30.7.1991. Online verfügbar unter http://www.berliner-verkehrsseiten.de/Download/Tarife/Tarifwesen/Tarifwesen_1949-1992-Ost/tarifwesen_1949-1992-ost.html (zuletzt abgerufen am 06.11.2020).

8.1.2.4 Das Einkommen der Bevölkerung und die Frage: Gab es in der DDR auch Millionäre?

Bei der Preispolitik ist für den einfachen DDR-Bürger letztendlich interessant, wie sozial diese ist und was letztendlich am Ende des Monats für ihn an Geld übrig bleibt. Hierbei spielt auch das Niveau der Löhne, Gehälter und Renten eine Rolle. Beim Lehrlingsgeld und beim Stipendium kann davon ausgegangen werden, dass es eher ein Zubrot ist, sodass die Eltern ihre Kinder immer noch auf verschiedenste Art und Weise unterstützen müssen.

Als ich Anfang der 1970er-Jahre Lehrling war, bekam ich ein Lehrlingsgeld, das anfangs 80,00 Mark betrug und sich bis zum Ende des dritten Lehrjahres auf 115,00 Mark erhöhte. In den 1980er-Jahren erhöhte sich das Lehrlingsgeld auf eine Spanne von 100,00 Mark bis 150,00 Mark.

Wer mindestens drei Jahre Armeedienst geleistet hatte, bekam im Falle eines Studiums ein Stipendium von 300,00 Mark. Die anderen Studenten erhielten ein Stipendium von 120,00 Mark bis 150,00 Mark. Bei sehr guten Leistungen konnten die Studenten ein Leistungsstipendium beziehen.

Wie sich das durchschnittliche monatliche Bruttoeinkommen für einen vollbeschäftigten Arbeitnehmer in der DDR entwickelte, habe ich in der nachfolgenden Tabelle dargestellt:

Tabelle 12: *Übersicht durchschnittliches monatliches Bruttoein-*
kommen[99]

Jahr	1949	1955	1960	1965	1970	197	1980	1985	1989
Bruttoeinkommen in Mark	290	432	555	633	755	889	1.021	1.130	1.300

Auch in der DDR war Bruttoverdienst nicht gleich Nettoverdienst. Es wurde Sozialversicherung und Lohnsteuer bezahlt. Um zu zeigen, was letztendlich übrig blieb, möchte ich einen Verdienstbescheid von mir aus dem Jahr 1983 vorlegen, den ich zufällig gefunden habe:

---

[99] Statista Research Department (01.06.1990): Durchschnittliches monatliches Bruttoarbeitseinkommen der vollzeitbeschäftigten Arbeitnehmer in der Deutschen Demokratischen Republik (DDR) von 1949 bis 1989. Online verfügbar unter https://de.statista.com/statistik/daten/studie/249254/umfrage/durchschnittseinkommen-in-der-ddr/ (zuletzt abgerufen am 06.11.2020).

Tabelle 13: Brutto-/Nettolohnnachweis, Wolfgang Schimank,
09.03.1983

Brutto-lohn	Grund-lohn	SV-pflichtiger Verdienst	SV-Beitrag	Lohn-steuer	Netto-lohn
930,00 Mark	930,00 Mark	600,00 Mark	60,00 Mark	177,80 Mark	692,20 Mark

Es erwies sich als weitaus schwieriger als gedacht, herauszufinden, wie sich die durchschnittliche Rente zwischen 1949 und 1989 entwickelt hatte. Weder in Büchern noch im Internet konnte ich dazu etwas finden. Ich musste die einzelnen Statistischen Jahrbücher der DDR nachschlagen und daraus Zahlen entnehmen, um sie zu einer aussagekräftigen Zahlenreihe zusammenzufügen. Zwecks besserer Gegenüberstellung sollte diese möglichst aus den Jahren stammen, für die STATISTA das durchschnittliche Bruttoeinkommen der Werktätigen ermittelt hatte. Ich konnte anhand der mir zur Verfügung stehenden Bücher bis zum Jahr 1952 zurückverfolgen. Das komplette Ergebnis meiner mühevollen Arbeit ist im Renten-Kapitel untergebracht. Hier ist ein Teil davon zu sehen:

Tabelle 14: Durchschnittliche Rente aller Berufsgruppen in der DDR

Jahr	Rente in Mark
1952	91,15
1955	97,85
1960	152,22
1965	161,31
1970	189,64
1975	247,46
1980	331,75
1985	367,28
1989	436,75

Wie die Leserschaft schnell erkennen kann, war die Durchschnittsrente zu keinem Zeitpunkt üppig. Oftmals sahen sich die Rentner gezwungen, auch im Rentenalter zu arbeiten. Der Titel der in der DDR sehr beliebten Filmserie „Rentner haben niemals Zeit" mit dem unvergesslichen Schauspieler Herbert Köfer bekommt da eine ganz neue Bedeutung. Denn dort wurde die finanzielle Situation der Rentner nicht offen angesprochen. Nur eine Zusatzrente konnte diese Situation verbessern. (Mehr dazu ist im Renten-Kapitel zu lesen.) Die niedrigen Preise bei Lebensmitteln und bei Mieten kamen den Rentnern schon sehr entgegen.

Die meisten Rentner durften ohne Probleme in den Westen fahren. Sie spielten insofern eine positive Rolle, als sie die Bande zwischen Ost- und Westfamilien aufrechterhielten. Zudem sorgten sie durch das Mitbringen von Westprodukten dafür, dass sie Versorgungslücken in der DDR etwas abfederten und die Familienkassen etwas entlasteten.

Beim Gegenüberstellen der Tabellen über die Entwicklung der durchschnittlichen Löhne/Gehälter mit der Entwicklung der durchschnittlichen Renten wird erkennbar, dass die Rente zwischen 22,65 Prozent im Jahre 1955 und 33,60 Prozent im Jahre 1989 schwankte. Wenn Klaus Behling in seinem Buch „Leben in der DDR" schreibt, dass insbesondere die 1920er-Generation eine „missbrauchte", „unverstandene" und „betrogene Generation" gewesen sei, dann kann ich ihm aus ganzem Herzen nur zustimmen. Ich hoffe nur, dass sich dieses Phänomen heutzutage nicht in einem anderen Gewand wiederholt!

Was machen nun die Ausgaben für die einzelnen Waren und Leistungen in einem Haushalt von Arbeitern und Angestellten aus? Hierzu habe ich im Statistischen Jahrbuch der DDR von 1989 auf Seite 319 eine aussagefähige Tabelle gefunden. Diese gebe ich hier teilweise wieder. So viel im Voraus: Es wird hier von einem repräsentativen Haushalt ausgegangen, in dem sich zwischen zwei und drei Personen befinden.

Tabelle 15: *Durchschnittliche monatliche Geldausgaben in Haushalten von Arbeitern und Angestellten nach Ausgabenpositionen 1989[100]*

Ausgabeposition	Insgesamt	Anteil der Ausgabenposition
Bezahlter Verbrauch v. Waren u. Leistung	1634 Mark	78,7 %
Warenkäufe	1383 Mark	66,6 %
Nahrungs- und Genußmittel	**637 Mark**	**30,6 %**
Nahrungsmittel	455 Mark	21,9 %
darunter Fleisch, Fleisch- u. Wurstwaren	121 Mark	5,8 %
Genußmittel	181 Mark	8,7 %
darunter Getränke vom Einzelhandel	132 Mark	6,4 %
Industriewaren	**746 Mark**	**35,9 %**
Schuhe, Täschner und Sattlerwaren	57 Mark	2,7 %
Textilien und Bekleidung	202 Mark	9,7 %

[100] DigiZeitschriften e. V. (Hrsg.) (o. J.a) Arbeiter- und Angestelltenhaushalte nach Haushaltsgrößen und -nettoeinkommensgruppen. Monat August. In: Statistisches Jahrbuch der Deutschen Demokratischen Republik, 1989, S. 339. Online verfügbar unter http://www.digizeitschriften.de/dms/img/?PID=PPN514402644_1990|log24&physid=phys340#navi (zuletzt abgerufen am 06.11.2020).

Konfektionierte Oberbeklei-dung	83 Mark	4,0 %
Sonstige Industriewaren	**487 Mark**	**23,4 %**
Möbel und Polstermöbel	43 Mark	2,1 %
Haushaltswaren	28 Mark	1,3 %
Elektrotechnische Erzeugnisse	80 Mark	3,8 %
Bezahlte Leistungen	**252 Mark**	12,1 %
darunter		
Verkehrsleistungen	20 Mark	1,0 %
Mieten	50 Mark	2,4 %
Strom, Gas, Wasser, Heizung aller Art	30 Mark	1,5 %
Reparaturen	39 Mark	1,9 %
Bildung, Unterhaltung, Erho-lung	66 Mark	3,2 %
Nichtverbrauchswirksame Ausgaben		
Steuern, Versicherungen, Bei-träge, Saldo	443 Mark	21,3 %
aus Guthaben, Krediten und Bargeldbeständen		
Geldausgaben insgesamt	2078 Mark	100 %

In einem repräsentativen Haushalt von Arbeitern und Angestellten machten nach einer statistischen Erhebung die Bekleidung (im weiteren Sinne) 35,9 Prozent, Nahrungs- und Genussmittel 30,6 Prozent und die Ausstattung der Wohnung mit 23,4 Prozent die drei größten Ausgabeposten aus. Die Miete schlugen nur mit 2,4 Prozent, Strom, Wasser und Heizung mit 1,5 Prozent und die Verkehrsleistungen mit 1,0 Prozent zu Buche. Dass die Ausgaben für Nahrungs- und Genussmittel einen relativ hohen Anteil ausmachten, ist schon erstaunlich. So viel steht aber fest: Butter, Kaffee, schwarzer Tee, Kakao und Gewürze waren in der DDR teuer.

Zum Schluss möchte ich noch die Ersparnisse der DDR-Bürger präsentieren, die im Statistischen Jahrbuch der DDR von 1989 protokolliert wurden.

Tabelle 16: *Sparguthaben der Bevölkerung bei den Geld- und Kreditinstituten*[101]

Jahr	Millionen Mark
1960	17.498
1965	31.275
1970	52.149
1975	75.315

---

[101] DigiZeitschriften e. V. (Hrsg.) (o. J.c): Sparguthaben der Bevölkerung bei den Geld- und Kreditinstituten. In: Statistisches Jahrbuch der Deutschen Demokratischen Republik, 1989, S. 329. Online abrufbar unter http://www.digizeitschriften.de/dms/toc/?PID=PPN514402644 (zuletzt abgerufen am 06.11.2020).

1980	99.730
1985	124.577
1988	151.590
1989	159.671

Ende 1989 lebten in der DDR 16 433 796 Menschen.[102] Die Ersparnisse pro Einwohner in der DDR wären:

159.671.000.000 Mark : 16.433.796 = 9.716,01 Mark / Einwohner

Die Tabelle der Sparguthaben im Statistischen Jahrbuch von 1989, von der ich nur die Gesamtsparguthaben entnommen habe, zeigt auch die regionale Verteilung des „Reichtums". Von Ostberlin und Potsdam abgesehen, konzentriert sich dieser auf die Bezirke in Sachsen-Anhalt, Thüringen und Sachsen.

Aus dem Statistischen Jahrbuch der DDR konnte nicht die Anzahl der Sparer ersehen werden. Da in der DDR selbst Kleinkinder ein Sparbuch hatten, dürfte es durch die Verwendung der Einwohnerzahl zur Ermittlung des durchschnittlichen Sparguthabens zu keiner allzu großen Verfälschung kommen. Den Deutschen in Ost und West war eines gemein: ihr Hang zum Sparen für eine bessere Zukunft. In der DDR wurden nicht nur auf das Geld im Sparbuch, sondern auch auf das im Girokonto Zinsen in Höhe von 3 Prozent gezahlt … Andererseits hatten die DDR-Bürger das Problem, dass sie nicht immer das ersparte Geld ausgeben konnten, weil sie nicht das bekamen, was sie eigentlich

---

[102] DigiZeitschriften e. V. (Hrsg.) (o. J.d): Übersicht über Gebiet und Bevölkerung. In: Statistisches Jahrbuch der Deutschen Demokratischen Republik, 1989, S. 1. Online verfügbar unter http://www.digizeitschriften.de/dms/img/?PID=PPN514402644_1988%7Clog6 (zuletzt abgerufen am 06.11.2020).

wollten. Die Ersparnisse von 9.716,01 Mark pro Einwohner sind lediglich ein Anhaltspunkt, um eine ungefähre Größenordnung des „Reichtums" in der Bevölkerung zu erhalten. Auf die wirklich spannende Frage nach der Verteilung des Reichtums in der Bevölkerung geben die Statistischen Jahrbücher der DDR keine Auskunft. Ich denke, das wäre wohl ein Politikum.

Die Konrad-Adenauer-Stiftung (KAS) behauptet, dass 20 Prozent der Bevölkerung 80 Prozent des Geldvermögens besessen hätten. In Gegensatz dazu hätten 70 Prozent der DDR-Bürger nur Ersparnisse „von unter 5.000 Mark" gehabt.[103] Zur Gruppe der Vermögenden gehören meiner Meinung nach ältere Menschen, die ihr ganzes Leben gespart hatten, Bauern, Handwerker, Ärzte, Selbstständige, Künstler, Unternehmer, Politbüromitglieder und Offiziere der Staatsmacht.[104] Das „Neue Deutschland" (ND) stellt die Behauptung auf, dass 9 Prozent der Kontoinhaber 51 Prozent des Geldvermögens besessen hätten.[105] Allerdings sind beide Angaben nur mit Vorsicht zu genießen, denn KAS

---

[103] Konrad-Adenauer-Stiftung e. V. (2020b): Mythos: „In der DDR gab es keine nennenswerte Ungleichheit der Vermögensverteilung". Online verfügbar unter https://www.adenauercampus.de/ddrtutorium/mythos-und-wirklichkeit/in-der-ddr-gab-es-keine-ungleiche-vermoegensverteilung (zuletzt abgerufen am 11.11.2020).

[104] Bongertmann, Ulrich (Konrad-Adenauer-Stiftung e. V.) (2014): DDR: Mythos und Wirklichkeit. Wie die SED-Diktatur den Alltag der DDR-Bürger bestimmte. 3., überarb. Auflage, Sankt Augustin/Berlin, 2014. Online verfügbar unter https://www.kas.de/c/document_library/get_file?uuid=82cf6ae4-8b3d-5505-2817-15a6bfc1248e&groupId=252038 (zuletzt abgerufen am 06.11.2020).

[105] Roesler, Jörg (20.04.2006): Es gab nur 800 halbe Millionäre. Einkommen und Vermögen in Ostdeutschland vor und nach 1990. In: Neues-Deutschland.de vom 20.04.2006. Online verfügbar unter https://www.neues-deutschland.de/artikel/89068.es-gab-nur-halbe-millionaere.html (zuletzt abgerufen am 06.11.2020).

und ND lassen den Leser völlig im Unklaren, woher sie diese Informationen haben.

Es ist unbestritten, dass es in der DDR eine gewisse Unwucht in der Verteilung des Reichtums gab. Eine Verklärung der DDR bezüglich der Vermögensverteilung wäre nicht angebracht. Abseits der Träumerei von einer gerechten Welt müsste sich jeder, der den Bezug zur Realität nicht verloren hat, eingestehen, dass Leistung und Innovation nur durch unterschiedliche Bezahlung geweckt werden. Hingegen trägt die Gleichmacherei einen gesellschaftszerstörenden Keim in sich.

Gab es in der DDR auch Millionäre? Diese Frage ist, das muss ich zugeben, etwas ungewöhnlich. Hierauf bin ich erst gekommen, als ich in Klaus Behlings Buch „Leben in der DDR" las: „Zur Währungsunion am 1. Juli 1990 entdeckten die Prüfer der Deutschen Bundesbank eine zweistellige Zahl an DDR-Millionären, Kenner des sozialistischen Geldadels gingen sogar von ein paar Hundert aus. Betrachtet wird dabei nur das Geld ..."[106] Allerdings fehlt mir dabei der harte Beweis. Der MDR schrieb in seinem Beitrag „Millionäre in der DDR" etwas nebulös: „40 Millionäre soll es in der DDR gegeben haben."[107] Da fällt mir nur noch der Spruch ein: „Nichts Genaues weiß man nicht." Das „Neue Deutschland", das einstige Leitblatt der DDR, schrieb hierzu: „Es gab nur 800 halbe Millionäre."[108] Mir scheint, dass die willkürliche Festlegung der Anzahl der Millionäre, die vermeintlich in der DDR gelebt haben sollen, stark von der Einstellung zur DDR

[106] Behling (2018), S. 68.
[107] MDR.de (Hrsg.) (o. J.a): Wohlhabend in der DDR. Online verfügbar unter https://www.mdr.de/zeitreise/stoebern/damals/ddr-millionaere100. html (zuletzt abgerufen am 14.11.2020).
[108] Roesler (20.04.2006).

abhängt. Auch wenn es einige Indizien gibt, dass in der DDR eine Handvoll sehr vermögender Personen lebten, zum Beispiel durch die Zahlungen von Abfindungen für private mittelständische Betriebe an die ehemaligen Besitzer bei Umwandlung in volkseigene Betriebe, so zählen bei einer wissenschaftlichen Betrachtung lediglich die Fakten. Und diese fehlen hier.

Um Klarheit zu bekommen, schrieb ich das Bundesfinanzministerium an. Die müssten es eigentlich wissen. Über die Antwort musste ich aber schallend lachen. Ein Mitarbeiter oder eine Mitarbeiterin des Bürgerreferats schrieb mir, dass ich doch ins Statistische Jahrbuch der DDR nachschauen möge. Hätte dieser/diese nicht wissen können, dass solche Angaben in der DDR allein aus ideologischen Gründen niemals in der der Öffentlichkeit zugänglichen Literatur preisgegeben worden wären?

Tatsache ist aber, dass auch in der DDR für einen engen Personenkreis Spitzengehälter gezahlt wurden. So verdienten:

- General- und Kombinatsdirektoren eines Industriekombinats zwischen 2.000 und 4.500 Mark,
- Minister ungefähr 4.500 Mark,
- Mitglieder des SED-Politbüros circa 5.000 Mark,
- Ingenieure und Naturwissenschaftler mit Sonderverträgen zwischen 3.000 und 10.000 Mark und
- Chefärzte, die mitunter Privatpatienten behandelten, zwischen 6.000 und 10.000 Mark.

Auch Handwerker, Inhaber von Geschäften und Künstler konnten sich eine goldene Nase verdienen, wenn sie überdurchschnittlich fleißig, kreativ und zielstrebig waren. Die Mangelwirtschaft bot ihnen die Möglichkeit dazu. Wie der Reichtum in der DDR verteilt war, das war für die Staatsführung der DDR ein

Politikum. Deshalb wurde es auch streng geheim gehalten. Bemerkenswert ist, dass man selbst heutzutage so wenig darüber weiß.

Die Feststellung der Konrad-Adenauer-Stiftung, dass die aus einer bestimmten politischen Ecke immer wieder gern wiederholte Äußerung, in der DDR hätte es keine nennenswerte Ungleichheit gegeben, ein Mythos sei, teile ich. Den Satz „So verfügte ein Fünftel der Bevölkerung über vier Fünftel der Geldvermögen"[109] halte ich aber für eine fragwürdige Behauptung, solange die KAS nicht den Beweis erbracht hat.

Mittlerweile habe ich Antwort von der Deutschen Bundesbank bekommen. Sie schrieb bezüglich der angeblichen DDR-Millionäre:

„Wir haben zu Ihrer Frage leider keine Informationen gefunden. Gegenwärtig liegen der Deutschen Bundesbank auch keine Informationen darüber vor, ob und wie viele ‚DDR-Millionäre' es bei der Währungsumstellung am 1. Juli 1990 gab bzw. über welches Vermögen die einzelnen DDR-Bürgern zu diesem Stichtag verfügten."

8.1.2.6   Die Auswirkungen (Auswüchse) der Preispolitik

Gegen die Politik der SED-Führung, die Preise für Grundnahrungsmittel, Mieten, Dienstleistungen des öffentlichen Verkehrs, Bücher und Teilnahme an kulturellen Veranstaltungen niedrig zu halten, damit sich jeder DDR-Bürger diese leisten kann, ist prinzipiell nichts einzuwenden. **Die zu starke Subventionierung führte aber dazu, dass der Wert bestimmter Waren und Dienstleistungen nicht mehr geschätzt wurde und es zu**

---

[109] Konrad-Adenauer-Stiftung e. V. (2020b).

Auswüchsen kam. Das betraf in besonderem Maße die drei erstgenannten Bereiche.

So wurden Brot und Brötchen den Schweinen als Futter gegeben. Und obwohl die Fahrpreise so billig waren, erlebte ich als Lehrling in Berlin zu meiner Verwunderung immer wieder, wie Fahrgäste schwarzgefahren sind. Das konnte ich beim besten Willen nicht verstehen …

Was den Fuhrpark und die Gleisanlagen der Deutschen Reichsbahn betraf, wurde kaum investiert, sondern eher auf Verschleiß gefahren. Angesichts der niedrigen Fahrpreise war es dem Unternehmen nicht möglich, sich zu refinanzieren. Trotzdem sollte man die Leistung der Reichsbahnmitarbeiter würdigen, die tagtäglich versuchten, einen geregelten Fahrbetrieb aufrechtzuerhalten, was ihnen in der Regel auch gelang. Der große Kahlschlag (Ausdünnung des Schienennetzes, Schließung der Reichsbahnausbesserungswerke und Entlassung von Personal) begann wohlgemerkt erst nach der Vereinigung der beiden deutschen Staaten.

Die niedrigen Wohnungsmieten führten dazu, dass es für ältere Mieter keine Anreize gab, eine kleinere Wohnung zu beziehen, auch wenn dies bislang bewohnte Wohnung im Laufe der Jahre unverhältnismäßig groß geworden war. Einerseits ist das für mich verständlich, weil man an Erinnerungen hängt. Andererseits war dieses Verhalten angesichts der akuten Wohnungsknappheit ein ernsthaftes Problem … Durch die extrem niedrigen Mietpreise waren die Renovierung und die Instandhaltung des Hauses bzw. der Wohnung für die Vermieter ein Verlustgeschäft. Der Besitz einer Immobilie wurde schlichtweg zur Bürde. Daher überließen viele von ihnen diese kostenlos dem Staat. Eine weitere Konsequenz war: Trotz großer Wohnungsnot kam die Bauaktivität im privaten Bereich fast zum Erliegen.

Die Konstruktionsbauweise der massenweise aus dem Boden gestampften Plattenbauten war auf eine schnelle Errichtung orientiert, wobei die Wärmeisolierung, geschweige denn die Ästhetik, nur eine sehr untergeordnete Rolle spielte. In Anbetracht des Zustandes vieler alter Wohnhäuser waren die Neubauwohnungen trotz der genannten Mängel sehr beliebt. Die niedrigen Mieten verleiteten die Bewohner oft dazu, die Wärmeregulierung der Wohnung über die Fensteröffnung vorzunehmen. Es fand nach heutigen Maßstäben eine unglaubliche Energieverschwendung statt.

Für die schnell und lieblos zusammengebauten Plattenbauten konnte ich mich noch nie begeistern. Dagegen steckte in den alten Häusern ein Hauch von Geschichte. Zweifellos gab es triste Gebäude mit vielen Hinterhöfen, wo nur die Unterbringung möglichst vieler Personen das Ziel der Erbauer gewesen war. Jedoch die Häuser, die im Jugendstil errichtet worden waren, zeigen, was die Menschen schon vor ungefähr 120 Jahren zu bauen vermochten, obwohl sie nicht die technischen Möglichkeiten hatten wie heutzutage. Von dieser Kunstfertigkeit, Ästhetik und ausgestrahlten Lebensfreude bin ich sehr begeistert. Davon können sich die heutigen Architekten und Bauleute eine ganze Ecke abschneiden! Die meisten alten Häuser waren dem Verfall preisgegeben. Als ich bei der Armee war, verschlug es mich kurzzeitig nach Leipzig. Wohin das Auge blickte: Überall waren graue alte, zerfallene Häuser zu sehen, Von 2008 bis 2016 sendete der Fernsehsender VOX die Doku-Soap-Serie „mieten, kaufen, wohnen". Man mag von der Sendung halten, was man will. Interessant war für mich, dass viele Wohnungen in Leipzig zur Miete und zum Verkauf angeboten wurden, die im Jugendstil und in den 1920er-Jahren errichtet worden waren und nun wieder in neuem Glanz erstrahlten.

Der Verfall der Bausubstanz in der DDR war so dramatisch, dass die Vereinigung der beiden deutschen Rumpfstaaten nicht wesentlich später hätte stattfinden dürfen ...

Resümee:

Die Preispolitik der SED-Führung unter Erich Honecker führte dazu, dass

- die Wertschätzung für bestimmte Dinge und Dienstleistungen in einem nicht unbeachtlichen Teil der Bevölkerung verloren ging,
- sich die Wohnungssituation zusätzlich verschärft hatte,
- eine Refinanzierung des Wohnungsbestandes (der Wohnungsgesellschaften), der Deutschen Reichsbahn und anderer Güter nicht möglich war,
- große Löcher in den Staatshaushalt gerissen wurden,
- dadurch finanzielle Mittel für die Weiterentwicklung von Wissenschaft, Forschung und Wirtschaft entzogen wurden.

Meiner Meinung nach ist es ein großer Fehler, etwas kostenlos oder spottbillig anzubieten. Der Bürger muss merken, dass alles einen Wert hat.

Genau diesen Fehler begeht aktuell der linksgrüne Berliner Senat, der kostenlos Kinderkrippen und Kindergärtenplätze anbieten will. Das Pikante daran ist zudem noch, dass Berlin seine Ausgaben nicht mit seinen Steuereinnahmen bezahlen kann, tief verschuldet ist und somit von den anderen Bundesländern finanziert wird. Seine Freibier-Politik lässt sich der linksgrüne

Berliner Senat von den anderen bezahlen. Ich frage mich: Haben die jetzigen linken und grünen Politiker nichts aus den Auswüchsen der DDR-Preispolitik gelernt?

Von Verwandten habe ich erfahren, dass die gleichen Wintermäntel, die im „Exquisit" für 950 bis 1.200 Mark angeboten wurden, den westdeutschen Händlern für nur 9,80 DM verkauft wurden. Meine Schwester erinnert sich, wie die gleichen Feinstrumpfhosen von Esda in der DDR zu 15,00 Mark und im Westen zu 99 Pfennig angeboten wurden. Diese kleinen Einblicke lassen schon erahnen, dass diese Preispolitik (auf der einen Seite starke Subventionierung, auf der anderen Seite Verschleudern der eigenen Produkte Richtung Westen) auf lange Sicht nicht gut gehen konnte ...

8.1.3 Das Rentensystem der DDR und damit zusammenhängende Probleme nach dem Beitritt der DDR zur BRD

Die DDR hatte organisatorisch das Rentensystem vom Deutschen Reich übernommen und es geringfügig modifiziert. Zudem ähnelten sich bis zur Rentenreform von 1958 in der BRD die Rentensysteme beider deutscher Staaten. Dann wurde in der BRD die Höhe der Rente an die Höhe des aktuellen durchschnittlichen Arbeitslohnes/-gehaltes gekoppelt. Wie aus meiner nachfolgenden Tabelle ersichtlich ist, verlief in der DDR die Höhe der durchschnittlichen Rente sehr sporadisch. Sie hing im starken Maße von den Beschlüssen der SED-Parteitage ab.

In der DDR gingen die Frauen mit 60 Jahren und die Männer mit 65 Jahren in Altersrente.

Die Altersversorgung in der DDR ruhte auf drei Säulen:

1. auf der Sozialversicherung als gesetzliche Rentenversicherung mit einem Versicherungsschutz vor den Risiken des Alters, der Invalidität und des Todes,
2. auf Zusatzversorgungssystemen und
3. auf Sonderversorgungssystemen.

Die gesetzliche Rentenversicherung finanzierte sich im Umlageverfahren. Der Arbeitnehmer musste für die Renten- und Krankenversicherung einen Beitragssatz von 10 Prozent und die Betriebe/Einrichtungen 12,5 Prozent zahlen. Für Bauern, Handwerker, selbstständige Erwerbstätige, Unternehmer und Freiberufler galt ein Beitragssatz von 20 Prozent. Die Differenz zwischen Einnahmen und Ausgaben wurde durch Staatszuschüsse ausgeglichen. 1955 betrug laut Angabe der Konrad-Adenauer-Stiftung e. V. das Defizit nur 2,5 Prozent, 1989 waren es bereits 48,2 Prozent.[110]

Zu der zweiten Säule gehören die **Freiwillige Zusatzversicherung** (FZR) und die Intelligenzrente. Nur durch Abschließen einer Freiwilligen Zusatzversicherung konnte der einfache DDR-Bürger seine Rente deutlich verbessern. Die FZR wurde 1968 eingeführt und galt ursprünglich für einen sehr engen Personen-

---

[110] Konrad-Adenauer-Stiftung e.V. (2020a): Mythos: „In der DDR gab es keine Altersarmut". Online verfügbar unter https://www.adenauercampus. de/ddrtutorium/mythos-und-wirklichkeit/in-der-ddr-gab-es-keine-altersarmut (zuletzt abgerufen am 14.11.2020); Bäcker, G; Kistler, E.; Rehfeld, U. G. (16.11.2016): Das Rentensystem der DDR – ein Rückblick. In: Bundeszentrale für politische Bildung. Online verfügbar unter http://www.bpb.de/politik/innenpolitik/rentenpolitik/223103/das-rentensystem-der-ddr-ein-rueckblick (zuletzt abgerufen am 14.11.2020).

kreis. Durch eine Modifizierung wurde sie 1971 für einen großen Teil der Bevölkerung zugänglich. Löhne und Gehälter zwischen 600 und 1.200 Mark konnten zur Beitragszahlung herangezogen werden. Ab 1. Januar 1977 durfte das gesamte Arbeitsentgelt versichert werden. Die jährlichen Beiträge wurden in den Sozialversicherungsausweis eingetragen. Zum Ende der DDR hatten ungefähr 70 bis 80 Prozent aller Werktätigen eine Freiwillige Zusatzversicherung abgeschlossen. Die FZR fand im **Rentenüberleitungsgesetz vom 25. Juli 1991** ihre Berücksichtigung.

Die **Intelligenzrente** galt für einen engeren Kreis von Hochschullehrern, Wissenschaftlern, Ingenieuren, Ärzten, Lehrern und Künstlern. Diese wurde vom Staat eingezahlt. Hierauf hatten die Begünstigten keinen Einfluss. Durch die Intelligenzrente konnte der oben genannte Personenkreis im Rentenalter ein finanziell sorgenfreies Leben führen.

Zur dritten Säule gehören die Renten, die ausschließlich Angehörigen sehr staatsnaher Einrichtungen zuerkannt wurden. Dazu gehörten die Nationale Volksarmee, das Ministerium für Staatssicherheit/Amt für Nationale Sicherheit, die Deutsche Volkspolizei, die Zollverwaltung, der Strafvollzug und die Feuerwehr. Bei diesem Versorgungssystem mussten die Beschäftigten Beiträge in Höhe von 10 Prozent ihrer Löhne/Gehälter bezahlen und konnten nach langer Zugehörigkeit zu den o. g. Einrichtungen mit einer Rente von bis zu 90 Prozent ihres letzten Einkommens rechnen. Damit hatten diese Angehörigen im Rentensystem der DDR eine privilegierte Stellung. Bestimmten Personengruppen wie zum Beispiel ehemaligen Angehörigen des MfS wurde die Rente in der neuen BRD nur teilweise oder gar nicht anerkannt.

Nach Angaben der Bundeszentrale für politische Bildung gab es in der DDR 61 zusätzliche Versorgungssysteme. Ich muss zugeben, dass ich über diese Zahl sehr erstaunt war. Ich bin mir aber sicher: Selbst ehemalige DDR-Bürger, die in der höheren Verwaltungsebene gearbeitet hatten, könnten nur einen Bruchteil davon aufzählen.

Die **Hinterbliebenenrente** betrug 60 Prozent der Versichertenrente des Verstorbenen. Diese wurde auf ein Viertel reduziert, falls der Hinterbliebene ein Einkommen durch Arbeit oder durch Rente bezog.

Wie ich bereits im vorangegangenen Kapitel berichtete, war es nicht einfach, herauszufinden, wie sich die durchschnittliche Rente zwischen 1949 und 1989 entwickelt hatte. Denn weder in Büchern noch im Internet konnte ich hierzu etwas finden. Ich musste mir die einzelnen **Statistischen Jahrbücher der DDR** vornehmen und daraus eine Zahlenreihe zusammenfügen. Ich konnte anhand der mir zur Verfügung stehenden Bücher bis zum Jahr 1952 zurückgehen. Hier ist das Ergebnis dieser aufwendigen Arbeit:

Tabelle 17: *Durchschnittliche Rente für Arbeiter und Angestellte (Rente 1) und für Bauern, Handwerker, selbstständige Erwerbstätige, Unternehmer (Rente 2), Angaben in Mark.*

Jahr	Rente 1	Rente 2	Ø Rente	Rente 3	Rente 4
1952	91,15	91,15	91,15		
1955	97,85	97,85	97,85		
1960	152,22	152,22	152,22		

1965	172,92	149,70	161,31		
1970	199,17	180,12	189,64		
1975	258,28	236,64	247,46		
1980	342,51	321,00	331,75		
1985	376,99	357,58	367,28		
1989	446,62	426,88	436,75	555,42 (FZR)	520,13 (FZR)

Um die Tabelle besser verständlich zu machen, möchte ich sie näher erläutern:

Die Sozialversicherungsbeiträge der Arbeiter und Angestellte wurden in eine von dem **Freien Deutschen Gewerkschaftsbund (FDGB)** verwaltete Rentenversicherung abgeführt. Das galt von 1949 bis 1990. (Die betreffenden Zahlen sind unter „Rente 1" geführt.) Die Bauern, Handwerker, selbstständige Erwerbstätige, Unternehmer und Freiberufler zahlten ihre Sozialversicherungsbeiträge bis 1955 auch beim FDGB ein. Dann wurde die Zuständigkeit der Sozialversicherung auf die **Deutsche Versicherungsanstalt** (DVA) übertragen. Für Ostberlin war dann die **Großberliner Versicherungsanstalt** verantwortlich. 1969 fusionierten die DVA und die Großberliner Versicherungsanstalt zur **Staatlichen Versicherung der DDR**. Seitdem war sie bis 1990 für die Bauern, Handwerker, selbstständigen Erwerbstätigen, Unternehmer und Freiberufler zuständig. (Die betreffenden Zahlen sind unter „Rente 2" geführt.) Beamte gab es in der DDR nicht.

Wie aus der Tabelle ersichtlich ist, entwickelten sich die durchschnittlichen Renten dieser beiden Rentnergruppen auseinander. Das hat mit der Höhe der eingezahlten SV-Beiträge und auch mit der Zahl der Beitragszahler zu tun. Die Zahl der Arbeiter und Angestellten, die regulär in Altersrente gingen, schwankte um die 2 Millionen. Die Zahl der Rentner der anderen Berufsgruppen, die regulär in Altersrente gingen, schwankte um die 300 000.

Die Zahlenkolonnen zeigen, dass die durchschnittlichen Renten in der DDR nicht gerade hoch waren. Nicht selten hörte ich von den Rentnern den Spruch, dass die Höhe der Rente zum Leben zu wenig und zum Sterben zu viel sei. Allerdings hatte ich nie gewusst, wie hoch diese gewesen war. Das hatten sie mir nie gesagt. Dafür waren sie zu stolz gewesen. Umso mehr bin ich über das ermittelte Ergebnis erschrocken.

Um die Renten denen von Statista ermittelten durchschnittlichen monatlichen Einkommen der DDR-Bürger gegenüberstellen zu können, habe ich den Mittelwert aus „Rente 1" und „Rente 2" gebildet. Dieser ist unter dem Symbol „Ø Rente" zu finden.

Tabelle 18: *Übersicht über das Verhältnis der Rente zum Bruttoeinkommen. Angaben in Mark.*

Jahr	Bruttoeinkommen	Ø Rente	%
1949	290	Nicht erfasst	Nicht erfasst
1955	432	97,85	22,65
1960	555	152,22	27,43
1965	633	161,31	25,48
1970	755	189,64	25,12
1975	889	247,46	27,83
1980	1.021	331,75	32,49

| 1985 | 1.130 | 367,28 | 32,50 |
| 1989 | 1.300 | 436,75 | 33,60 |

Anhand des errechneten Rentendurchschnitts konnte ich ermitteln, wie sich die Renten prozentual gegenüber den Löhnen und Gehältern entwickelt hatten. Diese Zahlen stehen unter dem Symbol „%".

Ich denke, die niedrigen Renten waren vom Staat auch so gewollt. Schließlich brauchte er Arbeitskräfte. Die Rentner sollten ihre niedrigen Renten durch Arbeit aufbessern. Die gesetzliche Rentenversicherung war eher ein **Grundversorgungssystem**.

Um zu zeigen, was eine Freiwillige Zusatzrentenversicherung (FZR) finanziell ausmachte, habe ich exemplarisch das Jahr 1989 herangezogen. „Rente 3" gilt für die Arbeiter und Angestellten, „Rente 4" für die anderen Berufsgruppen.

Die dreijährige Fachschulausbildung hat auch dafür Konsequenzen, wann diese Personen in Rente gehen dürfen und wie hoch ihre Rente sein wird: Da während dieser Ausbildung keine Rentenbeiträge gezahlt wurden, fehlen ihnen drei Arbeitsjahre. Zudem wird die Rente niedriger ausfallen, als wenn sie eine Lehre gemacht hätten.

Bei der Berücksichtigung der Intelligenzrente für die Rente der ehemaligen DDR-Bürger in der neuen BRD gab und gibt es immer wieder Schwierigkeiten. Das scheitert oft daran, dass ein Betrieb/eine Einrichtung bis zum 30.06.1990 noch ein volkseigener Betrieb (VEB) hätte sein müssen. Viele Betriebe hatten sich aber 1990 eine andere Gesellschaftsform zugelegt, zum Beispiel GmbH oder Aktiengesellschaft.

Die dritte Gruppe von DDR-Bürgern, die durch den Beitritt der DDR zur BRD rentetechnisch das Nachsehen hat, sind die in der DDR geschiedenen Frauen. In der BRD bekommen die Frauen, die geschieden wurden und während der Ehe nicht oder geringfügig gearbeitet und Geld verdient hatten, Rentenanteile vom Ehemann zugesprochen. Da in der DDR in den 1980er-Jahren zwischen 90 und 95 Prozent der Frauen arbeiten gingen und als Frau einige Vorzüge genießen durften (Haushaltstag, bezahlte Ausfälle bei Erkrankung des Kindes, früheres Renteneintrittsalter), gab es keine Übertragung von Rentenanteilen vom Mann an die geschiedene Frau. Die fehlenden Arbeitszeiten/Beitragszeiten fallen nun nach 1990 bei der Berechnung der Rentenhöhe diesen Frauen auf die Füße.

Im Oktober 2019 fragte ich bei allen Bundestagsfraktionen nach, welche Maßnahmen sie zu ergreifen gedächten. Lediglich von der AfD und von der SPD erhielt ich eine Antwort. Das Schreiben von der AfD war sehr allgemein gehalten, was wohl darauf zurückzuführen ist, dass sie nicht Regierungspartei sind. Die Arbeitsgruppe „Arbeit und Soziales" der SPD-Bundestagsfraktion wurde schon etwas konkreter, zeigte aber erstaunliche Wissenslücken. Demnach sah *die höchstrichterliche Rechtsprechung ... in den bestehenden gesetzlichen Regelungen keine rechtswidrige Benachteiligung"*. Meine Frage nach dem Aktenzeichen der Gerichtsverhandlung konnte sie mir nicht beantworten. Im Koalitionsvertrag der CDU/CSU mit der SPD stehe die Formulierung: *„Für Härtefälle in der Grundsicherung im Rentenüberleitungsprozess wollen wir einen Ausgleich durch eine Fondslösung schaffen."* Ein Gesetzentwurf für die Schaffung eines Härtefallfonds liege zurzeit nicht vor, soll aber für diese Legislaturperiode geplant sein …

Es gibt noch eine vierte Gruppe von Rentenverlierern: die Mitarbeiter der Deutschen Reichsbahn, die bis zum Schluss dortgeblieben sind. Da aber die Ursache der Ungerechtigkeit in den 1990er-Jahren liegt, behandle ich dieses Thema an anderer Stelle.

8.1.4   Das Familienförderungsprogramm

Das am 20.12.1965 verabschiedete **Familiengesetz der DDR** unterstrich einerseits die Gleichberechtigung von Mann und Frau und legte andererseits fest, dass **die Familie die Keimzelle der Gesellschaft** sei. Daraus leiteten sich mehrere Aspekte ab, die ich an dieser Stelle nicht alle erläutern möchte. Einer davon ist die aktive staatliche Förderung der Entstehung und der Vergrößerung der Familie. Dem Staat schwebte als Idealfall eine Familie mit drei Kindern vor.

8.1.4.1   *Die Antibabypille*

Mitte der 1960er-Jahre wurde sowohl in der BRD als auch in der DDR die **Antibabypille** eingeführt. In der DDR hieß diese „Ovosiston". Hersteller war der VEB Jenapharm. Die Antibabypille allgemein wurde aber in der Bevölkerung und von Ärzten anfangs abgelehnt, wobei die Abneigung in Westdeutschland noch ausgeprägter war. Für die Kirche in Ost und West war sie ohnehin ein rotes Tuch. Die **Contergan-Affäre** im Jahre 1968 bestärkte die vielerorts gehegten Befürchtungen. Erst in den 1970er-Jahren wurde sie mehr und mehr akzeptiert. In der DDR sah die Staatsführung den Gebrauch der Pille als ein Mittel zur Unabhängigkeit und Selbstbestimmung der Frau an. Da der Begriff

„Antibabypille" eine negative Konnotation hatte, brachte der Staat die Wortschöpfung „Wunschkindpille" in Umlauf. Diese setzte sich trotz aller Bemühungen nicht durch. Ab 1972 wurde die Antibabypille in der DDR von den Ärzten kostenlos verabreicht.

Zwischen 1965 und 1975 fand in der DDR und in der BRD ein dramatischer **Pillenknick** statt, das heißt, dass die Zahl der Neugeborenen rasant zurückging. In Österreich war im gleichen Zeitraum ein ähnlicher Trend zu beobachten.

8.1.4.2 *Zinsloser Ehekredit und Anspruch auf eigene Wohnung*

Um dieser Entwicklung Einhalt zu gebieten, wurde ab 1972 ein Familienförderungsprogramm ins Leben gerufen. Ziel war eine Dreikinderfamilie. Davon profitierte jedes Ehepaar, das jünger als 27 Jahre war und zusammen nicht mehr als 1.400 Mark verdiente. Ein solches Paar durfte einen zinslosen Kredit in Höhe von 5.000 Mark in Anspruch nehmen. Beim ersten Kind wurden 1.000 Mark, beim zweiten weitere 1.500 Mark erlassen. Beim dritten Kind brauchte das Ehepaar nichts mehr zurückzuzahlen.

Der Staat erhöhte 1986 den Ehekredit auf 7.000 Mark. Die Ratenzahlung betrug 50 Mark pro Monat. Beim Kauf eines Kinderwagens, von Möbel und Gerätschaften für den Haushalt reichte es vollkommen aus, eine Kreditbescheinigung vorzulegen. Die Rückzahlung des Kredits war in der Regel problemlos, da beide Ehepartner arbeiteten. Mitte der 1980er-Jahre betrug die Beschäftigungsrate von Frauen zwischen 90 und 95 Prozent. Ab einem Alter von 16 Jahren konnte ein Jugendlicher regulär arbeiten gehen. Der gleiche Lohn für gleiche Arbeiten für Mann und Frau war in der DDR selbstverständlich.

Im Zeitraum von 1976 bis 1988 registrierte der Staat 1 371 649 Zahlungen in einem Gesamtwert von 9,3 Milliarden Mark, wovon ein Viertel des Kreditvolumens erlassen wurde.[111]

In der DDR wurde sehr früh geheiratet. Wer mit 25 Jahren nicht verheiratet war, bekam schon Torschlusspanik. In der Öffentlichkeit wurde dann schon gemunkelt, dass mit der Person vielleicht etwas nicht stimmen könnte … Erst verheiratete Personen hatten einen Anspruch auf eine eigene Wohnung. Allerdings konnte dieser Anspruch oft nicht durchgesetzt werden, da die Wohnungsnot sehr groß war.

8.1.4.3 Geburtenbeihilfe und Kindergeld

Ab dem 1. Juli 1972 erhielten alle Frauen, die Staatsbürgerinnen der DDR waren, bei der Geburt eines Kindes eine Beihilfe in Höhe von 1.000 Mark. Voraussetzung war die Wahrnehmung aller Termine bei der Schwangeren- und Mütterberatungsstelle.

Eltern, die Staatsbürger der DDR waren und auch in der DDR lebten, bekamen für die in ihrem Haushalt lebenden Kinder Kindergeld. Das monatlich gezahlte Kindergeld betrug:

- für das erste Kind 20 Mark,
- für das zweite Kind 20 Mark,
- für das dritte Kind 50 Mark,
- für das vierte Kind 60 Mark und
- für das fünfte und jedes weitere Kind jeweils 70 Mark.

Kindergeld wurde bis zum Abschluss der allgemeinbildenden Schule, meistens mit 16 Jahren, spätestens mit 18 Jahren, gezahlt.

---

[111] Behling (2019), S. 66.

Für Kinder (Jugendliche), die in die Lehre gingen oder eine geregelte Arbeit aufnahmen, entfiel das Kindergeld.

8.1.4.4 *Krippen- und Kindergartenplätze, Leihschulbücher und voller Lohn bei Arbeitsausfall wegen erkrankten Kindes*

Jedes Kind von Eltern mit der Staatsbürgerschaft der DDR hatte Anspruch auf einen Krippen- und Kindergartenplatz.

Das Entgelt für die Betreuung wurde von Ort zu Ort höchst unterschiedlich gehandhabt. In einigen war die Betreuung kostenlos. An anderen Orten musste für einen Kinderkrippen- und für einen Kindergartenplatz ein Entgelt in Höhe von ungefähr 1,20 Mark pro Tag und pro Kind an den Rat der Gemeinde oder an den Rat der Stadt entrichtet werden. Das lag daran, dass teilweise größere Betriebe die Kosten für ihre Beschäftigten übernommen haben. Bei maximal 25 Arbeitstagen pro Monat ergab sich eine Summe von 30,00 Mark.

Außerdem hatten die Eltern in den Kinderkrippen und Kindergärten, also vor Ort, Essengeld zu bezahlen. Dieses betrug ungefähr 0,55 Mark pro Tag und pro Kind. Bei höchstens 25 Arbeitstagen pro Monat ergab sich eine Summe von 13,75 Mark.

43,75 Mark pro Monat pro Kind waren für eine Familie mit durchschnittlichem Einkommen erschwinglich. Für eine Familie mit drei Kindern gab es bereits staatliche Begünstigungen, deren Ausmaß mir aber nicht bekannt ist.

Ab dem dritten Kind wurden alle Schulbücher kostenlos bereitgestellt.

Einem Elternteil wurde der volle Arbeitslohn auch gezahlt, falls es infolge der Erkrankung des Kindes der Arbeit fernbleiben musste.

8.1.4.5 Konnten die Maßnahmen den Geburtenrückgang stoppen?

Um herauszufinden, ob das staatliche Familienförderungsprogramm von 1972 den starken Geburtenrückgang durch die Einführung der Antibabypille stoppen konnte, habe ich im Statistischen Jahrbuch der DDR 1990 die Einwohnerzahlen und die Anzahl der (Lebend-)Geburten von 1950 bis 1989 herausgesucht
und den prozentualen Anteil der Geburten von der Anzahl der
DDR-Staatsbürger errechnet.

Tabelle 19:   *Die Entwicklung der Geburtenrate von 1950 bis einschließlich 1989 in der DDR*[112]

Jahr	DDR-Staatsbürger	Geburten	Anteil an der Bevölkerung in %
1950	18 388 172	303 866	1,65
1955	17 944 308	293 280	1,63
1960	17 240 526	292 985	1,70
1965	17 019 651	281 058	1,65
1970	17 058 229	236 929	1,39
1971	17 061 009	234 870	1,38
1972	17 042 988	200 443	1,18
1973	16 979 620	180 336	1,06

---

[112] DigiZeitschriften e. V. (Hrsg.) (o. J.b): XXIII. Eheschließungen, Geburten,
Sterbefälle. In: Statistisches Jahrbuch der Deutschen Demokratischen Republik, Band 1990, S. 403–428, hier: 403. Online verfügbar unter
http://www.digizeitschriften.de/dms/img/?PID=PPN514402644_1990
%7Clog29 (zuletzt abgerufen am 14.11.2020).

1974	16 924 737	179 127	1,06
1975	18 850 125	181 798	1,08
1976	16 786 057	195 483	1,16
1977	16 765 173	223 152	1,33
1978	16 756 074	232 151	1,39
1979	16 744 692	235 233	1,40
1980	16 737 204	245 132	1,46
1981	16 736 030	237 543	1,42
1982	16 697 366	240 102	1,44
1983	16 698 555	233 756	1,40
1984	16 670 767	228 135	1,37
1985	16 64 4308	227 648	1,37
1986	16 624 375	222 269	1,34
1987	16 641 298	225 959	1,36
1988	16 666 340	215 734	1,29
1989	16 614 294	198 922	1,20

Die Bevölkerungszahl der DDR war prinzipiell rückläufig. Es fand aber seit dem Mauerbau am 13. August 1961 eine gewisse Stabilisierung statt. Aus den Geburtszahlen in der Tabelle kann man erkennen, dass durch das Familienförderprogramm der Geburtenrückgang ab 1974/1975 gestoppt werden konnte und es seitdem sogar zu einer Zunahme von Geburten führte. Ab 1982/983 waren die Geburtszahlen dann leicht rückläufig. Leider kann ich an dieser Stelle nur spekulieren, dass es an der

Zunahme wirtschaftlicher Probleme und gesellschaftspolitischer Auseinandersetzungen lag. Ab dieser Zeit nahmen auch die Ausreisen in die BRD wieder deutlich zu. In unsicheren Zeiten setzt man ungern Kinder in die Welt. Spätestens seit dem März 1985, als Gorbatschow in der Sowjetunion an die Macht kam, waren viele Menschen davon überzeugt, dass die DDR reformiert werden müsse.

Als die Vereinigung der beiden deutschen Rumpfstaaten stattfand und die Treuhand eine Schneise der ökonomischen Verwüstung durch die ehemalige DDR schlug, kam es zu einer regelrechten Geburtenverweigerung. Ich erinnere mich mit Grauen an diese Zeit: Es war ein seltsam anmutendes Bild, eine Frau mit einem Kinderwagen zu sehen. Wie oft dachte ich da wehmütig an die Zeit zurück, als es überall in der Stadt Kleinkinder zu sehen gab und viele junge Mütter unbesorgt den Kinderwagen vor den Geschäften abstellten, wenn sie einkauften …

Meine Ausführungen zeigen, dass die DDR prinzipiell ein sehr familienfreundlicher Staat war. Allerdings konnte man sich durch das Kinderkriegen keine goldene Nase verdienen, wie es in so mancher Literatur anklingt. Selbst wenn in der DDR Mann und Frau gearbeitet haben, so blieb für eine größere Familie am Ende des Monats kaum etwas übrig.

Demgegenüber halte ich die Kindergeldpolitik der jetzigen BRD, wo für Ausländer in der BRD und für (echte und unechte) Kinder im Ausland Gelder gezahlt werden, eher für kritikwürdig.

8.1.5 Das Wohnungsbauprogramm der DDR

8.1.5.1 *Die Ausgangssituation vor dem Wohnungsbauprogramm*

Da im Zweiten Weltkrieg viele Städte im mittleren Deutschland zerstört worden waren und sich mehr als 4 Millionen Flüchtlinge und Vertriebene aus den deutschen Ostgebieten dort niedergelassen hatten, war für die DDR die Wohnungsnot von Anfang an ein steter Begleiter.

In der Zeit vom 12. April bis zum 25. Mai 1950 unternahm eine von der DDR-Regierung ausgesuchte ranghohe Delegation eine Reise durch die Sowjetunion, um zu erkunden, wie dort der Städtebau geplant wurde. Aus den Erkenntnissen entsprangen dann die Leitlinien für den Bau einer sozialistischen Stadt, die sogenannten **16 Grundsätze des Städtebaus**.

In den 1950er-Jahren entstanden die ersten großen Neubausiedlungen, zum Beispiel in Eisenhüttenstadt und in Hoyerswerda. In der Zeit von 1951 bis 1970 wurden ungefähr 111 000 neue Wohnungen fertiggestellt.

Anfangs baute man die Häuser noch Stein auf Stein. Teilweise entstanden Prunkbauten im Stil des **sozialistischen Klassizismus**, zum Beispiel in Berlin in der ehemaligen Stalinallee (heute Karl-Marx-Allee). Doch da der Wohnungsbau zu langsam voranging, dachten sich die Architekten und Bauspezialisten rationellere Bauverfahren aus. 1953 wurde in Johannistal (bei Berlin) erstmals die **Großplattenbauweise** angewendet. Die Architektur ähnelt in einer gewissen Weise derjenigen des **Bauhauses** aus den 1920er-Jahren. Ob nun den DDR-Baufachleuten dieser Baustil bei ihren Entwürfen Pate stand, bleibt wohl ein Geheimnis. Oft wird dieser Baustil auch als **sozialistische Moderne** bezeichnet. Auch wenn er mir nicht gefällt, so konnten sich nicht wenige dafür begeistern. Vielleicht spielte da auch eher der praktische Vorteil eine große Rolle, keine Kohlen mehr schleppen zu müssen und Heizung und Warmwasser „all inclusive" in der billigen Miete mit enthalten zu haben. Zudem boten die Stadtteile mit den alten Häusern oftmals einen tristen Anblick.

Auch der Bestand von knapp 6 Millionen Wohnungen im Jahre 1970 konnte die Wohnungsnot nicht ansatzweise lindern. Vielerorts waren immer noch Ruinen aus dem Zweiten Weltkrieg vorhanden. Ich erinnere mich, in Neuruppin und in Oranienburg bis Anfang/Mitte der 1970er-Jahre noch zerbombte Häuser gesehen zu haben.

8.1.5.2   Das Wohnungsbauprogramm und die Etappen seiner Durchsetzung

Auf der 10. Tagung der SED am 2. Oktober 1973 wurde das Wohnungsbauprogramm beschlossen. Es war die Umsetzung der Leitlinie des VIII. Parteitages der SED, eine „Einheit von Wirtschafts- und Sozialpolitik" zu schaffen. Mit dem Wohnungsbauprogramm sollte die Wohnungsnot bis 1990 endgültig der Vergangenheit angehören. Dazu müssten ungefähr 3 Millionen Wohnungen neu gebaut bzw. modernisiert werden. Die SED-Führung war sich durchaus dessen bewusst, dass dieses ehrgeizige Projekt viele Milliarden Mark kosten würde und der Forschung und Entwicklung Gelder entzogen werden würden. In einem wesentlich bescheideneren Ausmaß gab es seit 1972 auch eine Förderung des privaten Wohnungsbaus.

Seit dem VIII. Parteitag der SED im Jahre 1971 wurden große Anstrengungen unternommen: So fand am 6. Juli 1978 die feierliche Übergabe der millionsten Wohnung in Berlin-Marzahn statt. Bis 1981 entstanden Halle-Neustadt mit 90 000 bis 100 000

Einwohnern und bis 1985 Berlin-Marzahn mit circa 300 000 Wohnungen (davon 200 000 als Neubau und 100 000 modernisiert) jeweils als eigene Stadtviertel. Am 12. Oktober 1988 übergab Erich Honecker persönlich einem Ehepaar in Berlin-Hohenschönhausen die dreimillionste Wohnung. Ob es nun wirklich die dreimillionste Wohnung war, das sei dahingestellt. Schließlich wurden auf allen Ebenen der gesellschaftspolitischen Hierarchie die Zahlen etwas geschönt.

8.1.5.3 Die Wohnungssuche

Überall in der DDR entstanden an den Rändern von Städten Neubausiedlungen. Diese fügten sich in den seltensten Fällen harmonisch in das Stadtbild. Eine weitaus größere Schattenseite war jedoch der Umstand, dass gleichzeitig die Renovierung der Altstädte sträflich vernachlässigt wurde. In Leipzig gab es die unglaubliche Situation, dass mehr Wohnungen (von alten Häusern) gesperrt/abgerissen wurden, als neue Wohnungen entstanden.[113]

Die Wohnungsnot konnte bis zum Ende der DDR nicht gelöst werden. Bei der Wohnungssuche gab es auf dem Wohnungsamt ein Punktesystem. Zum einen wurde bewertet, wie wichtig der Wohnungssuchende für die Arbeit in der Volkswirtschaft war. Zum anderen spielten die familiären Verhältnisse eine Rolle. Als Lediger war man diesbezüglich chancenlos. Als Ehepaar hatte man zwar theoretisch einen Anspruch auf eine Wohnung, jedoch die raue Wirklichkeit ließ den Mitarbeitern des Wohnungsamtes wenig Spielraum. Erst wenn ein Ehepaar das erste Kind bekam,

---

[113] MDR.de (Hrsg.) (o. J.b): Zeitreise: Ist Leipzig noch zu retten? Reportage von 1989. Online verfügbar unter https://www.mdr.de/zeitreise/stoe bern/damals/video174138.html (zuletzt abgerufen am 14.11.2020).

erhöhte sich die Chance auf eine „Wohnraumzuweisung" drastisch.

Auch in den 1980er-Jahren waren freie Wohnungen Mangelware. Nachdem ich geheiratet hatte, zog ich in das Elternhaus meiner Frau. Ich meldete mich bei der Polizei um und informierte auch das Wohnungsamt. Die Angestellte auf diesem Amt empörte sich, dies sei „eine künstliche Wohnraumverknappung". Was stellte sich diese Dame eigentlich vor? Sollten meine Frau und ich jahrelang in separaten Haushalten leben? Obwohl meine Frau und ich fast jeden Tag auf dem Wohnungsamt vorstellig wurden und dort bestens bekannt waren, erhielten wir keine Wohnung. Erst als das erste Kind unterwegs war, erhielten wir die ersehnte eigene Wohnung …

8.1.5.4   *Die Ursache des Scheiterns*

Wie gesagt, die staatlichen Anstrengungen zur Bekämpfung der Wohnungsnot waren unverkennbar. Ich denke, hier stieß die zentralistisch geführte Wirtschaft an ihre Grenzen. Anfangs ging es mit der Schaffung von Wohnungen in der DDR wesentlich schneller voran als in der BRD. Jedoch mit der Zeit verkehrte sich der Vorteil einer zentralistischen Planung in ihr Gegenteil. Walter Ulbricht erkannte die Probleme und antwortete darauf mit vorsichtigen Reformen. Unter Erich Honecker wurden diese aber gestoppt. Es rächte sich nun Erich Honeckers Rückkehr zur Planwirtschaft der 1950er-Jahre, die er mit dem Sturz Walter Ulbrichts einleitete. Das Zurückfahren der Ausgaben für Wissenschaft und Forschung sowie die drastische Kürzung von Rohstofflieferungen durch die Sowjetunion von 1982 bis 1987 führten zur wirtschaftlichen Krise der DDR. Ein behutsames

Absenken von Subventionierungen und von Ausgaben für das Wohnungsbauprogramm wären ökonomisch ratsam gewesen.

Die staatlich subventionierten Mieten betrugen 0,80 bis 1,25 Mark/m², wobei bei den Neubauwohnungen für die Exklusivität der Fernwärme/der Zentralheizung ein Aufpreis von 40 Pfennig/m² festgelegt war. Im vorangegangenen Kapitel habe ich fünf Beispiele gebracht, wie hoch die Mieten in den unterschiedlichsten Konstellationen waren. Kostete die Subventionierung der Mieten 1971 „nur" 2,3 Milliarden Mark, so stieg diese 1988 auf 16 Milliarden Mark an. Der staatliche Wohnungsbau und die Modernisierung von Wohnungen kosteten dem Staat mehr als 200 Milliarden Mark![114]

Das Haushaltsloch wäre gewiss kleiner und der Verfall der alten Bausubstanz nicht so groß gewesen, wenn es in der DDR höhere Mieten gegeben hätte. Ob Erich Honecker jemals diesen Gedanken hatte, bleibt im Reich der Spekulationen. Entweder hatte er Angst, eine Mieterhöhung würde zu Unruhen und Aufständen führen, oder ihm fehlten die notwendigen ökonomischen Kenntnisse. Mein persönlicher Eindruck von Erich Honecker war bereits seit Anfang der 1980er-Jahren, dass er die ökonomischen Gesetze habe überlisten wollen …

8.2   Kultur

Die Kultur dient dazu, sich zu erholen, sich dieser zu erfreuen, und bietet die Möglichkeit, sich für eine gewisse Zeit aus dem zum Teil schwierigen Alltag auszuklinken. Sie ist auch Aus-

---

[114] Otto, Stefanie (03.01.2020): 50 Jahre Plattenbausystem WBS 70. Damals war die Platte ein Geschenk. In: Rbb24.de. Online abrufbar unter https://www.rbb24.de/panorama/beitrag/2020/01/wohnen-im-ddr-plattenbau typ-wbs-70-berlin-brandenburg.html (zuletzt abgerufen am 17.11.2020).

druck der Werte, auf die sich die Gesellschaft gründet. Besonders im Mittelalter und in der Zeit des Absolutismus haben die Herrschenden die Kultur teilweise zum Zeitvertreib gefördert. Im Bereich der Kultur entwickelten sich auch Zeitgeister, die über den Sinn des Seins grübelten, versteckt Gesellschaftskritik übten und über gesellschaftliche Alternativen nachdachten. Mit der Weiterentwicklung von Sprache und Kultur bildete sich auch die Identität von Volksgruppen und Nationen heraus. Die Herrschenden nutzten die Kultur durch gezielte Verbote und Förderungen aus, um so das Volk zu beeinflussen.

Mit der Erfindung des Buchdrucks war es bis in den letzten Winkel des Reiches möglich, Ideen zu verbreiten. Die Verbreitung der von Luther ins Deutsche übersetzten Bibel ist das bekannteste Beispiel. Insofern sahen die Herrschenden die schnelle Ausbreitung von Ideen mit einem gewissen Argwohn. In den 1930er-Jahren kamen der Spielfilm und ab Mitte der 1990er-Jahre das Internet als Medium der schnellen Verbreitung von Kultur einschließlich Gesellschaftskritik hinzu.

Für die Betrachtung der Kultur in der DDR spielte das Internet noch keine Rolle, da dieses Ende der 1980er-Jahre noch in den Kinderschuhen steckte.

Da ich 1956 geboren bin und ich die Zeit erst ab Mitte der 1960er-Jahre bewusst erlebt habe, möchte ich ab dann berichten. Es war die Zeit, als noch Walter Ulbricht regierte.

8.2.1 Literatur

Für die DDR-Führung war die Literatur der deutschen Aufklärung in der Schule ein Unterrichtsschwerpunkt. Hierzu zählten die Dichter Goethe, Schiller, Lessing und Herder. Die Häuser in Weimar, wo viele dieser Dichter einst gelebt hatten, und das

Nationaltheater wurden vom Staat zur nationalen Kulturstätte erhoben und aufwendig renoviert. Mindestens einmal in der zehnklassigen Schulausbildung, meistens im Rahmen der Jugendweihe, wurde eine Reise nach Weimar organisiert. Oftmals stand auch ein Besuch des Nationaltheaters, des Konzentrationslagers in Buchenwald und der Wartburg bei Eisenach auf dem Programm.

Martin Luthers Leistung bestand darin, mit der Übersetzung der Bibel auf der Wartburg die Religion für das Volk verständlicher gemacht und auch Großes für die Bildung der deutschen Sprache getan zu haben. Letzteres wurde von der DDR-Staatsführung schon gewürdigt. Deshalb ließ sie sein Wohn- und Sterbehaus in Eisleben und seine Wirkungsstätte in Wittenberg immer wieder renovieren. Allerdings hielt sie sich eher an den Theologen Thomas Müntzer, der 1524/1525 den Bauernaufstand geführt hatte. Daher gibt es auch in Mühlhausen eine große Gedenkstätte zum deutschen Bauernaufstand.

In der Schule wurde auch der Dreißigjährige Krieg (1618–1648) als eine große nationale Katastrophe thematisiert, wobei mehr der Schwerpunkt auf den Grauen des Krieges lag. Hierzu galt als Standardwerk das Buch „Der abenteuerliche Simplicissimus Teutsch" von Hans Jakob Christoffel von Grimmelshausen. Der Dreißigjährige Krieg hatte für mich als Neuruppiner schon einen realen Bezugspunkt, zumal hier in der Umgebung zwei Schlachten mit schwedischer Beteiligung stattgefunden hatten (Schlacht bei Wittstock und Schlacht bei Fehrbellin).

Die Bürger der DDR waren ein lesehungriges Volk. RECLAM-Bücher aus Leipzig genossen bei ihnen große Beliebtheit, weil sie den Geldbeutel schonten und wegen ihrer Handlichkeit. Bestimmte Literatur wurde vom Staat besonders subventioniert. Hierzu zählten die Werke der Dichter der Aufklärung, die von

Heinrich Heine, Thomas Mann, Bertolt Brecht, Karl Marx, Friedrich Engels, Lenin und anderer „Persönlichkeiten des internationalen Klassenkampfes". Die Werke von Karl Marx und Friedrich Engels bekam man sogar im Ledereinband preiswert. Beim Abitur und beim Studium war die Lektüre dieser Literatur Pflicht.

Als Kinder-/Jugendliteratur waren die Bücher „Tinko" von Erwin Strittmatter, „Käuzchenkuhle" von Horst Beseler, die Lederstrumpfgeschichten von James Fenimore Cooper über die Indianer Nordamerikas, „Die Abenteuer des Tom Sawyer", „Die Abenteuer des Huckleberry Finn" von Mark Twain (beide in unverfälschter Textausgabe), die „Schatzinsel" von Louis Stevenson und „Robinson Crusoe" von Daniel Defoe sehr beliebt. Allerdings galt Karl May mit seinen Werken als Schundliteratur und wurde für die DDR-Bevölkerung so gut wie gar nicht gedruckt. Wenn ich an die Comic-Hefte „Mosaik" mit den Digedags erinnert werde, dann gerate ich immer wieder ins Schwärmen. Hannes Hegen war der Schöpfer dieser Helden. Die Comicserie gab es bereits seit 1955 und kam in unterschiedlichen Zeitabständen heraus. Dig, Dag und Digedag tauchten in unterschiedliche Epochen der Menschheitsgeschichte ein und vermittelten dem Leser en passant geschichtliches Wissen. Diese Hefte waren damals und sind noch heute heiß begehrt und für Sammler nicht gerade billig …

In der Schule waren bestimmte Bücher Pflichtlektüre, die ich im Nachhinein vielleicht als Gegenstück bezeichnen würde zu Literatur, die in Westdeutschland veröffentlicht wurde. Das Buch „Wie der Stahl gehärtet wurde" von Nikolai Ostrowski war schon ein Gegenstück zu „Dr. Schiwago" von Boris Pasternak. Und „Nackt unter Wölfen" von Bruno Apitz könnte als ein Gegenstück zur Literatur im Westen über die Sonderlager in der SBZ und die Kriegsgefangenenlager in der Sowjetunion gelten.

In der Literatur der DDR gab es auch Tabuthemen. Die deutsche Heimatliteratur aus den Ostgebieten gehörte genauso dazu wie die Sonderlager in der SBZ, das Schicksal der deutschen Vertriebenen und Kriegsgefangenen sowie die Probleme der Menschen in der DDR mit der sowjetischen Besatzungsmacht und mit dem Sozialismus.

Unter Walter Ulbricht war die Vereinigung der beiden deutschen Rumpfstaaten noch ein Thema, zwar unter dem Zeichen des Sozialismus, aber immerhin! Mit dem Machtantritt Erich Honeckers fand eine Abgrenzung zur BRD statt. Stattdessen sollte die Literatur bei der Herausbildung einer DDR-Identität eine wichtige Rolle spielen. Ich denke, es war ein hoffnungsloses Unterfangen. Zu groß war die Bande zwischen den Menschen in Ost und West, sei es verwandtschaftlich, sei es via Radio und Fernsehen oder ökonomisch gesehen.

Die Aufklärung der Jugendlichen im Bereich der Sexualität und betreffs der Gleichberechtigung zwischen Mann und Frau fand in der DDR viele Jahre eher statt als in der BRD. Sie wurde aber nicht so penetrant und nicht so aggressiv durchgeführt wie heutzutage.

Während in der alten BRD die Thesen der Westalliierten über die Ursachen des Ausbruchs des Ersten und des Zweiten Weltkrieges mit Inbrunst nachgebetet wurden und mit der Fischer-Kontroverse die Untertänigkeit noch gesteigert wurde, war man in der DDR schon etwas aufgeklärter. Auch wenn es seitens des Staates einen abgrundtiefen Hass auf die Hohenzollern und auf die Habsburger gab, so sah man dort zumindest die Rolle der US-amerikanischen, der britischen und der französischen Machtelite im Ersten Weltkrieg und die Rolle der USA im Zweiten Weltkrieg etwas kritischer. Es wurde nur in der DDR, aber nicht in der BRD, ein Tagebuch des US-amerikanischen Botschafters im Deutschen Reich, William Edward Dodd, veröffentlicht. Warum? Er deckte in diesem die US-amerikanische Beteiligung bei der Aufrüstung Hitlers zum Zweiten Weltkrieg auf. Das Buch wurde 1962 vom Verlag der Nation in Berlin herausgegeben und trug den Titel „Diplomat auf heißem Boden. Tagebuch des US-Botschafters William E. Dodd in Berlin 1933–1938". Gern hätte die DDR-Staatsführung auch die „Operation Unthinkable" thematisiert. Diese hätte den Ruf des im Westen gefeierten britischen Premierministers Winston Churchill gründlich ruiniert. Leider kam dieser Geheimplan erst 1998 an die Öffentlichkeit.

Am 4. Juni 1950 wurde in Berlin der **Deutsche Schriftstellerverband im Kulturbund zur demokratischen Erneuerung Deutschlands** gegründet. Es war keine berufsständische Interessenvertretung, sondern eine politisch ausgerichtete Organisation. Sie sollte die Kulturpolitik der SED-Staatsführung umsetzen. Damit wurde eine Vorläuferorganisation aus der Zeit der SBZ abgelöst. 1973 wurde dieser in **Schriftstellerverband der DDR** umbenannt. Im Statut wurden ihre Mitglieder auf die „Schaffensmethode des sozialistischen Realismus" eingeschworen. Sie sollten die „führende Rolle der Arbeiterklasse und ihrer Partei" anerkennen. Mitglied des Präsidiums war automatisch der Chefredakteur des „Neuen Deutschlands", das als Zentralorgan der SED fungierte. Mitglieder dieses Verbandes wurden Schriftsteller, die mindestens zwei belletristische oder lyrische Publikationen vorweisen konnten, und Kulturfunktionäre. Die Aufnahmekandidaten mussten von mindestens zwei Berufskollegen empfohlen werden. Der Schriftstellerverband war dem Ministerium für Kultur unterstellt. Die SED-Parteizugehörigkeit vieler Schriftsteller und das Ministerium für Staatssicherheit sorgten dafür, dass der Schriftstellerverband weitgehend linientreu blieb. Auch wenn nicht alle Schriftsteller mit der Politik der DDR-Staatsführung einverstanden waren, so sorgte ihre Mitgliedschaft beim Verband dafür, dass ihre Werke problemlos in der DDR veröffentlicht wurden. Der Prager Frühling im Jahre 1968, die Ausbürgerung Alexander Solschenizyns 1974 durch die Sowjetunion und diejenige Wolf Biermanns 1976 durch die DDR sorgten für Diskussionen innerhalb des Verbandes. Aber immer wieder gelang es dem Präsidium, der Staatsführung im Namen der Schriftsteller eine Loyalitätserklärung zu überreichen. Wegen der unsäglichen Reglementierung durch Staatsorgane und der Diffamierung und Kriminalisierung kritischer Schriftsteller verfassten einige von ihnen einen offenen Brief an Erich Honecker. Da ihn in der DDR keiner veröffentlichen wollte, beschlossen sie, ihn durch westdeutsche Zeitungen an die Öffentlichkeit zu bringen. Hinter diesem Brief standen Kurt Bartsch, Jurek Becker, Adolf Endler, Erich Loest, Klaus Poche, Klaus Schlesinger, Dieter Schubert und Martin Stade. Von der DDR-Regierung wurde dieser Brief nicht zum Anlass genommen, ihre Position zur Meinungsfreiheit zu überdenken, sondern als Affront bewertet. Die Veröffentlichung im Westen wog dabei besonders schwer. Die Reaktion folgte auf dem Fuße, wobei sich die Regierung selbst nicht die Hände schmutzig machen wollte. Am 7. Juni 1979 wurden Kurt Bartsch, Adolf Endler, Stefan Heym, Karl-Heinz Jakobs, Klaus Poche, Klaus Schlesinger, Rolf Schneider, Dieter Schubert und Joachim Seyppel vom Berliner Bezirksvorstand aus dem Schriftstellerverband ausgeschlossen. Becker, Loest und Stade traten vorher freiwillig aus. Einige Schriftsteller gingen daraufhin in die BRD. Dieser massive Angriff auf die Meinungsfreiheit löste weltweiten Protest aus.

Bis zum Ende der DDR vermochte es der Schriftstellerverband nicht, sich von dem Gebaren der Regierung zu distanzieren. Am

4. November 1989 versammelten sich auf dem Alexanderplatz in Berlin zwischen 500 000 und einer Million Menschen. Dort sprachen auch die Schriftsteller Christa Wolf und Stefan Heym ...

8.2.2 Theater

Zu den bekanntesten Theatern der DDR zählten in Berlin die Staatsoper Unter den Linden, der Friedrichstadt-Palast, das Berliner Ensemble, das Kabarett-Theater Distel, das Nationaltheater in Weimar, die Semperoper in Dresden und die Felsenbühne Rathen in der Sächsischen Schweiz.

8.2.2.1 *Die Staatsoper Unter den Linden*

Die **Staatsoper Unter den Linden** in Berlin ist die älteste der von mir aufgezählten Theater. Sie wurde auf Anordnung Friedrichs des Großen in den Jahren 1741 bis 1743 nach den Plänen des Architekten Wenzeslaus von Knobelsdorff errichtet. Die **Königliche Oper** war zu dieser Zeit das größte Theatergebäude Europas. Damit wollte Friedrich II. auch seine (anfängliche) Verbundenheit mit den Ideen der Aufklärung ausdrücken. 1843 brannte das Theater vollkommen nieder. Sofort ließ der preußische König Friedrich Wilhelm IV. ein neues Gebäude errichten, das das heutige Aussehen hat. Hohe internationale Anerkennung erhielt dieses Theater ab Ende des 19. Jahrhunderts, als es Richard Strauss als Hofkapellmeister und viele berühmte Dirigenten verpflichtete. Ab 1919 wurde das Theater in **Preußische Staatsoper** umbenannt. Im Zweiten Weltkrieg wurde es zweimal (im April 1941 und im Februar 1945) teilweise durch alliierte Luftangriffe zerstört. Nach Ende des Krieges gab es im (Ost-)Berliner Magistrat heftige Diskussionen, ob das Gebäude abgerissen oder als Musikhochschule genutzt werden sollte. Die DDR-Staatsführung hing nicht an den „Relikten der Vergangenheit". 1951 fiel die Entscheidung für den Wiederaufbau und für die Nutzung als Theater. Am 4. September 1955 fand die feierliche Wiedereröffnung statt. Das Gebäude wurde in **Deutsche Staatsoper** umbenannt. Hintergrund dieser Entscheidung war wohl, mit der Renovierung das internationale Ansehen der DDR zu steigern. So bedauerlich die mehrfache Zerstörung dieses Gebäudes war, so bot diese den Vorteil, dass die Bühnentechnik immer wieder modernisiert wurde.

8.2.2.2   Der Friedrichstadt-Palast

Die Straße Unter den Linden und die Friedrichstraße waren von Mitte des 19. Jahrhunderts an bis zum Anfang des Zweiten Weltkrieges die Flaniermeile und der Stadtteil Friedrichstadt das Amüsierviertel Berlins. Ältere Menschen können sich vielleicht noch an die beschwingte Melodie „Untern Linden, untern Linden" von Walter Kollo aus dem Jahre 1912 erinnern. Auch Marlene Dietrich versuchte sich künstlerisch an diesem Lied. Die Redewendung von der „guten alten Kaiserzeit" mag hier wohl am ehesten zutreffen …

Das Revue- und Varietétheater **Friedrichstadt-Palast** ist in Sachen Amüsement in dieser Gegend wohl das berühmteste seiner Art. Sein allererster Vorläufer war ein festes Zirkusgebäude mit 5000 Plätzen und befand sich am Schiffbauerdamm. Der sogenannte **Markthallen-Zirkus** wurde 1873 vom Zirkusdirektor Albert Salamonski eröffnet. Der Zirkus erlebte im Laufe der Zeit eine wechselvolle Geschichte, einige Pleiten, verschiedene Betreiber und als Höhepunkt zu Beginn des Ersten Weltkrieges die Requirierung der Zirkuspferde für den Militärdienst. Am 31. März 1918 gab es die letzte Zirkusvorstellung.

Um seine Vorstellungen von monumentalen Bühnenstücken umsetzen zu können, ließ Max Reinhardt den Zirkus von der National-Theater AG übernehmen und das Gebäude grundlegend umbauen. Die Hauptbühne war 30 Meter breit und hatte eine Drehbühne mit 18 Metern Durchmesser. Am 29. November 1919 wurde das Theater eröffnet und hieß fortan **Großes Schauspielhaus**. Unter der Regie von Max Reinhardt wurden viele Revuen und Operetten inszeniert. Er ließ bei den Revuen fast immer die traditionelle **Girlreihe** auftreten, was bis heute ein Markenzeichen dieses Theaters ist. Der Zuspruch für diese Form von Theater war in der Bevölkerung riesengroß. Die Zeit der Triumphe war mit dem Aufstieg des Nationalsozialismus zu Ende, zumal Max Reinhardt und viele andere, die in diesem Theater hinter und vor der Bühne standen, Juden waren. Im März 1945 wurde das Große Schauspielhaus sehr zerstört.

Nach dem Krieg wurde das Theater notdürftig repariert. Unter Marion Spadoni, der ersten Frau an der Spitze des Großen Schauspielhauses, lief der Theaterbetrieb wieder an. Fortan hieß es **Palast der 3000** oder **Palast am Bahnhof Friedrichstraße**. Das Gebäude wurde in der SBZ auch für gesellschaftspolitische Massenveranstaltungen wie zum Beispiel die Abschlusskundgebung des Deutschen Frauenkongresses für den Frieden im März 1947 und für die Gründungsfeier der FDJ im November 1947 genutzt. Ab 1972 fand viele Jahre hintereinander die Veranstaltung „Ein Kessel Buntes" statt, die live im DDR-Fernsehen übertragen wurde. Diese Sendungen wurden oft von Helga Hahnemann und Heinz Rennhack moderiert. Die Samstagabendshow war sehr beliebt bei Alt und Jung, weil auch Sänger, Künstler und Schauspieler aus dem Westen auftreten durften. Am 29. Februar 1980 kam die Hiobsbotschaft, dass Bauexperten das Gebäude für jede weitere Nutzung sperrten, weil die Gebäudepfeiler im

Boden größtenteils verrottet seien und es dadurch zu Setzungen komme.

Man beschloss, ein Ersatzgebäude für den 1985 abgerissenen alten Friedrichstadt-Palast zu bauen. Das neue Gebäude entstand nur 200 Meter entfernt vom alten, direkt an der Friedrichstraße. Am 26. Juni 1981 fanden die Grundsteinlegung und am 27. April 1984 die Eröffnung des **neuen Friedrichstadt-Palastes** statt. Der Neubau erhielt auch gleichzeitig die modernste Bühnentechnik mit einigen Superlativen. Er hatte zum Beispiel mit 2854 m² begehbarer Gesamtfläche die größte Theaterbühne der Welt. Die Unterbühne bekam ein Wasserbecken mit einem Fassungsvermögen von 140 000 Litern. Dieses konnte bei Wintershows in eine Eisfläche umgewandelt werden. Zu den Revues gehörte immer als Höhepunkt die aus 32 Tänzerinnen bestehende weltweit größte Girlreihe. Insgesamt beschäftigte der neue Friedrichstadt-Palast 60 Tänzer und Tänzerinnen.

Die mit der Vereinigung der beiden deutschen Staaten einhergehenden gesellschaftlichen Umwälzungen gingen auch am Friedrichstadt-Palast nicht spurlos vorüber. Als 1990 der Berliner Senat die Liegenschaft übernahm, strich er die geplanten Investitionen in Höhe von 27 Millionen DM. Es war nicht sicher, ob der Senat das Gelände verkaufen würde. Von den ehemals 800 Beschäftigten wurden 300 bereits 1990 entlassen. Bei einem weiteren Teil der Beschäftigten war die Arbeit unsicher. Angesicht dieser Situation suchten sich viele gute Künstler anderswo ein Engagement. Ein Spiegel-Beitrag vom 5. Februar 1990 in Heft Nr. 6 mit der Überschrift „Endzeit der Marionetten" verschärfte durch ungerechtfertigte und überaus harte Kritik die ohnehin schon unsichere Situation des Friedrichstadt-Palastes. Erst ab 1995 kam das Theater durch die Gründung einer landeseigenen GmbH in ruhigeres Fahrwasser. Ab dem Jahre 2009 konnte der Friedrichstadt-Palast Besucherrekorde erzielen. Im Jahre 2013 zählte das Theater mehr als 500 000 Besucher!

Da ich diese Zeilen am 29. November 2019 schreibe, möchte ich dem Friedrichstadt-Palast zum 100. Geburtstag alles erdenklich Gute wünschen!

8.2.2.3 Das Kabarett-Theater Distel

Unweit des Friedrichstadt-Palastes in der Friedrichstraße im Admiralspalast befindet sich das größte und bekannteste Ensemble-Kabarett Deutschlands, das **Kabarett-Theater Distel**. Es ist im Gegensatz zu den beiden zuvor genannten Theatern noch sehr jung und ein Ergebnis der Teilung Berlins in Zonen nach dem Zweiten Weltkrieg. Es wurde 1953 gegründet als Gegenpol zu den beiden Westberliner Kabaretts „Die Insulaner" und „Die Stachelschweine".

Die DDR-Staatsführung verband mit der Schaffung des Ostberliner Kabaretts die Hoffnung, dass mit der feinen Klinge der Worte einzig und allein die gesellschaftlichen Missstände in Westdeutschland und in Westberlin aufgespießt (angeprangert) und die selbst verursachten Fehlleistungen ausgespart werden würden. Doch es kam anders: Die Distel mauserte sich zunehmend zu einer Institution, vor der sich die Funktionäre der SED fürchteten. Über die Überschrift des 11. Programms von 1958 „Beim Barte des Proleten" ärgerte sich Walter Ulbricht sehr, da er sich persönlich angegriffen fühlte. Auf dem 11. Plenum des ZK der SED im Dezember 1965 wetterten Walter Ulbricht und Erich Honecker gegen kritische Künstler in der DDR. Die Schriftstellerin Christa Wolf war die einzige Person, die dort gegenhielt. Sie sprach davon, dass das „freie Verhältnis zum Stoff" ein hohes Gut sei, das geschützt werden müsse.

Was hinter den Kulissen passierte, wie groß die Repressionen waren, davon bekamen die wenigsten Zuschauer etwas mit. Eine vom Staat eingesetzte Abnahmekommission überprüfte jedes Programm, bevor es aufgeführt wurde. Missliebige Titel und Textpassagen wurden gestrichen und mussten umformuliert oder gar weggelassen werden. Das Programm „Keine Mündigkeit vorschützen" aus dem Jahre 1988 wurde gänzlich gestrichen. Immer wieder ließ der Staat die Direktoren auswechseln. Nur die Kompromissbereitschaft der Leitung des Kabarett-Theaters und die große Beliebtheit bewahrten diese kritische Institution vor der Schließung. Da bestimmte gesellschaftliche Missstände nicht im Klartext benannt werden durften, waren sie erfinderisch. Mit Verboten und Gängelung erreichte die Staatsführung das Gegenteil des Gewollten. Es führte zu Höchstleistungen in der Kunst bei Humor und Satire. Für die Zuschauer war der Besuch bei der „Distel" immer ein Genuss ...

Da die Nachfrage nach Karten so groß war, wurde 1976 im ehemaligen Kino Venus in der Degnerstraße in Hohenschönhausen eine zweite Spielstätte eingerichtet. Wochentags spielten Distel-Kabarettisten ihr Programm an beiden Orten und am Wochenende gemeinsam in der Friedrichstraße im Admiralspalast.

Die Zeit zwischen dem Fall der Mauer und der Vereinigung beider deutscher Staaten war zweifellos die aufregendste Zeit seit der Gründung der DDR. Die Ereignisse überschlugen sich förmlich. Und so hatten die Autoren der Distel-Programme in dieser unruhigen Zeit alle Hände voll zu tun. Wie schnell konnte ein zu thematisierender Sachverhalt am Morgen durch ein viel wichtigeres Thema am Abend verdrängt werden!

Der Einigungsvertrag enthielt so manche bittere Pille, die die Vertreter der DDR bei den Verhandlungen schlucken mussten. Einige wurden sofort mit dem Beitritt der DDR in den

Geltungsgebiet der BRD wirksam, andere schob man ganz bewusst viele Jahre hinaus, um die Euphorie über die Vereinigung nicht gleich zu trüben. Auf Letztere komme ich einige Kapitel später noch zu sprechen. Zu den schnell wirkenden Pillen gehörte die Abwicklung einiger öffentlicher Einrichtungen, unter anderem die des Kabarett-Theaters Distel. Der Berliner Senat war insofern kulant, als er von den ehemals 60 Mitarbeitern für sechs Monate 40 übernahm unter der Bedingung, dass diese eine GmbH gründen und dann alle oder einen Teil der Mitarbeiter wieder übernehmen sollten. Mit der Gründung einer GmbH wurde das zweite Schauspielhaus geschlossen und veräußert und 20 Mitarbeiter übernommen.

Das Kabarett-Theater arbeitet seitdem eigenständig, ohne staatliche Subventionen. Ungefähr 150 000 Menschen besuchen jährlich die Distel im Admiralspalast und auf Tourneen.

8.2.2.4   Das Berliner Ensemble

Unweit des ehemaligen Großen Schauspielhauses, des Vorgängers des Friedrichstadt-Palastes am Schiffbauerdamm, befindet sich das **Berliner Ensemble**. Die Geschichte dieses Theaters ist unweigerlich verbunden mit Bertolt Brecht und seiner Frau Helene Weigel.

Beide hielten sich nach der Machtergreifung Hitlers in Skandinavien und dann in den USA auf. Ab 1947, mit Einsetzen des Kalten Krieges, setzte eine Zeit ein, die allgemein als McCarthy-Ära bezeichnet wird und bis 1956 anhielt. Personen, die eine kommunistische, sozialistische oder sonstige linke Einstellung hatten, wurden sehr schnell „unamerikanischer Umtriebe" bezichtigt und bestraft. Auch Bertolt Brecht wurde am 30. Oktober 1947 vor einen solchen Ausschuss geladen. Daraufhin verließen beide die USA und gingen in die Schweiz. Allerdings schlug ihnen auch dort tiefes Misstrauen entgegen. Helene Weigel ging zuerst nach Deutschland, in die Sowjetische Besatzungszone, zurück, um die Möglichkeiten nach Umsetzung und Entfaltung ihres Theatergenres auszuloten. Im Oktober 1948 betrat Bertolt Brecht das erste Mal nach dem Krieg wieder deutschen Boden. Der Grund: Er war vom „Kulturbund zur demokratischen Erneuerung Deutschlands" in die SBZ eingeladen worden. Nachdem ihm die Schweiz eine weitere Aufenthaltsgenehmigung verweigert hatte, ging Bertolt Brecht im Mai 1949 endgültig in die SBZ/DDR. Etwas irritierend ist für mich schon, dass beide im Oktober 1950 die österreichische Staatsbürgerschaft erhielten … Während für beide in den Westzonen ein Einreiseverbot galt, wurden sie in der SBZ/DDR mit offenen Armen empfangen. Otto Grotewohl, Wilhelm Pieck und Alexander Dymschitz, sowjetischer Kulturoffizier in der SBZ, begrüßten ausdrücklich ihr Projekt. Bertolt Brecht und Helene Weigel gründeten am 1. September 1949 das **Helene-Weigel-Ensemble**. Da die Inhalte des Theaterprogramms der SED uneingeschränkt mit ihrer weltanschaulichen Richtung übereinstimmten, wurde es großzügig mit einem Jahresetat von 1,5 Millionen DDR-Mark ausgestattet. Indem Helene Weigel das Ensemble organisatorisch leitete, hielt sie ihrem Mann den Rücken frei für sein schriftstellerisches Schaffen und für eventuelle Rechtfertigungen gegenüber den Machthabern in der SBZ/DDR. Das war ein kluger Schachzug. Vorerst …

Das Helene-Weigel-Ensemble konnte nicht im vorgesehenen **Theater am Schiffbauerdamm** spielen, weil ein Mietvertrag mit dem Ensemble Fritz Wistens bestand. Daher fanden ihre Bühnenaufführungen im Deutschen Theater statt. Erst als Fritz Wisten mit seinem Ensemble in die nun wiederaufgebaute Volksbühne umziehen konnte, war für das Helene-Weigel-Ensemble der Weg frei. Das Theater am Schiffbauerdamm wurde nun zum Berliner Ensemble. Der 19. März 1954 war für sie der erste Arbeitstag im eigenen Haus.

In der Fachwelt werden Brechts Bühnenstücke mit den Begriffen „episches Theater", „analytisches Theater" und „dialektisches Theater" in Verbindung gebracht. Brecht experimentierte sehr viel, um die Aussagekraft seiner Werke zu verstärken. Brecht ließ die Requisiten auf ein Mindestmaß an Erkennbarkeit reduzieren bzw. verfremden. Sprache und Musik waren oftmals markant und pointiert. Im Gegensatz zu anderen Formen des Theaters sollten hier die Zuschauer nicht von ihrem zum Teil schweren Alltag abgelenkt werden. Hier ging es größtenteils um politische Themen, um die Kritik am Kapitalismus, um Klassenkampf. Sie sollten sich nicht in einzelne Personen hineinversetzen, sondern eher den gesamten gesellschaftlichen Prozess erkennen. Aus der Erkenntnis heraus sollten sie dann bereit sein, die Welt zum Besseren zu verändern. So viel steht fest: Solange es Menschen auf der Welt geben wird, so lange wird es den Traum von einer besseren Welt geben. Doch was ist „besser"? Was ist „gerecht"? Daran scheiden sich die Geister. Insofern ist dieses Theater Geschmackssache.

Bertolt Brecht arbeitete viele Jahre erfolgreich mit den Komponisten Kurt Weill, Hanns Eisler und Paul Dessau zusammen. Die Theaterstücke „Mutter Courage" aus dem Jahre 1954 und „Der kaukasische Kreidekreis" aus dem Jahre 1955, die in Paris aufgeführt wurden, brachten für das Berliner Ensemble und für Bertolt Brecht den internationalen Durchbruch. Seitdem waren ihre Auftritte im In- und Ausland gern gesehen.

Es gibt auch Episoden, die die Widersprüchlichkeiten Bertolt Brechts dokumentieren. Zum Beispiel irritiert mich das Hin und Her betreffs der Staatsbürgerschaft. Da habe ich schon den Eindruck, dass die SBZ/DDR für ihn nicht die erste Wahl gewesen sei.

Bei einer seiner Theateraufführungen Anfang der 1950er-Jahre demonstrierte ein Arbeiter wegen seines niedrigen Arbeitslohnes in Höhe von 350 DDR-Mark, ohne dass es während oder nach der Aufführung zu irgendeiner Reaktion gekommen wäre. Bertolt Brecht verdiente in dieser Zeit allein am Theater 3.000 DDR-Mark! Selbst ein Ingenieur verdiente in der DDR Ende der 1980er-Jahre nicht so viel Geld! Hier zeigt sich, dass Bertolt Brecht und sein Theater in der DDR eine Sonderrolle einnahmen.

Als es am 17. und 18. Juni 1953 in mehreren Großstädten der DDR zu Massenprotesten der Arbeiterschaft kam, distanzierte sich Bertolt Brecht davon. Er schrieb Solidaritätsbekundungen in Form von Briefen an Walter Ulbricht, Otto Grotewohl und an Wladimir Semjonow, Chef der Hohen Kommission der UdSSR in Deutschland. Er wies aber auch darauf hin, dass mit der Arbeiterschaft, die „in berechtigter Unzufriedenheit demonstriert" hatte, gesprochen werden müsse. Als am 21. Juni 1953 im „Neuen Deutschland" nur der erste Teil seines Schreibens veröffentlicht wurde, war er weitgehend diskreditiert. Es gelang ihm nicht, in der Presse der DDR öffentlich den Sachverhalt geradezurücken. Diese Erfahrung irritierte ihn zeitlebens.

Als Bertold Brecht am 14. August 1956 starb, übernahm seine Frau den Posten der Intendantin am Berliner Ensemble. Die Nachfolgerin Weigels, Ruth Berghaus, versuchte, eigene Akzente zu setzen. Allerdings stieß sie auf großen Unmut im Ensemble und beim Publikum. Daraufhin trat sie zurück. Seitdem wagte es kein Intendant mehr, eine augenscheinliche Akzentverschiebung zu betreiben. Der Verschleiß an Intendanten war bei diesem Ensemble sehr groß.

Das Berliner Ensemble kam erstaunlicherweise gut durch die unruhige Zeit der 1989er-/1990er-Jahre einschließlich der Vereinigung beider deutscher Staaten. Das Gebäude wurde privatisiert und gehört seitdem der Ilse-Holzapfel-Stiftung. Das Theaterensemble wurde handelsrechtlich in eine Kapitalgesellschaft mit beschränkter Haftung (gGmbH) überführt, deren Gesellschaftsführer Oliver Reese ist. Die Erwähnung dieser Tatsache ist deshalb so wichtig, um zu verstehen, dass heutzutage mit dem Begriff „Berliner Ensemble" nur die Theatergruppe einschließlich Verwaltung gemeint ist, nicht das Gebäude.

8.2.2.5   *Die Semperoper*

Im historischen Stadtkern Dresdens, der Hauptstadt des ehemaligen Königreiches und des jetzigen Freistaates Sachsens, befindet sich die berühmte **Semperoper**. Sie kann auf eine wechselhafte Geschichte und auf eine langjährige Tradition zurückschauen.

Als Vorgängerbau wird oftmals das Opernhaus am Taschenberg genannt. Dieses wurde als solches im Jahre 1667 eingeweiht, aber ab dem 18. Jahrhundert als Kirche genutzt. Der sächsische König beauftragte den Baumeister Gottfried Semper, ein neues Hoftheater zu errichten. In den Jahren 1838 bis 1841 wurde das Theater in Form eines Rundbaus errichtet, wobei beim Baustil an die italienische Frührenaissance erinnert werden sollte. Es entstand eines der schönsten Theater Europas. Am 21. September 1869 geschah das Unfassbare: Innerhalb weniger Stunden brannte das Theater vollkommen ab.

In nur sechs Wochen wurde als Übergangslösung eine Spielstätte errichtet, die man auch scherzhaft „Bretterbude" nannte. Am 2. Dezember 1869 fand die Eröffnung statt. Zu dieser stand Goethes „Iphigenie auf Tauris" auf dem Programm.

Der sächsische König Johann ordnete an, ein zweites Königliches Hoftheater zu bauen. Nichts lag näher, als dem Architekten des ersten Hoftheaters, Gottfried Semper, den Auftrag für den Entwurf zu geben. Die Crux war nur, dass dieser sich an der Revolution von 1848/49 beteiligt hatte, deshalb per Steckbrief gesucht wurde und nach Wien floh. Auch als 1863 der Suchbefehl aufgehoben wurde, kehrte er niemals mehr nach Sachsen zurück. Die inständige Bitte der Bevölkerung bewog den König, Gottfried Semper mit dem Entwurf für die neue Semperoper zu beauftragen. In Wien erstellte er die Architektenpläne, während sein ältester Sohn Manfred Semper die Bauleitung übernahm und in Dresden ab 1871 seine Pläne in die Tat umsetzte. Am 2. Februar 1878 war es so weit. Höhepunkt der feierlichen Eröffnung war die Aufführung von „Die Jubelouvertüre" von Carl Maria von Weber und „Iphigenie auf Tauris" von Johann Wolfgang von Goethe.

Ernst Edler von Schuch war von 1972 bis 1914 Dirigent und Hofkapellmeister an der Semperoper und prägte sie. Seine Freundschaft zum Komponisten Richard Strauss führte dazu, dass die Semperoper seine Musik und Operetten zu einem der Repertoire-Schwerpunkte erhob. Allein zwischen 1901 und 1938 wurden 9 von 15 Opern/Operetten von Richard Strauss in Dresden uraufgeführt. Noch heute spielt er im Veranstaltungsprogramm der Semperoper eine große Rolle. Schuchs großer Verdienst ist es, die Semperoper zu Weltruhm geführt zu haben.

In der Nacht vom 13. zum 14. Februar 1945 wurde das Theater durch angloamerikanische Fliegerbomben schwer beschädigt. Nach dem Krieg führte man in Dresden größere kulturelle Veranstaltungen wie Opern, Operette, Ballett, Schauspiel und Orchestermusik erst ab 1948 durch. Als Ausweichort diente das Große Haus des Staatstheaters. Lange Zeit stand nicht fest, ob die Semperoper jemals wiederaufgebaut werden würde. Es fehlte an Geld und Arbeitskräften.

Der Schwerpunkt lag zu dieser Zeit angesichts der völlig zerstörten Stadt verständlicherweise anderswo. So beließ man es bis 1955 bei Bausicherungsmaßnahmen. Von 1968 bis 1976 wurden diverse Studien angefertigt, weil es für die Semperoper keine historischen Bauunterlagen mehr gab. Gleich einem Puzzlespiel wurden viele Fotos zusammengetragen, um sie dann zu einem Gesamtbild des damaligen Prachtbaus zusammenzufügen. Es wurden mehrere Semper-Gebäude unter die Lupe genommen, um herauszufinden, welche gemeinsamen baulichen Elemente sie hätten. Zudem sollten die historischen Nachbildungen in Einklang mit der neuesten Bühnentechnik gebracht werden. Wie beim alten Theater waren auch bei neuen Räumlichkeiten für Ballett, Oper, Orchester und Schauspiel vorgesehen.

1976 wurde endlich von der DDR-Staatsführung grünes Licht gegeben zum Wiederaufbau der Semperoper. Am 24. Juni 1977 fand die Grundsteinlegung statt. Chefarchitekt Wolfgang Hänsch ließ im Vergleich zum alten Theater den Bühnenbereich verbreitern und die Anzahl der Sitzplätze auf 1 300 reduzieren. Entsprechend seinen Plänen wurde noch ein modernes Gebäude angebaut, wo Platz für Verwaltung, Probebühne und anderes mehr vorgesehen war.

Am 13. Februar 1985, genau 40 Jahre nach der Zerstörung, fand die Eröffnung statt. Das berühmteste Theater Deutschlands stieg gewissermaßen wie Phönix aus der Asche. Die Zeilen der vom Orchester angestimmten DDR-Nationalhymne „Auferstanden aus Ruinen und der Zukunft zugewandt" trafen exakt auf diese Situation zu. Zu der Eröffnung kamen viele Persönlichkeiten der DDR mit Rang und Namen. Selbst der ehemalige Bundeskanzler Helmut Schmidt und Niedersachsens Ministerpräsident Ernst Albrecht ließen sich diesen Moment nicht nehmen. Es stand das letzte Stück vom „Freischütz" Carl Maria von Webers auf dem Programm, das vor der Schließung der Oper am 31. August 1944 aufgeführt worden war.

Der Wiederaufbau der Semperoper verschlang 225 Millionen Mark der DDR, was ursprünglich nicht vorgesehen gewesen war.

Die Semperoper hatte die unruhige Zeit nach 1990, als die Treuhand in der ehemaligen DDR eine Schneise der wirtschaftlichen und sozialen Verwüstung hinterlassen hatte, gut überstanden. Die Schäden, die durch das Hochwasser im August 2002 beim Opernhaus entstanden waren, konnten behoben werden. 2006 wurde der Opernball wiedereingeführt, womit eine alte Tradition wiederauflebt. Die Semperoper kann sich heutzutage über eine Auslastung von 90 bis 95 Prozent freuen.

Der Wiederaufbau der Semperoper mit Wohlwollen der DDR-Staatsführung war nicht uneigennützig gewesen. Vielmehr war es um Prestige und internationale Anerkennung gegangen. Immerhin hatte dadurch die Musikwelt eines der schönsten Häuser der Welt zurückbekommen.

8.2.2.5 *Die Felsenbühne Rathen*

In der Sächsischen Schweiz (Elbsandsteingebirge), zwischen den Felsen Großer Wehrturm und Kleine Gans, unterhalb der Bastei und der Felsenburg Neurathen, befindet sich die **Felsenbühne Rathen**. Diese ist mit 1954 Zuschauersitzplätzen ausgestattet.

Die Gemeinde Rathen legte das Freilufttheater an und eröffnete es am 24. Mai 1936. Am ersten Schauspielstück („Basteispiel" von Kurt Arnold Findeisen) nahmen 200 Einwohner aus Rathen als Komparsen und Helfer hinter der Bühne teil. Sie waren zwischen 4 und 80 Jahren alt. Die Kostüme hatten sie selbst angefertigt. Es wurde die wechselvolle Geschichte ihrer Heimat dargestellt. Da der Zuspruch zu diesem Theater in der Bevölkerung sehr groß war, übernahm 1937 der Sächsische Gemeindekulturverband die Felsenbühne. 1938 veranstaltete das Freilufttheater Rathen erstmals Karl-May-Festspiele. Damit ehrten sie auch einen großen sächsischen Schriftsteller in Sachen Abenteuerromane. Seine Bücher zählen laut UNESCO mit zu den meistgelesenen und -übersetzten Büchern der Welt! Zudem bot (und bietet noch heute) das Freilufttheater die geeignete Kulisse für Indianer- und Westernschauspielstücke. 1942 wurde wegen des Zweiten Weltkrieges der Schauspielbetrieb eingestellt und erst 1946 wiederaufgenommen.

Der Umstand, dass ab 1954 diese Bühne von der Landesbühne Sachsen übernommen wurde, bot ihr viele Vorteile. So konnten die Werbung und der Verkauf von Eintrittskarten in ganz Sachsen und darüber hinaus organisiert werden. Bereits in der Spielsaison 1954 begrüßte die Felsenbühne Rathen in der sehr kurzen Auftrittszeit von nur drei Monaten (Juni bis August) immerhin 90 000 Zuschauer! Zudem ermöglichte dies der Bühne, auf ein größeres Repertoire an Schauspielern und Sängern zurückzugreifen und dadurch ihr Programm noch breiter aufzustellen. Werke von Goethe, Schiller, Carl Maria von Weber, Engelbert Humperdinck, Shakespeare und von vielen anderen wurden dort aufgeführt.

Ab 1984 fanden wieder Aufführungen zu Karl Mays Romanen statt. Die SED-Staatsführung hatte Karl May erst Anfang der 1980er-Jahre den Tabu-Status entzogen. Bis dahin waren die Veröffentlichung seiner Werke und ihre künstlerische Interpretation weder verboten noch erlaubt. Einerseits warfen die SED-Funktionäre Karl May rassistische Äußerungen vor, was aber nach längeren Diskussionen entkräftet werden konnte, andererseits störten sich die Genossen daran, dass Hitler ihn zum Lieblingsautor auserkoren hatte. Übrigens: Marlene Dietrich war Hitlers Lieblingsschauspielerin! ... Was konnten diese Menschen dafür?

Zurück zur Felsenbühne Rathen: Die Kulisse dieses Theaters war im Herbst 1984 der Drehort für die Folge „Angst" der DDR-Kriminalfernsehserie „Polizeiruf 110". Ein Jahr später wurde dort die Oper „Freischütz" von Carl Maria von Weber gefilmt und im DDR-Fernsehen im September 1985 gezeigt.

Die abrupt endende Tradition, Karl Mays Werke künstlerisch zu interpretieren, wurde 1984 wiederaufgenommen. Am 21. Juli 1988 kam es dort zu einer denkwürdigen, sehr bewegenden Szene. Herbert Graedtke, damaliger Darsteller des Old Shatterhand, nutzte einen Westbesuch aus, fuhr anstatt zu seinen Westverwandten nach Bad Segeberg und sprach mit Pierre Brice. Er nahm es in Kauf, dass es ihm der Staat übel nahm. Pierre Brice versprach, in die DDR zu kommen, sich das Karl-May-Museum in Radebeul anzuschauen und die Felsenbühne Rathen zu besuchen. Nun war er da! Das Wort eines Indianers gilt! Er, der West-Darsteller Winnetous, trat auf die Bühne zu den Akteuren und überreichte dem Ost-Darsteller Winnetous, Jürgen Haase, eine Friedenspfeife. Das Publikum war begeistert, die Schauspieler sehr ergriffen von diesem in vielerlei Hinsicht symbolischen Moment. Bereits zu dieser Zeit spürten viele Menschen in der DDR, dass es gesellschaftliche Umwälzungen geben werde. Insofern waren es für die Stasi und für die SED-Staatsführung bange Momente, ob der weltberühmte Pierre Brice vielleicht einige aufmüpfige Worte an die Zuschauer richten würde. Doch er fand Worte, die die Staatsmacht nicht herausforderten, die aber jeder DDR-Bürger gut verstand. Selbst die „Aktuelle Kamera" kam nicht umhin, von diesem ungewöhnlichen Treffen zu berichten …

Die Felsenbühne Rathen überstand die Wendezeit ohne größere Blessuren. Allerdings kommt sie nicht an die Besucherzahlen aus der DDR-Zeit heran. Sie schwanken zwischen 40 000 und 80 000. Die Freilichtbühne wird zurzeit aufwendig renoviert, um auch in der Zukunft den Zuschauern die Gelegenheit zu geben, für eine kurze Zeit dem Alltag zu entfliehen und in eine andere Welt einzutauchen, kurzum, sich an den verschiedensten Facetten der Kultur zu erfreuen …

8.2.3 Rundfunk und Fernsehen

8.2.3.1 Rundfunk der DDR

Der Berliner Rundfunk

Am 8. Mai 1945 kapitulierte die Führung der Deutschen Wehrmacht. Doch bereits zwei Tage danach befahl der sowjetische Stadtkommandant in Berlin, Nikolaj Bersarin, einen öffentlichen Rundfunk für die SBZ einzurichten. Hierzu sollte die Sendeanlage in Berlin-Tegel instand gesetzt werden. Bersarin wandte sich an die deutschen Kommunisten um Walter Ulbricht. Am 13. Mai 1945 konnte die erste Sendung ausgestrahlt werden. In den ersten Tagen wurden die Sendungen in einem Gebäude in Berlin-Tegel produziert und über die dort befindlichen Sendeanlagen ausgestrahlt. Der Sender nannte sich **Radio Berlin**. Dann zog das Personal in das Gebäude der ehemaligen Reichs-Rundfunk-Gesellschaft mbH (RRG), in das **Haus des Rundfunks** in der Masurenallee. Jetzt wurde der Sender in **Berliner Rundfunk** umbenannt. Der Sender war auf Mittelwelle zu hören.

Hans Mahle und Max Seydewitz, enge Vertraute Walter Ulbrichts und Leiter des Berliner Rundfunks, gelang es, als politische Kommentatoren linientreue Journalisten wie Markus Wolf (später führender Kopf beim DDR-Geheimdienst), den bei Radio München beschäftigten Herbert Geßner und den beim Nordwestdeutschen Rundfunk beschäftigten Karl-Eduard von Schnitzler (später Moderator des „Schwarzen Kanals") für ihre Arbeit zu gewinnen.

Der Berliner Rundfunk war der älteste Sender der SBZ/DDR.

Im Bereich der Kultur hatte der Berliner Rundfunk schon einiges vorzuweisen. Er war unter anderem Träger folgender Klangkörper: des Rundfunk-Sinfonieorchesters Berlin, des Tanzorchesters des Berliner Rundfunks, der Solistenvereinigung des Berliner Rundfunks und des Großen Chores des Berliner Rundfunks.

Der Berliner Rundfunk produzierte viele Sendungen, die erfolgreich und beliebt waren. Ich erinnere mich gern an „7–10 Sonntagmorgen in Spreeathen" mit Peter Bosse und Kalle Neumann, an „Helgas Top(p)-Musike" mit der unvergessenen Helga Hahnemann und an die Sportsendung „He, he, he, Sport an der Spree" mit Heinz Florian Oertel.

Als Kind hatte ich mich immer auf Sonntag um 08.35 Uhr gefreut. Dann kam im Berliner Rundfunk die Sendung „Im Tierpark belauscht" mit dem Direktor des Berliner Tierparks Prof. Dr. Dr. Heinrich Dathe und der Reporterin Karin Rohn. Pro Sendung wurde immer ein Tier besprochen. Der Zuhörer merkte Prof. Dathe förmlich sein unerschöpfliches Wissen und seine Liebe zu den Tieren und zu dem Beruf, den er ausübte, an. Diese Hörsendung war so erfolgreich, dass sie an 1774 Sonntagen stattfand. Im Fernsehen war er in der Sendung „Tierparktreff" mit Annemarie Brodhagen zu sehen. Obwohl viele Jahre vergangen sind, erinnere ich mich mit großem Zorn und mit tiefer Betroffenheit daran, wie Prof. Dr. Dr. Dathe zwei Monate nach der Vereinigung beider deutscher Staaten seinen Posten und seine Wohnung räumen musste. Er erhielt am 7. Dezember 1990 den Kündigungsbrief, sollte innerhalb einer Woche seinen Posten abgeben und bis Ende Dezember die Dienstwohnung räumen. Zudem stand Weihnachten vor der Tür. Die offizielle Begründung lautete, dass Menschen über 60 Jahre nicht mehr in den öffentlichen Dienst übernommen werden könnten. Abgesehen von der mangelnden Wertschätzung seines Lebenswerkes durch den Berliner Senat, glaube ich, dass dahinter noch viel mehr steckte. Immer wieder war von Westberliner Politikern zu hören, dass keine Großstadt der Welt sich zwei Tierparks halte. Wenn es nach ihnen ginge, solle der Berliner Tierpark nach Treuhandmanier so schnell wie möglich „abgewickelt" werden … Prof. Dr. Dr. Dathe traf dieser unmenschliche Akt tief ins Mark. Er starb am 6. Januar 1991.

Der Deutschlandsender

Ab dem 1. Januar 1946 wurden stundenweise Versuche mit einem Langwellensender namens **Deutschlandsender** angestellt. Senderstandort war Königs Wusterhausen. Dort stand eine Sendeanlage mit einer Leistung von 100 kW. Mit dieser Sendeleistung konnte der Deutschlandsender in nahezu jedem Ort in Westdeutschland empfangen werden, was auch Sinn und Zweck des Unternehmens war. Ziel war die Unterstützung der KPD. Zwischen 1947 und 1948 fand eine Umstrukturierung der Sendeprogramme statt. Bis dahin hatte es viele gemeinsame Projekte gegeben. Während der Deutschlandsender mehr gesamtdeutsche Fragen ansprechen sollte, wurde der Berliner Rundfunk faktisch zum Regionalsender herabgestuft. Er sollte sich mehr um die Berliner Probleme kümmern und mehr Musik anbieten. Am 1. Mai 1949 nahm der Deutschlandsender auf der Langwellenfrequenz 191 kHz sein Vollprogramm auf. Ab 1. August 1950 wechselte er wegen des Kopenhagener Wellenplans auf die Langwellenfrequenz 263 kHz. Zudem wurde der Deutschlandsender noch auf zwei Kurzwellenfrequenzen verbreitet. Ab 1959 kam es zu vielen Frequenzumstellungen. Er sendete nun auch auf Mittelwelle und auf UKW. 1971 wurde der

Sendebetrieb eingestellt. Einer der Gründe war, dass sich die SED-Führung unter Erich Honecker vom Gedanken eines vereinten Deutschlands verabschiedet hatte. Nun grenzte sie sich von der BRD mit allen Kräften ab.

Stimme der DDR

Der Berliner Rundfunk hatte noch ein zweites Programm namens **Berliner Welle** parallel zum Hauptprogramm laufen. Dieses war vor allem an die Westberliner gerichtet. Am 15. November 1971 wurden die Berliner Welle und der Deutschlandsender zusammengelegt. Es entstand ein neuer Radiosender, die **Stimme der DDR**.

Radio DDR I

Als Ergebnis der Verwaltungsreform im Jahre 1952 und der Rundfunkreform im Jahre 1953 entstand **Radio DDR**. Es nahm im August 1953 seine Arbeit auf. Im Oktober 1958 entstand ein weiterer Radiosender. Der ältere nannte sich **Radio DDR I** und der neuere **Radio DDR II**.

Beide Sender hatten sowohl Unterhaltung als auch Informationen in ihrem Programm. Radio DDR I sendete für die nationale Minderheit in der Lausitz Programme in Nieder- und Obersorbisch. Diese Tradition wurde auch später vom ORB und vom MDR übernommen.

Radio DDR I war wohl der Hauptsender. Dort war die Sportredaktion angesiedelt, die von Olympiaden, Weltmeisterschaften, von der Friedensfahrt, von der DDR-Fußballliga und anderen sportlichen Ereignissen berichtete. Am bekanntesten war der Journalist Heinz Florian Oertel.

Einmal in der Woche moderierte Heinz Quermann die „Schlagerrevue". Diese Sendung fand viel Anklang in der Bevölkerung. Das ist wohl auch der Grund, warum sie 36 Jahre lang fester Bestandteil des Radioprogramms war. Sie ist damit in der Rubrik Hitparaden die längste Folge der Welt.

Die Hörspielserie „Neumann, zweimal klingeln" mit dem Schauspieler Herbert Köfer zählte zu den beliebtesten Radiosendungen in der DDR.

Zwischen 1965 und 1989 war an vielen Sonntagen in der Zeit von 9.15 bis 11.00 Uhr die Unterhaltungssendung „Alte Liebe rostet nicht" zu hören. Günter Hansel moderierte sie. Mitarbeiter des Radios organisierten Veranstaltungen und Repräsentationen in den verschiedensten Städten der DDR. Es kamen auf diesem Wege 289 Veranstaltungen zusammen. Mit einer Dauer von 24 Jahren dürfte diese Sendung die längste ihrer Art sein.

Radio DDR 1 war der Radiosender, der in der Bevölkerung der DDR den größten Zuspruch erhielt. Die Mitarbeiter dieses Senders vermochten ein ausgewogenes Programm zu schaffen, wo die Politik nicht im Vordergrund stand und nach Möglichkeit keine Bevölkerungsgruppe ausgeschlossen werden sollte. Sie arbeiteten sehr professionell und mit sehr viel Herzblut. Daher ist es auch kein Wunder, dass viele von ihnen nach der Vereinigung beider deutscher Staaten keine Schwierigkeiten hatten, ihren beruflichen Weg erfolgreich weiterzugehen.

Als im Spätherbst 1989 die Zensur aufgehoben wurde, berichtete Radio DDR I sehr viel über die Diskussionen in der Volkskammer und am Runden Tisch. Dadurch konnten sich die DDR-Bürger sehr gut ein Bild von der politischen Situation machen.

Jugendsender DT64

Im Vorfeld des dritten **Deutschlandtreffens der Jugend** vom 16. bis 18. Mai 1964 in Ostberlin wurde auf Initiative von Radio DDR und mit tatkräftiger Unterstützung des Berliner Rundfunks sowie des Deutschlandsenders ein **Sonderstudio DT64** eingerichtet. Die Bezeichnung steht für **D**eutschland**T**reffen 19**64**. Dieses Studio berichtete 99 Stunden am Stück, wobei ein großer Teil live von den Veranstaltungen übertragen worden war. Das Echo auf diese Übertragungen fiel unerwartet hoch und positiv aus. Es gab tausendfache Anfragen Jugendlicher und auch des FDJ-Zentralrats, ob es solche Sendungen nicht nur zu diesem Anlass, sondern täglich geben könne. Nachdem Radio DDR und Deutschlandsender aus unterschiedlichen Gründen abgesagt hatten, ergriff der Berliner Rundfunk die Chance.

Am 29. Juni 1964 war es so weit: Die erste DT64-Sendung wurde ausgestrahlt. Es war die erste ihrer Art, die sich ausschließlich an die Jugend wandte. DT64 war über MW und über UKW zu empfangen, vorerst nur in Berlin. Es dauerte nicht lange, bis harsche Kritik seitens der SED kam. Auf dem 11. Plenum des ZK der SED, das vom 16. bis 18. Dezember 1965 tagte, kritisierte Erich Honecker, dass bei diesem Sender die Bildung zu kurz komme. Ab dem 1. September 1981 arbeitete der „Jugendfunk" des Senders Stimme der DDR mit DT64 vom Berliner Rundfunk zusammen. Sie boten ein gemeinsames Programm an, das von 19.00 bis 24.00 Uhr ging. DT64 wurde am 7. März 1986 ein eigenständiger Sender. Er war nun DDR-weit täglich über UKW von 13.00 bis 24.00 Uhr zu hören. Ab Dezember 1987 startete DT64 sein Programm bereits ab 04.00 Uhr mit der Sendung „Morgenrock". Sonnabends präsentierte Lutz Bertram in „Hit-Globus" die derzeit größten Hits der USA, Großbritanniens und der BRD. Für Jugendliche, die keine oder keine spendablen

Westverwandten hatten, war die Sendung „Duett – Musik für den Rekorder" äußerst beliebt. Da dort, im Gegensatz zu vielen Westsendern, nicht in die Titel hineingeredet oder diese willkürlich abgekürzt wurden, war es für diejenigen, die die begehrten Musiktitel mit dem Tonbandgerät aufnehmen wollten, eine wahre Fundgrube. DT64 bot zu bestimmten Musikrichtungen Spezialsendungen an.

In der Zeit der friedlichen Revolution (Oktober 1989 bis Februar 1990) stellte sich der Sender auf die Seite der Bürgerrechtsbewegung „Neues Forum". Er berichtete als erster DDR-Sender von der Demonstration in Leipzig am 16. Oktober 1989, woran bereits 120 000 Menschen teilgenommen hatten. Seitdem berichtete der Radiosender DT64 rege von den Montagsdemonstrationen, von den Verhandlungen am Runden Tisch und von anderen wichtigen Vorkommnissen, die sich während der friedlichen Revolution ereigneten. Am 8. November 1989 wurde bei diesem Sender eine Belegschaftsversammlung anberaumt. Auf dieser sprachen die Mitarbeiter ihr Misstrauen gegenüber der Leitung aus. Die Intendantin Marianne Hoebbel trat daraufhin zurück. An ihre Stelle trat Dietmar Ringel. Knapp zwei Wochen später, am 20. November 1989, gab es eine gemeinsame Sendung mit dem SFB. Seit dem Auszug aus dem Haus des Rundfunks Anfang der 1950er-Jahre hatte es keine deutsch-deutsche Zusammenarbeit dieser Art mehr gegeben.

Die am 1. Juli 1990 in Kraft getretene Währungsunion hatte den von vielen DDR-Bürgern nicht gesehenen Effekt, dass sich mit der Einführung der DM in der DDR die Lohnkosten verdreifachten bis vervierfachten. Die Treuhand hatte noch nicht zugeschlagen. Allein die Währungsumstellung führte in der DDR zu den ersten Entlassungen. Beim DT64 wurden zum Beispiel zum 30. Juni 1990 immerhin 63 von 143 Mitarbeitern entlassen.

Vom 7. zum 8. September 1990 kam es zu einem denkwürdigen Vorfall: Kurzerhand, ohne eine Absprache mit der Leitung von DT64, wurden 12 der 18 DT-64-Frequenzen auf RIAS Berlin umgeschaltet. Der geschäftsführende Intendant des Rundfunks der DDR, Christoph Singelnstein, hatte hinter dem Rücken von DT64 vier Wochen lang mit Vertretern von RIAS verhandelt. Dabei ist ein Deal herausgekommen, wonach 35 Mitarbeiter von RIAS, 25 Personen vom Sender DS Kultur übernommen und die meisten Frequenzen abgetreten werden sollten. Zusätzlich sollte eine monatliche Zahlung von 100.000 DM an den DDR-Rundfunk erfolgen. Als unerwarteterweise Tausende Jugendliche in Dresden, Leipzig, Neubrandenburg und anderswo in der DDR für den Erhalt von DT64 demonstrierten, wurde die Frequenzumschaltung sofort wieder zurückgenommen. Die Mitarbeiter und die Hörer von DT64 waren mit dieser Aktion gewarnt. Die Botschaft war eindeutig: Sowohl im Osten als auch im Westen gab es Kräfte, die diesen Sender liquidieren wollten. Im Osten waren es einige Volkskammerabgeordnete, die sich durch Enthüllungen auf den Schlips getreten fühlten, und im Westen wollten die Radiosender unliebsame Konkurrenz loswerden. Als Reaktion darauf gründeten Zuhörer den **DT64-Freundeskreis**. Dieser setzte sich vehement für den Erhalt des Jugendsenders ein.

DT64 war unermüdlich dabei, den direkten Kontakt zu den Zuhörern zu bekommen, sie zu binden, und beschritt dabei auch neue Wege. Der Sender gab eine Zeitschrift mit dem Namen „Jugend Radio NEWS" heraus, war viel mit dem Übertragungswagen unterwegs. Er ließ vor und nach der Wende die Musikgruppen aus der Jugendsubkultur-Szene zu Wort kommen und stellte auch ihre Musik vor. So gab es die Sendungen „TonArt" und „Dancehall".

Der Einigungsvertrag sah vor, alle DDR-Rundfunkanstalten bis zum 31.12.1991 in Anstalten des öffentlichen Rechts umzuwandeln oder zu privatisieren. Bei der Privatisierung müssten die Frequenzen von mindestens drei Bundesländern bereitgestellt werden, weil sich Werbung sonst nicht lohne. Allerdings war nur Brandenburg dazu bereit. Daher scheiterten die Verhandlungen mit Bertelsmann.

In Mecklenburg-Vorpommern sendete DT64 am 31. Dezember 1991 das letzte Mal sein Programm. Der NDR wollte diesen Sender nicht in seinem Programm berücksichtigen. Der ORB ließ DT64 gewähren unter der Bedingung, zwischen 15.00 und 18.00 Uhr auf der gleichen Frequenz das ORB-Jugendradio „Rockradio B" spielen zu lassen. Dieses Programm machte sich dann auf dieser Frequenz zeitlich immer breiter. Am 30. Juni 1992 war DT64 in Berlin-Brandenburg das letzte Mal zu hören. Der MDR ließ DT64 bis Ende Juni 1992 auf UKW senden und überließ ihm dann nur noch einen Sendeplatz auf Mittelwelle 1.044 kHz. Unter der Bedingung, dass sich DT64 umbenannte, durfte dieser Sender weiterarbeiten. Ab dem 1. Mai 1993 nannte sich dieser „Sputnik". Die Arbeitsweise des neuen Senders war kaum noch von derjenigen anderer Sender unterscheidbar. Das war das traurige Ende von DT64. Ein Sender, der aufmüpfig ist und zudem die ostdeutsche Identität hochhält, ist nicht gefragt …

Ein winziger Trost ist für mich, dass von den Mitarbeitern des DT64 Susanne Daubner und Jens Riewa beim ARD als Nachrichtensprecher der Tagesschau und Tatjana Jury als Moderatorin beim ORB bzw. RBB eine Karriere starten konnten.

Die Radiosender und die Propaganda

Der Bau der Berliner Mauer am 13. August 1961 hatte zur Folge, dass die politische Auseinandersetzung nach innen und außen verschärft wurde. Ab dem 5. September 1961 begann die Aktion „Blitz kontra NATO-Sender". Mitglieder der FDJ zogen durch Wohngebiete und drehten die auf Empfang westlicher Sender gerichteten Rundfunk- und Fernsehantennen auf Ostempfang oder zerstörten diese. In den Betrieben, öffentlichen Einrichtungen und in den Armee- und Polizeieinheiten durfte bei Strafe kein Westradio gehört werden. Ich erinnere mich, als ich bei der NVA meinen Wehrdienst ableistete: Dort musste die Nutzung eines Radios genehmigt werden. Außerdem wurde verlangt, auf dem Radio die Frequenzen, wo DDR-Sender ihr Programm hatten, mit Isolationsband oder Filzstift zu kennzeichnen. Wurde ein Armeeangehöriger beim Empfang eines Westsenders erwischt, so hatte er sein Radio beim Hauptfeldwebel abzugeben. Die Verwahrung dauerte dann einen Monat oder länger. Beim zweiten Mal musste er es nach Hause schicken.

Der RIAS-Sender aus Westberlin wurde von der DDR in einem besonderen Maße bekämpft. Der Empfang dieses Senders war in der DDR sehr nervig. Durch Störsender konnte erreicht werden, dass ein ständiger Pfeifton die Sendungen überlagerte.

Vom 15. Juni 1960 bis zum 30. Juni 1972 war jeden Tag um 06.15, um 12.30, um 18.00, um 20.15 und um 23.30 Uhr sowohl in der BRD als auch in der DDR auf der Sendefrequenz von 935 kHz der „Deutsche Soldatensender" zu hören. Markant war der Erkennungston, die Paukenschläge. Mit flotter Musik sollten die Soldaten in der Deutschen Bundeswehr zum Hören animiert werden. Die Informationen über Missstände in der Bundeswehr und Kritik an der Politik der Bundesregierung wurden geschickt in der Musik untergebracht. Das Wichtige wurde dadurch zum

Unwichtigen und das Unwichtige zum Wichtigen verpackt ...
Der Sendebetrieb befand sich in Berlin-Grünau, die Sendeanlagen in Burg. Wegen der nun einsetzenden Entspannungspolitik in Europa und der Vorbereitung des Grundlagenvertrages zwischen BRD und DDR wurde der Sendebetrieb schlagartig eingestellt. Selbst für die dort Tätigen kam der Befehl vollkommen unerwartet.

Die Radiosender im Wandel der Geschichte

Die SMAD erlaubte in der SBZ mehrere Regionalsender. Der bekannteste ist wohl Radio Leipzig. Nach der Gründung der DDR ging der eiserne Besen durch alle DDR-Rundfunkanstalten. Viele Personen verloren infolge der politischen Säuberungsmaßnahmen ihre Arbeit. Auch Neigung zu einer „falschen" Musik war ein Kündigungsgrund.

Im Jahre 1952 fand eine Verwaltungsreform statt. Aus vier Ländern (Mecklenburg, Brandenburg, Sachsen-Anhalt und Sachsen) entstanden 14 Bezirke. Berlin hatte einen Sonderstatus. Das hatte auch Auswirkungen auf die Rundfunklandschaft. Die Landessender wurden in Bezirkssender aufgeteilt. Letztere hatten damit eine weitaus geringere Bedeutung. Zum Zwecke der Umstrukturierung, Zentralisierung und der besseren Überwachung der Rundfunksender wurde 1952 das **Staatliche Rundfunkkomitee** gegründet.

Der Kalte Krieg und das politische Auseinanderdriften der beiden verbliebenen deutschen Landesteile führte dazu, dass nicht mehr gemeinsam im Haus des Rundfunks in der Masurenallee gearbeitet werden konnte. Daher wurde ein **Funkhaus in der Nalepastraße** in Berlin-Oberschöneweide errichtet und am 4. September 1954 offiziell eröffnet.

Von Dezember 1989 bis zur ersten freien Volkskammerwahl am 18. März 1990 hatte der Runde Tisch ein Mitspracherecht. Dieser empfahl, einen Hörfunkrat mit der Zuständigkeit für alle Radiosender der DDR einzurichten. Am 12. Januar 1990 wurde dieser dann gebildet. Die Volkskammer beschloss am 5. Februar 1990 die „Gewährung der Meinungs-, Informations- und Rundfunkfreiheit", wobei der Rundfunk eine „unabhängige öffentliche Einrichtung" sein sollte. Am 13. Februar 1990 konstituierte sich der Medienkontrollrat, der sich aus 23 Repräsentanten des Runden Tisches, der Volkskammerfraktionen, der Kirche und der Regierung zusammensetzte. Dieser Schritt ging in die richtige Richtung. Allerdings befand sich die Medienlandschaft der DDR bis zur Vereinigung der beiden deutschen Staaten in einem Schwebezustand, bei dem nicht klar war, wohin die Reise gehen würde. Der Staatsrat der DDR war weder handlungsfreudig noch handlungsfähig. Als das Schürer-Papier (wo die wirtschaftliche Lage der DDR – bewusst?) – düster gezeichnet wurde) in Bonner Regierungskreisen bekannt wurde, war die Verhandlungsposition der DDR geschwächt. So musste beispielsweise die Regierung der DDR bei der Bundesregierung betteln, dafür zu sorgen, dass die Zeitungsverlage aus der DDR nicht durch Dumpingpreise für westdeutsche Zeitungen in den Ruin getrieben werden würden. Andererseits sahen einige DDR-Politiker ihre Chance, durch Vermittlung und Gründung von Werbeagenturen, die die Werbung in Rundfunk und Fernsehen organisieren, ein Stück vom Kuchen abzubekommen. Der CDU-Politiker Henning Stoerk, der Ambitionen auf den Intendantenposten hatte, gründete nicht ganz uneigennützig die Medien-Agentur „Media Nova". Am 31. August 1990 wurde zwischen der DDR und der BRD der Einigungsvertrag geschlossen. Für Rundfunk und Fernsehen der DDR wurde dort vereinbart, die in der Zeit vom 3. Oktober 1990 bis zum 31. Dezember 1991 nach Artikel 36 zusammengefassten Einrichtungen bis zum 31. Dezember 1991 *„durch gemeinsamen Staatsvertrag [...] aufzulösen oder in Anstalten des öffentlichen Rechts einzelner oder mehrerer Länder zu überführen. Kommt ein Staatsvertrag nicht zustande, so ist die Einrichtung mit Ablauf dieser Frist aufgelöst."* Die übrig gebliebenen Rundfunk- und Fernsehanstalten müssten privatisiert werden.

Für das Sendegebiet Mecklenburg-Vorpommern, Hamburg, Niedersachsen und Schleswig-Holstein verhinderte der NDR, dass der Jugendsender DT64 und für das Sendegebiet Berlin verhinderte der von der CDU dominierte Berliner Senat, dass der Berliner Rundfunk eine Anstalt des öffentlichen Rechts werden konnte. In Berlin sollte nur der Sender Freies Berlin (SFB) in diesen Genuss kommen. Der Jugendsender DT64 starb dadurch auf Raten. Der Berliner Rundfunk wurde privatisiert und nannte sich fortan **Berliner Rundfunk 91.4**.

8.2.3.2   *Fernsehen der DDR*

Ab Juni 1950 wurde in Berlin-Adlershof ein Fernsehzentrum errichtet. Die ersten Sende- und Empfangsversuche für ein öffentliches Fernsehen begannen am 20. Dezember 1951. Diese waren vorerst nur für die Techniker gedacht. Ein schwacher Sender (mit einer Sendeleistung von nur 800 Watt) sandte Signale von Berlin-Adlershof zum alten Stadthaus in Berlin-Mitte.

Die ersten Fernsehapparate wurden in der DDR ab November 1952 verkauft. Der Verkauf dieser Geräte lief sehr langsam an, denn es war für DDR-Verhältnisse ein Luxus. Während das Fernsehgerät 3.500 DDR-Mark kostete, verdiente ein Werktätiger in der DDR zu dieser Zeit im Durchschnitt 300 DDR-Mark. Kein Wunder, dass bis Ende 1954 nur 3000 Stück verkauft wurden. Der Fernseher war für die DDR-Staatsführung in den

1950er-Jahren noch nicht das Medium, um mit Propaganda die Menschenmassen zu erreichen.

Am 21. Dezember 1952 begann der **Deutsche Fernsehfunk (DFF)** sein öffentliches Versuchsprogramm mit einer täglichen Sendezeit von zwei Stunden. Dieses war mit 60 Fernsehgeräten auf Berlin begrenzt. Einen festen Bestandteil der Sendung machte die halbstündige Nachrichtensendung **Aktuelle Kamera** aus. Sprecher war der später sehr bekannte DDR-Schauspieler Herbert Köfer. Zu dieser Zeit war die Aktuelle Kamera noch nicht so politisch einseitig ausgerichtet und, was die Berichterstattung betraf, nicht ganz aktuell. Da diese Nachrichtensendung bis zum 14. Dezember 1990 lief, dürfte sie im deutschen Sprachraum die älteste ihrer Art sein. Das Versuchsprogramm endete am 2. Januar 1956.

Am 3. Januar 1956 nahm der Deutsche Fernsehfunk seinen regulären Sendebetrieb auf. Es begann nachmittags und endete spätestens um Mitternacht. Ab dem 7. Oktober 1958 bot der DFF auch ein Vormittagsprogramm an. Dieses war mit Wiederholungen vom Vortag gefüllt. Zu dieser Zeit waren bereits 300 000 Fernsehapparate angemeldet. Meine Eltern hatten Ende der 1950er-/Anfang der 1960er-Jahre ihr erstes Fernsehgerät. Ich erinnere mich, wie es in unserem Wohnzimmer aufgestellt wurde und dass einiges getan werden musste, um einen vernünftigen Empfang zu bekommen. Für meine Eltern und für mich waren das schon sehr aufregende Momente gewesen …

Ab dem 22. November 1959 jeden Abend um 18.50 Uhr begrüßte **Unser Sandmännchen** die Kinder vor dem Schlafengehen und erzählte für knapp zehn Minuten eine Gutenachtgeschichte. Diese Sendung war von Anfang an sehr beliebt und wird auch noch nach der Vereinigung beider deutscher Staaten beim RBB und beim MDR fortgeführt.

Von 1960 an kam vor dem Sandmännchen bis zu 30 Minuten die Werbesendung **Tausend Tele-Tips** (ttt). Dort wurden Produktwerbung, aber auch Tipps zum Arbeits- und Versicherungsschutz sowie Reparatur- und Sparvorschläge gegeben. Unvergessen ist die Werbung für das Schaumbad Badusan „Baden mit Badusan, Badusan, Badusan!" oder für den Mixer/das Rührgerät RG28, der/das so gut wie nie kaputtging. Sehr beliebt war der Minol-Pirol, eine Werbefigur für den VEB Minol mit seinem DDR-weiten Tankstellennetz. Es gab hierzu 30 Episoden mit einer Länge von circa 45 Sekunden. Alle endeten mit dem Spruch: „Stets dienstbereit zu Ihrem Wohl ist immer der Minol-Pirol." Allerdings gab es bei Tausend Tele-Tips auch Werbung für Produkte aus der DDR, die der normale Bürger so gut wie gar nicht bekam oder auf die er lange warten musste. Vielleicht wurde deshalb 1976 die Werbesendung eingestellt.

Kurz vor dem 20. Jahrestag der Gründung der DDR, am 3. Oktober 1969, wurde auf dem **Zweiten Deutschen Fernsehfunk** DFF2 erstmals ein **Farbprogramm** gesendet. Nachdem Erich Honecker an die Macht gekommen war und eine Abgrenzungspolitik zur BRD eingeleitet hatte, wurde am 11. Februar 1972 der Deutsche Fernsehfunk in **Fernsehen der DDR** umbenannt. Die Farbfernsehübertragung in der DDR lief, technisch gesehen, über das SECAM-System, diejenige der westdeutschen über das PAL-System. Mit dem SECAM-System konnte das westdeutsche Fernsehprogramm nicht in Farbe gesehen werden. Es gab aber in der DDR findige Rundfunk- und Fernsehtechniker, die sich durch Behebung dieses Mangels durch Einbau eines PAL/SECAM-Kombidecoders eine goldene Nase verdienten. Da die DDR dringend konvertierbare Devisen brauchte, exportierte sie immer mehr Fernsehgeräte in die BRD. Daher und aus Produktivitätsgründen ging sie ab 1978 dazu über, in jedes

Fernsehgerät beide Systeme einzubauen. Farbfernsehgeräte waren aber bis zum Ende der DDR wesentlich teurer als Schwarz-Weiß-Fernseher. Mitte der 1980er-Jahre bezahlte ich für ein Farbfernsehgerät circa 6.000 DDR-Mark!

Politische Sendungen

Ab den 1960er-Jahren hatte das Fernsehen für die politische Meinungsbildung eine immer größere Bedeutung. Was der DDR-Bürger wissen und wie er denken sollte, stand sehr ausführlich im „Neuen Deutschland", dem Zentralorgan der SED. Allerdings lasen viele diese Zeitung nicht. Gut mit interessanten Sendungen verpackt, bot sich das Fernsehen geradezu an, unterschwellig Manipulation zu betreiben. Zu den politischen Sendungen gehörten die **Aktuelle Kamera** (Nachrichten), **Prisma** (für die Innenpolitik), **Objektiv** (für die Außenpolitik) und der **Schwarze Kanal** von und mit Karl-Eduard von Schnitzler. Die Aktuelle Kamera wurde immer von 19.30 bis 20.00 Uhr ausgestrahlt. Um sich eine ausgewogene Meinung bilden zu können, schauten viele DDR-Bürger zuerst die Aktuelle Kamera und dann die Tagesschau im ARD an.

Leider gibt es heutzutage kein richtiges „Westfernsehen" mehr. Die alternativen Medien erfüllen nur teilweise den Anspruch, allein schon aus Gründen der Erreichbarkeit aller Bevölkerungsschichten. Das wäre aber bitter nötig, denn 30 Jahre nach der Vereinigung der beiden deutschen Staaten haben sich die öffentlich-rechtlichen Medien immer mehr zu einem Sprachrohr der Bundesregierung und der transatlantischen Nichtregierungsorganisationen entwickelt. Der **Haltungsjournalismus** und die vollkommen einseitige Darstellung der Nachrichten erinnern viele DDR-Bürger an die Berichterstattung der Medien in der DDR. Übrigens: Diese Art der Berichterstattung steht auch im vollen Gegensatz zu den Anforderungen, die einst **Hanns Joachim Friedrichs** an einen guten Journalisten gestellt hatte, sich mit keiner Sache gemein zu machen …

Der Schwarze Kanal von und mit Karl-Eduard von Schnitzler diente als eine Propagandasendung der SED. Um seine Aussagen zu bekräftigen, schnitt er Aussagen von Sendebeiträgen aus dem westdeutschen Fernsehen zusammen. Teilweise gelang es ihm, die Aussagen auf den Punkt zu bringen. Oftmals waren aber die Ausschnitte zu verkürzt und die Aussagen zu übertrieben dargestellt. Dadurch handelte er sich bei der DDR-Bevölkerung sehr schnell einen schlechten Ruf ein.

Um die Menschen zu dieser Sendung zu locken, wurde zuvor, zwischen 20.00 und 21.00 Uhr, Willi Schwabes **Rumpelkammer** gezeigt. Zum Anfang jeder Sendung erklomm Willi Schwabe mit einer Laterne die Treppe zum Dachboden. Dabei erklang dezent die Melodie „Tanz der Zuckerfee" aus dem Ballett „Der Nussknacker" von Pjotr Iljitsch Tschaikowsky. Schwabe zündete die Laterne an und begrüßte die Zuschauer. Willi Schwabe wandelte in dieser Sendung auf dem Dachboden umher, wo viele alte Gegenstände herumstanden/-hingen. Mehrere Male ergriff er einen der Gegenstände, an denen er vorbeikam, und erinnerte sich in diesem Zusammenhang an eine bestimmte Szene in einem alten deutschen UFA-Spielfilm. Die Filme waren zwischen 1929 und 1945, zuweilen auch noch bis Anfang der 1950er-Jahre, gedreht worden. Heinz Rühmann, Nuschel-Moser, Hans Albers, Theo Lingen, Marika Rökk, Hannelore Schroth, Zarah Leander und viele andere großartige Schauspieler waren zu sehen. Hätte es Willi Schwabes Rumpelkammer nicht gegeben, dann hätte ich wohl diese Schauspieler niemals kennengelernt. Denn dieses kulturelle Erbe wurde von der DDR kaum und von der BRD gar nicht gepflegt. Die Sendung war in der DDR sehr beliebt. Auch viele Westdeutsche schalteten extra den Ostfernsehfunk ein, um diese Sendung zu sehen. Willi Schwabe versuchte ganz bewusst, die Politik außen vor zu lassen. Sofort nach seiner Sendung begann der Schwarze Kanal. Nun war das Kalkül der Fernsehprogrammgestalter, dass möglichst viele Zuschauer auch bei dieser Sendung hängenbleiben würden. Viele schalteten entweder den Fernseher aus oder um auf einen anderen Sender. Ich denke, die Rechnung ging diesbezüglich nicht auf. Zumindest war der Schwarze Kanal dadurch auch im Westen bekannt geworden. Im Osten wie im Westen war diese Sendung wenig beliebt …

Fernsehmagazine

Zu den immer wiederkehrenden Sendungen zu Themen, die jenseits der Politik angesiedelt waren, zählten im DDR-Fernsehen unter anderem:

- „Der Fernsehkoch empfiehlt" mit Kurt Drummer,
- „Alles, was Recht ist" zu Rechtsfragen mit Friedrich Wolff,
- „Verkehrskompass",
- „Tierparkteletreff" mit Prof. Dr. Dr. Dathe und Annemarie Brodhagen,
- „Du und Dein Garten" mit Erika Krause,
- „Die Umschau" zu Neuigkeiten aus Technik und Wissenschaft und
- „Visite", das Gesundheitsmagazin.

Die letztgenannten vier Sendungen waren äußerst beliebt. Über das traurige Ende des Prof. Dr. Dathe habe ich bereits berichtet. Die letzten drei Sendungen werden in den Fernseh-sehanstalten der neuen Bundesländer fortgeführt.

Aus heutiger Sicht habe ich bei den Gartensendungen vermisst, dass der deutsche Gärtner und Staudenzüchter Karl Foerster (1874–1970) dort einen gebührenden Platz bekommen hätte. Schließlich hatte er in der Botanik Großartiges geleistet, und sein Haus mit dem wunderbaren Senkgarten und der Gärtnerei befindet sich im Land Brandenburg, in Potsdam-Bornim, in der DDR. Auch die Landschaftsarchitekten Hermann von Pückler-Muskau (1785–1871) und Peter Joseph Lenné (1789–1866) kamen in den Sendungen der DDR viel zu selten vor, schließlich hatten sie die Garten-/Parkanlagen in Potsdam, Berlin, in Wörlitz und in Bad Muskau angelegt. Wahrscheinlich ging es nur darum, durch höhere Erträge im Garten die Versorgungsengpässe bei Obst und Gemüse zu kompensieren …

Sportsendungen

Für die DDR-Staatsführung war der Sport ein Mittel, um international staatliche Anerkennung zu erhalten. Der Staat hatte ein ausgefeiltes System, um Talente bereits im Kindesalter zu entdecken und zu fördern. Er gab auch sehr viel Geld aus, um Wissenschaftler zu beschäftigen, die Trainingsmethoden optimierten. Sogar eine große Unterdruckanlage wurde entwickelt und aufgebaut. Diese sollte Trainingsbedingungen wie im Hochgebirge erzeugen. Zweifellos gab es im DDR-Sport Doping. Diese Schattenseite soll auch nicht beschönigt werden. Allerdings gibt es in Westdeutschland Kräfte, die nach wie vor versuchen, den gesamten DDR-Sport darauf zu reduzieren. Damit werden viele ehemalige DDR-Sportler zu Unrecht des Betruges bezichtigt und ihre Leistungen infrage gestellt. Dahinter steckt ein ideologischer Grund, denn alles, was mit der DDR zu tun hat, muss schlecht sein. Andererseits steckt dahinter auch der Versuch, zu rechtfertigen, warum Sportler aus der alten BRD bei internationalen sportlichen Wettbewerben oft schlechter abgeschnitten haben.

Im DDR-Fernsehen wurden internationale Sportereignisse wesentlich ausführlicher gezeigt als im Westfernsehen. Bei Eiskunstlauf und Eishockey war mir das besonders aufgefallen. Auch die Friedensfahrt spielte im DDR-Fernsehen eine große Rolle. Meine ganze Familie hatte mit Begeisterung die gesamten internationalen Eiskunstlauf-Veranstaltungen angeschaut. Über die erste Goldmedaille von Gabriele Seyfert im Jahre 1969 in Colorado Springs und die von Katarina Witt im Jahre 1984 in Sarajewo hatten wir uns riesig gefreut.

Im DFF bzw. im Fernsehen der DDR gab es unter anderem die Sportsendungen **Medizin nach Noten**, **Sport aktuell** und **Fußballpanorama**.

Unterhaltungssendungen (Filmserien)

Die DDR brauchte sich bei Unterhaltungssendungen keineswegs hinter jenen aus der BRD zu verstecken. Das DDR-Fernsehen konnte aus einem großen Reservoire von Talenten schöpfen. Jedoch, was die Vielfalt an Entertainern und Darstellungen betraf, sorgte die SED immer wieder für Einschränkungen und für Kahlschläge, weil ihr die Staatskonformität der Darsteller wichtiger war als ihre Fähigkeiten. Für die Entertainer war es ein schmaler Grat, auf dem sie sich bewegten. Nach Maßgabe der SED sollte eine mehr oder weniger heile sozialistische Welt gezeigt werden. Dennoch schafften es Regisseure und Schauspieler immer wieder, dass Filme entstanden, die, oft mit einem

Augenzwinkern versehen, wirkliche Probleme zeigten und auch die Zuschauer zum Weinen, zum spitzbübischen Lächeln oder zum Lachen brachten.

Zu den mir bekannten Filmserien aus der DDR gehören:

- „Familie Neumann" (in Anlehnung an die Hörspielserie „Neumann, zweimal klingeln"),
- „Geschichten übern Gartenzaun",
- „Neues übern Gartenzaun",
- „Polizeiruf 110" (Kriminalserie),
- „Zahn um Zahn",
- „Rentner haben keine Zeit",
- „Wege übers Land" und
- „Sachsens Glanz und Preußens Gloria".

In diesen Serien spielten oft die in der DDR äußerst populären Schauspieler Manfred Krug, Herbert Köfer, Rolf Herricht, Helga Göring, Monika Woytowicz, Walter Plathe, Andreas Schmidt-Schaller, Helga Piur, Ursula Karusseit, Angelica Domröse, Armin Müller-Stahl, Rolf Hoppe und Jürgen Zartmann.

Die Filmserie „Wege übers Land" mit Manfred Krug, Ursula Karusseit, Angelica Domröse und Armin Müller-Stahl ist mir bis heute in nachhaltiger Erinnerung. Hier ging es, grob gesagt, um die Zeit des zu Ende gehenden Zweiten Weltkrieges bis 1953. Es ging um die Besetzung Polens, Krieg, Tod, Flucht, Vertreibung und um die gesellschaftlichen Umbrüche in der SBZ und in der jungen DDR. Da ich den Film vor vielen Jahrzehnten als Kind gesehen hatte, sind mir die Details nicht mehr präsent. Daher kann ich auch nicht beurteilen, wie realistisch der Film war. Allerdings hatte er die Gemüter der Menschen sehr bewegt.

Immerhin haben sich etwa 80 Prozent der Zuschauer der DDR diesen Film angeschaut.

Zu den ausländischen Filmserien, die im DDR-Fernsehen gezeigt wurden, gehörten unter anderem:

- „Kommissar Maigret" (Großbritannien),
- „Die drei Musketiere" (Großbritannien, Spanien, USA),
- „Die Abenteuer von Tom Sawyer und Huckleberry Finn" (BRD, Kanada),
- „Agatha Christie's Poirot" (Großbritannien),
- „Fackeln im Sturm" (USA),
- „Die Wiederkehr von Sherlock Holmes" (USA),
- „Daniel Boone" (USA),
- „Der Gendarm von Saint Tropez" (Frankreich) und
- „Die Olsenbande" (Dänemark).

Die drei letztgenannten Filmserien wurden oft in der DDR, aber nie oder höchst selten im Fernsehen der alten BRD gezeigt.

An nahezu jedem Wochenendnachmittag der 1960er-Jahre waren im westdeutschen Fernsehen die Westernfilme aus den USA an der Tagesordnung. Es liefen Filmserien wie „Bonanza" und „Rauchende Colts", wo einerseits viel geschossen und andererseits die große Freiheit in Amerikas Westen gepriesen wurde. In Westdeutschland gab es einen großen Western-Hype. Als kleiner Junge wollte man gern ein Cowboy sein, und die Zündplätzchenpistole durfte auch nicht fehlen … In den Filmen kamen die Indianer nicht so gut weg. Sie wurden eher als eine Gefahr für die Cowboys dargestellt, die ihre Siedlungen grundlos angriffen und die nur eine primitive Kultur hatten. Dass den Indianern, den Ureinwohnern Amerikas, ihre Heimat weggenommen worden war, war in diesen Filmen kein Thema. Es gab in den USA durchaus Spielfilme, die auch auf die Sicht der Indianer auf die verhängnisvolle Geschichte eingingen. Diese waren aber rar gesät und wurden vermehrt erst Ende der 1980er-/Anfang der 1990er-Jahre uraufgeführt … Auf diese äußerst einseitige Darstellung der Geschichte gab es in der DDR eine Art Gegenbewegung. Der Staat dürfte zwar der Initiator gewesen sein, sie wurde aber auch von der Bevölkerung getragen. In der DDR wurden die „Lederstrumpfgeschichten" von James Fenimore Cooper in einer großen Auflage veröffentlicht. Mit dem Film „Die Söhne der großen Bärin" (1966) und dem Hauptdarsteller Gojko Mitić begann die Produktion einer ganzen Reihe von DDR-Indianerfilmen. Ab 1971 wurde im DFF die US-amerikanische Westernserie „Daniel Boone" gezeigt.

Das DDR-Kinderfernsehen

Bereits 1954 wurde für das Kinderfernsehen eine eigene Redaktion eingerichtet. Diese richtete sich mit ihren Programmen an zwei Zielgruppen: an die Kinder bis zu einem Alter von neun Jahren und an die 10- bis 13-Jährigen. Bei den Sendungen für die Jüngeren wurde weitgehend von einer ideologischen Beeinflussung abgesehen. Bei den für die zweite Gruppe bestimmten Sendungen wurde der politische Auftrag der ideologischen Beeinflussungen teils geschickt, teils sehr plump verpackt. Daher ist es kein Wunder, dass diese Fernsehbeiträge weniger Zuspruch bekamen.

Ohne zu übertreiben, kann ich sagen, dass in der DDR wesentlich mehr für die Unterhaltung der Kinder im Fernsehen getan wurde als in der BRD.

Den ersten Quantensprung im Zuspruch erfuhr das Kinderfernsehen mit Beginn der Sendung „Meister Nadelöhr" im Jahre 1956. Der mit 26 Jahren noch sehr junge Schauspieler Eckart Friedrichson spielte seitdem die Rolle seines Lebens, den „Meister Nadelöhr". Diese Figur erinnerte schon sehr an das Märchen „Das tapfere Schneiderlein". Mit seiner Elle machte er gelegentlich Musik. Seine Begleiter waren zwei Puppen: eine Ente, das brave Schnatterinchen, und der mitunter aufmüpfige Kobold Pittiplatsch. Pittiplatsch wurde zeitweise aus dem Programm genommen, weil einige Eltern meinten, dieser sei mit seinen frechen Sprüchen für die Erziehung der Kinder untragbar. Als Höhepunkt kam ein maximal eine halbe Stunde lang dauerndes Märchen oder ein Trickfilm. Diese Sendung hieß „Meister Nadelöhr erzählt Märchen" und war für die jüngeren Zuschauer bestimmt. Sie kam an jedem Sonntagnachmittag und war bei den Kindern äußerst beliebt. Mit nur 46 Jahren starb Eckart Friedrichson. Zunächst gab es keinen Ersatz. Erst 1978 kam die Figur „Fabian", die von Klaus-Peter Plessow gespielt wurde. Diese Sendung hieß jetzt „Zu Besuch im Märchenland". Es gab sie bis zur Auflösung des Fernsehens der DDR.

Einen mindestens ebenso großen Erfolg konnte die Sendung mit dem „Sandmännchen" feiern. Dieses feierte am 22. November 1959 Premiere. Seitdem überbrachte an jedem Abend um 18.50 Uhr das Sandmännchen den Kindern seinen Abendgruß. Innerhalb von zehn Minuten wurde ein kurzer Trickfilm abgespielt, oder es traten die Puppenfiguren Pittiplatsch und Schnatterinchen oder Herr Fuchs, Frau Elster, Frau Igel, Onkel Uhu und andere aus dem Märchenwald auf. Weitere Gäste waren „Frau Puppendoktor Pille" mit der großen klugen Brille, Flax und Krümel sowie Clown Ferdinand.

Die Sendung mit dem Sandmännchen wird noch heute beim RBB und MDR jeden Tag um 18.50 Uhr gezeigt.

Hier noch etwas zum Schmunzeln: Die Puppenfiguren aus dem Märchenwald waren so beliebt, dass auch Taschentücher mit diesen für die Kinder hergestellt wurden. Jedoch gefiel das einigen Eltern überhaupt nicht, weil sie befürchteten, die gebrauchten Taschentücher könnten als Geschenk oder Sammelstücke herumgereicht werden. Das wurde auch in Zeitungen thematisiert. Als Reaktion darauf wurde 1966 die Herstellung dieser Taschentücher eingestellt …

Für die etwas größeren Kinder wurde am 14. September 1959 die Sendung „Zu Besuch bei Professor Flimmrich" ausgestrahlt. Vorgänger war die etwas erfolglosere Filmserie „Karli Kabels Flimmerkiste". Die neue Sendung begann immer mit dem Lied „Professor Flimmrich zeigt und erzählt, was euch allen gut gefällt". Anfangs erschien sie jeden Montag um 16.00 Uhr, dann bekam sie als Sendezeit den Sonnabend um 14.00 Uhr zugewiesen. „Professor Flimmrich", der durch den Schauspieler Walter Eberhardt Fuß dargestellt wurde, führte durch diese Sendung. Er berichtete von Trickfilmen und Märchenfilmen, die noch in Arbeit waren. Danach kam ein längerer Spiel- oder Trickfilm. Das Reservoir an solchen Filmen schien unbegrenzt zu sein. Es wurden Filme aus der DDR und aus der Sowjetunion gezeigt. Diese Sendung war schon etwas politischer angelegt als die beiden zuvor von mir genannten Kindersendungen.

Als Walter E. Fuß 1978 aus gesundheitlichen Gründen seine Arbeit im Fernsehen (und Theater) beendete, wurden Helmut Schreiber, Marita Gerasch, Thomas Rudnick und andere sein

Nachfolger. Die Sendung hieß dann kurzzeitig „Flimmerkiste", bevor sie 1980 endgültig „Flimmerstunde" genannt wurde.

Nach dem Beitritt der DDR zur BRD wurde die „Flimmerstunde" beim ORB fortgeführt. Robert Metcalf moderierte diese Sendung …

Im Gegensatz zur BRD gab die DDR sehr viel Geld aus, um deutsche Märchen und Sagen zu verfilmen. Die Kinder sollten von Anfang an am Fernsehen als Medium teilhaben. Noch heute greifen der RBB und der MDR auf diese Filme zurück.

In guter Erinnerung sind mir die aufwendig gedrehten sowjetischen Märchenfilme mit viel russischer Folklore, mit der Hexe Baba Jaga und dem „Unsterblichen Gerippe". Die Hexe wohnte in einem Haus auf einem Hühnerbein, das sich zudem noch drehen konnte. Ein Film, in dem sie auftraten, hieß „Feuer, Wasser und Posaunen" (russisch: Огонь, вода и … медные трубы). Zwei weitere wunderschöne Märchen hießen „Die schöne Warwara" (russisch: Варвара-краса, длинная коса) und „Wie der dumme Iwanuschka das Wunder suchte" (russisch: Как Иванушка-дурачок за чудом ходил).

Bei den sowjetischen Trickfilmen fallen mir die Filme „Hase und Wolf" (russisch: Ну, погоди!) mit 20 Folgen und „Die drei Holzfäller" (russisch: Три дровосека) mit den Holzfällern Strohhalm, Bastschuh und Blase ein. „Freund Blase" hatte die Arbeit nicht gerade erfunden und versuchte, dieser aus dem Weg zu gehen. Umso lieber aß er. Bekannt ist sein Ausruf: „Wo ist mein großer Löffel?"

Es mag erstaunlich sein: In den 1960er-Jahren wurde im DFF auch eine Zeichentrick-Filmserie mit christlichem Inhalt gesendet. Es handelte sich um die ungarische Trickfilmserie „Arthur der Engel". Arthur ging es im Himmel sehr gut. Jedoch wurde er von Petrus immer wieder auf die Erde geschickt, um Menschen, die sich in höchster Not befanden, zu retten. Dabei erlebte er viele Abenteuer …

Die DEFA in Babelsberg drehte viele Märchenfilme auf der Grundlage der Märchen der Brüder Grimm und von Hans Christian Andersen. Im Gegensatz zur BRD ließ sich die DDR bei den Kosten für die Produktion solcher Filme nicht lumpen. Das kann jeder anhand meiner kleinen Auflistung von zehn Filmen erkennen:

- 1950 „Das kalte Herz",
- 1953 „Die Geschichte vom kleinen Muck",
- 1956 „Das tapfere Schneiderlein",
- 1957 „Das singende, klingende Bäumchen",
- 1959 „Das Feuerzeug",
- 1961 „Schneewittchen",
- 1962 „Rotkäppchen",
- 1963 „Frau Holle",
- 1964 „Die goldene Gans",
- 1965 „König Drosselbart".

Als Kind haben sich meine Schwester, meine Frau und ich immer vor dem Film „Das kalte Herz" gegruselt und uns bei bestimmten Szenen versteckt. Die Märchenfilme „Die Geschichte vom kleinen Muck", „Das singende, klingende Bäumchen" und „Frau Holle" haben wir hingegen sehr gemocht.

In den 1970er- und 1980er-Jahren war die DEFA bei der Produktion von Märchen etwas zurückhaltender. Aus dieser Zeit ragt der Märchenfilm „Drei Haselnüsse für Aschenbrödel" (tschechisch: Tři oříšky pro Popelku) hervor. Es war eine Gemeinschaftsproduktion der DDR mit der ČSSR aus dem Jahre 1973. Dieser Film erfuhr in den letzten zehn Jahren ein riesengroßes Comeback. Er ist bei jedem Fernsehsender ein fester Bestandteil des Weihnachtsprogramms. Die einst von Karel Svoboda komponierte Erkennungsmelodie des Films wurde zu einem Lied verarbeitet, das dann die deutsche Sängerin Ella Endlich erstmals 2009 sang und dem großer Erfolg beschieden war …

Das DDR-Kinderfernsehen hatte drei Säulen von Sendungen, die, grob gesagt, von Anfang bis Ende der DDR durchgehend existierten: mit den Figuren „Meister Nadelöhr" und mit „Professor Flimmrich" und ihren Nachfolgern sowie mit dem „Sandmännchen". Daneben gab es noch viele andere Kindersendungen zu den verschiedensten Themenbereichen. Diese waren entweder weniger erfolgreich oder hielten sich nicht so lange. Die „Bundeszentrale für politische Bildung" (bpb) wies in ihrem Artikel „Kinderfernsehen bis 1969 (DDR)" vom 28.08.2017 lang und breit darauf hin, dass die Sendungen einen gesellschaftlichen Erziehungsauftrag gehabt hätten. Das ist zweifellos richtig. Darauf habe ich auch hingewiesen. Allerdings soll die bpb die Kirche im Dorf stehen lassen. So nachhaltig dürfte diese sozialistische Erziehung nicht gewesen sein, denn sonst hätte es 1989 in der DDR nicht die Montagsdemonstrationen gegeben. Wie bei dem Kapitel zur Ausländer- und Flüchtlingspolitik in der DDR sehe ich mich genötigt, darauf hinzuweisen, dass Anweisungen und Strategien der Staatsführung der DDR das eine sind und das reale Leben etwas anderes. Damals hatte die Familie als Korrektiv eine größere Rolle gespielt als heutzutage. Im Sozialismus wurde die Sozialforschung nicht so gefördert wie im Kapitalismus. Sollte sich jemand im Sozialismus gegen dieses System auflehnen, so standen Polizei, Armee und Gerichte sofort bereit, den Widerstand zu brechen. Im Kapitalismus ist das System zum Niederhalten unerwünschter Bewegungen viel perfider. Auch hier (im Kapitalismus) hängt es von Persönlichkeiten in der Gesellschaft ab, inwieweit diese Methoden Anwendung finden. Unter Angela Merkel hat sich der gesellschaftliche Zusammenhalt zusehends verschlechtert. Noch nie waren selbst Familien so zerrissen, wurde ihre Existenz so infrage gestellt. Heutzutage findet nicht nur eine Spaltung der Familie in „Gutmenschen" und „Nazis", sondern auch in „Jung" gegen „Alt" statt. So reden führende Köpfe von „Fridays for Future" und von „Ende Gelände" bei männlichen Personen, die nicht ihrer Ansicht sind, gern verächtlich von „alten weißen Männern". Der WDR lässt seinen Kinderchor das Lied „Meine Oma fährt im Hühnerstall Motorrad, ... meine Oma ist 'ne alte Umweltsau!" singen. Das hat zweifellos Auswirkungen auf die Kinder, auf ihre Wertvorstellungen. Die Erziehung der Kinder übernimmt immer mehr der Staat. Dieser hat natürlich kein Interesse daran, mündige Bürger heranzuziehen.

Auch der Kinderkanal (KiKa) wird als Medium für die staatliche Erziehung herangezogen. Dabei schoss der Kinderkanal so manchen Bock ab. In unguter Erinnerung ist mir zum Beispiel eine Sendung, wo ein (älterer) muslimischer Erwachsener mit einer minderjährigen Deutschen als Liebespaar vorgestellt wurde. Dieser sagte dort ganz ungeniert (und vom Sender unkommentiert), dass sie in Zukunft noch einige Angewohnheiten abstellen müsste (die eine emanzipierte Dame/Frau ausmachen). Der besagte Mann, der als syrischer Flüchtling durch Merkels Grenzöffnung im September 2015 nach Deutschland gekommen war, realisierte nicht oder wollte es nicht zur Kenntnis nehmen, dass im Aufnahmeland andere Wertevorstellungen gelten ... Diese Sendung trug den Titel „Malvina, Diaa und die Liebe" und erschien bei KiKa unter der Filmreihe „Schau in meine Welt" am 26. November 2017.[115] Hoppla, sollen die Kinder darauf eingestellt werden, dass die von den Frauen erkämpften Rechte in Zukunft, wenn dank Angelas Merkels verfehlter Ausländer- und Flüchtlingspolitik noch mehr Muslime in Deutschland leben, wieder zurückgenommen werden?

DEFA-Spielfilme/Schauspieler

Für die Weltöffentlichkeit kam der Sturz des Generalsekretärs der KPdSU, Nikita Chruschtschow, am 14. Oktober 1964 vollkommen überraschend. Die Sowjetunion feierte in der Weltraumtechnik einen Erfolg nach dem anderen und schien die USA im Wettlauf abzuhängen. Allerdings, was der ausländischen Öffentlichkeit verborgen blieb: Dafür fehlten die Gelder für Investitionen in die Weiterentwicklung der Industrie und der Landwirtschaft. Seine Fehler und die wachsende Unzufriedenheit in der Bevölkerung nutzten die Gegner von Chruschtschows Reformbestrebungen gnadenlos zu seinem Sturz aus. Mit seinem Nachfolger Leonid Breschnew kamen die kommunistischen Hardliner an die Macht. Das hatte auch Auswirkungen auf die

---

[115] Schmolling, Reinhard (29.01.2018): Kika-Doku „Malvina, Diaa und die Liebe". „Toleranz gegenüber dem Gastland – Fehlanzeige". In: Der Tagesspiegel vom 29.01.2018. Online verfügbar unter https://www.tagesspiegel.de/gesellschaft/medien/kika-doku-malvina-diaa-und-die-liebe-toleranz-gegenueber-dem-gastland-fehlanzeige/20899512.html (zuletzt abgerufen am 24.11.2020). Vgl. dazu auch Wallasch, Alexander (09.01.2018): Verstörend lehrreich: KiKA und „Malvina, Diaa und die Liebe". In: Tichyseinblick.de vom 09.01.2018. Online abrufbar unter https://www.tichyseinblick.de/kolumnen/alexander-wallasch-heute/verstoerend-lehrreich-kika-und-malvina-diaa-und-die-liebe/ (zuletzt abgerufen am 24.11.2020).

anderen sozialistischen Länder. Mit den am 12. November 1968 auf dem 5. Parteitag der Polnischen Vereinigten Arbeiterpartei verkündeten Breschnew-Doktrin wurde den sozialistischen Staaten unmissverständlich klargemacht, dass diese nicht souverän seien und sich die Sowjetunion das Recht vorbehalte, sich in die inneren Angelegenheiten dieser Staaten einzumischen, notfalls militärisch.

Diese Botschaft kam auch in der DDR an. Erich Honecker, der auf der Wellenlänge Breschnews lag, wurde in Stellung gebracht gegen Walter Ulbricht. Noch saß Ulbricht fest im Sattel. Mit seinen Wirtschaftsreformen konnte er Erfolge vorweisen. Daher erlag er dem Irrglauben, der sowjetischen Führung vorführen zu können, wie sozialistische Wirtschaftspolitik gemacht werde. Allerdings wurden die Zügel in Sachen Meinungsfreiheit wieder angezogen, was die Kulturschaffenden in der DDR sehr schnell zu spüren bekamen. Das 11. Plenum des Zentralkomitees der SED, das vom 16. bis zum 18. Dezember 1965 stattfand, sollte sich eigentlich nur mit den wirtschaftlichen Fragen beschäftigen. Die SED nutzte dieses Ereignis, um zum Rundumschlag gegen die Vertreter der Kulturszene der DDR auszuholen. Auch die Kontrollgremien wurden scharf kritisiert. Infolgedessen wurden elf DEFA-Spielfilme, die 1965 und 1966 entstanden, mit einem Aufführungsverbot belegt. Bei vielen Filmen gab es Rettungsversuche durch Dialog-, Kommentar- und Schnittveränderungen. Das half nichts. Zu den verbotenen Filmen gehörten:

- 1965 „Der Frühling braucht Zeit",
- 1965 „Das Kaninchen bin ich",
- 1965 „Karla",
- 1965 „Denk bloß nicht, ich heule",
- 1965 „Berlin um die Ecke",

- 1965 „Wenn du groß bist, lieber Adam",
- 1966 „Fräulein Schmetterling",
- 1966 „Hände hoch oder ich schieße",
- 1966 „Jahrgang 45",
- 1966 „Der verlorene Engel" und
- 1966 „Spur der Steine".

Der Film „Spur der Steine" mit Manfred Krug als Hauptdarsteller lief 1966 drei Tage lang, bevor er endgültig mit einem Verbot belegt wurde. Die verbotenen Filme sprachen bestimmte Tabus an oder kritisierten die realsozialistischen Verhältnisse in der DDR oder seine Vertreter. Die SED unter Führung Walter Ulbrichts hielt stur an dem **sozialistischen Realismus** fest, eine Kulturrichtung, die einst der Kulturoffizier Oberstleutnant Alexander Lwowitsch Dymschitz der Sowjetischen Besatzungszone verordnet hatte. Er lehnte diese Art von Filmen kategorisch ab. Er bezeichnete diese in Anspielung an den Film „Das Kaninchen bin ich" verächtlich als **Kaninchenfilme** oder **Regalfilme**.

Die meisten Filme wurden erst in der Zeit der gesellschaftlichen Umbrüche 1989/1990 gezeigt.

Der Schriftsteller Stefan Heym setzte sich in seinem Buch „Der Tag X" kritisch mit den Ursachen des Volksaufstandes vom 17. Juni 1953 auseinander. Er wies die Behauptung der SED-Funktionäre zurück, dieser sei ein vom Westen inszenierter „faschistischer Putsch" gewesen. Vielmehr stellte er die These auf, dieser sei ein Aufstand wahrer Sozialisten, die gegen eine falsch interpretierte sozialistische Ideologie und gegen unfähige und korrumpierte SED-Funktionäre aufbegehrt hätten. Trotz dieser dem Sozialismus zugeneigten Analyse wurde die Veröffentlichung dieses Buches verboten. Meiner Meinung nach hatten viele Revolutionen/gesellschaftliche Umbrüche am Anfang ganz triviale Gründe, die erst durch Ignoranz der Obrigkeit vielschichtiger wurden, wo dann die Behebung dieses einzigen Grundes nicht mehr ausreichte, um einen gesellschaftlichen Frieden wiederherzustellen.

Stefan Heym hatte sich bereits 1956 auf dem Schriftstellerkongress offen mit Walter Ulbricht angelegt. Ich denke, das konnte er nur, weil er einen gewissen Bonus hatte: Er war im Zweiten Weltkrieg in der US-amerikanischen Armee gewesen. Allerdings half ihm dieser nicht mehr, als es um die Veröffentlichung des Buches „Der Tag X" ging …

Unter dem Motto „Von der Sowjetunion lernen heißt siegen lernen" wurde in der DDR von den SED-Funktionären auf Betriebe und auf die Landwirtschaft immer wieder Druck ausgeübt, bedenkenlos Methoden und Organisationsformen der Arbeit aus der Sowjetunion zu übernehmen. Zum Glück konnte so manche Schnapsidee von fähigen Leitern (auch die gab es!) abgebogen werden. In der Bevölkerung kursierten daher so manche Witze über die Zustände in der Sowjetunion. Das von Manfred Krug in seiner unnachahmlichen Art und Weise rezitierte Stück „Die Kuh im Propeller" (von Michail Soschtschenko) dürfte in diese Richtung gehen …

Der deutsche Lyriker und Liedermacher Wolf Biermann konnte mit Unterstützung seitens der KPD 1953 von der BRD in die DDR übersiedeln. Nachdem er 1960 Hanns Eisler, den langjährigen Wegbegleiter Bertolt Brechts und Komponisten der DDR-Nationalhymne, kennengelernt hatte, begann er selbst, Lieder und Gedichte zu schreiben. Er machte sich mit seinen kritischen Werken sehr bald bei der DDR-Staatsführung unbeliebt.

Bereits 1963 erhielt er für eine befristete Zeit ein Auftrittsverbot. 1965 wurde sogar ein unbefristetes Auftritts- und Publikationsverbot verhängt, was einem Berufsverbot gleichkam. Nur durch Konzerte in der BRD konnte er seinen Lebensunterhalt verdienen. Nachdem Wolf Biermann im November 1976 auf Einladung der Gewerkschaft IG Metall ein Konzert in Köln gegeben hatte, **wurde ihm die Wiedereinreise in die DDR verwehrt und ihm die Staatsbürgerschaft der DDR aberkannt**.

Diese Drangsalierung Andersdenkender durch die Staatsmacht ging vielen Regisseuren, Schauspielern, Sängern und Dichtern in der DDR zu weit. 90 Künstler unterzeichneten die **Erklärung vom 17. November 1976.** In dieser wird Erich Honecker aufgefordert, die Ausbürgerung Biermanns rückgängig zu machen. Zu den Unterzeichnern gehörten unter anderem: Manfred Krug, Katharina Thalbach, Angelica Domröse, Reinhard Lakomy, Armin Mueller-Stahl, Eva-Maria Hagen, Stefan Heym und Christa Wolf. Es war die Crème de la Crème der DDR-Künstlerszene.

Die Staatsmacht reagierte darauf mit Ausschluss aus der SED, mit Auftritts- und Publikationsverboten, mit Bespitzelung durch die Stasi und mit Verhaftungen. Bis Ende 1977 verließen 30 Künstler das Land, darunter Katharina Thalbach, Eva-Maria Hagen und Manfred Krug. 1980/1981 kehrten Angelica Domröse, Winfried Glatzeder und Armin Mueller-Stahl der DDR den Rücken. Letzterer feierte nicht nur in der BRD, sondern auch in den USA große Erfolge. Wie ich eingangs dieses Kapitels andeutete, fand in der DDR durch die ideologische Engstirnigkeit der SED-Funktionäre ein kultureller Kahlschlag ohnegleichen statt. Die Filme mit diesen Schauspielern wurden nach ihrer Ausreise in der DDR nicht mehr gezeigt ...

Zum Schluss möchte ich noch auf drei DEFA-Filme hinweisen, die ich für erwähnenswert halte: „Karbid und Sauerampfer", „Die Legende von Paul und Paula" und „Schwester Agnes".

1963 wurde der Film „Karbid und Sauerampfer" veröffentlicht. Die Handlung findet kurz nach dem Zweiten Weltkrieg statt. Im vollkommen zerstörten Dresden soll eine Zigarettenfabrik wiederaufgebaut werden. Zum Schweißen wird aber Karbid benötigt. Dieses soll Kalle, gespielt von Erwin Geschonneck, aus Wittenberge abholen. Irgendwie schlägt er sich bis dort durch. In Wittenberge erhält er sieben Tonnen Karbid. Ohne eigenes Fahrzeug muss er zusehen, wie er damit bis nach Dresden kommt. Mit vielen Tricks und Tauschereien gelingt es ihm aber. Dabei gerät er sowohl mit der amerikanischen als auch mit der sowjetischen Militärverwaltung in Konflikt. Zudem macht er gezwungenermaßen mit Personen verschiedenster Charaktere Bekanntschaft. Mit zwei Tonnen Karbid kommt er wohlbehalten in Dresden an … Bei diesem Film muss man zuweilen lachen oder schmunzeln, auch wenn zu dieser Zeit vieles nicht zum Lachen war. Der Film beruht größtenteils auf Tatsachen.

Beim Film „Die Legende von Paul und Paula" geht es um eine fiktive Beziehungsgeschichte. Paula (gespielt von Angelica Domröse) ist alleinstehend und hat zwei Kinder. In der Häuserreihe gegenüber wohnt Paul (gespielt von Winfried Glatzeder), der unglücklich verheiratet ist. An der Nachtbar lernen sie sich kennen. Es entsteht eine Affäre, eine intensive Liebesbeziehung, zu der sich zwar Paula, aber nicht Paul offen bekennt. Er möchte lieber den Schein wahren, denn er fürchtet sich vor den Folgen. Als ein Kind Paulas stirbt, will sie die Beziehung abbrechen. Da bemerkt Paul, wie viel sie ihm bedeutet. Er bekennt sich nun offen zu Paula. Sie erwartet von ihm ein Kind. Der Film endet tragisch: Im Krankenhaus stellt der Arzt sie vor die folgenschwere

Wahl: Entweder entscheidet sich Paula für ihr Leben oder für das des Kindes. Sie entscheidet sich zugunsten des Kindes … Bei diesem Film wurden die Musiktitel „Geh zu ihr" und „Wenn ein Mensch lebt" von der DDR-Musikgruppe „Puhdys" gespielt. Für diese Band war das der Durchbruch. Ob der Film „Die Legende von Paul und Paula" veröffentlicht werden sollte, stand auf Messers Schneide. Erich Honecker sprach sich persönlich für die Veröffentlichung aus, was dann 1973 auch geschah. Besonders unter Jugendlichen fand dieser Film einen enormen Zuspruch.

1975 erschien der Film „Schwester Agnes". Hier geht es um eine Gemeindeschwester (gespielt von Agnes Kraus) in einem Dorf in der Oberlausitz. Sie ist äußerst engagiert und hat von ihrer Art her eine Berliner Schnauze. Sie ist bei den Dorfbewohnern äußerst beliebt. Oft eilt sie mit ihrer Schwalbe (einem Moped) von einem Ort zum anderen, wo gerade Hilfe vonnöten ist. Mit ihrer einnehmenden Art und ihrem Engagement macht sie sich nicht nur Freunde. Es kommt immer wieder mit weltfremden Staatsdienern wie dem Bürgermeister zu Reibereien. Hier wird auch das in der Tat akute Wohnungsproblem angesprochen. Auch wenn man zuweilen an die zehn Jahre später im Westen erschienene „Schwarzwaldklinik" erinnert sein mag, so war der Film schon sozialkritisch …

8.2.4 Musik/Musiker der DDR

Als ich in den 1960er-/1970er-Jahren groß geworden bin, waren in der Schlager-Szene Dagmar Frederic, Helga Hahnemann (1937–1991), Regina Thoss und das Schlagerpaar Frank Schöbel und Chris Doerk sehr präsent. Es war ein großer Schock für viele, als sich Frank Schöbel und Chris Doerk 1974 nach siebenjähriger Ehe privat und beruflich trennten. Selbst in der DDR-

Staatsführung saß der Schock tief, galten sie doch für diese als das „schöne Antlitz des Sozialismus".

In der DDR gab es erstaunlich viele Beat-Gruppen. Zu den ältesten zählte die **Klaus Renft Combo**. Sie wurde 1958 gegründet und hatte eine sehr bewegte Geschichte. Die Texte dieser Gruppe, genauer von Gerulf Pannach (1948–1998), waren von der SED sehr gefürchtet. Kein Wunder, dass die Gruppe mehrmals Auftrittsverbote erhielt. Einige von ihnen wurden verhaftet, weil sie die Erklärung gegen die Ausbürgerung Wolf Biermanns unterschrieben hatten, und gingen dann in die BRD. 1975 wurde die Gruppe auf Betreiben des Staates aufgelöst. Aus einigen Mitgliedern der Klaus Renft Combo und der Amateurgruppe **Fusion** entstand die Gruppe **Karussell**.

Die sehr bekannten Gruppen Stern Combo Meißen, Electra Combo und Lift stammten aus dem Dresdner Raum und erhielten den Spitznamen „Sachsendreier". Im Gegensatz zu den anderen beiden Musikgruppen verarbeitete Electra vielfach klassische Musik. Aus musikalischer Sicht interessant ist, dass bei allen drei Bands in den ersten Jahren ihres Bestehens die Gitarre nicht im Vordergrund stand. Die Musik war eher keyboardlastig.

Veronika Fischer, eine sehr begabte Sängerin, probierte sich zuerst bei der **Fred Herfter Combo**, dann bei der Stern Combo Meißen aus, bevor sie zur Gruppe **Pantha Rhei** kam. 1974 gründete sie die Gruppe **Veronika Fischer & Band**. Das war wohl ihre kreativste und erfolgreichste Zeit. Die von mir in der Tabelle angegebenen Titel sind nur drei von vielen wunderbaren Titeln. 1977 fing sie eine Solokarriere an, die nicht ganz so erfolgreich war. 1981 verließ sie die DDR und versuchte eine berufliche Laufbahn in der BRD. Allerdings lief es nicht rund. Sie war im Westen weitaus unbekannter. Erst durch die Vereinigung beider deutscher Staaten konnte sie an ihren guten Ruf in der ehemaligen DDR anknüpfen.

Viele Künstler, die aus der DDR kamen, konnten in der BRD schlecht Fuß fassen. Zum einen lag das an der plötzlichen Freiheit und zum anderen an dem ungewohnt harten Konkurrenzdruck. Holger Biege war ein großartiger Sänger und Komponist. 1978 erschien sein Album „Wenn der Abend kommt" und 1979 „Circulus", beides in Form von Langspielplatten. Viele seiner Werke waren sowohl musikalisch als auch vom Text her sehr anspruchsvoll. Mit dem Titel „Sagte mal ein Dichter" hatte er in der DDR einen unglaublichen Erfolg. Sein Lied „Reichtum der Welt", in dem es um die Umweltverschmutzung geht, ist aktueller denn je ... 1983 nutze er eine Westberlin-Reise aus, um der DDR den Rücken zu kehren. Ein feinsinniger Geist wie er kam in der BRD überhaupt nicht zurecht. Er erlebte sehr schnell, was Armut bedeutet. Der Beitritt der DDR zur BRD im Jahre 1990 war für ihn wie ein Geschenk Gottes. Er organisierte mit seiner Frau und guten Bekannten eine Tournee durch die ehemalige DDR. Hier konnte er von seinem guten Ruf profitieren und sich dadurch einigermaßen über Wasser halten. Als er 2012 einen Schlagunfall erlitt, konnte er sich kein behindertengerechtes Auto leisten. Nur durch Hilfe seiner Bekannten und Verwandten und durch einen öffentlichen Hilfeaufruf war die Finanzierung möglich. Seitdem war die Armut wieder zurückgekehrt. Im April 2018 starb er aufgrund eines ärztlichen Behandlungsfehlers. Um sein Erbe in Ehren zu halten, wurde am 19. September 2018 in Bad Kleinen ein **Holger Biege Verein e. V.** gegründet. Mit dem Buch „Sagte mal ein Dichter: Holger Biege. Biografie" setzte der Autor Wolfgang Martin diesem talentierten Musiker ein bleibendes Denkmal.

Die Ostberliner Gruppe **Silly** wurde 1978 von der später einmal in der DDR sehr populären Sängerin **Tamara Danz** gegründet. Am bekanntesten auch für die jüngere Generation dürfte ihr Titel „Bataillon d'Amour" sein, wo ein Fretless Bass für markante Begleittöne sorgte. Sie starb 1996. Von Herbst 2006 bis Ende 2018 füllte die Schauspielerin und Sängerin **Anna Loos** diese Lücke.

Ich möchte an dieser Stelle an die Musikgruppen Engerling, Pankow, Reform, Rockhaus und Scheselong erinnern. Diese haben in den 1970er- und/oder 1980er-Jahren in der DDR eine nicht unbedeutende Rolle gespielt, sind aber heutzutage weitgehend in Vergessenheit geraten.

Angesichts der ständig drohenden Zensur waren die DDR-Rockgruppen im Verfassen der Texte sehr kreativ. Sie formulierten oft die Texte entweder so offen provokativ, dass sie gerade noch so durchkamen, oder in einer humorvollen Art, die zwar nicht die SED, aber jeder Fan sofort verstand.

In der Menschheitsgeschichte stand die Metapher mit dem Vogel schon immer als ein Ausdruck für die grenzenlose Freiheit. Da die Reisefreiheit der DDR-Bürger bekanntlich sehr begrenzt war, hatte sich ein gewisses Maß an Fernweh und Sehnsucht nach südlichen Gefilden aufgestaut. Mit dem Titel „Nach Süden" (1978 erschienen auf der AMIGA-Langspielplatte „Meeresfahrt") hatte die Musikgruppe Lift dieses Gefühl versteckt zum Ausdruck gebracht. Ein Jahr später veröffentlichte AMIGA die LP „Über sieben Brücken" der Musikgruppe Karat, unter anderem mit dem Musiktitel „Der Albatros". Dort sind Textpassagen zu hören wie „Der Albatros kennt keine Grenzen". Nur weil die Gruppe sich auf Äußerungen von Pablo Neruda berief, ging dieser Titel durch die Zensur.

Der 1972 von der Gruppe Electra erstmals aufgenommene Titel „Tritt ein in den Dom" durchlief eine achtjährige Zensur. Er durfte zwar auf Konzerten gesungen werden, wurde aber nicht in den Staatsmedien gesendet und gelangte auf keine Schallplatte. Der Grund: Es wurde nach Meinung der Zensoren für den Besuch der Kirche geworben. Der Sänger Stephan Trepte schaffte es mit seiner markanten Stimme, dass dieses Lied DDR-weit bekannt wurde. Zudem hatten das Hören und Mitsingen des halbwegs von der Obrigkeit verbotenen Titels auch einen gewissen Reiz. Erst 1980 erschien er bei AMIGA auf der LP „electra 3".

Die Liedtexte waren immer auf Deutsch, weil sonst die Titel der Musikgruppen von den DDR-Sendern nicht abgespielt worden wären. Die SED wollte schon in einem gewissen Maße die deutsche Identität bewahren. Die DDR-Musikgruppen lebten keineswegs in einer abgenabelten isolierten Welt. Ihre Musik war durchaus von Musik aus den USA und Großbritannien beeinflusst. Im zweiten Teil ihrer öffentlichen Auftritte spielten sie oft die Musik westlicher Gruppen (auf Englisch), die bei ihnen und dem Publikum beliebt waren. Zum Teil wurden die Titel besser oder origineller als das Original gespielt …

Von den **Hardrock-, Hiphop-, Indierock-** und **Punkbands** hatte man in der DDR in der Öffentlichkeit lange Zeit nichts gehört. Es war eine Art verschworene Szene, die über die neuesten Aufnahmen durch das Herumreichen von Tonbandkassetten informiert wurde. Ab 1986 gab ihnen der Jugendsender DT64 in der Sendung „Parocktikum" eine Plattform. Lutz Schramm moderierte diese Sendung.

Tabelle 20:   *Die wichtigsten Musikgruppen und Solisten der DDR*

1958–1975	Klaus Renft Combo	„Wer die Rose ehrt"	1971
1964– heute	Stern-Combo Meißen	„Kampf um den Südpol"	1977
		„Also was soll aus mir werden"	1982
1969–2015	Electra Combo	„Tritt ein in den Dom"	1980
		„Nie zuvor"	1983
1969– heute	Puhdys	„Wenn ein Mensch lebt"	1973
1972– heute	City	„Am Fenster"	1977
		„Glastraum"	1983
		„Casablanca"	1987
1973–1976	Horst Krüger Band	„Die Tagesreise"	1975
1973–1982	Kreis	„Doch ich wollt' es wissen"	1975
1973– heute	Lift	„Mein Herz soll ein Wasser sein"	1977
		„Am Abend mancher Tage"	1978
1974–1977	Veronika Fischer & Band	„In jener Nacht"	1975
		„Hänschengroß"	1975

		„Daß ich eine Schneeflocke wär'"	1975
1975–1986	Reform	„Wenn die Blätter fallen"	1982
1975–heute	Karat	„Über sieben Brücken mußt du gehn"	1978
1977–1991	Karussell	„Als ich fortging"	1987
1978–heute	Silly	„Mont Klamott"	1983
		„Bataillon d'Amour"	1986
1952–2018	Holger Biege	„Sagte mal ein Dichter"	1978
1950–heute	Gerd Christian Biege	„Sag ihr auch"	1979
1951–heute	Gaby Rückert	„Berührung"	1980
1956–heute	Ute Freudenberg	„Jugendliebe"	1980
1954–2018	Michael Barakowski	„Zeit, die nie vergeht"	1985
1960–heute	IC Falkenberg (Ralf Schmidt)	„Dein Herz"	1988

Eine Woche nach dem Gründungsaufruf des Neuen Forums (einer Bürgerrechtsbewegung) trafen sich am 18. September 1989 im Ostberliner „Maxim-Gorki-Klub" 50 Liedermacher und Rockmusiker. Zu ihnen gehörten Frank Schöbel, Gerhard Schöne, Kurt Demmler, Steffen Mensching, die Mitglieder der Gruppen Silly, Karat, Stern Meißen und andere. Sie verfassten die an die Staatsführung der DDR gerichtete **Resolution von Rockmusikern und Liedermachern zur inneren Situation und zum Aufruf des Neuen Forums.**[116] Sie versuchten, diese Resolution auch öffentlich zu machen. Weder die Redaktionen von Fernsehen noch von Zeitungen wollten diese veröffentlichen. Nur in der Tageszeitung und dem Zentralorgan der LDPD „Der Morgen" wurde die Resolution abgedruckt. Der Staat reagierte darauf mit Auftrittsverboten, Verweigerung der Auszahlung von Gagen und anderen Schikanen.

Im Oktober 1989 gab es auch eine **Resolution des Präsidiums des Verbandes Bildender Künstler der DDR.**[117] Die Tatsache, dass hinter beiden Resolutionen die Gemeinsamkeit steckt, den Sozialismus retten zu wollen, dürfte unbestritten sein ... Unabhängig von dieser Erkenntnis möchte ich die Aufmerksamkeit der Leserschaft auf den Inhalt der Einleitung der letztgenannten Resolution lenken. In dieser wurde moniert, dass

---

[116] Schöne, Gerhard et al. (18.09.1989): Resolution. Aus: Gesammelte Flugschriften DDR '89, Heft 1, November 1989, Redaktion und inhaltliche Gestaltung: herausgeberkollektif (Ostberlin), Technische Gestaltung, Produktion und Vertrieb: ASTA TU Berlin. Online verfügbar unter https://www.ddr89.de/texte/erklaerung2.html (zuletzt abgerufen am 24.11.2020).

[117] Präsidium des Verbandes Bildender Künstler (20.10.1989). Erklärung. In: Sächsische Zeitung, Nr. 247, 20.10.1989, 44. Jahrgang, Organ der Bezirksleitung Dresden der SED, Herausgeber: Bezirksleitung Dresden der SED. Online verfügbar unter https://www.ddr89.de/texte/erklaerung14.html (zuletzt abgerufen am 24.11.2020).

- es eine „Verschärfung der ökonomischen, politischen, ökologischen und kulturellen Widersprüche" im Lande gebe.
- „die Partei- und Staatsführung diese Probleme in den letzten Jahren nicht wahrnehmen wollte und öffentlich nicht darauf reagiert hat" und
- über die Massenmedien eine „die Widersprüche verschweigende und beschönigende Berichterstattung" stattfinde.

Treffen diese Vorwürfe nicht auch auf die heutige Zeit zu? Höchst blamabel ist, dass sich diese Situation derartig unter einer Politikerin zugespitzt hat, die aus der ehemaligen DDR gekommen ist und zudem eine Physikerin ist, die angeblich „offene Fragen vom Ende her durchdenkt"!

Resümee:

Ich habe das Kapitel über die Kultur in der DDR geschrieben, damit sich insbesondere die Menschen in Westdeutschland, in Österreich, in Südtirol und in der Schweiz ein Bild machen können, wie die Menschen in der DDR wirklich gelebt haben. Das ist notwendig, denn staatliche Institutionen wie die „Bundeszentrale für politische Bildung" basteln sich ihr DDR-Bild vornehmlich aus staatlichen Gesetzen und Anordnungen zusammen, ohne die Betroffenen jemals gefragt zu haben. So entsteht von der DDR ein Bild, mit dem viele ehemalige DDR-Bürger fremdeln. Ich schränke ein: Dieses von mir verfasste Kapitel deckt garantiert nicht alle Bereiche der Kultur ab. Dieses Thema in seiner ganzen Bandbreite darzustellen, würde sicherlich ein dickes Buch füllen. Trotzdem glaube ich, der Leserschaft die Augen

geöffnet zu haben, ohne Werbung für den „real existierenden Sozialismus" betrieben zu haben, dass die Menschen in der DDR
trotz so mancher Einschränkung der Freiheit die ganze Palette
von Gefühlen durchlebt und aus so mancher ungünstigen Situation das Beste zu machen versucht haben. Die Mangelwirtschaft
hatte auch dazu geführt, dass sich der DDR-Bürger bei Errei-
chung eines Ziels oder bei Erhalt eines Gegenstandes/einer
Dienstleistung viel intensiver gefreut hat, als es jetzt der Fall ist.
Heutzutage kann oftmals nur noch Freude durch teure Geschenke erkauft werden.

Tatsache ist auch, dass sich in der DDR eine Sekretärin genauso eine Theaterkarte leisten konnte wie der Betriebsdirektor.
Zuweilen saßen beide nebeneinander im Theater. Heutzutage
findet nicht nur eine Separierung in Sachen Kultur statt, sondern
auch in Sachen Wohnen und anderem mehr. In der DDR war
beileibe nicht alles gut, aber auch nicht alles schlecht …

Ich muss eingestehen, dass das Verfassen des Kapitels über
die Kultur in der DDR für mich das emotionalste war, besonders
als es um die Musik ging. Denn damit verbinden sich besonders
stark Erinnerungen an die verschiedensten Lebensstationen. Es
war ein sehr intensiver Rückblick auf meine Kindheit und Jugendzeit. Ich habe so manche AMIGA-Schallplatte in die Hand
genommen, und mir sind so manche Erinnerungen durch den
Kopf geschossen. Als ich die wunderbare Musik von Holger
Biege, Gaby Rückert, Veronika Fischer und den anderen von mir
genannten Interpreten hörte, musste ich gelegentlich mit den
Tränen kämpfen. Ich denke, dass viele ehemalige DDR-Bürger
erst jetzt den Wert begreifen, den die Kulturschaffenden in der
DDR trotz ungünstiger Bedingungen geschaffen haben. Das ist
aber wichtig, denn nur dann kann der ehemalige DDR-Bürger
auch erhobenen Hauptes den westdeutschen Schwestern und

Brüdern gegenübertreten. Selbstbewusstsein setzt Identitätsbewusstsein und dieses wiederum setzt Geschichts- und Kulturbewusstsein voraus.

8.3 Der Umgang mit der Überlieferung

Zu den dunkelsten Kapiteln der DDR-Geschichte gehört neben der Verfolgung politischer Andersdenkender und dem Bau der deutsch-deutschen Mauer auch die Zerstörung von Kulturgütern, speziell von Schlössern und Kirchen. Über den staatlichen Verkauf von Antiquitäten in den Westen hatte ich bereits in meinem Buch berichtet.

Als Kind entdeckte ich mein Interesse an Geschichte, weil die Familie mütterlicherseits aus Oberschlesien kam. Zuweilen wurde in der Familie über die alte Heimat, über Flucht und Vertreibung geredet. Über die Versenkung des Lazarettschiffes „Wilhelm Gustloff" am 30. Januar 1945 durch ein russisches U-Boot wurde in der DDR nie berichtet. Immerhin war es das größte maritime Unglück in der Menschheitsgeschichte. Die Familie meines Schwiegervaters hatte dieses Schiff auf der Flucht von Königsberg (Ostpreußen) in Richtung mittleres Deutschland knapp verpasst. In der Schule hingegen waren der Verlust der Heimat und die Leiden der Flüchtlinge und Vertriebenen aus den Ostgebieten kein Thema. Vielmehr war im Geschichtsunterricht, in Staatsbürgerkunde und in den DDR-Medien oft ein leiser Unterton von Selbsthass (Englisch: German self-hate, German self-loathing) und Hass auf alles von früher zu spüren. Zumindest habe ich es als Geschichts- und Kulturinteressierter so empfunden. Am liebsten wollte die SED alle alten Gebäude und Denkmäler abreißen, um die Vergangenheit zu tilgen. Auf den Trümmern der Geschichte sollte eine neue klassenlose

Gesellschaft erstrahlen. Für diese Partei waren die Schlösser „feudalistische Zwingburgen" und die Religion „Opium für das Volk", wodurch in ihren Augen die Paläste/Gutshäuser und Kirchen im Sozialismus keine Funktion mehr hätten. Jedoch gleich nach dem Krieg, als die SED noch nicht so fest im Sattel saß, wollte sie sich noch nicht mit der Kirche anlegen. Zudem bekannten sich zu dieser Zeit in der SBZ ungefähr 95 Prozent der Menschen zum Christentum.

8.3.1 Die Zerstörung von Schlössern

Folgerichtig waren zuerst die Schlösser ihr Angriffsziel. So ist beispielsweise im Allianz-Reiseführer von Rügen zu lesen: *„Wussten Sie schon …? … dass es nach Ende des Zweiten Weltkrieges noch 216 Herrenhäuser und Schlösser auf Rügen gab? Rund 150 blieben bis heute erhalten."*[118] Im Zweiten Weltkrieg waren viele Städte, darunter auch Schlösser und Kirchen, zerstört worden. Zum Kriegsende gingen „zufällig" einige von ihnen in Flammen auf. Die SED verfuhr getreu dem Motto von Winston Churchill, die Zerstörung sei zwar „eine Katastrophe, aber eine günstige Gelegenheit", vollendete Tatsachen zu schaffen. Der Reigen begann mit der endgültigen Zerstörung von Schloss Neustrelitz (1949) und mit dem Berliner Stadtschloss (1950). Hier ist eine kleine Aufzählung der betroffenen Schlösser.

---

[118] Branscheid, Barbara (2010): Baedeker Allianz Reiseführer Rügen, Hiddensee, 8. Aufl., Ostfildern: MAIRDUMONT, 2010, S. 52.

Tabelle 21: In der DDR zerstörte Schlösser

Name	Errichtung	Zerstörung	Art der Zerstörung
Schloss Putbus	1866–1872	1962	gesprengt
Schloss Neubrandenburg	1775–1785	1945	abgebrannt
Schloss Neustrelitz	1726–1731	1949	gesprengt
Schloss Schönhausen (Altmark)	1700	1958	gesprengt
Schloss Monbijou, Berlin	1703	1959	abgerissen
Berliner Stadtschloss	1442	1950	gesprengt
Potsdamer Stadtschloss	1751	1960	gesprengt
Prohliser Schloss, Dresden	1887/1888	1985	abgerissen
Schloss Hildburghausen	1695	1947–1950	abgerissen

Schloss Putbus auf der Insel Rügen lag einst idyllisch eingefügt in einem groß angelegten Park. Mit dem Aufstieg und Fall dieses Schlosses und seiner Besitzer befasste sich Heinz Gundlach ausführlich in seinem Buch „Das Schloss hinter dem Holunderbusch".

Bei der Zerstörung der Schlösser in Berlin, Potsdam und Schönhausen (Altmark) spielte zudem noch der Hass auf Preußen eine Rolle. In Schönhausen war der Reichskanzler Otto von Bismarck geboren worden.

Die nicht im Krieg zerstörten Schlösser wurden nur dann nicht dem Verfall preisgegeben, wenn sie für den Staat einen Nutzen hatten:

Schloss Bellin in Mecklenburg-Vorpommern wurde nach dem Zweiten Weltkrieg zunächst von der Kommandantur der Sowjetarmee, dann als Verwaltungsfachschule, als SED-Bezirksparteischule und zuletzt als Ort für die Ausbildung namibischer Kinder zu einer möglichen Elite Namibias genutzt.

Theodor Fontane hatte Schloss Meseberg in seinem Buch „Wanderungen durch die Mark Brandenburg" einst als „Zauberschloss" bezeichnet … Dieses Schloss diente nach 1945 als Lebensmittelgeschäft, als Kindergarten und als Gemeindebüro. Seltsamerweise begann sein Verfall erst nach dem Beitritt der DDR zur BRD. Als ich Anfang der 1990er-Jahre eine Erkundungstour nach Schlössern im Norden des Landes Brandenburg machte, sah ich es in einem bedenklichen Zustand. Das Schloss wurde seinem ursprünglichen Eigentümer nicht zurückgegeben. 1995 kaufte es die Messerschmitt Stiftung. Sie ließ es aufwendig renovieren und stellte es der deutschen Bundesregierung als Gästehaus zur Verfügung.

Viele große und bekannte Schlösser wie Sanssouci und das Neue Palais in Potsdam oder das Grüne Gewölbe in Dresden dienten als Museen.

Schloss Rheinsberg, das den Hohenzollern gehört hatte, wurde nach dem Zweiten Weltkrieg als Diabetiker-Klinik verwendet.

8.3.2 Die Zerstörung der Kirchen

Auf die 1950 verfassten „16 Grundsätze des Städtebaus" habe ich bereits im vorangegangenen Kapitel hingewiesen. Unter Punkt 6 steht, dass sich im Zentrum der Stadt die „wichtigsten politischen, administrativen und kulturellen Stätten" zu befinden hatten. Sie sollte der „politische Mittelpunkt für das Leben seiner Bevölkerung" sein. Dort sollten auch Plätze für von der Regierung verordnete Demonstrationen und Aufmärsche sowie für Volksfeste vorgesehen werden. Kirchen waren da nicht vorgesehen. Zu dieser Zeit sprach die SED noch nicht Klartext.

Auf der 2. Parteikonferenz der SED im Juli 1952 wurde der „planmäßige Aufbau des Sozialismus" beschlossen. Auf dieser Konferenz attackierte Walter Ulbricht das erste Mal ganz offen die Kirche. Diese solle sich entscheiden, auf wessen Seite sie stehe, auf derjenigen der BRD oder derjenigen der SED-Führung. Die Kirche erlebte fortan Diffamierungen. Die Erhebung der Kirchensteuer wurde erschwert, Bahnhofsmissionen mussten schließen. Auf der Einweihungsfeier von Stalinstadt (heute: Eisenhüttenstadt) am 7. Mai 1953 sagte Walter Ulbricht:

„Wir werden Türme haben, zum Beispiel einen Turm fürs Rathaus, einen Turm fürs Kulturhaus. Andere Türme können wir in der sozialistischen Stadt nicht gebrauchen."[119]

Bereits 1947 wurde in Ostberlin die erste Kirche gesprengt. Zu diesem Zeitpunkt hätte man es als einen Ausnahmefall ansehen können. 1949 waren es schon drei Kirchen. Betrachtet man den Zeitraum von 1945 bis 1990, so erkennt man erst das Ausmaß der

---

[119] Pollack, Detlef (2007): Von der Mehrheits- zur Minderheitskirche. Das Schicksal der evangelischen Kirchen. In: Schultz, Helga/Wagener, Hans-Jürgen (Hrsg.): Die DDR im Rückblick. Politik, Wirtschaft, Gesellschaft, Kultur. Berlin: Ch. Links Verlag, 2007, S. 49–78, hier: 58.

Zerstörung: So wurden in der DDR einschließlich Ostberlin (vornehmlich unter Walter Ulbricht) mindestens 56 Kirchen zerstört: 17 in Berlin, zehn in Dresden, acht in Magdeburg, je vier in Potsdam, Leipzig, Chemnitz, drei in Rostock, jeweils eine in Wismar, Dessau, Halberstadt, Nordhausen, Zweedorf und Bad Muskau.[120]

Das Pikante daran ist, dass viele Kirchen nicht so zerstört waren, als dass sie nicht wiederaufbaufähig gewesen wären. Entweder waren die Kirchen noch so weit erhalten, dass nach 1945 wieder Gottesdienste abgehalten werden konnten oder sich die Kirchenmauern noch in einem tragfähigen Zustand befanden. Teilweise wurde der Abriss mit städtebaulichen Maßnahmen begründet. In Wahrheit waren es politische Hintergründe. Die Zerstörung der Leipziger Universitätskirche und der Potsdamer Garnisonkirche waren so offensichtlich politisch gewollt wie selten zuvor und danach.

Die Kirche St. Pauli in Leipzig war bereits 1240 gebaut und 1545 durch Martin Luther als evangelische Universitätskirche eingeweiht worden. Sie überlebte den Zweiten Weltkrieg unbeschadet. Daher fanden dort regelmäßig Gottesdienste statt. Sowohl der Universitätsleitung als auch der von der SED dominierten Stadtverordnetenversammlung gefiel das gar nicht. Daher arbeiteten sie auf eine Zerstörung der Paulinerkirche hin. Protestierende Studenten der Theologischen Fakultät wurden zu

---

[120] Köppe, Tobias (21.12.2013): Kirchensprengung und -abriss in der Deutschen Demokratischen Republik. Startseite. Online verfügbar unter https:// kirchensprengung.de/cms/kirchensprengung_home (zuletzt abgerufen am 24.11.2020). Zur Chronologie siehe Köppe, Tobias (10.11.2010): Kirchensprengung und -abriss in der Deutschen Demokratischen Republik – Chronologie. Online verfügbar unter https://kirchensprengung. de/kirchensprengung-chronologie (zuletzt abgerufen am 24.11.2020).

Haftstrafen verurteilt. Im Mai 1968 befahl die SED-Führung in Berlin dann die Sprengung der Universitätskirche. Zuvor waren in den Mainächten heimlich die Bodenplatten herausgerissen und die darunterliegenden etwa 800 Gräber geplündert worden, was in meinen Augen eine unverzeihliche Barbarei ist.[121] Ein kleiner Trost: Sieben Tage lang vor der Vernichtung der Kirche bekam der Pfarrer die Erlaubnis, das Inventar zu bergen. Auf diese Weise konnten ungefähr 80 Prozent der Epitaphe, Grabplatten, der Pauliner-Altar, das Taufbecken, die barocke Kanzel, die Glocke und anderes mehr gerettet werden.

Die 1735 in Potsdam gebaute Hof- und Garnisonkirche prägte zusammen mit der Heilig-Geist-Kirche und der Nikolaikirche das Antlitz Potsdams (Dreikirchenblick). Die Kirche unterstand dem Patronat der Könige von Preußen. Am 21. März 1933 trafen sich anlässlich der Konstituierung des Deutschen Reichstages Adolf Hitler und Reichspräsident Paul von Hindenburg. Nach dem Zweiten Weltkrieg wurde die beschädigte Kirche teilweise wiederaufgebaut. Es fanden dort Gottesdienste statt. Weil für die SED die Garnisonkirche als Symbol für die Verquickung des preußischen Militarismus mit dem Faschismus galt, wurde sie auf ihren Befehl hin im Juni 1968 gesprengt. Ich denke, dass Gebäude nichts dafürkönnen, ob sie für irgendeine Ideologie missbraucht werden. Zudem möchte ich anhand eines Beispiels zeigen, wie brüchig das Argument der SED war: Die Potsdamer Garnisonkirche wurde auch vom Infanterie-Regiment 9 zum Gottesdienst genutzt, aus dem Generalmajor Henning von

---

[121] Finger, Evelyn (30.05.2008): Die Angst vor der Kirche. Abgedruckt zuvor in: Die Zeit Nr. 23 vom 29.05.2008. Online verfügbar unter https://www.zeit.de/2008/23/Leipziger-Bilderstreit, hier genauer S. 5 (zuletzt abgerufen am 24.11.2020).

Tresckow stammte. Er spielte eine zentrale Rolle beim fehlge-schlagenen Attentat auf Hitler am 20. Juli 1944.

Nachfolgend habe ich eine Auflistung aller seit Ende des Zweiten Weltkrieges in Ostberlin und einiger der in der SBZ/in der DDR zerstörten Kirchen angefertigt.

Tabelle 22: *Auflistung aller seit dem Ende des Zweiten Weltkrieges in Ostberlin und einiger der in der SBZ/DDR zerstörten Kirchen*

Name	Standort	Bau-jahr	Jahr der Zer-stö-rung	Art der Zerstö-rung
Zerstörte Kirchen in Ostberlin[122]				
Andreaskirche	Stralauer Platz	1856	1949	gesprengt
Böhmische Kir-che	Mauerstraße	1737	1954	abgeris-sen

---

[122] Köppe, Tobias (18.02.2014): Kirchensprengung und -abriss in der Deutschen Demokratischen Republik. Ostberlin. Online verfügbar unter https://kirchensprengung.de/kirchensprengung-ostberlin (zuletzt abgerufen am 24.11.2020); Wikimedia Foundation Inc. (Hrsg.) (o. J.): Liste von Sakralbauten in Berlin. Online verfügbar unter https://www.wikiwand.com/de/Liste_von_Sakralbauten_in_Berlin (zuletzt abgerufen am 24.11.2020); Freundeskreises der Dorfkirche Alt-Staaken e. V. (Hrsg.) (2015): Glocken in Staaken. In: Die Staakener Wetterfahne. Mitteilungsblatt des Freundeskreises der Dorfkirche Alt-Staaken e. V., Ausgabe 34 – Weihnachten 2015, S. 9 f. Online verfügbar unter http://www.fdk-dorfkirche-altstaaken.de/Dokumente/Wetterfahne34.pdf (zuletzt abgerufen am 24.11.2020). Siehe auch Meisner, Judith (04.10.2015): Bewegendes Einheitsfest in Staaken. In: Märkische Allgemeine vom 04.10.2015. Online verfügbar unter https://www.maz-online.de/Lokales/Havelland/Bewegendes-Fest-zum-Tag-der-deutschen-Einheit-in-Staaken (zuletzt abgerufen am 24.11.2020); Kühne, Günther/Stephanie, Elisabeth (1986): Evangelische Kirchen in Berlin. 2. Auflage (¹1978), Berlin: Wichern-Verlag GmbH, Abt. CZV-Verlag Berlin, 1986.

Domkandida-tenstift	Oranienburger Str.	1874	1972	abgerissen
Dorotheenstäd-tische Kirche	Dorotheenstr.	1687	1968	abgerissen
Dreifaltigkeits-kirche	Mauerstraße	1739	1947	gesprengt
Kirche St. Franziskus von Assisi	Finkenkruger Str.	1925	1987	abgerissen
Garnisonkirche	Garnison-kirchpl.	1863	1962	abgerissen
Georgenkirche	Am Alexand-erpl.	1780	1949	gesprengt
Gnadenkirche (Augustakir-che)	Invaliden-straße	1895	1967	gesprengt
Kapelle der Charité	Park der Cha-rité	1901	1950-er	abgerissen
Lazaruskirche	Grüneberger Str.	1907	1949	gesprengt
Luisenstadtkir-che	Jacobstraße	1753	1964	abgerissen
Markuskirche	Weberstraße	1850	1957	abgerissen
Neuapostoli-sche Kirche	Normannen-straße	1932	1979	gesprengt

Petrikirche (letzte)	Petriplatz	1853	1964	abgerissen
St.-Philippus-Apostel-Kirche	Philipp-Straße	1852	1963	abgerissen
Versöhnungs-kirche	Bernauer Straße	1894	1985	gesprengt

Andere zerstörte Kirchen in der DDR

Hof- und Garnisonkirche	Potsdam	1735	1968	gesprengt
Sankt-Ulrich und Levin-Kirche	Magdeburg	1022	1956	gesprengt
Universitätskirche St. Pauli	Leipzig	1240	1968	gesprengt

Prinzipiell ist jede zerstörte Kirche eine zerstörte zu viel. Sie haben Jahrzehnte/Jahrhunderte die Stadtbilder geprägt und waren gesellschaftlicher Treffpunkt und identitätsstiftend. Für die Magdeburger bedeutete die Sprengung der bereits 1022 erbauten St.-Ulrich-und-Levin-Kirche im Jahre 1956 einen herben Verlust. Die Ulrichkirche war zudem eine der ältesten Kirchen in der DDR. Sie war wie die Garnisonkirche aufbaufähig gewesen.

8.3.3 Gute und schlechte Nachrichten aus der Zeit nach dem Beitritt der DDR zur BRD

Ein Teil der Schlösser und die dazugehörigen Parks auf dem Gebiet der ehemaligen DDR sind laut Einigungsvertrag der „Stiftung Preußische Schlösser und Gärten" übergeben worden. In Mecklenburg-Vorpommern, Sachsen-Anhalt, Thüringen und Sachsen wurden die Schlösser und größeren Herrenhäuser zu Eigentum dieser Bundesländer. Das bedeutete die finanzielle Absicherung dringend notwendiger Renovierungen/Restaurierungen dieser Bauten, zumindest theoretisch.

Momentan läuft eine Restitutionsklage der Hohenzollern gegen die BRD, deren Ausgang noch ungewiss ist. Anstelle einseitiger Parteinahme setze ich darauf, dass das Gericht klug und weitsichtig urteilen werde …

Immer wieder hört oder liest man, dass laut Einigungsvertrag und geltendem Recht nur solche Adelsfamilien ihren Besitz zurückerhalten, die nachweislich in Opposition zu Adolf Hitler gestanden hatten. Das ist aber nicht der Fall. Sowohl Malte Ludolph Franz Eugen von und zu Putbus, Großgrundbesitzer von Rügen, als auch Rittmeister Hans Georg Karl Anton von Ribbeck, Großgrundbesitzer von Ribbeck im Havelland, starben unter Hitler im KZ Sachsenhausen. Trotzdem erhielten ihre Familien nach dem Beitritt der DDR zur BRD weder ihr Schloss noch ihre Ländereien zurück.[123] Der Staat hatte ganz bewusst die juristischen Hürden so hoch gelegt, dass der Fall einer Rückübereignung so gut wie nie eintritt. Das erinnert mich als ehemaligen

---

[123] Steyer, Claus-Dieter (16.11.2005): Landrat wird Schlossherr auf Ribbeck. In: Der Tagesspiegel vom 16.11.2005. Online verfügbar unter https://www.tagesspiegel.de/themen/brandenburg/landrat-wird-schlossherr-auf-ribbeck/659818.html (zuletzt abgerufen am 25.11.2020).

DDR-Bürger an die Festlegung eines solchen Stichtages, damit die Auszahlung einer Intelligenzrente so gut wie nie stattfindet ...

In Ribbeck ist nun der Landkreis Eigentümer des Schlosses und nutzt dessen Berühmtheit durch Theodor Fontanes Buch „Wanderungen durch die Mark Brandenburg" und seine Ballade „Herr Ribbeck auf Ribbeck im Havelland". Im Gegensatz dazu bekam die Adelsfamilie von dem Knesebeck die Möglichkeit, den ehemaligen Familienbesitz, ein Herrenhaus in Löwenbruch (Landkreis Teltow-Fläming), zumindest zu kaufen.[124] Theodor Fontane war bei seiner Wanderung auch in Löwenbruch im Gutshaus zu einer Tasse Tee eingeladen worden ...

Es ist erfreulich, wenn wenigstens einige Schlösser und Kirchen, die auf Befehl der SED beseitigt wurden, nun wieder neu entstehen. Am bekanntesten sind das Berliner und das Potsdamer Stadtschloss. Es gibt Initiativen dafür, das Schloss in Putbus, die Garnisonkirche in Potsdam und die Sankt-Ulrich-und-Levin-Kirche in Magdeburg wiederzuerrichten.

Potsdam hat das große Glück, wohlwollende Millionäre/Milliardäre wie Hasso Plattner, Wolfgang Joop und Günther Jauch an seiner Seite zu haben. Allerdings ist das Verhältnis zur Potsdamer Stadtverwaltung/Politik und zum Potsdamer Milieu einerseits mehr oder weniger fruchtbar, andererseits auch sehr schwierig. Dank dieser Herren konnten das Potsdamer Stadtschloss und das Palais Barberini neu entstehen und erhält das

---

[124] Abromeit, Jutta (26.02.2016): Mieter ziehen in Fontanes Tee-Haus. In: Märkische Allgemeine Zeitung vom 26.02.2016. Online verfügbar unter https://www.maz-online.de/Lokales/Teltow-Flaeming/Mieter-ziehen-in-Fontanes-Tee-Haus (zuletzt abgerufen am 25.11.2020).

einst verfallene Holländische Viertel ein neues Antlitz. Bei der Potsdamer Stadtverwaltung/Politik habe ich den Eindruck, dass sie den Mäzenen öfters Steine in den Weg legt, weil sie meint, von ihnen vereinnahmt zu werden. Es spielen auch politische Gründe eine Rolle, die sehr bedenklich sind und auf die ich noch eingehen werde. Hasso Plattner, Wolfgang Joop und Günther Jauch waren so manches Mal entnervt und wollten am liebsten das Handtuch werfen. So ist im „Tagesspiegel" zu lesen: *„Diese Stadt, sagt Günther Jauch, sei extrem ermüdend. ‚Entweder man tut trotzdem etwas und ärgert sich ständig, oder man lässt es sein.' Er selbst habe sich im Moment doch eher für Letzteres entschieden. Und doch hofft er immer noch, dass ‚der versammelte Bürgergeist und frei-williges Geld die Stadt mit ihren großartigen Möglichkeiten irgend-wann wieder weiter nach vorne bringen'.*[125]

Bei der Errichtung der Potsdamer Garnisonkirche gibt es extreme Schwierigkeiten. Hier wird von linker Seite, verstärkt durch die Grünen, ein Geist zum Leben erweckt, der mit dem Ende der DDR verbannt zu sein schien: Alles, was nicht im Sinne des linken Verständnisses liegt, muss vernichtet werden bzw. hat kein Recht zu existieren. So wird neben der einseitig geprägten Geschichtsversion beanstandet, dass die alte Garnisonkirche in der Fassade als Ornamente auch „Waffenschmuck und Kriegstrophäen" aufgewiesen habe. Daher solle der Bau der neuen Kirche von solchem Beiwerk unbedingt „entgiftet" werden. Das hat schon ein Geschmäckle von nachträglich zensierter Geschichte!

---

[125] Schicketanz, Sabine/van Berber, Werner (25.09.2012): Eine Stadt und ihre Gönner. Potsdamer Missfallen. In: Der Tagesspiegel vom 25.09.2012. Online verfügbar unter https:// www.tagesspiegel.de/berlin/eine-stadt-und-ihre-goenner-ohne-jede-logik/7174408-3.html (zuletzt abgerufen am 25.11.2020).

Ähnliche ideologiebehaftete Diskussionen gibt es auch in Leipzig. An der Stelle der gesprengten Universitätskirche steht seit Dezember 2017 ein futuristischer gläserner Neubau, das sogenannte Paulinum. Die Bezeichnung „Sankt Pauli" will die Universitätsleitung nicht hören. Die bereits von mir als Literaturquelle herangezogene Zeitung „Zeit"[126] beklagt, dass die Leitung auch nicht daran interessiert sei, die Gräberplünderung in der Paulinerkirche aufzuklären, und wirft ihr einen „Nachwende-Revisionismus" vor. Die Universitätsleitung lehnte nach Berichten des Deutschlandfunks und der Zeitung „Welt" ab, die barocke Kanzel aus der alten Kirche in den Neubau integrieren zu lassen.[127] Die in meinen Augen vorgeschobene Begründung lautet: Die Kanzel vertrage das Klima in der Aula nicht. Das war aber mit der Landeskirche, mit der Stadt Leipzig und mit dem Land Sachsen 2008 so vereinbart worden. In diesem Artikel wird der niederländische Architekt Erick von Egeraat, der das neue Paulinum entworfen hat, zitiert. Von der nicht enden wollenden schrägen Diskussion genervt, sagt er: *„Architektur ist sowohl/als auch, nicht entweder/oder"* … *„Gebäude mögen genetischer Abdruck ihrer Zeit sein, doch weder in ihren Materialien noch in ihren Teilen stehen sie für die Ideologie der Zeit, zu der sie gehört haben. Stein bleibt Stein und ein Architrav nichts mehr als ein verzierter Balken!"*[128] Damit liegt er voll auf meiner Linie.

---

[126] Finger, Evelyn (30.05.2008).

[127] Stange, Jennifer (27.09.2019): Universitätskirche Leipzig. Abgekanzelt. In: Deutschlandfunk vom 25.09.2019. Online verfügbar unter https://www.deutschlandfunk.de/universitaetskirche-leipzig-abgekanzelt.886.de.html?dram:article_id=459724 (zuletzt abgerufen am 25.11.2020).

[128] Guratzsch, Dankwart (17.10.2019): Debatte. Baukunst und Barbarei. In: Die Welt vom 17.10.2019. Online verfügbar unter https://www.welt.de/print/welt_kompakt/debatte/article202026058/Baukunst-und-Barbarei.html (zuletzt abgerufen am 25.11.2020).

Ich gehe davon aus, dass viele dieser Diskutanten von der deutschen Geschichte erschreckend wenig wissen. Es gibt noch einen weiteren Grund, warum bei einem nicht geringen Teil der Linken der Hass auf die Kirchen so groß ist: Unter dem Schutz der Kirche organisierten die Bürgerrechtler ihre Aktionen gegen die Staatsmacht der DDR. Und diese führten letztendlich zur Mobilisierung der Menschenmassen und zur Entmachtung der SED …

Übrig bleibt ein bitterer Nachgeschmack. Mit der gleichen links-grünen Verbissenheit, andere Meinungen platt zu machen und ihre Vertreter zumindest sozial zu vernichten, anstelle sich der Diskussion zu stellen, sollen auch unliebsame Gebäude beseitigt bzw. ihr Wiederaufbau verhindert werden. Angela Merkels Macht wird allein durch diese Philosophie und ihre Protagonisten, die sich bei allen sich bietenden Gelegenheiten gern „Antifaschisten" nennen, geschützt. Wer auf der Straße öffentlich gegen Merkels Politik auftritt, wird von der Antifa tätlich angegriffen. Selbst ein Blinder müsste langsam erkennen, wie stark Angela Merkel vom DDR-System sozialisiert worden ist. Denn ganz konsequent handelt sie nach dem Motto: Was mir nicht passt, muss getilgt werden!

Doch sind das alles wirklich Antifaschisten oder eher Vertreter diktatorischer Ideologien und Kulturbarbaren, die keine Ehrfurcht vor der Kunstfertigkeit vergangener Generationen haben? Bereits in den 1960er-Jahren sammelte der italienische Schriftsteller Ignazio Silone mit diesem Phänomen Erfahrung. Von ihm stammt der Satz: *„Wenn der Faschismus wiederkehrt, wird er nicht sagen: ‚Ich bin der Faschismus.' Nein, er wird sagen: ‚Ich bin der Antifaschismus!'"* Diesen Spruch kann man auf alle diktatorischen Ideologien ummünzen.

Trotz aller Widrigkeiten hoffe ich, dass sich letztendlich der Sachverstand durchsetzen wird und noch viele Schlösser und Kirchen wie einst Phönix aus der Asche wiederauferstehen werden.

8.3.4 Die Versöhnungskirche und die Heilandskirche – zwei Kirchen im Berliner Grenzgebiet mit gegensätzlichen Schicksalen

Als am 13. August 1961 zum Entsetzen vieler Deutscher in Ost und West die Grenze zu Westberlin geschlossen wurde, hatte es für die Gemeinden der Versöhnungskirche in der Bernauer Straße 4 (Berlin-Mitte) und für die der Sacrower Heilandskirche (vor den Toren Potsdams) gravierende Folgen. Denn diese Kirchen befanden sich im Grenzgebiet, im Niemandsland. Beide Kirchen erlebten ein gegensätzliches Schicksal. Hierauf möchte ich näher eingehen.

Die Versöhnungskirche

Nach den Plänen des deutschen Architekten Gotthilf Ludwig Möckel wurde die Versöhnungskirche im Zeitraum von 1892 bis 1894 errichtet. Die drei Glocken stellte 1894 der „Bochumer Glockengußverein" her. Kaiserin Auguste Viktoria, Gemahlin von Kaiser Wilhelm II., stiftete den Bau vieler evangelischer Kirchen, unter anderem auch dieser. Die Versöhnungskirche wurde in ihrer Anwesenheit am 28. August 1894 eingeweiht. Den Namen der Kirche wählte die Kaiserin ganz bewusst aus, weil sie durchaus eine soziale Ader hatte und die Klassen und Schichten des Deutschen Kaiserreiches miteinander versöhnen wollte.

Die Kirche wurde mit rotem Backstein im neugotischen Baustil errichtet. Der Turm war 75 Meter hoch und beherbergte drei

Glocken. Die Grundmauern des Kirchenschiffs hatten die Form eines Achtecks. Da diese Konstruktion keine Stützpfeiler vorsah, konnten an einem Gottesdienst bis zu 1000 Personen teilnehmen. In den 1920er- und in den 1930er-Jahren zählte die Kirche sogar um die 20 000 Gemeindemitglieder, die durch drei Pfarrer betreut wurden.

Im Zweiten Weltkrieg, in der Nacht vom 22. auf den 23. November 1943, wurde die Kirche durch angloamerikanische Fliegerbomben getroffen und teilweise schwer beschädigt. Besonders schwer traf es das Kirchendach, die Altarfenster, die Orgel, die Orgelempore sowie das Gemeindehaus. Bis 1950 konnte ihre Wiederinstandsetzung weitgehend abgeschlossen werden.

Obwohl sich die Kirche an der Grenze zwischen dem französischen und dem sowjetischen Sektor befand, konnte bis zum Mauerbau der Gottesdienst ohne Probleme abgehalten werden. Die Versöhnungskirche hatte eine sehr große Gemeinde, wobei zwei Drittel der Gläubigen aus Westberlin kamen.

Als am 13. August 1961 Truppen der NVA und Kampfgruppen Westberlin hermetisch abriegelten, entstanden die weltbekannten Fotos, wie in der Bernauer Straße die Menschen aus den Fenstern von Wohnhäusern sprangen, um in den West-Sektor zu gelangen. Einige der Flüchtenden sprangen auch in den Tod …

Die Versöhnungskirche stand im Grenzgebiet mit dem Hauptportal gen Osten gerichtet, sodass die Westberliner Gemeindemitglieder nicht mehr die Kirche betreten konnten. Nur noch die Ostberliner konnten den Gottesdienst besuchen. Am 21. August 1961 begann man, zehn Meter vor dem Hauptportal eine drei Meter hohe Mauer zu bauen. Am 23. Oktober 1961 wurde auch den Ostberliner Gemeindemitgliedern verboten, die Kirche zu betreten. Von Januar 1950 bis zu diesem Tag war

Helmut Hildebrandt Pfarrer dieser Kirche. Sein Sohn, Jörg Hildebrandt, verdiente sich dort sein kleines Taschengeld als Uhrenwart. Die Pfarrerfamilie Hildebrandt wohnte im Gemeindehaus im sowjetischen Sektor, bis sie am 26. Oktober 1961 dieses verlassen mussten. Als letzte Amtshandlung hielt Jörg Hildebrandt das elektrische Uhrwerk an und stellte aus Protest die Zeiger auf allen Seiten des Turms auf fünf vor zwölf. Es dauerte nicht lange, bis der Kirchturm in pietätloser Weise von den Grenztruppen der DDR als Wachturm mit einem Schützenstand missbraucht wurde. Die Versöhnungskirche wurde zum Symbol der Teilung Berlins und Deutschlands und zur Sprachlosigkeit der Regierenden in Ost und West …

Da das Gotteshaus und das Grundstück, worauf die Versöhnungskirche stand, der Westberliner Kirchengemeinde gehörte, konnte zwar die Regierung der DDR den Zutritt zur Kirche verweigern, hatte aber rein rechtlich keine Zugriffsmöglichkeiten. Ohne die wahren Absichten zu verraten, übte die Staatsmacht der DDR sanften Druck auf das Konsistorium Ost aus, das Konsistorium West zu bewegen, Kirche und Grundstück dem Konsistorium Ost zu übertragen. Am 31. Mai 1983 stimmte der Westberliner Gemeindekirchenrat der Übereignung von Grundstück samt Kirche zu. Das war wohl ein gravierender Fehler … Am 6. Juli 1984 kam es zwischen dem Konsistorium Ost und dem Magistrat von Ostberlin zu einem notariellen Grundstückstausch: Der Magistrat erhielt die Versöhnungskirche einschließlich des Grundstücks und das Konsistorium Ost ein Grundstück zur „Errichtung eines Evangelischen Gemeindezentrums" in Berlin-Malchow.

Nun war der Weg frei, das für die SED-Führung ungeliebte Symbol der Teilung den Erdboden gleichzumachen. Diese unterschrieb im Januar 1985 den Befehl zur Sprengung der Versöhnungskirche. Am 22. Januar 1985 wurde das Kirchenschiff und sechs Tage später der Turm gesprengt.

Vor der Sprengung der Kirche durfte der Pfarrer das Inventar bergen. Dadurch konnten die Glocken, das Uhrwerk samt Zeiger und der Altar gerettet werden. Johannes Hildebrandt, der zu dieser Zeit Pfarrer der Ostberliner Sophiengemeinde war, bewahrte diese Dinge in den Turmräumen seiner Kirche auf.

Ausführlich über das Schicksal der Versöhnungskirche hat der Historiker Christian Halbrock in seinem Buch „Weggesprengt. Die Versöhnungskirche im Todesstreifen der Berliner Mauer 1961–1985" berichtet.

***

Nach dem Beitritt der DDR zur BRD erhielt die Kirche im Jahre 1995 das Grundstück zurück. Es gab nur eine Bedingung: Es sollte wieder für sakrale Zwecke genutzt werden. An dieser Stelle, genauer gesagt: auf den Mauern des ehemaligen Chorraumes, entstand im Zeitraum von 1999 bis 2000 die „Kapelle der Versöhnung". Es ist ein ovales Gebäude in Lehmbauweise, mit Douglasienhölzern ummantelt und ohne Kirchturm. Über Geschmack kann man trefflich streiten ... Das sakrale Bauwerk bietet für ungefähr 100 Menschen Platz. Die Kirchenglocken der Versöhnungskirche wurden in der Nähe der Kapelle in einem geschützten Holzbau aufgehängt. Sie können zu gegebenen Anlässen per Seilzug bedient werden. Der restaurierte Altar der Versöhnungskirche fand in diesem sakralen Neubau seine neue Heimat. Eingeweiht wurde die Kapelle der Versöhnung am 9. November 2000.

Die Freude über ein Wiederaufleben des christlichen Gemeindelebens am ursprünglichen historischen Ort kann nicht die

Tatsache beiseitewischen, dass der kulturhistorische Verlust der Versöhnungskirche sehr groß ist.

Die Heilandskirche am Port von Sacrow

Wer bei schönem Wetter und angenehmen Temperaturen auf den um Potsdam liegenden Seen eine Schifffahrt unternimmt, entdeckt von verschiedenen Stellen aus faszinierende Sichtachsen. So sieht man innerhalb von einer Stunde aus der Ferne mehr Schlösser und Kirchen, als man in der gleichen Zeit abfahren könnte: das Schloss Babelsberg, das Schloss Glienicke, das Schloss Cecilienhof, das Mamorpalais, die Pfaueninsel, die evangelische Kirche St. Peter und Paul auf Nikolskoe und so weiter. Passiert man den Jungfernsee/die Havel, so fällt einem eine Kirche auf, die sich gleich einem ankernden Schiff an das schützende Ufer schmiegt. Von der Seeseite aus sind eine Terrasse und die Säulengänge der Kirche zu sehen. Es ist schon eine Kirche mit außergewöhnlichem Aussehen. Diese nennt sich Heilandskirche am Port von Sacrow. Man kann es kaum glauben, dass diese Kirche einst im Grenzgebiet lag und dem Verfall preisgegeben war …

Doch nun möchte ich einen kleinen Geschichtsrückblick anstellen:

Sacrow ist ein slawischer Ortsname und bedeutet sinngemäß „hinter dem Gebüsch". Und in der Tat: Von Potsdam kommend, hat man schon den Eindruck, als wenn das Dorf Sacrow und erst recht die Heilandskirche ganz weit draußen hinter einem Meer von Bäumen und Büschen lägen. Das gegenüberliegende Ufer, das zu Westberlin gehört, ist nur ungefähr 200 bis 300 Meter entfernt. Um aber zur Kirche zu gelangen, muss man weit mehr als zehn Kilometer fahren.

Anstelle der Heilandskirche stand einst eine andere Kirche, die erstmals während des Dreißigjährigen Krieges (1618–1648) erwähnt wurde. Diese Kirche wurde auch in Theodor Fontanes Werk „Wanderungen durch die Mark Brandenburg" genannt. Er schilderte, wie beschwerlich der Weg dorthin sei und wie die Kirche samt Gemeinde oft ihren Besitzer gewechselt habe. Die dadurch vernachlässigte Kirche wurde letztendlich 1822 wegen Baufälligkeit abgerissen. 1840 kaufte König Friedrich Wilhelm IV. das Gut samt Schloss. Der König hatte sehr genaue Vorstellungen vom Aussehen und der Lage seiner Wunschkirche. Einerseits sollte diese Kirche Teil der von mir genannten Sichtachsen sein und sich daher so nah wie möglich am Seeufer befinden. Andererseits wünschte sich der König die Errichtung einer Kirche in einer Bauweise, die an das frühe Christentum erinnerte. Sehr gut informierte Leser werden sofort an die Friedenskirche im Schlosspark Sanssouci in Potsdam denken, denn diese ist im gleichen Stil errichtet worden … Im Gegensatz zum neugotischen Baustil sind dort die Dachkonstruktion und die Hallendecken einfach und flach gehalten. Außerdem wollte der König einen separaten Glockenturm. Sein Hofarchitekt Ludwig Persius setzte den Wunsch des Königs um. Baubeginn war 1841. Da die Kirche größtenteils im Schilfgürtel errichtet werden sollte, wurde viel Mühe und Geld dafür aufgewendet, eine Pfahlgründung herzustellen. Am 21. Juli 1844 fand die feierliche Einweihung statt. Der Landschaftsarchitekt Peter Joseph Lenné gestaltete 1842 um die Kirche und um das nahe gelegene Schloss eine 42 Hektar große Parkanlage.

Die Heilandskirche kam unbeschadet durch die beiden Weltkriege. Sie ist aber stummer Zeuge des Elends und der Verzweiflung, die ihre Gemeindemitglieder durch die Kriege erlitten … Mit der Schließung der Grenze zu Westberlin am 13. August

1961 folgten mit Zeitverzögerung tiefgreifende Einschnitte für Kirche und Gemeinde: Obwohl die Kirche plötzlich im Grenzgebiet lag, durften noch bis Weihnachten 1961 regelmäßig Gottesdienste abgehalten werden. Wenige Tage später verwüsteten Sicherheitskräfte der DDR die Innenausstattung und die Innenverzierung der Kirche. Ein Gottesdienst war dadurch nicht mehr möglich. Daraufhin wurde der Zutritt zur Kirche für jeden verboten.

Wenn Wohnhäuser nicht mehr bewohnt und gelegentlich instand gehalten werden, findet der Verfall der Bausubstanz in einem rasanten Tempo statt. So ähnlich verhält es sich auch bei Kirchen …

Das gegenüberliegende Ufer Westberlins war nur wenige Hundert Meter von der Kirche entfernt. Daher konnte von dort der Verfall der Heilandskirche sehr genau beobachtet werden. Kulturhistorisch interessierte Bürger machten die Presse und den Westberliner Bürgermeister darauf aufmerksam. Der damalige Bürgermeister Westberlins, Richard von Weizsäcker, übernahm die Initiative und warb im Senat erfolgreich für die Rettung der Heilandskirche. Insgesamt konnten für diesen Zweck 500.000 DM bereitgestellt werden. Die Leitung der Zeitung „Tagesspiegel" rief die Westberliner auf, für diese Kirche zu spenden. Insgesamt kamen weitere 500.000 DM zusammen. Über kirchliche Kanäle in West und Ost konnte Kontakt mit der Regierung der DDR aufgenommen und eine Million DM in die DDR transferiert werden. Von Westberliner Seite aus konnte mit Zufriedenheit registriert werden, wie 1984 mit der Instandsetzung der Kirche begonnen und 1985 diese abgeschlossen wurde. Allen war klar, dass mit einer Million DM eine komplette Sanierung nicht möglich war. Durch die Instandsetzung des Daches und der Außenfassade konnte jedoch zumindest ein weiterer Verfall gestoppt werden.

Zu den Aposteln, die einst ganz oben unter der Decke der Heilandskirche standen, gibt es folgende Begebenheit: Der Pfarrer der Gemeinde Paaren-Glien, Hartmut Kurschat, ging davon aus, dass die Heilandskirche niemals mehr für die Allgemeinheit zugänglich sein würde. So wollte er wenigstens die zwölf Apostel retten. Diesen wurden von Jacob Alberty aus Lindenholz geschnitzt. Der Pfarrer wollte damit seine spärlich ausgestattete Kirche dekorieren. Er setzte alle Hebel in Bewegung, um diese zu bekommen. Eines Tages im September 1984 kam ein Lkw der Grenztruppen mit einigen Kisten und Körben vorbei. Soldaten stellten diese vor der Kirche in Paaren-Glien ab. Pfarrer Kurschat war über den Zustand der Figuren entsetzt, doch es kam noch schlimmer: Von den zwölf Aposteln waren nur noch sieben erhalten! Der Pfarrer fuhr mit den Figuren sofort zum VEB Denkmalschutz. Den Behörden in der DDR konnte er sogar 100.000 Mark für die Restaurierung abringen. Die restaurierten Apostel-Statuetten standen dann in seiner Kirche.

***

Im November 1989 geschah das Unfassbare: Die deutsch-deutsche Grenze wurde ab dem 9. November durchlässig und verschwand dann in kürzester Zeit. Die Heilandskirche erwachte aus ihrem Dornröschenschlaf. Plötzlich war sie wieder für jeden zugänglich.

Als Ende November 1989 ein Grenzsoldat Pfarrer Hans Schalinski die Schlüssel übergab, konnte er sich im Inneren der Kirche das Ausmaß der Zerstörung ansehen: Abgesehen vom Wandgemälde der Apsis (des halbkreisförmigen Raumteiles) war jeglicher Schmuck zerstört und der Putz abgebröckelt. Das

Kirchenmobiliar fehlte gänzlich. Die 1846 vom Potsdamer Orgel-
bauer Gottlieb Heise gebaute Orgel war ebenfalls zerstört.[129] Der
Zerstörung zum Trotz fand der erste Gottesdienst am 24. Dezember 1989 statt. An ihm nahmen auch prominente Gäste teil
wie der alte und der neue Bürgermeister Westberlins Richard
von Weizsäcker und Walter Momper sowie der damalige Kon-
sistorialpräsident der Evangelischen Kirche Berlin-Branden-
burgs Manfred Stolpe. Pfarrer Joachim Strauss leitete diese denkwürdige Christvesper.

1992 wurde die Heilandskirche durch die UNESCO zum
Weltkulturerbe erklärt. Von 1993 bis 1995 fanden umfassende
Restaurierungsarbeiten statt. Pfarrer Hartmut Kurschat von der
Gemeinde Paaren-Glien gab die restaurierten Apostel-Statuetten
schweren Herzens der Heilandskirche zurück. Da fünf Apostel
vollkommen zerstört waren, fertigten die Restauratoren nach Fotos und Erinnerungen der Gemeindemitglieder Repliken an. Die
zwölf Apostel erhielten ihre ursprünglichen Plätze in der Kirche
auf den Konsolen, dicht unter dem Dachgewölbe. Pfarrer Kurschat bestellte sich zwei Repliken, damit seine Kirche nicht ganz
so kahl aussähe.[130]

Die 1846 eingesetzte und 1907 erweiterte Orgel wurde, wie bereits erwähnt, Ende Dezember 1961 zerstört. Mangels Geldes

---

[129] Pyanoe, Steffi (21.07.2019): Vor dem Verfall gerettet Die Heilandskirche in
Sacrow wird 175 Jahre. In: Potsdamer Neueste Nachrichten vom
21.07.2019. Online verfügbar unter https:// www.pnn.de/potsdam/vor-
dem-verfall-gerettet-die-heilandskirche-in-sacrow-wird-175-
jahre/24677738.html (zuletzt abgerufen am 25.11.2020).

[130] Passow, Silvia (11.01.2020): Sacrower Heilandskirche. Wie in Paaren-Glien
die Apostel gerettet wurden. In: Märkische Onlinezeitung (MOZ.de) vom
11.01.2020. Online verfügbar unter https://www.moz.de/lokales/falken-
see/sacrower-heilandskirche-wie-in-paaren-glien-die-apostel-gerettet-
wurden-49249192.html (zuletzt abgerufen am 25.11.2020).

stand an ihrer Stelle seit den 1990er-Jahren eine Attrappe. Nur durch zahlreiche Spenden und dank des Fördervereins „Ars Sacrow e. V." konnte so viel Geld gesammelt werden, um bei der Orgelwerkstatt Kristin Wegschneider in Dresden den Bau einer konzertfähigen Orgel in Auftrag zu geben. Am 14. Juni 2009 wurde die neue Orgel eingeweiht. 2012/2013 erfolgte noch eine Renovierung des Glockenturms. Auch der Landschaftspark, den einst Lenné entworfen hatte und der durch die Grenzanlage teilweise zerstört worden war, wurde 1994 wiederhergestellt.

Seit 1995 finden in dieser Kirche regelmäßig alle zwei Wochen Gottesdienste und Taufen statt. Mindestens einmal im Monat bietet diese Kirche eine Konzertveranstaltung an. Die Heilandskirche am Port von Sacrow erfreut sich in der Bevölkerung großer Beliebtheit, sei es als Ort der Hochzeit oder sei es als Ausflugsziel.

Angesichts der Tatsache, dass in der DDR mindestens 56 Kirchen, darunter auch die Versöhnungskirche und die Franziskuskirche, die sich ebenfalls im Grenzgebiet befanden, zerstört wurden, ist das Überleben der Heilandskirche schon als ein großes Wunder zu bewerten.

8.3.5   Zusammenfassung

Alle von mir aufgelisteten Schlösser und der übergroße Teil der von mir genannten Kirchen wurde in der Regierungszeit Walter Ulbrichts zerstört. Erich Honecker arbeitete auf die internationale Anerkennung der DDR hin. Die Zerstörung historischer Kulturgüter wäre diesem Bestreben abträglich gewesen. Mit dem Grundlagenvertrag vom 21. Dezember 1972 zwischen der BRD und der DDR setzte eine Anerkennungswelle ein. Bis 1978 waren es bereits 123 Staaten in Ost und West. Die Wiederaufstellung des Reiterstandbildes Friedrichs des Großen in Berlin Unter den Linden im Jahre 1980 sollte ein Signal an die Welt sein, dass die DDR-Regierung ihr kulturelles Erbe achte. Die Zerstörung der Neuapostolischen Kirche im Jahre 1979 war weniger eine ideologische Frage, sondern lag darin begründet, dass die Kirche der Ausbreitung der Bauten des Ministeriums für Staatssicherheit in der Normannenstraße im Wege stand. Die Eliminierung der Franziskus- und der Versöhnungskirche hatte eher damit zu tun, dass sie im Grenzgebiet lagen. Erich Honecker dürfte die gleiche Einstellung zu Schlössern und Kirchen gehabt haben wie Walter Ulbricht, nur seine Vorgehensweise war eine andere …

8.4 Die Kirchenpolitik der DDR

„An ihren Früchten sollt ihr sie erkennen." (Matthäus 7, 20)

8.4.1 Die Situation der Kirchen in der SBZ/DDR zwischen 1945 und 1950

Auf dem Gebiet der Sowjetischen Besatzungszone (SBZ) kurz nach dem Zweiten Weltkrieg bekannten sich bis zu 95 Prozent der Bevölkerung zum Christentum. Die übergroße Mehrheit war Mitglied der evangelischen Kirche. Die Katholiken befanden sich dort seit der Zeit der Reformation immer mehr in der Minderheit. Daneben gab es Menschen, die in konfessionelle Splittergemeinden wie evangelisch-freikirchlichen Gemeinden, der Neuapostolischen Kirche, der Methodistische Kirche, bei den Zeugen Jehovas, den Baptisten, den Siebenten-Tags-Adventisten und der Evangelischen Brüder-Unität (Herrnhuter Brüdergemeinde) ihr Seelenheil fanden.

Große geschlossene Siedlungsgebiete der Katholiken findet man im Eichsfeld und in der sorbischen Oberlausitz. Zu der in Mitteldeutschland lebenden einen Million Katholiken kamen zum Ende und nach dem Weltkrieg weitere 1,5 Millionen Glaubensbrüder und -schwestern aus den deutschen Ostgebieten, vornehmlich aus Schlesien, hinzu. Das führte zu großen Problemen bei der Seelsorge und der sozialen Betreuung. Die evangelische Kirche konnte aufgrund ihrer großen Ausbreitung in Mitteldeutschland den Ansturm gläubiger Flüchtlinge und Vertriebener aus Ostdeutschland besser verkraften.

Als sich immer mehr herauskristallisierte, dass die deutschen Ostgebiete wohl für immer verloren sein würden, mussten sich die evangelische und die katholische Kirche neu strukturieren. So war Otto Dibelius von 1933 bis 1946 Generalsuperintendent der Kurmark. Die Kurmark war das ehemalige Reichsgebiet der Kurfürsten von Brandenburg und umfasste auch Gebiete östlich der Oder. Ab 1945 zählte organisatorisch die ostbrandenburgische Provinz nicht mehr dazu.

Nach dem Zweiten Weltkrieg kam es zur Gründung der „Evangelischen Kirche in Deutschland" (EKD). Ein exaktes Gründungsdatum anzugeben, ist schwierig, da es dazu drei wichtige Etappen gab: die Kirchenkonferenz in Treysa im August 1945, die Schaffung einer EKD-Grundordnung im Sommer 1948 und die Tagung des Kirchenparlaments in Bielefeld-Bethel im Januar 1949.[131] Die EKD setzte sich aus 20 Gliedkirchen zusammen, deren Verwaltungsgebiete (bis auf die Ostgebiete) bereits 1815 beim Wiener Kongress festgelegt worden waren.

---

[131] Klatt, Thomas (08.01.2019): Die erste Nachkriegssynode: Wie die EKD wurde, wie sie ist. Online verfügbar unter https://www.evangelisch. de/inhalte/154510/08-01-2019/70-jahre-erste-ekd-nachkriegssynode-bet hel (zuletzt abgerufen am 25.11.2020).

Diese wurden aber nicht zentralistisch, so wie bei der katholischen Kirche, geleitet. Trotz Aufteilung des deutschen Rumpfstaates in Besatzungszonen und trotz ihrer Teilung in zwei deutsche Staaten blieb die EKD bis 1969 ein gesamtdeutsches Konstrukt. Die Wahl von Otto Dibelius zum Vorsitzenden der EKD ist insofern als problematisch zu sehen, als er sich nie von der NS-Zeit distanzierte und somit einen Neuanfang der evangelischen Kirche in Deutschland erschwerte. Das bekamen besonders die Gemeinden in der SBZ/in der DDR immer wieder zu spüren …

Die katholische Kirche hatte auf dem Gebiet der SBZ nur zwei Bistümer, das eine befand sich in Berlin und das andere in Meißen. Sie löste das Problem durch Einsetzung von Weihbischöfen. Da die katholische Kirche sich als Weltkirche versteht, kam es zu keinem Zeitpunkt zu Sowjet- bzw. DDR-freundlichen Abspaltungen.

Anders als in ihrem eigenen Land respektierte die sowjetische Besatzungsmacht eine gewisse gesellschaftliche und verwaltungstechnische Selbstständigkeit der Kirche und ließ sie bei ihrer diakonischen Arbeit gewähren. Allerdings bestand sie auf eine strikte Trennung von Kirche und Staat.

In der DDR wurde laut Artikel 40 und 44 der Verfassung vom 7. Oktober 1949 die Religionsfreiheit garantiert. Doch bereits in der SBZ zeichneten sich die ersten Konflikte ab, als die SED unter wohlwollender Obhut der Sowjetischen Militäradministration die Macht Stück für Stück an sich riss und Gläubige gesellschaftlich zu diskriminieren begann. Zudem wurden in den Schulen die christlich gesinnten Schüler dazu gedrängt, ihre Religion zu verleugnen. Daher sah sich der Ratsvorsitzende der EKD, Otto Dibelius, veranlasst, zu Pfingsten 1949 einen äußerst kritischen Hirtenbrief und im April 1950 einen Brief an den Ministerpräsidenten der DDR Otto Grotewohl zu schreiben. Er kritisierte die Vormachtstellung der SED und die mangelnde Meinungsfreiheit. Dibelius forderte die Einstellung der Angriffe des Staates auf die Gläubigen sowie auf die Kirche und kündigte an, das nicht kampflos hinzunehmen. In einem der vorangegangenen Kapitel wurde geschildert, wie politisch unliebsame Personen sehr schnell in ein Sonderlager verschwanden oder sogar vor ein sowjetisches Militärtribunal gestellt wurden. Es ist aber nicht klar, ob er davon etwas wusste … Die DDR-Regierung reagierte auf die Äußerungen Dibelius' gereizt und warf der Kirche vor, im Dienste des westlichen Auslands zu arbeiten.

Im Vergleich zu dem, was später an Auseinandersetzungen mit dem Staat noch folgte, war das ein harmloses Vorgeplänkel …

8.4.2 Die Zuspitzung der Auseinandersetzung mit der Kirche

Solange die SED sich nicht sicher war, wie fest sie im Sessel saß, versuchte sie, sich nicht vollends mit der Kirche zu überwerfen. Konflikte gab es in allen gesellschaftlichen Bereichen ohnehin.

8.4.2.1 *Die erste ernsthafte Auseinandersetzung mit der Kirche*

Ab der II. Parteikonferenz der SED, die vom 9. bis zum 12. Juli 1952 stattfand, legte die SED ihre restliche Zurückhaltung endgültig ab. Wie bereits berichtet, wurde auf dieser Veranstaltung der „Aufbau des Sozialismus" verkündet. Die Kirche wurde aufgefordert, ihre ablehnende Haltung gegenüber dem Staat und der SED aufzugeben. Sie wurde gefragt, ob sie weiter ein williger Helfer der „amerikanischen Okkupanten" sein wolle.

Diese Parteikonferenz wurde gewissermaßen zum Startschuss für alle Teile des Staatsapparates, gegen die Kirche vorzugehen: Erich Mielke hatte nun freie Hand, Kirchenmitglieder zu bespitzeln und zu verhaften. Bahnhofsmissionen wurden geschlossen, die Kirchensteuer nicht mehr eingetrieben, Zuschüsse wurden gekürzt, Schüler, die sich offen zu ihrem christlichen Glauben bekannten, nicht mehr zum Abitur zugelassen und anderes mehr.

8.4.2.2   Die Phase der Deeskalation mit der Kirche

Nach dem Tod Josef Stalins am 5. März 1953 wurde eine kurze Phase der Entspannung des Verhältnisses des Staates zur Kirche eingeleitet. Eine sich vom 2. bis zum 4. Juni in Moskau aufhaltende SED-Delegation erhielt von der KPdSU die ausdrückliche „Empfehlung", ebenfalls den „Neuen Kurs" in der Politik zu wagen. Es hat den Anschein, als wäre die sowjetische Partei/Regierung sich eher der kritischen gesellschaftlichen Situation in der DDR bewusst gewesen als die SED. Am 11. Juni 1953 veröffentlichte die Zeitung „Neues Deutschland", das Zentralorgan der SED, eine Erklärung der SED zu ihrer geplanten politischen Kurskorrektur. Doch offenbar kamen die Selbstkritik und die Zugeständnisse an das Volk zu spät und waren unzureichend. Denn die Erhöhung der Arbeitsnormen reichte aus, dass sich die ganze aufgestaute Wut der arbeitenden Bevölkerung am 17. Juni 1953 in einem Volksaufstand entlud.

Der Volksaufstand wurde sehr schnell und blutig niedergeschlagen. Für die SED-Führung muss es wohl schockierend gewesen sein, dass ausgerechnet viele Teilnehmer des Aufstandes aus der Arbeiterklasse kamen. Denn eigentlich sollten gerade ihre Interessen durch die SED vertreten werden ...

Trotz oder gerade wegen dieses Aufstandes hielt die SED an ihrem „Neuen Kurs" gegenüber der Kirche fest. Vielleicht wollte sich diese momentan geschwächte Partei nicht zu viele Feinde auf einmal machen. Viele staatliche Maßnahmen, die gegen die Kirche gerichtet waren, wurden wieder zurückgenommen. Allerdings rückte die Regierung nicht davon ab, dass für die Einziehung der Kirchensteuer allein die Kirche verantwortlich sei, was finanzielle Folgen hatte …

Im Frühjahr 1953 dachte sich die SED eine Strategie aus, wie mit der Kirche umzugehen sei. Der Grundgedanke war dabei, die Gläubigen und die Kirchenleitung gegeneinander auszuspielen und Letztere zu isolieren. So zeigte sich die Staatsführung der DDR den gläubigen DDR-Bürgern gegenüber sehr generös, als sie anlässlich des 5. Deutschen Evangelischen Kirchentages, der vom 12. bis 16. August 1953 in Hamburg stattfand, sie dorthin transportierte. Hierzu vergab sie großzügig Reisepässe und stellte sogar Sonderzüge bereit. Die Kirchenleitung stand hingegen unter rhetorischem Dauerbeschuss der SED-Funktionäre. Allerdings hielt die Regierung der DDR diesen Kurs nicht durch und brach ihn wegen Erfolglosigkeit ab.

8.4.2.3 Die erneute Eskalation des Streits mit der Kirche

Nun zog die Regierung der DDR die Zügel wieder straffer an und verschärfte ihre Kirchenpolitik. Es folgten drei einschneidende Maßnahmen: die Einführung der Jugendweihe, der Benjamin-Erlass und der Lange-Erlass.

Bekanntlich findet die Prägung eines Menschen in den ersten 14 bis 16 Jahren seines Lebens statt. Daher sieht es nahezu jeder Staat als seine Aufgabe an, die Kinder/Jugendlichen in der Schule zu staatstreuen Bürgern zu erziehen. In der DDR wurde im Laufe ihrer Geschichte die Trennung von Kirche und Staat und die Vermittlung einer materialistischen Ideologie immer weiter vorangetrieben.

***

Wie bereits erwähnt, war die sowjetische Parteiführung über die Lage in der DDR bestens informiert und alarmiert. Daher entwickelte sie im Mai 1953 einen Katalog von Maßnahmen, die sogenannten „Maßnahmen zur Gesundung der politischen Lage in der DDR". Diese wurden der SED wärmstens „empfohlen". Hierzu zählte auch die Einführung der Jugendweihe, eines Gegenstücks zur evangelischen Konfirmation und der katholischen Firmung. Da die SED zu dieser Zeit eine Politik der (relativen) Deeskalation gegenüber der Kirche unternahm, verschwand alles, was die Kirchenleitungen noch zusätzlich aufbringen und irritieren könnte, vorerst in der Schublade. Doch aufgeschoben ist nicht aufgehoben!

Als die gewünschten Ergebnisse trotz einer Politik der Annäherung ausblieben, kehrte die SED zur offenen Konfrontation mit der Kirche zurück. Am 27. März 1955 wurde in den Ostberliner Schulen die erste Jugendweihe durchgeführt. Ab 1958 hatte es für die Schüler schwere Konsequenzen, falls sie nicht an der Jugendweihe teilnahmen. Die Folgen waren, dass sie dann kein Abitur absolvieren durften und nicht zum Studium zugelassen wurden. Es hing auch von den Schuldirektoren und Klassenlehrern ab, ob die Eltern dieser Schüler zu einem Gespräch vorgeladen wurden und ob ihre Kinder in der Schule noch weitere Ausgrenzungen, zum Beispiel bei Klassenfeiern und Klassenausflügen, über sich ergehen lassen mussten. Verärgert über die brachiale Durchsetzung der Jugendweihe in den Schulen der DDR, verfasste der Landesbischof der Evangelisch-Lutherischen Landeskirche von Thüringen Moritz Mitzenheim am 17. Juli 1958 einen Brief an den Ministerpräsidenten der DDR Otto Grotewohl. Darin schrieb er: *„Der immer wieder aufflammende Streit in dieser Sache kommt nicht daher, daß diese beiden im Gegensatz zueinander stehenden Anschauungen (dialektischer Materialismus und christlicher Glaube) vorhanden sind. Er kommt vielmehr daher, daß die Vertreter der Jugendweihe für ihre Propaganda und die Durchsetzung ihrer Anschauungen den Staatsapparat in Anspruch nehmen dürfen. Die Beunruhigung unserer christlichen Bevölkerung kommt daher, daß die Jugendweihe mit Drohung und Zwang durchgesetzt wird."*[132] Bereits ab den 1970er-Jahren nahm fast jeder Schüler an der Jugendweihe teil. Die evangelisch-gläubigen Schüler feierten oft sowohl die Konfirmation als auch die Jugendweihe. Die katholisch geprägten Schüler verweigerten zum übergroßen Teil die Teilnahme an der Jugendweihe.

***

Ab 1953 weigerte sich in der DDR die Regierung, die Kirchensteuer für die Kirche einzutreiben. Dieser Umstand, aber auch die ständigen antikirchlichen Kampagnen führten dazu, dass die Einnahmen der Kirche aus der Kirchensteuer drastisch zurückgingen. Die Kirchensteuer wurde im Haushaltsbudget der Kirche zu einer nicht planbaren Größe.

Ein weiterer Tiefschlag war für die Kirche, dass die damalige Justizministerin Hilde Benjamin am 10. Februar 1956 per Erlass verfügte, dass die Kirchensteuerschuld nicht mehr einklagbar sei (die staatlichen Gerichte dafür nicht zur Verfügung stünden) und die Kirche keine Einsicht in die Steuerunterlagen ihrer Gemeindemitglieder nehmen dürfe **(Benjamin-Erlass)**. Damit

---

[132] Dähn, Horst (1982): Konfrontation oder Kooperation?. Das Verhältnis von Staat und Kirche in der SBZ/DDR 1945–1980. (Studien zur Sozialwissenschaft, Band 52.) Opladen: Westdeutscher Verlag, 1982, S. 74.

waren alle Kirchen einzig und allein vom guten Willen ihrer Gemeindemitglieder abhängig, ob sie bereit waren, freiwillig Kirchensteuer zu bezahlen. Es gab zwar Einnahmen aus der Verpachtung von Kirchenland, zum Beispiel von Gartenpächtern, die allein die ständig auflaufenden Kosten jedoch nicht decken konnten.

Bei der EKD mussten die westdeutschen Kirchen den Landeskirchen in der DDR immer mehr finanziell unter die Arme greifen. Die westdeutschen Kirchen zahlten ab 1953 jährlich in einen Fonds namens „Kirchlicher Hilfsplan" ein. Ein Sonderausschuss der EKD verwaltete die Gelder dieses Fonds. Da in der DDR die Einnahmen aus der Kirchensteuer unentwegt sanken, stieg dementsprechend die finanzielle Hilfe aus dem Westen. Der nachfolgende Auszug zeigt die Transferleistungen der westdeutschen Kirchen, die in der EKD organisiert waren:

Tabelle 23:   Transferleistungen westdeutscher Landeskirchen zu den Kirchen der DDR im Rahmen des „Kirchlichen Hilfsplanes"[133]

Jahr	Geldsumme
1956	4 Mio. DM
1957	12 Mio. DM
1967	35 Mio. DM
1979	52,5 Mio. DM

---

[133] Rittberger-Klaas, Karoline (2006): Kirchenpartnerschaften im geteilten Deutschland. Am Beispiel der Landeskirchen Württemberg und Thüringen. Göttingen: Vandenhoeck & Ruprecht, 2006, S. 52.

***

Seit 1946 hatte in der SBZ der Religionsunterricht unter dem Hinweis auf die Trennung von Staat und Kirche seinen Status als ordentliches Lehrfach verloren. Die Kirche musste diesen Unterricht von nun an selbst organisieren. Artikel 40 bis 48 der Verfassung der DDR vom 7. Oktober 1949 garantierten die Religionsfreiheit. Artikel 44 lautete: *„Das Recht der Kirche auf Erteilung von Religionsunterricht in den Räumen der Schule ist gewährleistet. Der Religionsunterricht wird von den durch die Kirche ausgewählten Kräften erteilt. Niemand darf gezwungen oder gehindert werden, Religionsunterricht zu erteilen. Über die Teilnahme am Religionsunterricht bestimmen die Erziehungsberechtigten."*[134]

Auch wenn dieser Artikel für einen Außenstehenden gut klingen mag, so ließ er für die SED-Funktionäre genug schöpferischen Spielraum zu, um trotzdem eine Politik der Diskriminierung der Kirchen und ihrer Gemeindemitglieder zu betreiben. Der sogenannte **Lange-Erlass** ist ein Beispiel dafür und ein Mosaikstein der Kirchenpolitik der DDR. Am 12. Februar 1958 gab der Minister für Volksbildung der DDR Fritz Lange eine Anweisung „zur Sicherung von Ordnung und Stetigkeit im Erziehungs- und Bildungsprozess der allgemeinen Schulen" heraus. Dieser Erlass schrieb vor, dass zwischen dem Ende des regulären Unterrichts und den außerschulischen Aktivitäten eine Zwangspause von zwei Stunden einzuhalten sei. Angeblich sollten die Schüler nicht überbeansprucht werden. Das Pikante daran ist,

---

[134] Riedel, Kai (Hrsg.) (2000–2004a): Die Verfassung der Deutschen Demokratischen Republik [vom 7. Oktober 1949]. In: dokumentArchiv.de. Online verfügbar unter http://www.documentarchiv.de/ddr/verfddr1949.html #b4 (zuletzt abgerufen am 25.11.2020).

dass die Arbeit von Thälmann-Pionieren und FDJ-lern davon ausgenommen war. Gegen wen dieser Erlass gerichtet war, ist unverkennbar. Jeder kann sich ausmalen, dass durch das Warten den Kindern und Jugendlichen der Religionsunterricht verleidet wurde und die Teilnehmerzahlen drastisch zurückgingen. Durch die vorgeschriebene Wartezeit gab es mitunter auch Probleme mit der Bereitstellung von Räumen und bei Schülern, die vom Land kamen, organisatorische Probleme bei der Heimfahrt. Mit dem Lange-Erlass wurde insbesondere Artikel 44 der Verfassung hintertrieben. Die Vertreter der evangelischen und katholischen Kirche sprachen nicht zu Unrecht von einem „Verfassungsbruch".

***

Am 22. Februar 1957 unterschrieb Dibelius, der Superintendent der EKD, einen Vertrag mit der Bundesregierung, der der EKD die Militärseelsorge in der Bundeswehr zusicherte. Die Unterzeichnung dieses Vertrages kam bei der SED gar nicht gut an, worunter in erster Linie die Kirchen in der DDR zu leiden hatten. Neben einer Kampagne gegen die Kirche wurde verstärkt die Kirche mit „Inoffiziellen Mitarbeitern" der Staatssicherheit (IM) infiltriert. Diese hatten neben der Abschöpfung von Informationen die Aufgabe, Kirchenvertreter, die der Staat als gefährlich erachtete, vor der Kirchenleitung zu diskreditieren.

1958 versuchten Vertreter der EKD, die Abwärtsspirale in der Beziehung zwischen Kirche und Staat zu stoppen. Der von der SED dominierte Staat zeigte zu oft, wer die Macht in der DDR hatte. Zudem wurde der Bewegungsspielraum der Kirche immer mehr eingeschränkt. Viele Vertreter der evangelischen Kirche in der DDR sahen nur noch den Ausweg darin, sich mit dem Staat mehr oder weniger zu arrangieren. Daher fanden 1958 mehrere Gespräche mit Regierungsvertretern statt. Das offiziell von der Kirche proklamierte Ziel war es, „störende Faktoren in den Beziehungen zwischen den staatlichen Organen mit Leitungen der evangelischen Kirchen zu beseitigen".[135] Am 21. Juli 1958 gab es eine **gemeinsame Erklärung der Vertreter der evangelischen Landeskirche in der DDR und der Regierung**. Von kleinen Schönheitskorrekturen abgesehen, konnte die Kirche nicht die Rücknahme der genannten staatlichen Maßnahmen erreichen. Der nun abgeschlossene Burgfrieden hatte einen hohen Preis: Die Regierung der DDR forderte von der Kirche, den Vorwurf, dass die Regierung Verfassungsbruch betreibe, zurückzunehmen. Andererseits erklärte die Landeskirche der EKD in der DDR, die Entwicklung des Sozialismus in der DDR zu respektieren. Dass dem Superintendenten der EKD Dibelius diese Erklärung nicht gefiel, kann man erahnen. Denn 1959 verfasste er ein EKD-Positionspapier, in dem er die SED als „Obrigkeit" anzweifelte, was nichts anderes bedeutete, als die Anweisungen des SED-Staates nicht zu befolgen. Mit diesem Papier war Dibelius den Kirchenvertretern aus der DDR gewissermaßen in die Parade gefahren. Hier zeigten sich auch erstmals offen die Differenzen, die es zwischen Kirchenvertretern in Ost und West gab. Die SED reagierte darauf ziemlich verschnupft …

8.4.2.4 *Der Mauerbau und die Neuorientierung der evangelischen Kirche*

Der Bau der Berliner Mauer am 13. August 1961 bedeutete nicht nur einen tiefen Einschnitt für die Deutschen in Ost und West, sondern auch für die evangelische und katholische Kirche.

---

[135] Kremser, Holger (1993): Der Rechtsstatus der evangelischen Kirchen in der DDR und die neue Einheit der EKD. (Jus Ecclesiasticum, Band 46.) Tübingen: J. C. B. Mohr (Paul Siebeck), 1993, S. 168.

Von den Kirchen traf es besonders die EKD. Sie war gesamtdeutsch organisiert. Ihr Hauptsitz befand sich in Hannover. Seit der Schließung der Grenze wurde dem Superintendenten der EKD Otto Dibelius der Zutritt zur DDR verweigert. Gezwungenermaßen musste ein Nachfolger für ihn gefunden werden. Selbst bei der Wahl des neuen Vorsitzenden des Rates der EKD mischte sich die Staatsführung der DDR ein. Als Kompromisskandidat wurde dann der Bischof der Evangelischen Kirche Berlin-Brandenburg Kurt Scharf gewählt. Obwohl Bischof Scharf ein umsichtiger Kirchenmann war und größere Konflikte mit der Staatsführung mied, fiel er sehr schnell in Ungnade. Am 31. August 1961 wurde er nach einem Aufenthalt in Westberlin nicht mehr in die DDR hineingelassen. Den Kirchen in der DDR fehlte damit der Vorsitzende der EKD und dem Bistum Berlin-Brandenburg der Bischof. Nach einer gewissen Zeit der Sprachlosigkeit wurde 1963 der Cottbuser Theologe Günter Jacob zum Verwalter des Bischofsamtes der Ostregion (ohne Westberlin) der Evangelischen Kirche Berlin-Brandenburg berufen. Von 1967 bis 1981 übte diese Funktion dann der Dechant des Domstifts Brandenburg Albrecht Schönherr aus.

Als am 24. Januar 1962 in der DDR die Wehrpflicht eingeführt wurde, erhob die Kirche heftigen Widerspruch. Im März 1962 kam es zu einem Gespräch zwischen Vertretern der Kirche und des Staates. Es sollte eine Lösung gefunden werden für die Frage, wie mit Gemeindegliedern umzugehen sei, die prinzipiell den Wehrdienst verweigerten, und mit denen, die aus religiösen Gründen den Dienst an der Waffe ablehnten. Dieses Treffen verlief ergebnislos. Als im Frühjahr und Herbst 1962 und 1964 eine große Zahl von Gemeindemitgliedern den Wehrdienst verweigerte, griff die Regierung der DDR auf einen Plan aus der Schublade von 1963 zurück, wonach für beide Gruppen von Verweigerern in der NVA Arbeitsbataillone aufzustellen waren. In der Öffentlichkeit wurden diese Personen als „Bausoldaten" oder „Spatensoldaten" bezeichnet. Eine Befreiung vom Wehrdienst war nicht vorgesehen. Im Herbst 1964 wurde der Plan dann umgesetzt. Ab 1974 gab es in der NVA neben Bausoldaten auch noch Beschäftigungen als Krankenpfleger, Gärtner und Küchenhelfer. Welchen Anteil nun die Kirche an dieser Regelung hatte, lässt sich schwer sagen. Einen gewissen Anteil würde ich der Kirche schon zubilligen.

Die Schließung der Berliner Mauer stellte die EKD vor große organisatorische Probleme, weil die Staatsführung der DDR ein gemeinsames Handeln der Landeskirchen in Ost und West zu verhindern versuchte. Die seit dem 6. April 1968 gültige neue Verfassung brachte die Kirche in noch größere Schwierigkeiten: In der neuen Verfassung gab es nur noch einen Artikel (Artikel 39), der auf die Religionsfreiheit einging. Im ersten Teil wurde die private Religionsfreiheit garantiert. Doch im zweiten Teil wurde lediglich darauf verwiesen, dass die Kirchen nur im Einklang mit der Verfassung handeln dürften. In der alten Verfassung hatte es immerhin neun Artikel dazu gegeben (Artikel 40–48).[136] Die Reduzierung der Artikel auf einen einzigen und zudem mit wenig Inhalt zeigt, dass in den Augen der Regierenden die Religion eigentlich keinen Platz mehr hatte … Die Staatsführung machte der Kirche auch klar, dass alle Aktivitäten außerhalb der DDR als illegal betrachtet wurden.

Die neue Verfassung, der ständige Druck der Regierung auf die evangelischen Kirchen, sich vom westdeutschen Teil der

---

[136] Riedel, Kai (Hrsg.) (2000–2004b): Verfassung der Deutschen Demokratischen Republik vom 6. April 1968 (in der Fassung vom 7. Oktober 1974). In: dokumentArchiv.de. Online verfügbar unter http://www.documentar chiv.de/ddr/verfddr.html (zuletzt abgerufen am 25.11.2020).

EKD zu trennen, sowie die anders gelagerten Alltagsprobleme der Gläubigen/der Bevölkerung in der DDR führten letztendlich zur **Gründung des Bundes Evangelischer Kirchen in der DDR (BEK)**. Diese fand am 10. Juni 1969 statt. Damit war die von der Regierung gewünschte Trennung von der westdeutschen EKD vollzogen. In der Satzung des BEK wurde aber die enge Verbundenheit mit der EKD betont. Die evangelischen Landeskirchen in der DDR hofften, aus der Not eine Tugend zu machen. Durch mehr Einigkeit, so ihr Kalkül, könnten sie dem Staat mehr Zugeständnisse abringen.

8.4.2.5   Kirche und Staat auf Annäherungskurs

Bischof Albrecht Schönherr hatte zweifellos einen großen Anteil am Lossagen der Kirchen in der DDR von der EKD und an der Gründung des BEK. Er wurde zum Vorsitzenden der Konferenz der Evangelischen Kirchenleitung und zum Vorsitzenden des BEK gewählt. Diese Funktionen hatte er bis 1981 inne.

Um sein Handeln nachzuvollziehen, sei darauf hingewiesen, dass er Mitbegründer des **Weißenseer Arbeitskreises** war. Dieser war bereits 1958 gegründet worden. In diesem Zirkel trafen sich Theologen, die unter anderem der Ansicht waren, dass

- eine Trennung der evangelischen Kirchen der DDR von der EKD nicht nur aus organisatorischer, sondern auch aus politischer Sicht die beste Lösung sei,
- eine Teilnahme sowohl an der Jugendweihe als auch an der Konfirmation sich nicht widersprächen,
- die Kirche keine Herrschaftsansprüche stellen und stattdessen der gesamten Gesellschaft dienen solle und

- sich die Kirche mehr oder weniger auf die sozialistische Gesellschaft einzulassen habe.

Allerdings war dieser Zirkel sehr stark von IMs der Staatssicherheit durchsetzt und möglicherweise auch von dieser gesteuert. Zum „Weißenseer Arbeitskreis" gehörte auch Angela Merkels Vater, der im Volksmund die Namen „roter Pfarrer" oder „roter Kasner" trug.[137] Diese Denkrichtung war in der Kirche eher in der Minderheit.

Unter Bischof Schönherr kam es zu vorsichtigen Annäherungsversuchen des BEK zum Staat. So gab er 1971 auf der Bundessynode die Losung heraus: *„Wir wollen nicht neben, nicht gegen, sondern Kirche im Sozialismus sein."* In der Kirche gab es viele Strömungen. Für die einen war das Verrat am Glauben. Für die Theologen aus dem „Weißenseer Arbeitskreis" ging diese Aussage nicht weit genug. Wenn man bereit ist, auf seine Formulierung einzugehen, dann kann man schon einen breiten Interpretationsspielraum erkennen. Insofern war es eine Kompromissformel. Aber trotzdem, selbst Jahrzehnte später, wo man eine gewisse zeitliche und mentale Distanz dazu haben sollte, klingt da eine gewisse Sozialismus-Affinität heraus. Vielleicht war das taktisch auch so gewollt, um bei der SED zu verfangen. Das evangelische Magazin „chrismon" interpretierte im Artikel „Daheim im Sozialismus?" von Juni 2013 Bischof Schönherrs Aussage dahin gehend, dass er den Christen in der DDR eine Art moralische Arche Noah habe bauen wollen, damit sie angesichts staatlicher Repressionen nicht verzagten und verzweifelten. Er

---

[137] Langguth, Gerd (o. J.): Angela Merkels roter Vater. In: Cicero – Magazin für politische Kutur. Online verfügbar unter https://www.cicero.de/innenpolitik/angela-merkels-roter-vater/38352 (zuletzt abgerufen am 28.11.2020).

habe mit diesen Worten *„viel dazu beigetragen, dass der kirchliche Freiheitswille nicht bereits in den Siebzigern mit Gewalt erstickt wurde, sondern im Innern der Menschen lebendig blieb".*[138]

In der ersten Hälfte der 1970er-Jahre fanden es schon leichte Annäherungen zwischen Staat und Kirche statt. Die Benachteiligung der Christen in Sachen Bildung und Arbeit, sobald sie sich öffentlich dazu bekannten, blieb allerdings bestehen. **Die Selbstverbrennung des evangelischen Pfarrers Oskar Brüsewitz** am 18. August 1976 in Zeitz vor der Michaeliskirche war zweifellos ein Aufschrei eines Christen über die damaligen Verhältnisse in der DDR. Die SED setzte alles daran, dieses Ereignis zu verschweigen. Als die Medien in der BRD darüber berichteten, war die Staatsführung der DDR in Zugzwang. Nun zogen die Zeitungen, der Rundfunk und das Fernsehen in der DDR nach. Allerdings lautete dort der einheitliche Grundtenor, dass es sich hierbei um die Tat eines Verrückten gehandelt hätte. Diese Verleumdungskampagne trug zweifellos die Züge der Staatssicherheit, denn mit dieser Tat avancierte er zum Staatsfeind Nummer eins … Die Person Oskar Brüsewitz aus der Ferne zu beurteilen und seine Tat politisch einzuordnen, ist äußerst schwierig. Ich denke, Pfarrer Brüsewitz war keineswegs verrückt. Er hatte eher ein etwas übertriebenes Sendungsbewusstsein und einen zu großen missionarischen Eifer. Denn: Die Wahl der Mittel passte nicht zur Ausgangssituation und zu dem, was er erreichen wollte. Die 1970er-Jahre waren keineswegs, was die Repressionen betraf, mit den 1950er- und 1960er-Jahren vergleichbar. Die

---

[138] Wagner, Marco (30.05.2013): Albrecht Schönherr half Christen in der DDR. Daheim im Sozialismus? In: chrismon – das evangelische Magazin vom 30.05.2013. Online verfügbar unter https://chrismon.evangelisch.de/artikel/2013/daheim-im-sozialismus-18973 (zuletzt abgerufen am 28.11. 2020).

1970er-Jahre waren schon von Annäherung und Dialogen zwischen Kirche und Staat gekennzeichnet. Keine Frage, Luft nach oben gab es in Sachen Zugeständnisse allemal. Zudem betraf der Bildungsausschluss nicht nur die Gläubigen, sondern auch Kinder, die aus der Intelligenz kamen. Kinder von Lehrern, Ingenieuren, Ärzten und Pfarrern durften oftmals nicht den direkten Weg zum Abitur nehmen. Angela Merkel zählt zu den merkwürdigen Ausnahmen, zumal sie auch keine Jugendweihe erhalten hatte …

Der Freitod des Pfarrers Brüsewitz war zweifellos ein Weckruf für viele Sozialisten innerhalb und außerhalb der SED, denen die Politik der SED nicht gefiel. Das galt auch für den **Liedermacher und Lyriker Wolf Biermann**. Dieser wurde im selben Jahr ausgebürgert …

Die Kirche machte bezüglich des Suizids von Pfarrer Brüsewitz keine gute Figur: Zuerst fiel sie in eine Schockstarre und schwieg sich aus, dann lavierte sie. Erst nach einem Monat sprach sie klare Worte aus. So heißt es in einem Hirtenbrief, den die Konferenz der Evangelischen Kirchenleitungen in der DDR im September 1976 an die Gemeinden schickte: *„Besonders dringlich ist, daß im einheitlichen sozialistischen Bildungssystem eine Atmosphäre des Vertrauens geschaffen wird und Kinder und Jugendliche ungekränkt als Christen leben können."*[139] Als Erich Honecker vom Inhalt dieses Hirtenbriefes erfuhr, war er empört und sprach von „einem der größten konterrevolutionären Akte gegen die DDR". An dem Tag, als der Hirtenbrief in allen Kirchen des BEK

---

[139] Weyrosta, Jonas (30.05.2019): Oskar Brüsewitz. Wofür ist er gestorben?. In: ZEIT ONLINE vom 30.05.2019. Online verfügbar unter https://www.zeit.de/2019/23/oskar-bruesewitz-pfarrer-ddr-selbstverbrennung-protest-verzweiflung (zuletzt abgerufen am 28.11.2020).

vorgelesen wurde, trat Wolf Biermann in Berlin in der Nikolaikirche auf. Er erwähnte hierbei auch den Fall Brüsewitz.

Es bestand nun die große Gefahr, dass die SED das Verhältnis zur Kirche drastisch abkühlen ließe. Aber aus Angst, die aufmüpfigen systemkritischen Sozialisten innerhalb und außerhalb der SED könnten sich nun mit der Kirche verbünden, entschloss sich Honecker zu einem außergewöhnlichen, ja unerwarteten Schritt: Er ließ die Kontakte zur Kirche intensivieren. Höhepunkt seines Verständigungskurses war das **Treffen am 6. März 1978 mit Bischof Albrecht Schönherr, dem Vorsitzenden der Konferenz der Kirchenleitungen.** Über dieses denkwürdige Treffen wurde in den Medien der DDR sehr ausführlich und positiv berichtet. Das Ergebnis des Treffens war, dass

- der Kirche eine gewisse Autonomie zugesichert wurde,
- kirchliche Sendungen im Fernsehen der DDR übertragen werden konnten,
- Kirchen auch im Neubaugebiet gebaut werden durften und
- kirchliche Mitarbeiter Zugang zu Altersheimen und Gefängnissen bekamen.

Im Bereich der Bildung hatte sich nichts zum Besseren gewendet. In der Summe gab es aber für die Kirche relativ große Fortschritte.

Die Nähe der Leitung der evangelischen Kirche zur Staatsführung war im Lutherjahr 1983 schon zu erkennen und von den Medien der DDR auch gern so vermittelt worden. Diese Nähe wurde von vielen Gemeindemitgliedern mit gemischten Gefühlen aufgenommen. Einerseits empfanden viele das Paktieren mit antichristlichen Politikern als suspekt. Andererseits wurden damit Hoffnungen auf Verbesserungen ihrer eigenen Lage verbunden.

Die Meinungen über Pfarrer Brüsewitz gehen in der Öffentlichkeit und in der Kirche weit auseinander. Das liegt unter anderem daran, dass die Propaganda der Staatssicherheit bis heute in Teilen der Bevölkerung nachwirkt, die Vermittlung von Geschichtswissen im bundesrepublikanischen Bildungswesen (das die ehemalige DDR leider übernommen hat) katastrophal ist und die Kirche ein äußerst gespanntes Verhältnis zum Suizid hat. Alle geschichtlich und politisch interessierten Menschen dürften sich in einem Punkt einig sein: Ohne die öffentlich inszenierte Selbstverbrennung des Pfarrers Brüsewitz hätte es nicht das Treffen zwischen Erich Honecker und Bischof Schönherr gegeben. Die Staatsführung der DDR war in der Tat im Vergleich zu ihrer bisherigen Kirchenpolitik einen großen Schritt gegangen. Ich hatte diese Annäherung auch gemerkt, als ich in der zweiten Hälfte der 1970er-Jahre meinen Wehrdienst bei der NVA leistete. Ohne Probleme durfte ich jeden Sonntagvormittag zum Gottesdienst gehen. Ich hatte diesbezüglich auch keine Benachteiligungen erfahren …

8.4.2.6   *Die Kirche als Hort des Widerstandes gegen die Staatsmacht*

Den Anfang vom Ende der DDR sehe ich in der verhängnisvollen Entscheidung der SED-geführten Regierung, ab dem 1. September 1978 für die 9. Klasse einen Wehrkundeunterricht einzuführen. Ein Jahr später wurde er auch auf die 10. Klasse erweitert. Kaum hatte der Staat, zumindest oberflächlich gesehen, durch seinen Annäherungskurs mit der Kirche diese zur friedlichen Koexistenz, zum politischen Stillhalten bewegen können, brachte er mit der Einführung des Wehrkundeunterrichts die Kirche erneut gegen sich auf. Als im Frühjahr 1978 die Absicht des Staates publik wurde, protestierten bereits die evangelische und katholische Kirche dagegen. Die evangelische Kirche erarbeitete ein Konzept zur „Erziehung für den Frieden". Dieses wurde aber vom Staat rundweg abgelehnt.

Während die Kirchenleitung nach dem denkwürdigen Treffen nach außen gute Miene zum bösen Spiel machte, rumorte es auf der Gemeindeebene immer mehr. Friedensaktivitäten im Schoße der Kirche gab es bereits seit Mitte der 1950er-Jahre, als in der BRD und in der DDR reguläre Armeen aufgestellt wurden. Diese Friedensbemühungen waren eher von bescheidenem Ausmaß und der Öffentlichkeit wenig bekannt. Die Friedensaktivitäten fanden ihren Höhepunkt zwischen 1979 und 1983, als es um die atomare Aufrüstung Westdeutschlands mit Pershing-II- und Tomahawk-Raketen und in der DDR mit SS-20-Raketen ging. Besonders bekannt sind noch heute die Aktionen des evangelischen Pfarrers Friedrich Schorlemmer **Schwerter zu Pflugscharen**. Ab Anfang der 1980er-Jahre spielte das Thema „Umweltverschmutzung in der DDR" eine immer größere Rolle. Aktivisten fanden in der Kirche Unterschlupf und Gehör. Schließlich ging es um die Bewahrung der Schöpfung. Vom Staat sehr gefürchtet und bekämpft wurde die **Umweltbibliothek in der Ostberliner Zionskirche**, wo alle Umweltsünden in der DDR dokumentiert und archiviert wurden. Auch ab Anfang der 1980er-Jahre agierten unter dem Dach der Kirche Bürgerrechtler wie Bärbel Bohley und Vera Lengsfeld. Ab der zweiten Hälfte der 1980er-Jahre suchten vermehrt Bürger der DDR,

- die einen Ausreiseantrag gestellt hatten, der nicht bewilligt wurde,

- bei denen Wartezeiten ungebührlich in die Länge gezogen wurden und/oder
- die wegen der Antragstellung schwerwiegende Schikanen über sich ergehen lassen mussten,
- in der Kirche Zuflucht und Beistand.

Die Staatsmacht der DDR versuchte durch Infiltrierung Inoffizi-
eller Mitarbeiter (IM) und durch Razzien, den Unruheherd auf
die Kirche zu begrenzen. Ab 1988 war für die Staatsführung das
Maß von Aktivitäten im Schoße der Kirche erreicht. Das zeigte
sich in der groß angelegten Razzia gegen die Umweltbibliothek
in der Zionskirche in Ostberlin. Richtig gefährlich wurde es für
den Staat, als der Funke des Aufbegehrens auf die Öffentlichkeit
übersprang. Das geschah exakt mit dem Heraustreten der Aktivisten aus den Mauern der Kirche, mit der **Gründung des
„Neuen Forums"**. Dieses sah sich nicht als Partei, sondern als
Bewegung, die für jeden Bürger offen war ... Über die Bürgerrechtsbewegung in der DDR wird in einem der kommenden Kapitel ausführlich berichtet.

8.4.2.7   *Nachbemerkung*

Die katholische Kirche, der Bund Evangelisch-Freikirchlicher
Gemeinden in der DDR, die Adventisten, die Mennoniten, die
Zeugen Jehovas sowie die Evangelische Brüderunität (Herrnhuter Brüdergemeinde) arrangierten sich nicht mit dem Staat. Auf
dem Kölner Katholikentag von 1956 sagte der Bischof von Meißen Otto Spülbeck, dass die katholischen Christen in der DDR in
einem Haus wohnten, das sie nicht gebaut hätten und in dem sie
nur die Rolle eines geduldeten Untermieters einnähmen. Auf
dem Dresdner Katholikentag 1987 hielt Kardinal Meisner

während der Schlussmesse eine Predigt. Dort verkündete er trotzig, dass die Katholiken in der DDR in Anspielung auf den Sowjetstern keinem anderen Weg folgen wollten als dem Stern von Bethlehem.[140]

Da der Bund Evangelisch-Freikirchlicher Gemeinden in der DDR und die anderen bereits genannten Religionsgemeinschaften in der Öffentlichkeit viel weniger wahrgenommen wurden, waren sie nicht so durchsetzt mit IMs wie der Bund der Evangelischen Kirchen in der DDR.

1945 nahmen auf dem Gebiet der SBZ noch 95 Prozent der dort lebenden Menschen aktiv am christlichen Gemeindeleben teil. 1990, zum Ende der DDR, bekannten sich nur noch 25 Prozent der Bevölkerung zum Christentum. Das ist das traurige Ergebnis einer durchgängig kirchenfeindlich geführten Politik der SED.

In diesem Kapitel wurde der Versuch unternommen, dem Leser das schwierige Leben der Christen in der DDR näherzubringen. Das ist wichtig und sollte nie vergessen werden! Denn mit großem Bedauern muss ich feststellen, dass die Linke in den neuen Bundesländern zurzeit eine Renaissance erfährt. Bodo Ramelow und jüngere Parteimitglieder der Linken haben sich im Zuge der Wahl in Thüringen im Fernsehen immer wieder echauffiert darüber gezeigt, dass sie und ihre Partei in Zusammenhang mit der SED gebracht werden würden. Diese Personen können zwar nichts für die Taten, die im Namen der SED durchgeführt wurden. Es ist aber eine Tatsache, dass die heutige Linke

---

[140] Meisner, Joachim Kardinal (23.10.2009): Die Wüstenjahre der Kirche. In: Welt.de vom 23.10.2009. Online verfügbar unter https://www.welt.de/welt_print/debatte/article4943940/Die-Wuestenjahre-der-Kirche.html (zuletzt abgerufen am 28.11.2020).

rechtlich und politisch die Nachfolgepartei der SED ist.[141] Die Linke hat sich nie wirklich von der Politik der SED distanziert, ebenso wenig von der gewalttätigen linksextremistischen Antifa. Auf geschlossenen Veranstaltungen der Linken, wo sich die Teilnehmer ziemlich sicher fühlen, dass niemals etwas an die Öffentlichkeit gelangen werde, wurden zuweilen so manche entsetzlichen Ansichten zutage gefördert. So sinnierte zum Beispiel auf einer Strategiekonferenz der Linken Anfang März 2020 eine Delegierte aus Berlin, wie nach der gelungenen Revolution mit den Reichen umzugehen wäre. Sie schlug vor, ein Prozent der Reichen erschießen zu lassen. Der Parteivorsitzende der Linken Bernd Riexinger unterließ jegliche Kritik und sagte beschwichtigend, nein, sie würden die Reichen für sich arbeiten lassen.[142] Meinte er: in Sonderlagern? Viele Konzentrationslager wurden nach dem Zweiten Weltkrieg in der SBZ sofort in Sonderlager umgewandelt. Darüber wurde ausführlich in einem der vorangegangenen Kapitel geschrieben …

Es verfestigt sich der Eindruck, dass sich vieles in der Geschichte seit 1945 wiederholen würde, sobald die Linken die absolute Macht hätten.

Das Ziel, eine gerechtere Gesellschaft zu schaffen, die dem Himmel auf Erden möglichst nahekommt, wird es immer geben,

---

141 Müller, Uwe (29.04.2009): Die Linke – Wir sind Rechtsnachfolgerin der SED. In: Welt.de vom 29.04.2009. Online verfügbar unter https:// www. welt.de/politik/article3649188/Die-Linke-Wir-sind-Rechtsnachfolgerin-der-SED.html (zuletzt abgerufen am 28.11.2020).

142 Martenstein, Harald (07.03.2020): Martenstein zu einer „überspitzten" Äußerung. Das Erschießen liegt wohl in der DNA der Linksradikalen. In: Der Tagesspiegel vom 07.03.2020. Online verfügbar unter https://www.tagesspiegel.de/politik/martenstein-zu-einer-ueberspitzten-aeusserung-das-erschiessen-liegt-wohl-in-der-dna-der-linksradikalen/25620736. html (zuletzt abgerufen am 28.11.2020).

solange die Menschheit existiert. Das ist auch legitim. Die Frage ist allerdings, was „gerecht" ist. Den linken Kräften steht es ja frei, eine Partei zu gründen, die mit der SED gebrochen und die Lehren aus der Geschichte der DDR gezogen hat, auch was die Kirchenpolitik anbelangt ... Insofern habe ich mit großem Entsetzen die Nachricht vernommen, dass Thüringens geschichtsvergessene Bischöfe die Wahl Bodo Ramelows zum Ministerpräsidenten begrüßten.[143]

8.5   War die DDR ein Unrechtsstaat?

In meinem Buch habe ich bereits über die Sonderlager, den Waldheimer Prozess, die Schauprozesse gegen die Bauern, die ihr Land und Viehzeug nicht verstaatlichen lassen wollten, über die Unterdrückung der Christen und anderes mehr berichtet. Trotzdem fällt es mir schwer, die DDR als „Unrechtsstaat" ohne jeglichen Zusatz zu bezeichnen. Warum?

Meine Bedenken gehen dahin, dass ich mit diesem Pauschalurteil befürchte, alle ehemaligen DDR-Bürger könnten abgestempelt werden, überhaupt kein Rechtsverständnis zu haben. Daher möchte ich hierzu einiges anmerken:

Auch wenn ich mit den Autoren Wolfgang Engler und Jana Hensel beim Lesen ihres Buches „Wer wir sind – die Erfahrung, ostdeutsch zu sein" immer wieder haderte und ich mich dort als ehemaliger DDR-Bürger oft nicht wiederfand, so steht in Kapitel IX zum Thema „Unrechtsstaat" auch einiges Richtiges. So

---

[143] Bistum Erfurt – Bischöfliches Ordinariat (04.03.2020): Vertrauen wiedergewinnen. Gemeinsame Erklärung der katholischen Thüringer Bischöfe zur Wahl des Thüringer Ministerpräsidenten. Online verfügbar unter https://www.bistum-erfurt.de/presse_archiv/nachrichtenarchiv/detail/vertrauen_wiedergewinnen/ (zuletzt abgerufen am 28.11.2020).

sagte Wolfgang Engler ganz korrekt, dass die DDR daher kein Rechtsstaat gewesen sei, weil es dort keine „Appellationsinstanz" gab, zu Deutsch, weil der Angeklagte gegen ein Gerichtsurteil keinen Widerspruch einlegen konnte.[144] Außerdem war die Rechtsprechung im privatrechtlichen Bereich eher fair als bei Delikten, die gegen das Volkseigentum und allgemein gegen den Staat gerichtet waren. Bei Letzteren wurde übermäßig hart bestraft. Ein „Organisieren" für den Betrieb wurde anders als ein „Organisieren" zum persönlichen Vorteil bewertet.[145]

Das Recht auf Arbeit und auf bezahlbaren Wohnraum war in der Verfassung der DDR festgeschrieben, sodass, rechtlich gesehen, eine Kündigung schwierig durchzusetzen war. *„Man wurde einander nicht los und war daher auf gütliches Auskommen bedacht"*, sagte Wolfgang Engler im Zwiegespräch mit Jana Hensel im Buch.[146] Deshalb liefen viele Streitigkeiten nicht über Gerichte, sondern über Konflikt- und Schiedskommissionen. Das ist auch der Grund, warum es in der DDR eine andere Streitkultur gab. Diese ist zumindest rudimentär noch heute in den neuen Bundesländern erhalten geblieben.

Grundstücke und Häuser waren in der DDR prinzipiell so gut wie nichts wert. Wassergrundstücke waren schon damals etwas teurer. Das erklärt auch,

- warum es diesbezüglich kaum Rechtsstreitigkeiten gab,
- die Immobilien in der DDR marode waren und

---

144 Engler, Wolfgang/Hensel, Jana (2018): Wer wir sind – die Erfahrung, ostdeutsch zu sein. 3. Auflage (¹2018), Berlin: Aufbau Verlag, 2018, S. 234–235.
145 Engler/Hensel (2018), S. 236.
146 Engler/Hensel (2018), S. 237.

- warum die Menschen in der DDR nach dem Beitritt ihres Staates zur BRD vollkommen überrascht und naiv waren, als die Treuhand und westdeutsche Glücksritter kamen und sie über den Tisch zogen.

Zu allem Übel konnte die überwiegende Mehrheit der DDR-Bürger keine Reichtümer anhäufen, um sich Immobilien zu sichern …

Zur Rechtsprechung und sozialen Wiedereingliederung von Personen, die ihre Strafe wegen einer kriminellen Handlung abgebüßt hatten, fällt mir folgende Episode ein: Ein ehemaliger Kollege in meiner Abteilung, ein Gruppenleiter der Konstruktion, war an einer Straftat beteiligt gewesen. Im volkseigenen Staßfurter Fernsehwerk wurden Fernsehapparate von der Produktionslinie abgezweigt, mit elektrischen Bauteilen bestückt, um Westempfang zu ermöglichen, und unter der Hand verkauft. Das war ein lukratives Geschäft. Als die Sache aufflog, wurde er mit anderen Beteiligten zu Haftstrafen verurteilt. Nun passierte das Unglaubliche: Mein Abteilungsleiter hatte sich 1987/1988 über Polen in den Westen abgesetzt. Die Stelle war vakant. Keiner von meiner Abteilung wollte diesen Posten bekleiden. Als der verurteilte Arbeitskollege aus dem Gefängnis kam, begann er seine Arbeit in meiner Abteilung – man kann es gar nicht glauben – als Abteilungsleiter! Meine Kollegen und ich staunten nicht schlecht! Prinzipiell, wenn solche Personen in das Arbeitsleben/gesellschaftliche Leben integriert werden, ist das in Ordnung. Denn wer seine Strafe abgesessen hat, sollte eine zweite Chance erhalten. Aber gleich als Abteilungsleiter? Ob das jemals in der BRD passieren würde, bezweifele ich …

Ich möchte auf einen Umstand hinweisen, bei dem sich die BRD eine Scheibe von der DDR abschneiden kann: Wenn dem Bürger der DDR eine staatliche Leistung zugestanden hatte, dann bekam er diese automatisch, ohne einen Antrag stellen zu müssen. Im Gegensatz dazu ging/geht in der alten und neuen Bundesrepublik ohne Antragstellung nichts. Zudem weiß ein Teil der Bürger nicht einmal, dass ihm Leistungen zustehen …

Und noch eine sehr treffende Aussage Wolfgang Englers aus dem besagten Buch: „… *aber sie lebten nicht im rechtsfreien Raum. Rechtsansprüche, Rechtstatsachen, Rechtsbegriffe waren ihnen wohlvertraut. Sie konfrontierten die Rechtspraxis mit den Rechtsversprechen. Als sie am 4. November 1989 zu Hunderttausenden durch die Berliner Innenstadt zogen, beriefen sie sich ausdrücklich auf ihre verfassungsmäßigen Rechte.*"[147]

Dass Rechtspraxis und Rechtsversprechen im Widerspruch lagen, sehr einseitig ausgelegt wurden, erkennt man an einer Bestimmung im Zivilgesetzbuch der DDR vom 19. Juni 1975, im ersten Teil „Grundsätze des sozialistischen Zivilrechts", im vierten Kapitel „Grundsätze für das Zusammenwirken von Bürgern und Betrieben", § 15 im zweiten Absatz: „*Die Ausübung eines Rechts ist unzulässig, wenn damit den Rechtsvorschriften oder den Grundsätzen der sozialistischen Moral widersprechende Ziele verfolgt werden.*"[148] Damit konnte im Konfliktfall mit dem Betrieb die Inanspruchnahme von Rechten aus dem Gesetzbuch, wenn sie im

---

147 Engler/Hensel (2018), S. 238.
148 Rockstuhl, Harald (Hrsg.) (2015): Zivilgesetzbuch der DDR 1975–1990: Zivilgesetzbuch (ZGB) der Deutschen Demokratischen Republik vom 19. Juni 1975 bis zum 31. August 1990 (GBl. I, Nr. 27). 2. Reprintauflage 2015 (1. digitale Auflage: Zeilenwert 2015), Bad Langensalza: Verlag Rockstuhl, 2015.

Widerspruch zum Interesse des Staates/zur SED standen, außer Kraft gesetzt werden.

Die DDR-Bürger, die im Herbst 1989 auf die Straße gingen, bewiesen großen Mut. Denn es gab den berüchtigten Zusammenrottungsparagrafen. Im Strafgesetzbuch von 1968/1974 unter § 217 Absatz 2 steht: *„Wer eine Zusammenrottung organisiert oder anführt (Rädelsführer), wird mit Freiheitsstrafen von einem bis fünf Jahren bestraft."*[149]

Abschließend möchte ich noch auf eine Beobachtung hinweisen, die mich mitunter dazu bewogen hat, dieses Buch zu schreiben: In vielen Schriften bundesdeutscher Institute und Stiftungen, die sich die DDR zum Thema vorgenommen haben, werden als Beweis, wie schlimm es in der DDR gewesen sei, Gesetze und Bestimmungen der DDR und Sprüche von SED-Politikern zitiert und als alleiniges Beweismittel herangezogen. Die räumliche und zeitliche Distanz der Betrachter zur DDR oder ihre ideologische Einstellung mögen eine Ursache für diese leichte Fehleinschätzung sein. Denn hier handelt es sich um die theoretische Wahrheit. Oftmals wurde vergessen, dass es Menschen waren, die diese Vorschriften entweder eins zu eins in die Tat umsetzten oder auch abschwächten. Daher wird es zum gleichen Thema bei DDR-Bürgern aus der DDR unterschiedliche Erfahrungen geben. Zum Beispiel beim Lesen der Abhandlungen über die DDR durch die Bundeszentrale für politische Bildung oder durch die Konrad-Adenauer-Stiftung hatte ich gelegentlich den Eindruck, als würden sie über ein anderes Land berichten. Die Verhältnisse in der DDR der 1970er- und 1980er-Jahre kann man beispiels-

---

[149] Vormbaum, Thomas/Welp, Jürgen (Hrsg.) (2006): Das Strafgesetzbuch. Sammlung der Änderungsgesetze und Neubekanntmachungen; Supplementband 2: Das Strafgesetzbuch der DDR. Berlin: BWV, Berliner Wissenschafts-Verlag, 2006, S. 154.

weise nicht mit denen in Nordkorea heutzutage vergleichen. Aufgrund der Vereinbarungen der KSZE vom 1. August 1975 konnten die SED-Funktionäre nicht so schalten und walten, wie sie wollten. Außerdem gab es in der DDR Zigtausende Menschen in den unterschiedlichsten gesellschaftlichen Positionen, denen es zu verdanken war, dass die Zustände zuweilen nicht so hart ausfielen, wie es die Verfasser dieser und anderer Institute beschrieben …

Meine Empfehlung wäre, wenn man die DDR als Unrechtsstaat bezeichnet, auch zu betonen, dass sich die Kritik damit nicht automatisch auf alle ehemaligen DDR-Bürger bezieht.

DRITTER TEIL:
Transformationsprozesse zwischen Teilung und der unvollendeten Einheit

9 Die Ostdeutschen und die Teilung Deutschlands einschließlich Berlins

In diesem Kapitel schildere ich in groben Zügen, wie es zum Bau der Berliner Mauer kam, was er für die Ostdeutschen bedeutete und warum besonders die Abriegelung Westberlins im kollektiven Gedächtnis der Deutschen eine so schmerzhafte Erinnerung hinterließ. Hierzu steuere ich auch einen persönlichen Augenzeugenbericht bei.

Ich möchte an dieser Stelle aller Menschen aus Ost und West gedenken, die die Vereinigung beider deutscher Landesteile herbeigesehnt, aber nie erlebt haben. Meine Gedanken gehen auch an diejenigen, die an der innerdeutschen Grenze ihr Leben gelassen haben und die wegen ihres aufgedeckten Fluchtversuchs ins Gefängnis kamen und familiäre Dramen erleben mussten.

9.1 Warum der Bau der Berliner Mauer besonders schmerzlich war

Im Jahr 1949 wurden als Ergebnis der unüberbrückbaren Interessen zwischen den Westalliierten und der Sowjetunion zuerst die BRD und dann die DDR gegründet. Die 1378 Kilometer lange Grenze zwischen den beiden deutschen Staaten wurde „dank" der Perfektionierung von Grenzsicherungsanlagen und des Gebrauchs von Schusswaffen bei illegalem Grenzübertritt immer undurchlässiger. Der Ausbau der Grenzanlagen vollzog sich von der DDR-Seite aus zumeist verborgen hinter einem fünf Kilometer breiten Sicherheitsstreifen, dem sogenannten Sperrgebiet, zu dem nur Personen mit polizeilicher Genehmigung Zutritt hatten. Während sich der Prozess der Abnabelung an der Grenze zu Westdeutschland eher schleichend über Jahre hin vollzog, kam er an der Grenze zu Westberlin schlagartig, unerwartet und passierte zudem im Lichte der Weltöffentlichkeit. Schließlich bleibt eine durch eine Großstadt gezogene Grenze keinem verborgen. Die Grenze verlief oftmals entlang der Straßenmitte, sodass die Straßenseite, auf der der Berliner lebte, entschied, ob er Westberlin oder Ostberlin zugeschlagen wurde, ob er (je nach Weltanschauung) „Glück" oder „Pech" hatte. In der Bernauer Straße, an die die Stadtbezirke Wedding und Berlin-Mitte angrenzen, gab es die kuriose Situation, dass sich der Bürgersteig im „Westen" befand und die Häuser zum „Osten" gehörten. Da im Verlauf der Errichtung von Grenzzäunen am 13. August 1961 die Hauseingangstüren zugemauert wurden, kam es zu den weltbekannten Szenen: Menschen seilten sich an zusammengeknüpften Laken und Decken ab. Die Westberliner Feuerwehr versuchte, die aus dem Fenster oder vom Dach springenden Menschen mit einem Sprungtuch aufzufangen. Leider gab es dabei auch Todesfälle. Die Fluchtversuche über diese Häuser erfolgten noch einige Monate nach dem Mauerbau, bis der ganze Straßenzug gesprengt wurde. Das heutige Straßenbild ist daher nicht identisch mit dem damaligen. Die Versöhnungskirche befand sich in der Bernauer Straße 4, mitten im Grenzgebiet, und konnte daher seit dem Mauerbau nicht mehr besucht werden. Den Kirchturm nutzten die Grenztruppen als Aussichtsturm. Am 22. Januar 1985 wurde auch diese Kirche Opfer der Grenzbereinigung. Sie wurde gesprengt.[150] Der einzige Trost: Das Uhrwerk konnte gerettet werden …

---

[150] Siehe oben Kapitel 8.3.2 und Rundfunk Berlin-Brandenburg (rbb) (Hrsg.) (o. J.): 22. Januar 1985: Versöhnungskirche gesprengt. In: Die Berliner Mauer – Geschichte in Bildern. Online verfügbar unter https://www.berlin-mauer.de/videos/sprengung-der-versoehnungskirche-695/ (zuletzt abgerufen am 04.12.2020).

Die vollständige Schließung der Grenze zu Westberlin bedeutete nicht nur, dass den Ostdeutschen die letzte Fluchtmöglichkeit genommen wurde. Ihnen war es dadurch auch nicht mehr möglich, ihre Verwandten und Bekannten in Westdeutschland und in Westberlin zu besuchen. Es begann eine Zeit der Ungewissheit, ob man sich jemals wiedersehen würde. Das Schicksal der Deutschen hing einzig und allein vom Wohlwollen der Alliierten ab. Hier zeigte sich so eindeutig wie nie zuvor, dass Deutschland kein souveräner Staat war. In diesem Moment gab es keinen Platz für eine kühle und aus etwas Abstand vorgenommene politische Analyse. Vielmehr machte sich links und rechts der innerdeutschen Grenze blankes Entsetzen breit. All diese Umstände führten dazu, dass der Bau der Berliner Mauer bei vielen Zeitgenossen in besonders schmerzlicher Erinnerung blieb.

9.2 Der Weg zum Bau der Berliner Mauer

Es hatten schon einige Vorboten die Errichtung einer Grenze um Berlin herum angekündigt. Einige Erscheinungen sind natürlich erst aus dem Rückblick heraus erklärbar geworden und komplettieren das Puzzlebild:

9.2.1 Der Berliner Außenring

Von 1951 bis Mai 1961 wurde um Westberlin herum ein Eisenbahnring errichtet, der zweigleisig und elektrifiziert war. Der sogenannte Berliner Außenring hat eine Länge von 125 Kilometern. Er wurde nicht nur aus wirtschaftlichen und verkehrspolitischen Gründen errichtet. Hier spielten auch militärstrategische Überlegungen eine Rolle. Denn durch die Fertigstellung des Berliner Außenrings konnte das Militär schnell an jeden Punkt an der Grenze gebracht werden. Zudem hatte der Bau der Berliner

Mauer keine ernsthaften ökonomischen Folgen. Die Errichtung des Berliner Außenrings war gewissermaßen die Voraussetzung für den Bau der Berliner Mauer. 1962 wurden noch zwei Lücken geschlossen: die S-Bahn-Strecken zwischen Bergfelde und Schönfließ sowie zwischen Berlin-Adlershof und Berlin-Schönefeld.

Mein Vater studierte Anfang der 1960er-Jahre in Potsdam. Um ihn zu besuchen, fuhren meine Mutter und ich mit dem Zug von Neuruppin bis nach Velten (Mark) und stiegen in die S-Bahn um. Von dort ging es bis Hennigsdorf Nord. Über eine Treppe ging es dann zum Bahnsteig des Berliner Außenrings. Mit dem „Sputnik", einem doppelstöckigen Personenzug, fuhren wir dann bis nach Potsdam. In der anderen Richtung wären wir mit diesem Zug bis nach Birkenwerder gekommen und hätten Anschluss an die S-Bahn gehabt, die zwischen Oranienburg und Berlin-Schönefeld via Berlin-Ostkreuz pendelte. Sowohl der Bahnhof Hennigsdorf Nord als auch die (Rest-)S-Bahnstrecke zwischen Velten (Mark) und Hennigsdorf gibt es seit dem 1. Juni 1998 zum Leidwesen und Unmut vieler Veltener nicht mehr.

9.2.2   Die zweite Berlin-Krise

Am 27. November 1958 löste der sowjetische Staatschef Nikita Chruschtschow mit einer Note an die Westalliierten die zweite Berlin-Krise aus. Darin drohte er ihnen, der DDR die Rechte an der Kontrolle der für die Alliierten wichtigen Zugangswege zu Westberlin zu übertragen, wenn sie diese Stadt nicht entmilitarisierten und sie zur „Freien Stadt Berlin" erklärten. Offenbar nahm er sich die ehemalige „Freie Stadt Danzig" zum Beispiel. Am 14. Dezember 1958 hielten die Außenminister der Westalliierten in Paris eine Konferenz ab und bekräftigten abschließend, alle Rechte an Westberlin wahrnehmen zu wollen. Bei einem Besuch in Ostberlin wiederholte Nikita Chruschtschow am 9. März 1959 seinen Standpunkt und stellte klar, dass die „Freie Stadt Berlin" nur für Westberlin gelten solle.[151] Die sowjetische Staatsführung ging noch einen Schritt weiter und präsentierte am 10. Januar 1959 den Entwurf für einen Friedensvertrag mit Deutschland. Die Bundesregierung unter Konrad Adenauer und die Westalliierten lehnten auch dies ab. Letztendlich scheiterte die Sowjetunion sowohl mit ihrer Forderung als auch mit ihrem Vorschlag, was zu einer Verschärfung der Krise für Westberlin führte. Die Sowjetunion wollte Westberlin als eine Trumpfkarte für ihre Westpolitik nehmen und lehnte deshalb Walter Ulbrichts Drängen ab, Westberlin vollkommen abzuriegeln. Nachdem nun die sowjetische Deutschland-Politik gescheitert war, wendete sich das Blatt ...

9.2.3   Die Fluchtbewegung

Seit Gründung der DDR am 7. Oktober 1949 setzte eine dramatische Fluchtbewegung ein. Die Zahl der Republikflüchtlinge nahm immer dann drastisch zu, wenn die SED-geführte Regierung gesellschaftspolitische Entscheidungen traf, die die Menschen als einen tiefen Einschnitt in ihr Eigentum und/oder in ihre Rechte sahen. So gab es die Säuberungsaktionen in den

---

[151] Forschungsinstitut der Deutschen Gesellschaft für Auswärtige Politik e. V., Bonn in Zusammenarbeit mit dem Senat von Berlin (Hrsg.) (1987/2015): Dokumente zur Berlin-Frage 1944–1966 (Schriften des Forschungsinstituts der Deutschen Gesellschaft für Auswärtige Politik e. V.; 52/I). 4. Auflage (unveränderter Nachdruck der dritten durchgesehenen und erweiterten Auflage), Berlin/Boston: Oldenbourg Wissenschaftsverlag, 2015, S. 378. Vgl. auch o. V. (10.03.1959): Chruschtschow beim Präsidenten. In: Neues Deutschland vom 10.03.1959, S. 1.

Blockparteien im Januar 1953, die Verfolgung der Teilnehmer am Aufstand des 17. Juni 1953, die Zwangskollektivierung der Landwirtschaft zwischen 1952 und 1960. (Ab 1972, also nach dem Bau der Berliner Mauer, fand in der DDR, nahezu unbemerkt von den westdeutschen Medien, auch eine Zwangskollektivierung der mittelständischen Betriebe statt. Viele Betroffene stellten deshalb einen Ausreiseantrag.)[152]

Tabelle 24: *Fluchtbewegung aus der DDR nach Westberlin/in die BRD von 1949 bis 1961*[153]

Jahr	Republikflüchtige	Davon Jugendliche bis unter 25 Jahre
1949	129 245	
1950	197 788	
1951	165 648	
1952	182 393	
1953	331 390	48,7 %
1954	184 198	49,1 %
1955	252 870	49,1 %

[152] Nawrocki, Joachim (04.01.1974).
[153] Fluchtbewegung aus der DDR und dem Ostsektor von Berlin – 1949–1961. In: Rühle, Jürgen/Holzweißig, Gunter (1988): Monatsmeldungen des Bundesministeriums für Vertriebene, Flüchtlinge und Kriegsgeschädigte. Der 13. August. Die Mauer von Berlin, 3., erw. Aufl., Köln: Verlag Wissenschaft und Politik, 1988, S. 154. Tabelle online verfügbar unter https://www.chronik-der-mauer.de/material/178761/fluchtbewegung-aus-der-ddr-und-dem-ostsektor-von-berlin-1949-1961 (zuletzt abgerufen am 04.12. 2020).

1956	279 189	49,0 %
1957	261 622	52,2 %
1958	204 092	48,2 %
1959	143 917	48,3 %
1960	199 188	48,8 %
1961	207 026*	49,2 %

*) bis 31. Juli 1961

Der Hauptstrom der Flüchtlinge bahnte sich seinen Weg über Westberlin. Falls diese keine Verwandten in Westberlin hatten, die sie hätten aufnehmen können, wurden sie im Notaufnahmelager Berlin-Marienfelde untergebracht. Am 14. April 1953 wurde dieses Lager eingeweiht. Es war ursprünglich für 2000 Flüchtlinge vorgesehen. Von August 1953, dem Zeitpunkt der Inbetriebnahme an, bis zum 20. September 1956 wurden im Aufnahmelager offiziell bereits eine Million Flüchtlinge aufgenommen.[154] Die Zahl der Flüchtlinge aus der DDR nahm ab Mai 1961 dramatisch zu. Unter der Überschrift „Abstimmung mit den Füßen" schrieb am 21. Juli 1961 die westdeutsche Zeitschrift „Die Zeit": *„In den ersten vier Monaten dieses Jahres sind 66000 Menschen aus Mitteldeutschland geflüchtet; 4000 je Woche – das nennt man die ‚normale Quote'. Diese Zahl stieg. Verdoppelte sich. Am Dienstag meldeten sich 1335 Flüchtlinge in Westberlin. Täglich flieht die Einwohnerschaft eines Dorfes, wöchentlich die eines Landfleckens, monatlich die einer Kleinstadt, jährlich die einer Großstadt. Die*

---

[154] Hertle, Hans-Hermann Hertle/Jarausch, Konrad Hugo Jarausch/Kiessmann, Christoph (2002): Mauerbau und Mauerfall: Ursachen – Verlauf – Auswirkungen. Berlin: Ch. Links Verlag, 2002, S. 287.

derzeitige Welle aber ist, nach der Statistik, die größte seit dem Jahre 1953."[155]

Viele gut ausgebildete Fachkräfte aus der DDR arbeiteten in Westberlin und wohnten in Ostberlin oder gingen ganz und gar in den Westen. Der DDR drohte ein Aderlass sowohl an Arbeitskräften allgemein als auch an Fachkräften, Ingenieuren und Ärzten. (Die damalige Bundesregierung hingegen sah sich dadurch nicht gezwungen, ein modernes Bildungssystem aufzubauen und eine zukunftsweisende Familienpolitik zu betreiben.) Zudem verkauften die DDR-Bürger Dinge des täglichen Bedarfs, selbst hergestellte Produkte, Bunt- und Edelmetalle und vieles mehr lieber im Westen, um an die begehrte DM heranzukommen. In Westberlin gab es hierzu einen großen Schwarzmarkt. Die Regierung in der DDR und die SED-Führung sahen diese Erscheinungen nicht so gern, weil sich die ohnehin schon existierende nicht befriedigende Versorgungssituation in der DDR dadurch noch verschärfte. Eine Gegenmaßnahme bestand darin, dass um Westberlin herum die Grenz- und Transportpolizei den Straßen- und Schienenverkehr kontrollierte, ohne dass es eine sichtbare Grenzsicherungsanlage gegeben hätte. Letztendlich konnte mit diesen Kontrollmaßnahmen nicht das Ausbluten der DDR und die „Abstimmung mit den Füßen" wirksam verhindert werden.

---

[155] Marein, Josef-Müller (21.06.1961): Abstimmung mit den Füßen. In: Die Zeit Nr. 30/1961 vom 21.06.1961. Online verfügbar unter https:// www. zeit.de/1961/30/abstimmung-mit-den-fuessen/komplettansicht (zuletzt abgerufen am 04.12.2020).

9.2.4 Die Entsendung sowjetischer Militärverbände in Richtung Berlin

Neuruppin war seit der Regentschaft Friedrichs des Großen ununterbrochen Garnisonsstadt gewesen. Nach Ende des Zweiten Weltkrieges waren in den Kasernen der Wehrmacht um die 20 000 Soldaten der Sowjetischen Armee stationiert worden. Einen Tag vor der vollständigen Abriegelung Westberlins konnte der Onkel meiner Frau Truppenbewegungen in Richtung Löwenberg (wo die Fernverkehrsstraße 96 von Stralsund nach Berlin führt) beobachten. Da die Russen öfters auch Truppenübungen in der DDR machten, war der Sinn dieser Aktivitäten nicht eindeutig klar. Im Nachhinein fügt sich das Erlebte ein in das große Geschichts-Puzzle-Bild.

9.2.5 Was hinter den politischen Kulissen wirklich geschah

Noch am 15. Juni 1961 beteuerte Walter Ulbricht auf einer internationalen Pressekonferenz im großen Festsaal des „Hauses der Ministerien" in Ostberlin auf eine Frage der Journalistin Annamarie Doherr von der „Frankfurter Rundschau": „Niemand hat die Absicht, eine Mauer zu errichten."[156] Aber am 3. August 1961 fiel die Entscheidung. Auf einer Besprechung in Moskau zwischen Ulbricht und Chruschtschow gab die sowjetische Seite nach, fiel der Entschluss, Westberlin vollkommen abzuriegeln. Dieses Vorhaben wurde auf einer Tagung der Staatschefs der

---

[156] Leibniz-Zentrum für Zeithistorische Forschung Potsdam (ZZF)/ Bundeszentrale für politische Bildung/ Deutschlandradio (Hrsg.) (o. J.): RIAS-Mitschnitt der Internationalen Pressekonferenz von SED-Chef Walter Ulbricht in Ost-Berlin, 15. Juni 1961 (ab Minute 2:37). Online verfügbar unter https://www.chronik-der-mauer.de/chronik/171686/rias-mitschnitt-der-internationalen-pressekonferenz-von-sed-chef-walter-ulbricht-in-ost-berlin-15-juni-1961 (zuletzt abgerufen am 04.12.2020).

Länder des Warschauer Vertrages, die vom 3. bis 5. August 1961 abgehalten wurde, nochmals besprochen und einstimmig beschlossen. Nun stand dem Bau der Berliner Mauer am 13. August 1961 nichts mehr im Wege …

9.3 Wie meine Verwandten und ich den Tag des Baus der Berliner Mauer erlebten

Meine Großeltern mütterlicherseits waren bereits Ende der 1950er-Jahre von der DDR nach Westberlin umgesiedelt. Meine Eltern und meine Tante lebten zu dieser Zeit in Neuruppin, in der DDR. Nahezu jedes zweite Wochenende besuchten sie abwechselnd die Großeltern in Westberlin. Als Fünfjähriger fuhr ich mit Begeisterung die Berliner S- und U-Bahn. Ab und zu gelang es mir, die Erwachsenen dazu zu bewegen, eine Extrafahrt mit mir zu unternehmen.

Am Wochenende vor dem 13. August 1961 besuchten meine Eltern mit meiner vierjährigen Schwester und mit mir die Großeltern in Berlin. Sie ließen uns die Woche über dort, weil sie zu Hause in Neuruppin malern wollten. Am kommenden Wochenende sollte dann die Schwester meiner Mutter mit ihrem Mann kommen und uns bei der Rückkehr nach Neuruppin mitnehmen.

Der kürzeste Weg mit dem Zug von Neuruppin nach Westberlin war die Eisenbahnstrecke über Velten/Mark. Von dort aus fuhr die S-Bahn nach Berlin-Gesundbrunnen. Zwischen den S-Bahn-Stationen Hennigsdorf und Berlin-Heiligensee kam der sogenannte „Eierbahnhof".

Dort stieg die Grenzpolizei ein und kontrollierte. Jeder, der in ihren Augen einen verdächtigen Eindruck machte oder bei dem sie etwas Unerlaubtes entdeckte, musste seinen Ausweis abgeben und aussteigen.

Am 12. August 1961 fuhren meine Tante und mein Onkel mit ihrem gerade einmal vier Wochen alten Sohn nach Westberlin. Meine Großeltern hatten ihn noch nicht gesehen. Da sie 1960 Republikflucht begangen hatten, wagten sie sich nicht, bei der Geburt ihres Enkelkindes in Neuruppin zugegen zu sein. Daher dürfte dieses Wiedersehen umso freudiger werden.

Als sie den „Eierbahnhof" kurz vor der Grenze mit der S-Bahn erreichten, fanden wie erwartet Kontrollen durch die Grenzpolizei statt. Jedoch dieses Mal verlief die Kontrolle irgendwie anders: So gut wie kein Passagier blieb im Zug. Meine Tante sah, wie ein Grenzpolizist einen riesigen Stapel von Ausweisen, von der Koppel bis zum Kinn, vor sich hertrug. Ein anderer Grenzpolizist fragte nun meine Tante und meinen Onkel, wohin sie wollten. Sie sagte, dass sie ihre Eltern in Berlin besuchen wollten, um ihren Sprössling zu zeigen. Der Polizist stand etwas zögernd vor ihnen, erlaubte ihnen aber die Weiterfahrt. Im Nachhinein glaubte meine Tante, dass die Sache anders ausgegangen wäre, hätte sie „Westberlin" gesagt. Auf eine unpräzise Frage hatte sie dem Grenzpolizisten eine unklare Antwort gegeben und dadurch Glück gehabt … In einer nahezu leeren S-Bahn fuhren sie dann nach Westberlin. Wusste die Grenzpolizei zu diesem Zeitpunkt schon mehr als die Zivilbevölkerung?

Am 12. August 1961 war in Berlin der Verkehr ganz normal, wie immer. Meine Großeltern freuten sich sehr über den Nachwuchs … Am 13. August 1961 frühmorgens schaltete mein Großvater den Fernsehapparat zu den Nachrichten ein. Zu dieser Zeit gab es nur Schwarz-Weiß-Fernsehgeräte. Aber was sie sahen, das hatte es in sich! Ich erinnere mich, wie alle wie erstarrt und erschüttert vor dem Fernseher standen. Dieses Bild hatte sich in mein Gehirn eingebrannt! Es gab eine Übertragung ohne Kommentar, ohne Ton von der Sektorengrenze am Brandenburger Tor und anderswo.

Im Laufe der verstrichenen Jahrzehnte verwischten sich mitunter die Erlebnisse, die man zu verschiedenen Zeitpunkten hatte. Und so wird zu oft das Bild, wie sich am Checkpoint Charlie russische und US-amerikanische Panzer gegenüberstanden, nur getrennt von einem provisorisch errichteten Drahtverhau, mit den Ereignissen am 13. August 1961 verwechselt. Diese brenzlige Situation war aber am 27. Oktober 1961 entstanden. Die Kommandeure hatten auf beiden Seiten den Befehl bekommen, bei der kleinsten Provokation zu schießen. Die Welt stand so nahe vor dem Abgrund wie schon lange nicht mehr! Der Hintergrund war, wie bereits geschildert, der Versuch der sowjetisch-politischen Führung, den Westalliierten die Zugangswege zu Westberlin abzuschneiden. Doch nun zurück zu den persönlichen Erlebnissen.

Mein Onkel ging dann rasch zum Zeitungskiosk um die Straßenecke und kaufte sich eine aktuelle Zeitung. Dort stand in großen Lettern die Frage, ob nun Westberlin eingemauert werde. Meine Großtante aus Dänemark sagte aufgeregt: „In Deutschland wird es Krieg geben!", packte sofort ihre Sachen und flog von Berlin-Tempelhof aus nach Kopenhagen. Nach einer Phase der Schockstarre schoss meinen Großeltern, meiner Tante und meinem Onkel die Frage durch den Kopf, was sie nun tun sollen. So gab es Gedanken, meine Schwester und mich dem Roten Kreuz zu übergeben, damit diese eine Familienzusammenführung organisieren und damit meine Tante und mein Onkel in Westberlin bleiben könnten. Mein Großvater wüsste schon eine Arbeitsstelle für meinen Onkel. Andererseits hatten meine Tante und mein Onkel in Neuruppin bereits eine Wohnung bei der

Arbeiterwohnungsbaugesellschaft (AWG) angezahlt. Außerdem befürchteten sie, dass meine Mutter, falls sie dort mit oder ohne uns bleiben sollten, niemals mehr mit ihnen sprechen würde. Und so wurden Argumente und Gegenargumente gegeneinander aufgewogen. Ich kann mir vorstellen, dass ihnen die Entscheidung nicht leichtfiel. Letztendlich beschlossen sie, am nächsten Tag mit meiner Schwester und mit mir nach Neuruppin zurückzufahren.

Am 14. August 1961 gegen 9.00 Uhr begann die Reise. Zuerst fuhren sie mit der S-Bahn nach Berlin-Friedrichstraße. Von dort aus ging es sonst immer mit der S-Bahn nach Hennigsdorf/Velten. Die S-Bahn-Station Friedrichstraße bot an diesem Tag ein ganz anderes Bild: Sie war leer und nur notbeleuchtet. Schwer bepackt, mit Kinderwagen und mit mir und meiner Schwester (ich war fünf Jahre alt und meine Schwester ein Jahr jünger), tappten meine Tante und mein Onkel allein und unsicher den Bahnsteig entlang, bis plötzlich ein Grenzpolizist auftauchte. Er fragte, was sie denn hier machten und wohin sie denn wollten. Eigentlich dürften sie hier gar nicht sein, weil es Grenzgebiet sei. Letztendlich führte er sie auf einen anderen Bahnsteig in einer anderen Bahnhofsetage. Von dort aus sollten sie mit der S-Bahn nach Berlin-Ostbahnhof fahren. Anscheinend waren zumindest Teile des Fahrplans außer Kraft gesetzt worden. Alle Züge Richtung Norden der DDR gingen wohl nur noch von diesem Bahnhof aus. Die Bahnsteige in Berlin-Ostbahnhof waren vollkommen überfüllt. Dort erfuhren sie, dass die Verbindung Richtung Velten/Mark gekappt worden sei und dass sie über Oranienburg fahren müssten. Meine Tante und mein Onkel mit Kinderwagen, zwei kleinen Kindern und mit Gepäck beladen, hatten beim Versuch, in den Zug einzusteigen, immer wieder das Nachsehen. Die Leute stürmten auf die außerplanmäßig eingesetzten Züge los, als sei eine Panik ausgebrochen, und drängten sie jedes Mal ab. Das wiederholte sich zweimal. Eine Person vom Bahnhofspersonal bemerkte das und versprach, sie in den nächsten Zug hineinzugeleiten. Beim dritten Zug ergatterten sie so endlich einen Platz. Es war ein Gepäckwagen, der gleich hinter der Dampflokomotive angehängt war. Sitzplätze gab es dort nicht. Zudem war dieser Waggon verdreckt, weil er unmittelbar dem Dampf und dem Ruß der Lokomotive ausgesetzt war. So ging die Reise im Stehen bis nach Oranienburg. Dort mussten wir in einen anderen Zug umsteigen, der bis Neuruppin fuhr. Dieses Mal konnten meine Tante und mein Onkel für uns Sitzplätze ergattern. Um 9.00 Uhr ging die Reise los und endete um 22.00 Uhr. Es ist ein Wunder, wie wir Kinder diese Strapazen ohne Weinen und Murren durchgehalten hatten.

Als meine Eltern am 13. August 1961 vormittags aus dem Radio die Nachricht vernahmen, dass in Berlin die Grenze geschlossen worden sei, waren sie entsetzt und weinten aus einem Gefühl der Ohnmacht und Verzweiflung heraus. Sie wussten nicht, wie meine Tante und mein Onkel in dieser Situation handeln und ob sie meine Schwester und mich jemals wiedersehen würden. Meinen Eltern blieb in dieser Lage nichts anderes übrig, als das Beste zu hoffen. Meine Eltern gingen zu nahezu jedem Zug hin, der in Neuruppin ankam. Zu dieser Zeit waren die Telefonverbindungen zu Westberlin gekappt worden, und Mobiltelefone gab es zu dieser Zeit nicht … Umso größer war die Freude, als wir uns alle wiedersahen. Dass wir vollkommen verdreckt ankamen, spielte in diesem Moment verständlicherweise keine Rolle.

Als Fünfjähriger sind mir nur Bruchstücke dieser Schilderung in Erinnerung geblieben. Vieles weiß ich nur aus Erzählungen meiner Eltern und meiner Tante. Bei mir hatte sich das Bild eingebrannt, wie alle entsetzt vor dem Fernsehapparat gestanden hatten. Als Kind hatte ich nicht verstehen können, warum es keine Besuche mehr in Westberlin gab. Und als ich es später einordnen konnte, stand für mich fest, dass eine innerdeutsche Grenze unnatürlich und unmenschlich ist, weil sie eine Nation, weil sie Familien teilt und deshalb auf den Müllhaufen der Geschichte gehört. Diese Einstellung konnte nicht durch Indoktrination in der Schule, in der Armee und anderswo erschüttert werden.

9.4 Die Situation der Westberliner seit 1945, insbesondere nach dem Mauerbau

Da sich die Westberliner oftmals von den Westdeutschen wegen ihrer mangelnden Geschichtskenntnisse unverstanden fühlen, möchte ich auch eine Lanze für sie brechen und auf ihr Schicksal nach 1945 aufmerksam machen.

Für die Regelung des Straßen- und Schienenverkehrs zwischen den Westsektoren Berlins und den westlichen Besatzungszonen im zerschlagenen Deutschland war nach 1945 laut einem Beschluss des Potsdamer Abkommens der Alliierte Kontrollrat zuständig. Es wurden bestimmte Transitstrecken festgelegt. Jedoch im März 1948 verließ die Sowjetunion den Alliierten Kontrollrat und im Juni 1948 die Alliierte Kommandantur. Das erste Mal wurde die Freizügigkeit auf den Transitstrecken drastisch eingeschränkt durch die Berlin-Blockade durch die sowjetische Armee vom 24. Juni 1948 bis zum 12. Mai 1949 und das zweite Mal durch den Befehl der Sowjetischen Kontrollkommission vom 5. Mai 1952. Erst als die Alliierten am 3. September 1971 das Viermächteabkommen über Berlin unterschrieben, kehrte Normalität ein. Darin garantierte die Sowjetunion erstmals den ungehinderten Transitverkehr. Doch was heißt „Normalität"? So normal, wie heutzutage Kontrollen an den Flughäfen stattfinden, war es längst nicht. An den eigens für den Transitverkehr eingerichteten Grenzübergängen mussten die Westberliner ein starkes Nervenkostüm haben. Denn immer wieder kam es zu Schikanen. Auf den Transitstraßen in der DDR war überall die Polizei präsent. Geschwindigkeitsüberschreitungen wurden mit saftigen Geldstrafen belegt. Diese mussten an Ort und Stelle, in bar und in DM bezahlt werden. Eine Kontaktaufnahme mit Ostdeutschen, außer mit der Polizei, war strengstens untersagt. Es war so gut wie unmöglich, dass sich Verwandte aus Ost und West heimlich auf einem Rastplatz trafen.

9.5 Wie der Personenverkehr der Westberliner und der Westdeutschen in die DDR geregelt wurde

Die Westdeutschen durften ab 1952 mit einem gültigen Reisepass nach Ostberlin und in die DDR einreisen. Das Visum wurde gleich an der Grenzübergangsstelle erteilt. Bei den Westberlinern wurde nur der „behelfsmäßige Berliner Personalausweis" akzeptiert. Damit sollte gezeigt werden, dass Westberlin nicht Teil der BRD war. Für den Besuch in Ostberlin gab es ein Tagesvisum, und für die Einreise in die DDR musste extra ein „Antrag auf Einreise in die DDR" gestellt werden.

Ab dem 13. August 1961, dem Tag des Mauerbaus, gab es für die Westberliner keine Möglichkeit mehr, nach Ostberlin/in die DDR zu reisen, um Verwandte zu besuchen. Nach langwierigen Verhandlungen zwischen dem (West-)Berliner Senat und der DDR-Führung wurde eine zeitlich begrenzte Passagierscheinregelung ausgehandelt. Demnach durften 1963 erstmals die Westberliner über Weihnachten und Neujahr ihre Verwandten in

Ostberlin besuchen. Die gleichen Regelungen wurden auch für 1964, 1965 und 1966 vereinbart. Dann war für viele Jahre politische Eiszeit, und dadurch herrschte striktes Einreiseverbot.

Ich kann mich noch daran erinnern, wie sich in den Jahren 1963 bis 1966 meine Familie in einer Wohnung irgendwo in Ostberlin mit meinen Großeltern aus Westberlin für ein paar Stunden zur Weihnachtszeit traf. Es war eine Wohnung der Freunde meiner Großeltern. Auf einem der vier Treffen zur Weihnachtszeit schenkten mir meine Großeltern eine Armbanduhr. Der Mann der Gastfamilie war von Beruf Fotograf. Er musste unbedingt ein Foto von mir machen, auf dem auch die Uhr zu sehen war … Die freudigen Wiedersehen und die tränenreichen Abschiede werde ich auch nicht vergessen. Heutzutage können sich die jungen Menschen das bestimmt nicht mehr vorstellen, es sei denn, sie kommen aus Korea.

Die Situation der Westberliner wendete sich erst dann zum Besseren, als, wie schon erwähnt, die Alliierten am 3. September 1971 das Viermächteabkommen unterzeichnet hatten. Zu Ostern 1972 durften die Westberliner nach langer Zeit wieder für einen Tag Ostberlin besuchen. Wer zu Zeiten der DDR mit der S-Bahn von Oranienburg kam, passierte auf der Strecke zwischen den Bahnhöfen Pankow und Schönhauser Allee das Grenzgebiet und anfangs noch den Geisterbahnhof Bornholmer Straße, bis neue Gleise verlegt wurden. Außerdem fuhr sie unter der Bösebrücke, die die Ortsteile Wedding und Prenzlauer Berg miteinander verbindet und damals der Grenzübergang Bornholmer Straße war, hindurch. Dieses 1916 als erste genietete Stahlbrücke Berlins eröffnete Bauwerk ist 138 Meter lang und stand 30 Meter weit im französischen Sektor. Zu Ostern 1972 sah ich von der fahrenden S-Bahn aus, wie auf der Bösebrücke Hunderte oder gar Tausende Westberliner anstanden, um ihre Lieben in

Ostberlin wiederzusehen oder auch nur, um zu sehen, wie sich Ostberlin verändert hat. Mich hat dieser Anblick sehr beeindruckt. Ich dachte unwillkürlich an den „Osterspaziergang" von Johann Wolfgang von Goethe. Das betraf eher die politische Tauzeit, verbunden mit der Hoffnung der Menschen, dass von nun an alles besser werden möge, als die vielen grauen und renovierungsbedürftigen Wohnhäuser in Ostberlin, die sehr bedrückend wirkten …

Seit 1972 unterhielt die DDR in Westberlin fünf „Büros für Besuchs- und Reiseangelegenheiten". Dort mussten die Westberliner rechtzeitig vor der beabsichtigten Einreise nach Ostberlin oder in die DDR einen Antrag stellen. Spätestens drei Tage später wurde der „Berechtigungsschein zum Empfang eines Visums" der DDR ausgestellt und dann ausgehändigt oder per Post zugeschickt. Im Gegensatz zu den Westberlinern mussten die Westdeutschen eine Visagebühr von 5 DM bezahlen. Während die Bürger der BRD 30 Tage zusammenhängend nehmen durften, war den Westberlinern nur ein Aufenthalt von neun Tagen pro Vierteljahr erlaubt. Beabsichtigten die Westdeutschen mehrere Male in die DDR einzureisen, dann konnten sie vier bis sechs Wochen vor Reiseantritt einen Antrag für einen „Mehrfachberechtigungsschein" stellen. Bei Mehrtagsaufenthalten hatten die Bundesbürger und die Westberliner eine Einladung aus der DDR am Grenzübergang bzw. dem „Büro für Besuchs- und Reisegelegenheiten" vorzulegen. Im Aufenthaltsort mussten sie dann beim Volkspolizei-Kreisamt vorstellig werden. Zeitweise war es auch Pflicht, sich im Besucherbuch des Hauses der gastaufnehmenden Familie/Person einzutragen.

Für die Reise in die DDR mussten Westberliner und Westdeutsche mindestens 25 DM in 25 Mark der DDR pro Tag umtauschen. Dieses Geld konnte nicht mehr zurückgetauscht werden. Aus der DDR durfte eine Person Dinge im Wert von höchstens 20 Mark der DDR mitnehmen. Durch diesen Zwangsumtausch hatte die DDR sich eine wertvolle Deviseneinnahmequelle gesichert.

Aufgrund einer Vereinbarung zwischen dem Ministerpräsidenten der DDR Hans Modrow und Bundeskanzler Helmut Kohl entfielen ab dem 24. Dezember 1989 für die Westberliner und für die Bundesbürger der Mindestumtausch und die Visumspflicht. Von nun ab war am Grenzübergang die Vorlage eines Personalausweises ausreichend. Im Laufe der Zeit ging das Grenzpersonal dazu über, nur noch stichprobenartig zu kontrollieren. Seit dem 1. Juli 1990, als die Sozial-, Währungs- und Wirtschaftsunion in Kraft trat, gab es keine Kontrolle mehr.

9.6 Wie der Personenverkehr der DDR-Bürger nach Westberlin und in die BRD geregelt wurde

Seit 1964 erlaubte die DDR-Führung ihren Rentnern, Verwandte ersten Grades in der BRD und in Westberlin zu besuchen. Ab 1972 durften sie dort bis zu 30 Tage und ab 1984 bis zu 60 Tage pro Jahr bleiben.

Von diesem Jahr an durften auch DDR-Bürger, die in Westberlin oder in der BRD Verwandte ersten Grades hatten, aber noch keine Rentner waren, diese zu bestimmten wichtigen familiären Anlässen besuchen. Hierzu zählten Geburten, Taufen, Kommunion, Konfirmation, runde Geburtstage ab dem 60. Lebensjahr, jedes weitere Jahr ab dem 75. Geburtstag und in Todesfällen.

Am 13. November 1985 besuchte Oscar Lafontaine (SPD) als saarländischer Landtagsabgeordneter Erich Honecker in

Berlin.[157] Daraufhin wurde eine Regelung verabschiedet, die es Verwandten zweiten Grades erlaubte, bei besonderen Anlässen ihre Verwandten in Westberlin und in Westdeutschland zu besuchen. Diese galt ab dem 1. Januar 1986.

Bei den ostdeutschen Verwandten ersten und zweiten Grades, die einen Antrag auf eine befristete Ausreise aus der DDR nach Westberlin oder nach Westdeutschland stellten, musste der Arbeitgeber zustimmen. Außerdem zog der Polizist, der als Abschnittsbevollmächtigter (ABV) arbeitete, Erkundigungen in der Hausgemeinschaft ein, ob die Familie intakt sei und ob es Dinge gebe, die einem Besuch im Westen entgegenstanden.

Wie sich im Nachhinein herausstellte, war die Regelung für Verwandte zweiten Grades nur eine Kann-Bestimmung. Dazu mehr im nächsten Kapitel.

9.7 Plötzlich gab es eine Grenze mitten in der DDR …

Als die neue Enkel-Regelung am 1. Januar 1986 in Kraft trat, stellten mein Bruder und ich beim Polizeikreisamt in Neuruppin einen Antrag. Meine Großmutter hatte im Mai Geburtstag, und sie hätte sich bestimmt über unseren Besuch gleich zweimal gefreut, zumal der Großvater erst vor Kurzem, im Dezember 1985, gestorben war.

Mein Vater riet uns von dieser Westreise ab, wahrscheinlich, weil in der Verwandtschaft jemand bei den DDR-Sicherheitskräften arbeitete. Wir nahmen diese Bitte/Forderung nicht ernst, zumal wir unsere eigenen Familien und auch eine andere

---

[157] ARD (Hrsg.) (13.11.1985): Tagesschau vom 13.11.1985: Oskar Lafontaine bei Erich Honecker. Online verfügbar unter https://www.youtube.com/watch?v=yTbCdYKolsk (zuletzt abgerufen am 04.12.2020).

Weltanschauung hatten. Während mein Vater den „antifaschistischen Schutzwall" zu Westdeutschland und Westberlin für gut und notwendig befand, empfanden wir ihn als unmenschlich. Schließlich trennte dieser ein Volk und zerriss Familien …

Mein Bruder und ich mussten beim Arbeitgeber um Erlaubnis bitten. Dieser schrieb eine Beurteilung für die Polizei. Zwischen Januar und Mai 1986 bekam ich aus heiterem Himmel zwei Arbeitsstellenangebote von meiner Personalstelle angeboten, die sehr gut bezahlt waren. Die eine Arbeitsstelle war bei Carl Zeiss Jena. Jeder ehemalige DDR-Bürger weiß, dass es ein Privileg war, dort zu arbeiten. Der Haken an der Geschichte war: Bei beiden Arbeitsstellen hätte ich darauf verzichten müssen, ins westliche Ausland zu fahren. Ich lehnte höflich ab, denn es ging mir nicht um Geld, Prestige und Ähnliches.

Eine Woche vor dem geplanten Reiseantritt nach Westberlin wurden mein Bruder und ich bei der Polizei vorstellig, um in Erfahrung zu bringen, ob der Westbesuch genehmigt worden sei oder nicht. Wir beide waren sehr gespannt. Ich musste zuerst ins Büro. Zu meiner großen Freude bekam ich die Genehmigung. Dann ging mein Bruder hinein … und erhielt eine Ablehnung. Er war darüber sehr enttäuscht. Die Polizei gab hierzu prinzipiell keine Begründung ab. Sie war dazu nicht verpflichtet. Eine Beschwerde hätte daher nichts genützt. Wir nahmen an, dass er mit 24 Jahren in den Augen der Polizei zu jung gewesen sei. Da half auch nicht der Umstand, zwei Kinder zu haben. Ich hatte auch zwei kleine Kinder, war aber 30 Jahre alt.

Ein paar Tage vor Reiseantritt erschien mein Vater bei mir zu Hause und fragte nach, ob ich fahren werde. Zu diesem Zeitpunkt war ich nicht da. Meine Frau sagte ihm, dass ich auf jeden Fall die Reise antreten würde. Über diese Antwort schien er nach den Worten meiner Frau nicht begeistert gewesen zu sein. Es kam zu keinem weiteren Gespräch.

Ein Tag vor dem Geburtstag meiner Großmutter reiste ich über den Tränenpalast, den Grenzübergang in Berlin-Friedrichstraße, in Westberlin ein. Auf der anderen Seite des Labyrinths erwartete mich schon freudig meine Großmutter. Schade, dass es mein Großvater nicht mehr erleben durfte. Das Wiedersehen wurde allerdings getrübt, weil nun plötzlich meine Mutter ihren Besuch abgesagt hatte. Das Schicksal wollte es nicht, dass man sich über das Wiedersehen im Westen einfach nur freute …

Durch den Besuch hatte ich das erste Mal die Wohnung meiner Großmutter und auch die freundliche Nachbarschaft kennengelernt, die ich sonst nur durch Hörensagen kannte. Trotz der unschönen Ereignisse hatten wir versucht, die Geburtstagsfeier so schön wie möglich zu gestalten.

Da ich für drei Tage in Westberlin blieb, hatte ich die Gelegenheit, die Stadt etwas näher zu entdecken. Meine ersten Eindrücke von Westberlin, insbesondere Berlin-Wedding, waren:

- Wohnhäuser, die sich in einem guten Zustand befanden,
- die Buntheit der Werbung und der Waren, die dem farbentwöhnten Auge eines DDR-Bürgers schon fast wehtaten,
- der Überfluss der angebotenen Waren,
- viele Rentner und nur wenige junge Leute,
- viele Hunde und viel Hundekot auf den Fußgängerwegen,
- viele Türken,

- ein gut ausgebautes Straßennetz, das sich in einem guten Zustand befand,
- verdreckte und mit Spray verunzierte Bahnhöfe,
- Obdachlose, die im Gegensatz zu heute besser gekleidet waren und von denen es nicht so viele gab.

Bereits zu dieser Zeit trug ich mich mit dem Gedanken, in der DDR eine sozialdemokratische Partei zu gründen. Ich wollte beim SPD-Landesverband Berlin in Berlin-Wedding in der Müllerstraße vorstellig werden, um zu fragen, was alles hierzu notwendig sei. Allerdings stand ich dann vor diesem Gebäude und zögerte. Wie würden die Leute dort reagieren? Würden sie mich vielleicht als Stasispitzel ansehen? Letztendlich ließ ich von meinem Vorhaben ab. Drei Jahre später, Ende September/Anfang Oktober 1989, traf ich mich in Neuruppin im Neubaugebiet mit dem Ehepaar Wienhold zwecks Gründung der SPD-Ortsgruppe Neuruppin. Wir vereinbarten, ein Statut und anderes mehr auszuarbeiten, und wollten uns eine Woche später noch einmal treffen. In der Woche darauf wurden wir von der Nachricht überrascht, dass bereits Egon Bahr aus Fehrbellin eine Ortsgruppe gegründet habe …

Ich nutzte die verbleibende Zeit in Westberlin, um mir einige Sehenswürdigkeiten anzuschauen und um ein paar Dinge für meine Frau und meine Kinder zu kaufen. Über die Alltagssorgen im Westen allgemein und im Speziellen haben wir weniger gesprochen. Da meine Großmutter zu dieser Zeit bereits Rentnerin war, konnte sie über das Arbeitsleben im Westen nichts berichten. Zudem will man als Gastgeber die Gäste nicht mit den eigenen Sorgen belasten. Meine Großmutter führte ein sehr beschauliches und bescheidenes Leben und lebte in einer Sozialwohnung. Ihre Rente war nicht üppig. Allein für die Miete gab sie um die 15 Prozent ihres Einkommens aus. Trotz ihrer bescheidenen Lebensverhältnisse, so wurde mir nach diesem Besuch noch mehr bewusst, hatte sie immer zu Ostern oder Weihnachten für ihren großen Kreis von Verwandten und Bekannten kleine Aufmerksamkeiten parat. Solche familiär, aber auch sozial denkenden Verwandten im Westen hatten, wenn überhaupt, nicht alle DDR-Bürger. Teilweise gab es in der Westverwandtschaft Aufschneider und solche, die ziemlich überheblich waren. Insofern war es für die DDR-Bürger schwieriger, die westliche Gesellschaft zu durchschauen. So war zum Beispiel die Preisgestaltung im Osten und im Westen vollkommen gegensätzlich: Während im Osten die Mieten und Lebensmittel stark staatlich subventioniert und daher spottbillig und die sogenannten Luxusartikel wie Farbfernseher und Automobile sehr teuer waren, verhielt es sich im Westen genau umgekehrt. Die meisten DDR-Bürger, die dann aus dem Westen zurückgekehrt waren, brachten eine gewisse Katerstimmung mit. Es dauerte ein paar Tage, bis sie sich wieder an die DDR-Verhältnisse gewöhnt hatten. Die Katerstimmung war bei diejenigen besonders hoch, die zu naiv waren und nichts hinterfragten, während die anderen, die begriffen hatten, dass auch im Westen nicht alles Gold war, was glänzte, und dass die Menschen hart für ihr Geld arbeiten mussten, eine kürzere Eingewöhnungsphase hatten. Diese Beobachtung lässt sich begrenzt auch auf die Missstimmung in Ostdeutschland nach der Wiedervereinigung übertragen. In den Gebieten, wo kein Westfernsehen gesehen werden konnte, zum Beispiel im „Tal der Ahnungslosen" (rund um Dresden herum), war der Frust besonders groß. Denn je höher die unerfüllten Erwartungen sind, umso größer ist naturgemäß die Enttäuschung.

Die nahezu unendliche Produktvielfalt und die damals noch herrschende Meinungs- und Pressefreiheit waren die bestechendsten Argumente für das westliche Gesellschaftssystem. Diese Vorzüge hatten natürlich für die Osteuropäer einschließlich der Ostdeutschen eine magische Anziehungskraft. Allerdings existierte die weitverbreitete, ja offenbar unausrottbare Illusion, dass die westlichen Medien immer die Wahrheit berichteten.

Zurück zu meinem Besuch in Westberlin. Nachdem ich nach Neuruppin zurückgekehrt war, besuchte ich auch meine Eltern. Diesen Tag werde ich in meinem Leben nicht vergessen: Meine Mutter sagte mir mit bleichem Gesicht, dass sie und mein Vater von der Staatssicherheit die Auflage bekommen hätten, keinen Kontakt mehr zu mir und meiner Familie zu haben. So unglaublich es auch klingen mag: Plötzlich gab es für mich und meine Familie eine Grenze mitten in der DDR! Diese Kontaktsperre dauerte ungefähr dreieinhalb Jahre und endete unausgesprochen mit dem Fall der Mauer im November 1989.

Viel später bekam ich mit, dass ab Mai 1986 die Einzahlung für meine Intelligenzrente eingestellt wurde. Ich kann es nicht beweisen. Jedoch glaube ich, dass das noch eine kleine Rache der Stasi war.

9.8   Der Tag, an dem die Berliner Mauer fiel

Der Leser kann der Ereignistafel aus dem Jahr 1989, die ich in Kapitel 10.6 meines Buches erstellt habe, entnehmen, wie im Oktober 1989 die heiße Phase der friedlichen Revolution begann. Besonders in Sachsen, aber mit zeitlicher Verzögerung und in abgeschwächter Form gingen auch im Norden der DDR Tausende Menschen auf die Straße. Am 4. November 1989 wurde in Ostberlin auf dem Alexanderplatz die größte Demonstration in der Geschichte der DDR abgehalten. Es war von 500 000 bis 1 000 000

Teilnehmern die Rede. Die DDR-Staatsführung unter der Vorherrschaft der SED geriet zunehmend unter Druck. Bei den Dialogen mit den Bürgern ging die SED anfangs davon aus, sie müsse ihre Politik nur besser erklären, ohne ein Stück vom eigenen Kurs abzuweichen. Der Unmut der Bürger wurde überhaupt nicht ernst genommen. Hier gibt es bestimmte Parallelen zur Gegenwart. Ich denke da an die Sprüche einzelner Politiker, man müsse die Sorgen der Bürger ernst nehmen, was dann aber zu keinen Konsequenzen geführt hat, oder an den (Pseudo-)Bürgerdialog der Bundesregierung „Gut leben in Deutschland". Dieses Nichternstnehmen führte damals zu einer ständig wachsenden Anzahl regierungskritischer Demonstrationen. Die DDR-Bürger forderten mit Nachdruck direkte Demokratie, Meinungs-, Presse- und Reisefreiheit.

Angesichts der für die DDR-Staatsführung kritischen Situation wurde am 6. November 1989 die Planstelle eines Sekretärs des Zentralkomitees der SED für Informationswesen geschaffen. Diese wurde mit Günter Schabowski besetzt. Zwei Tage später hielt er eine Rede vor dem Zentralkomitee der SED, wo er sich für eine Lenkung der sich langsam vom Staat emanzipierenden DDR-Presse im Sinne der SED einsetzte und die Art der westlichen Berichterstattung ablehnte/kritisierte. (Es ist schon ein Treppenwitz der Geschichte, wenn ich so sehe, wie regierungskonform die Informationspolitik der Mainstream-Medien, von extremen Ausnahmen abgesehen, heutzutage geworden ist. Schabowski wäre überglücklich!)

Nun wollte die SED gewissermaßen Dampf aus dem Kessel lassen. Ein neues Reisegesetz musste her. Der Leiter des Pass- und Meldewesens im Innenministerium der DDR erhielt vom Politbüro der SED den Auftrag, zusammen mit hohen Vertretern des Innenministeriums und des Ministeriums für Staatssicherheit eine Übergangsregelung auszuarbeiten, die auf eine ständige Ausreise aus der DDR mit Verlust der DDR-Staatsbürgerschaft hinauslief. Die Arbeitsgruppe hielt sich aber nicht an diese Vorgabe und erweiterte die Regelung auf „Reisen und Privatreisen nach dem Ausland", womit eine Rückkehr in die DDR möglich wurde. Das Pikante daran ist, dass es diesbezüglich keine Rückmeldung zum Politbüro mehr gab. Am Mittag des 9. Novembers 1989 erhielt Egon Krenz, der damalige Staatsratsvorsitzende der DDR und Generalsekretär der SED, den besagten Entwurf. Nachmittags gegen 16.00 Uhr stellte Egon Krenz ihn im Zentralkomitee vor. Der politische Druck, der auf der Staatsführung lastete, lässt sich auch daran erkennen, dass zugunsten der Reiseregelung die Tagesordnung verändert wurde. Egon Krenz war sich der Sprengkraft der Wortpassage „Reisen und Privatreisen nach dem Ausland" wohl bewusst, denn er sagte sinngemäß: „Egal, wie wir es machen, wir machen es eh verkehrt!" Das Zentralkomitee war damit einverstanden. Zudem wurde die Formulierung „zeitweilige Übergangsregelungen" in „Regelungen" umgeändert. Die Reiseregelung sollte erst am kommenden Tag veröffentlicht werden. Günter Schabowski kam zur Sitzung des Zentralkomitees ungefähr eineinhalb Stunden zu spät, sodass er die Behandlung der Reiseregelung verpasst hatte. Krenz überreichte ihm den Text der Reiseregelung für die um 18.00 Uhr anberaumte Pressekonferenz, ohne auf die Genehmigung des Ministerrates zu warten.

Die Pressekonferenz wurde von der nationalen und internationalen Presse ungewöhnlich stark besucht und vom Fernsehen und von Radiosendern der DDR live übertragen. Sie zog sich eine Stunde hin, bis plötzlich der italienische Journalist Riccardo Ehrman in gebrochenem Deutsch fragte, ob der neue Reisegesetzentwurf, den Schabowski vor einigen Tagen vorgestellt hätte, nicht ein Fehler sei. Schabowski war sichtlich irritiert. Er behauptete, die neue Regelung sei doch bereits veröffentlicht worden. Das entsprach aber nicht der Wahrheit. Er suchte das ihm übergebene Schriftstück heraus und las den Text vor. Ein Zeitungsreporter der „Bild" hakte nach und fragte, wann diese Regelung nun in Kraft trete. Dann kam von Schabowski die historisch bedeutsame Antwort, die zu einer unerwarteten Reaktion in der DDR-Bevölkerung führte: „Das tritt nach meiner Erkenntnis ... ist das sofort, unverzüglich." Um 19.04 Uhr verbreiteten ADN, die Nachrichtenagentur der DDR, und DPA, die Presseagentur der BRD, die Nachricht von der von Günter Schabowski bekannt gegebenen Reiseregelung. Um 19.17 Uhr berichtete die ZDF-Nachrichtensendung „Heute" von diesem Ereignis. Allerdings lief diese Nachricht dort unter „ferner liefen". Die Bedeutung und Tragweite dieses Ereignisses wurde nicht erkannt.[158]

Im Nachhinein betrachtet, erwies es sich als ein kapitaler Fehler des Politbüros und des ZK der SED, die Wortpassage „Reisen und Privatreisen nach dem Ausland" in der Reiseregelung zugelassen zu haben. Daran ändert auch nichts Schabowskis Irrtum, die Regelung hätte sofort anstatt am nächsten Tag ihre Gültigkeit gehabt. Das war der Anfang vom Ende der Vormachtstellung der SED und der Existenz der DDR.

Günther Schabowski fuhr mit sich selbst im Reinen und der Zuversicht, es werde alles „seinen sozialistischen Gang gehen", nach Hause. Jedoch es kam anders:

Bereits kurz nach der Pressekonferenz sammelten sich an Berlins Grenzübergängen die DDR-Bürger. Am bekanntesten sind

---

[158] ZDF (09.11.1998): „ZDF heute" vom 9. November 1989. (Schabowskis Auftritt ab Minute 14:33). Online verfügbar unter https://www.youtube.com/watch?v=r1iyd12YY_c (zuletzt abgerufen am 04.12.2020).

wohl die Ereignisse am Grenzübergang auf der Bösebrücke, die im Fernsehfilm „Bornholmer Straße" ihren Niederschlag fanden. Die Begebenheiten wurden dort zuweilen überspitzt dargestellt. Das war der Tatsache geschuldet, dass es kein Dokumentarfilm, sondern ein Unterhaltungsfilm sein sollte. Dennoch wurden einige Dinge realistisch wiedergegeben. So ließen zum Beispiel die Vorgesetzten den Kommandanten dieses Grenzübergangs bei seinen Entscheidungen in der Tat ziemlich allein. Da sich die Brücke immer mehr füllte, aber lange Zeit nichts passierte, wurden die Unmutsbekundungen immer lauter. Es bestand durchaus die Gefahr, dass bei einem der Grenzsoldaten die Nerven durchgehen und er von der Waffe Gebrauch machen könnte. Gegen 21.30 Uhr bekam Oberstleutnant Harald Jäger die einzige konkrete und zugleich letzte Anweisung, die Personen, die am unangenehmsten auffielen, herauszufischen und ihnen die Ausreise zu gewähren. Als Zeichen für alle DDR-Grenzkontrolleure, dass diese nicht mehr einreisen dürften, sollten die Fotos im Personalausweis zur Hälfte abgestempelt werden. Die betroffenen DDR-Bürger wurden hierüber nicht informiert.

Im Laufe der Zeit rückten immer mehr Menschen nach, die lauthals die Ausreise forderten. Unter diesem Druck, aber auch frustriert über die eigenen Vorgesetzten, die sich gewissermaßen verleugnen ließen, in der Dienststelle anwesend zu sein, gab Oberstleutnant Harald Jäger den Befehl, die Grenzschranken zu öffnen. Er benachrichtigte sowohl die Vorgesetzten in der Armee als auch das Ministerium für Staatssicherheit. Zwischen 23.30 Uhr und 24.00 Uhr wurden die anderen sechs Berliner Grenzübergänge geöffnet. Ein Bekannter aus Westberlin berichtete mir, dass es am Grenzübergang „Invalidenstraße" ähnlich turbulent wie an der „Bornholmer" zugegangen sein soll. Auch an

Grenzübergängen an der Grenze zu Westdeutschland kam es zu Öffnungen.

Als am 9. November 1989 das ZDF in seiner Nachrichtensendung „Heute" gegen 19.15 Uhr die besagte Pressekonferenz mit Günter Schabowski zeigte, waren meine Frau und ich von der Nachricht überrascht. Während ich die Aussage Schabowskis wörtlich, ja sehr ernst nahm, war meine Frau zutiefst skeptisch. Ich wollte sofort nach Westberlin fahren, um meine Großeltern zu überraschen. Meine Frau traute dem Ganzen nicht. Außerdem wollte sie unsere ein- und dreijährigen Kinder nicht allein lassen. Eine Aufsicht hätte sich bestimmt organisieren lassen. Letztendlich gab ich wehmütig nach, und wir blieben zu Hause. Je weiter der Abend voranschritt, umso mehr wurde es zur Gewissheit, dass die Berliner Mauer geöffnet worden war.

Am nächsten Tag auf der Arbeit erfuhr ich von Kollegen, dass sie in der Nacht in Westberlin auf den Kürfürstendamm herumzogen und von dort aus gleich zur Arbeit gefahren seien. Sie hatten zwar dunkle Augenränder und waren müde, aber auch glücklich. Ich versuchte, meine Großmutter in Westberlin anzurufen. Aber die wenigen und zudem von der Stasi überwachten Telefonleitungen waren hoffnungslos belegt.

Gleich nach der zeitweisen Öffnung der Mauer am 9. November 1989 standen in Neuruppin Tausende Menschen beim Volkspolizei-Kreisamt an, um einen Reisepass zu beantragen. Ich kaufte mir sofort einen Stadtplan von Berlin „mit den aktuellen Grenzübergängen". Diese Karte habe ich, wenn auch schon etwas zerfleddert, immer noch. Heutzutage erkennt der Besucher Berlins oft nicht mehr, wo einst die Grenze verlief. Das ist gut so, denn, um Willi Brandts Worte zu gebrauchen: „Jetzt wächst zusammen, was zusammengehört!" Vorbei sind die freudigen

Begrüßungen und tränenreichen Abschiede meiner Großeltern im Tränenpalast in Berlin-Friedrichstraße!

Der von mir sehr geschätzte Günter Pfitzmann, ein Berliner Original und Schauspieler, sang 1997 zu diesem Thema ein Lied mit dem Titel „Mein Berlin"[159] :

Mein Berlin

Mein Berlin
ist wieder EIN Berlin,
ick könnte schrei'n, Berlin,
vor lauter Glück.
Denn es steht fest, Berlin,
der Name „Ostberlin", genau wie „Westberlin"
kommt nie mehr zurück.

Und hinkt noch einer hinterher
und spricht von „denen da drüben",
sag' ich: „Da drüben is' nich' mehr,
das musste üben, das musste jetzt üben."

Denk daran, ich denk sehr oft daran,
wir ham's erhofft, und dann
war's endlich so weit:
Mein Berlin ist wieder EIN Berlin,
ist das nich' fein, Berlin?
Es wurde auch Zeit.

---

[159] Mein schöner Land TV (Hrsg.) (o. J.): Günter Pfitzmann – Mein Berlin. Album: Kein schöner Land, 1997. Online verfügbar unter https://www.you tube.com/watch? v=gu0ZDHTOY1M (zuletzt abgerufen am 04.12.2020).

Wenn ick jetzt jeh' durch meine Heimatstadt,
hab' ick 'nen Kloß im Hals,
und der is' riesengroß
det is' de Rührung, die man als Berliner hat,
und die Freude, denn die ist jetzt „grenzenlos".

Mein Berlin
ist wieder EIN Berlin,
ick könnte schrei'n, Berlin,
vor lauter Glück.
Denn es steht fest, Berlin,
der Name „Ostberlin", genau wie „Westberlin"
kommt nie mehr zurück.

Und hinkt noch einer hinterher
und spricht von „denen da drüben",
sag' ich: „Da drüben is' nich' mehr,
das musste üben, das musste jetzt üben.

Dein Berlin, genau wie mein Berlin,
ist nicht mehr klein, Berlin,
das is' vorbei.
Drum mach dich fein, Berlin,
schön musst du sein, Berlin,
du bist jetzt EIN Berlin,
wie einst im Mai.

9.9 Im Zusammenhang mit dem Fall der Mauer denke ich an …

Angesichts der Dinge, die ich erlebt habe, ist für mich die Vereinigung beider deutscher Landesteile einschließlich Berlins trotz der von mir genannten Schwierigkeiten ein Gut, das man nicht hoch genug schätzen kann.

Wie ich schon beschrieben habe, war die Zeit zwischen 1961 und 1972, insbesondere zwischen 1961 und 1963 sowie zwischen 1967 und 1972, besonders schwer, weil die Westberliner nicht nach Ostberlin und nicht in die DDR einreisen durften. Wir hielten durch Briefe den Kontakt aufrecht. Manchmal telefonierten wir miteinander. Die Telefonate waren allerdings nur auf dem Postamt in Neuruppin in einer der zwei Telefonzellen nach Schlangestehen möglich. Angesichts des Drucks, dass noch andere Leute warteten und die Gespräche sehr teuer waren, fasste sich jeder sehr kurz, und so wurde diese Kommunikationsmöglichkeit nur selten genutzt. Zu bestimmten Feierlichkeiten erhielten meine Eltern und wir Kinder ein sogenanntes „Westpaket". Mein Großvater war ein Spezialist im Paketepacken geworden und freute sich, wenn er die große Verwandtschaft und Bekanntschaft im Osten beglücken konnte. Darin sah er als Rentner seine Lebensaufgabe. Leider erlebte er nicht die Enkel-Regelung im Jahre 1986 und den Mauerfall. Kurz bevor meine Großmutter starb, ließ sie mir ihren Dank ausrichten, dass ich in dieser schweren Zeit durch meine Briefe die Familie zusammengehalten hätte. Sicherlich haben auch meine Geschwister, Cousine und Cousin viel dazu beigetragen. Der Eindruck mag wohl beim ersten Enkel immer der stärkste sein …

***

In der ganzen Welt haben die Menschen Anteil genommen an der glücklichen Fügung der Deutschen. Aber es gab im Ausland auch Leute, die eher zurückhaltend freudig waren oder die sich über die Wiedervereinigung Deutschlands gar nicht gefreut haben. Hierfür gab es mehrere Gründe:

Einige von ihnen fragten sich, in welche Richtung sich das wiedervereinigte Deutschland bewegen möge. Andere hatten tote Verwandte aus dem Zweiten Weltkrieg zu beklagen und waren deshalb auf die Deutschen nicht gut zu sprechen. Hauptsächlich war aber die ablehnende Haltung gegenüber den Deutschen darin begründet, dass insbesondere westliche Politiker noch 40 Jahre nach dem Zweiten Weltkrieg die Deutschen als Feindbild aufrechterhielten, nur um von ihren eigenen Fehlern in der Finanz-, in der Sozial- und in der Wirtschaftspolitik abzulenken.

In den 1990er-Jahren arbeitete einer meiner Brüder in Frankreich und in Großbritannien im Hotel- und Gastgewerbe. Dort hörte er von Mitarbeitern und Gästen immer wieder den Vorwurf, dass es den Leuten dort so schlecht gehe wegen der harten Deutschen Mark. (Ein kleiner Gedankenanstoß: Hat sich dort heutzutage die Situation gebessert?) Die DM musste sozusagen als Sündenbock herhalten.

Die Abschaffung der DM wurde bereits vor 1990, vor der deutschen Wiedervereinigung, bei einer Bilderberg-Konferenz beschlossen und den westeuropäischen Politikern anempfohlen. *„Interessanterweise erklärte Mitterand seine Zustimmung zur deutschen Vereinigung auf demselben Regierungstreffen mit Kohl, auf dem auch der Maastricht-Gipfel angekündigt wurde, der die Abschaffung der D-Mark und die Einführung einer gemeinsamen Europäischen Währung zum Ziel hatte"*, schrieben Gerlinde und Hans-Werner

Sinn.[160] Mehr Informationen zu diesem Thema können Sie meinem Buch „Ist Deutschland ein souveräner Staat?" entnehmen. Dort habe ich ein ganzes Kapitel (S. 123–151) dieser Thematik gewidmet.

Die Abschaffung der DM war der Preis für die Wiedervereinigung Deutschlands. Als Helmut Kohl selbstherrlich und hinterrücks die Aufgabe der Deutschen Mark besiegelte, knallten in Paris bei der Machtelite die Sektkorken. Sowohl der französische Staatspräsident François Mitterrand als auch der Chefredakteur Franz-Olivier Giesbert der wichtigsten meinungsbildenden französischen Tageszeitung „Le Figaro" verglichen den Maastrichter Vertrag mit dem Versailler Vertrag. Was damit gemeint ist, lässt sich heutzutage gut in der EZB beobachten: In der Eurozone ist Deutschland zwar der größte Gläubiger, der also für den größten Teil der Ausgaben und Zahlungsausfälle herhalten muss, der aber in aller Regelmäßigkeit in den EZB-Gremien von den Mittelmeerstaaten überstimmt wird, weil er nur eine Stimme hat wie der Staat Malta. 2011 und 2015 spitzte sich in Griechenland die finanzielle Situation dramatisch zu. Angesichts eines Staatsbankrotts bestand die Gefahr, dass französische Banken, die diesem Land große Kredite vergeben hatten, nicht ihr Geld zurückbekämen. In Deutschland reifte der Gedanke, Griechenland aus der Eurozone auszuschließen. Jedoch Frankreich bearbeitete und erpresste Deutschland so lange, bis es davon Abstand nahm und Griechenland Kredite von EZB und IWF gewährt wurden, die

---

[160] Sinn, Gerlinde und Hans-Werner (1993): Kaltstart. Volkswirtschaftliche Aspekte der deutschen Vereinigung. 3., überarbeitete Auflage (¹1991). München: Dt. Taschenbuch-Verl. (u. a.) 1993, S. 16.

zum größten Teil gleich an französische Banken flossen ...[161] Und keiner sollte sich da etwas vormachen: Der Ruf des neuen französischen Staatspräsidenten Emmanuel Macron nach „mehr Europa" geht in dieselbe Richtung. Ein CNN-Reporter brachte es einmal auf den Punkt, was hier in der Eurozone abläuft: Es ist eine „French affair with German money" (deutsch: französische Angelegenheit mit deutschem Geld)! Hätte Deutschland die Deutsche Mark behalten, wie es ungefähr 80 Prozent aller Deutschen und erst recht die Ostdeutschen wollten, wäre es nicht zu Ausplünderungen der deutschen Steuerzahler in einem solchen Ausmaß gekommen!

***

Im Zusammenhang mit dem Fall der Mauer denke ich auch daran, wie Claudia Roth und andere Politiker der Grünen 1990 auf einer Demonstration hinter der Losung „Nie wieder Deutschland!" hinterherliefen und 2015 an einem Marsch teilnahmen, wo lauthals Sprüche wie „Deutschland, du Stück Scheiße!" und „Deutschland verrecke!" gerufen wurden, von denen sie sich nicht distanzierten. Das Pikante an dieser Geschichte ist: Claudia Roth war beim letzteren Ereignis nicht „nur" Bundestagsabgeordnete, sondern auch eine der Stellvertreter/-innen des Bundestagspräsidenten! Mit ihrer nationalen Selbstverleugnung, ihrer Ablehnung der Souveränität Deutschlands und des Selbstbestimmungsrechts der Völker (hier: des deutschen Volkes) sind die Grünen voll auf der Linie der Transatlantiker und

---

[161] Sinn, Hans-Werner (20.07.2015): Punktsieg für François Hollande. In: WirtschaftsWoche vom 20.07.2015. Online verfügbar unter https://www.wiwo.de/politik/europa/griechenland-einigung-punktsieg-fuer-francois-hollande-/12063790.html (zuletzt abgerufen am 04.12.2020).

Globalisten, nicht aber auf derjenigen der Mehrheit der Ostdeutschen.[162] Das liegt vor allem an der von mir in diesem Kapitel beschriebenen bitteren Erfahrung, die viele ehemalige DDR-Bürger mit der Teilung Deutschlands und mit der Zerreißung der Familien gesammelt haben. Ob diese Partei gut für Deutschland ist, das mag jeder für sich selbst beantworten …

***

In Südtirol hatten die Menschen die bewegenden Szenen ebenfalls gesehen und sich für die Deutschen gefreut. Manche Südtiroler weinten und hofften inbrünstig, dass nun bald auch Südtirol mit Österreich wiedervereinigt werden würden. Leider haben sich ihre Wünsche und Gebete bis heute nicht erfüllt. Trotz des immer näher heranrückenden 100. „Jubiläums" der Annexion durch Italien haben es die Südtiroler geschafft, sich bis heute ihre kulturelle Identität zu bewahren. Das Tragische ist nur, dass sie im Hinblick auf das Selbstbestimmungsrecht der Völker vollkommen zerstritten sind, was letztendlich nur Italien in die Hände spielt. Deutschland hat mit der sogenannten „Wiedervereinigung" zumindest sein Recht auf Selbstbestimmung in Anspruch genommen. Warum unterstützt nicht die Bundesregierung, warum nicht Angela Merkel Südtirols Anliegen, in einem Referendum über sein eigenes Schicksal entscheiden zu können? Da Merkel sich jedes Jahr im Südtiroler Ferienort Sulden aufhält, könnte sie die Gelegenheit nutzen, um mit den Südtirolern und mit allen Südtiroler Parteien zu reden. Der politisch

---

[162] Meine Kritik an den Transatlantikern und an den Globalisten besteht darin, dass diese Kräfte keine Skrupel haben, die Identität der Völker und die Demokratie auf dem Altar des Profits und ihrer Ideologie zu opfern. Für mich spielt es dabei keine Rolle, welcher Nationalität, Ethnie oder Rasse die einzelnen Protagonisten zuzuordnen wären. Vielmehr zählen für mich ihre Taten und die Folgen..

grün ausgerichtete, selbstverliebte und unberechenbare Südtiroler Bergsteiger Reinhold Messner ist, seine Bergsteigerleistung in allen Ehren, diesbezüglich der falsche Ansprechpartner.

***

In den Jahren 1985 und 1986 hatte ich im Rahmen einer Berufsausbildung zum Elektronikfacharbeiter beim praktischen Teil zwei junge Nordkoreaner unterstützt/beaufsichtigt. Sofort, als die Mauer fiel, mussten sie zurück in ihre Heimat. Seitdem hatte ich nichts mehr von ihnen gehört. Ich hoffe, dass es ihnen gut geht. Ich wünsche dem koreanischen Volk, dass es sehr bald die unmenschliche Teilung überwinden möge.

***

Die Liste derjenigen, die sich davor fürchten, dass die Völker ihr Recht auf Selbstbestimmung wahrnehmen, ist lang. Sie reicht von Faschisten über extreme Nationalisten, Globalisten, Transatlantiker, EU-Funktionäre, Grüne, Teile der Linken bis zu guter Letzt hin zur Machtelite, die vom bestehenden Status quo profitiert. Auch wenn diese Kräfte sehr stark sind, so bin ich der Überzeugung, dass man einem Volk auf Dauer nicht das Recht auf Einheit, Freiheit und Selbstbestimmung verweigern kann.

10 Von „Schwerter zu Pflugscharen" bis zur friedlichen Revolution

10.1 Die Entstehung einer antimilitaristischen Bewegung

Um die Frage beantworten zu können, woher die zarten Wurzeln der Revolution von 1989/1990 in der DDR kamen und warum sie so friedlich verlief, möchte ich bis zum Jahr 1978 zurückgehen: Damals ordnete das Bildungsministerium der DDR die Einführung des Pflichtfaches „Wehrerziehung" in der 9. und 10. Klasse an. Der Bund der Evangelischen Kirchen in der DDR protestierte dagegen und schlug als Alternative ein Programm „Erziehung zum Frieden" vor. Die Regierung der DDR ging auf diesen Vorschlag mit keiner Silbe ein. Daraufhin bildeten sich in vielen Kirchengemeinden in der DDR staatskritische und voneinander unabhängige Friedensinitiativen. Die evangelischen Jugendgruppen nutzten den Buß- und Bettag im Jahr 1980, um auf ihr Anliegen aufmerksam zu machen. Auf einem Lesezeichen, das der schriftlichen Einladung zum Gottesdienst am Buß- und Bettag 1980 beigelegt war, war die Skulptur des sowjetischen Bildhauers Jewgeni Wutschetitsch abgebildet, wo ein muskulöser Mann mit einem Hammer ein Schwert zu einer Pflugschar umformt. Kreisförmig um diese Figur war der Schriftzug „SCHWERTER ZU PFLUGSCHAREN MICHA 4" angeordnet. Diese Worte entstammen der Bibel. So sagte der Prophet Micha:

„In den letzten Tagen aber wird der Berg, auf dem Gottes Haus steht, fest stehen, höher als alle Berge und über alle Hügel erhaben. Und die Völker werden herzulaufen, und viele Heiden werden hingehen und sagen: ‚Kommt, lasst uns hinauf zum Berge des Herrn gehen und zum

Haus des Gottes Jakobs, damit er uns lehre seine Wege und wir in seinen Pfaden wandeln!'

*Denn von Zion wird Weisung ausgehen und des Herrn Wort von Jerusalem. Er wird unter großen Völkern richten und viele Heiden zurechtweisen in fernen Ländern. Sie werden ihre **Schwerter zu Pflugscharen** und ihre Spieße zu Sicheln machen. Kein Volk wird gegen das andere das Schwert erheben, und sie werden fortan nicht mehr lernen, Krieg zu führen. Ein jeder wird unter seinem Weinstock und Feigenbaum wohnen, und niemand wird sie schrecken. Denn der Mund des Herrn Zebaot hat es geredet."*

Den Text für die Einladung zum Gottesdienst am Buß- und Bettag 1980 schrieb der sächsische Jugendpfarrer Harald Bretschneider. Die Grafikerin Ingeborg Geißler war für eine druckfähige Zeichnung verantwortlich. Das Lesezeichen wurde in einer Auflage von 120 000 Stück in der Druckerei Abraham Dürninger, die zur Herrnhuter Brüdergemeinde gehörte, gedruckt. Hier trickste die evangelische Kirche den Staat aus: Weil das Lesezeichen aus Vliesstoff bestand und diese Arbeit als „Textiloberflächenbehandlung" galt, bedurfte ihre Produktion keiner staatlichen Druckgenehmigung. Am Buß- und Bettag 1980 sollten überall in der DDR um 13.00 Uhr die Glocken evangelischer Kirchen läuten. Das wurde aber vom Staat verboten, da zu dieser Zeit die staatlich verordneten Sirenentests stattfanden. So verschob die evangelische Kirchenführung das Glockengeläut auf 13.15 Uhr.

Dem wachsenden Druck der kirchlichen Jugend, insbesondere aus Sachsen und Sachsen-Anhalt, war es zu verdanken, dass die Konferenz der evangelischen Kirchenleitung in der DDR die erste Friedensdekade ausrief. Das war die erste DDR-weite staatskritische Aktion unter dem Dach der Kirche, zu der auch die „Schwerter zu Pflugscharen"-Initiative gehörte. Es wurden auch Aufnäher mit dem gleichen Abbild hergestellt, die jugendliche Christen oftmals an Kleidungen und Rucksäcken trugen. Der Staat reagierte sehr allergisch darauf. Die Leitungen der Schulen und Universitäten wurden angehalten, dass diese Personen nach Hause geschickt wurden oder die Aufnäher entfernen mussten. Wer sich weigerte, bekam die Konsequenzen zu spüren, sei es die Verweigerung des Zugangs zum Abitur oder die Exmatrikulation. Die Kirche nahm zwar die Symbolträger in Schutz, konnte sie aber nicht vor der Willkür schützen.

In der zweiten Friedensdekade ab Frühjahr 1981 schlugen einige kirchliche Landessynoden in der DDR dem Staat vor, als Alternative zum in der Nationalen Volksarmee (NVA) für Kriegsdienstverweigerer möglichen Dienst als Bausoldaten einen zweijährigen „Sozialen Friedensdienst" anzubieten. Hierzu fand auch ein Treffen der Kirchenleitungen mit dem Staatssekretär für Kirchenfragen, Klaus Gysi, statt. Letztendlich lehnte der Staat diesen Vorschlag kategorisch ab.

Der NATO-Doppelbeschluss vom 12. Dezember 1979, der die Aufstellung von Raketen und Marschflugkörpern mit Atomsprengköpfen vom Typ Pershing II und BMG-109 Tomahawk vorsah, sowie die Stationierung sowjetischer Atomraketen vom Typ SS-20 in Osteuropa lösten in der evangelischen Kirche der DDR verschiedene Abrüstungsinitiativen aus:

Der Ostberliner Pfarrer Rainer Eppelmann veröffentlichte am 25. Januar 1982 einen „Berliner Appell", worin er den Abzug der Atomwaffen aus der BRD, aus der DDR und aus anderen europäischen Staaten forderte. Er wurde durch die Dissidenten Robert Havemann und Stefan Heym unterstützt.

Am bekanntesten dürfte bei vielen älteren politisch interessierten ost- und westdeutschen Bürgern eine symbolische Aktion sein, die am 24. September 1983 auf dem evangelischen Kirchentag in Lutherstadt Wittenberg auf dem Lutherhof stattfand. Vor 4000 Teilnehmern und in Anwesenheit des Regierenden Bürgermeisters von (West-)Berlin, Richard von Weizsäcker, und westlicher Medien schmiedete der Schmied Stefan Nau ein Schwert zu einer Pflugschar um. Initiator dieser medienwirksamen Aktion war der Pfarrer der Schlosskirche Wittenberg Friedrich Schorlemmer. Angesichts der Anwesenheit Richard von Weizsäckers und der Medien wagten es die Sicherheitskräfte nicht, einzugreifen. Allerdings folgte die Rache der Staatsführung der DDR auf dem Fuße und ohne Anwesenheit der Medien: Stefan Nau wurde gezwungen, sein Heimatland für immer zu verlassen.

1987 wurde eine drei Länder übergreifende Friedensdemonstration organisiert und zu Ehren des am 28. Februar 1986 ermordeten schwedischen Ministerpräsidenten „Olof-Palme-Friedensmarsch" genannt. Dieser Marsch ging auf Pilgerwegen durch die DDR, durch die ČSSR und durch die BRD. Vom 1. bis zum 19. September 1987 führte der Marsch durch die DDR. Organisiert wurde er von „Aktion Sühnezeichen" aus der BRD, von der Evangelischen Kirche Deutschlands (EKD), von der staatsnahen „Christlichen Friedenskonferenz" (CFK) und vom Friedenskomitee der ČSSR. Es war der erste und letzte von der Staatsführung der DDR genehmigte Marsch dieser Art. An diesem durften auch Oppositionelle aus der DDR teilnehmen. Möglicherweise lag es daran, dass sich zu dieser Zeit Erich Honecker zu Besuch in der BRD aufhielt und versuchte, politisch gut Wetter zu machen.

10.2 Die Formierung der Umweltbewegung in der DDR

Ab Mitte der 1980er-Jahre gab es bei den unter dem Dach der Kirche autonom organisierten Oppositionsgruppen eine thematische Aufspaltung. Die einen sahen ihren Schwerpunkt mehr im Kampf um Frieden und Menschenrechte und die anderen mehr bei Umweltthemen. 1986 wurde im Keller des Gemeindehauses der Zionskirche in Berlin die Umweltbibliothek gegründet/eingerichtet. Dort wurden zumeist verbotene Bücher und Fachzeitschriften zu Umwelt- und Menschenrechtsthemen gelagert. Zudem war es ein Ort für konspirative Treffen und für Seminare. Es war eine wichtige Institution für den Informationsaustausch zwischen der Friedens- und Menschenrechtsbewegung einerseits und der Umweltbewegung andererseits. Diese durchsuchte die Staatssicherheit wohlgemerkt zwei Monate nach dem „Olof-Palme-Friedensmarsch", und zwar in der Nacht vom 24. auf den 25. November 1987. Das zeigt schon die Bedeutung dieser Institution und wie sie von der Staatsführung gefürchtet wurde … Um das Jahr 1988 herum existierten ungefähr 80 Umweltgruppen, die stark auf Autonomie und Basisdemokratie bedacht waren. Auf dem dritten Ökologieseminar im Jahr 1987 sollte diese Zersplitterung überwunden werden. Diese Bemühungen scheiterten aufgrund zu starker Unabhängigkeitsambitionen und Egoismen einiger Protagonisten. Sicherlich war dort auch die Staatssicherheit mit ihren Informellen Mitarbeitern aktiv gewesen und hatte Sand ins Getriebe gestreut. Die Bewegung spaltete sich. Im Januar 1988 rang sich ein Teil der Umweltgruppen dazu durch, das „Grün-Ökologische Netzwerk Arche" zu gründen. Dieses Netzwerk war zwar keine Partei, kam aber durch seinen hohen Organisationsgrad und seiner Struktur einer solchen sehr nahe. Die Diskussion, ob die Umweltbibliothek eine zentralistische Rolle spielen solle, mündete in einen Eklat: Die Mitglieder der Arche wurden aus der Umweltbibliothek ausgeschlossen.

Die Arche und auch andere oppositionelle Gruppierungen bemühten sich darum, zu den Kommunalwahlen am 7. Mai 1989 in der DDR auf die Liste der Nationalen Front gesetzt zu werden. Das war gewissermaßen ein Affront gegen die Alleinherrschaft der SED. Dieses Ansinnen hatte daher auch keinen Erfolg.

Von September bis November 1989 entstanden Sammelbewegungen bzw. Parteien wie das „Neue Forum", „Demokratie Jetzt!", die „Sozialdemokratische Partei in der DDR" (SDP) und der „Demokratische Aufbruch". Diese hatten bei dem erstmals im Dezember 1989 abgehaltenen „Zentralen Runden Tisch" einen großen Einfluss. Nun stand diese Umweltgruppierung unter Druck und musste befürchten, dass andere Bewegungen/Parteien ihre Themen übernehmen würden. Die Arche versuchte anlässlich der in Aussicht gestellten ersten freien Volkskammerwahl im Frühjahr 1990, beim „Neuen Forum" als „Grüne Liste im Neuen Forum" auf die Wahlliste zu kommen. Da einerseits die Organisationsstruktur beim „Neuen Forum" etwas undurchsichtig war und Bärbel Bohley, eine der führenden Persönlichkeiten in dieser Bewegung, Parteiklüngel vermeiden wollte, nahm die Arche Abstand von diesem Ansinnen. Am 5. November 1989 auf einem Delegiertentreffen wurde öffentlich zur Gründung einer „Grünen Partei in der DDR" aufgerufen. Dieser Aufruf wurde getragen von Teilen der Arche und von einer Berliner Initiativgruppe. Einige Delegierte fühlten sich überfahren, andere wollten keine Partei. Und so kam es folgerichtig auf dem 6. Berliner Ökologieseminar, das vom 24. bis zum 26. November 1989 in der Bekenntniskirche in Berlin-Treptow abgehalten wurde, zum erneuten Eklat: Daher konstituierten sich dort die „Grüne Partei in der DDR" und das Netzwerk „Grüne Liga".

Vom 9. bis zum 11. Februar 1990 wurde ein Parteitag abgehalten, an dem 400 Delegierte teilnahmen. Auf diesem wurde formell die „Grüne Partei in der DDR" gegründet. Interessant ist, dass bei der Wahl des Parteivorstandes die einstigen Hauptakteure nicht berücksichtigt wurden. Diese Unberechenbarkeit zieht sich wie ein roter Faden durch die Geschichte der Umweltaktivisten in der DDR. Als Hauptursachen sehe ich den ständigen Kampf von Personen und Organisationen gegen jede Art von Zentralismus und nicht zuletzt die Eitelkeit der Protagonisten.

In der chemischen Industrie der DDR wurde oftmals zu wenig Rücksicht auf die Natur und auf die Gesundheit der Menschen genommen. Zudem erlaubte die Staatsführung der DDR gegen Bezahlung mit Devisen die Einfuhr giftiger Abfälle aus ganz Westeuropa. Hierfür wurden extra Mülldeponien eingerichtet, die einen zweifelhaften Ruf hatten, was ihre Sicherheit betraf. Die Gestaltung der Welt bei gleichzeitiger Bewahrung der Schöpfung ist ein zutiefst christliches Anliegen. Insofern ist das Entstehen von Umweltorganisationen jedweder Art unter dem Dach der Kirche eine logische Folge. Die Existenz dieser Organisationen und ihre Aktionen haben zwar dazu geführt, dass die Umweltpolitik in der DDR einen höheren Stellenwert bekam. Aufgrund ihrer Zersplitterung konnte die DDR-Umweltbewegung jedoch keine großen Menschenmengen mobilisieren bzw. sie dazu bewegen, für diese Umweltbewegung ihre Wahlstimme abzugeben.

10.3 Auf den Spuren der ältesten Bürgerrechtsorganisation in der DDR

Während die „Grüne Partei in der DDR" zu den jüngsten Oppositionsparteien in der DDR gehört, zählt die „Initiative Frieden und Menschenrechte" (IFM) zu den ältesten Organisationen in der Bürgerrechtsbewegung der DDR. Die IFM wurde von Bärbel Bohley, Ralf Hirsch, Gerd und Ulrike Poppe, Reinhard Weißhuhn und anderen Bürgerrechtlern am 24. Januar 1986 gegründet. Bis September 1989 war diese Bewegung die einzige, die sich nicht unter dem Dach der Kirche organisierte. Insofern hatte sie eine Sonderstellung. Einen Monat nach Gründung spaltete sich der „sozialrevolutionäre" Flügel von der IFM ab.

Am 17. Januar 1988 organisierten Bürgerrechtler zu der von der SED jährlich pompös abgehaltenen Liebknecht-Luxemburg-Demonstration eine Paralleldemonstration. Mit Plakaten, auf denen zum Beispiel Rosa Luxemburgs Zitat „Freiheit ist die Freiheit der Andersdenkenden" und andere Sprüche standen, machten sie auf die fehlende Meinungsfreiheit in der DDR aufmerksam. In Zusammenhang mit dieser Aktion wurden insgesamt 105 Oppositionelle verhaftet, darunter Vera Lengsfeld (damals Wollenberger) und die Gründer der „Initiative Frieden und Menschenrechte" Bärbel Bohley und Ralf Hirsch. Die genannten Personen wurden nach Antreten der Haft über kurz oder lang aus der DDR ausgewiesen. Das war eine gängige Methode der Stasi, um die Bürgerrechtsbewegung zu schwächen.

Die IFM öffnete sich am 11. März 1989, zeitlich weit vor den anderen Bürgerrechtsbewegungen, hin zu einer in der ganzen DDR agierenden Oppositionsgruppe. Am 28. Oktober 1989 fand das erste gesamtostdeutsche Treffen statt. Die IFM beteiligte sich mit zwei Mitgliedern an dem seit dem 7. Dezember 1989 ins Leben gerufenen „Zentralen Runden Tisch". Die IFM hatte die friedliche Revolution in der DDR entscheidend mitgeprägt.

Der Vollständigkeit halber möchte ich darauf hinweisen, dass die IFM bei der ersten freien Volkskammerwahl und bei der ersten gesamtdeutschen Bundestagswahl mit den Bürgerrechtsbewegungen „Demokratie Jetzt" und Teilen des „Neuen Forums" ein Wahlbündnis namens „Bündnis 90" einging. Im September 1991 vereinigten sich diese Bewegungen endgültig zum „Bündnis90", bevor sie im Mai 1993 in die Partei „Bündnis 90/Die Grünen" aufgingen …

10.4 Meine Ehrenbezeugung gegenüber den Vorkämpfern der friedlichen Revolution in der DDR

Wenn es um Aktionen der ihnen genehmen Oppositionsgruppen in der DDR und in Osteuropa ging, hatten westdeutsche Journalisten in der Vergangenheit immer wieder versucht, diese als flächendeckend herbeizuschreiben. Die Auswirkung auf die Bevölkerung wurde entweder vollkommen überschätzt oder aus politischem Kalkül falsch dargestellt. So war es mit der DDR-Opposition, und so ist es aktuell zum Beispiel in Russland mit dem Dissidenten Alexej Anatoljewitsch Nawalny. Nein, die von mir genannten, bis Anfang September 1989 existierenden Oppositionsparteien wurden zwar von der DDR-Staatsführung sehr ernst genommen und bekämpft. Sie stellten aber für den Staat keine existenzielle Gefahr dar. Die Aktionen blieben mehr oder weniger auf Menschen beschränkt, die etwas mit der Kirche zu tun hatten. Und diese waren bekanntlich in der DDR eine Minderheit.

Ab Ende September 1989 gründeten sich mehrere Oppositionsgruppen/-parteien. Brenzlig wurde es erst ab Oktober 1989. Am 9. Oktober 1989 demonstrierten in Leipzig bereits 70 000 Menschen! Vier Faktoren hatten letztendlich das Fass zum Überlaufen gebracht, sodass Tausende Menschen, die sich bisher nicht für Politik interessiert oder sich bisher nicht getraut hatten, ihren Unmut öffentlich zu machen, auf die Straße gingen:

- die Fälschung der Ergebnisse bei der Kommunalwahl im Mai 1989,
- die Öffnung der ungarisch-österreichischen Grenze,
- die massenhafte gelungene (erzwungene) Ausreise in die BRD durch Botschaftsbesetzung und
- die Nichtzulassung des „Neuen Forums" als staatlich anerkannte Opposition.

In diesem Zusammenhang denke ich an ein bestimmtes Phänomen, wovor auch die westlichen Machteliten Angst haben. Dieses heißt „kritische Masse". Es ist ein weitverbreiteter Irrtum, dass für einen Paradigmenwechsel in der Gesellschaft eine Mobilisierung von mehr als 50 Prozent der Bevölkerung notwendig wäre. Sozialwissenschaftler haben herausgefunden, dass nur ein Bruchteil davon notwendig ist, um eine grundlegende Änderung der Gesellschaft zu erzwingen.

Für mich sind die Vertreter der Friedens-, Menschenrechts- und Umweltgruppierungen, die schon vor September 1989 agierten, die eigentlichen Kinder der Revolution, meine Helden. Sie mussten ungleich mehr Schikanen durch den Staat über sich ergehen lassen als die Protagonisten der neuen Oppositionsbewegungen. Wer sich ab Ende November/Anfang Dezember 1989 diesen Organisationen anschloss, zum Beispiel Angela Merkel und Wolfgang Thierse, der hatte nichts mehr zu befürchten. Diese beiden Personen haben in meinen Augen die Ideale der friedlichen Revolution verraten.

Da die Oppositionsgruppen in der DDR mehrheitlich aus dem kirchlichen Bereich heraus agierten, viele führende Köpfe Theologen waren und die Kirche beim „Zentralen Runden Tisch" als

Moderatorin auftrat, verlief die Revolution von 1989/1990 friedlich und unblutig.

Bei der ersten freien Volkskammerwahl im März 1990 und bei der ersten gesamtdeutschen Bundestagswahl im Dezember 1990 gerieten die älteren und kleinen Bürgerrechtbewegungen ins Spannungsfeld der großen beiden Lager (des christdemokratischen und des sozialdemokratischen) und ließen dabei kräftig Federn. So gab es zum Beispiel beim „Neuen Forum" und beim „Demokratischen Aufbruch" Abspaltungen, weil sich die Mitglieder politisch neu orientierten. Zum anderen war die Erscheinung zu beobachten, dass, als am 9. November 1989 die Mauer fiel und je mehr die Macht der SED verblasste, die Bürger umso weniger die Notwendigkeit sahen, die besagten Oppositionsbewegungen zu wählen. Hat die Revolution ihre Kinder gefressen?

10.5 Wo sind die Ideale der friedlichen Revolution in der DDR in der heutigen Politik geblieben?

Anfangs verfolgten alle Bürgerrechtsbewegungen (die Deutsche Soziale Union zähle ich nicht dazu) das Ziel, in der DDR den Sozialismus menschlicher zu gestalten. Einige Vertreter wie Rainer Eppelmann träumten auch von der „Kirche im Sozialismus". Mit dem Fall der Berliner Mauer am 9. November 1989 rückte bei der Bevölkerung der Gedanke an eine Wiedervereinigung Deutschlands immer mehr in den Mittelpunkt. 1989 hörte man auf den Demonstrationen zuerst den Ruf „Wir sind das Volk!", später fast nur noch „Wir sind ein Volk!". Das spiegelte sich dann auch in den Wahlergebnissen der ersten freien Volkskammerwahl am 18. März 1990 wider. Es profitierten davon diejenigen Parteien, die Schwesterparteien im Westen hatten. Durch diese sollte der Wiedervereinigungsprozess forciert werden. Die Bürgerrechtsbewegungen „Neues Forum", „Initiative Frieden und Menschenrechte" und „Demokratie Jetzt", die bei der friedlichen Revolution die meisten Menschen hatten mobilisieren können und bei den Verhandlungen mit der DDR-Staatsführung am Runden Tisch oftmals Taktgeber waren, erhielten insgesamt nur 2,9 Prozent der Stimmen. Es siegte die „Allianz für Deutschland", bestehend aus CDU, DSU und DA, mit 48 Prozent. Die SPD, die anfangs auf der Siegerseite zu stehen schien, erhielt letztendlich nur 21,9 Prozent der Stimmen. Das Liberale Bündnis bekam 5,3 Prozent und die PDS, ehemals SED, kam auf 16,4 Prozent. Als die Wiedervereinigung immer wahrscheinlicher wurde, glaubten die Wähler, die eigentliche Bürgerrechtsbewegung nicht mehr zu brauchen. Das war wohl aus heutiger Sicht ein Fehler …

Jedes Jahr am 9. November veranstalten die Bundesregierung und der Bürgermeister von Berlin eine Gedenkfeier zum Fall der Mauer und weisen auf die friedliche Revolution hin. Es wurde bislang immer nur so getan, als wären das Abschütteln einer Diktatur und die Vereinigung beider deutscher Staaten die einzigen Ziele gewesen. Indem so getan wird, als wären die ehemaligen DDR-Bürger nun am Ziel ihrer Träume angelangt, sollen ein weiteres Nachdenken, eine kritische Selbstreflexion und daraus resultierende gesellschaftliche Veränderungen unterbunden werden. Der Unmut bei den Ostdeutschen anno 2020 zeigt, dass hier etwas Grundlegendes nicht stimmt.

Aber was waren nun wirklich die Ideale, die Ziele der friedlichen Revolution? Das vereinte Deutschland sollte besser sein als die DDR, aber auch besser als die BRD. Ich denke, in diesem Punkt waren sich wohl die meisten DDR-Bürger einig. Die konkreten Ziele lauteten:

1. Reisefreiheit,

2. direkte Demokratie,
3. demokratische Diskussionskultur durch Achtung des politisch Andersdenkenden,
4. weltweite Abrüstung, keine militärischen Auslandseinsätze,
5. friedliches und gleichberechtigtes Zusammenleben mit allen Völkern.

Mit dem Einigungsvertrag unter Federführung Wolfgang Schäubles gab es wenig Spielraum, ein neues Deutschland zu schaffen, das besser gewesen wäre als die beiden zu vereinenden Staaten. Es war schlichtweg ein Beitritt der DDR zum Rechtsgebilde der alten BRD. Es gab keine gleichberechtigten Vertragspartner. Ganz optimistisch gedacht, könnten sich im Laufe der Zeit trotzdem einige Änderungen im Sinne der friedlichen Revolution vollzogen haben. Es sind immerhin schon fast 30 Jahre vergangen. Deshalb möchte ich die oben genannten fünf Punkte abklopfen:

Punkt 1

Es ist eine Binsenwahrheit, dass die Freiheit durch den Geldbeutel bestimmt wird. Das trifft auch für die Reisefreiheit zu. Wer kein Geld hat, darf sich zwar kostenlos den Reisekatalog anschauen, mehr aber nicht. Ein Teil der deutschen Bevölkerung kann sich keine Urlaubsreisen leisten. Der deutsche Bundesbürger hatte einst von der starken DM und den Umtauschkursen gegenüber fremden Währungen profitiert. Mit Einführung des Euros haben sich die Reisen ins Ausland für den Deutschen verteuert. Prinzipiell muss aber festgestellt werden, dass mit der Vereinigung der beiden deutschen Staaten der Traum vieler DDR-Bürger von der Reisefreiheit in Erfüllung gegangen ist.

Punkt 2

Die in der BRD vorherrschende repräsentative Demokratie ist nur begrenzt demokratisch. Insbesondere unter Angela Merkel hat die Demokratie sehr gelitten. Sie äußerte sich ganz ungeniert, dass der Wähler kein Anspruch auf Wahlversprechen habe. Ihr grenzenloser Opportunismus und ihre häufige Missachtung des Parlaments taten ihr Übriges, um der Demokratie zu schaden. Der direkten Demokratie setzt sie ihre „marktkonforme Demokratie" entgegen. Sie hat in ihrer Amtszeit die postdemokratischen Verhältnisse sowohl in Deutschland als auch in der EU vorangetrieben (siehe Vertrag von Lissabon, Freihandelsabkommen CETA, Gouverneursrat für den ESM und anderes mehr). Nicht nur ich, auch Dr. Daniel Stelter, einer der bedeutendsten deutschen Ökonomen, schrieb hierzu in seinem Buch „Eiszeit in der Weltwirtschaft": *„Unterdessen hat sich die Politik von demokratischen Grundsätzen zunehmend entfernt. Immer mehr Entscheidungen werden von Gremien getroffen, die sich dem Votum der Wähler – wenn überhaupt – nur sehr indirekt stellen müssen."*[163] Mehrere bekannte Politiker wie Christian Lindner (FDP), Norbert Lammert (CDU), Wolfgang Schäuble (CDU), Joachim Gauck und Frank-Walter Steinmeier (SPD) haben sich öffentlich vehement gegen die direkte Demokratie ausgesprochen. Ausgerechnet beim Besuch in der Schweiz in der Funktion als Bundespräsident lehnten Gauck (der früher das Wort „Freiheit" nicht oft genug in den Mund nehmen konnte) und Steinmeier diese vehement ab, was

---

[163] Stelter, Daniel (2016): Eiszeit in der Weltwirtschaft. Frankfurt a. M./New York, 2016, S. 53.

ich als einen Affront gegen die Schweiz und gegen die Deutschen ansehe.[164]

Die Ablehnung der direkten Demokratie wurde immer wieder gern im Zusammenhang mit der Machtergreifung Hitlers begründet. Diese Rechtfertigung wird als eine Farce entlarvt, wenn man Politikern aus dieser Zeit zuhört, die damals gelebt und gewirkt hatten. Denn ursprünglich sollte auch das Grundgesetz Volksentscheide auf Bundesebene zulassen. In einer Diskussion um den Entwurf dazu sagte 1949 der Sozialdemokrat Carl Severing, der von 1928 bis 1933 immerhin Innenminister der Großen Koalition war, Folgendes: *„Die Freiheit, die nicht auch einmal missbraucht werden kann, ist eigentlich keine Freiheit. Wenn Sie vom Volk selbst nicht eine Mitwirkung bei seiner Gesetzgebung einräumen wollen und wenn Sie die Streichung des Volksbegehrens in der Vorlage mit dem Missbrauch der Freiheit begründen, der früher einmal betrieben worden ist [...], leisten Sie damit dem demokratischen Gesicht und dem Inhalt dieses Entwurfs einen schlechten Dienst."*[165] Der Traum vieler Ostdeutscher von einer direkten Demokratie im vereinten Deutschland ist bis heute aufgrund des hartnäckigen Wider-

---

[164] Tagesanzeiger.ch (Hrsg.) (01.04.2014): Gauck warnt vor der direkten Demokratie. Online abrufbar unter https://www.tagesanzeiger.ch/schweiz/Gauck-warnt-vor-der-direkten-Demokratie/story/25651167 (zuletzt abgerufen am 09.12.2020). Siehe auch Handelsblatt.com (Hrsg.) (26.04.2018): Volksabstimmungen: Bundespräsident Steinmeier gegen direkte Demokratie auf Bundesebene. Online verfügbar unter https://www.handelsblatt. com/politik/deutschland/volksabstimmungen-bundespraesident-steinmeier-gegen-direkte-demokratie-auf-bundesebene/21217488.html (zuletzt abgerufen am 09.12.2020).

[165] Abg. Severing (SPD) im Landtag von Nordrhein-Westfalen am 14.12.1949, S. 3656. Zitiert in: Jung, Otmar (1994): Grundgesetz und Volksentscheid: Gründe und Reichweite der Entscheidungen des Parlamentarischen Rates gegen Formen direkter Demokratie. Opladen: Westdeutscher Verlag, 1994, S. 111 f.

stands der Machtelite und ihrer willigen Helfer in Politik und Medien, der Funktionselite, nicht in Erfüllung gegangen.

Punkt 3

Mindestens seit dem Regierungsantritt Gerhard Schröders im Jahre 1998 und spätestens seit dem Beginn der Amtszeit Angela Merkels im Jahre 2005 ist zu beobachten, wie sich die Mainstream-Medien mehr oder weniger mit den Regierenden verbünden. Egal, wohin ich schaue, ob im öffentlich-rechtlichen Rundfunk und Fernsehen oder in den Zeitungen: Überall wird in unterschiedlichem Maße ein ideologischer Erziehungsjournalismus betrieben. Dieser fängt scheinbar harmlos damit an, dass Journalisten die Nachrichtenberichterstattung mit persönlicher Meinung vermischen, und es geht bis zur Stigmatisierung und Ausgrenzung Andersdenkender. Die berufliche Karriere kann sehr schnell enden, wenn jemand eine nichtregierungskonforme Meinung vertritt und sie öffentlich macht. Der „Kampf gegen rechts" beginnt bereits in der Mitte der Gesellschaft. Selbst linke Politiker wie Sarah Wagenknecht werden von ihren eigenen Parteigenossen als „Rechte" diffamiert. Die deutsche Bundesregierung bedient sich fragwürdiger Organisationen, zum Beispiel der „Amadeu Antonio Stiftung", um soziale Medien zu überwachen und politisch unliebsame Personen für vogelfrei zu erklären. Die Krönung dieser ohnehin schon schäbigen Geschichte ist, dass die Vorsitzende dieser Stiftung, Anetta Kahane, acht Jahre lang in der DDR für die Stasi gespitzelt hat. Interessanterweise wurde das Wirken der Anetta Kahane bei Wikipedia im Laufe der Jahre immer mehr schöngeredet, was zeigt, dass dieses Nachschlagewerk eine bestimmte politische Agenda verfolgt und sich im Einklang mit der Politik Angela Merkels befindet … Durch das Netzwerkdurchsetzungsgesetz, das vom damaligen

Bundesjustizministers Heiko Maas ins Leben gerufen wurde, sollen angeblich „Hassbotschaften" und „Hasskommentare" gelöscht und „Fake News" bekämpft werden. Dass nun angesichts der Androhung immens hoher Geldstrafen (bis zu 50 Mio. Euro) die Betreiber der großen sozialen Medien die Rolle eines Richters (Zensors) übernommen haben, ist rechtlich äußerst bedenklich. Das ist zweifellos ein Anschlag auf die Gewaltenteilung in unserem sogenannten Rechtsstaat. Die Existenz dieser Teilung wird von den Mainstream-Medien, von den Politikern und in den Schulen wider besseres Wissen nach wie vor gepredigt. Über das Ziel der Unterdrückung von „Fake News" und von „Hassbotschaften" hinaus mit einer gewissen ideologischen Schieflage werden seitdem massenweise unliebsame Beiträge bei YouTube, Twitter und Facebook gelöscht. Hasstiraden auf Deutschland und Sprüche wie „Bomber Harris do it again" werden hingegen nicht entfernt! Die Löschaktivität stieg enorm zum Beispiel vor der Bundestagswahl im Jahre 2017. Hierzu wurden zusätzliche Arbeitskräfte eingestellt. Aus Angst vor Bestrafung wurden und werden durch die Netzwerkbetreiber Kommentare „großzügig" gelöscht. Das Netzwerkdurchsetzungsgesetz ist in meinen Augen ein Meinungsfreiheitunterdrückungsgesetz. Daher werden von unterschiedlicher Seite aus Klagen vor dem Bundesverfassungsgericht angestrengt.

Ich bin überzeugt: Wenn von Anfang an jeder Kommentator seinen Klarnamen nennen müsste, wäre es nie zu zweifelsohne rhetorischen Entgleisungen und Falschmeldungen gekommen. Denn jeder müsste für seine Aussage haften.

Es ist nicht ausgeschlossen, dass die Machthaber es ganz bewusst darauf haben ankommen lassen, um dann als Retter der Meinungsfreiheit einzugreifen und für die Gewährung der neuen „Meinungsfreiheit" der Bevölkerung Bedingungen aufzuzwingen. Die sogenannten „Fake News" gibt es, seit es Menschen gibt. Das unausgesprochene „Problem" für die Mainstream-Medien und die Politiker ist, dass sie durch die sozialen Medien und durch die blitzschnelle Verbreitung von Nachrichten in der Bevölkerung die Informations- und Deutungshoheit verloren haben. Durch immer neue Gesetze wird versucht, die aus den Händen geglittene Macht wieder zurückzuholen, und das auf Kosten der Einschränkung der Meinungsfreiheit. Der neue Medienstaatsvertrag, bislang unter dem Namen „Rundfunkstaatsvertrag" bekannt, trat ab Ende 2018 in Kraft. Unter „§ 2 Begriffsbestimmungen" wird der Begriff „Rundfunkanbieter" neu definiert. Hierzu zählen auch alle Internet-Portale, die gleichzeitig 5000 Zuschauer/Zuhörer erreichen. Die Betreiber müssen bei der Landesmedienanstalt einen Antrag auf Genehmigung stellen und sich durch einen Wust von Anträgen und Berichten durchkämpfen. „Nachtigall, ick hör dir trapsen!", würde da der Urberliner sagen. Den Mainstream-Medien schien dieses Thema keinen Bericht wert zu sein. Viele Betreiber der alternativen Medien erkannten anfangs nicht die mögliche Gefahr, die da heraufziehen könnte. Daher veröffentlichten die „Nachdenkseiten" am 24. August 2018 einen Artikel mit der Überschrift „Alternative Medien wehrt euch: Der geplante „Medienstaatsvertrag" bedroht die Meinungsfreiheit".[166]

Auch die EU-Kommission plant eine neue Richtlinie, nach der mittels Upload-Filter missliebige Meinungen zensiert wer-

---

[166] Riegel, Tobias (24.08.2018): Alternative Medien wehrt euch: Der geplante „Medienstaatsvertrag" bedroht die Meinungsfreiheit!. In: NachDenkSeiten – Die kritische Website. Online verfügbar unter https://www.nachdenkseiten.de/?p=45659 (zuletzt abgerufen am 09.12.2020). Nachtrag vor Drucklegung dieses Buches: Aufgrund der Proteste durch die Betreiber der Alternativen Medien wurden die Regelungen etwas aufgeweicht.

den/verschwinden, bevor sie online sind, also auf dem Bildschirm erscheinen. Diese Kommission beabsichtigt zudem, über den Verbraucherschutz behördliche Zugangssperren für Internetseiten zu erwirken, falls sie nicht regierungs- und EU-konform berichten. Die Regelung soll nach Angaben der „Nachdenkseiten" ab dem Jahr 2020 gelten.[167]

Norbert Häring, deutscher Volkswirt und Wirtschaftsjournalist, Redakteur des „Handelsblatts" und prominenter Gegner der Abschaffung des Bargelds, wies darauf hin, dass auch der UN-Migrationspakt Textpassagen enthält, die eine Bestrafung der Medien zum Inhalt haben, falls diese sich kritisch mit der Flüchtlingspolitik und ihren Folgen auseinandersetzen sollte. In diesem Zusammenhang verweist er auf ein Arbeitspapier des Weltwirtschaftsforums namens „The Business Case on Migration", wo begründet wird, dass Migration immer etwas Gutes sei und auch so in der Öffentlichkeit vermittelt werden solle.[168] Der UN-Migrationspakt trägt die verräterische Handschrift des Weltwirtschaftsforums (World Economic Forum) und des Internationalen Arbeitgeberverbandes (International Organisation of Employers). Im UN-Migrationspakt steht allen Ernstes etwas von

---

[167] Riegel, Tobias (15. 11.2018): Internet-Zensur: Die Panik der Meinungsmacher. In: NachDenkSeiten – Die kritische Website. Online verfügbar unter https://www.nachdenkseiten. de/?p=47228, hier ab Minute 01:55.

[168] Vereinte Nationen – Generalversammlung (30.07.2018): Zwischenstaatliche Konferenz zur Annahme des Globalen Paktes für eine sichere, geordnete und reguläre Migration. Marrakesch (Marokko), 10. und 11. Dezember 2018. Punkt 10 der vorläufigen Tagesordnung. Ergebnis der Konferenz: Entwurf des Ergebnisdokuments der Konferenz. A/CONF.231/3. Online verfügbar unter http://www.un.org/depts/german/migration/A.CONF.231.3. pdf (zuletzt abgerufen am 09.12.2020).

„Rekrutierung von Arbeitskräften" … Auch der Chef von RTL WEST, Jörg Zajonc, steht diesem Pakt sehr kritisch gegenüber.[169]

Es ist unschwer zu erkennen, wohin der Trend in Deutschland und in der EU geht: zu mehr Überwachung der Meinungen und zu einer Einschränkung der Meinungsfreiheit. Der Traum der ehemaligen DDR-Bürger von der uneingeschränkten Meinungs- und Pressefreiheit ist zum Albtraum geworden.

Die Gesellschaft ist durch ein verantwortungsloses Handeln der Politiker tief gespalten. Für Prof. Hans-Joachim Maaz, Psychiater und Psychoanalytiker aus Ostdeutschland, ist eine Diskussion auf Augenhöhe nur möglich, wenn sich die Protagonisten von Vorbehalten befreien, sich entwaffnen und versuchen, sich in die Lage des anderen hineinzuversetzen. Hier haben die Politiker vollkommen versagt. Mit ihren Sprüchen wie „Sie tragen Hass in ihren Herzen …" (Angela Merkel) und Beschimpfungen wie „Dunkeldeutschland" (Joachim Gauck), „Pack" (Sigmar Gabriel) und „Mischpoke" (Cem Özdemir) haben sie zur Verhärtung der Fronten beigetragen. Mit der Aussage, man müsse es der Bevölkerung nur besser erklären, dokumentieren sie, dass sie keinen Deut von ihrer Meinung abweichen wollen. Der Eindruck der Bevölkerung von „denen da oben" und „denen da unten" wird damit verfestigt. Dabei lebt, ja atmet eine echte Demokratie vom Austausch der Argumente und auch vom Korrigieren des eigenen Standpunkts …

Norbert Bolz, Professor der Medienwissenschaften an der TU Berlin, weist auf ein zwar nicht ganz neues, aber immer mehr um

---

[169] Zajonc, Jörg (31.10.2018): Der RTL-WEST-Kommentar zum UN-Migrationspakt. Online verfügbar unter https://www.rtl-west.de/themen/kommentar/beitrag/artikel/kommentar-19 (zuletzt ab-gerufen am 28.10.2020).

sich greifendes Phänomen hin: *„Man kritisiert abweichende Mei-nungen nicht nur, man hasst sie geradezu. Wer widerspricht, wird nicht widerlegt, sondern zum Schweigen gebracht."*[170] Das hat mit fai-rer Behandlung eines politischen Gegners überhaupt nichts mehr zu tun. Viele Menschen wagen sich in der Öffentlichkeit nicht mehr, ihre Meinung zu sagen. Die ehemaligen DDR-Bürger sind diesbezüglich etwas sensibler und fühlen sich immer mehr an die Zeiten in der DDR erinnert. Auch für mich ist das wie ein Déjà-vu unguter Art.

Punkt 4)

1989/1990 brach das sozialistische Wirtschaftssystem zusam-men. In der DDR beginnend, wurden nach und nach in den an-deren sozialistischen Staaten die Regierungen zumeist friedlich gestürzt und die sozialistischen/kommunistischen Parteien ent-machtet. Der Ostblock hatte praktisch die Waffen gestreckt. Der Kalte Krieg war vorbei. Überall träumten die Menschen vom Weltfrieden. Auch die DDR-Bürgerrechtsparteien zielten auf eine weltweite Abrüstung.

Des einen Glück ist bekanntlich des anderen Leid. Für den mi-litärisch-industriellen Komplex in den USA, für die westeuropä-ische Rüstungsindustrie und für die Führung der von den USA dominierten NATO war das ein Schreckensszenario. Der Feind war plötzlich abhandengekommen. Es gab kein Grund, aufzu-rüsten.

---

[170] Bolz, Norbert (01.06.2018): Die Gedanken sind nicht frei. In: NZZ Folio, Rubrik „Die Meinung", Juni 2018. Online verfügbar unter https://fo-lio.nzz.ch/2018/juni/die-gedanken-sind-nicht-frei (zuletzt abgerufen am 09.12.2020).

Dieser „bedauernswerte" Zustand endete erst Ende der 1990er-Jahre. Bereits Boris Jelzin hatte der NATO angeboten, dass Russland Mitglied dieses Militärbündnisses werden könnte. Dafür wäre eine Reform der NATO notwendig. USA und NATO sagten jedoch ausweichend und verklausuliert ab. Ende der 1990er-Jahre reifte in den USA und in der Führungsriege der NATO der Entschluss, entgegen einem während der Wiedervereinigungsgespräche abgegebenen mündlichen Versprechen, sich doch nach Osteuropa auszuweiten und Russland militärisch zu umzingeln. Der US-amerikanische Politikwissenschaftler und Politikberater Zbigniew Brzezinski schrieb 1997 das Buch „Die einzige Weltmacht: Amerikas Strategie der Weltvorherrschaft" („The Grand Chessboard"). In diesem beschrieb er, wie gegen ein wiedererstarktes Russland militärstrategisch vorzugehen sei. Diese Strategie wurde offensichtlich zur Blaupause für die NATO gemacht. Anlass der Neuorientierung war, dass Wladimir Putin 1999 an die Macht kam und den Ausverkauf Russlands stoppte, worüber die westlichen Konzerne nicht erfreut waren. In diese Zeit fiel auch der Jugoslawienkrieg. US-Präsident Clinton hatte hierzu eine zögerliche Haltung, wofür er von Hardlinern in den USA, unter anderem von Zbigniew Brzezinski, hart attackiert wurde.

Nachdem ich die weltpolitische Lage grob beschrieben habe, kehre ich zurück nach Deutschland: Ein kleiner Ausflug in die Geschichte der Grünen ist notwendig, um die nachfolgenden Zusammenhänge besser zu verstehen.

Die Abgeordneten der „Grünen Partei in der DDR" wurden am 4. Oktober 1990 laut Artikel 42 des Einigungsvertrages von der Volkskammer in den Deutschen Bundestag übernommen.[171] Die bundesdeutschen Grünen waren im Bundestag hingegen nicht vertreten. Daher bildete sich eine Bundestagsgruppe aus Bündnis 90 und den Grünen, was eine Vorstufe der Fusion darstellte. Im Mai 1993 vereinigten sich dann die Grünen mit der „Grünen Partei in der DDR" und der DDR-Oppositionspartei „Bündnis 90". Letztere setzte sich aus Teilen des „Neuen Forums", der „Initiative Frieden und Menschenrechte" und „Demokratie Jetzt" zusammen. Sowohl die Grünen als auch das „Bündnis 90" verfolgten einen konsequenten Pazifismus. Jedoch sehr bald beklagten sich die ehemaligen DDR-Bürgerrechtler, an den Rand gedrängt zu werden.

Die Grünen gaben ab Mitte der 1990er-Jahre schleichend ihre pazifistische Haltung auf. Zuerst verzichteten sie auf den Austritt Deutschlands aus der NATO. Das befähigte sie zur Koalition mit den Sozialdemokraten. 1998 gewannen die Grünen und die SPD die Bundestagswahlen. Alles, was Helmut Kohl nicht tun würde (zum Teil aus moralischen Gründen), schien mit einer rot-grünen Regierung möglich zu sein, sei es eine Renten- und Arbeitsmarktreform, seien es der Ausstieg aus der Atomenergie und militärische Auslandseinsätze. Am 13. Mai 1999 begründete Joschka Fischer mit dem Totschlagargument „Nie wieder Auschwitz!" die Notwendigkeit des Militäreinsatzes der NATO mit deutscher Beteiligung in Serbien. Das hörten die Ver-

---

[171] Liebig, Daniel (Buzer.de) (Hrsg.): Vertrag zwischen der Bundesrepublik Deutschland und der Deutschen Demokratischen Republik über die Herstellung der Einheit Deutschlands (Einigungsvertrag – EV). Artikel 42: Entsendung von Abgeordneten. V. v. 31.08.1990 BGBl. II S. 885, 889, 1360; zuletzt geändert durch Artikel 122 G. v. 08.07.2016 BGBl. I S. 1594. Geltung ab 29.09.1990; FNA: 105-3 Herstellung der Einheit Deutschlands. Online verfügbar unter https://www.buzer.de/gesetz/ 2318/ a32522.htm (zuletzt abgerufen am 09.12.2020).

antwortlichen in den USA und in der Nato gern, denn wer Serbien angriff, der griff indirekt auch Russland an. Deutschland hatte gewissermaßen einen völkerrechtswidrigen Krieg gegen Jugoslawien angezettelt. 2001 folgte dann der Einsatz der Deutschen Bundeswehr in Afghanistan. Von Kriegseinsatz war da nie die Rede, weil sonst die Befragung des Parlaments notwendig gewesen wäre. Bei militärischen Auslandseinsätzen ist laut Grundgesetz immer das Parlament zu befragen, denn es ist mit dem Vorbehaltsrecht ausgestattet. Petra Kelly, ein Urgestein der Grünen, hatte den Mut, sowohl den NATO-Doppelbeschluss als auch die Stationierung sowjetischer SS20-Raketen in der DDR abzulehnen und bei den Regierenden in West und Ost vorstellig zu werden. 2002 haben sich die Grünen endgültig von ihrer pazifistischen Haltung verabschiedet. Die heutigen Grünen sind voll auf NATO-Kurs. Außerdem ist bei ihnen eine unterschwellige Russophobie festzustellen.

Die rot-grüne Bundesregierung hat die moralische Hemmschwelle für militärische Auslandseinsätze überwunden und das Parlament peu à peu an diesen Zustand gewöhnt. Kritik kam bisher lediglich von den Linken. Dass unsere Sicherheit am Hindukusch verteidigt werden müsse, wie es einst Verteidigungsminister Peter Struck (SPD) behauptete, darf bezweifelt werden. Unter Angela Merkel wurde dieser militärpolitische Kurs nahtlos fortgesetzt. In ihrer Regierungszeit waren deutsche Soldaten im Kosovo, in Afghanistan, in Syrien und in Mali aktiv. Da in der Bundeswehr das sogenannte Fußvolk vornehmlich aus Ostdeutschen besteht und die Generalität zu 99 Prozent aus Westdeutschen, kann sich jeder ausrechnen, wer den höchsten Blutzoll für diese fragwürdigen Unternehmungen bezahlt. Die Bundesregierung und die Generalität nutzen gnadenlos den Patriotismus der Ostdeutschen und die prekäre Situation in den neuen Bundesländern aus. Und wofür das alles? Durch die Beteiligung Deutschlands an den Auslandseinsätzen unterstützt Deutschland letztendlich die imperiale Politik der USA und die neokoloniale Politik Frankreichs. Diese beiden Staaten werden somit finanziell und militärisch entlastet, wodurch sie in die Lage versetzt werden, noch in anderen Ländern Kriege führen zu können.

In meinem Buch „Ist Deutschland ein souveräner Staat?" auf den Seiten 186 und 187 habe ich beschrieben, wie Angela Merkel die Ziele des damaligen Außenministers Guido Westerwelle (FDP), aus Deutschland eine atomwaffenfreie Zone zu machen, aktiv hintertrieben hat. Das Brisante daran ist: Diese Absicht wurde am 24. März 2010 von einer breiten Mehrheit im Deutschen Bundestag beschlossen.

Rückblickend bis zum Jahr 2001, erzielten deutsche Rüstungsunternehmen 2017 laut STATISTA eine Rekordeinnahme von 2,6517 Milliarden Euro.[172] Deutschland ist hinter den USA, Russland und Frankreich der viertgrößte Exporteur konventioneller Waffen.[173] Sieht so eine friedfertige Nation aus?

Wie ich bereits in meinem Souveränitätsbuch erläutert habe, halte ich es für die beste Lösung, wenn Deutschland ein neutraler Staat werden würde. Deutschland braucht auf seinem Boden

---

[172] Statista GmbH (2020b): Wert der Kriegswaffenausfuhren aus Deutschland von 2003 bis 2019. Online verfügbar unter https://de.statista.com/statistik/daten/studie/36539/umfrage/ausfuhr-von-kriegswaffen-aus-deutschland-seit-1997/ (zuletzt abgerufen am 09.12.2020).

[173] Statista GmbH (2020a): Marktanteile am Export von konventionellen Waffen nach Nationen im Zeitraum von 2015 bis 2019 (kumulierter Wert). Online verfügbar unter https://de.statista.com/statistik/daten/studie/151877/umfrage/weltweite-marktanteile-am-export-von-konventionellen-waffen-nach-nationen/ (zuletzt abgerufen am 09.12.2020).

keine ausländischen Militär- und Spionagestützpunkte. Allerdings kommt es nicht umhin, eine funktionierende Armee zu Verteidigungszwecken aufzubauen. Ich würde auch wieder die allgemeine Wehrdienstpflicht einführen. Diese hat drei positive Effekte: So lernen sich junge Menschen kennen und schätzen, die aus allen Ecken der Republik kommen. Sie begreifen sich wieder als ein Volk, das man nicht auseinanderdividieren kann. Der einfache Mensch würde sich nicht so schnell für Kriegszwecke missbrauchen lassen.

Rückblickend auf die unter Punkt 4 genannten Argumente, lässt sich zusammenfassen: Die Ziele der DDR-Bürgerrechtler, dass Deutschland nicht an militärischen Auslandseinsätzen teilnimmt und bei der weltweiten Abrüstung eine positive Rolle spielt, sind von den Grünen, der SPD, der FDP und der CDU/CSU, hier vornehmlich Angela Merkel, ad absurdum geführt worden.

Punkt 5)

Zum gleichberechtigten und friedlichen Zusammenleben mit den anderen Völkern haben seit 1999 alle deutschen Bundesregierungen und fast alle Bundespräsidenten wenig beigetragen. Den überwiegenden Teil dieser Zeit, seit 2005, ist Angela Merkel an der Macht und hat die deutsche Außenpolitik geprägt.

Erinnert sei an die Einmischung deutscher Politiker und der CDU-nahen Konrad-Adenauer-Stiftung im Vorfeld des Putsches in der Ukraine im Jahre 2014.

Im Rahmen der NATO-Übungen stehen nach 79 Jahren erneut deutsche Soldaten an der Grenze zu Russland. Anstatt auf die Scharfmacher in der NATO mäßigend einzuwirken oder aus der NATO auszutreten (für Letzteres trete ich ein), werden die

Spannungen mit Russland verschärft. Auch die Äußerungen des ehemaligen Bundespräsidenten Joachim Gauck zu den Beziehungen zu Russland waren eher destruktiv. Hier handelt die BRD wie ein Vasall der USA, aber nicht wie ein souveräner Staat. Angela Merkel gelang es, die außerordentlich guten wirtschaftlichen Beziehungen zu Russland, die kein anderes europäisches Land hatte, zu zerstören, und hat die von den USA ausgerufenen Wirtschaftssanktionen gegen Russland ja nahezu freudig mitgetragen. Das dürfte den Machthabenden in den USA gefallen haben, schließlich waren ihnen diese ein Dorn im Auge. Angela Merkel, eine glühende Transatlantikerin und Globalistin, kann freudig Rechenschaft ablegen: „Mission erfüllt!" Dass insbesondere die Wirtschaft in Ostdeutschland darunter leidet, dürfte ihr egal sein.

Auf einer Pressekonferenz beim „Chicago Council on Global Affairs" am 4. Februar 2015 gab der US-amerikanische Geostratege und Sicherheitsexperte George Friedman unumwunden zu, dass es seit mehr als 100 Jahren das Hauptziel der USA ist, gute Beziehungen zwischen Deutschland und Russland zu verhindern. Denn vereint sind beide Länder eine unschlagbare Macht, eine Bedrohung für den Weltmachtanspruch der USA. Deutschland und Russland sollen durch eine geopolitische Linie vom Baltikum bis zum Schwarzen Meer durch proamerikanische Staaten geografisch und politisch voneinander getrennt werden. Bezeichnenderweise reagierten Angela Merkel und ihre Regierung darauf nicht, und die deutschen Leitmedien haben sich ausgeschwiegen. Denn die Aussagen Friedmans zu antirussischen Kampagnen durch Bundesregierung, Bundestagsabgeordnete und Leitmedien sind zu entlarvend.

Auch in der Flüchtlingskrise spielte Deutschland europapolitisch eine negative Rolle. Durch die Hochnäsigkeit Angela

Merkels und vieler Bundespolitiker wurde die EU so gespalten wie nie zuvor und trieb Großbritannien aus der EU. Ich erinnere mich, wie deutsche Journalisten aus den Leitmedien oder Politiker in Diskussionsrunden bei ARD und ZDF, ein Bein über das andere geschlagen, schnippisch ihren Kollegen aus Osteuropa „die Leviten lasen". Oftmals habe ich mir gedacht: „Hoppla, wer hat denn die Flüchtlinge animiert, nach Europa zu kommen?" Etwas mehr Demut gegenüber den Osteuropäern wäre angebracht!

Die meisten Deutschen wissen nicht, welche pikanten Abmachungen Angela Merkel mit der Türkei getroffen hat und dass sie in ihrer arroganten Art und Weise über den Kopf der Griechen hinweg das Abkommen abgeschlossen hat, obwohl Griechenland Bestandteil des Deals ist. So schreibt Robin Alexander in seinem Buch „Die Getriebenen" dazu Folgendes: *„Zudem muss aber Griechenland auch bereit sein, die Flüchtlinge in die Türkei abzuschieben – dieses Versprechen kann eigentlich nur der griechische Ministerpräsident Alexis Tsipras geben. Aber er sitzt nicht mit am Tisch, niemand hat ihn eingeladen. So ist es die deutsche Kanzlerin, die diese entscheidende Zusage für Griechenland erteilt."*[174] Etwas weiter ist zu lesen: *„Aber Merkel wagt auch an diesem Abend nicht, den Deutschen die volle Wahrheit zuzumuten. Deshalb wird nirgendwo schriftlich fixiert, was nun vereinbart wird: Zwischen 150000 und 250000 Flüchtlinge sollen pro Jahr aus der Türkei nach Europa umgesiedelt werden. Merkel, Davutoğlu und Rutte haben sich an diesem Abend in der türkischen EU-Vertretung in Brüssel per Gentleman's Agreement darauf geeinigt."*[175] Und nun kommt der zweite Clou: *„Falls Merkel*

---

[174] Alexander, Robin (2017): Die Getriebenen; Merkel und die Flüchtlingspolitik: Report aus dem Inneren der Macht. 3. Auflage, München: Siedler Verlag, 2017, S. 265 f.

[175] Alexander (2017), S. 266.

und Rutte keine Mitstreiter finden, müssen die Niederlande und Deutschland das ganze Kontingent unter sich aufteilen."[176]

Fazit: Die deutschen Bundesregierungen haben seit 1999 wenig zu einem friedlichen und gleichberechtigten Nebeneinander der Völker, geschweige zur weltweiten Abrüstung, beigetragen. Mit ihrer antirussischen Haltung und Handlung hat sich insbesondere das Deutschland unter Angela Merkel nicht nur wie ein Vasall der USA verhalten, sondern auch der eigenen Wirtschaft, besonders der in den neuen Bundesländern, schwer geschadet. Wie bereits im ersten Teil meines Buches beschrieben, ist das Volkseigentum der DDR nicht verantwortungsvoll in die kapitalistische Wirtschaftsordnung überführt, sondern rücksichtslos verscherbelt worden. Die ehemaligen DDR-Bürger sind zu oft zu Fremden im eigenen Land geworden. Außer der Reisefreiheit ist kein Punkt der Anliegen der friedlichen Revolution in Erfüllung gegangen.

---

[176] Alexander (2017), S. 267.

10.6 Chronik wichtiger politischer Ereignisse ab 1989 bis zur ersten freien Volkskammerwahl

11.01.1989:   Nach Zusicherung von Straffreiheit verlassen 20 ausreisewillige DDR-Bürger die Ständige Vertretung der Bundesrepublik Deutschland in Ostberlin. Ziel der Besetzung war ihre Ausreise in die BRD.

19.01.1989:   Erich Honecker hielt vor dem Thomas-Müntzer-Komitee eine Rede. Er prophezeite, dass die Mauer „in fünfzig oder hundert Jahren noch bestehen" werde.

06.02.1989:   In der Nacht vom 5. auf den 6. Februar wird bei einem Fluchtversuch im Grenzgebiet der 20-jährige Chris Gueffroy von Soldaten erschossen. Gueffroy ist das letzte Opfer des Schießbefehls.

11.03.1989:   Die „Initiative Frieden und Menschenrechte" (IFM), die älteste Bürgerbewegung in der DDR, konstituierte sich als landesweite Organisation.

03.04.1989:   Der Schießbefehl an der Grenze zwischen der BRD/Westberlin und der DDR wurde ausgesetzt.

17.04.1989:   Die Gewerkschaft Solidarność im Nachbarland Polen wurde wieder zugelassen.

02.05.1989:   In Ungarn wurde mit dem Abbau der Grenz-
                befestigungsanlagen zu Österreich begonnen.

07.05.1989:   Die Ergebnisse der Kommunalwahlen wur-
                den offiziell bekannt gegeben. 98,5 Prozent
                der abgegebenen Stimmen sollten demnach
                auf die Kandidaten der Einheitsliste entfallen
                sein. Oppositionelle bezweifelten die Wahler-
                gebnisse und berichteten vielerorts von Wahl-
                fälschungen.

02.06.1989:   Aus Regierungskreisen hieß es, die Kommu-
                nalwahlen vom 7. Mai 1989 seien korrekt ver-
                laufen.

15.06.1989:   Der sowjetische Staats- und Parteichef Mi-
                chael Gorbatschow sagte zum Abschluss sei-
                nes viertägigen Besuches in der BRD: „Die
                Mauer kann wieder verschwinden, wenn die
                Voraussetzungen entfallen, die sie hervorge-
                bracht haben."

27.06.2018:   Der ungarische Außenminister Gyula Horn
                und der österreichische Amtskollege Alois
                Mock zerschneiden gemeinsam den Stachel-
                draht an der gemeinsamen Staatsgrenze bei
                Sopron. Zwar wurden dann die Grenzsperren
                beseitigt, Grenzkontrollen aber beibehalten.
                Viele Tausende DDR-Bürger nutzten diese
                Gelegenheit zur Flucht nach Österreich.

07.07.1989:   In Bukarest fand die erste Ostblock-Konfe-
                renz seit 1968 statt. Auf dieser billigte der
                sowjetische Staats- und Parteichef Michael
                Gorbatschow den anderen sozialistischen

Staaten ihre Souveränität zu. Damit wurde die Breschnew-Doktrin vom 12. November 1968 aufgehoben.

08.08.1989:   In Ostberlin wurde die Ständige Vertretung der BRD wegen Überfüllung für den Besucherverkehr geschlossen. Der Grund: 130 ausreisewillige DDR-Bürger hielten sich dort auf, um die Ausreise in die BRD zu erzwingen.

13.08.1989:   In Budapest wurde die Botschaft der BRD wegen Überfüllung geschlossen. Dort hielten sich ungefähr 180 DDR-Bürger auf, die in die BRD ausreisen wollten.

Bürgerrechtler, die wenig später die Bürgerbewegung „Demokratie Jetzt" gründeten, hielten anlässlich des 28. Jahrestages des (Berliner) Mauerbaus in Berlin in der Treptower Bekenntniskirche eine Veranstaltung ab, auf der auch eine demokratische Erneuerung der DDR gefordert wurde.

19.08.1989:   Bei einem „paneuropäischen Picknick" in Ungarn nutzten ungefähr 900 DDR-Bürger die Gelegenheit, um über die grüne Grenze nach Österreich zu flüchten.

22.08.1989:   In Prag schloss die Botschaft der BRD wegen Überfüllung. Der Hintergrund dieser Maßnahme: Ungefähr 140 DDR-Bürger wollten die Ausreise in die BRD erzwingen.

24.08.1989:	Die ungarische Regierung erlaubte die Ausreise von 108 DDR-Bürgern, die sich noch in der Botschaft der BRD in Budapest aufhielten.
04.09.1989:	In Leipzig fand im Anschluss an das Friedensgebet in der Nikolaikirche die erste Montagsdemonstration statt. Die Demonstranten forderten die Auflösung des Ministeriums für Staatssicherheit und mehr Reisefreiheit.
07.09.1989:	In Ostberlin auf dem Alexanderplatz gab es eine Demonstration gegen die Wahlfälschung bei den Kommunalwahlen am 7. Mai 1989. 80 Personen wurden von der Polizei festgenommen.
08.09.1989:	Die DDR-Bürger, die sich seit Anfang August 1989 in der Ständigen Vertretung der BRD in Ostberlin aufhielten, um ihre Ausreise zu erzwingen, verließen diese freiwillig. Rechtsanwalt Wolfgang Vogel sicherte diesen Personen im Namen der DDR-Regierung Straffreiheit und juristische Hilfe zu.
09./10.09.1989:	In Ostberlin im Haus der Witwe Robert Havemanns wurde das „Neue Forum" gegründet.
	Es wurde ein Gründungsaufruf veröffentlicht. Zu den 30 Erstunterzeichnern gehörte auch Bärbel Bohley.
11.09.1989:	Ungarn lässt in der Nacht vom 10. auf den 11. September 1989 ohne Rücksprache mit der Regierung in Ostberlin Tausende ausreise-

willige DDR-Bürger die Grenze zu Österreich passieren.

12.09.1989: Die Regierung der DDR protestierte gegen den Alleingang Ungarns. Von „organisierten Menschenhandel" war die Rede.

In Berlin wurde von zwölf Personen die Bürgerrechtsbewegung „Demokratie Jetzt" gegründet. Zu ihnen gehörten die Bürgerrechtlerin Birgit Poppe, der Regisseur Konrad Weiß und der Kirchenhistoriker Dr. Ullmann.

19.09.1989: Mitglieder des „Neuen Forums" beantragten die offizielle Zulassung als Vereinigung.

In Warschau musste die Botschaft der BRD wegen Überfüllung geschlossen werden. Die sich dort befindlichen DDR-Bürger wollten ihre Ausreise erzwingen.

20.09.1989: Das „Neue Forum" als Vereinigung wurde wegen „Verfassungswidrigkeit" nicht zugelassen.

25.09.1989: In Leipzig demonstrierten die Menschen gegen das Verbot des „Neuen Forums" und für Reformen in der DDR.

26.09.1989: Ein Teil der Besetzer verließ die Botschaft der BRD in Prag und kehrte in die DDR zurück, weil ihnen die Ausreise in die BRD innerhalb von sechs Wochen zugesagt worden war.

30.09.1989: Der Außenminister der BRD, Dietrich Genscher, verkündete auf dem Balkon der westdeutschen Botschaft in Prag, dass die sich in den Botschaften in Prag und Warschau befindlichen DDR-Bürger in die BRD ausreisen dürfen.

01.10.1989: Die Sonderzüge aus Prag und Warschau mit DDR-Ausreisewilligen rollten durch die DDR. An manchen Orten gab es Versuche, auf den Zug aufzuspringen.

02.10.1989: Die Oppositionsgruppe „Demokratischer Aufbruch" wird in Ostberlin gegründet und ein Gründungsaufruf verlesen. Zu den 17 Gründungsmitgliedern gehörten Rainer Eppelmann, Friedrich Schorlemmer und Wolfgang Schnur.

In Leipzig wurde die bis dahin größte Demonstration für mehr Demokratie von den Sicherheitskräften aufgelöst.

03.10.1989: Der visumsfreie Reiseverkehr in die ČSSR wurde durch die DDR-Regierung bis zum 11.11.1989 vorübergehend ausgesetzt.

04.10.1989: Erneut fuhren Sonderzüge aus Prag und Warschau mit Ausreiswilligen durch die DDR in die BRD. Vorsichtshalber wurden die betroffenen Bahnhöfe und Gleise abgesperrt, um ein Aufspringen auf diese Züge zu verhindern. Es kam zu schweren Auseinandersetzungen am Dresdner Hauptbahnhof zwischen Sicherheitskräften und DDR-Bürgern, die gern mit dem Zug mitgefahren wären.

07.10.1989:   Die von der SED dominierte Staatsführung feierte den 40. Jahrestag des Bestehens der DDR. Am Nachmittag fanden in Ostberlin staatlich geförderte Veranstaltungen statt, die für die Bevölkerung bestimmt waren. Abends gab es im Palast der Republik ein Staatsbankett, zu dem unter anderem auch der sowjetische Staats- und Parteichef Michael Gorbatschow eingeladen war. Zuvor hatte er die DDR-Regierung durch einen Spruch auf einer Pressekonferenz irritiert, der in die Richtung „Wer zu spät kommt, den bestraft das Leben!" ging, den er aber wörtlich so nie gesagt hat.

Parallel zum Staatsbankett fanden abends in vielen Städten der DDR Demonstrationen für Demokratie, Meinungs- und Reisefreiheit statt.

Im kleinen brandenburgischen Örtchen Schwante im Pfarrhaus wurde die „Sozialdemokratische Partei in der DDR" (SDP) gegründet. Zu den 40 bis 50 Gründern zählten Angelika Barbe, Stephan Hilsberg, Steffen Reiche und Ibrahim Böhme.

09.10.1989:   In Leipzig demonstrierten ungefähr 70 000 Menschen für eine demokratische Erneuerung der DDR. Die Demonstranten skandierten: „Wir sind das Volk!" und „Keine Gewalt!". Das veranlasste wohl die Sicherheitskräfte zur Zurückhaltung.

In Dresden übergaben Demonstranten dem Oberbürgermeister Wolfgang Berghofer (SED) einen Forderungskatalog.

16.10.1989: In Dresden waren auf der Montagsdemonstration mehr als 120 000 Menschen. Die Sicherheitskräfte reagierten sehr besonnen und griffen nicht ein.

18.10.1989: Auf der 9. Tagung des Zentralkomitees der SED traten Erich Honecker, Joachim Herrmann (Sekretär des Zentralkomitees für Agitation und Propaganda) und Günter Mittag (Mitglied des Politbüros und ZK-Sekretär der SED für Wirtschaftsfragen) zurück. Egon Krenz wurde zum neuen Generalsekretär der SED gewählt.

Am selben Tag wandte sich Egon Krenz über das Fernsehen an die DDR-Bevölkerung. Er gestand Fehler ein, die die SED in letzter Zeit gemacht habe, kündigte ein „Wende" an und bat um Vertrauensvorschuss.

23.10.1989: In Leipzig gingen 300 000 Menschen auf die Straße.

24.10.1989: Egon Krenz wurde durch die Volkskammer zum Staatsratsvorsitzenden und Vorsitzenden des Nationalen Verteidigungsrates der DDR gewählt.

27.10.1989: Der Staatsrat der DDR kündigte eine weitgehende Amnestie für Republikflüchtige und verhaftete Demonstrationsteilnehmer an.

28.10.1989: In Ostberlin fand ein DDR-weites Treffen der Bürgerrechtsorganisation „Initiative Frieden und Menschenrechte" (IFM) statt.

04.11.1989: Auf dem Ostberliner Alexanderplatz fand eine genehmigte „Demonstration der Künstler und Kulturschaffenden für mehr Demokratie" statt. Über 500 000 Menschen versammelten sich dort. Unter anderem sprachen dort die Schriftsteller Stefan Heym, Christof Hein und Christa Wolf sowie von der Regierungsseite aus Markus Wolf und Günter Schabowski. Das DDR-Fernsehen übertrug diese Veranstaltung direkt und ohne Wegschnitte.

06.11.1989; Auf einer Pressekonferenz stellte die DDR-Regierung ein neues Reisegesetz vor. Aufgrund heftiger Kritik wurde dieses am nächsten Tag vom Volkskammerausschuss verworfen.

In Leipzig demonstrierten erneut Hunderttausende Bürger.

07.11.1989: Der Ministerrat der DDR trat nach einer Beratung geschlossen zurück.

08.11.1989: Auf der 10. Tagung des Zentralkomitees der SED trat das gesamte Politbüro zurück. Es wurde anschließend ein verkleinertes Politbüro ins Leben gerufen. Zudem wurde Egon Krenz als Generalsekretär bestätigt.

09.11.1989: Günter Schabowski in der Funktion des Sekretärs des ZK der SED für Informationswesen berichtete auf der anberaumten Pressekonferenz von den Ergebnissen der Tagung des ZK der SED. Da er bei der besagten Tagung verspätet ankam, wurde er mit der Frage eines Journalisten zum Reisegesetz auf dem falschen Fuß erwischt. Auf die Frage, wann es in Kraft trete, gab er die verhängnisvolle und geschichtsträchtige Antwort: „... nach meiner Kenntnis sofort, unverzüglich."

Sofort sammelten sich in Berlin an den Grenzübergängen die Menschen. Mitternachts öffneten sich nach und nach die Schlagbäume.

10.11.1989: Unbestimmt viele (Hunderttausende bis über eine Million) Bürger aus der DDR besuchten Westberlin und Westdeutschland.

Willy Brandt und Helmut Kohl reisten sofort nach Westberlin und sprachen vor dem Schöneberger Rathaus vor Tausenden von Menschen. Dort wurde der sinngemäße Spruch geboren: „Jetzt wächst zusammen, was zusammengehört."

12.11.1989: In vielen Städten der DDR wurden „Aktivtagungen" der SED abgehalten. Der Grundtenor der Basis der SED lautete, dass sich diese Partei von unter her erneuern müsse.

In Dresden auf einer Demonstration verabschiedeten die SED-Mitglieder Hans Modrow, bis dahin 1. Sekretär der Bezirksleitung in Dresden, nach Berlin in die Volkskammer.

13.11.1989: In der Volkskammer der DDR wurde Hans Modrow zum Ministerpräsidenten gewählt und vereidigt.

Die Volkskammer berief den amtierenden Ministerrat ab. Ihre ehemaligen Mitglieder Ernst Höfer, Willi Stoph, Gerhard Schürer und Erich Mielke mussten die Fragen der Abgeordneten beantworten. Dabei kam es zu einem allseits bekannten Ausspruch des ehemaligen Stasi-Chef Mielkes: „Ich liebe doch alle, alle Menschen!"

17.11.1989: Der frisch gewählte Ministerpräsident Hans Modrow präsentierte sein Kabinett und versprach in seiner Regierungserklärung weitgehende Reformen.

Er lehnte eine deutsche Wiedervereinigung entschieden ab, schlug aber der Bundesregierung eine Vertragsgemeinschaft vor.

18.11.1989: Das Ministerium für Staatssicherheit wurde in das „Amt für Nationale Sicherheit" umbenannt und umstrukturiert.

20.11.1989: Bereits mehr als 200 000 DDR-Bürger waren dem Gründungsaufruf der Oppositionsgruppe „Neues Forum" vom 10. September 1989 gefolgt und hatten mit ihrer Unterschrift ihre Zustimmung zu dieser Organisation und ihren Zielen bekundet.

23.11.1989: Um den Ausverkauf von DDR-Produkten zu unterbinden, beschloss der Ministerrat die Einführung von Zollkontrollen.

26.11.1989: Intellektuelle aus der DDR verfassten einen Appell „Für unser Land". Sie riefen dazu auf, die Eigenständigkeit der DDR zu erhalten und alles zu tun, um eine sozialistische Alternative zur BRD zu sein. Es haben unter anderem unterschrieben: Tamara Danz, Rocksängerin, Friedrich Schorlemmer, Pfarrer, und Konrad Wolf, Regisseur.

28.11.1989: Bundeskanzler Helmut Kohl präsentierte dem Bundestag zur Thematik der Deutschlandpolitik ein „Zehn-Punkte-Programm".

29.11.1989: SED-Generalsekretär Egon Krenz und Ministerpräsident Hans Modrow unterstützten den Appell „Für unser Land".

01.12.1989: Der Deutsche Bundestag billigte ohne Zustimmung der Grünen und der SPD das „Zehn-Punkte-Programm", das zur Überwindung der Teilung Deutschlands diente.

Die Volkskammer der DDR beschloss, den Führungsanspruch der SED aus der Verfassung zu streichen (betrifft Artikel 1, Absatz 1).

03.12.1989: Auf der 12. Tagung des Zentralkomitees der SED wurde die Auflösung des Politbüros und des Zentralkomitees sowie der Parteiausschluss der Genossen Erich Honecker, Erich

Mielke, Alexander Schalck-Golodkowski und anderer Parteifunktionäre beschlossen.

Verhaftet wurden Günter Mittag und Harry Tisch (beide ehemalige Politbüromitglieder) sowie Gerhard Müller und Hans Albrecht (beide SED-Bezirkssekretäre).

04.12.1989: In Leipzig, Erfurt und in anderen Orten der DDR verschafften sich Bürger Zugang zu Gebäuden der Staatssicherheit. Sie wollten die Vernichtung von Akten verhindern bzw. unterbrechen.

05.12.1989: Die Ost-CDU und die Liberal-Demokratische Partei Deutschlands (LDPD) traten aus der Nationalen Front aus.

06.12.1989: Egon Krenz trat als Staatsratsvorsitzender zurück. Manfred Gerlach, Vorsitzender der LDPD, wurde sein Nachfolger.

07.12.1989: In Ostberlin fand erstmalig ein Runder Tisch statt. An diesem nahmen fünf ehemalige Blockparteien und sieben Oppositionsgruppen teil. Alle Teilnehmer sprachen sich für die Auflösung des „Amtes für Nationale Sicherheit" aus und für die ersten freien Volkskammerwahlen am 6. Mai 1990.

08.12.1989: Auf dem außerordentlichen Parteitag der SED in Ostberlin sprachen sich mehrheitlich die Teilnehmer gegen die Auflösung dieser Partei aus, weil sie damit ihr Vermögen verlieren würden.

Gregor Gysi wurde zum neuen Parteivorsitzenden und Hans Modrow sowie der Dresdner Oberbürgermeister Wolfgang Berghofer zu seinem Stellvertreter gewählt.

11.12.1989: Auf den Montagsdemonstrationen wurde der Ruf nach der Wiedervereinigung Deutschlands immer lauter. Anstelle von „Wir sind das Volk!" hieß es vermehrt „Wir sind ein Volk!".

15.12.1989: Auf dem Sonderparteitag der Ost-CDU am 15./16. Dezember 1989 in Ostberlin wurde Lothar de Maizière, der am 10. November 1989 zum Parteivorsitzenden der Ost-CDU gewählt worden war, in seinem Amt bestätigt.

16.12.1989: Auf dem Sonderparteitag der SED in Ostberlin nannte sich diese Partei um in SED-PDS (Sozialistische Einheitspartei Deutschlands – Partei des Demokratischen Sozialismus).

Am 16./17. Dezember 1989 fand in Leipzig der Gründungsparteitag des „Demokratischen Aufbruchs" statt. Wolfgang Schnur wurde zum Vorsitzenden gewählt. Diese Partei wurde wesentlich konservativer. Viele ihrer 17 Gründungsmitglieder vom 2. Oktober 1989 waren nicht mehr dabei.

19.12.1989: Auf einem Treffen in Dresden vereinbarten Ministerpräsident Hans Modrow und Bundeskanzler Helmut Kohl eine deutsch-deutsche Vertragsgemeinschaft.

Helmut Kohl hielt vor den Ruinen der Frauenkirche in Dresden vor Tausenden Menschen eine Rede.

22.12.1989: Der Grenzübergang am Brandenburger Tor wurde geöffnet.

24.12.1989: Westdeutsche und Westberliner durften wieder ohne Visum und ohne Zwangsumtausch in die DDR einreisen.

15.01.1990: In Ostberlin in der Normannenstraße wurde die Zentrale der Staatssicherheit gestürmt, um die Vernichtung der Akten zu verhindern. Die Verwüstung dürfte für die spätere Aufarbeitung der Stasi-Aktivitäten und der Identifizierung von Stasi-Mitarbeitern gewiss nicht förderlich gewesen sein.

20.01.1990: In Leipzig wurde die konservativ-patriotische Deutsche Soziale Union (DSU) gegründet. Zum Vorsitzenden wurde Hans-Wilhelm Ebeling gewählt.

05.02.1990: Zur anberaumten Volkskammerwahl wurde ein Wahlbündnis namens „Allianz für Deutschland" geschlossen. Hierzu gehörten die Ost-CDU, die DSU und der Demokratische Aufbruch.

11.03.1990: Willy Brandt sprach in Neuruppin auf dem Ernst-Thälmann-Platz, dem jetzigen Brasch-Platz, vor 25 000 Menschen.

12.03.1990: Im Konferenzgebäude des Ministerrates der DDR am Schloss Schönhausen in Ostberlin fand die 16. und letzte Sitzung des „Zentralen Runden Tisches" statt. Die Auflösung des Ministeriums für Staatssicherheit und dessen Nachfolger, das „Amt für Nationale Sicherheit" (ANS), und die Entwaffnung des Staatssicherheitsdienstes zählten zu den wichtigsten Verhandlungspunkten des Runden Tisches. Kirchliche Vertreter waren als Moderatoren eingesetzt. Die Arbeit der Regierung unter Modrow wurde sehr stark vom Runden Tisch beeinflusst.

Eine Arbeitsgruppe arbeitete sogar eine neue ostdeutsche Verfassung aus und stellte sie am 4. April 1990 der Öffentlichkeit vor. Diese fand aber bei der Regierung unter Lothar de Maizière keine Beachtung.

18.03.1990:   In der DDR wurde die erste freie Volkskammerwahl abgehalten.

11 Die Treuhandanstalt, das große Trauma der Ostdeutschen

Nichts löst bei den ehemaligen DDR-Bürgern so viel Traurigkeit und Verbitterung aus wie das Wort „Treuhandanstalt". Viele von ihnen fühlen sich gedemütigt, weil die bisherige Leistung ihrer Arbeit im vereinigten Deutschland nicht gewürdigt, ja herabgewürdigt wird. Wie konnte es dazu kommen?

11.1 Die Entstehungsgeschichte der Treuhand

In der Wendezeit, als es darum ging, die Macht der SED und der Staatssicherheit zu brechen, entstanden in vielen Orten der DDR „Runde Tische". Für die Verhandlungen mit der Staatsführung wurde ein „Zentraler Runder Tisch" eingerichtet. Dieser trat am 7. Dezember 1989 das erste Mal und am 12. März 1990, also kurz vor der ersten freien Volkskammerwahl, das letzte Mal zusammen. Da die Diskussionen öffentlich übertragen wurden, konnte sie auch die SED-Regierung nicht ignorieren. Am „Runden Tisch" machten sich ihre Initiatoren unter anderem darüber Gedanken, wie das Volksvermögen den Menschen aus der DDR zugutekommen könnte. Wolfgang Ullmann, Vertreter der Bürgerbewegung „Demokratie Jetzt", schlug am 12. Februar 1990 vor, alle volkseigenen Betriebe in einer „Treuhandgesellschaft" zusammenzufassen. Es sollte verhindert werden, dass einerseits SED-Funktionäre sich so wie in Russland unter Boris Jelzin am Volkseigentum bereicherten und andererseits „ausländische", also nach ihrem Verständnis auch westdeutsche, Unternehmen Zugriff bekämen. Von Privatisierung war hier nicht die Rede. Viel eher sollten alle DDR-Bürger Anteilscheine vom Volksvermögen erhalten. Auch wenn später einige Mitglieder des Runden Tisches Ullmanns Vision als „Sozialromantik" belächelten, so bleibt festzuhalten, dass zu dieser Zeit in diesem Gremium hierzu kein Widerspruch zu hören war. Die Modrow-Regierung, besser gesagt, der Ministerrat der DDR, griff diesen Vorschlag auf und beschloss am 1. März 1990 die Gründung der „Anstalt zur treuhänderischen Verwaltung des Volkseigentums". Diese sollte die einzelnen Betriebe aus den Kombinaten entflechten und in Kapitalgesellschaften umwandeln. Nachdem bei der Volkskammerwahl die CDU die Mehrheit und damit den Regierungsauftrag bekommen hatte, münzte der erste und letzte frei gewählte Ministerpräsident der DDR, Lothar de Maizière, die vom „Runden Tisch" definierte Aufgabe der Treuhandgesellschaft um in Richtung Privatisierung des Volkseigentums. Am 17. Juni 1990 wurde in der Volkskammer der DDR das „Gesetz zur Privatisierung und Reorganisation des volkseigenen Vermögens (Treuhandgesetz)" beschlossen. Ab dem 1. Juli 1990 wurden der Treuhandanstalt (THA) 8490 Betriebe mit 32 000 Standorten unterstellt, die über vier Millionen Arbeiter und Angestellte beschäftigten. Es war gewissermaßen das größte Unternehmen der Welt. Nach der „Wiedervereinigung" Deutschlands, oder besser gesagt: nach dem Beitritt der DDR zur BRD, wurde die Treuhand dem Bundesfinanzministerium zugeordnet und die Privatisierung vorangetrieben. Zu dieser Zeit war die Treuhandanstalt angesichts der dünnen Personaldecke hoffnungslos überfordert.

Von ganz wenigen Ausnahmen abgesehen, schickten die größten westdeutschen Unternehmen ihre Vertreter in die Treuhandanstalt, nicht etwa aus Patriotismus und/oder aus Uneigennützigkeit, sondern um Einfluss nehmen zu können zwecks Übernahme, falls bestimmte volkseigene Betriebe attraktiv erscheinen sollten, oder diese auszuschalten, falls sie eine unliebsame Konkurrenz sein könnten.

Die Treuhandanstalt konnte erfolgreich einen Teil der volkseigenen Betriebe in die Marktwirtschaft überführen. Darüber wird offiziell gern geredet. Aber die Kehrseite war: Die Mitarbeiter bekamen Prämien, je mehr und je schneller Betriebe aus der Treuhand entlassen wurden, entweder, indem sie zu Schleuderpreisen, oftmals zum symbolischen Verkaufspreis von 1 DM, verramscht oder liquidiert wurden.[177] So fehlten bei den Mitarbeitern der THA oftmals die nötige Sorgfalt und der ernsthafte Wille, im Interesse der Werktätigen das Beste herauszuholen. Daher ist es auch kein Wunder, dass die absolute Mehrheit der Betriebe ein bitteres Schicksal ereilte. „Dieser Betrieb wird abgewickelt!", hieß dann die Schreckensbotschaft von der Treuhand. Diese Entscheidung führte in ihrer Konsequenz zu millionenfachen gebrochenen Lebensläufen. Es sind immer wieder Fälle an die Öffentlichkeit gelangt, die die ehemalige DDR-Bevölkerung zutiefst empörten. Das hatte in den wenigsten Fällen Konsequenzen für die Mitarbeiter der Treuhand, zumal der damalige Finanzminister Theo Waigel angeordnet hat, zumindest zeitlich begrenzt Vorstand und Verwaltungsrat „von der Haftung für grobe Fahrlässigkeit freizustellen".[178]

In vielen Orten der ehemaligen DDR schossen nach 1990 Auffanggesellschaften wie Pilze aus dem Boden, um die Wucht der Entlassungswelle, die über diesen Teil Deutschlands hinweg-

---

[177] Bad Company News (01.03.2012): Treuhandanstalt zur Verwaltung des DDR-Eigentums – kriminelle Machenschaften von BRD-Behörden. Online verfügbar unter https://www.youtube.com/watch?v=A9KymzZgX8w (zuletzt abgerufen am 12.12.2020), ab Minute 22:36.

[178] Deutscher Bundestag (Hrsg.) (31.08.1994): BT-Drs. 12/8404 vom 31.08.1994: Beschlußempfehlung und Bericht des 2. Untersuchungsausschusses „Treuhandanstalt" nach Artikel 44 des Grundgesetzes *). Online verfügbar unter http://dipbt.bundestag.de/doc/btd/12/084/1208404. pdf (zuletzt abgerufen am 11.12.2020), S. 52/53.

schwappte, abzufedern. Diese Beschäftigungs- und Qualifizierungsgesellschaften konnten zwar den offiziellen Status eines Arbeitslosen vieler Bürger zwar hinauszögern, aber verhindern konnten sie diesen nicht. Die Industriegewerkschaft Metall zahlte für ihre auf „Kurzarbeit null" (Stunden) gesetzten Mitglieder eine Zeit lang sogar den Differenzbetrag zwischen dem, was das Arbeitsamt auszahlte, und dem ansonsten gezahlten Lohn/dem ausgezahlten Gehalt.

11.2 Warum viele ostdeutsche Betriebe in Schwierigkeiten gerieten

Viele DDR-Bürger glaubten, dass sich nach der staatlichen Einheit und nach dem Erhalt der ersehnten Deutschen Mark ihr Leben nicht verändern würde. Sie waren hoch motiviert und wollten für die DM hart schuften. Das war aber ein großer Trugschluss. Es kam anders: Viele Betriebe konnten nicht privatisiert werden, fanden keinen Käufer, weil in deren Augen diese zu unrentabel wirtschafteten. Zudem brach für viele ehemalige DDR-Betriebe der Markt in Osteuropa weg, weil diese keine Devisen hatten. Die Hauptursache liegt aber darin, dass vor der Währungsumstellung das Umtauschverhältnis von Deutscher Mark zu Mark der DDR ungefähr 1 : 4,4 betrug. Durch die Währungsunion wurde aber die DDR-Mark 1 : 1 in DM umgetauscht. Um nun sein Produkt zum gleichen Preis verkaufen können, müsste der Betrieb seine Effektivität um das 4,4-Fache steigern! Keine Volkswirtschaft hätte diesen Quantensprung vollziehen können! „Kommt die DM, bleiben wir, kommt sie nicht, geh'n wir zu ihr!", war allerorten zu hören. Es war schon wie eine Psychose. Angesichts des immensen Erwartungsdrucks wagten es die wenigsten Politiker, auf den von mir erläuterten Zusammenhang hinzuweisen. Wer darauf hinwies, wurde sofort bezichtigt, gegen die deutsche Einheit zu sein. Hier wäre eine einheitliche Meinung aller Politiker bei Rückstellung ihrer eigenen Interessen bitter notwendig gewesen … Der Putschversuch vom 19. bis 21. August 1991 in Moskau und die Arrestierung Michail Gorbatschows und seiner Frau auf der Krim zeigt, dass es richtig war, die Vereinigung beider deutscher Staaten zu forcieren. *„Politik ist, dass man Gottes Schritt durch die Weltgeschichte hört, dann zuspringt und versucht, einen Zipfel seines Mantels zu fassen"*[179], sagte einst Otto Fürst von Bismarck. Aber mit der Einführung der Währungsunion hätten sich die Politiker Zeit lassen sollen!

Ein in der Literatur wenig beleuchteter Aspekt ist die fragwürdige Rolle der IG Metall, als es ab 1990 um die Konkurrenzfähigkeit ehemaliger DDR-Betriebe ging. In der Führungsetage dieser Gewerkschaft sah man nach dem Beitritt der DDR zur BRD eine erschreckende Vision: Mit den neuen Bundesländern (NBL) als Billiglohnzone könnte den westdeutschen Arbeitnehmern eine unbequeme Konkurrenz erwachsen. (Durch die Erzeugnisse aus der DDR gab es diese in der Vergangenheit schon einmal.) Diesen Gewerkschaftsführern ging es nur um das Schicksal ihrer westdeutschen Klientel. Öffentlich klang die Lösung dieses Dilemmas ganz anders: Die ehemaligen DDR-Bürger wollen ja eine schnellstmögliche Angleichung an die westdeutschen Lebensverhältnisse. Folglich sollten die Löhne in den neuen Bundesländern sehr schnell das westdeutsche Niveau erreichen. Gesagt, getan. Da die ostdeutschen Betriebe unter der Obhut der Treuhandgesellschaft standen, begann die IG Metall Tarifverhandlungen mit dieser Organisation. Sie handelte aus, dass in der Metall- und Elektrobranche der NBL die Löhne von 1991 bis 1994 auf 100 Prozent des Westniveaus ansteigen

---

179 Zitiert nach: Meyer, Arnold Oskar (1933): Bismarcks Glaube. Nach neuen Quellen aus dem Familienarchiv, 2. Aufl., München: C. H. Beck, 1933, S. 7.

sollten.[180] Kann das als ein großer Erfolg für die ostdeutschen Arbeitnehmer gewertet werden? Wohl eher nicht, für die westdeutschen allemal! Denn hier werden zwei Dinge vollkommen verschwiegen: Zum einen war die Produktivität bei vielen Betrieben in den NBL nicht so hoch wie im Westen. Zum anderen lag die Miethöhe nach 1990 in den NBL noch vom westdeutschen Niveau weit entfernt. Das heißt, in den NBL kämen die Menschen mit einem niedrigeren Lohn/Gehalt aus, ohne schlechter leben zu müssen als ihre Landsleute im Westen. Der vorgesehene drastische Gehalts-/Lohnzuwachs von 30 Prozent führte dazu, dass viele Betriebe in den NBL nun endgültig nicht mehr konkurrenzfähig waren und von der Treuhand liquidiert wurden. Die IG Metall konnte sich in der Öffentlichkeit für den „uneigennützigen" Einsatz für die Arbeitnehmer in den NBL rühmen. Der Preis dieser fragwürdigen Aktion war, dass die Steuerzahler in Ost und West dafür das Arbeitslosengeld von Tausenden Werktätigen, die in den liquidierten volkseigenen Betrieben arbeiteten, finanzieren mussten. Die ehemaligen DDR-Bürger wollten keinem auf der Tasche liegen, sondern sich mit eigener Hände Arbeit den Lebensunterhalt verdienen und ihre Heimat nicht verlassen. Dieser Stolz wurde ihnen damit genommen.

Mit dieser Schilderung soll keineswegs die positive Rolle der Gewerkschaften allgemein angezweifelt werden. Durch sie wurde verhindert, dass sich die Arbeitswelt in den NBL in einem rechtsfreien Raum befand. Allerdings hat die IG Metall mit ihrer Radikalität zuweilen im „Osten" mehr Zerstörung angerichtet, als sie öffentlich zugibt.

---

[180] O. V. (10.06.1991): Alle Dämme sind gebrochen. In: Der Spiegel 24/1991, S. 100–102. Online verfügbar unter https://www.spiegel.de/spiegel/print/d-13488290.html (zuletzt abgerufen am 11.12.2020).

Ein letzter Grund, warum die ehemalige DDR-Wirtschaft zusammenbrach, war, dass zu wenige Ostdeutsche weiterhin ihre eigenen Produkte kauften. Die sich mehr und mehr ausbreitenden Supermarktketten aus dem Westen brachten ihre eigene Produktpalette mit. Erst wesentlich später waren diese bereit, Lebensmittel zu verkaufen, die aus der jeweiligen Region stammten. Erst viel zu spät bemerkten viele Ostdeutsche, dass die eigenen Produkte oft nicht schlechter und so manche Lebensmittel sogar schmackhafter waren und zudem ohne chemische Zusatzmittel auskamen.

11.3 Eklatante Verfehlungen bei der Privatisierung volkseigener Betriebe

Im Zuge der Privatisierung der volkseigenen Betriebe gab es nicht nur eklatante Fehlentscheidungen seitens der Treuhand. Es waren neben einigen skrupellosen Vertretern aus der Wirtschaft auch Glücksritter/Betrüger unterwegs. Fast jeden Tag hörten und lasen die ehemaligen DDR-Bürger von Betriebsschließungen und davon, wie ehemalige DDR-Betriebe Schwindlern aufgesessen waren und nun Insolvenz anmelden mussten.

Bis 1992 schnellte die Arbeitslosigkeit in den neuen Bundesländern auf eine Quote von 14,2 Prozent, das heißt, 1,28 Millionen Menschen hatten keine Arbeit mehr. Die Stimmung in der Bevölkerung der ehemaligen DDR war äußerst gereizt. Ich hatte nach der Wende vier Jahre lang keine Arbeit und weiß, wie man sich fühlt, nicht von der Gesellschaft gebraucht zu werden. In dieser Gemengelage wurde am 1. April 1991 Detlef Rohwedder, damaliger Präsident der Treuhandanstalt, wahrscheinlich von der RAF ermordet ...

Im kollektiven Bewusstsein der ehemaligen DDR-Bürger werden wohl besonders eklatante Fälle wie das Schicksal der Wärmeanlagen Berlin GmbH (WBB), des Kaliwerks Bischofferode und des Kühlschrankherstellers dkk Scharfenstein hängen geblieben sein:

Die Wärmeanlagen Berlin GmbH wurde in die Pleite getrieben durch einen Betrüger namens Michael Rottmann.[181] Dieser war eigentlich vom Unternehmen Deutsche Babcock AG in der Funktion eines Prokuristen nach Berlin geschickt worden, um die wirtschaftliche Situation der WBB näher unter die Lupe zu nehmen. Jedoch handelte er dann auf eigener Rechnung und hinterging sowohl den eigenen Arbeitgeber als auch die Treuhandanstalt und die Wärmeanlagen Berlin GmbH …

Das Kalibergwerk Bischofferode wurde von der Treuhand an die „Kali und Salz AG" verkauft. Zu Zeiten der DDR war es ein prosperierendes Unternehmen gewesen. „K+S" schloss dieses Bergwerk mit der Begründung, die Ausbeute der Lagerstätte sei nicht ergiebig genug. Die Beschäftigten wurden entlassen. Bewegende Bilder von Demonstrationen, Hungerstreiks und davon, wie die ganze Familie die Streikenden unterstützte, gingen über das Fernsehen in die ganze Welt. Doch es nützte nichts. Einige Jahre später, im Juli 2015, meldete der Mitteldeutsche Rundfunk (MDR), dass die „K+S" die Kali-Lagerstätte zum Verkauf anbiete. Anscheinend ist sie doch ertragreich genug …

Die DDR-Fluggesellschaft Interflug hatte Immobilien im Wert von sage und schreibe 1,2 Milliarden DM! Seit der Währungs-

---

[181] Frontal21/ZDF info (Hrsg.) (15.09.2010): Beutezug Ost: Die Treuhand und die Abwicklung der DDR. Doku über die DDR, Teil 2. Online verfügbar unter https://www.youtube.com/watch?v=NDR6Y4h8Px4 (zuletzt abgerufen am 11.12.2020), Beitrag über WBB ab Minute 03:00.

union fuhr sie wöchentlich einen Verlust von 1 Million DM ein, weil das bisherige Billigflugmodell für Kunden des westlichen Auslands nicht mehr funktionierte. Mit einem neuen Konzept und mit diesem Vermögen im Rücken hätte Interflug eigentlich eine gewisse Zeit von seiner Substanz leben bzw. überleben können. Doch was machte die Treuhand? Sie koppelte die Immobilien vom Unternehmen ab und verscherbelte diese. Den „Rest" bot die Treuhand zum Kauf an. Diesen wollte aber keiner, und so musste Interflug Konkurs anmelden.[182]

Ähnlich erging es der DDR-Filmfabrik ORWO. Sie war wohlgemerkt der zweitgrößte Filmhersteller der Welt! Nach der Umwandlung in eine Aktiengesellschaft hatte sie ein Stammkapital von rund 230 Millionen DM. Rund 18 000 Menschen arbeiteten dort. Hierzu ein Resümee Manfred Gills, eines ehemaligen Mitarbeiters von ORWO: *„Das war einer der größten Taten der Treuhand, dass man es hier geschafft hat, die Belegschaft auf null herunterzufahren, ohne dass es hier, wie zum Beispiel in Bischofferode, große Proteste gab. Also man hat leise einen Betrieb nach dem anderen geschlossen bzw. Dienstleistungseinrichtungen, die wir hatten, ausgegliedert. Und dieser Prozess lief im Prinzip ab 1990 bis 1994. '94 sind wir dann in die Gesamtliquidation gegangen, weil das Ganze nicht mehr zu privatisieren war."*[183]

Die Margarethenhütte, ein renommiertes Unternehmen in Großdubrau in Mitteldeutschland, das sich seit 1877 auf die

---

[182] Jürgs, Michael (10.02.1997): Ein Land im Sonderangebot, Teil 2. In: Der Spiegel 7/1997, S. 112–116. Online abrufbar unter http://www.spiegel.de/spiegel/print/d-8653472.html (zuletzt abgerufen am 11.12.2020).

[183] Tele Potsdam, Lizenz Ventana Film- und Fernsehproduktion mbH (1999): Schlussverkauf DDR – Die Geschichte der Treuhandanstalt, Teil 2 (1999). Online verfügbar unter https://www.youtube.com/watch?v=AnshosR0Nc0 (zuletzt abgerufen am 11.12.2020). ORWO, ab Minute 13:29.

Produktion von Hochspannungsisolatoren aus Porzellan spezialisiert hatte, war nach dem Zweiten Weltkrieg in Volkseigentum überführt worden. Seitdem arbeitete es unter dem Namen VEB Elektroporzellan Großdubrau weiter. Bis zur friedlichen Revolution im Jahre 1989/1990 waren dort 860 Mitarbeiter, darunter auch 66 junge Vertragsarbeiter aus Mosambik, beschäftigt. Dieser Betrieb war im sozialistischen Wirtschaftsraum der bedeutendste Hersteller in seiner Branche. Er exportierte einen großen Anteil seiner Produkte auch in den Westen und galt somit für die Staatsführung der DDR als lohnender Devisenbringer. Daher ließ sich diese nicht lumpen und steckte in den 1980er-Jahren 135 Millionen Mark in die Modernisierung des Werkes.[184]

Obwohl im ersten Halbjahr 1990 der Absatzmarkt in Osteuropa zu straucheln begann, sahen der Leiter für die Fertigung Dipl.-Ing. W. Starke und der Leiter für den Vertrieb Dipl.-Ing. F. Platzack für die Margarethenhütte positiv in die Zukunft. Am 15. Mai 1990 berichtete der Vertriebsleiter F. Platzack mit Stolz gegenüber der Zeitschrift „Deutsche Keramische Gesellschaft": *„Wir fertigen im Moment im Jahr ca. 10.000 t gebranntes Porzellan – in den drei Haupterzeugungspositionen Freileitungsisolatoren, Stützerisolatoren und Hohlporzellan. Von diesen 10.000 t gehen zwischen 70 … 80 % in den Export in die westlichen Länder und ca. 10 … 15 % in den östlichen Raum."*[185] Im Rahmen der Privatisierung wurde die Margarethenhütte mit Zustimmung der Belegschaft am 22. Juni 1990 als Tochtergesellschaft der Tridelta AG Hermsdorf

---

[184] Locke, Stefan (05.08.2017): Vom Ende der Sprachlosigkeit. In: FAZ vom 05.08.2017. Online verfügbar unter https://zeitung.faz.net//faz/politik/ 2017-08-05/vom-ende-der-sprachlosigkeit/39495.html (zuletzt abgerufen am 12.12.2020).

[185] Förderverein Margarethenhütte, Großdubrau e. V., Karin Fleischer (2012): „1989 – Der Industriestandort Margarethenhütte am Wendepunkt". Informationsblätter zur Margarethenhütte Großdubrau, Heft 2, S. 9.

zugeschlagen. Am 1. Juli 1990 wurde sie, wie alle volkseigenen Betriebe der DDR, der Treuhandgesellschaft unterstellt.

Alle volkseigenen Betriebe mussten der Treuhand beweisen, dass sie unter den Bedingungen der Marktwirtschaft konkurrenz- und zukunftsfähig waren. Von der kritikwürdigen Arbeit der Treuhand abgesehen, gab es immer wieder Schlagzeilen, wie sich alte SED-Seilschaften in den Betriebsleitungen zum eigenen Nutzen und zuungunsten des eigenen Betriebes verhielten. Dieses Schicksal blieb auch nicht der Margarethenhütte erspart: Unter strengster Geheimhaltung schloss ihr Geschäftsführer Norbert Korkow am 19. April 1991 einen Pacht- und Verkaufsvertrag mit der Tridelta AG ab. So wurden bewegliches Anlagevermögen, gewerbliche Schutzrechte, Materialbestände und Geschäftsunterlagen zu 3.260.237 DM verkauft.[186]

Am 28. Mai 1991 lief die letzte Fertigung vom Band. Es war eine Bestellung von ABB. Dann wurde die Produktion eingestellt.

Zwei Mal konnte die Belegschaft die Demontage der Industrieanlagen durch Streiks verhindern. Jedoch dann kam die bittere Zeit der Gewissheit, als endgültig das Ende der Margarethenhütte besiegelt wurde. Vom 28. Juni bis zum 1. Juli 1991 wurden ungefähr 70 Anlagen/Maschinen demontiert und der Tresor mit den geheimen Keramikrezepten und den Produktionspapieren mitgenommen. Die Treuhand sah diesem Treiben reglos zu. Die Belegschaft warf der Treuhand Kumpanei mit der Betriebsleitung vor. Interessanterweise benutzten der Geschäftsführer Korkow, der Vorstandsvorsitzende der Tridelta AG Montag und die Treuhand das gleiche Argument: Im EG-Wirt-

---

[186] Förderverein Margarethenhütte, Großdubrau e. V., Karin Fleischer (2012), S. 22, 23.

schaftsraum seien bei Elektrokeramik zu dieser Zeit 50 Prozent Überkapazitäten vorhanden. Die Modernität der Anlagen und die vollen Auftragsbücher spielten anscheinend keine Rolle …

Am 25. Juli 1991 wurde der Förderverein „Margarethenhütte" Großdubrau e. V. gegründet. Er setzte sich für den Erhalt des Industriestandortes ein. Dieser Verein nahm zu vielen Persönlichkeiten von Wirtschaft und Staat Kontakt auf. Politischer Höhepunkt war wohl die Behandlung dieses Falles im Deutschen Bundestag am 12. März 1992. *„… in der Debatte war von 400 neuen Arbeitsplätzen die Rede, die nie kamen. Stattdessen wurde ein Großteil der Betriebsanlagen gesprengt"*, schrieb die bereits von mir zitierte FAZ.

1993 erfolgte die endgültige Liquidation dieses Traditionsunternehmens und 1996 die Streichung aus dem Handelsregister.

Viel Bitterkeit und Traurigkeit ist bei den ehemaligen Mitarbeitern der Margarethenhütte bis zum heutigen Tage zurückgeblieben. Indem der Förderverein ein Elektroporzellanmuseum an historischer Stelle errichtete, setzte er den dort einst mit viel Liebe, Enthusiasmus und Erfindergeist tätigen Menschen ein bleibendes Denkmal.

***

Das Schicksal des Kühlschrankherstellers dkk Scharfenstein ist eine Geschichte für sich. Er war der größte Hersteller in seiner Branche im Ostblock. Im Sommer 1992 sollte der Betrieb abgewickelt werden. Die Leitung ließ sich vom angekündigten Ende nicht beirren und entwickelte in Zusammenhang mit Greenpeace den ersten Kühlschrank der Welt mit einem FCKW-freien Kühlmittel. Im Sommer 1992 erhielt Greenpeace die ersten zehn Kühlschränke dieser Art geliefert. Die Umweltorganisation warb für dieses Produkt, wodurch in kurzer Zeit um die

65 000 Bestellungen eingingen. Die Treuhand revidierte ihre Entscheidung, sah es aber nicht gern, dass die Firma für ihr Produkt warb ... Ab dem 1. Januar 1993 nannte sich das Unternehmen „FORON Unternehmensbeteiligungen GmbH". Ab dem 15. März 1993 lief nun die Serienfertigung dieser Kühlschränke an. Die westdeutschen Kühlschrankhersteller Bosch, Siemens, Miele, Liebherr und andere fühlten sich plötzlich an die Wand gespielt und starteten Kampagnen, die schon ein Geschmäckle von Rufmord an sich hatten: Zuerst behaupteten sie, das verwendete FCKW-freie Kühlmittel zöge einen erhöhten Stromverbrauch zum Konstanthalten der Temperatur nach sich, dann kam der Vorwurf, das Kühlmittel sei brennbar. Beide Vorwürfe wurden durch wissenschaftliche Gutachten widerlegt. Inwiefern diese Aktionen die Kunden verschreckt und FORON geschadet haben, kann an dieser Stelle nicht gesagt werden. Verhängnisvoll war, dass Greenpeace aus ideologischen Gründen eine Klausel im Vertrag mit dkk Scharfenstein bzw. FORON erwirkt hatte, dass die Erfindung des FCKW-freien Kältemittels nicht patentiert werden dürfe. Der Geschäftsführer dieser ostdeutschen Firma hätte in diesem Punkt härter verhandeln müssen, da die westdeutschen Kühlschrankhersteller zuvor eine Zusammenarbeit mit Greenpeace abgelehnt hatten. Somit konnte die Konkurrenz aus Westdeutschland unter Aufbringung riesiger Geldmittel sehr schnell diesen technischen Vorsprung einholen. Da die Verkaufszahlen bedenklich zurückgingen, kam FORON in wirtschaftliche Schwierigkeiten und musste am 15. März 1996 Konkurs anmelden. Ab dem 1. August 1996 übernahm eine holländische Firma diesen Kühlschrankhersteller und meldete fünf Jahre später ebenfalls Konkurs an. Seitdem erinnert nur noch ein Museum an die 73-jährige Tradition und an die Kompetenz von

dkk Scharfenstein bei der Entwicklung und Fertigung von Produkten in der Kältetechnik.[187]

11.4 Auswirkungen der Privatisierung von Betrieben und Verkehrsunternehmen auf meine Heimatstadt

Das Ausmaß des industriellen Kahlschlags nach der Wende in der ehemaligen DDR möchte ich am Beispiel Neuruppins, einer mittelgroßen Stadt im Land Brandenburg, Geburtsstadt Theodor Fontanes und Karl Friedrich Schinkels, verdeutlichen. Bis Anfang der 1990er-Jahre existierten dort drei große Betriebe: die Elektro-Physikalischen Werke Neuruppin (EPW), Hersteller von Leiterplatten und von Unterhaltungselektronik, das Feuerlöschgerätewerk, ehemals Minimax, und das Fertighauswerk Werder (bei Neuruppin). Ende der 1980er-Jahre beschäftigten die EPW bis zu ungefähr 3 500 Menschen, das Feuerlöschgerätewerk bis zu 800 Mitarbeiter und das Fertighauswerk bis zu 1650 Werktätige. Anfang der 1990er-Jahre gab es, von der Ausgründung ganz kleiner Produktionseinheiten abgesehen, keinen dieser Betriebe mehr.

Im September 1990 legte die Unternehmensführung der EPW bei der Treuhand ein Sanierungskonzept vor, das nach Aussage eines Mitglieds des EPW-Abwicklungsteams dort wohlwollend

---

[187] Gunkel, Christoph (13.03.2013): Erster FCKW-freier Kühlschrank: Öko-Coup aus Ostdeutschland. In: Spiegel.de vom 13.03.2013. Online verfügbar unter http://www.spiegel. de/einestages/oeko-revolution-aus-ostdeutsch land-wie-foron-den-ersten-fckw-freien-kuehlschrank-der-welt-erfand-a-951064.html (zuletzt abgerufen am 12.12.2020). Siehe auch Historische Kälte- und Klimatechnik e. V. (Hrsg.) (o. J.): Unternehmensgeschichte DKK Scharfenstein. Online verfügbar unter https://www. vhkk. org/page/geschichte/pdf/dkk_Unternehmensgeschichte+.pdf (zuletzt abgerufen am 12.12.2020).

aufgenommen wurde. Es fand sich auch bald ein holländischer Investor, der zusammen mit der EPW Leiterplatten herstellen wollte. Allerdings blieb das Sanierungskonzept monatelang bei der Treuhandanstalt unbearbeitet liegen. Wertvolle Zeit ging verloren, denn der Markt war zu dieser Zeit äußerst fragil. Und wenn ein Unternehmen wegfiel, dann hatte es einen Dominoeffekt ... In der Zwischenzeit verschlechterte sich zusehends die wirtschaftliche Situation, da die Absatzmärkte zusammenbrachen. Zum Schluss arbeiteten nur noch 350 Menschen in den EPW. Die anderen Beschäftigten wurden auf Kurzarbeit null (Stunden) gesetzt. (Diese Maßnahme wird in Deutschland dann ergriffen, wenn der Betrieb einen Auftragseinbruch hat, er aber seine Arbeitskräfte nicht entlassen will. Die betroffene Firma stellt bei der Agentur für Arbeit einen Antrag. Bei Erfüllung bestimmter Kriterien bekommen die Arbeitnehmer von der Agentur Geld in Höhe des Arbeitslosengeldes. Bei einsetzender Konjunktur holt das Unternehmen seine Arbeitskräfte wieder aus diesem Status zurück und lässt sie wieder voll arbeiten.) In dieser Zeit bedeutete, auf Kurzarbeit null gesetzt zu werden, die Entlassung in absehbarer Zeit ... Als es dann im Februar 1991 zu Betriebsbesetzungen und zum Rücktritt des Managements kam, sprang kurz danach der Investor ab. Im März 1991 leitete die Treuhandanstalt die Liquidation des Betriebes ein. Nachdem im Juli 1991 die Produktion gänzlich eingestellt worden ist, wurden die verbleibenden 2400 Beschäftigten von der Beschäftigungs- und Qualifizierungsgesellschaft GmbH aufgefangen.

Im Zusammenhang des Verhaltens der Treuhand ist folgende Begebenheit äußerst interessant bzw. bedenklich: 1990 kaufte die Fuba Printed Circuits GmbH, ein Tochterunternehmen der Hoesch AG, in Dresden ein hochmodernes Leiterplattenwerk. Detlef Rohwedder, Präsident der Treuhandanstalt, war einst

Vorstandsvorsitzender des Hoesch Konzerns.[188] Hatte die Treuhand ganz bewusst die EPW am ausgestreckten Arm verhungern lassen, um der Fuba ungeliebte Konkurrenz zu ersparen? Ein Schelm, wer Böses dabei denkt!

Ab Mitte der 1980er-Jahre wurde in der DDR-Bevölkerung zunehmend über eine mögliche Wiedervereinigung Deutschlands diskutiert. Mein Schwiegervater war fest der Meinung, dass die Regierenden in Bonn Pläne für den Fall der Wiedervereinigung in der Schublade bereithielten und dass die westdeutschen Unternehmen Partnerschaften mit den ostdeutschen Firmen übernehmen würden. Mein bereits verstorbener Vater, ein bekennender Kommunist, war überzeugt davon, dass sich nach dem Beitritt in den neuen Bundesländern Stück für Stück die wirtschaftlichen Verhältnisse zurückentwickeln würden, wie sie einst vor 1945 geherrscht hatten. Welche Prophezeiungen treten am ehesten ein? Spätestens nach dem Beitritt der DDR zur BRD wissen wir, dass die westdeutschen Politiker, die immer wieder von den „armen Schwestern und Brüdern im Osten" redeten, von den Geschehnissen in der Wendezeit vollkommen überrascht waren und auch keinen Plan hatten! Die Firmenlenker aus Westdeutschland freuten sich zwar über die Wiedervereinigung, hatten aber die verblichene DDR eher als zusätzlichen Absatzmarkt im Blick und die dort befindlichen Betriebe als lästige Konkurrenz. Der industrielle Kahlschlag durch die Treuhand hatte zur Folge, dass 1993 die Arbeitslosigkeit im Kreis Neuruppin bereits

---

[188] Flug, Martin (1992): Treuhand-Poker: Die Mechanismen des Ausverkaufs. Berlin: Ch. Links Verlag, 1992, S. 137/138. Siehe auch Rathmer, Matthias (2015): Dr. Alexander Schalck-Golodkowski: Pragmatiker zwischen den Fronten. Eine politische Biographie. Erstausgabe: Münster 1995. Copyright: Matthias Rathmer. Berlin: epubli, 2015, E-Book, S. 122/123.

17,9 Prozent betrug.[189] Neuruppin war bis 1945 eine Garnisons- und eine Beamtenstadt gewesen. 1996 sind zwar die sowjetischen Streitkräfte aus Neuruppin und Umgebung ab- und kein neues Militär eingezogen, aber eine Stadt der Beamten (im weitesten Sinne) ist Neuruppin wieder geworden. Pikanterweise ist seit der Wende das Arbeitsamt der größte Arbeitgeber geworden, gefolgt vom Landgericht, der Kreisverwaltung, der Stadtverwaltung und den Krankenkassen.

***

Im Sommer 2018 wurde auf der Autobahn A10 und A24 zwischen Abfahrt Neuruppin und Dreieck (Berlin-)Pankow sowie auf der Gleisstrecke zwischen Neuruppin und Hennigsdorf (Bahnhof Velten) der Eisenbahnlinie RE6 nahezu gleichzeitig zu bauen begonnen.[190] Spätestens jetzt merkten viele Berufspendler aus Neuruppin und Umgebung, die täglich nach Berlin fuhren und fahren, wie schlecht die Verkehrsanbindung nach Berlin (geworden) ist, dass es keine bzw. nur noch zeitaufwendigere Ausweichmöglichkeiten gibt. Nach der Wende hat es eine extreme Ausdünnung der Verkehrsverbindungen gegeben. So wurden die Busverbindungen von Neuruppin nach Oranienburg, nach

---

[189] Rietdorf, Werner (1996): Probleme der Transformation städtischen Lebens und Wohnens in kleinen und mittleren Städten der neuen Bundesländer. In: Häußermann, Hartmut/Neef, Rainer (Hrsg.) (1996); Stadtentwicklung in Ostdeutschland. Soziale und räumliche Tendenzen. Opladen: Westdeutscher Verlag 1996, S. 305–324, hier 317, jetzt als E-Book erschienen in Wiesbaden: Springer Fachmedien Wiesbaden GmbH, o. J.

[190] Grunow, Reyk (22.04.2018): A 24 wird ab Frühjahr zur Dauerbaustelle. In: MAZ-Online.de vom 22.04.2018. Online verfügbar unter http://www.maz-online.de/Lokales/Ostprignitz-Ruppin/A-24-wird-ab-Fruehjahr-zur-Dauerbaustelle (zuletzt abgerufen am 11.12.2020). Vgl. auch o. V. (04./05.09.2018): Prignitz-Express: Bauarbeiten dauern bis 2019. In: MAZ, Printausgabe, vom 04./05.09.2018, S. 19.

Berlin-Ostbahnhof und nach Potsdam sowie die Zugverbindung von Neuruppin nach Oranienburg eingestellt. Es gibt auch keine Zugverbindung nach Rheinsberg und nach Neustadt (Dosse) mehr. Verkehrstechnisch gesehen, hat sich Neuruppin zu einer Stadt in der tiefsten Provinz zurückentwickelt. Um das Jahr 2000 herum wurde zwar die Eisenbahnstrecke der Linie RE6 zwischen Neuruppin und Hennigsdorf modernisiert, aber im gleichen Atemzug das streckenweise vorhandene zweite Gleis abgerissen und alle Bahnhofsgebäude stillgelegt. Seitdem ist die eingleisige Strecke Neuruppin–Hennigsdorf wie ein Nadelöhr und warteanfällig bei jeder Verspätung eines Gegenzuges. Wie oft musste ich schon in Velten warten! Im Laufe meines Berufspendlerlebens hat mir die Deutsche Bahn aufgrund von Zugausfällen und Verspätungen viele Monate meines Lebens geraubt! Zudem stehen die Fahrgäste seit ungefähr dem Jahr 2000 ungeschützt auf dem Bahnsteig bei Wind und Wetter und sind im wahrsten Sinne des Wortes im Regen stehen gelassen worden. Die Deutsche Bahn und der Staat als größter Anteilseigner machten es sich seit ihrer Umwandlung in eine Aktiengesellschaft bei der Einsparung von Geldern ziemlich einfach, meiner Meinung nach zu einfach: Die altehrwürdigen backsteinernen Bahnhöfe aus der Kaiserzeit wurden entweder verkauft oder sind dem Verfall und dem Vandalismus schutzlos ausgeliefert worden. Überall in Brandenburg bietet sich das gleiche Bild: Einige Hundert Meter vom alten Bahnhof entfernt, wurde ein neuer Bahnsteig eingerichtet und mit einem gläsernen Zehn-Mann-Wartehäuschen ausgestattet. Dieses ist oftmals zerstört ... Mir tut jedes Mal das Herz weh, wenn ich an einem der stillgelegten Gebäude vorbeifahre, denn sie haben Geschichte, und manch eine ältere Person verbindet mit diesen ihre eigenen Erinnerungen. Bei Nichtbenutzung eines Gebäudes geht der Zerfall bekanntlich äußerst schnell voran. Da das Örtchen Walsleben auf der Strecke des

Eisenbahnlinie RE6 in Richtung Wittenberge liegt, möchte ich noch auf eine kleine nette Begebenheit hinweisen: Mitte der 1990er-Jahre wurde das Bahnhofsgebäude von Walsleben als Filmkulisse genutzt für den Film „Der Trinker" mit dem Schauspieler und waschechten Berliner Original Harald Juhnke. Auch wenn es keinen direkten Zusammenhang gibt, so denke ich, wenn ich den Bahnhof in Kremmen sehe, oft an den Roman „Effi Briest" von Theodor Fontane.

Seit dem Jahr 2000 reden die Brandenburger Landesregierung und der Verkehrsverbund Berlin-Brandenburg (VBB) davon, eine möglichst kurze und schnelle Verkehrsverbindung zwischen Neuruppin und Berlin herzustellen, vorzugsweise über Berlin-Tegel. Aber das ist eine unendliche Geschichte, genau wie der Flughafen BER in Berlin-Schönefeld, der wohl nie fertig zu werden schien ... Der verkehrstechnische Kahlschlag nach der Wende und die damit einhergehende Provinzialisierung weiter Landstriche hat auch in den anderen neuen Bundesländern stattgefunden.

Die ehemaligen DDR-Bürger haben einmal mehr die Schattenseite der Marktwirtschaft kennengelernt, wenn es nur noch um den Profit geht und es so gut wie keine Lenkungsmechanismen gibt. Der Zwang, die Vorzüge des Kapitalismus den Menschen zu demonstrieren, ist mit dem Zusammenbruch der sozialistischen Staaten entfallen. Ist es nicht nachvollziehbar, wenn die oft gescholtenen „Ossis" aufgrund der nach einer Phase der Euphorie erlittenen tiefen Enttäuschungen kritisch gegenüber dem Kapitalismus, gegenüber Medien und Politik sind?

11.5 Demografische Auswirkung der Arbeit der Treuhand

Der Osten Brandenburgs gilt heutzutage als nahezu entvölkert. Aufgrund der Deindustrialisierung beklagen Städte wie Frankfurt (Oder), Eisenhüttenstadt, Schwedt und Cottbus einen dramatischen Rückgang der Bevölkerung um bis zu 51 Prozent. Fürstenwalde konnte nach einem anfänglichen Einbruch durch Eingemeindungen die Einwohnerzahl auf einem relativ konstanten Niveau halten.

Tabelle 25: *Bevölkerungsrückgang im Osten Brandenburgs zwischen 1988 und 2016*

Ort	Stand 1988	Stand 2016	Verlust in Anzahl Personen	Verlust in Prozent
Frankfurt (Oder)	ca. 88.000	ca. 60.000	–28.000	–32 %
Eisenhütten-stadt	ca.53.000	ca. 26.000	–27.000	–51 %
Schwedt (Oder)	ca. 50.000	ca. 30.000	–20.000	–40 %
Cottbus	ca. 129.000	ca. 100.000	–29.000	–22 %

Sicherlich wird auch die seit der Wende eingetretene ungünstige Altersstruktur eine Rolle spielen.

Das, was die Menschen in den neuen Bundesländern in der Nachwendezeit erlebten, war ein Kontrastprogramm zur DDR. Denn dort konnten die Menschen fast überall eine Arbeit bekommen. Zudem wurde eine kinderfreundliche Politik betrieben. Eine Schattenseite war allerdings die extreme Wohnungsknappheit. Diese konnte auch nicht durch die Errichtung von Plattenbauten in den 1970er- und 1980er-Jahren behoben werden. Selbst wenn die Kinder schon ins Erwachsenenalter gekommen waren, hatten sie kaum eine Chance gehabt, eine Wohnung zu bekommen. Das „Hotel Mama" war im Gegensatz zu heute nicht gefragt! Wenn sie heirateten, stiegen die Chancen auf eine eigene Wohnung. Als ich beispielsweise nach meiner Heirat zu meiner Frau in die Wohnung der Schwiegereltern einzog und dies dem Wohnungsamt meldete, musste ich mir von der Sachbearbeiterin eine Schimpftirade anhören. Was ich gemacht hatte, sei eine „unzulässige Wohnraumverknappung" usw. Meine Frau oder ich waren fast jede Woche beim Wohnungsamt vorstellig. Erst als das erste Kind unterwegs war, bekamen wir eine eigene Wohnung. Der Erhalt der ersehnten eigenen vier Wände war zweifellos ein Zugpferd, um zu heiraten und Kinder zu bekommen. Und in der DDR wurde für jetzige Verhältnisse früh geheiratet und wurden früh Kinder zur Welt gebracht. Wer mit 25 Jahren noch nicht geheiratet hatte, bekam Torschlusspanik und wurde von anderen schon etwas ungläubig angeschaut. In der Tat, das durchschnittliche Heiratsalter betrug in der DDR 23 Jahre. Die kinderfreundliche Politik äußerte sich auch darin, dass es eine flächendeckende Kinderbetreuung, eine Arbeitsplatzgarantie bei Schwangerschaft und finanzielle Unterstützung gab. Ab den 1980er-Jahren wurde jungen Familien zum Zwecke des Kaufs von Wohnungseinrichtungen ein zinsloser Kredit gewährt. Je nachdem, das wievielte Kind gerade zur Welt kam, wurde der Kredit in einer gestaffelten Höhe zwischen 1.000 Mark und

2.500 Mark erlassen. Zudem gab es pro geborenes Kind eine Prämie in Höhe von 1.000 Mark. Das war für DDR-Verhältnisse viel Geld! Die Geburtenrate in der DDR war bis 1990 immer höher als in der BRD. Kleiner Hinweis: In Kapitel 8.1.4 habe ich die Familienpolitik der DDR sehr detailreich beschrieben.

Die Wendezeit war von tiefgreifenden gesellschaftlichen und wirtschaftlichen Umwälzungen geprägt, gespickt mit vielen Unsicherheiten. Zu dieser Zeit empfanden es viele Frauen in den neuen Bundesländern als unverantwortlich, Kinder in die Welt zu setzen. Die Geburtenrate sank schlagartig. Im Jahre 1993/94 lag sie auf einem historischen Tief von 0,77 Kindern auf 1000 Einwohner. In einem Jahresbericht von Iris Gleicke, der Beauftragten der Bundesregierung für die neuen Bundesländer, ist zu lesen: *„Das Geburtendefizit und die Sterbeüberschüsse führten im Zeitraum von 1991 bis 2012 zu einer Abnahme der ostdeutschen Bevölkerung (einschl. Berlin) um knapp eine Million.“*[191] Und nun die erfreuliche Nachricht: 2015 stieg im Osten Deutschlands die Geburtenrate auf sage und schreibe 1,56 an, die sogar über dem Bundesdurchschnitt lag.

Laut dem o. g. Jahresbericht betrug das Verhältnis der Personen im Rentenalter (das schrittweise von 65 auf 67 Jahre angehoben wird) zu 100 Personen im erwerbsfähigen Alter (zurzeit 20 bis 64 Jahre) in Ostdeutschland im Jahr 1990 nur 22,4 und ist im Jahr 2011 auf 36 angestiegen. In den alten Bundesländern stieg

---

[191] Wanderwitz, Marco (Beauftragter der Bundesregierung für die neuen Bundesländer) (2020): Gleichwertige Lebensverhältnisse in Ost und West schaffen. Online verfügbar unter https://www.beauftragter-neue-laender.de/BNL/Navigation/DE/Themen/Gleichwertige_Lebensverhaelt-nisse_schaffen/Unternehmensstandort/Wirtschaftliche_Entwick-lung/wirtschaftliche_entwicklung.html?view=renderPrint (zuletzt abgerufen am 11.12.2020).

der Altenquotient im gleichen Zeitraum von 23,9 auf 33,1. Ich erinnere mich, wie sich in Neuruppin in einem rasanten Tempo die altersmäßige Bevölkerungszusammensetzung zugunsten einer alternden Gesellschaft verändert hat. Frauen mit Kinderwagen waren immer weniger zu sehen, bis sie zu exotischen Bildern wurden. Das empfand ich als äußerst deprimierend. Als ich aufgrund einer Bewerbung Ende der 1990er-Jahre in Köln war, fühlte ich mich durch das quirlige Leben aus Jung und Alt plötzlich in die DDR versetzt. Es war wie ein wehmütiges Déjà-vu.

Viele junge Menschen verließen die neuen Bundesländer, weil sie dort keine berufliche Perspektive mehr sahen. Ende 1991 lebten im „Osten" noch 14,5 Millionen Menschen, Ende 2013 waren es nur noch 12,5 Millionen. Während 3,3 Millionen ehemalige DDR-Bürger gen Westen zogen, kamen zeitgleich 2,1 Millionen Menschen aus dem Westen. Summa summarum schrumpfte bis Ende 2013 in den neuen Bundesländern die Bevölkerung. Mittlerweile ist nun eine Kehrtwende eingetreten.[192] Innerhalb Brandenburgs gibt es Regionen mit Abwanderungen und mit Bevölkerungszuwächsen. Während der Osten Brandenburgs unter Bevölkerungsschwund leidet, erlebt der sogenannte Speckgürtel um Berlin herum einen Zuwachs an Bewohnern. Inzwischen verschwimmt in Deutschland die Grenze zwischen Ost und West betreffs der Zuzüge und der Abgänge im großen Stil. Hingegen wird das Auseinanderklaffen zwischen Stadt und Land/Regionen ein gesamtdeutsches Problem. So, wie viele ältere Menschen zurück in die Städte ziehen, kehren auch viele aus dem Westen zurück in den Osten, in ihre alte Heimat. Der massenhafte

---

[192] Welt.de (Hrsg.) (29.09.2015): So schnell entvölkert Ostdeutschland. Online verfügbar unter https://www.welt.de/wirtschaft/article146994158/So-schnell-entvoelkert-Ostdeutschland.html (zuletzt abgerufen am 11.12.2020).

Wegzug aus den Städten Frankfurt (Oder), Eisenhüttenstadt, Schwedt und Cottbus ist nach wie vor die Folge der Deindustrialisierung durch die Treuhand und der Währungsunion. Es gibt in den neuen Bundesländern ganze Landstriche, die nur noch industrielles Brachland sind. Für die Umwelt ist dieser Zustand zweifellos gut, für die dort lebenden Menschen hingegen nicht. Die von Helmut Kohl versprochenen „blühenden Landschaften" sind in der ehemaligen DDR nur punktuell Wirklichkeit geworden.

***

Abseits des Handelns der Treuhandanstalt gibt es eine zunehmende Landflucht, weil durch die Privatisierung von Bus und Bahn der Nah- und Fernverkehr ausdünnte und das Netz an Schulen, ärztlicher Versorgung und an „Dorfkonsum" immer grobmaschiger wird, was das Leben auf dem Land nicht gerade einfacher macht. In den Dörfern der neuen Bundesländer findet kaum noch ein öffentliches soziales Leben statt. Diese Erscheinung ist zweifellos auch in Westdeutschland zu beobachten. Allerdings wirkt sich diese im Osten meiner Meinung nach noch stärker aus, da hier die Kirche als letztes Bindeglied und Träger bestimmter Traditionen und Bräuche kaum noch eine Rolle spielt. Eine Ausnahme bildet das vornehmlich katholisch geprägte thüringische Eichsfeld. Als ein weiteres positives Gegenbeispiel möchte ich die Nieder- und Oberlausitz nennen, das Siedlungsgebiet der Wenden und Sorben. Hier haben die evangelische und katholische Kirche sowie die Domowina, die Interessenvertretung dieser nationalen Minderheit, eine äußerst integrative Funktion.

11.6 Die Privatisierung der volkseigenen Betriebe, die Treuhand und die Kriminalität

11.6.1 Die Arbeit der Stabsstelle „Besondere Aufgaben"

Da im Zusammenhang mit der Vereinigung Deutschlands und der Übernahme ehemaliger volkseigener Betriebe durch westdeutsche/ausländische Interessenten immer wieder kriminelle Praktiken angewendet wurden und diese in zunehmendem Maße die Öffentlichkeit beunruhigten, wurde im Februar 1991 von der Treuhandanstalt in Berlin eine Stabsstelle „Besondere Aufgaben", auch „Sonderstabsstelle Recht" genannt, eingerichtet. *„Eine ähnliche Institution, personell ausgerichtet mit kriminalistisch-strafjuristischem Sachverstand und inhaltlich ausgerichtet ausschließlich auf strafrechtliche Fragestellung, hatte es zuvor in Deutschland – soweit bekannt – weder in staatlichen Organisationen noch in Unternehmen gegeben. Die Verantwortlichen der Treuhandanstalt konnten beim Aufbau und der Organisation dieser Stabsstelle und ihrer Tätigkeit auf kein Erfahrungswissen zurückgreifen"*, schreibt Barbara Bischoff in der Einleitung ihres Buches „Die Stabsstelle *Besondere Aufgaben* bei der Treuhandanstalt".[193] Das rechtfertigt noch lange nicht, dass trotz des immensen Umfangs des Privatisierungsvorhabens durch die Treuhandanstalt für das Gebiet „Vereinigungskriminalität" nur <u>ein</u> Staatsanwalt eingesetzt wurde, dem mehrere Mitarbeiter aus Polizeibehörden zur Seite standen. War das politisch so gewollt? Assoziationen mit dem BAMF-Skandal im Mai/Juni 2018 werden da wach! Viele leitende Mitarbeiter der

---

[193] Bischoff, Barbara (2016): Die Stabsstelle Besondere Aufgaben bei der Treuhandanstalt. Ein funktionales Konzept zur Bekämpfung von Wirtschaftskriminalität?. Münster: Waxmann, 2016. Online verfügbar unter http://waxmann.ciando.com/img/books/extract/3830983395_lp.pdf (zuletzt abgerufen am 11.12.2020).

Treuhand waren überzeugt, dass eine stärkere Kontrolle die Geschwindigkeit der Privatisierung in einem unverhältnismäßigen Ausmaß drosseln würde. Die Neigung, Straftaten zu begehen, wurde aus einem Interessensgegensatz heraus begünstigt: Die Bundesregierung wollte einen schnellen und geordneten Transformationsprozess, viele Unternehmer hingegen die „schnelle DM".

Im Zeitraum von 1991 bis zum Jahre 2000 wurden von dieser Stelle 3661 strafrechtlich relevante Vorgänge bearbeitet, wobei es in 1426 Fällen zu Ermittlungsverfahren kam. Interessant ist, dass von diesen eingeleiteten Verfahren nur 30 Prozent auf Anzeigen der Treuhand-Stabsstelle zurückzuführen sind. Dieses Manko lässt sich damit erklären, dass bei der Treuhand kein Ermittlungs- und Anzeigzwang herrschte. In einem Viertel der Fälle kam es dann tatsächlich zur Anklage.

Forscher aus verschiedenen deutschen Universitäten werteten die Unterlagen der Treuhandanstalt (THA) zu diesem Thema aus. Sie führten mehrstündige Interviews mit 76 Personen durch, die unmittelbar an der Privatisierung der DDR-Betriebe beteiligt waren. Prof. Klaus Boers, Kriminologe, Prof. Ursula Nelles, Juristin, und Prof. Hans Theile, Kriminalwissenschaftler, fassten ihre Untersuchungsergebnisse zusammen und schrieben das Buch „Wirtschaftskriminalität und die Privatisierung der DDR-Betriebe". Dieses ist 2010 veröffentlicht worden. Sie beklagten darin die erheblichen Kontrolldefizite „als Folge des politisch gewollten Primats einer schnellen Privatisierung". Laut Pressemitteilung der Universität Münster klingt das Fazit der Forschungsarbeit wenig schmeichelhaft: *Mit der unternehmensinternen Strafverfolgung sollte vor allem in der weitgehend regellosen Anfangsphase der Privatisierungen die Grenze zwischen erlaubtem Risiko und strafbarem Handeln markiert werden. Zudem wollte die THA ‚mit dem*

*Staatsanwalt im eigenen Hause' einer aufgebrachten Öffentlichkeit de-
monstrieren, dass man den kriminellen Machenschaften selbst entge-
gentreten konnte.*" Weiterhin schrieben die Forscher: *"Es ging weniger darum, das Strafrecht durchzusetzen, sondern im Kalkül der
Treuhandanstalt war die Stabsstelle den unternehmenseigenen Zielen
unterworfen.*"[194]

11.6.2 Die Arbeit der ZERV

Neben der Stabsstelle „Besondere Aufgaben" in der Treuhandanstalt existierte noch die „Zentrale Ermittlungsstelle für Regie-
rungs- und Vereinigungskriminalität" (ZERV). Sie wurde am
1. September 1991 als kriminalpolizeiliche Einrichtung beim Po-
lizeipräsidium Berlin angesiedelt und am 31. Dezember 2000
aufgelöst. Sowohl der Bund als auch die Bundesländer stellten
für diese Behörde Beamte ab.

Von den 20 327 bearbeiteten Fällen waren 16 323 der Regie-
rungskriminalität (Referat 2) und 4004 der vereinigungsbeding-
ten Kriminalität (Referat 1) zuzuordnen.[195]

Die ZERV ging dem Verdacht auf Untreue und Unterschla-
gung nach:

---

[194] Westfälische Wilhelms-Universität Münster (14.10.2010): Schnelle Privatisierung vor strafrechtlicher Aufklärung. Pressemitteilung zu Untersuchungen der Treuhandpolitik. Online verfügbar unter https://www.uni-
muenster.de/news/view.php?cmdid=5722 (zuletzt abgerufen am
11.12.2020). Vgl. auch Boers, K., Nelles, U., Theile, H.; Wirtschaftskriminalität und die Privatisierung der DDR-Betriebe, Baden-Baden: Nomos-Verlag, 2010.

[195] O. V. (28.12.2000): „Zerv" wird aufgelöst: Ermittlungen für die Einheit. In:
Tagesspiegel.de vom 28.12.2000. Online verfügbar unter https://www.ta-
gesspiegel.de/berlin/zerv-wird-aufgeloest-ermittlungen-fuer-die-ein-
heit/189858.html (zuletzt abgerufen am 11.12.2020).

- bei den Ko-Ko-Firmen[196] des DDR-Devisenbeschaffers Schalck-Golodkowski,
- bei den Vermögen der Parteien und Massenorganisationen der DDR,
- im Zusammenhang mit dem Abzug der sowjetischen Truppen und
- in Bezug auf die Währungsunion u. v. m.

Die ZERV beschäftigte sich auch mit

- Auftragsmorden und Entführungen durch die Stasi,
- Tötung an der innerdeutschen Grenze,
- Doping im DDR-Sport usw.

Am bekanntesten ist wohl die Aufdeckung der Aktionen seitens ehemaliger SED-Mitglieder zur Rettung des SED-Parteivermögens. Zumindest der Transfer von ungefähr 450 Millionen DM in dubiose Firmen und ins Ausland, besonders nach Österreich, konnte nachgewiesen werden. Hierbei spielte Rudolfine Steindling, auch „die rote Fini" genannt, eine Schlüsselrolle. Als Geschäftsführerin der österreichischen Firma „Novum-Handelsgesellschaft" transferierte sie diese Geldsumme von Ostberlin ins Ausland ...

Genauso wie die Stabsstelle „Besondere Aufgaben" in der Treuhand litt auch die ZERV unter permanenter Unterbesetzung. Manfred Kittlaus, Leiter der ZERV, berichtete gegenüber der „Welt", dass in seiner Behörde „regelmäßig nur zu 70 bis

---

[196] „KoKo" steht für „Kommerzielle Koordinierung".

80 % der vorgesehenen 340 Stellen besetzt seien".[197] Dies komme einer „Amnestie auf kaltem Wege" gleich. Sowohl das Nichtaufdecken der kriminellen Taten als auch die Verjährung aufgrund verzögerter Ermittlungen sind schlimm genug.

Zuweilen überschnitt sich die Arbeit der Stabsstelle in der THA mit derjenigen der ZERV. Daher kommt es in den Medien und sozialen Netzwerken oftmals zu Verwechslungen. Die Treuhand wusste zumindest in der Anfangsphase nicht, welche Dokumente in ihren Gemäuern lagerten und was die ZERV tat. Es herrschten chaotische Zustände. *„Mehr als 100-mal schickte die Behörde [die Treuhandanstalt] Emissäre zur Staatsanwaltschaft [beim ZERV], um Dokumente aus Akten des Ko-Ko-Bereichs zu kopieren. Grund: Es gab keine zentrale Registratur, die Treuhand wusste nicht, was bereits in ihren Schränken lagerte."*[198]

Im März 1994 ließ die Treuhand, genauer gesagt, die Stabsstelle „Besondere Aufgaben", bundesweit in den größeren Tageszeitungen eine Annonce schalten.[199] In dieser wurde um sachdienliche Hinweise nach dem Verbleib des Vermögens der DDR-Parteien gebeten. Zeigt das nicht letztendlich die Ohnmacht der (halbwegs zahnlos gehaltenen) beiden Kontrollbehörden? Der für die ZERV tätige Generalstaatsanwalt Schaefgen beklagte sich laut „Spiegel" in einem vertraulichen Bericht an das

---

[197] Fuhrer, Armin (25.11.1995): Die ZERV trocknet aus. In: Welt.de vom 25.11.1995. Online verfügbar unter https://www.welt.de/print-welt/article664205/Die-ZERV-trocknet-aus. html (zuletzt abgerufen am 11.12.2020).

[198] Der Spiegel (Hrsg.) (17.06.1996): Milliarden herbeibeten. In: Der Spiegel 25/1996 vom, S. 24–26. Online abrufbar unter http://www.spiegel.de/spiegel/print/d-8938986.html (zuletzt abgerufen am 11.12.2020).

[199] Jürgs, Michael (03.02.1997): Ein Land im Sonderangebot, Teil 1. In: Der Spiegel 6/1997, S. 100–112. Online abrufbar unter http://www.spiegel.de/spiegel/print/d-8654148.html (zuletzt abgerufen am 11.12.2020).

Bundesfinanzministerium: „Die zentrale Ursache für das als un-
befriedigend empfundene Ergebnis" liege „in dieser bewußten
Gewichtung von Staatszielen".[200] Diese Aussage entspricht exakt
den Forschungsergebnissen der oben genannten Kriminalistik-
und Jura-Professoren! Es deckt sich auch mit den Eindrücken
vieler ehemaliger DDR-Bürger; Eindrücken, die Politiker und
Wirtschaftsvertreter gern als ein „dumpfes und einseitig ausge-
richtetes Bauchgefühl" abtun.

Die ZERV schätzte den Gesamtschaden, den die Bundesrepublik durch die Regierungs- und Vereinigungskriminalität erlitten hatte, auf 26,5 Milliarden DM, die Staatsanwaltschaft sah
ihn eher im einstelligen Milliardenbereich.

11.7   Resümee der Arbeit der Treuhandgesellschaft

Was ist nun das Fazit der Privatisierung der volkseigenen Betriebe der DDR? Dieses möchte ich unter drei Gesichtspunkten
betrachten: unter der ökonomischen, unter der demografischen
und unter der mentalen.

Von den 8500 Betrieben, die von der Treuhand in ungefähr
14 000 Unternehmen aufgespalten wurden, wurden mindestens
4000 liquidiert. Von den 4,1 Millionen Arbeitsplätzen blieben
letztendlich 1,5 Millionen übrig.

In der Politik wird oftmals stolz darauf verwiesen, wie viele
volkseigene Betriebe privatisiert worden seien. Diese Zahlen
sind insofern Makulatur, als sie nichts darüber aussagen, ob
diese Unternehmen nach dem Kauf weiterexistierten. In diesem
Zusammenhang möchte ich auf eine umstrittene Dienstanweisung der Treuhand hinweisen, die vorschreibt, dass bei einer

---

[200] Der Spiegel (Hrsg.) (17.06.1996).

Bewertung eines DDR-Unternehmens nur der Ertragswert, aber nicht der Immobilienwert zähle. Was viele Westdeutsche nicht wissen: Viele volkseigene Betriebe der DDR hatten außer ihrer Betriebsimmobilie noch Kindergärten, Bibliotheken und Ferienhäuser in den schönsten Gegenden der DDR. In dieser Anweisung heißt es wörtlich: *„Nach herrschender Lehre gilt für den Fall der Unternehmensveräußerung allgemein der Ertragswert."* Dadurch wurden viele Betriebe für 1 DM verschleudert. Den Käufern hingegen kam es oftmals nicht auf den Erhalt des Unternehmens an, sondern auf die Immobilie. Eine Verpflichtung des Käufers, Arbeitsplätze zu erhalten, zumindest zeitweise, sah die Treuhand und erst recht der Käufer als eine Einschränkung der unternehmerischen Freiheit an. In der ehemaligen DDR gab es viele hoch motivierte Menschen, die ihre Betriebe weitergeführt hätten, denen aber nicht die Chance gegeben wurde. Die Treuhand hätte ja sagen können, dass diese den Betrieb bekämen, aber im Falle des drohenden Konkurses keine staatlichen Geldmittel bereitständen, sondern dass sie ihre Immobilien dann veräußern müssten ... Für Heinz Jankowiak, den ehemaligen Leiter der Ermittlungsstelle Vereinigungskriminalität ZERV, und die mit ihr zusammenarbeitende Staatsanwaltschaft war diese Vorgehensweise der Treuhand unmoralisch.[201]

Der geschätzte Wert der volkseigenen Betriebe betrug 1990 nach Angabe der DDR-Wirtschaftsministerin Christa Luft 600 Milliarden DM. Diesen Wert hatte dann auch der Treuhandchef Rohwedder unter Vorbehalt als gegeben angesehen. Als die Treuhand 1994 ihre Arbeit beendete, blieb ein Minus von ungefähr 250 Milliarden DM. Auch wenn je nach Literaturquelle die Angaben schwanken, dürfte dem Leser zumindest die Größenordnung des Sachverhalts sichtbar werden. Für diese Schulden

---

[201] Frontal21/ZDF info (Hrsg.) (15.09.2010), Minute 06:12 bis 06:35.

wurde per 1. Januar 1995 ein „Erblastentilgungsfonds" eingerichtet.

Dass 85 Prozent der privatisierten DDR-Betriebe in westdeutsche, zehn Prozent in ausländische und nur fünf Prozent in ostdeutsche Hände gingen, dürfte wohl im wahrsten Sinne des
Wortes nicht im Geiste des Erfinders gewesen sein. Es ist nur ein
schwacher Trost für viele ehemalige DDR-Bürger, wenn Betriebe
wie die Sektkellerei Rotkäppchen und der Kosmetikhersteller
Florena auf dem Wege des Management-Buy-out und die Rade-
berger Exportbierbrauerei, die Hasseröder und Wernesgrüner
Brauerei durch Übernahmen überlebt haben. Es gibt jetzt wieder
den Bautz'ner Senf, das Geschirrspülmittel „Fit", die Margarine
„Sana", das „Kathi"-Weizenmehl und Fahrräder der Marke „Di-
amant" zu kaufen. Die Käufer in den neuen Bundesländern hoffen zumindest, dass die Hersteller dieser Produkte Ostdeutsche
sind.

Führende Treuhandmitarbeiter, Wirtschaftsgrößen und Politiker feiern diesen Transformationsprozess als „alternativlos"
und als großen Erfolg. Die Wirtschaftsweisen stellten in ihrem
Jahresgutachten von 1994 fest: „Der Treuhandanstalt ist es in erster
Linie zu verdanken, dass das Bild der Wirtschaft in den neuen Bundesländern heute nicht von notleidenden und nur durch ständige Finanz-
spritzen am Leben gehaltenen Staatsbetrieben geprägt wird, sondern
von selbstständigen Unternehmen, die beharrlich und zunehmend auch
mit Erfolg auf die Festigung ihrer Marktposition hinarbeiten."[202]

---

[202] Rahmann, Tim (26.09.2011): Wie die Treuhand bei der DDR-Abwicklung
versagte. In: Wirtschaftswoche vom 26.09.2011. Online verfügbar unter
https://www.wiwo.de/politik/deutschland/rueckblick-wie-die-treuhand
-bei-der-ddr-abwicklung-versagte/5220338-all.html (zuletzt abgerufen am
11.12.2020).

Die neuen Bundesländer sind durch den Transformationsprozess kleiner und mittlerer Betriebe geprägt. Ostdeutsche Konzerne gibt es nicht (mehr). Das ist auch der Grund dafür, warum die Produktivität in Vergleich zu westdeutschen Unternehmen zwar von 25 bis 30 Prozent im Jahre 1991 auf 79 Prozent im Jahre 2012 gesteigert werden konnte und mehr oder weniger bei diesem Wert verharrt.[203] Prinzipiell könnten sich die neuen Bundesländer im Vergleich zur Wirtschaftskraft der ausgehenden DDR nicht mehr selbst versorgen.

Gewiss, die Privatisierung von Betrieben in diesem Ausmaß und die Entscheidung über das Wohl und Wehe aufgrund der Vorlage vager Fakten in kürzester Zeit sind prinzipiell eine große Leistung. Bedingt durch den immensen politischen Druck, dürfte die Rate von Fehlentscheidungen relativ hoch sein. Die Akten, die immerhin fünf Lkw-Laderäume füllten, unterliegen bis 2020 der Geheimhaltung. Erst dann könnte eine umfassende Aufarbeitung der Arbeit der Treuhandanstalt stattfinden. Die damaligen Regierungsparteien CDU/CSU und FDP sind an einer vorzeitigen Zugänglichkeit der Akten nicht interessiert. *„Zu groß ist offenbar immer noch die Angst, die Erzählung über die Anpassung Ostdeutschlands an Markt und Kapitalismus korrigieren zu müssen"*, schreibt der Spiegel.[204] Bereits ein Untersuchungsausschuss, den 1993 der Bundestag einsetzte, der „Fälle von Betrug und Untreue bei der Privatisierung von DDR-Betrieben durch die Treuhand aufklären sollte", wurde von eben diesen Parteien

---

[203] Wanderwitz (2020).

[204] Knaup, Horand/Wassermann, Andreas (28.11.2017): Wiedervereinigung: Wie die Treuhand bis heute viele Ostdeutsche traumatisiert. In: Spiegel.de vom 28.11.2017. Online verfügbar unter http://www.spiegel.de/spiegel/ privatisierung-der-ddr-wirtschaft-fuehrte-zu-traumata-a-1180354.html abgerufen am 11.12.2020).

nach allen Regeln der Kunst sabotiert, heißt es im selben Artikel. Es kam wenig Erhellendes zutage.

11.8 Ist die betriebene Arbeitsweise der Treuhand wirklich alternativlos?

Doch bereits jetzt widerspreche ich den Aussagen, dass die Überführung des Volkseigentums in Privateigentum auf diese Weise „alternativlos" sei. Ich hatte bereits auf zwei Alternativen hingewiesen:

- Hätte die Mark der DDR für eine Übergangszeit auf dem Gebiet der neuen Bundesländer ihre Gültigkeit behalten, hätten die ehemaligen volkseigenen Betriebe Zeit gehabt, sich auf die Marktwirtschaft und auf den internationalen Wettbewerb einzustellen.
- Auch durch die Berücksichtigung der Immobilien bei der Bewertung der ehemaligen DDR-Betriebe hätten zumindest die Unternehmen mit den hochmotivierten Werktätigen die Chance gehabt, sich auf dem Markt zu behaupten. Die Immobilien wären zumindest für eine gewisse Zeit die Rückendeckung für schlechte Zeiten, eine Art finanzielles Polster, gewesen (siehe Wärmeanlagen Berlin, Interflug, ORWO).

Stattdessen ging die Treuhandanstalt ganz streng nach extrem liberalen Gesichtspunkten vor. Dem Vorteil, dass es dadurch schnell und schnörkellos voranging, standen die Nachteile der Inhumanität und der mehr oder weniger in Kauf genommenen Beugung von Recht und Gesetz und der Fakt, dass ein großer Teil der Unternehmen über die Klinge springen musste, gegenüber. Haben sich Politiker und die Vertreter der Treuhandanstalt jemals überlegt, welchen Schaden sie damit nachhaltig, besonders bei den ehemaligen DDR-Bürgern, angerichtet haben? Trotzdem möchte ich sachlich bleiben. Allein die Treuhand für alles verantwortlich zu machen, ist unredlich. Sie war Täter und (bis zu einem bestimmten Grad) auch Opfer zugleich.

In der Bevölkerung der DDR war der Glaube weitverbreitet, dass sich mit der ersehnten Wiedervereinigung Deutschlands für sie fast nichts ändern werde. Das war ein großer Irrtum, denn es änderte sich um sie herum komplett alles: das Währungs-, Gesundheits-, Sozial-, Steuer-, Schul-, Kommunal- und politische System, selbst wo man wohnte und arbeitete. Letzteres wog besonders schwer. Denn mit dem Arbeitseinkommen steht und fällt so ziemlich alles. Seitdem die Treuhand im Jahre 1990 ihre Arbeit aufgenommen hatte, merkten die Menschen sehr schnell, dass ihre Arbeit nicht mehr sicher war. Der ehemalige DDR-Bürger sah sich plötzlich mit etwas konfrontiert, was er bisher nur aus dem Fernsehen kannte. In kurzer Zeit stieg die Arbeitslosigkeit drastisch an. Und wer nicht das Privileg hatte, weiterhin arbeiten zu dürfen, und nicht rechtzeitig in den Vorruhestand gehen konnte, wurde entlassen oder auf Kurzarbeit null Stunden gesetzt. In Westdeutschland war letztere Maßnahme ein probates Mittel, um bei Auftragsflaute Fachleute nicht gleich entlassen zu müssen und die Produktion bei Konjunkturbeginn sofort wieder hochfahren zu können. Das war ein gewaltiger Vorteil gegenüber der internationalen Konkurrenz, denn diese Maßnahme gab es im Ausland fast gar nicht. Aber für den Werktätigen auf dem Gebiet der ehemaligen DDR bedeutete, auf Kurzarbeit null Stunden gesetzt zu werden, dass er der Nächste sein würde, dem gekündigt werden würde. Das war so sicher wie das Amen in der Kirche.

11.9 Wie die Arbeit der Treuhand von den nicht Betroffenen gerechtfertigt wird

Die Rechtfertigung der Treuhandgesellschaft für die Schließung vieler volkseigener Betriebe und das satte Minus von rund 250 Milliarden DM als Ergebnis ihrer vierjährigen Arbeit wird damit begründet, dass die DDR nur Schrottbetriebe gehabt hätte. Diese Aussage wurde auch widerspruchslos von den westdeutsch dominierten Leitmedien weiterverbreitet. Es passt anscheinend ideologisch gut ins Bild, den Ostdeutschen zu bescheinigen, sie könnten nicht gut wirtschaften, sie hätten keine klugen Köpfe, ihr Bildungssystem und ihr Sozialsystem wären Mist gewesen. Der „Ossi" freue sich lediglich darüber, wenn er eine Banane nachgeworfen bekomme … Das hat den ehemaligen DDR-Bürger tief getroffen. Alles, was er einst geschaffen hatte, wurde geringgeschätzt und existiert teilweise nicht mehr. Die tiefgreifenden Änderungen um ihn herum haben zumindest teilweise zu einem Verlust seiner Identität geführt. Als plötzlich Abertausende ihre Arbeit verloren und nahezu jede Familie davon betroffen war, kam aus dem Westen oftmals die lakonische Antwort, sie sollten doch nicht so viel herumjammern, so sei der Kapitalismus nun einmal. Ich war nach der Wende vier Jahre am Stück arbeitslos und kenne das Gefühl, von der Gesellschaft nicht gebraucht zu werden.

In Westdeutschland hatten viele Menschen keine Ahnung vom Ausmaß der Umwälzungen. Für sie lag der Osten gefühlsmäßig schon bei Russland, also ganz weit weg. Viele Beamte, die laut Arbeitsvertrag überallhin ziehen müssten, wo sie der Staat braucht, weigerten sich vehement, im Osten ihre Arbeit zu verrichten. Als Anreiz für ihren widerwilligen Einsatz in den neuen Bundesländern bekamen sie bezeichnenderweise eine „Buschprämie". Birgit Breuel, die Nachfolgerin des Treuhandchefs

Detlef Rohwedder, beschrieb den großen Unterschied, mit dem sich die Menschen im Westen und im Osten beschäftigten, folgendermaßen: Während den Menschen in den neuen Bundesländern alles abverlangt wurde, weil sich in ihrem Umfeld alles geändert hat, stritten die Westdeutschen um die Einführung neuer Postleitzahlen durch die Deutsche Post.[205] Als ich Ende 1990 schweren Herzens meine Frau und zwei kleine Kinder in der Heimat zurücklassen musste, um in Braunschweig eine Arbeit aufzunehmen, begrüßte mich die Sekretärin schon fast feindselig mit der Bemerkung, bei ihr im Westen hätte sich so vieles unseretwegen (gemeint sind die ehemaligen DDR-Bürger) verändert. Ich kann bis heute ihr Klagen nicht nachvollziehen. Aber so unterschiedlich waren die Wahrnehmungen im Westen und im Osten des frisch „wiedervereinigten" Deutschlands …

Den Aussagen der Treuhand und extrem liberaler Politiker, alle Betriebe wären Schrott, und ihre Produkte wären minderwertig gewesen, muss ich entschieden widersprechen. Hierzu ein kleiner Exkurs in die DDR-Wirtschaft: Die volkseigenen Betriebe wurden je nach Branche einem bestimmten Kombinat unterstellt. Kein Betrieb durfte seinen Gewinn einbehalten. Alle Gewinne wurden dem Kombinat zugewiesen. Einmal im Jahr verteilte die Kombinatsleitung die Summe der Gewinne nach einem bestimmten Schlüssel auf alle Betriebe. Das waren die sogenannten „Bilanzanteile". Es gab Unternehmen, die Gewinne generierten, und andere, die auch unrentabel arbeiteten. Zudem hatten viele Betriebe auch noch soziale Einrichtungen wie Kindergärten, Bibliotheken und Feriengebäude, wodurch letztendlich der Gewinn geschmälert wurde. Jedes Kombinat hielt sich seine

---

205 Tele Potsdam, Lizenz Ventana Film- und Fernsehproduktion mbH (1999). Birgit Breuel ab Minute 42:36.

„wirtschaftlichen Leuchttürme". Dort wurden auch hochmoderne Maschinen aus dem Westen gekauft.

Die Produkte, die in der DDR produziert wurden, waren nicht generell schlecht. Das Problem war nur, dass der DDR-Bürger die qualitativ hochwertigen Produkte kaum zu sehen bekam, denn sie wurden exportiert. Sie wurden für Devisen im „GE-NEX"-Katalog angeboten. Westverwandte konnten sie dann für ihre Verwandten im Osten kaufen. Die technischen Geräte erschienen bei Versandhaus Quelle in den Katalogen unter der Marke „Privileg". Alle Produkte aus der DDR durchliefen bei Quelle eine hauseigene Qualitätsprüfung. Auch Neckermann bot im Westen Ostprodukte an. Ungefähr 6000 westdeutsche Unternehmen ließen ihre Produkte in der DDR herstellen. Die Elektro-Physikalischen Werke in Neuruppin stellten Leiterplatten für AEG, Bosch und Siemens her. Sie produzierten ein Nostalgieradio, das wie ein Volksempfänger aussah, für die Firma Philips. Die DDR war praktisch die verlängerte Werkbank des Westens. Der deutsch-deutsche Handel war für die Westdeutschen ein lukratives Geschäft, weil keine Umsatzsteuer und kein Zoll anfielen. Die oftmals qualitativ hochwertigen Produkte aus dem Osten wurden leider zu Schleuderpreisen veräußert. In gewisser Weise war es ein Verlustgeschäft, doch der Staat brauchte Devisen. Aus diesem Grund richtete er auch Sondermülldeponien ein, wo er den giftigen Müll aus ganz Westeuropa gegen Westgeld entgegennahm …

Die USA werden hierzulande immer gern als ein Land angepriesen, das eine hochmoderne Industrie habe. Ich hatte in den 1990er-Jahren die Gelegenheit, mir in den USA zwei Betriebe anzuschauen. Diese stellten Klimaanlagen her. Ein Unternehmen war hochmodern, und beim anderen hatte ich das Gefühl, als wäre ich plötzlich ins 19. Jahrhundert zurückversetzt worden.

Dort fertigten Latinos, Afroamerikaner und Indianer die Geräte manuell. Auf diesem Niveau habe ich jedenfalls noch keinen DDR-Betrieb arbeiten sehen. Insofern bin ich sehr vorsichtig, wenn es um die Bewertung der DDR-Industrie geht. Mein Eindruck ist, dass die Beurteilungen durch westdeutsche Medien und Politiker sehr ideologisch gefärbt sind, genauso, wie die Arbeit der Treuhand und des BAMF mit ihren Fehlern politisch gewollt ist.

12 Die falsch bewertete Indoktrination in der DDR, der Crashkurs in Sachen „Kapitalismus" und die mentale Auswirkung

Die Geringschätzung der Arbeit der ehemaligen DDR-Bürger hat sich tief in ihre Seele eingeprägt. Diese Erfahrung wird an die jüngere Generation weitergegeben. Die Medien und die Politiker unterschätzen vollkommen die Auswirkung auf die Denkweise und das Verhalten der Ostdeutschen. Diese gravierende Fehleinschätzung möchte ich an einem Beispiel illustrieren: Im September 2017 ist es der AfD gelungen, erstmals bei den Bundestagswahlen in den Bundestag einzuziehen. Bei der Auswertung der Wahlergebnisse fiel den Medien auf, dass in jedem neuen Bundesland mehr als zehn Prozent der Wähler die AfD gewählt haben. Da die AfD in den mehr oder weniger staatsnahen öffentlichen Fernseh- und Rundfunkanstalten bei Diskussionen bis kurz vor den Wahlen fast durchgehend ausgeschlossen worden war, dürften der Schock und die Wut auf die Ostdeutschen besonders groß gewesen sein. Als Antwort, warum gerade in den neuen Bundesländern viele die AfD gewählt haben und warum die „Ossis" Medien und Parteien gegenüber sehr misstrauisch sind, kam ein Beitrag in der ARD oder im ZDF nach den Spätnachrichten. Dort wurden Sequenzen aus der Sendung „Der schwarze Kanal" von und mit Karl-Eduard von Schnitzler gezeigt mit der abschließenden Bemerkung: „Das ist die Saat, die nun aufgeht!" Ich musste darüber nur schallend lachen. Dieser Beitrag hat die ganze Inkompetenz dieser Journalisten gezeigt!

Hierzu ein kleiner geschichtlicher Rückblick: Die politische Propaganda-Sendung „Der schwarze Kanal" kam im Fernsehen der DDR jeden Montag nach der Sendung „Willi Schwabes Rumpelkummer" mit dem gleichnamigen Schauspieler. Sie war sehr beliebt in Ost und West und eine der längsten deutschen Filmserien, wohl weil der Darsteller sich nicht politisch vereinnahmen ließ. Willi Schwabe wandelte durch einen Verschlag auf dem Dachboden, wo viele alte Requisiten abgestellt waren. Anhand dieses und jenes Stückes, das er auf seinem Weg kreuzte, konnte er sich an bestimmte Filme erinnern, die von der Universum Film AG, besser unter dem Namen UFA bekannt, zwischen 1929 und 1945 gedreht worden waren. Er präsentierte Filmstücke davon. Dabei konnte er auf eine vollständige Sammlung von UFA-Produktionen zurückgreifen, die im Staatlichen Filmarchiv der DDR lagerten. Marika Rökk, Brigitte Horney, Marlene Dietrich, Zara Leander, Heinz Rühmann, Nuschel-Moser, Curd Jürgens, Claire Waldoff, Johannes Heesters, Hans Albers und andere Schauspieler wurden plötzlich mit ihren wunderbaren Auftritten wieder lebendig. Zuweilen zeigte er auch deutsch-österreichische Gemeinschaftsproduktionen, die aus der Zeit zwischen 1945 und 1955 stammten. Das war die Zeit, als Österreich von den Alliierten besetzt gewesen und als noch nicht klar gewesen war, wie es mit Österreich weitergehen sollte.[206] Und als diese Sendung vorüber war und so manch ein älterer Mensch an seine Kindheit dachte, kam sofort „Der schwarze Kanal", eine Propagandasendung von Karl-Eduard von Schnitzler. Dieser nahm politische Beiträge aus dem Westfernsehen auseinander und kommentierte sie ziemlich verbissen aus seiner Sicht. Das Gegenstück im Westfernsehen war eine ZDF-Sendung von Gerhard Löwenthal. Viele DDR-Bürger schalteten den Fernseher sofort ab oder um auf Westfernsehen. „Preisfrage: Was ist ein ‚Schnitz'? Es ist jener Teil einer Sekunde, den ein Zuschauer braucht, um nach dem

---

[206] Wikimedia Foundation Inc. (Hrsg.) (16.12.2020): Willi Schwabes Rumpelkammer. Online verfügbar unter https://de.wikipedia.org/wiki/Willi _Schwabes_Rumpelkammer (zuletzt abgerufen am 23.12.2020).

Erscheinen des Moderators Karl-Eduard von Schnitzler auf dem Bildschirm um- oder auszuschalten"[207], lästerte man im Volksmund ...

Was die Indoktrination der DDR-Bevölkerung anbelangt: Ab der 8. Klasse wurde in den Schulen das Schulfach „Staatsbürgerkunde" gelehrt. In den Abiturklassen und während des Studiums mussten die Bücher von Karl Marx/Friedrich Engels und Wladimir Iljitsch Lenin studiert werden. Wer in diesem Fach die Note „5" erhielt, wurde nicht versetzt. In der Nationalen Volksarmee (NVA) gab es wöchentlich eine Stunde Agitation, wobei auch „Der schwarze Kanal" von Karl-Eduard von Schnitzler gezeigt wurde. In der Arbeitswelt wurden die Leute weitgehend von der Agitation verschont. Zu bestimmten betrieblichen Anlässen wie Jubiläen mussten aber die Werktätigen auf den Versammlungen die Rede des Betriebs-Parteisekretärs über sich ergehen lassen. In den Betriebspausen sprachen die Leute nur dann über Politik und äußerten sich gesellschaftskritisch, wenn sie sich überhaupt dafür interessierten und wenn sie sich relativ sicher sein konnten, dass keiner von der Stasi unter ihnen war. Allerdings gab es keine hundertprozentige Garantie, und so wunderte sich so manch einer nach der Wende, wenn er Einsicht in seine Stasiakte nahm. In den 1980er-Jahren wurde in den volkseigenen Betrieben das Zwangssystem durch ein Belohnungssystem ersetzt. Wenn die Arbeitsgruppe nahezu geschlossen zum Beispiel an der Demonstration zum 1. Mai und an

---

[207] Huber, Joachim (30.10.2019): Ein „Kanalarbeiter" mit Ideologie. Karl-Eduard von Schnitzler, unbeirrbarer und unbeirrter Dogmatiker. In: Tagesspiegel.de vom 30.10.2019. Online verfügbar unter https://www.tagesspiegel.de/gesellschaft/medien/ein-kanalarbeiter-mit-ideologie-karl-eduard-von-schnitzler-unbeirrbarer-und-unbeirrter-dogmatiker/25167602.html (zuletzt abgerufen am 23.12.2020).

anderen staatsnahen Veranstaltungen teilnahm und alle Mitglied der Deutsch-Sowjetischen Freundschaft waren, wurde sie als „sozialistisches Kollektiv" ausgezeichnet und bekam Geld, das dann zur freien Verfügung stand, soweit es zur Festigung der Gemeinschaft diente. Dadurch entstand auch ein gewisser Druck auf die einzelne Person, ein Gruppenzwang. Die SED hatte sich damit geschickt aus der Schusslinie gebracht.

Für die ideologische Beeinflussung der arbeitenden Bevölkerung und der Rentner waren die Medien, also Fernsehen und Zeitung, zuständig. Die Tageszeitung „Das neue Deutschland", das Zentralorgan der SED, gab den Ton an, welche Nachrichten verbreitet wurden und wie sie zu interpretieren waren. Die DDR-Bevölkerung, außer im Raum Usedom und Raum Dresden, hatte das Glück, die Aussagen der DDR-Medien zu bestimmten wirtschaftspolitischen Dingen mit denen der westdeutschen Medien vergleichen zu können. Täglich von 19.30 bis 20.00 Uhr wurde im DDR-Fernsehen die Nachrichtensendung „Aktuelle Kamera" ausgestrahlt, und von 20.00 bis 20.15 Uhr lief in der ARD die „Tagesschau". So konnte der politisch interessierte DDR-Bürger die Aussagen der Fernsehsender vergleichen und daraus seine eigenen Schlüsse ziehen. Auf diese Weise lernte er, „zwischen den Zeilen" zu lesen. Bei den Westdeutschen hingegen hielt der Glaube an die Richtigkeit der Aussagen von Medien und Politikern bis in dieses Jahrzehnt an. Erst jetzt, beflügelt durch die alternativen Medien, beginnt auch im Westen die Deutungshoheit der Medien und der Politiker bedrohlich zu bröckeln. Aber diese sind schuld daran, dass noch heute viele Westdeutsche glauben, dass die gesamte Bevölkerung der DDR die Politik der SED mitgetragen hätte. Eingangs hatte ich eine solche persönliche Erfahrung geschildert. Ich bin überzeugt davon, dass eine Beurteilung der realen Zustände in der DDR von außen, besonders zu Zeiten des Kalten Krieges, sehr schwer fallen dürfte. Aber jetzt, da sie die Möglichkeit haben, sich mit Ostdeutschen ungezwungen und ohne Vorbehalte über die DDR zu unterhalten, sollten sich die Westdeutschen nun von dieser Schwarz-Weiß-Malerei bestimmter Medien und Politiker verabschieden. Es waren natürlich auch nicht alle DDR-Bürger Widerstandskämpfer wie zum Beispiel Vera Lengsfeld. Das war eher eine Minderheit. Ich denke, dass vielleicht 30 Prozent der Bevölkerung der DDR wirklich vom Sozialismus überzeugt und die tragende Säule dieses Systems waren. Der Rest führte nach Feierabend in der Privatsphäre sein eigenes Leben. Es war eine Parallelwelt.

Die Illusion der DDR-Bürger, dass die westdeutsche Presse sich immer an die Wahrheit hielte, platzte erstmalig zu den ersten gesamtdeutschen Bundestagswahlen am 2. Dezember 1990, als es darum ging, ob die SPD oder die liberal-konservative Koalition die Regierung bilden solle. Dieser Wahlkampf war geprägt von Verunglimpfungen, die viele Menschen sehr erschreckt hat. Auch die abwertende Darstellung der Ostdeutschen durch Teile der westdeutschen Medien und Politik, diese seien Jammerer, ziemlich dumm, nur fordernd, und die DDR-Wirtschaft sei marode und nur Schrott, haben zu einem distanzierten Verhältnis zu eben diesen Kräften geführt.

Auch wenn es viele Menschen in Westdeutschland nicht glauben mögen: Die Mehrheit der DDR-Bürger war der sozialen Marktwirtschaft gegenüber positiv eingestellt. Die Euphorie über die vermeintliche Wiedervereinigung Deutschlands währte aber nicht lange. Sehr schnell stellte sich bei den Ostdeutschen eine Katerstimmung ein. Was ist passiert? Mit der Aufnahme der Arbeit der Treuhandanstalt im Sommer 1990 begann in der noch existierenden DDR die Deindustrialisierung. Viele Betriebe wurden geschlossen und viele Arbeitskräfte freigesetzt, also entlassen. Die Arbeitslosigkeit schnellte in die Höhe. Im Durchschnitt betrug sie in den neuen Bundesländern Ende 1990 um die 15 Prozent, regional lag sie bei bis zu 50 Prozent. In die Arbeitslosenstatistik fielen bekanntlich nicht Personen, die an einer vom Arbeitsamt geförderten Bildungsmaßnahme teilnahmen, und diejenigen, die auf Kurzarbeit null (Stunden) gesetzt wurden. Die reale Höhe der Arbeitslosigkeit war deshalb viel höher. Plötzlich bekamen die ehemaligen DDR-Bürger am eigenen Leib die Arbeitslosigkeit zu spüren, die sie bisher nur aus dem Westfernsehen gekannt oder durch Hörensagen wahrgenommen hatten. Nun hieß es: am Heimatort bleiben oder in die Ferne gehen, zeitweise, wenn nicht sogar für immer. Ich war ab 1990 vier Jahre durchgehend arbeitslos und hielt mich durch Teilnahme an Weiterbildungsmaßnahmen geistig fit und finanziell über Wasser. Ich weiß, was es bedeutet, von der Gesellschaft nicht mehr gebraucht zu werden. Ich schrieb jeden Monat bis zu 30 Bewerbungen. Die Absagen, zumeist ohne Angabe einer Begründung, waren schon niederschmetternd. Bei nochmaligem Nachhaken erhielt ich zuweilen eine Begründung. „Überqualifiziert" hieß für mich das Unwort des Jahres. Seltsam – wie kann man für eine Arbeit überqualifiziert sein? Diese Frage stellten sich bestimmt viele meiner Landsleute. Nach der Wende schossen Bildungseinrichtungen, die mit dem Arbeitsamt zusammenarbeiteten, wie Pilze aus dem Boden. Dort wurde in erster Linie beigebracht, wie man Computerprogramme nutzt, was Marktwirtschaft ist und wie man sich bei Unternehmen und Behörden bewirbt. Sich selbst über den Klee zu loben und trotz Unwissenheit Kompetenz vorzugaukeln, war vielen Ostdeutschen fremd, ja zuwider.

Ich erinnere mich ganz vage, wie im Unterrichtsfach Marktwirtschaft ein Modell eines Wissenschaftlers vorgestellt wurde, das ich sowohl in der Zeitung als auch im Fernsehen noch nie gesehen habe. Vielleicht sollte die Bevölkerung nicht beunruhigt werden. Dieses Modell bestand aus einer Spirale, die einerseits die Produktivität symbolisierte, die immer schneller zunahm, und andererseits zeigte, wie immer mehr Arbeitskräfte freigesetzt wurden, je weiter man sich, symbolisch gesehen, in der Spirale befand. (Physikalisch gesehen, verhält es sich so: Je näher man sich dem Zentrum der Spirale nähert, umso größer wird die Geschwindigkeit und umso stärker wirken die Zentrifugalkräfte.) Ich habe mich schon damals gefragt: Wohin sollen die Arbeitskräfte gehen? Was soll mit ihnen geschehen? Wie weit kann eine Gesellschaft das verkraften? Zur Beruhigung wurde auf dem Lehrgang gesagt, die Lösung sei die Gründung von Dienstleistungsunternehmen. Auf meinen etwas zugespitzten Hinweis, dass, wenn kein Geld mehr im produzierenden Bereich verdient werde, könne dieses auch nicht für Dienstleistung ausgegeben werden, erhielt ich keine Antwort ...

In der DDR war im Unterricht und in den Medien ein ziemlich düsteres Bild des Kapitalismus gezeichnet worden. Das war wohl eher der Kapitalismus zu Zeiten von Karl Marx und Friedrich Engels in Anlehnung an Ilse und Vilmos Korns Roman „Mohr und die Raben von London" gewesen – Pflichtliteratur in der DDR-Schule. Angesichts der ständigen Wiederholung und der Penetranz, mit der die Propaganda vorgetragen worden war, und der Bilder im Westfernsehen über den relativ sozialen Kapitalismus in der BRD, in der Schweiz, in Österreich und in Schweden stumpfte die Wirkung auf die Menschen ab, hatte kaum jemand an die verbreiteten politischen Ideen geglaubt. Mit dem Niedergang des Sozialismus fehlte dem Kapitalismus jeder Ansporn, sich in sozialen und demokratischen Belangen anzustrengen. Und so gebärdete sich auch die Treuhandanstalt. Hier wurde die reine extremliberale Lehre durchgezogen. Bei den linksgrün geprägten Politikern und Medien wird hier oft das Wort „neoliberal" verwendet. Gysi, Lafontaine und andere nutzen es immer wieder gern, jedoch ist diese Bezeichnung wissenschaftlich nicht korrekt. Das habe ich ausführlich in meinem Buch „Ist Deutschland ein souveräner Staat?" erklärt. Das soll hier aber nicht das Thema sein.

Auch wenn extremliberale Wissenschaftler und Politiker die Arbeit der Treuhandanstalt nach wie vor loben, so hat diese bei den meisten Ostdeutschen einen ganz anderen Eindruck hinterlassen. Ging es der Treuhand wirklich darum, die ehemaligen volkseigenen Betriebe in die Marktwirtschaft zu überführen, sie konkurrenzfähig für den Weltmarkt zu machen? Die von mir angeführten Fallbeispiele sind nur die Spitze des Eisberges und dürften Zweifel aufkommen lassen. Für viele ehemalige DDR-Bürger hinterlässt das den schalen Eindruck, dass die Treuhand nur dafür da gewesen sei, die DDR-Wirtschaft kaputt zu machen, um Platz für die westdeutschen Unternehmen zu schaffen, und die Vorgehensweise darauf ausgerichtet gewesen sei, einen Volksaufstand zu vermeiden. Ab 2020 werden die Unterlagen der Treuhand, zumindest theoretisch, freigegeben. Das hängt davon ab, welche Partei das Bundesfinanzministerium dann besetzen wird. Dann können Wissenschaftler herausfinden, was wirklich passiert ist. 2020 sind die Unterlagen der Treuhand freigegeben worden. Nun könnten sich eigentlich die Wissenschaftler daransetzen und herausfinden, was wirklich passiert ist. Allerdings habe ich bis Ende 2020 wenig Erhellendes hierzu gelesen und gehört ...

Das, was die Treuhand und die hinter ihr stehenden Politiker den Ostdeutschen angetan haben, kann nicht mehr rückgängig gemacht werden. Ein nicht unerheblicher Teil von ihnen kommt nicht mit diesem Gesellschaftssystem zurecht. Zum einen liegt es daran, dass dieser nie die Gelegenheit bekam, auf dem ersten Arbeitsmarkt zu arbeiten. Allein wenn man zu lange arbeitslos war, sinkt in den Augen des Arbeitgebers der Wert der Arbeitskraft rapide. Die richtige Qualifizierung am richtigen Ort zu haben, setzt Mobilität voraus, die nicht jeder hat. Zum anderen lief in der DDR alles automatisch. Im vereinigten Deutschland hingegen muss alles beantragt werden. Die Ostdeutschen haben einen Crashkurs in Sachen Kapitalismus hinter sich. Sie haben die dunkelste Seite des Kapitalismus erlebt und erinnern sich, dass wohl doch einiges stimmt, was sie zu Zeiten der DDR in der Schule gelernt hatten. Sie werden dadurch nicht automatisch gleich zu Linken. Da sie nun beide Gesellschaftssysteme kennengelernt haben, sind sie kritischer als die Westdeutschen gegenüber dem, was die Leitmedien und die Politiker äußern. Daher sind sie auch in einem gewissen Maße „gefährlich" für diese Protagonisten. Das Wirken der Treuhand hat bei der ostdeutschen Bevölkerung Verbitterung ausgelöst. Die schlechten Erfahrungen mit der Treuhand werden der jüngeren Generation weitergegeben. **Die Lebensleistung der ehemaligen DDR-Bürger auch einmal zu würdigen, könnte vieles, was bei der gesellschaftlichen und wirtschaftlichen Transformation schiefgelaufen ist, zwar nicht rückgängig machen, aber es gelänge so, den Menschen aus der DDR wenigstens ihre Würde zurückzugeben.** Die eingefleischten Ideologen befinden sich hier zweifellos in einer Zwickmühle: Wenn sie zugäben, dass nicht alles, was in der DDR getan wurde, schlecht war, könnten, so die Befürchtung, die Menschen schlussfolgern, dass der Sozialismus gar nicht so schlecht gewesen sei. Sollten diese Kräfte obsiegen, wird der Keil zwischen dem Westen und Osten der BRD noch lange weiterbestehen.

Nein, es ist nicht Karl-Eduard von Schnitzlers Propagandasendung „Der schwarze Kanal", die dazu geführt hat, dass sich die Ostdeutschen nicht so verhalten, wie es sich die Leitmedien und die etablierten Parteien so gerne wünschen. Vielmehr liegt es an der Kahlschlagpolitik der Treuhand, an der Verleugnung der Lebensleistungen der DDR-Bürger und an der bis heute andauernden Ungleichbehandlung von Ostdeutschen und Westdeutschen. Die DDR-Bürger waren 1989 nicht auf die Straße gegangen, weil es ihnen materiell schlecht ging. Sie demonstrierten für mehr Meinungs- und Reisefreiheit und für mehr Demokratie. Nun müssen sie aber feststellen, dass die Meinungsfreiheit immer mehr eingeschränkt und spätestens seit Merkels Machtantritt immer dreister am Volk vorbeiregiert wird.

13 Das deutsche Rentensystem nach dem Beitritt der DDR zur BRD und die Situation der Rentner in den neuen Bundesländern

Bevor ich auf die Lage der Rentner, insbesondere auf diejenigen in den neuen Bundesländern, eingehe, möchte ich kurz und knapp die Entstehungsgeschichte des Rentensystems in Deutschland schildern: Dieses geht auf eine Idee des Reichskanzlers Otto von Bismarck zurück und wurde am 24. Mai 1889 eingeführt. Anfangs beruhte das System auf dem Kapitaldeckungsverfahren. Eine ausreichende Kapitaldecke wurde selten erreicht. Inflationen und zwei Weltkriege fraßen die Rücklagen auf. Das Rentensystem wurde 1957 auf Veranlassung des Bundeskanzlers Konrad Adenauer durch ein Umlageverfahren mit dynamischer Rente abgelöst. Das jetzige gesetzliche Rentensystem ist relativ krisensicher, da Menschen aus verschiedenen Berufsgruppen einzahlen. Notfalls schießt der Staat (der Steuerzahler) Geld zu. Da die arbeitenden Menschen die Rente der jetzigen Rentner finanzieren, wird dieses System auch als Generationenvertrag bezeichnet. Allerdings sind bestimmte Berufe wie Politiker, Beamte, Zeit- und Berufssoldaten, Richter, satzungsgemäße Mitglieder geistlicher Genossenschaften, Freiberufler und Selbstständige, für die keine Pflichtversicherung besteht, von Gesetzes wegen und zudem die Geringverdiener von der Einzahlung in die staatliche Rentenkasse befreit. Diejenigen, die sich aus diesem System ausklinken dürfen, sind in erster Linie Spitzenverdiener, was ich als zutiefst unsolidarisch empfinde.

Die Absenkung des Rentenniveaus bis 2030 auf 43 Prozent hat die rot-grüne Regierung im Jahre 2003/2004 im Rahmen der Agenda 2010 beschlossen (§ 154 Abs. 3 SGBVI). 2006 wurde von der CDU/CSU und der FDP ein Gesetz zur stufenweisen Heraufsetzung des Renteneintrittsalters auf 67 Jahre verabschiedet. Nachfolgend eine Tabelle hierzu:

Tabelle 26:   *Schrittweise Anhebung des Renteneintrittsalters[208]*

Jahrgang	Alter (in Jahren + Monaten	Jahrgang	Alter (in Jahren + Monaten
1946	65 + 0	1956	65 + 10
1947	65 + 1	1957	65 + 11
1948	65 + 2	1958	66 + 0
1949	65 + 3	1959	66 + 2
1950	65 + 4	1960	66 + 4
1951	65 + 5	1961	66 + 6
1952	65 + 6	1962	66 + 8
1953	65 + 7	1963	66 + 10
1954	65 + 8	1964	67 + 0
1955	65 + 9		

Viele SPD-Politiker setzen sich nach und nach von der damaligen (Sozial- und) Rentenpolitik ab und wollen mit ihr am liebsten gar nichts mehr zu tun haben. Pikant ist, dass die sich als ach so sozial ausgebende Grünen-Politikerin Katrin Göring-Eckardt

---

[208] Finanzen.de Vermittlungsgesellschaft für Verbraucherverträge GmbH (2004–2020): Renteneintrittsalter: Alle Infos zum Renteneintritt, Optionen und zum Rentenantrag. Online verfügbar unter https://www. rente. com/gesetzliche-rentenversicherung/renteneintrittsalter/ (zuletzt abgerufen am 23.12.2020).

noch heute diese Maßnahmen rechtfertigt. Bereits als damalige rentenpolitische Sprecherin der Grünen war sie eine entschiedene Befürworterin von Agenda 2010 und der Erhöhung des Renteneintrittsalters gewesen. Am 4. Juli 2018 veröffentlichte die Techniker Krankenkasse (TK) die Ergebnisse ihres „Gesundheitsreportes 2018". Diese wertete die Arzneimittelverordnungen und die Krankschreibungen von ungefähr 5 Millionen bei ihr versicherter Erwerbspersonen aus. Hierzu zählen sowohl sozialversicherungspflichtige Beschäftigte als auch Empfänger von Arbeitslosengeld I. Das Resultat dieser Untersuchung war äußerst brisant: Mehr als jeder zweite Erwerbstätige scheidet „vor dem offiziellen Renteneintrittsalter aus dem Arbeitsleben aus. Darunter jeder Siebte (13,5 Prozent) aufgrund von Berufsunfähigkeit, Erwerbsunfähigkeit oder Schwerbehinderung."[209] Für die Techniker Krankenkasse ergibt es keinen Sinn, wenn der Staat das gesetzliche Renteneintrittsalter immer weiter nach oben schraubt. Stattdessen sollen Strategien zur Gesundheitsförderung entwickelt werden, um insbesondere die älteren Werktätigen fit zu halten.

Angenommen, jemand würde die Zitate der Grünen-Politikerin Katrin Göring-Eckardts über die rot-grüne Rentenreform (aus den Jahren 2003/2004) und über die Flüchtlingskrise Revue passieren lassen, dann könnte er vielleicht zu dem Schluss kommen, dass die Deutschen bis zum Umfallen arbeiten sollen. Schließlich muss die Politik der Grünen als damalige Regierungspartei beziehungsweise die fragwürdige/kostspielige

---

[209] Techniker Krankenkasse, Unternehmenszentrale (Hrsg.) (2018): Gesundheitsreport Fit oder fertig? Erwerbsbiografien in Deutschland. Vorwort. Online verfügbar unter https://www. tk.de/resource/blob/2035612/168 c6d8c6e4a6a2919450f0281a03474/gesundheitsreport-2018-data.pdf (zuletzt abgerufen am 23.12.2020).

Flüchtlings- und Energiepolitik Angela Merkels finanziert werden.

Die Politiker haben anscheinend, wenn auch etwas halbherzig, auf die von der Techniker Krankenkasse angesprochene brisante Entwicklung reagiert und die „Rente mit 63" eingeführt. Voraussetzung sind 45 Beitragsjahre. Wer mindestens 35 Jahre Beitragsjahre nachweisen kann, darf auch mit 63 Jahren in Rente gehen, muss aber Rentenabschläge von 0,3 Prozent pro Monat in Kauf nehmen. Mit dem Flexirentengesetz vom 21. Oktober 2016 ermöglicht die Bundesregierung denjenigen, die die „Rente mit 63" in Anspruch nehmen wollen, bereits ab dem 50. Lebensjahr freiwillige Einzahlungen in die gesetzliche Rentenkasse vorzunehmen, um die drohende Renteneinbuße wettzumachen. Es besteht auch die Möglichkeit, weiterzuarbeiten, die Rente nach der Regelaltersgrenze zu beantragen und freiwillig in die gesetzliche Rentenkasse einzuzahlen. Dann wird er mit einer Rentenzahlung von 0,5 Prozent für jeden zusätzlich eingezahlten Monatsbeitrag belohnt …[210] Die Deutschen erwarten von ihrer Regierung, dass einerseits, wenn Menschen ihr Leben lang gearbeitet haben, diese mit großem Abstand mehr Rente bekommen als ein Sozialhilfeempfänger, andererseits dürfen Personen, die unverschuldet nicht mehr arbeiten können, nicht sozial abstürzen. Diesen Spagat hat bisher keine Bundesregierung geschafft. Hinzu kommt die Problematik der gebrochenen Lebensläufe, der Benachteiligung und der niedrigeren Entlohnung in den neuen Bundesländern. Wie kann es sein, dass eine ostdeutsche Zahnarzthelferin, die ihr ganzes Leben lang ganztags gearbeitet hat, nur eine Rente von ungefähr 1.000 Euro und weniger bekommt?

---

[210] Aschauer, Robert (10.04.2018): Flexirente: Alles zur vorgezogenen Rente (mit Rechenbeispiel). Online verfügbar unter https://www.einfach-rente.de/flexirente (zuletzt abgerufen am 23.12.2020).

Nach dem Beitritt der DDR zur BRD mussten alle ehemaligen Bürger der DDR, die über 18 Jahre alt waren, den „Antrag auf Kontenklärung" der Bundesversicherungsanstalt ausfüllen. Sie mussten lückenlos belegen, was sie beruflich getan haben, und dem Personal die Originale der Wehrdienstbescheinigung, der Arbeitsverträge und den DDR-Sozialversicherungsausweis vorlegen. In Letzterem sind sowohl die beruflichen Aktivitäten als auch der jährliche Verdienst und die Fehltage im Jahr (zumeist Krankheitstage) fein säuberlich eingetragen und von der Lohnbuchhaltung abgestempelt worden. Lohnsteuererklärungen gab es zur Zeit der DDR nicht. Ärgerlich war, dass bei der Bemessung der Rente auch die Fehltage herangezogen wurden, was bei den Westdeutschen nie der Fall gewesen war.

Für Lehrer der Oberstufe (ab der 6. Klasse) sowie für Techniker und Ingenieure volkseigener Produktionsbetriebe und ihnen gleichgestellte volkseigene Betriebe oder für die, die im Bauwesen tätig waren, gab es die sogenannte „Intelligenzrente". Während später den in Rente gegangenen Oberstufenlehrern problemlos von der Deutschen Rentenversicherung die Intelligenzrente zuerkannt wurde, sahen sich die Techniker und Ingenieure diesbezüglich großen Schwierigkeiten gegenüber. Abertausende von ihnen zogen vor das Sozialgericht. Oft scheiterte die Anerkennung am Stichtag 30.06.1990. Die Antragsteller mussten in einem Betrieb gearbeitet haben, der noch nach diesem Tag ein volkseigener gewesen war, was oft nicht zutraf. Entweder war das Unternehmen bereits privatisiert, hatte eine andere Gesellschaftsform oder war bereits auf dem Weg in die Liquidation. In diesem Zusammenhang sprachen die Richter oft von einer „leeren Hülle", die der Betrieb noch sei …

Teilweise, so ist jedenfalls mein Eindruck, wurde die „Intelligenzrente" zu Zeiten der DDR willkürlich Personen zugestanden, entzogen oder auch verweigert. Laut der Eintragung in meinem SV-Ausweis wurde für diese Rente für kurze Zeit vom Betrieb Geld eingezahlt und dann nicht mehr, obwohl sich meine Arbeit nicht geändert hat. Da sich nach der Wende und durch das Zerschlagen von Betrieben seitens der Treuhand die Strukturen verändert haben, ist es nicht mehr möglich, nachzufragen, warum das so gehandhabt worden ist.

Neben der „Intelligenzrente" gab es auch die Freiwillige Zusatzrentenversicherung (FZR). Diese wurde am 01.03.1971 in der DDR eingeführt und existierte bis zum besagten Stichtag, dem 30.06.1990. Sie war jedem zugänglich. Die Werktätigen hatten die Möglichkeit, sich mit dem Geld, das den Lohn/das Gehalt von 600 Mark der DDR überstieg, zu versichern. Allerdings waren 600 Mark zu dieser Zeit relativ viel Geld.

Da die ehemaligen DDR-Bürger nicht in die Rentenkasse der alten BRD eingezahlt haben, wurden für die Bemessung der Ostrenten adäquate Berufe und deren typische Einkommen im Westen herangezogen. Allerdings ist der Punktwert für die „fiktiv" und seit der Wiedervereinigung real eingezahlten Beiträge in Ostdeutschland geringer als im Westen. Erst im Jahre 2024 soll die volle Angleichung der Rentenwerte vollzogen werden. Die nachfolgende Tabelle zeigt die stufenweise Anpassung der Rentenwerte:

Tabelle 27: Rentenanpassung[211]

Gültig ab	Rentenwert (Ost) im Verhältnis zum Rentenwert (West)
01.07.2018	95,8 %
01.07.2019	96,5 %
01.07.2020	97,2 %
01.07.2021	97,9 %
01.07.2022	98,6 %
01.07.2023	99,3 %
01.07.2024	100 %

Die Deutsche Rentenversicherung ermittelt in regelmäßigen Abständen das durchschnittliche Rentenniveau der einzelnen Bundesländer und unterteilt noch Berlin in den Ost- und in den Westteil. Dadurch können Vergleiche zwischen dem Ost- und dem Westteil der neuen BRD angestellt und auch der Fortschritt bei der Angleichung der Lebensverhältnisse festgestellt werden. Wie die folgende Tabelle zeigt, manifestieren sich die nach wie vor nicht vollkommen überwundene Teilung und Eigenarten auch bei den Renten. Allerdings gibt es auch eine positive Überraschung:

---

[211] Presse- und Informationsamt der Bundesregierung (2020b): Rentenangleichung Ost-West: Soziale Einheit bis 2025 vollendet. Online verfügbar unter https://www.bundesregierung. de/breg-de/aktuelles/soziale-einheit-bis-2025-vollendet-336842 (zuletzt abgerufen am 23.12.2020).

Tabelle 28: *Übersicht über die Renten in den deutschen Bundeslän-*
dern, getrennt nach „Ost" und „West" per
01.07.2016[212]

Lfd. Nr.	Bundesland	Männer [€]	Frauen [€]
1	Baden-Württemberg	1.174	866
2	Bayern	1.097	825
3	Berlin-West	1.019	935
4	Bremen	1.086	853
5	Hamburg	1.115	925
6	Hessen	1.143	847
7	Niedersachsen	1.113	818
8	Nordrhein-Westfalen	1.184	833
9	Rheinland-Pfalz	1.117	784
10	Saarland	1.173	773
11	Schleswig-Holstein	1.109	835
	Summe:	12.330	9.294
	Durchschnitt:	1.120,91	844,91

---

[212] Deutsche Rentenversicherung (Hrsg.) (30.06.2017): Statistik der Deutschen Rentenversicherung. Rentenversicherung in Zahlen 2017, S. 51. Online verfügbar unter http://v-hess.de/data/documents/02_rv_in_zahlen_20 17.pdf (zuletzt abgerufen am 03.01.2021).

Die durchschnittliche Rente der Westdeutschen beträgt 982,91 €.

Lfd. Nr.	Bundesland	Männer [€]	Frauen [€]
1	Berlin-Ost	1.208	1.170
2	Brandenburg	1.147	1.097
3	Mecklenburg-Vor-pommern	1.093	1.074
4	Sachsen	1.162	1.097
5	Sachsen-Anhalt	1.133	1.082
6	Thüringen	1.136	1.089
	Summe:	6.879	6.609
	Durchschnitt:	1.146,50	1.101,50

Die durchschnittliche Rente der Ostdeutschen beträgt 1.124 €.

Auswertung: Während der Pensionist in Westdeutschland (per 1. Juli 2016) durchschnittlich eine Rente von 1.120,91 € bekam, betrug sie beim Ostdeutschen 1.146,50 €. Eine Frau im Westen bekam nur 844,91 €, während die Rentnerin im Osten 1.101,50 € erhielt. Der krasse Unterschied bei den Frauen erklärt sich dadurch, dass einerseits in der DDR die Gleichberechtigung der Frau konsequent gelebt wurde und sie deshalb mehr bzw. fast das ganze Leben lang werktätig war, während im Westen viele Frauen zu Hause als Hausfrau blieben. Betrachtet man den Gesamtdurchschnitt von „Ost" und „West", so lagen die ostdeutschen Rentner mit 1.124 € sogar vor den westdeutschen Rentnern mit 982,91 €. Als ich 2017 mit dem Verfassen dieses Buches begann, lagen mir die oben genannten Daten der Deutschen Rentenversicherung aus dem Jahre 2016 vor. Um sicherzugehen, dass das positive Ergebnis betreffs der Rentner in den neuen Bundesländern keine Eintagsfliege war, studierte ich vor „Redaktionsschluss" die aktuelle Statistik der DRV (Stand: 01.07.2019). So erhielten in Westdeutschland der Rentner eine durchschnittliche Rente von 1.210,27 € und die Rentnerin eine von 947,91 €. In den neuen Bundesländern betrug die durchschnittliche Rente bei den Männern 1.245,67 € und bei den Frauen 1.246,83 €. Man staune: Mit einer durchschnittlichen Rente von 1.314 € war die Rentnerin aus Berlin-Ost einsamer Spitzenreiter![213] Selbst die Durchschnittsrente, die in Baden-Württemberg für die Männer gezahlt wurde (1.279 €), konnte da nicht mithalten. Mit diesen von mir ermittelten neuen Zahlen werden meine oben genannten Feststellungen bestätigt. Die jetzigen Rentner in den neuen Bundesländern können mit der Entwicklung ihrer Pensionsansprüche zufrieden sein. Die Arbeitslosigkeit, insbesondere gleich nach der Wende, wird bei den kommenden ostdeutschen Rentnern noch zu Buche schlagen. Viele werden bis zum Schluss (65 Jahre + x Monate, je nach Geburtsjahr) arbeiten müssen, weil sie die 45 Arbeitsjahre nicht zusammenbekommen. Die ZDF-Sendung „Frontal21" berichtete am 22. Mai 2018 über sehr bedenkliche Zahlen für die Ostdeutschen: Demnach arbeitet jeder dritte werktätige Ostdeutsche für einen Bruttolohn ein bzw. Bruttogehalt von gleich bzw. weniger als 2.000 €. Bei den Westdeutschen betrifft es nur jeden Siebenten.

---

[213] Deutsche Rentenversicherung (Hrsg.) (24.07.2020): Statistik der Deutschen Rentenversicherung. Rentenversicherung in Zahlen 2020. S. 51. Online verfügbar unter https://www. deutsche-rentenversicherung.de/SharedDocs/Downloads/DE/Statistiken-und-Berichte/statistikpublikationen/rv_in_zahlen_2020.html (zuletzt abgerufen am 03.01.2021).

Diese Einkommensverhältnisse werden sich mit Verzögerung auch auf die Ostrenten auswirken.

Die Leitmedien und die Politiker der etablierten Parteien sprechen immer wieder gern von den „Eckrentnern". Gemeint ist die theoretische Durchschnittsrente. Per 01.07.2015 betrug sie in den alten Bundesländern 1.231,45 € und in den neuen Bundesländern 1.217,25 €. Wie zu erkennen ist, weicht diese von den von mir ermittelten Werten erheblich ab. Bei dem „Eckrentner" wird vorausgesetzt, dass er

- 45 Jahre lang Beiträge in die gesetzliche Rentenversicherung eingezahlt hat,
- den Durchschnittsverdienst aller Versicherten bekommt,
- mit Rentenbeginn die Regelaltersgrenze erreicht hat und
- zu Rentenbeginn 45 Entgeltpunkte besitzt.[214]

Bei den „Eckrentnern" werden nicht die beruflichen Brüche im gesamten Leben und andere Widrigkeiten berücksichtigt. Insofern ist die Werbung mit dem Einkommen des „Eckrentners" als eine Vernebelung der grauen Realität zu bezeichnen.

---

[214] Aschauer, Robert (24.12.2015): Rentenhöhe: Wie hoch ist die Durchschnittsrente in Deutschland? Online verfügbar unter https://www.einfach-rente.de/durchschnittsrente-deutschland (zuletzt abgerufen am 23.12.2020).

14 Das Schicksal der Mitarbeiter der Deutschen Reichsbahn nach 1990

14.1 Zur Geschichte der Deutschen Reichsbahn zwischen 1990 und 1994

Die Deutsche Reichsbahn (DR) existierte nach dem Beitritt der DDR zur BRD bis zum 31. Dezember 1993 weiter. Zum 1. Januar 1994 fusionierten die Deutsche Reichsbahn und die Deutsche Bundesbahn zur Deutschen Bahn AG.

Mit der Vereinigung beider deutscher Staaten am 3. Oktober 1990 wurde das Reichsbahnvermögen zu Bundeseisenbahnvermögen. Zwischen 1990 und 1993 erlebte die Deutsche Reichsbahn einen Aderlass, den sie in ihrer Geschichte nur nach dem Zweiten Weltkrieg durch die Abtrennung der deutschen Ostgebiete und durch die Reparationsleistungen an die Sowjetunion erlebt hatte. Eine Bekannte von mir, die ihr Leben lang bei der Reichsbahn gearbeitet hatte, berichtete mir, wie sie immer wieder ihren Arbeitsort habe wechseln müssen, weil ein Reichsbahnausbesserungswerk (RAW) und ein Güterbahnhof nach dem anderen geschlossen worden seien. In der DDR erfolgte der Warentransport überwiegend auf der Schiene. Daher waren die Straßen auch nicht so verstopft wie heutzutage. Die Regierungen der BRD hingegen favorisierten seit jeher den Transport der Waren auf der Straße. Die Folge dieser Politik ist, dass es auf dem Gebiet der ehemaligen DDR so gut wie keinen Gütertransport auf der Schiene mehr gibt und ein großer Teil des Schienennetzes stillgelegt wurde. Bahnhöfe, die in der Kaiserzeit gebaut und seitdem ununterbrochen genutzt worden waren, verwaisten. Viele Arbeiter und Angestellte der Deutschen Reichsbahn verloren ihre Arbeit. Standen noch am 1. Juli 1990, als die Währungs-,

Wirtschafts- und Sozialunion in Kraft trat, ungefähr 253 000 Eisenbahner in Lohn und Brot, so blieben bis zum 31. Dezember 1993, vor der Fusion, nur noch 138 000 übrig.

14.2 Warum der Unmut der Reichsbahner so groß ist

Der Unmut der Mitarbeiter der Deutschen Reichsbahn hatte vielfältige Gründe. Für die einen war es der Verlust ihres Arbeitsplatzes, für die anderen die Höhe ihrer Rente oder die Höhe ihres Lohnes/Gehaltes im Vergleich zu demjenigen ihrer westdeutschen Arbeitskollegen.

14.2.1 Unterschiedliche Bezahlung bei gleicher Arbeit

Obwohl das Schienennetz in Westdeutschland wie in den neuen Bundesländern systemrelevant war, zumindest, was den Personenverkehr anbetraf, bekamen die Reichsbahner für die gleiche Arbeit wesentlich weniger Geld als ihre Berufsgenossen bei der Deutschen Bundesbahn. Im November 1990 kam es deshalb zum Streik. Am 26. April 1991 wurde zwischen der Gewerkschaft der Eisenbahner Deutschlands (GdED) und der Konzernleitung der Deutschen Reichsbahn ein Tarifvertrag abgeschlossen, wonach die Reichsbahner ab dem 1. Juli 1991 (wenigstens) 60 Prozent der bei der Deutschen Bundesbahn gezahlten Löhne und Gehälter erhalten sollten.

14.2.2 Unterschiedliche Renten

Bei den Rentenansprüchen der Reichsbahner gibt es zwei Problemfelder. Das eine sind die Renten, die sich allein auf die Zeit der DDR beziehen. Das andere betrifft insbesondere die Zeit zwischen Anfang 1992 und 1994, als es um die Betriebsrenten ging.

14.2.2.1 Renten aus der DDR-Zeit

Eine Anordnung des Ministeriums für Verkehrswesen der DDR vom 7. Januar 1956 über die Einführung einer Altersversorgung für Mitarbeiter der Deutschen Reichsbahn und eine Verordnung über die Pflichten und Rechte der Reichsbahner vom 18. Oktober 1956 sorgte dafür, dass diese eine Gesamtversorgung (Rente) von bis zu 70 Prozent des Monatsgrundlohnes erarbeiten konnten. Angesichts der niedrigen Renten in anderen Berufsgruppen der DDR war das schon ein gewisses Privileg. Bedingung für den Anspruch war, dass die Person mindestens zehn Jahre dort ununterbrochen gearbeitet hatte und eine Wartezeit von 15 Jahren nachweisen konnte. Die Deutsche Reichsbahn hatte im Gegensatz zu anderen Berufsgruppen eine eigenständige Verwaltung und Versorgung für ihre Mitarbeiter.

Das änderte sich ab 1974: Per Verordnung vom 28. März 1973 über die Pflichten und Rechte der Eisenbahner (Eisenbahner-Verordnung) wurde festgelegt, dass die Versorgung der Beschäftigten der Deutschen Reichsbahn ab dem 1. Januar 1974 in das System der allgemeinen Sozialversicherung der DDR einzugliedern sei. Der FDGB war somit auch für die Renten der Reichsbahner zuständig. Es änderte sich auch die Berechnungsgrundlage. Anstelle der Möglichkeit auf eine Rente von bis zu 70 Prozent des Monatsgrundlohnes wurde den Reichsbahnern die Möglichkeit zugestanden, für jedes Jahr Dienstzeit bei der DR einen Steigerungsbetrag von 1,5 Prozent zur Berechnung der Alters- oder Invalidenversorgung zu erhalten. Bedingung war, dass sie mindestens zehn Jahre ununterbrochen bei der Deutschen Reichsbahn gearbeitet hatten. Damit waren die Mitarbeiter der DR immer noch privilegierter als die anderen Sozialpflichtversicherten, bei denen die jährliche Steigerungsrate ein Prozent betrug. Allerdings muss darauf hingewiesen werden, dass die

Bezahlung der Reichsbahner gegenüber den Arbeitern und Angestellten in den VEB nicht so üppig war. Wer eine Arbeit bei der Deutschen Reichsbahn aufnahm, der hatte es aus meiner Sicht wohl eher als eine Berufung angesehen. Bei Wind und Wetter und unter anderen widrigen Bedingungen hatten sie dafür gesorgt, dass der Bahnverkehr nach Möglichkeit aufrechterhalten blieb. Es ist nicht ganz klar, ob die Reichsbahner eine Freiwillige Zusatzrentenversicherung (FZR) abschließen konnten oder ob ihnen diese verwehrt blieb. Es gab bei der FZR eine Untergrenze von 600 Mark Lohn/Gehalt brutto, ab der Rentenbeiträge erst eingezahlt werden durften.

Sowohl der Staatsvertrag über die Schaffung einer Währungs-, Wirtschafts- und Sozialunion vom 18. Mai 1990 als auch der Einigungsvertrag vom 31. August 1990 sahen eine, wie es im Beamtendeutsch heißt, „Überleitung des Sechsten Buches Sozialgesetzbuch (SGB VI) auf das Gebiet der ehemaligen DDR" vor. Das heißt, dass das Rentensystem fortan auch auf dem Gebiet der neuen Bundesländer gilt und die in der DDR eingezahlten Beiträge für die Rente berücksichtigt werden müssen.

∗∗∗

In den 1990er-Jahren erhoben viele ältere Reichsbahner Klage vor dem Bundessozialgericht, weil bei der Berechnung der Rente die Tatsache, dass für die Zeit vor 1974 Ansprüche auf Rente von bis zu 70 Prozent des Monatsgrundlohnes erarbeitet werden konnten, keine Berücksichtigung fanden. Erst mit der Änderung des SGB VI auf der Grundlage des Zweiten Gesetzes zur Änderung und Ergänzung des Anspruchs- und Anwartschaftsüberführungsgesetzes vom 27. Juli 2001 wurden die Beschäftigungszeiten vor dem 1. Januar 1974 neu bewertet. Es wird so getan, als hätten sie regelmäßig Beiträge zur Freiwilligen Zusatzrentenversicherung entrichtet. Diese nachträgliche Berücksichtigung durch fiktiv eingezahlte FZR-Beiträge kam einerseits für viele ältere Reichsbahner zu spät und dürfte zudem nur noch einem kleineren Kreis von Anspruchsberechtigten zugutekommen.

Oftmals wurden Klagen wegen der Rentenansprüche gegen die Deutsche Reichsbahn erhoben. Diese liefen aber bei den Sozialgerichten ins Leere, weil ab 1974 der FDGB die Rentenbearbeitung der Beschäftigten der Deutschen Reichsbahn übernommen hatte. Der FDGB bearbeitete ansonsten hauptsächlich die Renten der Pflichtversicherten. Mit dem Rentenüberleitungsgesetz werden die Rentenansprüche der Reichsbahner ebenso behandelt wie die der anderen Pflichtversicherten.

14.2.2.2 *Die Reichsbahner und die fehlende Betriebsrente*

Neben der unterschiedlichen Höhe der Bezahlung der Beschäftigten in der Deutschen Reichsbahn und in der Bundesbahn gab es einen weiteren gravierenden Unterschied: Zusätzlich zur gesetzlichen Rente bekamen die ehemaligen Mitarbeiter der Bundesbahn eine Betriebsrente, die Reichsbahner bekamen diese weder zur DDR-Zeit noch nach dem Beitritt der DDR zur BRD.

Wie die ehemalige Sächsische Staatsministerin für Gleichstellung und Integration Petra Köpping in ihrem Buch „Integriert doch erst mal uns!" berichtete, hatte die Deutsche Reichsbahn 1991 noch Rückstellungen für die Betriebsrente in Höhe von 400 Millionen DM getätigt, dann aber eingestellt.[215] Die Beschäftigten der DR und ihre Gewerkschaft liefen dagegen erfolglos Sturm. Da am 3. Oktober 1990 das Vermögen der Deutschen Reichsbahn zu Bundeseisenbahnvermögen geworden war, hiel-

---

[215] Köpping, Petra (2018): Integriert doch erst mal uns! Eine Streitschrift für den Osten. 4. Auflage (1.2018), Berlin: Ch. Links Verlag, 2018, S. 60 f.

ten die Beschäftigten und die Gewerkschaft die Deutsche Reichsbahn für ein Staatsunternehmen. Daher wandten sie sich 1992 bis Ende 1993 auch an das Bundesverkehrsministerium. Anfangs fühlte es sich nicht dafür zuständig. Dann lehnte es jeden Vorschlag der Gewerkschaft ab. Als zum 1. Januar 1994 die Fusion zur Deutschen Bahn vollzogen wurde, setzten sich die Probleme fort: *„Die Deutsche Bahn AG schließlich bildete als Nachfolgeunternehmen keine Rücklagen für die Eisenbahner* [gemeint sind die Reichsbahner] *mehr, obwohl sie dazu laut Einigungsvertrag verpflichtet gewesen wäre."*[216] Dabei bezieht sich die Autorin auf Artikel 26 des Einigungsvertrages „Sondervermögen Deutsche Reichsbahn".

Wie Petra Köpping in ihrem Buch auf Seite 61 und die „Sächsische Zeitung" berichteten, bestritt das Bundesministerium für Arbeit und Soziales lange Zeit, dass die Deutsche Reichsbahn ab 1974 in die Sozialversicherung der DDR und auch nach 1990 Rücklagen für die Renten der Reichsbahner gebildet hatte. Der sächsische Landesverband der Senioren behauptet sogar, *„die Altersversorgung der Reichsbahn habe nie zur Sozialversicherung der DDR gehört, für sie seien Zusatzbeiträge entrichtet worden – wie auch im Einigungsvertrag dokumentiert".* Erst 2012 revidierte dieses Ministerium seine Aussage.[217] Weiterhin schrieb sie: *„Trotz der offensichtlichen anderen Sachlage wurden die Rentenansprüche der Reichsbahner 1993 ohne jenen Versorgungsanteil in das Sozialgesetzbuch (SGB VI) überführt, während ‚die Bundesbahner seit 1994*

---

[216] Köpping (2018), S. 61.

[217] Rothe, Michael (07.07.2017): Ist der Rentenzug für die DDR-Reichsbahner abgefahren? Über 100 000 Beschäftigte kämpfen um ihre Zusatzversorgung. Ihnen läuft die Zeit davon. In: Sächsische.de vom 07.07.2017. Online verfügbar unter https://www.saechsische.de/ist-der-rentenzug-fuer-die-ddr-reichsbahner-abgefahren-3721812.html (zuletzt abgerufen am 04.01. 2021).

monatlich im Schnitt 300 bis 400 Euro bekommen – in Summe fünf Milliarden Euro aus dem Staatshaushalt'."[218] Das Bundeskanzleramt schickte an die Eisenbahn- und Verkehrsgewerkschaft (EVG) einen Brief, datiert vom 6. März 2018. Darin wird die Entscheidung der Bundesregierung folgendermaßen begründet: *„Eine verfassungsrechtliche Benachteiligung hat das Bundesverfassungsgericht auch nicht im Verhältnis zu Pensionären und Rentnern der Deutschen Bundesbahn gesehen. Der Gesetzgeber war bei der Rentenüberleitung nicht verpflichtet, Angehörige von Alterssicherungssystemen der DDR so zu stellen, als hätten sie ihre Erwerbsbiografie in der Bundesrepublik Deutschland zurückgelegt.*"[219]

Von der verweigerten Betriebsrente sind immerhin ungefähr 100 000 bis 90 000 Reichsbahner betroffen.[220] Aufgrund des hohen Alters vieler dieser Personen schwindet diese Zahl relativ schnell.

Die gerichtliche Entscheidung, auf die sich die Bundesregierung berief, mag zwar rechtsstaatlich gesehen stimmen. Es darf dabei nicht vergessen werden: Gerichte sind nur dafür da, darauf zu achten, dass Gesetze eingehalten werden. Sie können aber keine Gesetze erlassen. Die Fehlentscheidungen können nur Politiker korrigieren. Und so bleiben Fragen, die sich aus der Zeit nach 1990 ergaben, unbeantwortet:

---

[218] Köpping (2018), S. 61 f.
[219] Köpping (2018), S. 62.
[220] Weckbrodt, Peter (04.06.2017): Ein Dresdner kämpft für die Betriebsrente ehemaliger DDR-Eisenbahner. In: Dresdner Neue Nachrichten (DNN) vom 04.06.2017. Online verfügbar unter https://www.dnn.de/Dresden/Lokales/Ein-Dresdner-kaempft-fuer-die-Betriebsrente-ehemaliger-DDR-Eisenbahner (zuletzt abgerufen am 04.08.1977).

1. Was ist mit den Rückstellungen, die die Reichsbahn seit dem Beitritt der DDR zur BRD getätigt hat?

2. Welche Konsequenzen zieht die heutige Bundesregierung daraus, dass das Bundesverkehrsministerium Lösungen ablehnte, als 1992/1993 die Deutsche Reichsbahn die Rückstellungen einstellte?

3. Welche Konsequenzen zieht die jetzige Bundesregierung aus den Versäumnissen bei der Fusion der Deutschen Reichsbahn und der Deutschen Bundesbahn zur Deutschen Bahn AG im Jahre 1994 in der Frage der Betriebsrenten?

14.3 Fonds für Ausgleichsleistungen an die Reichsbahner

Es ist wohl Petra Köppings Buch „Integriert doch erst mal uns!" und ihrem Engagement zu verdanken, dass über die Bundes-SPD im Koalitionsvertrag eine Ausgleichszahlung der Reichsbahner durch einen Fonds festgeschrieben wurde. Ob die Bundes-SPD hinter dieser Forderung wirklich steht oder die Parteioberen sich durch die Parteibasis eher gedrängt gefühlt haben, sie in den Forderungskatalog aufzunehmen, ist unklar. Fest steht aber, dass sie bis heute nicht umgesetzt worden ist. Als ich Ende Oktober 2019 an alle Bundestagsparteien schrieb und sie fragte, ob es nun eine Lösung für die Ungerechtigkeit gebe, die den Reichsbahnern (und den geschiedenen DDR-Frauen) widerfahren ist, schwiegen sich alle Parteien aus. Nur von der AfD erhielt ich eine Antwort. Die Reaktion der etablierten Parteien ist schon sehr blamabel.

Der bereits genannte Brief des Bundeskanzleramtes an die Eisenbahn- und Verkehrsgewerkschaft (EVG) war mit dem 6. März 2018 datiert. Etwas später, mit dem 19. Juli 2018 datiert, erschien, allem Anschein nach im Auftrag des Bundesministeriums für Arbeit und Soziales, ein Gutachten der Wissenschaftlichen Dienste des Deutschen Bundestages mit dem Aktenzeichen „WD 6 – 3000 – 079/18".[221] Der Titel lautet: „Ausgleichsleistungen an frühere Beschäftigte der Deutschen Reichsbahn für geltend gemachte Benachteiligungen in der Rentenüberleitung".

Dort wird die Sachlage aus verwaltungstechnischer Sicht sehr gut geschildert. Allerdings fehlen in dem Gutachten die Vereinbarungen im Einigungsvertrag und die Geschehnisse nach 1990. Daher werden die von mir aufgeworfenen drei Fragen auch nicht beantwortet.

Auf Seite 7 gaben die Wissenschaftlichen Dienste zu: *„Die in der DDR höhere Gesamtgrundversorgung für Beschäftigte der Deutschen Reichsbahn ist im SGB VI erst nachträglich gesondert berücksichtigt worden."* Hier waren aber nur die Beiträge vor 1974 gemeint, die ab 2001 bei der Rentenberechnung durch eine fiktive FZR Berücksichtigung fanden …

Was die Beiträge zur Rentenversicherung der Beschäftigten der Deutschen Reichsbahn von 1974 bis 1990 betraf, kamen die Wissenschaftlichen Dienste des Deutschen Bundestages auf Seite 6 zum Schluss: *„Damit steht fest, dass die gesamte Altersversorgung der Beschäftigten der Deutschen Reichsbahn schon zu Zeiten der DDR*

---

[221] Deutscher Bundestag/Wissenschaftliche Dienste (Hrsg.) (19.07.2018): Sachstand: Ausgleichsleistungen an frühere Beschäftigte der Deutschen Reichsbahn für geltend gemachte Benachteiligungen in der Rentenüberleitung. WD 6 – 3000 – 079/18. Online verfügbar unter https://www.bundestag.de/resource/blob/580580/d7820eb7000cc2b94139c993ca13dc38/WD-6-079-18-pdf-data.pdf (zuletzt abgerufen am 04.01.2021).

Teil der Sozialpflichtversicherung geworden war und keine betriebliche Altersversorgung der Deutschen Reichsbahn mehr darstellte." Die Wissenschaftlichen Dienste verwiesen dabei auch auf ein Urteil des Bundesarbeitsgerichts vom 17. Januar 2012 mit gleichlautender Aussage.

Auf den Seiten 7 und 9 des Gutachtens kommen die Wissenschaftlichen Dienste zum Schluss: *„Außerhalb des SGB VI bestehen keine gesetzlichen Normen, die einen Renten- oder Versorgungsanspruch der Beschäftigten der Deutschen Reichsbahn begründen würden."* Daher seien die im Koalitionsvertrag vereinbarten Ausgleichsleistungen aus einem Fonds nicht angebracht.

Den größten Schwachpunkt dieses Gutachtens sehe ich im Verschweigen der Tatsache, dass aufgrund von Falschinformationen des Bundesministeriums für Arbeit und Soziales 1993 der Deutsche Bundestag dazu gebracht wurde, die Rentenansprüche der Reichsbahner ohne einen Versorgungsanteil ins Sozialgesetzbuch (SGB VI) zu überführen, was faktisch eine Enteignung war. Denn nur die Bundesregierung kann durch vorangegangene Regierungen begangenes Unrecht ungeschehen machen, zumindest seine Auswirkungen minimieren.

15 Gibt es eine ostdeutsche Identität?

Angela Merkel, Franziska Giffey und Maybrit Illner ist als Ostdeutschen im vereinten Deutschland in der Politik bzw. im öffentlich-rechtlichen Fernsehen ein großer Aufstieg gelungen. Oberflächlich gesehen, wäre das ein Indiz dafür, dass auch die innere Einheit vollzogen worden ist. Ich hatte mich als ehemaliger DDR-Bürger, wie viele meiner „Landsleute", anfangs darüber sehr gefreut. Die Enttäuschung kam aber sehr schnell. Denn aus ihrem Verhalten und ihren Aussagen kann ich nichts typisch Ostdeutsches erkennen. Meine Erklärung hierfür ist, dass diese Personen ihre Identität verleugnet haben, um möglichst schnell in der westdeutsch geprägten Gesellschaft aufzusteigen.

Ein ähnliches Phänomen erlebte ich bei dem Südtiroler Markus Lanz. Über seinen phänomenalen Einstieg beim Deutschen Fernsehen freute ich mich zu Anfang ebenfalls. Bei seinem ersten Auftritt hatte er eine Spitze gegen die ethnischen Italiener, die in Südtirol leben, fallen lassen. Doch dann haben ihm wohl seine Vorgesetzten die Leviten gelesen und die Marschrichtung vorgegeben. Seitdem äußerte er keine Kritik mehr am Verhalten der in großen Teilen extremnationalistisch/faschistisch orientierten Italiener in Südtirol bzw. Kritik an Roms Italienisierungspolitik. Stattdessen verhält er sich jetzt vollkommen stromlinienförmig (staats- und merkelkonform). Dabei hätte er im deutschen Fernsehen die Rolle eines Sprachrohrs übernehmen können, das nicht lautstark, eher dezent, immer wieder das Recht der Südtiroler auf Selbstbestimmung einfordern würde.

Die Ostdeutschen, insbesondere die, die in der DDR sozialisiert wurden, sind eher zurückhaltend, sozial, bodenständig, patriotisch, haben eine gute Allgemeinbildung, eine relativ gute Meinung von den Russen, sind misstrauisch gegenüber Medien und Politikern und wollen mehr demokratische Mitbestimmung auf allen politischen Ebenen. Diese Eigenschaften und Ansichten vermisse ich bei den eingangs genannten Personen. Das hatte mich auch veranlasst, ein Kapitel zur Frage, ob Angela Merkel überhaupt eine Ostdeutsche sei, zu schreiben (siehe Band 2).

15.1 Fremd im eigenen Land?

Nachdem 1990 der Einigungsvertrag unterschrieben worden war, schickten die Bundesregierung und die Landesregierungen Beamte in die neuen Bundesländer, um neue Verwaltungsstrukturen aufzubauen. Jedes westdeutsche Bundesland übernahm die Partnerschaft mit einem der neuen Bundesländer. So war beispielsweise Nordrhein-Westfalen für Brandenburg verantwortlich. Die meisten Beamten kamen nur höchst widerwillig. Obwohl sie einen Arbeitsvertrag unterschrieben haben, der sie verpflichtet, überallhin zu gehen, wo sie der Staat braucht und sie deshalb auch gewisse Privilegien besitzen, gab es großen Widerstand. Der Staat gab letztendlich nach und versüßte den Beamten den Umzug in die neuen Bundesländer mit einer „Buschzulage". Es kamen nicht immer die fähigsten und klügsten Köpfe … Neben dem Aufbau gleicher Strukturen wie im Westen galt es auch, die Macht der SED zu brechen. Von nun an hatten Westdeutsche alle Schlüsselpositionen in der ostdeutschen Gesellschaft und Wirtschaft inne.

Bis dahin mag es wohl fast einhellige Zustimmung im Osten wie im Westen geben. Wie meine Aufstellung zeigt, hat sich leider der Zustand, dass Westdeutsche auf dem Gebiet der ehemaligen DDR, aber auch gesamtdeutsch betrachtet, das alleinige Sagen haben, kaum geändert. Wer eine Führungsposition innehat, nutzt verständlicherweise in erster Linie seine „Netzwerke". Das führt zu einer Verselbstständigung bei der Rekrutierung des Personals um seine Person herum. Und so werden von oben nach unten in der Hierarchie Westdeutsche bevorzugt eingesetzt. Von einer ganz bewussten Diskriminierung der Ostdeutschen zu reden, wäre wohl nicht redlich. Wenn man sich das aber allein nur vom Ergebnis her anschaut, dann ist es letztendlich eine Diskriminierung. Wenn ich mich richtig erinnere, dann hatte bereits im Mittelalter König Barbarossa die Amtszeit seiner Staatsdiener zeitlich begrenzt. Ihn ging es in erster Linie um die Einschränkung der Korruption. Wäre ein solches Modell heutzutage nicht denkbar? Hat das Beamtentum heute noch seine Berechtigung? Das soll aber nicht Thema meines Buches sein, eher ein Gedankenanstoß.

Auch wenn die Ostdeutschen „nur" 17 Prozent der Gesamtbevölkerung ausmachen, so zeigt die nachfolgende Tabelle, dass in vielen Bereichen das Ungleichgewicht unverhältnismäßig groß ist.

Tabelle 29:   *Übersicht über die Diskriminierung der Ostdeutschen*

Bereich	Ostdeutsche	Westdeutsche	Gesamt	Quelle
Bundesminister	1	14	15	[222]

---

[222] Die Bundesregierung (2019): Das Bundeskabinett. Online verfügbar unter https://www.bundesregierung.de/resource/blob/997532/513938/2eac 5b1a9d7faebd33ee47c45aacc597/bundeskabinett-pdf-data.pdf?download =1 (zuletzt abgerufen am 04.01.2021).

Staatssekre-täre	3	57	60	[223]
Botschafter	4	150	154	Ibid.
Bundes-wehrgene-räle	2	200	202	Ibid.
Soldaten in Kosovo und in Afghanis-tan	50 %	50 %	100 %	Ibid.
Bundesrich-ter	3	333	336	Ibid.
Richter	78	507	585	Ibid.
DAX-Vor-stand	3	137	190	[224]
Durch-schnittsver-dienst (brutto)	34.308 €	42.968 €		[225]

---

[223] ZDF.de/Frontal 21 (22.05.2018): Ost- und Westdeutschland. Wo es noch immer Unterschiede gibt. Online verfügbar unter https://www. zdf. de/politik/frontal-21/ost-und-westdeutschland-100.html (zuletzt abgerufen am 04.01.2021).

[224] Universität Leipzig, Institut für Kommunikations- und Medienwissenschaft, Bluhm, Michael/Jacobs, Olaf (2016), S. 21.

[225] Musall, Bettina (20.02.2017): Gehälter. Wer in Ostdeutschland lebt, verdient bis zu 10.000 Euro pro Jahr weniger. In: Spiegel.de vom 20.02.2017. Online verfügbar unter https:// www.spiegel.de/karriere/loehne-und-gehaelter-in-ostdeutschland-sind-deutlich-niedriger-a-1135128.html (zuletzt abgerufen am 04.01.2021).

Leitungs-funktion in Unterneh-men, bun-desweit	1,7 %	98,3 %		[226]
Leitungs-funktion in der Wissen-schaft, bun-desweit	15 %	61 %	100 %	[227]
Leitungsfunktion an Hoch-schulen in den NBL*				
Rektoren	3	18	22	[228]
Kanzler	10**	10	20	Ibid.
Leitungs-funktion in großen For-schungsin-stituten, in den NBL*	17	71	116	Ibid.
Leitungsposition in den öf-fentlich-rechtlichen Rund-funkanstalten				
MDR	6	4	10	Ibid.

[226] Universität Leipzig, Institut für Kommunikations- und Medienwissen-schaft, Bluhm, Michael/Jacobs, Olaf (2016), S. 30.
[227] ZDF.de/Frontal 21 (22.05.2018).
[228] Universität Leipzig, Institut für Kommunikations- und Medienwissen-schaft, Bluhm, Michael/Jacobs, Olaf (2016), S. 30.

RBB	1	5	6	Ibid.
NDR	1	11	12	Ibid.
Leitungsposition der 13 größten Zeitungen in den NBL*				
Chefredak-teur	8	5	13	Ibid.
Verlagslei-ter/GF	2	21	23	Ibid.

*) NBL – Neue Bundesländer

**) Da viele Kanzler weiblich sind, geht die Universität Leipzig in ihrer Studie davon aus, dass viele von ihnen den Posten über die Frauenquote erhalten haben.

Man kann mit Fug und Recht sagen, dass in der Bundeswehr die Generalität aus Westdeutschen besteht, während die Ostdeutschen das Fußvolk bilden. Meine beiden Söhne haben dort ihren Wehrdienst abgeleistet und können diese Aussage bestätigen. Angesichts des ostdeutschen Übergewichts in den unteren Diensträngen liegt die Vermutung nahe, dass die Ostdeutschen den Hauptblutzoll bei den Auslandseinsätzen entrichten, die meisten Toten zu beklagen haben.

Im Osten verdient jeder dritte Werktätige weniger als 2.000 € brutto, im Westen hingegen nur jeder siebente.[229] Während in Westdeutschland die hinterlassene Erbschaft durchschnittlich 140.000 € beträgt, kann in Ostdeutschland der Erbe, zumindest

---

[229] ZDF.de/Frontal 21 (22.05.2018).

statistisch gesehen, mit einer Erbschaft in Höhe von durchschnittlich 50.000 € rechnen.[230]

Die oben stehende Tabelle verdeutlicht, dass sich die Benachteiligung der Ostdeutschen durch alle Bereiche zieht, wo bestimmt wird, wie es in der BRD weitergeht, einschließlich der Meinungsbeeinflussung. Die Universität Leipzig stellt in ihrer Studie „Wer beherrscht den Osten" auf Seite 6 sogar fest, dass auf einigen Gebieten im Vergleich des Jahres 2004 mit dem Jahr 2016 der Anteil der ehemaligen DDR-Bürger sogar zurückgegangen ist. So wird beispielsweise der Rückgang ostdeutscher" Politiker in den Landesregierungen der NBL, bei den Staatssekretären im Deutschen Bundestag, bei Managern in den größten ostdeutschen Betrieben und bei Rektoren an den bundesweiten Universitäten und Hochschulen beklagt. Lediglich bei den Staatssekretären in den ostdeutschen Landtagen und bei den Vorsitzenden Richtern der obersten Gerichte in den neuen Bundesländern konnten die Verfasser der Studie einen Anstieg der Beteiligung an der Macht durch Ostdeutsche registrieren. Bei den öffentlich-rechtlichen Rundfunk- und Fernsehanstalten bekleidet nur im MDR eine Mehrheit von Ostdeutschen Leitungsfunktionen.[231] So ist es auch kein Wunder, wenn von dort die meisten kritischen Berichte über die Schattenseite der sogenannten „Wiedervereinigung" Deutschlands kommen.

Bis 1994 gingen in der ehemaligen DDR in allen Wirtschaftszweigen bis zu vier Millionen Arbeitsplätze verloren. Es war zweifellos eine große Herausforderung für das Sozialsystem, ein Arbeitslosenheer in dieser Größenordnung aufzufangen. Die gesellschaftliche und wirtschaftliche Struktur in den neuen Bun-

---

[230] ZDF.de/Frontal 21 (22.05.2018).
[231] Universität Leipzig, Institut für Kommunikations- und Medienwissenschaft, Bluhm, Michael/Jacobs, Olaf (2016), S. 12.

desländern ist geprägt vom Verlust zahlreicher ostdeutscher Fachkräfte und potenzieller Führungskräfte. Auf Seite 15 der Studie „Wer beherrscht den Osten?" der Universität Leipzig, Institut für Kommunikations- und Medienwissenschaft, wird die Zahl der 18- bis 40-jährigen Ostdeutschen, die in die alten Bundesländer umzogen, auf 660 000 beziffert. *„Statt neue eigene Eliten zu entwickeln oder an das neue Staats- und Gesellschaftssystem anzupassen, wie es später in den meisten osteuropäischen Ländern passierte, standen in Deutschland von Beginn an in hinreichendem Umfang mit den neuen Verhältnissen Vertraute in den alten Bundesländern bereit, um die ostdeutschen Elitepositionen zu besetzen"*, heißt es auf Seite 3 dieser Studie. Mit dem Wegzug ostdeutscher Fachkräfte und potenzieller Führungskräfte *„ist dem Osten Deutschlands erhebliches Potential für nachfolgende Elitepositionen verloren gegangen"*.[232]

Wenn die damals frischgebackene Bundesministerin Franziska Giffey (SPD), vom MDR auf die Benachteiligung der Ostdeutschen angesprochen, sagt: *„Es ist nicht wichtig, woher du kommst, sondern wer du sein willst!"*, dann zeigt dies, wie sie und die meisten Bundestagsabgeordneten in einem Elfenbeinturm leben. Träumen Sie schön weiter, Frau Giffey! Bereits als Nachfolgerin des ehemaligen Bezirksbürgermeisters von Berlin-Neukölln Heinz Buschkowsky hatte sie permanent Realitätsverweigerung betrieben und die dortigen Verhältnisse schöngeredet …

Holger Beek wurde vom Mitteldeutschen Rundfunk gefragt, was er von der noch heute andauernden gravierenden Benachteiligung der Ostdeutschen halte. Beek hat es als einer der wenigen Ostdeutschen geschafft und ist in Deutschland Vorstandsvorsitzender von McDonald's. Trotz seines Postens hat er nicht den Sinn für die Wirklichkeit und für die Gerechtigkeit verloren.

---

[232] Universität Leipzig, Institut für Kommunikations- und Medienwissenschaft, Bluhm, Michael/Jacobs, Olaf (2016), S. 3.

Sein Resümee ist eindeutig: „*Es sollte eine Vereinigung Deutschlands sein. Und unter einer Vereinigung Deutschlands verstehe ich auch, dass man da mitredet. Und wenn ein Teil nicht mitredet, dann ist es eher eine Übernahme statt einer Vereinigung.*"[233]

Der anhaltende Zustand der Dominanz der Westdeutschen in allen Schlüsselpositionen ist meiner Meinung nach 30 Jahre nach der sogenannten „Wiedervereinigung" nicht mehr gerechtfertigt, moralisch nicht erklärbar. Die Wiedervereinigung Deutschlands nach innen ist bis heute nicht vollzogen worden.

Freilich, die Unternehmen werden sich nicht vorschreiben lassen, wen sie bei Einstellungen zu nehmen haben. Hier müssten der öffentliche Dienst und der gesamte Verwaltungsapparat von Bund und Ländern mit gutem Beispiel vorangehen.

15.2 Der schmerzhafte Selbstfindungsprozess der Ostdeutschen

Wie ich in meinem Buch „Ist Deutschland ein souveräner Staat?" auf den Seiten 226 und 227 erläutert habe, setzt sich die Identität eines Menschen gleich einer Zwiebel aus mehreren Schichten zusammen: aus der familiären, der religiösen, der sozialen, der regionalen und der nationalen. Diese können auch im Widerspruch zueinanderstehen.

In der DDR der 1980er-Jahre haben sich schätzungsweise 25 bis 40 Prozent der erwachsenen Bevölkerung voll und ganz mit diesem Land identifiziert. 20 bis 30 Prozent waren mehr oder weniger Mitläufer, und 55 bis 30 Prozent wollten mit der DDR gar nichts zu tun haben. Das ist meine subjektive Einschätzung. Zur letzten Gruppe gehörten aktive Christen, vor allem Katho-

---

[233] ZDF.de/Frontal 21 (22.05.2018) (ab Minute 4:52).

liken, diejenigen, die eine starke Bindung zur Westverwandtschaft hatten, Handwerker, eine kleine Schicht Intellektueller und vollkommen unpolitische Menschen. Die Mehrheit der DDR-Bürger fühlte sich als Deutsche, auch wenn sie in den sozialistischen „Bruderländern" im Urlaub der Deutschen Mark wegen oftmals als Deutsche zweiter Klasse behandelt wurden. Mit der Wiedervereinigung wurden sie aber eines Besseren belehrt: Aufgrund der vielfach erlebten Zurückweisung auf sozialer Ebene wurden sie sich ihrer ostdeutschen Identität erst bewusst. Die Geschichte ist viel wirkmächtiger, als es sich die Menschen allgemein, die Politiker und die Ideologen im Besonderen eingestehen wollen. Selbst wenn sich alle ehemaligen DDR-Bürger nicht als Ostdeutsche begreifen sollten, so ist diese Identität unabhängig von ihrem Willen existent. Die Sozialisierung der Menschen in der Kindheit, in der Jugendzeit und auf der Arbeitsstelle war in der DDR eine andere als in der BRD. Ich würde die ostdeutsche und die westdeutsche Identität nach der Vereinigung beider deutscher Landesteile in die Kategorie „Überregionale Identität" einordnen. Denn obwohl es die Mecklenburger, die Berliner und Brandenburger (Preußen), die Eichsfelder, die Anhaltiner, die Thüringer, die Sachsen und die Niederschlesier in der ehemaligen DDR gab, so hatten sie ein zentralistisch gelenktes gemeinsames Bildungs-, Kultur-, Rechts-, Sozial-, Verteidigungs-, Wirtschafts- und politisches System, das permanent auf sie einwirkte. Selbst in der alten BRD gab es trotz föderalistischer Strukturen auch zentralistische und überregionale Systeme. Da Westdeutsche und ehemalige DDR-Bürger unterschiedlich sozialisiert sind, reagieren sie, auf bestimmte Themen wie zum Beispiel Helden aus der Jugendzeit, Märchen und Musik und auf den Wahrheitsgehalt der Nachrichten von Leitmedien angesprochen, emotional anders. Überschneidungen gibt es auch, da ein großer Teil der DDR-Bürger Westfernsehen geschaut und

Westradio gehört hat. (Für einen seriösen Vergleich müssten Personen aus Ost und West der gleichen Altersgruppen befragt werden.) Prinzipiell bleibt festzuhalten: Je vertrauter die Gespräche zwischen „Ost"- und Westdeutschen sind, umso mehr wird ihnen in erschreckender Weise klar, was 40 Jahre Teilung eines Volkes mental angerichtet haben. Dieser Unterschied zwischen den Menschen aus Ost und West nimmt umso mehr ab, je jünger sie sind. Diese Entwicklung sehe ich mit einem lachenden und einem weinenden Auge. Es freut mich, wenn die jüngeren Menschen aus Ost und West nahezu ohne Vorbehalte aufeinander zugehen. Sie sind aber in der Minderheit. Was ich sehr kritisch und mit großer Sorge sehe, das ist die Abwärtsspirale bei der Allgemeinbildung, in der Bewahrung des deutschen kulturellen Erbes, bei der Herausbildung mündiger Bürger sowie den zunehmenden Russlandhass. Trotzdem bestehen nach wie vor Unterschiede in der Mentalität. Gewiss werden den Kindern auch die einschneidenden Erfahrungen der Eltern und Großeltern mit der Treuhandgesellschaft und mit der Transformation der Gesellschaft in der ehemaligen DDR nach der „Wiedervereinigung" weitergegeben. Nach wie vor gestaltet sich die Kommunikation zwischen „Ost"- und Westdeutschen schwierig. Mir ist öfters aufgefallen, dass im Gegensatz zu vielen Westdeutschen die Menschen in Südtirol und in Österreich aufmerksam zuhören, wenn ich etwas über die DDR erzähle. (Zudem sind sie sehr gut darüber informiert, was aktuell in Deutschland passiert!) Bei den Westdeutschen herrschen hingegen noch zu oft vorgefertigte und unumstößliche Meinungen. Überspitzt formuliert: Manche wussten es sogar besser als ich. Bei beruflich bedingten Telefonaten mit Westdeutschen fragte ich öfters auch, ob sie schon einmal in Berlin und in den neuen Bundesländern gewesen seien. Die Antworten haben mich schon erstaunt: Obwohl seit 1989 viel Zeit vergangen ist, sahen nicht wenige Befragte keine Notwendigkeit darin, den Osten zu besuchen, geschweige mit Ostdeutschen ein Gespräch zu führen. Haben die Südtiroler und Österreicher mit den Ostdeutschen mehr gemeinsam als die Westdeutschen? Ich weiß, das ist eine provokative Frage. Ich habe mich schon als Jugendlicher sehr für die Geschichte interessiert. Irgendwann hatte ich zu Zeiten der DDR ein Historiker-Heft über die Schlacht bei Königgrätz am 3. Juli 1866 gekauft und äußerst interessiert gelesen. Es war ein deutsch-deutscher Krieg gewesen. Dort hatten sich die Truppen Preußens und die der K.U.K.-Monarchie mit ihrem sächsischen Verbündeten gegenübergestanden. Die Preußen hatten die Schlacht gewonnen und damit ihre Vormachtstellung im nördlichen deutschsprachigen Raum ausgebaut. Welche Schicksalswege wäre Deutschland gegangen, wenn die Truppen des Kaisers Franz Joseph I. und Sachsens die Schlacht für sich entschieden hätten? Kaiser Franz Joseph I. hatte sich immer als deutscher Fürst verstanden. (Sein Bruder, Erzherzog Johann von Österreich, wurde 1848 in der Frankfurter Paulskirche zum Reichsverweser der gesamtdeutschen Nationalversammlung gewählt. Ich habe im Ansitz [Schloss] Schenna bei Meran einen Gobelin-Wandteppich mit seinem Abbild mit schwarz-rot-goldener Fahne aus dieser Zeit gesehen.) Wären den Deutschen dann viel Kummer und Leid erspart geblieben?

Zurück zur deutsch-deutschen Realität, zu den Dissonanzen anno 2018! Wenn Martin Schulz, ehemaliger Präsident des Europäischen Parlaments und SPD-Kanzlerkandidat, verkündet, bis 2024 die „Vereinigten Staaten von Europa" errichten zu wollen, dann beweist er damit seine Weltfremdheit, genauer gesagt, sein Unwissen, wie es um die deutsch-deutsche Befindlichkeit bestellt ist. Deutschland hat seine innere Einheit bis heute nicht vollzogen.

15.3 Der Wegfall von DDR-Regelungen und seine Konsequenzen

Im Einigungsvertrag von 1990 wurde festgelegt, dass innerhalb einer bestimmten Frist DDR-spezifische Gesetze auslaufen sollen. Auf Amtsdeutsch heißt das „Harmonisierung". Das klingt eher harmlos und beruhigend. Jedoch so manche Vereinbarungen im Einigungsvertrag haben es in sich! Deshalb schoben die Vertragsabschließenden den Termin der Öffnung der Büchse der Pandora möglichst lange hinaus. Das ist leider eine gängige Praxis bei Politikern, um den Zorn der Bevölkerung möglichst auf andere, auf ihre Nachfolger, abzuleiten. In diesem Fall wollten sie wohl auch die euphorische Stimmung wegen der „Wiedervereinigung" in der DDR-Bevölkerung nicht trüben.

Worum geht es? Eine der DDR-spezifischen Regelungen ist, dass die Bürger eine Garage auf fremdem Grund und Boden bauen durften. Hierfür war lediglich ein Nutzungsvertrag gemäß der Paragrafen 312, 313 und 314 des Zivilgesetzbuches (ZGB) der DDR vom 1. Januar 1976 notwendig. Der Bürger durfte dafür sowohl volkseigenen als auch privaten Boden nutzen. Bei einem Wechsel des Bodeneigentümers war dieser an den alten Vertrag gebunden. Diese Regelung galt auch nach der Wende. Beide Parteien konnten den Vertrag kündigen, wobei der Besitzer von Grund und Boden hohe Hürden zu überwinden hatte. Er musste bei Kündigung nachweisen, dass „gesellschaftlich gerechtfertigte Gründe" vorlagen oder dringender Eigenbedarf, zum Beispiel, um ein Eigenheim zu bauen. Selbst wenn der Eigentümer des Grundes und Bodens diesen für gewerbliche Zwecke nutzen würde, so hätte er nachweisen müssen, dass sein Gewerbe ohne die Nutzung dieses Areals Konkurs anmelden müsste. Ansonsten wäre der Fall vor Gericht zu klären gewesen.

Offenbar kannte nur ein äußerst kleiner Kreis von Juristen und Politikern den gesamten Inhalt der Vereinbarung im Einigungsvertrag. Mir liegt ein Zeitungsartikel der Märkischen Allgemeinen Zeitung vom 18. Dezember 1991 vor, worin zu lesen ist: „Die genannten Bestimmungen gelten kraft Einigungsvertrag auf zunächst unbestimmte Zeit fort."[234] Auch die Kommunalpolitiker waren wohl nicht voll und ganz informiert, denn viele Garagen standen auf Grundstücken von Städten und Gemeinden.

Es hat den Anschein, als wenn erst viel später der gesamte Inhalt der Vereinbarung durchgesickert wäre. Am 15. Februar 2006 stand in der Märkischen Allgemeinen Zeitung ein Artikel, in dem auf den Ablauf der Regelung zum 31. Dezember 2006 hingewiesen wurde: „Viele, die sich zu DDR-Zeiten eine Garage gebaut hatten, müssen derzeit zittern. Zum Ende dieses Jahres läuft die Investitionsschonfrist nach dem Schuldrechtsanpassungsgesetz (SchuldRAnpG) für Garageneigentum auf fremden Grund und Boden aus. Da es nach Bürgerlichem Recht kein selbstständiges Eigentum an Bauwerken auf fremdem Boden gibt, sollen die schuldrechtlichen Nutzungsregelungen aus DDR-Zeiten nach und nach verschwinden."[235] Zum 1. Januar 2007 drohte ungefähr 500 000 Garagenbesitzern die fristlose Kündigung ohne jegliche Entschädigung. Schlimmer noch: Der Besitzer von Grund und Boden konnte verlangen, dass der Erbauer/Nutzer der Garage dieselbe auf eigene Kosten abriss.

Auch ich musste meine Garage ohne Bezahlung abgeben und konnte noch froh sein, sie nicht abreißen zu müssen. Das war

---

[234] Schauer, E. (18.12.1991): Die Garage steht auf Pachtland. In: Märkische Allgemeine Zeitung vom 18.12.1991, S. 24.

[235] Black, Rose (15.02.2006): Garagen in Gefahr. In: Märkische Allgemeine Zeitung vom 15.02.2006.

schon ein einschneidendes Erlebnis für mich, aber auch für viele andere ehemalige DDR-Bürger.

Im Jahre 2006 zeigte das Fernsehen auch Fälle, in denen zur DDR-Zeit auf fremden Grundstücken ganz legal Eigenheime gebaut worden sind. Auch wenn es verständlich ist, dass der Eigentümer des Grundes und Bodens selbst bestimmen will, was auf seinem Eigentum passiert, so kann ich mich auch in die Personen/in die Familien hineinversetzen, denen plötzlich das Recht, dort zu leben, wo sie schon jahrelang wohnten bzw. groß geworden sind, verwehrt wird. Möglicherweise mussten sie das auf eigene Kosten abreißen, was sie einst mit eigenen Händen aufgebaut und lieb gewonnen und sich vom Munde abgespart haben. Sollte da keine gütliche Einigung getroffen worden sein, dann bleiben nur noch Trauer, Verzweiflung und Frust zurück …

15.4 Warum die Wut so groß ist

Mit und nach dem Mauerfall war sowohl im westlichen als auch im östlichen Teil Deutschlands die Euphorie groß. Westdeutsche und Ostdeutsche lagen einander in den Armen. Als jedoch der Alltag einkehrte und in den neuen Bundesländern wirtschaftliche und gesellschaftliche Umstrukturierungen vorgenommen wurden, fühlten sich die ehemaligen DDR-Bürger oftmals zurückgewiesen, um die Früchte ihrer Arbeit gebracht, empfanden ihre Lebensleistung als nicht anerkannt und fühlten sich zuweilen fremd im eigenen Land. In einem gesonderten Kapitel (15.1) in meinem Buch habe ich mit einer Tabelle darauf aufmerksam gemacht, dass die Ostdeutschen in der gesamtdeutschen Gesellschaft auf nahezu allen Ebenen vollkommen unterpräsentiert sind. In der Anfangsphase habe ich noch eine Notwendigkeit erkannt, so zu handeln, damit sich nicht alte Kader in der Macht einnisten. Jedoch mittlerweile sind seit der Wende 31 Jahre vergangen. Dieser Zustand hat sich nicht geändert. Und von den Zielen der friedlichen Revolution ist außer der Reisefreiheit herzlich wenig übrig geblieben.

Gewiss, die Anerkennung der Lebensleistung bei der Rente und die nahtlose Eingliederung in das Sozialsystem waren zweifellos generös und sollten bei jedem ehemaligen DDR-Bürger große Dankbarkeit gegenüber den Westdeutschen auslösen. Das hätte kein anderer Staat in dieser Dimension stemmen können. Allerdings sind einige soziale Gruppen wie die in der DDR geschiedenen Frauen, die ehemaligen Reichsbahner und ein großer Teil von Personen, die bei Eintritt in das Rentenalter in der DDR die Intelligenzrente bezogen hätten, bei den Rentenansprüchen heruntergefallen ... Von staatlicher Seite aus wurden in der ehemaligen DDR die Straßen erneuert, das Telefonnetz erweitert und modernisiert und Fördermittel bereitgestellt, um in Ostdeutschland im Bereich von Immobilien und Wirtschaft zu investieren. In den neuen Bundesländern sind an mehreren Stellen zweifellos „blühende Landschaften" entstanden. Es gibt aber auch große deindustrialisierte Flächen und brach gelegte Eisenbahnschienennetze. Im Land Brandenburg sind es zum Beispiel die Prignitz, Gebiete zwischen Berlin und Frankfurt (Oder) und die Niederlausitz, wo so gut wie keine Industrie mehr existiert und wo nach wie vor eine Bevölkerungsabwanderung größeren Ausmaßes stattfindet.

Es gibt aber auch Stimmen, die sagen, dass das Autobahnnetz in den neuen Bundesländern nur deshalb so zügig modernisiert worden sei, damit NATO-Truppen schneller in Richtung Osten vorrücken und Rohstoffe und Halbzeuge schneller aus Osteuropa zu den Betrieben in Westdeutschland geliefert werden könnten. Ob die damalige Bundesregierung so langfristig gedacht hatte, ist fraglich. Zumindest entspricht das dem heutigen Zustand. Wer zum Beispiel heutzutage vom südlichen Berliner Autobahnring vom Westen aus in Richtung Leipzig abbiegen will, der muss damit rechnen, schon mehrere Kilometer vorher im Stau Hunderter von polnischen Lkw auf beiden Fahrbahnspuren stehen zu müssen. Und ständig nutzen NATO-Militärfahrzeuge die ostdeutschen Autobahnen, um möglichst schnell an die Grenze zu Russland zu kommen ...

Die Kehrseite der Aufbau-Ost-Aktionen ist, dass bei der Privatisierung der Betriebe und von Immobilien einiges schiefgelaufen ist. In meinem Buch in Kapitel 11 habe ich die Privatisierung der DDR-Wirtschaft durch die Treuhandgesellschaft ausführlich geschildert. In der DDR gab es 167 zentral geleitete und 90 bezirksgeleitete Kombinate. In einem Kombinat waren alle Betriebe einer Branche zusammengefasst. Jedes Kombinat hatte seine industriellen und technologischen „Leuchttürme" gehabt, in die viel investiert wurde, auch mit Devisen, und wo die modernsten Maschinen und Anlagen standen. Dass keiner dieser Betriebe die Privatisierung überlebt hat, ist mir bis heute ein Rätsel und zeigt mir, dass hier einiges nicht mit rechten Dingen zugegangen sein muss. Ehemalige DDR-Bürger hatten beim Kauf volkseigener Betriebe keine Chance, wenn sie nicht einen Fürsprecher/Bürgen aus dem Westen vorweisen konnten, auch wenn die Unternehmenskonzepte noch so brillant waren.

Das deutsche Nachrichtenmagazin „Der Spiegel" hatte in den 1990er-Jahren noch versucht, möglichst dicht an die Wahrheit heranzukommen, und relativ realistisch über die Privatisierung ehemaliger volkseigener Betriebe der DDR geschrieben. Allerdings hatte es kritiklos die Aussagen von Treuhandmitarbeitern und Politikern der Bundesregierung übernommen und stimmte damit in den Chorgesang der durch Schlagzeilen Aufmerksamkeit erheischenden Presse ein: Alle Betriebe in der DDR seien Schrott. Damit haben die ehemaligen DDR-Bürger neben dem Verlust ihrer Arbeit noch einen zusätzlichen moralischen Nackenschlag bekommen. Als tagtäglich in den neuen Bundesländern Betriebe geschlossen wurden, bewies der Westen keine Solidarität. Vielmehr wurde lakonisch angemerkt, so sei der Kapitalismus, was solle das Gejammer! Das sind die Zurückweisungen, die in erster Linie dazu führten, dass sich die ehemaligen DDR-Bürger ihrer ostdeutschen Identität bewusst wurden. In dieser Zeit hatten die Begriffe „Jammer-Ossi" und „Besser-Wessi" Hochkonjunktur.

Von Westdeutschland nach Ostdeutschland ist im Laufe der Zeit sehr viel Geld geflossen. Das sollten die Ostdeutschen nie vergessen. Viele Projekte im Westen konnten dadurch nicht realisiert werden bzw. wurden zeitverzögert und langsamer oder nur in abgespeckter Form in Angriff genommen. Allerdings ist der Unmut der Westdeutschen über die Unzufriedenheit der Ostdeutschen nur sehr bedingt gerechtfertigt: Die ehemaligen DDR-Bürger wollten keine sozialen Zuwendungen, sondern selbst für ihren Lebensunterhalt sorgen. Das hat etwas mit Selbstachtung zu tun. Stattdessen hatte die Treuhandgesellschaft viele ehemalige DDR-Bürgern entlassen und ihre Betriebe liquidiert. So manch ein westdeutscher Glücksritter hatte einen oder mehrere Betriebe nur der Grundstücke wegen gekauft. Bereits 1992 schrieben Prof. Sinn und seine Frau gemeinsam das Buch „Kaltstart. Volkswirtschaftliche Aspekte der deutschen Vereinigung" und behandelten und kritisierten die Wirtschaftspolitik der Bundesregierung in den neuen Bundesländern. So schrieben sie im Vorwort:

„Sechzehn Millionen Menschen, die nach dem Untergang des Faschismus in die Fänge eines anderen totalitären Systems gerieten, die dort vierzig Jahre festgehalten wurden und die sich dann in mutiger Aktion losgerissen haben, haben mehr verdient als eine Konkursverwaltung mit Sozialplan. Die Fehler und Versäumnisse der Wirtschaftspolitik sind so gravierend, daß nachhaltige Folgen für den sozialen Frieden in Deutschland erwartet werden müssen, wenn nicht bald eine Umbesinnung erfolgt.“[236]

Das waren sehr weise Worte, die aber von der Bundesregierung und der Treuhandgesellschaft nicht gehört wurden. Die Folgen dieser Politik wirken bis heute nach. Die Existenz von PEGIDA und der große Zuspruch in Ostdeutschland für die AfD hat genau mit den geschilderten Problemen nach der Wende und der Sozial- und Rentenreform der rot-grünen Regierung unter Gerhard Schröder zu tun, aber kaum etwas mit der DDR. Neben Geschichtsvergessenheit sehe ich darin eine Taktik der Medien und der Politik, von den eigenen Fehlern abzulenken. Indem Angela Merkel den Vertrag von Lissabon, die Euro-Rettungsmaßnahmen, die dauerhafte Öffnung der deutschen Staatsgrenze im September 2015 für Flüchtlinge und den UN-Migrationspakt absegnen ließ, ohne das Volk zu fragen, gießt sie noch zusätzliches Öl in das Feuer. Wenn dann die Medien und die Politiker mit dem Finger auf die Ostdeutschen, insbesondere auf die Sachsen, zeigen, als seien sie schuld an der Spaltung des Landes, dann ist das so, als wenn der ertappte Dieb lauthals schreien würde: „Haltet den Dieb!“

---

[236] Sinn/Sinn 1993, S. IX–X.

15.5 Wo ist meine Heimat geblieben?

Auch bei der Privatisierung von Immobilien führt mir die Insel Rügen vor Augen, dass hierbei einiges aus dem Ruder gelaufen ist. An den Stränden stehen wunderschön renovierte Villen und Häuser im Bäderstil oder als Fachwerkhaus mit Reetdach (und die Grundstücks- und Immobilienpreise sind an der Ostsee explodiert), während im Inneren der Insel vieles noch wie zu DDR-Zeiten aussieht. Ich empfehle jedem Interessierten, der Rügen mit dem Pkw anfährt, die Fernverkehrsstraße B96 zu verlassen und die Straßen zu befahren, die durch das Landesinnere führen. Die Besitzverhältnisse in den Orten, die sich direkt an der Ostseeküste befinden, haben sich dramatisch verändert. In Binz gehören von 13 000 Immobilien 46 Prozent Ostdeutschen, 52 Prozent Westdeutschen und 2 Prozent Ausländern. Auf die ganze Ostseeküste bezogen, gehören im Schnitt mehr als 50 Prozent der Immobilien nicht mehr den Ostdeutschen. Auf der Halbinsel Usedom im ehemaligen Kaiserbad Heiligendamm gibt es einen ganzen Komplex von Häusern, den ein einziger westdeutscher Immobilienhändler erworben hat. Teilweise sind die Immobilien bis heute nicht renoviert. Der Besitzer ließ ein großes Areal für den öffentlichen Verkehr sperren, sodass die Leute, vom Bahnhof kommend, einen großen Umweg in Kauf nehmen müssen, um zum Strand zu gelangen. Helmut Kohl hatte mit Sonderabschreibungen für Immobilien im „Osten" westdeutsche Finanziers anlocken wollen. Wer zum Beispiel eine Million DM in den Osten investierte, der durfte 500.000 DM von der Steuer absetzen. Die Bürger hatten in der DDR keine großen Reichtümer anhäufen können. Insofern waren sie nach der Wende auf dem falschen Fuß erwischt worden und konnten beim großen Monopoly (Geschacher) um Grundstücke, ja selbst bei der Bezahlung der rapide angestiegenen Mieten und Pachten, finanziell nicht mithalten. Hinzu kommt noch die von mir in diesem Buch erläuterte Regelung, dass nach bundesdeutschem Recht keine Bauten auf fremden Grundstücken stehen dürfen. Aufgrund der ausgelaufenen Übergangsregelung bin ich meine Garage losgeworden. Andere Ostdeutsche verloren gar ihre Datschen und Wohnhäuser. Hier spielen sich mitunter menschliche Dramen ab, die unterhalb des Radars einer breiten Öffentlichkeit stattfinden. Insofern haben viele Ostdeutsche in einer gewissen Weise schon ihre Heimat verloren. Die ehemaligen DDR-Bürger waren davon ausgegangen, dass man Heimat nicht kaufen und verkaufen könne. Welch ein Irrtum! Die Treuhandgesellschaft hatte nicht nur Betriebe und Immobilien, sondern auch Wälder, Felder, Wiesen, Seen und Inseln meistbietend verkauft. Zum Glück hatte die letzte frei gewählte Volkskammer der DDR per Gesetz wenigstens einige Gebiete unter Naturschutz gestellt! In den letzten Jahren habe ich beobachtet, wie in den Wäldern nördlich von Neuruppin, die offenbar privatisiert worden sind, getreu dem Motto Erich Honeckers „Aus dem Betrieb ist noch mehr herauszuholen!" ein Kahlschlag sondergleichen stattfindet. Meine Tante und mein Onkel, die bei Stendenitz (nördlich von Neuruppin) ein Grundstück haben, beklagen, dass der sie umgebende Wald so ausgedünnt worden sei, dass dieser keinen Wind mehr abhalte und sie dort keine Pilze geschweige Blaubeeren mehr fänden.

In der Schule, in einer der ersten Klassen, haben die Schüler/Jungpioniere ein wunderschönes Lied gelernt, das die große Liebe zur Heimat ausdrückt. Die heutige Situation, aber auch die Tatsache, wie emotionslos die Haltung ist, die der Jugend in den Schulen zur Heimat anerzogen wird, empfinde wahrscheinlich nicht nur ich als ein Kontrastprogramm, als einen Hohn. Sicherlich werden sich die Machthaber in der DDR auch gedacht haben: „Wer seine Heimat liebt, der wird sie bis zum letzten

Blutstropfen verteidigen." Ich denke, dass es aus diesem Grund in Anlehnung an die Pfadfinder auch Pionierlager gab, die beides miteinander verbanden. Aber wer ist denn heute bereit, sein Heimatland, sein Vaterland zu verteidigen? Das sind eher die patriotisch gesinnten Ostdeutschen als die Westdeutschen! Das Fußvolk in der Bundeswehr ist mehrheitlich ostdeutsch. Daher möchte ich das DDR-Lied vorstellen, das mir in diesem Zusammenhang aus meiner Kindheit eingefallen ist:

Unsere Heimat

Unsre Heimat, das sind nicht nur die Städte und Dörfer,
unsre Heimat sind auch all die Bäume im Wald.
Unsre Heimat ist das Gras auf der Wiese,
das Korn auf dem Feld
und die Vögel in der Luft
und die Tiere der Erde
und die Fische im Fluß sind die Heimat.
Und wir lieben die Heimat, die schöne,
und wir schützen sie,
weil sie dem Volke gehört,
weil sie unserem Volke gehört.[237]

Mein Vater war Ende der 1990er-/Anfang der 2000er-Jahre Bürgermeister eines Dorfes im Spreewald. Er ließ am Rande eines

---

[237] Das Lied entstand 1951. Text: Herbert Keller (1922–1990), Komposition: Hans Christoph Karl Friedrich Naumilkat (1919–1994). Eine Hörfassung findet sich auf YouTube.com (26.05.2016): Unsere Heimat. Album: Hymnes et marches de la République Démocratique Allemande. Lizenziert an YouTube durch [Merlin] IDOL Distribution (im Auftrag von MLP) und 1 musikalische Verwertungsgesellschaften. Online verfügbar unter https://www.youtube.com/watch?v=sWPl94rpKrI (zuletzt abgerufen am 11.01.2021).

Feldweges mehr als 20 hochstämmige Obstbäume pflanzen. In kürzester Zeit wurden alle Bäume geköpft. Mein Vater war darüber sehr schockiert. Das hatte es für ihn in der DDR-Zeit nicht gegeben ... In einem der ersten Kapitel meines Buches beschrieb ich, wie sich das Bild in den Dörfern wandelte. Einerseits wurde ein gewisser Anteil der Wohnhäuser und der Straßen restauriert, erneuert, andererseits gab es vielerorts keinen Dorfkonsum, keine Dorfkneipe, keinen Jugendklub, keine Postaußenstellen und Briefkästen und keinen Dorfarzt mehr. Auch die sogenannte Dorflinde, einst Mittelpunkt des dörflichen Lebens, wie sie im Lied von 1838 „Kein schöner Land in dieser Zeit" besungen wird, ist aus vielen Dörfern in den neuen Bundesländern verschwunden. Ebenso die Kopfweiden, die das dörfliche Bild prägten. Durch Stilllegeprämien der EU wurden große, einst mühsam urbar gemachte Ackerflächen sich selbst überlassen. Stattdessen verunzieren jetzt vielerorts Windräder die Landschaft und machen mitunter die Menschen krank. Das Bild der Dörfer und der Umgebung hat sich nach der Wende in den neuen Bundesländern nicht unbedingt zum Besseren gewandelt.

Die in der DDR den Kindern anerzogene Liebe zur Heimat steht natürlich im Widerspruch zur oftmals von Betrieben praktizierten Umweltverschmutzung. Ich denke, dass von staatlicher Seite aus zwar der Wille da war, mehr für die Umwelt zu tun, aber aufgrund der selbst verschuldeten Misswirtschaft sehr oft schlichtweg die Gelder und/oder die notwendigen Technologien fehlten.

15.6 Die größten Fehler bei der Bewertung der Geschichte der DDR

Die größten Fehler der westdeutsch dominierten Leitmedien, der Bundespolitiker der etablierten Parteien und ihrer Parteistiftungen bei der Beurteilung, wie das Leben in der DDR wirklich gewesen sei, sehe ich darin:

- dass die Beurteilungen stark ideologisch geprägt sind,
- dass die ehemaligen DDR-Bürger viel zu wenig befragt werden und
- darin, dass stattdessen die Aussagen der Medien der DDR und der SED-Politiker nahezu hundertprozentig zur Beurteilung herangezogen werden, also kein Abgleich mit dem realen Leben der DDR-Bürger stattfindet.

Wenn wirklich hundertprozentig alle Vorgaben der SED-Funktionäre von oben nach unten durchgezogen worden wären, dann hätten in der DDR Verhältnisse wie in Nordkorea bestanden. Dem war aber nicht so. Es gab dort gewisse Freiräume, die vielen mutigen, heutzutage unbekannten Menschen zu verdanken waren. Ich denke da auch an ein Novum auf meiner Arbeit in den Elektro-Physikalischen Werken Neuruppin: Weder mein Gruppenleiter noch der Abteilungsleiter oder der Bereichsleiter waren Mitglied in der SED gewesen! Dabei war die Grundbedingung für ein Führungsposten die Mitgliedschaft in der SED gewesen. Die Elektroniker hatten anscheinend einen Hort von Freidenkern gebildet, in dem die SED nichts hatte ausrichten können.

Ich möchte noch ein zweites Beispiel anbringen: Die Tatsache, dass Tausende Jugendliche an Veranstaltungen zu den Feierlichkeiten zum 40. Jahrestag der DDR am 4. Oktober 1989 teilnahmen, wurde von der DDR-Führung medial ausgeschlachtet. Ähnlich lief es bei der Veranstaltung „Wir sind mehr" (Konzert gegen rechts) am 3. September 2018 in Chemnitz ab. Sicherlich waren einige politisch Überzeugte dabei. Aber wer etwas an der politischen Fassade kratzt, der kommt auf ernüchternde Gemeinsamkeiten beider politisch hochstilisierten Ereignisse: Die Fahrten zu den Veranstaltungen, die Getränke und der Besuch von Konzerten waren kostenlos! Sicherlich hatten 1989 das Bildungsministerium unter Margot Honecker und 2018 das Familienministerium unter Franziska Giffey die Kosten übernommen. Das Gros der Teilnehmer wird allein aus diesen Gründen an beiden Veranstaltungen teilgenommen haben. Die Kinder und Jugendlichen in der DDR betrachteten, soweit sie selbst entscheiden durften, wohl das Tragen von Pionierhemd und Pioniertuch bzw. das FDJ-Hemd als Eintrittskarte. Bei den Medien und den Politikern hörte es sich dann ganz anders an. Als mündiger Bürger sollte man sich schon überlegen, ob man sich politisch ausnutzen lassen will. Auf der Veranstaltung in Chemnitz wurden von einigen Bands hemmungslos Gewaltfantasien verbreitet, die rein gar nichts auf einer Gedenkfeier eines von einem Flüchtling erstochenen Deutsch-Kubaners zu suchen haben. In einem Lied wurde dazu aufgerufen, Eva Herman, eine ehemalige Moderatorin im ARD, grün und blau zu vergewaltigen, in einem anderen, Polizei und Journalisten mit einem scharfen Gegenstand an die Gurgel zu gehen. Da hätte ich von den Zuschauern ein Pfeifkonzert und von den Medien und Politikern eine Distanzierung erwartet …

15.7 Warum die Ostdeutschen patriotisch(er) sind

Zurück zu der ostdeutschen Identität. In den neuen Bundesländern ist der Patriotismus verbreiteter als in Westdeutschland. Hierfür gibt es folgende Gründe:

1. Die Ostdeutschen haben unter der Besatzung nach dem Zweiten Weltkrieg mehr gelitten als die Westdeutschen. Deutsch zu sein, war im Unterbewusstsein vieler möglicherweise auch eine Frage der Abgrenzung und der Selbstbehauptung.

2. Trotz aller Indoktrinationsversuche wurden in den Schulen der DDR mehr Deutschunterricht und mehr deutsche Kultur beigebracht als in der alten BRD. Die Tatsache, dass die Wirkungsstätte vieler deutscher Dichter und Denker in Weimar lag, hatte diesen Umstand noch befördert.

3. Anteilig an der gesamten deutschen Bevölkerung waren die Ostdeutschen von der Zerreißung der Familie durch die deutsch-deutsche Grenze und der Berliner Mauer stärker betroffen. Deshalb war sie im kollektiven Gedächtnis der Ostdeutschen schmerzhafter.

4. Die DDR-Bürger hatten eine nur sehr begrenzte Reisefreiheit. Dadurch kamen sie in alle Ecken der DDR und hatten ihre Heimat kennen- und lieben gelernt.

5. Wer mit offenen Augen durch die Welt läuft und auf dem Gebiet der ehemaligen DDR unterwegs ist, der kommt nicht umhin festzustellen, dass er vor allem in

Mitteldeutschland auf Schritt und Tritt Geschichte, Kultur und Kulturdenkmäler entdecken kann.

6. Bis Ende 1960/Anfang 1970 wurden die DDR-Bürger für eine Vereinigung der beiden deutschen Staaten im sozialistischen Sinne durch einen gewissen Patriotismus begeistert.

7. In den neuen Bundesländern ist der Anteil an Menschen ausländischer Herkunft viel geringer. In Westdeutschland ist zu beobachten, dass ein großer Anteil von Ausländern, die den deutschen Pass bekommen haben, zwar gern die Vorteile der deutschen Staatsangehörigkeit nutzt, ansonsten aber nichts mit Deutschland zu tun haben will. Diese Personen sind pikanterweise eine wichtige Wählerklientel der Grünen.

Es ist eine Binsenweisheit: Wer seine Heimat, seine Geschichte und seine Kultur nicht kennt, der wird auch keinen Patriotismus/keinen Nationalstolz entwickeln können.

Abschließend möchte ich ein Lied aus meinem DDR-Liederbuch aus dem Jahre 1970 zitieren, dessen Inhalt so manch einen linksgrünen Ideologen erschaudern lässt und die ganze Irrsinnigkeit des von der Bundesregierung und den Medien verbreiteten Zeitgeistes offenlegt:

Heimatlied[238]
Wenn ich an Deutschland denke,

---

[238] Volk und Wissen, Volkseigener Verlag Berlin (Hrsg.) (1970): Fröhlich singen, vorwärts schauen, 9. und 10. Klasse, Volk und Wissen, Volkseigener Verlag Berlin, 1970, S. 12–14.

dann geht das Herz mir auf.
Ich liebe seine Wälder
und seiner Flüsse Lauf.

Ich liebe die deutsche Sprache,
das alte ew'ge Band,
das uns zusammenschmiede
im deutschen Vaterland.

Ich lieb' die stolzen Werke,
erbaut aus eigner Kraft,
der Gruben tiefe Schächte
und unser Volk, das schafft.

Ich liebe unser Deutschland,
ob Elbe, Spree, ob Rhein,
es darf auf lange Dauer
niemals gespalten sein.

Und weil ich es so liebe,
haß' ich des Krieges Brand
und kämpfe für den Frieden
in meinem Vaterland.

Worte: Erich Freund

Musik: Ernst Hermann Meyer

Mit diesem Kapitel möchte ich nicht das Trennende zwischen
den Ostdeutschen und den Westdeutschen zelebrieren, sondern
Tatsachen unverfälscht, an den Bundespolitikern, ihren

parteinahen Stiftungen und den Medien vorbei, vor der Leserschaft ausbreiten. Denn wenn ARD und ZDF mein Buch emp-
fehlen würden, dann hätte ich etwas falsch gemacht. Ich möchte
insbesondere an die Westdeutschen appellieren, den Kontakt
mit den Ostdeutschen zu suchen und sich nicht auseinanderdividieren zu lassen.

15.8 Worüber sich der ehemalige DDR-Bürger in der jetzigen BRD wundert

Wer die DDR bewusst erlebt hat, wundert sich über so manche
Erscheinung und Diskussionen in der jetzigen BRD und fühlt
sich um Jahre in die Vergangenheit zurückversetzt.

Ein Beispiel ist die Diskussion über die Gleichberechtigung
zwischen Mann und Frau und über die Exzesse wie die „ME
TOO"-Debatte, die mich an mittelalterliche Hexenverbrennun-
gen erinnern und wenig mit Rechtstaatlichkeit zu tun haben.
Wenn man bedenkt, dass in der alten BRD noch bis in die 1970er-
Jahre die Frau ihren Mann fragen musste, ob sie arbeiten gehen
durfte, und sie dem Arbeitgeber zur Bewerbung noch eine
schriftliche Zusage des Ehegatten zu geben hatte, dann war in
diesem Punkt die DDR der BRD um Jahrzehnte voraus. Und
noch heute scheint ab und zu durch, dass diese Gleichberechtigung noch längst keine Selbstverständlichkeit ist. Auch wenn es
in manchen Berufen/beruflichen Teilbereichen zu Erscheinungen in die andere Richtung kommt (zum Beispiel, wo Frauen
mitwirken), wo extreme körperliche Leistung abverlangt wird,
wie bei der Armee, und wohl für Männer eher geeignet ist, kann
es das Gesamterscheinungsbild nicht abmildern. Leider wird es
hier wohl aufgrund des in Deutschland größer werdenden An-
teils an muslimischer Bevölkerung schleichend Rückschritte

geben. Dazu braucht man kein Prophet zu sein. Verstärkt wird dieser Eindruck, weil sich die Linksgrünen zur Frauenfeindlichkeit in der islamisch geprägten (Parallel-)Gesellschaft auffallend ausschweigen. Wie weltfremd ein großer Teil der Linken ist, der sich um die damalige Parteivorsitzende Katja Kipping scharte, zeigt ein Positionspapier. Dieses entstand als Reaktion auf kritische Äußerungen Sarah Wagenknechts über Merkels Flüchtlingspolitik. Dort las man die Aussage, dass die Linke bei den vorwiegend muslimisch geprägten „Flüchtlingen", die nach Deutschland gekommen sind und kommen werden, „emanzipatorische Kräfte freisetzen" wolle.[239]

Die große Mehrheit der Ostdeutschen kann mit der Gendersprache nichts anfangen, denn sie ist im Interesse der an den Hebeln der Macht Sitzenden und der Globalisten. Sie spaltet die Gesellschaft noch weiter und beseitigt nicht die realen oder vermeintlichen Ausgrenzungen bestimmter Gruppen in der Gesellschaft. Sie trägt den Keim einer erneuten Diskriminierung in sich. Auch die Diskussion über Schwule und Lesben und die maßlose Übertreibung, indem das menschliche Geschlecht in zig Unterarten aufgeteilt wird und bereits kleine Kinder in den Schulen in dieser Richtung mit Sexualpraktiken konfrontiert

---

[239] Berger, Jens (14.05.2018): In Schönheit sterben ist auch keine Lösung. In: NachDenkSeiten – Die kritische Website. Online verfügbar unter https://www.nachdenkseiten.de/wp-print. php?p=43939 (zuletzt abgerufen am 15.03.2021). Siehe dazu o. V. (o. J.): Keine Verabschiedung von einer internationalistischen, solidarischen linken Perspektive in der Migrations- und Asylpolitik – eine Antwort auf das „Thesenpapier zu einer human und sozial regulierenden Einwanderungspolitik". In: NachDenkSeiten – Die kritische Website. Online verfügbar unter https://www.nachdenkseiten.de/upload/pdf/180514_Keine-Verabschiedung-von-einer-internationalistischen-solidarischen-linken-Perspektive-in-der-Migrations-und-Asylpolitik%20.pdf (zuletzt abgerufen am 15.03.2021).

werden, lässt den ehemaligen DDR-Bürger den Kopf schütteln. Und noch eine andere absurde Begebenheit: In Berlin setzt die rot-rote Regierung seit 2018 ihr Toilettenkonzept durch und errichtet Unisex-Toiletten, sogenannte „Berliner Toiletten", als gäbe es in dieser Stadt keine anderen Probleme.[240] Schwule und Lesben waren in der DDR allgemein nicht so gern gesehen, man ließ sie aber nach ihrer Fasson leben. Zu DDR-Zeiten hatte ich als Gartennachbar ein lesbisches Paar. Und während meines Wehrdienstes in der Nationalen Volksarmee gab es in meiner Kompanie einen Soldaten, der sich offen dazu bekannte, schwul zu sein. Mir ist nicht bekannt, dass er deshalb diskriminiert worden wäre. Allerdings durften Schwule und Lesben nicht heiraten und keine Kinder adoptieren. Für den Staat war ausdrücklich das Ehepaar, welches aus Mann und Frau besteht, die Keimzelle der Gesellschaft …

Die große Aufregung in den deutschen Leitmedien und bei den linksgrünen Parteien und die von ihnen verbreitete Untergangsstimmung bezüglich der Demokratie, weil die AfD 2017 den Sprung in den Deutschen Bundestag geschafft hat, können viele ehemalige DDR-Bürger nicht verstehen. Denn damit tritt spätestens seit Angela Merkels Machtantritt und der von ihr betriebene Linksruck in der CDU eine Normalität in der Parteienlandschaft der BRD ein. Nun dürfte, zumindest theoretisch, der übergroße Anteil des deutschen Volkes im Bundestag seine politische Vertretung haben. In der DDR gab es eine viel größere Parteienvielfalt. So existierten neben der SED die CDU, die Bauernpartei, die LDPD und die NDPD. Der Trick der SED, um ihre

---

[240] Lengsfeld, Vera (08.08.2017): Hat das rot-grüne Berlin keine anderen Probleme? In: The European vom 08.08.2017. Online verfügbar unter https://www.theeuropean.de/vera-lengsfeld/12583-genderwahnsinn-neues-toilettenkonzept-fuer-berlin (zuletzt abgerufen am 15.03.2021).

Macht abzusichern, war, dass alle Parteien und Massenorganisationen in der „Nationalen Front" vertreten waren, wobei die SED zusammen mit Letzterer darin die absolute Mehrheit hatte. Bei den Wahlen in der DDR wurden nur Einheitslisten der „Nationalen Front" zugelassen, nicht einzelne Personen.[241] Diesen Sachverhalt versuchte ich vergeblich dem in der Einleitung erwähnten westdeutschen Ehepaar in Südtirol zu erklären.

Damit komme ich zum nächsten Phänomen, bei dem sich die Ostdeutschen verwundert die Augen reiben. Angela Merkel hat es geschafft, durch das Auswechseln konservativ-liberaler Kernthemen durch typische Themen der anderen Parteien, durch Fraktionszwang, Unter-Druck-Setzen/Bestrafen andersdenkender Parteimitglieder und durch Umgehung des Parlaments der Bevölkerung den Eindruck zu vermitteln, als gäbe es keine großen Unterschiede zwischen den etablierten Parteien. Den ehemaligen DDR-Bürgern ist das wie ein Déjà-vu vorgekommen, als gäbe es im Deutschen Bundestag eine „Nationale Front".

Höchst umstritten war das Gedenken an den 200. Geburtstag von Karl Marx am 5. Mai 2018. Zu dieser Person dürften die meisten ehemaligen DDR-Bürger ein sehr gespaltenes Verhältnis haben. Gewiss, Karl Marx war zwar einer der geistigen Väter der marxistisch-leninistischen Philosophie und nicht verantwortlich für die Unterdrückung, die Demütigung und die Toten in den sozialistischen Ländern. (Allein in der Sowjetunion sind unter Stalin im Namen der Ideologie von Marx, Engels und Lenin ungefähr 20 Millionen Menschen umgebracht worden!) Das Erlebte dürfte noch zu frisch sein und die Wunden noch nicht verheilt,

---

[241] Konradin Medien GmbH (Hrsg.) (2014–2021): Einheitsliste. In: Wissen.de. Online verfügbar unter https://www.wissen.de/lexikon/einheitsliste (zuletzt abgerufen am 15.03.2021).

um das auseinanderzuhalten. Hier wird wohl erst die übernächste Generation in der Lage sein, einen distanzierten Blick zu haben. Vom Sozialismus, egal in welchen Spielarten, haben jedenfalls die meisten die Nase voll. Die leicht überschwängliche Behandlung von Karl Marx in den meisten Zeitungen und im Fernsehen, die wohl viele ehemalige DDR-Bürger irritierte, ist zweifellos mit dem eingangs von mir erklärten Linksruck bei den Journalisten zu erklären. Auch die Verharmlosung der Gewaltexzesse durch die Antifa in Hamburg im Juli 2017 anlässlich des G20-Gipfels durch Medien und Politiker und die nur zaghafte juristische Verurteilung lassen tief blicken, wohin es in unserer Gesellschaft gekommen ist. Der Sozialismus ist tot! Es lebe der Sozialismus? Nein, hier habe ich etwas polemisiert. Aber der Linksruck in Teilen unserer Gesellschaft und die zunehmende Schleifung von Recht und Gesetz im Namen der Moral irritieren viele ehemalige DDR-Bürger sehr, zumal sie gerade einen diktatorischen Staat abgeschüttelt haben, der sich auf die Lehren von Marx, Engels und Lenin berief, während als Gegenstück die Vertreter der alten BRD immer dafür warben, eine soziale Marktwirtschaft zu haben, in einer Demokratie und in einem Rechtsstaat zu leben.

Apropos soziale Marktwirtschaft, Demokratie und Rechtsstaat: Insbesondere die ehemaligen DDR-Bürger sind über die Deformation der Gesellschaft in Deutschland alarmiert, die teils unter Helmut Kohl, teils unter der rot-grünen Regierung unter Gerhard Schröder, aber besonders unter der Ägide Angela Merkels stattgefunden hat. Sie fühlen sich immer weniger im vereinigten Deutschland angekommen. Plakativ ausgedrückt: Sie erhielten etwas, was sie so nicht bestellt hatten. Eine Tabelle beim Internetportal „Politik Spezial – Stimme der Vernunft" verdeutlicht sehr klar, wo sich die BRD gerade befindet (siehe

Anhang 3).[242] Man mag dieses oder jenes an der Übersicht bekritteln. So finde ich beispielsweise, dass die äußerste linke Spalte noch etwas überarbeitet werden müsste. Denn eine vollkommen unkontrollierte Wirtschaft ist garantiert nicht sozial. Die Stärke der Tabelle besteht aber darin, anschaulich zu zeigen, dass der Übergang von einer zur anderen Gesellschaftsform gleitend ist …

Das Bildungssystem der DDR war in meinen Augen wesentlich besser als das bundesdeutsche. Ich habe beide Bildungssysteme kennengelernt. Ich durchlief das gesamte DDR-Bildungssystem, von der ersten Klasse bis zum Abschluss des Studiums. Nach der Wende wurde in den neuen Bundesländern leider das bundesdeutsche Schulsystem übernommen. Da ich Kinder habe, musste ich mich gezwungenermaßen auch mit diesem System auseinandersetzen. Ich war entsetzt, dass man beim Abitur Fächer abwählen kann. Viele Schüler wissen zu diesem Zeitpunkt überhaupt nicht, was sie später einmal beruflich machen wollen. Manche Mitschüler meiner Kinder hatten so viele Fächer abgewählt, dass ich mich wunderte, wie man das dann noch „Abitur" nennen konnte. In der DDR mussten die Abiturienten alle Fächer absolvieren. Die Finnen haben eines der besten Bildungssysteme der Welt. Bevor sie eine Bildungsreform durchführten, reisten Delegationen von Pädagogen durch die Welt, um die Erfahrungen der anderen Länder auf diesem Fachgebiet und Anregungen zu sammeln. Das DDR-Bildungssystem schien ihnen sehr

---

[242] Gartenmann, Matthias (23.03.2021): Tabelle: Der Weg von der Demokratie zur Diktatur. Veröffentlich im Internetportal „Politik Spezial – Stimme der Vernunft" (Hrsg.) (23.03.2021) in der Sendung „Vorletzte Stufe ins Verderben ist geschafft – KLARTEXT". Online verfügbar unter https://www.youtube.com/watch?v=Y0BfewZ5Q5k (zuletzt abgerufen am 09.04.2021), ab Minute 1:00.

zugesagt zu haben. Sie ließen den ideologischen Teil weg, übernahmen von diesem und jenem Land kleine Details, und fertig war das finnische Erfolgsmodell! Und jetzt kommt der Treppenwitz der Geschichte: Meine Schwester arbeitete bereits zu DDR-Zeiten als Lehrerin. Nach der Wende wurde sie zusammen mit anderen Kollegen vom Brandenburger Bildungsministerium nach Finnland geschickt, um zu ergründen, warum diese so erfolgreich seien. Über diesen Auftrag wunderte sich meine Schwester sehr, zumal sie sich dort an ihre Lehrertätigkeit in der DDR erinnert fühlte. Nach der Wende sind viele westdeutsche Beamte in die neuen Bundesländer geschickt worden, um neue Strukturen, zum Beispiel bei der Justiz und bei der Polizei, zu schaffen und um bei übernommenen Strukturen den SED-Kader abzulösen. Zudem wurden in der Landespolitik viele Spitzenämter von Westdeutschen bekleidet, so auch in Brandenburgs Bildungsministerium. Diese Aktion zeigt, dass es eine gewisse Arroganz gegenüber den ehemaligen DDR-Bürgern, gegenüber ihrer Geschichte und gegenüber ihren Erfahrungen gibt. Diese werden schlichtweg ignoriert, als hätte es diese nie gegeben. Leider hat sich diese Vorgehensweise überall in den neuen Bundesländern wiederholt, wo westdeutsche Führungskräfte das Ruder übernommen haben. Daher ist es wohl kein Wunder, dass sich bei den Ostdeutschen eine gewisse Frustration breitgemacht hat, was für die deutsche Einigung eher kontraproduktiv ist. Ideologisch geprägte „Fachleute" bestreiten, dass Finnland das Bildungssystem aus der DDR übernommen hat. Aus der DDR kann einfach nichts Gutes kommen! Punkt!

16 Schlusswort

Das vorliegende Buch ist das Ergebnis mehrjähriger Arbeit. Vor ungefähr drei Jahren hatte ich damit begonnen. Seitdem ist die Recherchearbeit zunehmend schwieriger geworden: Damals im Internet frei zugängliche gesellschaftskritische Zeitungsartikel werden in zunehmendem Maße hinter Bezahlschranken versteckt. Und so manche interessante YouTube-Beiträge und Facebook-Kommentare sind wie von Geisterhand verschwunden.

***

Meiner Lektorin Christiane Lober gilt großer Dank für die Arbeit an meinem Buch. Da ich versuchte, bis zum Schluss möglichst viele neue Erkenntnisse in das Manuskript einfließen zu lassen, hatte sie es nicht immer leicht mit mir. Ich möchte mich bei allen Freunden und Bekannten bedanken, die sich die Zeit nahmen, dieses oder jenes Kapitel zu überprüfen.

***

Mit meinem Buch möchte ich die Verständigung zwischen den Menschen aus dem Westen und dem Osten Deutschlands verbessern. Ich muss zugeben, dass ich schon etwas Wehmut empfand, als ich an die DDR-Zeit zurückdachte und zu rekapitulieren versuchte, wie dies und jenes war, schließlich habe ich dort meine Kindheit, meine Jugend und die Familiengründung erlebt. Allerdings hätte ich gut und gerne auf dieses oder jenes DDR-typische Erlebnis verzichten können. Trotz dieses Gefühls habe ich versucht, mich möglichst kritisch mit den gesellschaftlichen Verhältnissen auseinanderzusetzen. Daher sollte mein

Buch auch nicht als ein Versuch angesehen werden, eine DDR-Nostalgie zu vermitteln.

Die 1990er-Jahre waren zweifelsohne eine Zeit der Demütigungen. Mein Bestreben ist es, den Ostdeutschen ihren Stolz wiederzugeben, ihre Seele etwas zu streicheln. Denn wenn man den Aussagen in vielen damaligen westdeutschen Zeitungsartikeln Glauben schenken mag, dann wäre in der DDR alles nur Schrott gewesen. Ich habe den Bau der Berliner Mauer am 13. August 1961 und die Teilung der Familie selbst erlebt. Daher liegt es mir fern, trotz gelegentlicher Kritik an den „Westdeutschen" allgemein, neue Gräben zu schaffen. Das Gegenteil ist der Fall.

***

Bei aller Kritik an den Kränkungen und Missverständnissen zwischen West- und Ostdeutschen sowie am Einigungsprozess gibt es auch Positives zu vermelden. Wenn man von den Begleitumständen einmal absieht, dann gibt es im vereinten Deutschland freie Wahlen. Die Reisefreiheit ist auch gewährleistet.

Wie ich in diesem Buch bereits dargelegt habe, halte ich das bundesrepublikanische Bildungssystem, das leider Gottes den neuen Bundesländern übergestülpt wurde, eher für untauglich, einen mündigen Bürger mit breiter Allgemeinbildung hervorzubringen. Umso erfreulicher ist es natürlich, wenn trotz der widrigen Umstände auch kluge Köpfe diesem System entsprungen sind. Selbst das Bildungsniveau der Abiturienten lässt zu wünschen übrig: Immer mehr Universitäten gehen dazu über, bei naturwissenschaftlichen Studienrichtungen den Studenten im ersten Semester Anpassungslehrgänge anzubieten. Als positiv ist hingegen zu bewerten, dass bei Erfüllung bestimmter Bildungsvoraussetzungen jeder Bürger alles studieren kann, was er will. Das war in der DDR nicht der Fall. Mir wurde beispielsweise das

Geschichtsstudium versagt. Zum einen waren diese Studienplätze sehr begrenzt, zum anderen waren sie sehr staatstreuen Personen vorbehalten.

Bis zur Vereinigung beider deutscher Staaten konnte man schon am Zustand der Häuser erkennen, ob man sich gerade im „Westen" oder im „Osten" Deutschlands befand. Das Grau in Grau war das typische Straßenbild in den Städten und Dörfern der DDR.[243] Das hat sich seit dem Beitritt der DDR zur BRD grundlegend geändert. Für viele ältere Häuser bedeuteten dieses Ereignis und die dann einsetzenden verstärkten Investitionen im Immobilienbereich die Rettung in letzter Minute. Allerdings mussten zuvor die Besitzverhältnisse geklärt werden. Ich erinnere mich noch, wie im Winter wegen des Verbrennens von Braunkohle oft ein beißender, schwefeldioxidhaltiger Rauch die Häuser und Straßen einhüllte. Mittlerweile werden die meisten Wohnhäuser entweder mit Fernwärme versorgt oder mit Gasetagenheizungen ausgestattet, wodurch sich auch die Luftqualität und der Wohnkomfort wesentlich verbessert haben. Mit der Vereinigung der beiden deutschen Staaten konnten nicht alle, aber ein nicht unbedeutender Teil der Bevölkerung seinen Traum von einem Eigenheim wahr werden lassen.

***

Ich erkenne die positiven Dinge an, die der Beitritt der DDR zur BRD mit sich gebracht hat, und möchte sie keineswegs kleinreden. Das hält mich aber nicht davon ab, die gesellschaftliche Entwicklung des vereinten Deutschlands kritisch und mit großer

---

[243] Als ich nach dem Mauerfall das erste Mal mit dem Auto nach Westberlin fuhr, um meine Großeltern zu besuchen, hatte ich große Schwierigkeiten, das Licht der Verkehrsampel von der grellen, farbigen Werbung im Hintergrund zu unterscheiden. So farbentwöhnt war mein Auge bei all dem Grau in Grau in der DDR! Das legte sich aber schnell …

Sorge zu betrachten. Dazu zählt nicht nur die allseits beklagte Spaltung der Gesellschaft, sondern die Entmündigung und schleichende Enteignung der Bürger, die Entfremdung der Leitmedien und der Politik vom Volk, Gesetzesbrüche im Namen einer „guten Sache" und die Negativauslese bei den Politikern. Diese Erscheinungen sind gewiss nicht im Sinne der friedlichen Revolution von 1990.

Im zweiten Band meines Buches gehe ich genau darauf ein. Ich schildere das Leben Angela Merkels und setze mich kritisch mit ihrem politischen Wirken auseinander. Als Gegenstück zur geschilderten Ausländer- und Flüchtlingspolitik der DDR wird dort die der alten und neuen BRD beschrieben. Ich beschäftige mich unter anderem mit der VISA-Affäre und erkläre, warum Diktatoren gern den von Merkel vehement unterstützten UN-Migrationspakt unterzeichnen. Ein weiteres Thema ist, welche Maßnahmen Deutschland ergreifen soll, um (nach innen hin) die nationale Einheit zu vollenden und nach außen hin im Sinne des Selbstbestimmungsrechts der Völker eine größere staatliche Souveränität zu erreichen. Zum Schluss setzte ich mich mit dem Buch „Wer wir sind; Die Erfahrung, ostdeutsch zu sein" von Jana Hensel und Wolfgang Engler auseinander. Ich gehe der Frage nach, warum ARD und ZDF so sehr für dieses Buch warben, zumal ansonsten dort die Ostdeutschen kaum eine Rolle gespielt haben.

Literaturverzeichnis

Abromeit, Jutta (26.02.2016): Mieter ziehen in Fontanes Tee-Haus. In: Märkische Allgemeine Zeitung vom 26.02.2016. Online verfügbar unter https://www.maz-online.de/Lokales/Teltow-Flaeming/Mieter-ziehen-in-Fontanes-Tee-Haus (zuletzt abgerufen am 25.11.2020).

Adenauer, Konrad (1983): Memoirs 1945–1953, United Kingdom: Gateway Books, März 1983.

Alexander, Robin (27.09.2015): Die Union verweigert Merkel die Gefolgschaft. In: Welt.de vom 27.09.2015. Online verfügbar unter https://www. welt.de/politik/deutschland/article146898053/Die-Union-verweigert-Merkel-die-Gefolgschaft.html (zuletzt abgerufen am 31.01.2021).

Alexander, Robin (2017): Die Getriebenen; Merkel und die Flüchtlingspolitik: Report aus dem Inneren der Macht. 3. Auflage, München: Siedler Verlag, 2017.

Althaus, Johann (09.07.2015): US-Herrschaft über Leipzig verunsicherte die DDR. In: Welt.de vom 09.07.2015. Online verfügbar unter https://www. welt.de/geschichte/article143763148/US-Herrschaft-ueber-Leipzig-verunsicherte-die-DDR.html (zuletzt abgerufen am 08.10.2020).

ARD (Hrsg.) (13.11.1985): Tagesschau vom 13.11.1985: Oskar Lafontaine bei Erich Honecker. Online verfügbar unter https://www.youtube.com/watch?v=yTbCdYKolsk (zuletzt abgerufen am 04.12.2020).

Aschauer, Robert (10.04.2018): Flexirente: Alles zur vorgezogenen Rente (mit Rechenbeispiel). Online verfügbar unter https://www.einfach-rente. de/flexirente (zuletzt abgerufen am 23.12.2020).

Augstein, Rudolf (07.01.1985): „Auf die schiefe Ebene zur Republik". Rudolf Augstein über das zu mächtig aufgeblähte Reich. In: Der Spiegel, Nr. 2/1985, S. 22–32.

Bad Company News (01.03.2012): Treuhandanstalt zur Verwaltung des DDR-Eigentums – kriminelle Machenschaften von BRD-Behörden. Online verfügbar unter https://www.youtube.com/watch?v=A9KymzZgX8w (zuletzt abgerufen am 12.12.2020), ab Minute 22:36.

Bade, Klaus J./Oltner, J. (15.03.2015): Migration, Ausländerbeschäftigung und Asylpolitik in der DDR 1949–1989/90. Online verfügbar unter https://www.bpb.de/gesellschaft/migration/dossier-migration-ALT/56368/migrationspolitik-in-der-ddr?p=all (zuletzt abgerufen am 28.10.2020).

Bäcker, G; Kistler, E.; Rehfeld, U. G. (16.11.2016): Das Rentensystem der DDR – ein Rückblick. In: Bundeszentrale für politische Bildung. Online verfügbar unter http://www.bpb.de/politik/innenpolitik/rentenpolitik/223103/das-rentensystem-der-ddr-ein-rueckblick (zuletzt abgerufen am 14.11.2020).

Behling, Klaus (2018): Leben in der DDR: Alles, was man wissen muss, Berlin: Bild und Heimat Verlag, 2018.

Berger, Jens (14.05.2018): In Schönheit sterben ist auch keine Lösung. In: NachDenkSeiten – Die kritische Website. Online verfügbar unter https:// www.nachdenkseiten.de/wp-print.php?p=43939 (zuletzt abgerufen am 15.03.2021).

Bischoff, Barbara (2016): Die Stabsstelle Besondere Aufgaben bei der Treuhandanstalt. Ein funktionales Konzept zur Bekämpfung von Wirtschaftskriminalität?. Münster: Waxmann, 2016. Online verfügbar unter http:// wax mann.ciando.com/img/books/extract/3830983395_lp. pdf (zuletzt abgerufen am 11.12.2020).

Bistum Erfurt – Bischöfliches Ordinariat (04.03.2020): Vertrauen wiedergewinnen. Gemeinsame Erklärung der katholischen Thüringer Bischöfe zur Wahl des Thüringer Ministerpräsidenten. Online verfügbar unter https://www. bistum-erfurt.de/presse_archiv/nachrichtenarchiv/detail/vertrauen_wiedergewinnen/ (zuletzt abgerufen am 28.11.2020).

Black, Rose (15.02.2006): Garagen in Gefahr. In: Märkische Allgemeine Zeitung vom 15.02.2006.

Böhmer, Wolfgang (2010): „Das war ein großes Unrecht". Zwangskollektivierung vor 50 Jahren. In: Thüringische Zeitung vom 26. April 2010. Online verfügbar unter http://www.are-org.de/are/?q=en/node/1240 (zuletzt abgerufen am 28.10.2020).

Boers, K., Nelles, U., Theile, H.; Wirtschaftskriminalität und die Privatisierung der DDR-Betriebe, Baden-Baden: Nomos-Verlag, 2010.

Bolz, Norbert (01.06.2018): Die Gedanken sind nicht frei. In: NZZ Folio, Rubrik „Die Meinung", Juni 2018. Online verfügbar unter https://folio. nzz. ch/2018/juni/die-gedanken-sind-nicht-frei (zuletzt abgerufen am 09.12.2020).

Bongertmann, Ulrich (Konrad-Adenauer-Stiftung e. V.) (2014): DDR: Mythos und Wirklichkeit. Wie die SED-Diktatur den Alltag der DDR-Bürger bestimmte. 3., überarb. Auflage, Sankt Augustin/Berlin, 2014. Online verfügbar unter https://www.kas.de/c/document_library/get_file?uuid=82cf6ae4-8b3d-5505-2817-15a6bfc1248e&groupId=252038 (zuletzt abgerufen am 06.11.2020).

Branscheid, Barbara (2010): Baedeker Allianz Reiseführer Rügen, Hiddensee, 8. Aufl., Ostfildern: MAIRDUMONT, 2010.

Brenner, Peter J. (21.10.2020): Keine klugen Köpfe. „Das war's. Warum ich mein F.A.Z.-Abonnement gekündigt habe". In: Tichys Einblick vom 21.10.2020. Online verfügbar unter https://www.tichyseinblick.de/gastbeitrag/das-wars-warum-ich-mein-f-a-z-abonnement-gekuendigt-habe/ (zuletzt abgerufen am 23.02.2021).

Budde, Vanja (05.05.2015): Wie raffiniert die DDR Privatsammlungen plünderte. In: Deutschlandfunk. Online verfügbar unter https://www. deutschlandfunk.de/kunstraub-wie-raffiniert-die-ddr-privatsammlungen-pluenderte.691.de.html?dram:article_id=319033 (zuletzt abgerufen am 28.10.2020).

Bündnis 90/Die Grünen (Hrsg.) (2020): Rede von Renate Künast. Rechtsextremismus und Hasskriminalität. (Rede vom 12.03.2020.) Online abrufbar unter https:// www. gruene-bundestag.de/parlament/bundestagsreden/rechtsextremismus-und-hasskriminalitaet (zuletzt abgerufen am 19.09.2020).

Dähn, Horst (1982): Konfrontation oder Kooperation?. Das Verhältnis von Staat und Kirche in der SBZ/DDR 1945–1980. (Studien zur Sozialwissenschaft, Band 52.) Opladen: Westdeutscher Verlag, 1982

Deutsche Bundesbank (1999): Die Zahlungsbilanz der ehemaligen DDR 1975 bis 1989. Online verfügbar unter https://web.archive.org/web/20140809041853/http://www.bundesbank.de/Redaktion/DE/Downloads/Statistiken/Aussenwirtschaft/Zahlungsbilanz/zahlungsbilanz_ddr.pdf?__blob=publicationFile (zuletzt abgerufen am 29.11.2020).

Deutscher Bundestag (Hrsg.) (31.08.1994): BT-Drs. 12/8404 vom 31.08.1994: Beschlußempfehlung und Bericht des 2. Untersuchungsausschusses „Treuhandanstalt" nach Artikel 44 des Grundgesetzes *). Online verfügbar unter http://dipbt.bundestag.de/doc/btd/12/084/1208404.pdf (zuletzt abgerufen am 11.12.2020).

Deutscher Bundestag/Wissenschaftliche Dienste (Hrsg.) (19.07.2018): Sachstand: Ausgleichsleistungen an frühere Beschäftigte der Deutschen Reichsbahn für geltend gemachte Benachteiligungen in der Rentenüberleitung. WD 6 – 3000 – 079/18. Online verfügbar unter https://www.bundestag.de/resource/blob/580580/d7820eb7000cc2b94139c993ca13dc38/WD-6-079-18-pdf-data.pdf (zuletzt abgerufen am 04.01.2021).

Deutsche Rentenversicherung (Hrsg.) (30.06.2017): Statistik der Deutschen Rentenversicherung. Rentenversicherung in Zahlen 2017, S. 51. Online verfügbar unter http://v-hess.de/data/documents/02_rv_in_zahlen_2017.pdf (zuletzt abgerufen am 03.01.2021).

Deutsche Rentenversicherung (Hrsg.) (24.07.2020): Statistik der Deutschen Rentenversicherung. Rentenversicherung in Zahlen 2020. S. 51. Online verfügbar unter https://www.deutsche-rentenversicherung.de/SharedDocs/

Downloads/DE/Statistiken-und-Berichte/statistikpubli-
kationen/rv_in_zahlen_2020.html (zuletzt abgerufen am
03.01.2021).

Die Bundesregierung (2019): Das Bundeskabinett. Online verfügbar unter https://www.bundesregierung.de/re-
source/blob/997532/513938/2eac5b1a9d7faebd33ee4
7c45aacc597/bundeskabinett-pdf-data.pdf?downl
oad=1 (zuletzt abgerufen am 04.01.2021).

DigiZeitschriften e. V. (Hrsg.) (o. J.a): Durchschnittliche Arbei-
ter- und Angestelltenhaushalte nach Haushaltsgrößen
und -nettoeinkommensgruppen. Monat August. monatliche Geldausgaben in Haushalten von Arbeitern und
Angestellten nach Ausgabenpositionen 1989. In: Statistisches Jahrbuch der Deutschen Demokratischen Republik, 1989, S. 3398. Online verfügbar unter http:// www.
digizeitschriften.de/dms/img/?PID=PPN514402644_19
90|log24&physid=phys340#navi (zuletzt abgerufen am
06.11.2020).

DigiZeitschriften e. V. (Hrsg.) (o. J.b): XXIII. Eheschließungen,
Geburten, Sterbefälle. In: Statistisches Jahrbuch der
Deutschen Demokratischen Republik, Band 1990, S. 403–
428, hier: 403. Online verfügbar unter http: //www.di-
gizeitschriften.de/dms/img/?PID=PPN514402644_19
90%7Clog29 (zuletzt abgerufen am 14.11.2020).

DigiZeitschriften e. V. (Hrsg.) (o. J.c): Sparguthaben der Bevölkerung bei den Geld- und Kreditinstituten. In: Statistisches
Jahrbuch der Deutschen Demokratischen Republik,
1989, S. 329. Online abrufbar unter http:// www.digi-
zeitschriften.de/dms/toc/?PID=PPN514402644 (zuletzt
abgerufen am 06.11.2020).

DigiZeitschriften e. V. (Hrsg.) (o. J.d): Übersicht über Gebiet und Bevölkerung. In: Statistisches Jahrbuch der Deutschen Demokratischen Republik, 1989, S. 1. Online verfügbar unter http://www.digizeitschriften.de/ dms/img/ ?PID=PPN514402644_1988%7Clog6 (zuletzt abgerufen am 06.11.2020).

Dostal & partner managementberatung gmbh (18.03.2019): Poliklinik damals, Medizinisches Versorgungszentrum heute. Online verfügbar unter https://www.dostal-part ner.de/aerztemangel-vorhaben-aus-nrw-bringt-kliniken-in-laendlichen-regionen-in-not-2-2-2-2-2-2-2-2-2-2/ (zuletzt abgerufen am 04.11.2020).

Engler, Wolfgang/Hensel, Jana (2018): Wer wir sind – die Erfahrung, ostdeutsch zu sein. 3. Auflage (12018), Berlin: Aufbau Verlag, 2018.

Farquharson, John (1998): Grossbritannien und die deutschen Reparationen nach dem Zweiten Weltkrieg. In: Vierteljahrshefte für Zeitgeschichte (VfZ) 46 (1998), Heft 1, S. 43–67, hier: 56; aus dem Englischen übersetzt von Hermann Graml. Online verfügbar unter https://www.ifz-muenchen.de/heftarchiv/1998_1_3_farquharson.pdf (zuletzt abgerufen am 08.10.2020).

Finanzen.de Vermittlungsgesellschaft für Verbraucherverträge GmbH (2004–2020): Renteneintrittsalter: Alle Infos zum Renteneintritt, Optionen und zum Rentenantrag. Online verfügbar unter https://www.rente.com/gesetzliche-rentenversicherung/renteneintrittsalter/ (zuletzt abgerufen am 23.12.2020).

Finger, Evelyn (30.05.2008): Die Angst vor der Kirche. Abgedruckt zuvor in: Die Zeit Nr. 23 vom 29.05.2008. Online verfügbar unter https://www.zeit.de/2008/23/Leipziger-Bilderstreit, hier genauer S. 5 (zuletzt abgerufen am 24.11.2020).

Flug, Martin (1992): Treuhand-Poker: Die Mechanismen des Ausverkaufs. Berlin: Ch. Links Verlag, 1992

Förderverein Margarethenhütte, Großdubrau e. V., Karin Fleischer (2012): „1989 – Der Industriestandort Margarethenhütte am Wendepunkt". Informationsblätter zur Margarethenhütte Großdubrau, Heft 2.

Freundeskreises der Dorfkirche Alt-Staaken e. V. (Hrsg.) (2015): Glocken in Staaken. In: Die Staakener Wetterfahne. Mitteilungsblatt des Freundeskreises der Dorfkirche Alt-Staaken e. V., Ausgabe 34 – Weihnachten 2015, S. 9 f.

Friedman, George (Chicago Council on Global Affairs) (04.02.2015): Europe: Destined for Conflict?, ab Minute 53:50. Online verfügbar unter https://www.youtube.com/watch?v=QeLu_yyz3tc (zuletzt abgerufen am 17.10.2020).

Frontal21/ZDF info (Hrsg.) (15.09.2010): Beutezug Ost: Die Treuhand und die Abwicklung der DDR. Doku über die DDR, Teil 2. Online verfügbar unter https://www.youtube.com/watch?v=NDR6Y4h8Px4 (zuletzt abgerufen am 11.12.2020).

Gartenmann, Matthias (23.03.2021): Tabelle: Der Weg von der Demokratie zur Diktatur. Veröffentlich im Internetportal „Politik Spezial – Stimme der Vernunft" (Hrsg.) (23.03.2021) in der Sendung „Vorletzte Stufe ins Verderben ist geschafft – KLARTEXT". Online verfügbar unter https://www.youtube.com/watch?v=Y0BfewZ5Q5k (zuletzt abgerufen am 09.04.2021), ab Minute 1:00.

Gimbel, John (1986): U.S. Policy and German Scientists: The Early Cold War. In: Political Science Quarterly, Vol. 101, No. 3, 1986, S. 433–451.

Goethe-Institut e. V. (o. J.): Protokoll: Ein DDR-Kind von Namibia. Online verfügbar unter https://www.goethe.de/de/uun/auf/bes/dsa/209850 20.html (zuletzt abgerufen am 28.10.2020).

Gruner-Domić, Sandra (1999): Beschäftigung statt Ausbildung. Ausländische Arbeiter und Arbeiterinnen in der DDR (1961 bis 1989). In: Motte, Jan/Ohliger, Rainer/Oswald, Anne von: 50 Jahre Bundesrepublik – 50 Jahre Einwanderung. Nachkriegsgeschichte als Migrationsgeschichte. Frankfurt a. M./New York 1999, S. 215–240, hier: S. 224. Online abrufbar ist die Tabelle unter https://www.bpb.de/gesellschaft/migration/dossier-migration-ALT/56368/migrationspolitik-in-der-ddr?type=galerie&show=image&k=1 (zuletzt abgerufen am 28.10.2020).

Grunow, Reyk (22.04.2018): A 24 wird ab Frühjahr zur Dauerbaustelle. In: MAZ-Online.de vom 22.04.2018. Online verfügbar unter http://www.maz-online.de/Lokales/Ostprignitz-Ruppin/A-24-wird-ab-Fruehjahr-zur-Dauerbaustelle (zuletzt abgerufen am 11.12.2020).

Gunkel, Christoph (13.03.2013): Erster FCKW-freier Kühlschrank: Öko-Coup aus Ostdeutschland. In: Spiegel.de vom 13.03.2013. Online verfügbar unter http:// www.spiegel.de/einestages/oeko-revolution-aus-ostdeutschland-wie-foron-den-ersten-fckw-freien-kuehlschrank-der-welt-erfand-a-951064.html (zuletzt abgerufen am 12.12.2020).

Guratzsch, Dankwart (17.10.2019): Debatte. Baukunst und Barbarei. In: Die Welt vom 17.10.2019. Online verfügbar unter https://www.welt.de/print/welt_kompakt/debatte/article202026058/Baukunst-und-Barbarei.html (zuletzt abgerufen am 25.11.2020).

HALLO MEINUNG – Gesellschaft für freies Denken und politische Einflussnahme mbH (28.07.2020): „Unglaublich: Das Thema Islamismus findet im Verfassungsschutzbericht 2019 nur eine geringe Beachtung". Online verfügbar unter https://www.youtube.com/watch? v=n5Xio c9H3V0 (ab Minute 4:12) (zuletzt abgerufen am 19.09.2020).

Handelsblatt.com (Hrsg.) (26.04.2018): Volksabstimmungen: Bundespräsident Steinmeier gegen direkte Demokratie auf Bundesebene. Online verfügbar unter https://www.handelsblatt.com/politik/deutschland/volksabstimmungen-bundespraesident-steinmeier-gegen-direkte-demokratie-auf-bundesebene/21217488.html (zuletzt abgerufen am 09.12.2020).

Hertle, Hans-Hermann Hertle/Jarausch, Konrad Hugo Jarausch/Kiessmann, Christoph (2002): Mauerbau und Mauerfall: Ursachen – Verlauf – Auswirkungen. Berlin: Ch. Links Verlag, 2002.

Historische Kälte- und Klimatechnik e. V. (Hrsg.) (o. J.): Unternehmensgeschichte DKK Scharfenstein. Online verfügbar unter https://www.vhkk.org/page/geschichte/pdf/dkk_Unternehmensgeschichte+.pdf (zuletzt abgerufen am 12.12.2020).

Huber, Joachim (30.10.2019): Ein „Kanalarbeiter" mit Ideologie. Karl-Eduard von Schnitzler, unbeirrbarer und unbeirrter Dogmatiker. In: Tagesspiegel.de vom 30.10.2019. Online verfügbar unter https:// www. tagesspiegel.de/gesellschaft/medien/ein-kanalarbeiter-mit-ideologie-karleduard-von-schnitzler-unbeirrbarer-und-unbeirrterdogmatiker/25167602.html (zuletzt abgerufen am 23.12.2020).

Jürgs, Michael (10.02.1997): Ein Land im Sonderangebot, Teil 2. In: Der Spiegel 7/1997, S. 112–116. Online abrufbar unter http://www.spiegel.de/spiegel/print/d-8653472.html (zuletzt abgerufen am 11.12.2020).

Jung, Otmar (1994): Grundgesetz und Volksentscheid: Gründe und Reichweite der Entscheidungen des Parlamentarischen Rates gegen Formen direkter Demokratie. Opladen: Westdeutscher Verlag, 1994.

Kant, Immanuel: Beantwortung der Frage: Was ist Aufklärung? In: Berlinische Monatsschrift 4 (1784), S. 481–494.

Karlsch, Rainer (2004): Allein bezahlt? Die Reparationsleistungen der SBZ/DDR 1945–1953, Mockrehna: Elbe-Dnepr-Verlag, Reprint 2004.

Karlsch, Rainer (02.12.1995): Der Selbstmord des Chefs der Staatlichen Plankommission und das Ende der Wirtschaftsreformen 1965 in der DDR: Warum ging Erich Apel in den Tod?. In: Berliner Zeitung vom 02.12.1995. Online verfügbar unter https://www.berliner-zeitung. de/derselbstmord-des-chefs-der-staatlichen-plankommissionund-das-ende-der-wirtschaftsreformen-1965-in-der-ddr-warum-ging-erich-apel-in-den-tod-li.54615 (zuletzt abgerufen am 11.10.2020).

Karlsch, Rainer/Laufer, Jochen (2002): Sowjetische Demontagen in Deutschland 1944–1949. Hintergründe, Ziele und Wirkungen (Zeitgeschichtliche Forschungen [ZGF], Band 17), Berlin: Duncker & Humblodt, 2002.

Keller, Thorsten (04.11.2019): „Als Gorbatschow die sowjetischen Soldaten heimholte". In: Märkische Allgemeine Zeitung vom 04.11.2019. Online verfügbar unter https:// www. maz-online.de/Brandenburg/Wendejahr-1989-Als-Gorbatschow-die-sowjetischen-Soldaten-heimholte (zuletzt abgerufen am 19.09.2020).

Kellerhoff, Sven Felix (30.11.2015): Schon die DDR nutzte Flüchtlinge als Druckmittel. In: Welt.de vom 30.11.2015. Online verfügbar unter https://www.welt.de/geschichte/artic le149441251/Schon-die-DDR-nutzte-Fluechtlinge-als-Druckmittel.html (zuletzt abgerufen am 29.11.2020).

Kellerhoff, Sven Felix (23.08.2018): Wie die DDR den CSU-Chef über den Tisch zog. In: Welt.de vom 23.08.2018. Online verfügbar unter https://www.welt.de/geschichte/article181273938/Strauss-Milliardenkredit-Wie-die-DDR-den-CSU-Chef-ueber-den-Tisch-zog.html (zuletzt abgerufen am 29.11.2020).

Kellerhoff, Sven Felix (28.09.2020): Deutschlands Reparationszahlungen laufen aus. In: Welt.de vom 28.09.2020. Online verfügbar unter https://www.welt.de/wirtschaft/article9923669/Deutschlands-Reparationszahlungen-laufen-aus.html (zuletzt abgerufen am 11.10.2020).

Klatt, Thomas (08.01.2019): Die erste Nachkriegssynode: Wie die EKD wurde, wie sie ist. Online verfügbar unter https://www.evangelisch.de/inhalte/154510/08-01-2019/70-

jahre-erste-ekd-nachkriegssynode-bethel (zuletzt abgerufen am 25.11.2020).

Knaup, Horand/Wassermann, Andreas (28.11.2017): Wiedervereinigung: Wie die Treuhand bis heute viele Ostdeutsche traumatisiert. In: Spiegel.de vom 28.11.2017. Online verfügbar unter http://www.spiegel.de/spiegel/privatisierung-der-ddr-wirtschaft-fuehrte-zu-traumata-a-1180354.html abgerufen am 11.12.2020).

Köppe, Tobias (10.11.2010): Kirchensprengung und -abriss in der Deutschen Demokratischen Republik – Chronologie. Online verfügbar unter https://kirchensprengung.de/kirchensprengung-chronologie (zuletzt abgerufen am 24.11.2020).

Köppe, Tobias (21.12.2013): Kirchensprengung und -abriss in der Deutschen Demokratischen Republik. Startseite. Online verfügbar unter https://kirchensprengung.de/cms/kirchensprengung_home (zuletzt abgerufen am 24.11.2020).

Köppe, Tobias (18.02.2014): Kirchensprengung und -abriss in der Deutschen Demokratischen Republik. Ostberlin. Online verfügbar unter https://kirchensprengung.de/kirchensprengung-ostberlin (zuletzt abgerufen am 24.11.2020);

Köpping, Petra (2018): Integriert doch erst mal uns! Eine Streitschrift für den Osten. 4. Auflage (12018), Berlin: Ch. Links Verlag, 2018.

Konrad-Adenauer-Stiftung e. V. (2020a): Mythos: „In der DDR gab es keine Altersarmut". Online verfügbar unter https://www.adenauercampus.de/ddrtutorium/mythos-

und-wirklichkeit/in-der-ddr-gab-es-keine-altersarmut (zuletzt abgerufen am 14.11.2020).

Konrad-Adenauer-Stiftung e. V. (2020b): Mythos: „In der DDR gab es keine nennenswerte Ungleichheit der Vermögensverteilung". Online verfügbar unter https:// www. adenauercampus.de/ddrtutorium/mythos-und-wirklichkeit/in-der-ddr-gab-es-keine-ungleiche-vermoegensverteilung (zuletzt abgerufen am 14.11.2020).

Konradin Medien GmbH (Hrsg.) (2014–2021): Einheitsliste. In: Wissen.de. Online verfügbar unter https://www.wissen.de/lexikon/einheitsliste (zuletzt abgerufen am 15.03.2021).

Kratzer, Hans (20.05.2010): Vergewaltigt, verschwiegen, verdrängt. In: Süddetsche.de vom 20.05.2010. Online verfügbar unter https://www.sueddeutsche.de/bayern/nach-kriegsende-vergewaltigt-verschwiegen-verdra-engt-1.944243 (zuletzt abgerufen am 19.09.2020).

Krauel, Torsten (09.08.2019): Warum der Abzug aus Deutschland auch für die USA gefährlich wäre. In: Welt.de vom 09.08.2019. Online verfügbar unter https://www. welt.de/politik/ausland/article198274947/Grenell-Warum-der-Truppenabzug-fuer-die-USA-gefaehrlich-waere.html (zuletzt abgerufen am 07.10.2020).

Kremser, Holger (1993): Der Rechtsstatus der evangelischen Kirchen in der DDR und die neue Einheit der EKD. (Jus Ecclesiasticum, Band 46.) Tübingen: J. C. B. Mohr (Paul Siebeck), 1993, S. 168.

Kühne, Günther/Stephanie, Elisabeth (1986): Evangelische Kirchen in Berlin. 2. Auflage (¹1978), Berlin: Wichern-Verlag GmbH, Abt. CZV-Verlag Berlin, 1986.

Langels, Otto (04.05.2015): Massenhafte Vergewaltigungen durch Siegermächte. In: Deutschlandfunk vom 04.05.2020. Online verfügbar unter https://www.deutschlandfunk.de/zweiter-weltkrieg-massenhafte-vergewaltigungen-durch.1310.de.html?dram:article_id=318892 (zuletzt abgerufen am 17.10.2020).

Langguth, Gerd (o. J.): Angela Merkels roter Vater. In: Cicero – Magazin für politische Kultur. Online verfügbar unter https://www.cicero.de/innenpolitik/angela-merkels-roter-vater/38352 (zuletzt abgerufen am 28.11.2020).

Latour, Conrad Franchot/Vogelsang, Thilo (1973): Okkupation und Wiederaufbau. Die Tätigkeit der Militärregierung in der amerikanischen Besatzungszone Deutschlands 1944–1947, Stuttgart: Deutsche Verlags-Anstalt, 1973.

Leibniz-Zentrum für Zeithistorische Forschung Potsdam (ZZF)/Bundeszentrale für politische Bildung/Deutschlandradio (Hrsg.) (o. J.): RIAS-Mitschnitt der Internationalen Pressekonferenz von SED-Chef Walter Ulbricht in Ost-Berlin, 15. Juni 1961. Online verfügbar unter https://www.chronik-der-mauer.de/chronik/171686/rias-mitschnitt-der-internationalen-pressekonferenz-von-sed-chef-walter-ulbricht-in-ost-berlin-15-juni-1961 (zuletzt abgerufen am 04.12.2020).

Lengsfeld, Vera (08.08.2017): Hat das rot-grüne Berlin keine anderen Probleme? In: The European vom 08.08.2017. Online verfügbar unter https://www.theeuropean. de/

vera-lengsfeld/12583-genderwahnsinn-neues-toiletten-konzept-fuer-berlin (zuletzt abgerufen am 15.03.2021).

Liebig, Daniel (Buzer.de) (Hrsg.): Vertrag zwischen der Bundesrepublik Deutschland und der Deutschen Demokratischen Republik über die Herstellung der Einheit Deutschlands (Einigungsvertrag – EV). Artikel 42: Entsendung von Abgeordneten. V. v. 31.08.1990 BGBl. II S. 885, 889, 1360; zuletzt geändert durch Artikel 122 G. v. 08.07.2016 BGBl. I S. 1594. Geltung ab 29.09.1990; FNA: 105-3 Herstellung der Einheit Deutschlands. Online verfügbar unter https://www.buzer.de/gesetz/2318/a32522.htm (zuletzt abgerufen am 09.12.2020).

Lisone, Jurziczek von (Redaktion Berliner Verkehrsseiten) (04.04.2011): Verkehrstarife der BVG 1.6.1949–30.7.1991. Online verfügbar unter http://www.berliner-verkehrsseiten.de/Download/Tarife/Tarifwesen/Tarifwesen_1949-1992-Ost/tarifwesen_1949-1992-ost.html (zuletzt abgerufen am 06.11.2020).

Locke, Stefan (05.08.2017): Vom Ende der Sprachlosigkeit. In: FAZ vom 05.08.2017. Online verfügbar unter https://zeitung.faz.net//faz/politik/2017-08-05/vom-ende-der-sprachlosigkeit/39495.html (zuletzt abgerufen am 12.12.2020).

Locke, Stefan (20.05.2018): Wie die Stasi anfing, mit Antiquitäten zu handeln. In: FAZ vom 20.05.2018. Online verfügbar unter https://www.faz.net/aktuell/feuilleton/buecher/rezensionen/sachbuch/neues-buch-ueber-ddr-millionaer-siegfried-kath-15597140.html (zuletzt abgerufen am 28.10.2020).

Mai, Karl (Arbeitsgruppe Alternative Wirtschaftspolitik der Uni Bremen) (2006): Für eine objektive Aufarbeitung der DDR-Geschichte: War die DDR bankrott und total marode? – Fiktion und Wirklichkeit 1989. Online verfügbar unter http://www.memo.uni-bremen.de/docs/m2 70 6b.pdf (zuletzt abgerufen am 29.11.2020).

Malycha, Andreas (31.10.2011): Auf dem Weg in den Zusammenbruch (1982 bis 1990). In: Bundeszentrale für politische Bildung. Online verfügbar unter https:// www. bpb.de/izpb/48560/auf-dem-weg-in-den-zusammenbruch-1982-bis-1990 (zuletzt abgerufen am 06.11.2020).

Marein, Josef-Müller (21.06.1961): Abstimmung mit den Füßen. In: Die Zeit Nr. 30/1961 vom 21.06.1961. Online verfügbar unter https://www. zeit.de/1961/30/abstimmung-mit-den-fuessen/komplettansicht (zuletzt abgerufen am 04.12.2020).

Martenstein, Harald (07.03.2020): Martenstein zu einer „überspitzten" Äußerung. Das Erschießen liegt wohl in der DNA der Linksradikalen. In: Der Tagesspiegel vom 07.03.2020. Online verfügbar unter https://www.tagesspiegel.de/politik/martenstein-zu-einer-ueberspitzten-aeusserung-das-erschiessen-liegt-wohl-in-der-dna-der-linksradikalen/25620736. html (zuletzt abgerufen am 28.11.2020).

MDR.de (Hrsg.) (25.03.2016): [Doku] Der Katastrophenwinter in der DDR 1978–79. Online verfügbar unter https:// www.youtube.com/watch?v=qG dKKjhSJjg (zuletzt abgerufen am 12.12.2020).

MDR.de (Hrsg.) (07.08.2018): Wie pleite war die DDR?. Online verfügbar unter https://www.mdr.de/zeitreise/war-die-ddr-pleite100.html (zuletzt abgerufen am 29.11.2020).

MDR.de (Hrsg.) (10.08.2020): Sowjetische Speziallager in der DDR. Online verfügbar unter https://www. mdr.de/ zeitreise/sowjetische-speziallager-104.html (zuletzt abgerufen am 17.10.2020).

MDR.de (Hrsg.) (o. J.a): Wohlhabend in der DDR. Online verfügbar unter https://www.mdr.de/zeitreise/stoebern/damals/ddr-millionaere100.html (zuletzt abgerufen am 14.11.2020).

MDR.de (Hrsg.) (o. J.b): Zeitreise: Ist Leipzig noch zu retten? Reportage von 1989. Online verfügbar unter https://www.mdr.de/zeitreise/stoebern/damals/video174 138.html (zuletzt abgerufen am 14.11.2020).

MDR Dok (Film von Dirk Schneider) (02.01.2020): Der Katastrophenwinter 1978/79 in Oberhof – Party, Stasi, Stromausfall. Online verfügbar unter https://www. mdr.de/ meine-heimat/video-260586_zc-9ff90cf5_zs-3e45afd1. html (zuletzt abgerufen am 12.12.2020).

Mein schöner Land TV (Hrsg.) (o. J.): Günter Pfitzmann – Mein Berlin. Album: Kein schöner Land, 1997. Online verfügbar unter https://www.youtube.com/watch?v=gu0ZDH TOY1M (zuletzt abgerufen am 04.12.2020).

Meisner, Joachim Kardinal (23.10.2009): Die Wüstenjahre der Kirche. In: Welt.de vom 23.10.2009. Online verfügbar unter https://www.welt.de/welt_print/debatte/article49 43940/Die-Wuestenjahre-der-Kirche.html (zuletzt abgerufen am 28.11.2020).

Meisner, Judith (04.10.2015): Bewegendes Einheitsfest in Staaken. In: Märkische Allgemeine vom 04.10.2015. Online verfügbar unter https://www.maz-online.de/Lokales/Havelland/Bewegendes-Fest-zum-Tag-der-deutschen-Einheit-in-Staaken (zuletzt abgerufen am 24.11. 2020).

Meyer, René (23.10.2019): Computer in der DDR. Online verfügbar unter https://www.heise.de/ct/artikel/Computer-in-der-DDR-4559007. html?utm_source=pocket-newtab (zuletzt abgerufen am 28.10.2020).

Müller, Uwe (29.04.2009): Die Linke – Wir sind Rechtsnachfolgerin der SED. In: Welt.de vom 29.04.2009. Online verfügbar unter https://www.welt.de/politik/article3649188/Die-Linke-Wir-sind-Rechtsnachfolgerin-der-SED.html (zuletzt abgerufen am 28.11.2020).

Musall, Bettina (20.02.2017): Gehälter. Wer in Ostdeutschland lebt, verdient bis zu 10.000 Euro pro Jahr weniger. In: Spiegel.de vom 20.02.2017. Online verfügbar unter https://www.spiegel.de/karriere/loehne-und-gehaelter-in-ostdeutschland-sind-deutlich-niedriger-a-11351 28.html (zuletzt abgerufen am 04.01.2021).

Naimark, Norman M. (1997): The Russians in Germany: A History of the Soviet Zone of Occupation, 1945–1949, Cambridge: Belknap Press of Harvard University Press, Reprint 1997.

Nawrocki, Joachim (04.01.1974): Die Abschaffung des Mittelstandes. In: Die Zeit Nr. 2/1974. Online verfügbar unter https://www.zeit.de/1974/02/die-abschaffung-des-mittelstandes/komplettansicht (zuletzt abgerufen am 28.10.2020).

Ondreka, Lukas (26.08.2015): Joachim Gauck, die Ossis und Dunkeldeutschland. In: Süddeutsche Zeitung vom 26.08. 2015. Online verfügbar unter https://www.sueddeutsche.de/politik/bundespraesident-joachim-gauck-die-ossis-und-dunkeldeutschland-1.2622780 (zuletzt abgerufen am 05.10.2020).

Otto, Stefanie (03.01.2020): 50 Jahre Plattenbausystem WBS 70. Damals war die Platte ein Geschenk. In: Rbb24.de. Online abrufbar unter https://www.rbb24.de/panorama/beitrag/2020/01/wohnen-im-ddr-plattenbautyp-wbs-70-berlin-brandenburg.html (zuletzt abgerufen am 17.11.2020).

o. V. (10.03.1959): Chruschtschow beim Präsidenten. In: Neues Deutschland vom 10.03.1959, S. 1.

o. V. (1985): „Da kriegst du alles, was es nicht gibt". In: Der Spiegel, Nr. 41/1985, S. 131–140. Online verfügbar unter https://magazin.spiegel.de/EpubDelivery/spiegel/pdf/13514070 (zuletzt abgerufen am 28.10.2020).

o. V. (1990): Ausländer in der DDR 1989 nach Nationalitäten. In: Wirtschaft und Statistik, 1990, H. 8, S. 544. Online verfügbar unter https://www.bpb.de/gesellschaft/migration/dossier-migration-ALT/56368/migrationspolitik-in-der-ddr?type=galerie&show=image&i=56375 (zuletzt abgerufen am 28,10.2020).

o. V. (10.06.1991): Alle Dämme sind gebrochen. In: Der Spiegel 24/1991, S. 100–102. Online verfügbar unter https://www.spiegel.de/spiegel/print/d-13488290.html (zuletzt abgerufen am 11.12.2020).

o. V. (28.12.2000): „Zerv" wird aufgelöst: Ermittlungen für die Einheit. In: Tagesspiegel.de vom 28.12.2000. Online verfügbar unter https://www.tagesspiegel.de/berlin/zerv-wird-aufgeloest-ermittlungen-fuer-die-einheit/189858.html (zuletzt abgerufen am 11.12.2020).

o. V. (16.06.2005): Merkel kündigt nach Wahlsieg Politikwechsel an. In: Welt.de vom 16.06.2005. Online verfügbar unter https://www.welt.de/politik/article676835/Merkel-kuendigt-nach-Wahlsieg-Politikwechsel-an.html (zuletzt abgerufen am 31.01.2021).

o. V. (01.04.2014): Gauck warnt vor der direkten Demokratie. In: Tagesanzeiger.ch vom 01.04.2014. Online verfügbar unter https://www.tagesanzeiger.ch/schweiz/Gauck-warnt-vor-der-direkten-Demokratie/story/25651167 (zuletzt abgerufen am 24.02.2021).

o. V. (04./05.09.2018): Prignitz-Express: Bauarbeiten dauern bis 2019. In: MAZ, Printausgabe, vom 04./05.09.2018, S. 19.

o. V. (15.11.2020): USA gewährten Nazis Unterschlupf. In: Zeit-Online.de vom 15.11.2020. Online verfügbar unter https://www.zeit.de/wissen/geschichte/2010-11/nazis-USA-unterschlupf (zuletzt abgerufen am 08.10.2020).

o. V. (o. J.): Keine Verabschiedung von einer internationalistischen, solidarischen linken Perspektive in der Migrations- und Asylpolitik – eine Antwort auf das „Thesenpapier zu einer human und sozial regulierenden Einwanderungspolitik". In: NachDenkSeiten – Die kritische Website. Online verfügbar unter https://www.nachdenkseiten.de/upload/ pdf/180514_Keine-Verabschiedung-von-einer-internationalistischen-solidarischen-

linken-Perspektive-in-der-Migrations-und-Asylpolitik%
20.pdf (zuletzt abgerufen am 15.03.2021).

Passow, Silvia (11.01.2020): Sacrower Heilandskirche. Wie in
Paaren-Glien die Apostel gerettet wurden. In: Märkische
Onlinezeitung (MOZ.de) vom 11.01.2020. Online verfügbar unter https://www.moz.de/lokales/falkensee/sac
rower-heilandskirche-wie-in-paaren-glien-die-apostel-
gerettet-wurden-49249192.html (zuletzt abgerufen am
25.11.2020).

Petersen, Thomas (Institut für Demoskopie Allensbach)
(16.06.2021): Die Mehrheit fühlt sich gegängelt. Nur noch
weniger als die Hälfte glaubt, man könne seine Meinung
in Deutschland frei äußern. FAZ Nr. 136 vom 16. Juni
2021, S. 8.

PHOENIX (04.06.2014): „Evangelischer Kirchentag. Angela Merkel fordert öffentlich neue Weltordnung." In: Phoenix
vor Ort vom 04.06.2011. Online noch verfügbar unter
http://bewusstsein-online.de/index.php?mact=News
,cntnt01,detail,0&cntnt01articleid=100&cntnt01re-
turnid=15 (zuletzt abgerufen am 05.10.2020).

Pollack, Detlef (2007): Von der Mehrheits- zur Minderheitskirche. Das Schicksal der evangelischen Kirchen. In:
Schultz, Helga/Wagener, Hans-Jürgen (Hrsg.): Die DDR
im Rückblick. Politik, Wirtschaft, Gesellschaft, Kultur.
Berlin: Ch. Links Verlag, 2007, S. 49–78.

Präsidium des Verbandes Bildender Künstler (20.10.1989). Erklä-
rung. In: Sächsische Zeitung, Nr. 247, 20.10.1989, 44.
Jahrgang, Organ der Bezirksleitung Dresden der SED,
Herausgeber: Bezirksleitung Dresden der SED. Online

verfügbar unter https://www.ddr89.de/texte/erklaerung 14. html (zuletzt abgerufen am 24.11.2020).

Presse- und Informationsamt der Bundesregierung (2020a): 13. Februar 1990 – Auf dem Weg zur Deutschen Einheit DDR-Regierung zu Gast in Bonn. Online verfügbar unter https://www.bundesregierung.de/breg-de/ aktuelles/ddr-regierung-zu-gast-in-bonn-353986 (zuletzt abgerufen am 29.11.2020).

Presse- und Informationsamt der Bundesregierung (2020b): Rentenangleichung Ost-West: Soziale Einheit bis 2025 vollendet. Online verfügbar unter https://www.bundesregierung.de/breg-de/aktuelles/soziale-einheit-bis-2025-vollendet-336842 (zuletzt abgerufen am 23.12.2020).

Pyanoe, Steffi (21.07.2019): Vor dem Verfall gerettet Die Heilandskirche in Sacrow wird 175 Jahre. In: Potsdamer Neueste Nachrichten vom 21.07.2019. Online verfügbar unter https://www.pnn.de/potsdam/vor-dem-verfall-gerettet-die-heilandskirche-in-sacrow-wird-175-jahre/24677738.html (zuletzt abgerufen am 25.11.2020).

Rahmann, Tim (26.09.2011): Wie die Treuhand bei der DDR-Abwicklung versagte. In: Wirtschaftswoche vom 26.09.2011. Online verfügbar unter https://www.wiwo.de/politik/deutschland/rueckblick-wie-die-treuhand-bei-der-ddr-abwicklung-versagte/5220338-all.html (zuletzt abgerufen am 11.12.2020).

Rasch, Michael (08.11.2018): „Das Herz des deutschen Journalisten schlägt links." In: Neue Zürcher Zeitung vom 08.11.2018. Online abrufbar unter https://www. nzz.ch/international/das-herz-des-deutschen-journalisten-schlaegt-links-ld.1434890 (zuletzt abgerufen am 05.10. 2018).

Rathmer, Matthias (2015): Dr. Alexander Schalck-Golodkowski: Pragmatiker zwischen den Fronten. Eine politische Biographie. Erstausgabe: Münster 1995. Copyright: Matthias Rathmer. Berlin: epubli, 2015, E-Book

Reblin, Gunnar (29.08.2020): In Neuruppin entsteht auf Poliklinik-Gelände für 70 Millionen Euro neues Wohngebiet. In: MOZ.de vom 20.08.2020. Online verfügbar unter https://www.moz.de/lokales/neuruppin/immobilien-in-neuruppin-entsteht-auf-poliklinik-gelaende-fuer-70-millionen-euro-neues-wohngebiet-50967619. html (zuletzt abgerufen am 30.03.2021).

Riedel, Kai (Hrsg.) (2000–2004a): Die Verfassung der Deutschen Demokratischen Republik [vom 7. Oktober 1949]. In: dokumentArchiv.de. Online verfügbar unter http:// www. documentarchiv.de/ddr/verfddr1949. html#b4 (zuletzt abgerufen am 25.11.2020).

Riedel, Kai (Hrsg.) (2000–2004b): Verfassung der Deutschen Demokratischen Republik vom 6. April 1968 (in der Fassung vom 7. Oktober 1974). In: dokumentArchiv.de. Online verfügbar unter http://www.documentarchiv.de/ddr/verfddr.html (zuletzt abgerufen am 25.11.2020).

Riegel, Tobias (24.08.2018): Alternative Medien wehrt euch: Der geplante „Medienstaatsvertrag" bedroht die Meinungsfreiheit!. In: NachDenkSeiten – Die kritische Website. Online verfügbar unter https://www.nachdenkseiten. de/?p=45659 (zuletzt abgerufen am 09.12.2020).

Riegel, Tobias (15.11.2018): Internet-Zensur: Die Panik der Meinungsmacher. In: NachDenkSeiten – Die kritische Website. Online verfügbar unter https://www.nachdenkseiten.de/?p=47228, hier ab Minute 01:55.

Rietdorf, Werner (1996): Probleme der Transformation städtischen Lebens und Wohnens in kleinen und mittleren Städten der neuen Bundesländer. In: Häußermann, Hartmut/Neef, Rainer (Hrsg.) (1996); Stadtentwicklung in Ostdeutschland. Soziale und räumliche Tendenzen. Opladen: Westdeutscher Verlag 1996, S. 305–324, jetzt als E-Book erschienen in Wiesbaden: Springer Fachmedien Wiesbaden GmbH, o. J.

Ritschl, Albrecht/Vonyó, Tamás (2014): The roots of economic failure: what explains East Germany's falling behind between 1945 and 1950?. In: European Review of Economic History, Volume 18, Issue 2, May 2014, S. 166–184, hier: 169. Online verfügbar unter https://academic.oup.com/ereh/article-abstract/18/2/166/405398?redirectedFrom=fulltext (zuletzt abgerufen am 11.10.2020).

Rittberger-Klaas, Karoline (2006): Kirchenpartnerschaften im geteilten Deutschland. Am Beispiel der Landeskirchen Württemberg und Thüringen. Göttingen: Vandenhoeck & Ruprecht, 2006.

Rockstuhl, Harald (Hrsg.) (2015): Zivilgesetzbuch der DDR 1975–1990: Zivilgesetzbuch (ZGB) der Deutschen Demokratischen Republik vom 19. Juni 1975 bis zum 31. August 1990 (GBl. I, Nr. 27). 2. Reprintauflage 2015 (1. digitale Auflage: Zeilenwert 2015), Bad Langensalza: Verlag Rockstuhl, 2015.

Roesler, Jörg (20.04.2006): Es gab nur 800 halbe Millionäre. Einkommen und Vermögen in Ostdeutschland vor und nach 1990. In: Neues-Deutschland.de vom 20.04.2006. Online verfügbar unter https://www.neues-deutschland.de/artikel/89068.es-gab-nur-halbe-millionaere.html (zuletzt abgerufen am 06.11.2020).

Rothe, Michael (07.07.2017): Ist der Rentenzug für die DDR-Reichsbahner abgefahren?. Über 100 000 Beschäftigte kämpfen um ihre Zusatzversorgung. Ihnen läuft die Zeit davon. In: Sächsische.de vom 07.07.2017. Online verfügbar unter https://www.saechsische.de/ist-der-rentenzug-fuer-die-ddr-reichsbahner-abgefahren-3721812.html (zuletzt abgerufen am 04.01.2021).

Rudnicka, J. (30.06.2020): Entwicklung der Gesamtbevölkerung Deutschlands von 1871 bis 2019. In: Statista GmbH. Online verfügbar unter https://de.statista.com/statistik/daten/studie/1358/umfrage/entwicklung-der-gesamt-bevoelkerung-deutschlands/ (zuletzt abgerufen am 08.10.2020).

Rühle, Jürgen/Holzweißig, Gunter (1988): Monatsmeldungen des Bundesministeriums für Vertriebene, Flüchtlinge und Kriegsgeschädigte. Der 13. August. Die Mauer von Berlin, 3., erw. Aufl., Köln: Verlag Wissenschaft und Politik, 1988, S. 154. Tabelle online verfügbar unter https://www.chronik-der-mauer.de/material/178761/fluchtbewegung-aus-der-ddr-und-dem-ostsektor-von-berlin-1949-1961 (zuletzt abgerufen am 04.12.2020).

Rundfunk Berlin-Brandenburg/Studio Cottbus (Hrsg.) (16.10.2019): In Berlin und Brandenburg fehlen Hunderte Medikamente. Online verfügbar unter https://www.rbb

24.de/studiocottbus/wirtschaft/2019/10/arzneimittel-engpaesse-lieferung-apotheken.html (zuletzt abgerufen am 04.11.2020).

Rundfunk Berlin-Brandenburg (Hrsg.) (o. J.): 22. Januar 1985: Versöhnungskirche gesprengt. In: Die Berliner Mauer – Geschichte in Bildern. Online verfügbar unter https://www.berlin-mauer.de/videos/sprengung-der-versoeh-nungskirche-695/ (zuletzt abgerufen am 04.12.2020).

Satjukow, Silke; Gries, Rainer (22.03.2015): Schweigen und schmerzhafte Fragen. In: Die Zeit vom 22.03.2015. Online verfügbar unter https://www.zeit.de/zeit-geschichte/2015/01/vergewaltigung-soldaten-besatzungszone-hilfe (zuletzt abgerufen am 22.03.2015).

Schäuble, Wolfgang (Hrsg.) (21.08.2020): „Die Pandemie ist eine große Sache". Interview mit Dr. Wolfgang Schäuble. Online verfügbar unter https://www.wolfgang-schaeu-ble.de/die-pandemie-ist-eine-grosse-chance/ (zuletzt abgerufen am 09.04.2021).

Schauer, E. (18.12.1991): Die Garage steht auf Pachtland. In: Märkische Allgemeine Zeitung vom 18.12.1991, S. 24.

Schicketanz, Sabine/van Berber, Werner (25.09.2012): Eine Stadt und ihre Gönner. Potsdamer Missfallen. In: Der Tagesspiegel vom 25.09.2012. Online verfügbar unter https://www.tagesspiegel.de/berlin/eine-stadt-und-ihre-goen-ner-ohne-jede-logik/7174408-3.html (abgerufen am 25.11.2020).

Schimank, Wolfgang (2019a): Der Weg bis zur Unterzeichnung des Vertrages von St. Germain. In: The European vom 12.08.2019. Online abrufbar unter https://www.the

european.de/wolfgang-schimank/der-vertrag-von-saint-germain-en-laye/ (zuletzt abgerufen am 19.09. 2020).

Schimank, Wolfgang (2019b): Die Auswirkungen des Versailler Vertrages bis in die Gegenwart. In: The European vom 22.06.2019. Online abrufbar unter https://www.theeuropean.de/wolfgang-schimank/100-jahre-versailler-vertrag/ (zuletzt abgerufen am 19.09.2020).

Schmolling, Reinhard (29.01.2018): Kika-Doku „Malvina, Diaa und die Liebe". „Toleranz gegenüber dem Gastland – Fehlanzeige". In: Der Tagesspiegel vom 29.01.2018. Online verfügbar unter https://www.tagesspiegel.de/gesellschaft/medien/kika-doku-malvina-diaa-und-die-liebe-toleranz-gegenueber-dem-gastland-fehlanzeige/20899512.html (zuletzt abgerufen am 24.11.2020).

Schöne, Gerhard et al. (18.09.1989): Resolution. Aus: Gesammelte Flugschriften DDR '89, Heft 1, November 1989, Redaktion und inhaltliche Gestaltung: herausgeberkollektif (Ostberlin), Technische Gestaltung, Produktion und Vertrieb: ASTA TU Berlin. Online verfügbar unter https://www.ddr89.de/texte/erklaerung2.html (zuletzt abgerufen am 24.11.2020).

Schreiben des Abwicklers der Deutschen Reichsbank im Bundesministerium für Wirtschaft, Dr. Heinze, vom 14. Februar 1963, Geschäfts-Nr. ZA2-101033, S. 2, Abschnitt II. Online verfügbar unter https://peter-koppen.de/Reichsbankgold/3_Reichsbankgold_Inhaltsverzeichnis/Reichsbankgold_3_inhalt_dokumente/3_S_354.htm (zuletzt abgerufen am 08.10.2020).

Schröder, Richard (2018): Die Erfindung der Ostdeutschen. FAZ vom 03.10.2018. Online verfügbar unter https://www.faz.net/aktuell/politik/inland/pegida-und-chemnitz-was-ist-mit-dem-osten-los-158148 90.html (zuletzt abgerufen am 30.09.2020).

Schürer, Gerhard/Beil, Gerhard/Schalck, Alexander/Höfer, Ernst/Donda, Arno (30.10.1989): Analyse der ökonomischen Lage der DDR mit Schlussfolgerungen, Vorlage für das Politbüro des Zentralkomitees der SED. Online verfügbar unter https://www.chronik-der-mauer.de/material/178898/sed-politbuerovorlage-analyse-der-oekonomischen-lage-der-ddr-mit-schlussfolgerungen-30-oktober-1989 (zuletzt abgerufen am 06.11.2020).

Sinn, Gerlinde und Hans-Werner (1993): Kaltstart. Volkswirtschaftliche Aspekte der deutschen Vereinigung. 3., überarbeitete Auflage (¹1991). München: Dt. Taschenbuch-Verlag (u. a.), 1993.

Sinn, Hans-Werner (20.07.2015): Punktsieg für François Hollande. In: WirtschaftsWoche vom 20.07.2015. Online verfügbar unter https://www.wiwo.de/politik/europa/griechenland-einigung-punktsieg-fuer-francois-hollande-/12063790.html (zuletzt abgerufen am 04.12.2020).

Sontheimer, Michael (22.02.2018): Erst vergewaltigt, dann vergessen. In: Spiegel Geschichte vom 22.02.2018. Online verfügbar unter https://www.spiegel.de/spiegelgeschichte/deutschland-nach-dem-zweiten-weltkrieg-das-leid-vergewaltigter-frauen-a-1190761.html (zuletzt abgerufen am 17.10.2020).

Stange, Jennifer (27.09.2019): Universitätskirche Leipzig. Abgekanzelt. In: Deutschlandfunk vom 25.09.2019. Online verfügbar unter https://www.deutschlandfunk.de/uni versitaetskirche-leipzig-abgekanzelt.886.de.html?dram: article_id=459724 (zuletzt abgerufen am 25.11.2020).

Statista GmbH (2020a): Marktanteile am Export von konventionellen Waffen nach Nationen im Zeitraum von 2015 bis 2019 (kumulierter Wert). Online verfügbar unter https://de.statista.com/statistik/daten/studie/151 877/umfrage/weltweite-marktanteile-am-export-von-konventionellen-waffen-nach-nationen/ (zuletzt abgerufen am 09.12.2020).

Statista GmbH (2020b): Wert der Kriegswaffenausfuhren aus Deutschland von 2003 bis 2019. Online verfügbar unter https://de.statista.com/statistik/daten/studie/36539/ umfrage/ausfuhr-von-kriegswaffen-aus-deutschland-seit-1997/ (zuletzt abgerufen am 09.12.2020).

Statista Research Department (01.06.1990): Wohnbevölkerung in der Deutschen Demokratischen Republik (DDR) von 1949 bis 1989. In: Statista GmbH. Online verfügbar unter https://de.statista.com/statistik/daten/studie/249 217/umfrage/bevoelkerung-der-ddr/ (zuletzt abgerufen am 08.10.2020).

Statista Research Department (01.06.1990): Durchschnittliches monatliches Bruttoarbeitseinkommen der vollzeitbeschäftigten Arbeitnehmer in der Deutschen Demokratischen Republik (DDR) von 1949 bis 1989. Online verfügbar unter https://de.statista.com/statistik/daten/stu die/249254/umfrage/durchschnittseinkommen-in-der-ddr/ (zuletzt abgerufen am 06.11.2020).

Steinmeier, Frank-Walter (08.05.2020): 75. Jahrestag des Endes des Zweiten Weltkrieges. Online verfügbar unter https://www.bundespraesident.de/SharedDocs/Reden/DE/Frank-Walter-Steinmeier/Reden/2020/05/200508-75-Jahre-Ende-WKII.html (zuletzt abgerufen am 06.11.2020).

Stelter, Daniel (2016): Eiszeit in der Weltwirtschaft. Frankfurt a. M./New York, 2016.

Steyer, Claus-Dieter (16.11.2005): Landrat wird Schlossherr auf Ribbeck. In: Der Tagesspiegel vom 16.11.2005. Online verfügbar unter https://www.tagesspiegel.de/themen/brandenburg/landrat-wird-schlossherr-auf-ribbeck/659 818.html (zuletzt abgerufen am 25.11.2020).

Tagesanzeiger.ch (Hrsg.) (01.04.2014): Gauck warnt vor der direkten Demokratie. Online abrufbar unter https://www.tagesanzeiger.ch/schweiz/Gauck-warnt-vor-der-direkten-Demokratie/story/25651167 (zuletzt abgerufen am 09.12.2020).

Tagesschau.de (Hrsg.) (25.08.2007): „Die Verkündung des Urteils war irrwitzig". Online verfügbar unter https://www.tagesschau.de/ausland/meldung131382.html (zuletzt abgerufen am 17.10.2020).

Tagesschau.de (Hrsg.) (20.02.2018): „Yascha Mounk, Politikwissenschaftler Harvard University, sorgt sich um den Fortbestand der Demokratie". Online verfügbar unter https://www.tagesschau.de/multimedia/video/video-378713.html (zuletzt abgerufen am 05.10.2020).

Tagesschau.de (Hrsg.) (24.01.2020): Was tun gegen Medikamenten-Engpass?. Online verfügbar unter https://www.tagesschau.de/ausland/medikamente-engpaesse-101.html (zuletzt abgerufen am 04.11.2020).

Tagesschau.de (Hrsg.) (13.02.2020): Wichtige Medikamente sollen verfügbar sein. Online verfügbar unter https://www.tagesschau.de/ausland/medikamente-engpaesse-103.html (zuletzt abgerufen am 04.11.2020).

Techniker Krankenkasse, Unternehmenszentrale (Hrsg.) (2018): Gesundheitsreport Fit oder fertig? Erwerbsbiografien in Deutschland. Vorwort. Online verfügbar unter https://www.tk.de/resource/blob/2035612/168c6d8c6e4a6a 2919450f0281a03474/gesundheitsreport-2018-data.pdf (zuletzt abgerufen am 23.12.2020).

Tele Potsdam, Lizenz Ventana Film- und Fernsehproduktion mbH (1999): Schlussverkauf DDR – Die Geschichte der Treuhandanstalt, Teil 2 (1999). Online verfügbar unter https://www.youtube.com/watch?v=AnshosR0Nc0 (zuletzt abgerufen am 11.12.2020.

Universität Leipzig, Institut für Kommunikations- und Medienwissenschaft, Bluhm, Michael/Jacobs, Olaf (2016): Wer beherrscht den Osten? Ostdeutsche Eliten ein Vierteljahrhundert nach der deutschen Wiedervereinigung. Online verfügbar unter https://www.mdr.de/heute-im-osten/wer-beherrscht-den-osten-studie-100.html (zuletzt abgerufen am 04.01.2021).

Vereinte Nationen – Generalversammlung (30.07.2018): Zwischenstaatliche Konferenz zur Annahme des Globalen Paktes für eine sichere, geordnete und reguläre Migration. Marrakesch (Marokko), 10. und 11. Dezember 2018. Punkt 10 der vorläufigen Tagesordnung. Ergebnis der Konferenz: Entwurf des Ergebnisdokuments der Konferenz. A/CONF.231/3. Online verfügbar unter http://

www.un.org/depts/german/migration/A.CONF.
231.3.pdf (zuletzt abgerufen am 09.12.2020).

Verfassungen.de (o. J.): Verordnung über die volkseigenen Kombinate, Kombinatsbetriebe und volkseigenen Betriebe vom 8. November 1979. Online verfügbar unter http://www.verfassungen.de/ddr/kombinatsverordnung79.htm (zuletzt abgerufen am 28.10.2020).

Volkmann, Hans-Erich (1995): „Ende des Dritten Reiches – Ende des Zweiten Weltkrieges. Eine perspektivische Rückschau", herausgegeben im Auftrag des Militärgeschichtlichen Forschungsamtes, München: Piper, 1995.

Volk und Wissen, Volkseigener Verlag Berlin (Hrsg.) (1970): Fröhlich singen, vorwärts schauen, 9. und 10. Klasse, Volk und Wissen, Volkseigener Verlag Berlin, 1970.

Vormbaum, Thomas/Welp, Jürgen (Hrsg.) (2006): Das Strafgesetzbuch. Sammlung der Änderungsgesetze und Neubekanntmachungen; Supplementband 2: Das Strafgesetzbuch der DDR. Berlin: BWV, Berliner Wissenschafts-Verlag, 2006, S. 154.

Wagner, Marco (30.05.2013): Albrecht Schönherr half Christen in der DDR. Daheim im Sozialismus? In: chrismon – das evangelische Magazin vom 30.05.2013. Online verfügbar unter https://chrismon.evangelisch.de/artikel/2013/daheim-im-sozialismus-18973 (zuletzt abgerufen am 28.11.2020).

Wallasch, Alexander (09.01.2018): Verstörend lehrreich: KiKA und „Malvina, Diaa und die Liebe". In: Tichyseinblick.de vom 09.01.2018. Online abrufbar unter https://www.tichyseinblick.de/kolumnen/alexander-wallasch-heute/verstoerend-lehrreich-kika-und-malvina-diaa-und-die-liebe/ (zuletzt abgerufen am 24.11.2020).

Wanderwitz, Marco (Beauftragter der Bundesregierung für die neuen Bundesländer) (2020): Gleichwertige Lebensverhältnisse in Ost und West schaffen. Online verfügbar unter https://www.beauftragter-neue-laen-der. de/BNL/Navigation/DE/Themen/Gleichwertige_Lebensverhaeltnisse_schaffen/Unternehmensstandort/Wirtschaftliche_Entwicklung/wirtschaftliche_entwicklung.html? view=renderPrint (zuletzt abgerufen am 11.12.2020).

Weckbrodt, Peter (04.06.2017): Ein Dresdner kämpft für die Betriebsrente ehemaliger DDR-Eisenbahner. In: Dresdner Neue Nachrichten (DNN) vom 04.06.2017. Online verfügbar unter https://www.dnn.de/Dresden/Lokales/Ein-Dresdner-kaempft-fuer-die-Betriebsrente-ehemaliger-DDR-Eisenbahner (zuletzt abgerufen am 04.08. 1977).

Weigelt, Andreas; Müller, Klaus-Dieter; Schaarschmidt, Thomas; Schmeitzer, Mike (2015): Todesurteile sowjetischer Militärtribunale gegen Deutsche (1944–1947), Schriften des Hannah-Arendt-Instituts für Totalitarismusforschung, Band 56, Göttingen: Vandenhoeck & Ruprecht, 2015.

Welt.de (Hrsg.) (29.09.2015): So schnell entvölkert Ostdeutschland. Online verfügbar unter https://www. welt.de/wirtschaft/article146994158/So-schnell-entvoelkert-Ostdeutschland.html (zuletzt abgerufen am 11.12.2020).

Wenzel, Siegfried (2006): Was war die DDR wert? Und wo ist dieser Wert geblieben?, 7. Auflage, Berlin: Das Neue Berlin, 2006

Wenzke, Rüdiger/Diedrich, Torsten (2003): Die getarnte Armee: Geschichte der Kasernierten Volkspolizei der DDR 1952–1956, 2. Auflage, Berlin: Ch. Links, 2003.

Westfälische Wilhelms-Universität Münster (14.10.2010): Schnelle Privatisierung vor strafrechtlicher Aufklärung. Pressemitteilung zu Untersuchungen der Treuhandpolitik. Online verfügbar unter https://www.uni-muenster.de/news/view.php?cmdid=5722 (zuletzt abgerufen am 11.12.2020).

Weyrosta, Jonas (30.05.2019): Oskar Brüsewitz: Wofür ist er gestorben?. In: ZEIT ONLINE vom 30.05.2019. Online verfügbar unter https://www.zeit.de/2019/23/oskar-bruesewitz-pfarrer-ddr-selbstverbrennung-protest-verzweiflung (zuletzt abgerufen am 28.11.2020).

Wikimedia Foundation Inc. (Hrsg.) (16.12.2020): Willi Schwabes Rumpelkammer. Online verfügbar unter https://de.wikipedia.org/wiki/Willi_Schwabes_Rumpelkammer (zuletzt abgerufen am 23.12.2020).

Wikimedia Foundation Inc. (Hrsg.) (o. J.): Liste von Sakralbauten in Berlin. Online verfügbar unter https://www.wikiwand.com/de/Liste_von_Sakralbauten_in_Berlin (zuletzt abgerufen am 24.11.2020).

Windisch, Elke (21.06.2013): Merkel fordert Beutekunst von Moskau zurück. In: Der Tagesspiegel vom 21.06.2013. Online verfügbar unter https://www.tagesspiegel.de/politik/eroeffnung-von-ausstellung-in-st-petersburg-merkel-fordert-beutekunst-von-moskau-zurueck/8388712.html (zuletzt abgerufen am 08.10.2020).

Würz, Markus (19.02.2016): Internierungs- und Speziallager. In: Lebendiges Museum Online, Stiftung Haus der Geschichte der Bundesrepublik Deutschland. Online verfügbar unter https://www.hdg.de/lemo/kapitel/nachkriegsjahre/entnazifizierung-und-antifaschismus/internierungs-und-speziallager.html (zuletzt abgerufen am 17.10.2020).

YouTube.com (26.05.2016): Unsere Heimat. Album: Hymnes et marches de la République Démocratique Allemande. Lizenziert an YouTube durch [Merlin] IDOL Distribution (im Auftrag von MLP) und 1 musikalische Verwertungsgesellschaften. Online verfügbar unter https://www.youtube.com/watch?v=sWPl94rpKrI (zuletzt abgerufen am 11.01.2021).

Zajonc, Jörg (31.10.2018): Der RTL-WEST-Kommentar zum UN-Migrationspakt. Online verfügbar unter https:// www. rtl-west.de/themen/kommentar/beitrag/artikel/kommentar-19 (zuletzt abgerufen am 28.10.2020).

ZDF (09.11.1998): „ZDF heute" vom 9. November 1989. (Schabowskis Auftritt ab Minute 14:33). Online verfügbar unter https://www.youtube.com/watch?v=r1iyd12YY_c (zuletzt abgerufen am 04.12.2020).

ZDF.de (04.11.2019): Preis der Freiheit – die Dokumentation. Online verfügbar unter https://www.zdf.de/filme/preis-der-freiheit/preis-der-freiheit-die-dokumentation-100.html (zuletzt abgerufen am 06.11.2020).

ZDF.de/Frontal 21 (22.05.2018): Ost- und Westdeutschland. Wo es noch immer Unterschiede gibt. Online verfügbar unter https://www.zdf.de/politik/frontal-21/ost-und-westdeutschland-100.html (zuletzt abgerufen am 04.01. 2021).

Personenverzeichnis

MdV – Mitglied der letzten Volkskammer der DDR

MdB – Mitglied des Deutschen Bundestages

Anhang

Anhang 1: DISEGNO DI LEGGE COSTITUZIONALE N. 592 d'iniziativa del senatore COSSIGA COMUNICATO ALLA PRESIDENZA L'8 GIUGNO 2006: Riconoscimento del diritto di autodeterminazione al Land Südtyrol – Provincia Autonoma di Bolzano

– – –- XV LEGISLATURA – – –-

DISEGNO DI LEGGE COSTITUZIONALE N. 592
d'iniziativa del senatore COSSIGA
COMUNICATO ALLA PRESIDENZA L'8 GIUGNO 2006

– – –-

Riconoscimento del diritto di autodeterminazione al *Land Südtyrol* – Provincia Autonoma di Bolzano

– – – –

Onorevoli Senatori. – Dopo aver preso atto del grande favore che il mio disegno di legge costituzionale sul riconoscimento ai cittadini del Tirolo del Sud del diritto di autodeterminazione ha avuto tra i sudtirolesi e gli austriaci, nonché del risultato del sondaggio che indica nel 54 per cento gli abitanti del Tirolo del Sud favorevoli alla secessione dall'Italia, al fine di permettere un ampio dibattito tra i cittadini del Tirolo del Sud di nazionalità germanica, italiana e ladina, ripresento il disegno di legge costituzionale, che dopo le proteste della Südtyroler Volkspartei (SVP), avevo ritirato (atto Senato n. 487).

La storia del Tirolo del Sud e della sua annessione all'Italia dopo la seconda Guerra mondiale è una storia piuttosto complessa. Il Tirolo del Sud, insieme al Tirolo dell'Est, al Tirolo del Nord e al Tirolo italiano, detto altrimenti *Welsch Tyrol*, o Tirolo guelfo o trentino, costituiva la Contea del Tirolo, cattolica e bilingue, da secoli e secoli, come il Trentino, legata ai Re di Boemia ed Arciduchi d'Austria (il Trentino non fu mai sottoposto alla sovranità di alcun Stato o principe italiano). La Contea del Tirolo godette sempre di uno *status* speciale: si pensi che le truppe tirolesi non potevano essere impiegate fuori del territorio tirolese senza l'autorizzazione della Dieta Tirolese. Il Tirolo aveva sue truppe speciali: i *Kaiserjäger* (i cui reparti trentini furono i primi a scontrarsi il 24 maggio 1915 con le Guardie di finanza italiane che occuparono Cortina d'Ampezzo). Un reparto dei *Kaiserjäger* catturò poi Cesare Battisti. Le truppe territoriali degli *Schützen*, sono sopravissute alla sconfitta dell'Impero austriaco, e sono rimaste come unità militari-culturali, non solo nel Tirolo del Sud, ma perfino nel Trentino, nel quale esse hanno oggi un assistente religioso nella persona del vicario della Diocesi di Trento, nominato dal Vescovo Principe di quella città, assistente che ha pubblicato un bel libro sulle migliaia di trentini che militarono e caddero valorosamente al servizio dell'Imperatore nelle file dell'esercito austro-ungarico. Mai, durante il Risorgimento, da Cavour a Cesare Balbo, da Mazzini a Cattaneo a Garibaldi, nessuno pensò che della futura Italia Unita dovesse fare parte il Tirolo, escluso il Trentino, che anche se di cultura italianissima acquistò solo con Cesare Battisti e con il socialismo trentino una coscienza «irredentista». L'annessione del Tirolo del Sud da parte del Regno d'Italia non era prevista neanche nei protocolli riservati del Trattato di Londra, con il quale l'Italia passò dalla parte dell'Intesa con la Francia ed il Regno Unito, abbandonando la storica Triplice Alleanza con l'Austria-Ungheria e con il *Reich* Germanico. Al tavolo della pace gli Stati Uniti e la Francia, favorevoli alla costituzione del Regno dei Serbi, Croati e Sloveni, si opposero a che fosse annessa all'Italia la Dalmazia e la italianissima Città di Fiume. In cambio, il Governo italiano, su pressioni dei comandanti militari ossessionati dall'idea di «portare il confine alle Alpi», ottenne l'annessione del Tirolo del Sud, nel disegno francese dello smembramento dell'Austria/Ungheria che avrebbe poi portato alla nascita del III *Reich* sotto la guida del nazismo. Il Governo italiano e soprattutto il regime fascista pensarono subito alla degermanizzazione del Tirolo del Sud, contro gli ideali dell'idea mazziniana e neoguelfa cattolica che aveva ispirato il Risorgimento, prima con la colonizzazione italiana e poi, d'accordo con Adolf Hitler e con il regime nazista, con l'espulsione dei cittadini di nazionalità germanica. L'Italia vinta, dopo aver perduto l'Istria, Fiume e Zara e quasi Trieste e Gorizia, non poteva allora rinunciare al Tirolo del Sud, ribattezzato da un modesto e falsificatore geografo fascista: Alto Adige! Si addivenne allora al compromesso tra Italia ed Austria, siglato a Parigi dall'italiano Alcide De Gasperi e dall'austriaco Gruber, che avevano entrambi studiato all'università di Vienna ed entrambi parlavano il tedesco, compromesso mai realmente e pienamente attuato fino ai governi Moro ed Andreotti. La rettifica dei confini è stata sempre considerata cosa pericolosa per gli equilibri internazionali: ma l'Italia e l'Austria, così come anche la Repubblica federale tedesca che con l'Austria costituiranno sempre di più la «Grande Nazione Germanica» di Heine, di Schiller, di Grillparzer e di Goethe, fanno parte ormai dell'Unione europea e dell'Eurozona. Nessun pericolo agli equilibri europei vi sarebbe quindi se in un libero plebiscito il Tirolo del Sud decidesse di rientrare a far parte, attraverso l'annessione alla Repubblica austriaca o alla Repubblica federale di Germania, della Grande Nazione Germanica, gloriosa erede del Sacro Romano Impero, senza la nascita del quale non sarebbe pensabile l'Europa e che deve costituire il cuore dell'Unione europea insieme alla Francia.

Il diritto di autodeterminazione dei popoli consacrato nelle dichiarazioni delle Nazioni Unite ed in quelle del Consiglio d'Europa, e che è stato di fondamento alla costituzione sulle ceneri della Jugoslavia degli Stati indipendenti di Slovenia, di Croazia, di Bosnia Erzegovina, della Macedonia, e da oggi del Montenegro, e domani anche giustamente del Kossovo, non può essere negato al popolo del Tirolo del Sud. Se esso, in una visione non «nazionale» del proprio avvenire, sceglierà di continuare a far parte della Repubblica italiana, la questione sudtirolese o altoatesina sarà definitivamente chiusa, senza possibilità di altre rivendicazioni economiche o istituzionali.

DISEGNO DI LEGGE COSTITUZIONALE

Art. 1.

1. Al popolo del *Land Südtyrol*-Provincia Autonoma di Bolzano è riconosciuto il diritto di autodeterminazione.

Art. 2.

1. Le norme per lo svolgimento del *referendum* per l'autodeterminazione sono approvate con legge del *Landtag Südtyrol-*

Consiglio della Provincia Autonoma di Bolzano non sottoposta a nessun controllo da parte dello Stato, neanche in sede di Corte costituzionale.

Art. 3.

1. Al *referendum* per l'autodeterminazione hanno il diritto di partecipare i cittadini elettori del *Landtag Südtyrol*-Consiglio della provincia autonoma di Bolzano, i cittadini di lingua tedesca e ladina nati nel *Land Südtyrol*-Provincia Autonoma di Bolzano o figli di cittadini elettori del *Landtag Südtyrol*-Consiglio della Provincia Autonoma di Bolzano, ancorchè non elettori per esso.

Art. 4.

1. I quesiti posti nelle votazioni del *referendum* per l'autodeterminazione sono:

a) «Volete che il *Land Südtyrol*-Provincia Autonoma di Bolzano continui a far parte della Repubblica Italiana?»;

b) «Volete che il *Land Südtyrol*-Provincia Autonoma di Bolzano si costituisca in Stato indipendente, libero e sovrano?»;

c) «Volete che il *Land Südtyrol*-Provincia Autonoma di Bolzano chieda l'annessione da parte della Repubblica d'Austria?»;

d) «Volete che il *Land Südtyrol*-Provincia Autonoma di Bolzano chieda l'annessione da parte della Repubblica federale di Germania?».

2. È approvato il quesito che ottenga la maggioranza dei voti validamente espressi. Qualora nessuno dei quesiti ottenga la maggioranza sopra indicata, si procede dopo quindici giorni ad una nuova votazione tra i due quesiti che abbiano ottenuto il maggiore numero di voti. È approvato il quesito che ottenga in detta votazione la maggioranza dei voti validamente espressi.

Art. 5.

1. Qualora il popolo del *Land Südtyrol*-Provincia Autonoma di Bolzano deliberi di continuare a far parte della Repubblica italiana, nulla sarà innovato nel suo *status* e nei suoi rapporti con lo Stato e con la Provincia Autonoma di Trento.

2. Qualora il popolo del *Land Südtyrol*-Provincia Autonoma di Bolzano deliberi di costituirsi in Stato indipendente, libero e sovrano o di chiedere l'annessione da parte della Repubblica d'Austria o da parte della Repubblica federale di Germania, tutti i poteri legislativi ed amministrativi attribuiti oltre che al *Land Südtyrol*-Provincia Autonoma di Bolzano anche alla Regione Trentino-Alto Adige e allo Stato, saranno esercitati, prima che altrimenti sia disposto dal *Landrat*-Consiglio Provinciale, rispettivamente dallo stesso *Landrat*-Consiglio provinciale e dal *Landesregierung*-Giunta   Provinciale.

3. Qualora il popolo del *Land Südtyrol*-Provincia Autonoma di Bolzano deliberi di costituirsi in Stato indipendente, libero e sovrano o di chiedere l'annessione da parte della Repubblica d'Austria o da parte della Repubblica federale di Germania, fino a che il *Landrat*-Consiglio Provinciale non disponga diversamente con sua legge, le funzioni giurisdizionali continueranno ad essere esercitate dai giudici e pubblici ministeri costituiti dalle leggi italiane, essendo devolute le competenze della Corte di Cassazione dello Stato italiano alla Corte d'appello di Trento e quelle del Consiglio superiore della magistratura dello Stato italiano ad apposita commissione istituita nel suo ambito con propria legge dal *Landrat*-Consiglio   Provinciale.

4. Qualora il popolo del *Land Südtyrol*-Provincia Autonoma di Bolzano deliberi di costituirsi in Stato indipendente, libero e sovrano o di chiedere l'annessione da parte della Repubblica d'Austria o da parte della Repubblica federale di Germania, le unità

delle Forze armate della Repubblica italiana e del Corpo della Guardia di finanza lasceranno entro quarantotto ore il territorio del *Land Südtyrol*-Provincia Autonoma di Bolzano. Le unità, i comandi e gli uffici dell'Arma dei Carabinieri e della Polizia di Stato continueranno a svolgere i loro compiti e ad esercitare le loro funzioni di polizia amministrativa, di polizia di sicurezza e di polizia giudiziaria, alle dipendenze funzionali del *Landesregierung*-Giunta Provinciale e dell'autorità giudiziaria competente.

Anhang 2: Nichtamtliche deutsche Übersetzung des Gesetzentwurfs

-----XV. Legislaturperiode-----

Verfassungs-Gesetzentwurf Nr. 592,

auf Initiative des Senators Cossiga

dem Präsidium am 8. Juni 2006 mitgeteilt

Anerkennung des Selbstbestimmungsrechtes für das Land Südtirol – Autonome Provinz Bozen

-----

Sehr geehrte Senatoren.

nachdem ich zur Kenntnis genommen habe, auf welch große Gunst (Zustimmung) mein Verfassungsgesetzentwurf zur Anerkennung des Selbstbestimmungsrechtes für die Bürger Südtirols bei den Südtirolern und Österreichern gestoßen ist, sowie das Ergebnis der Umfrage, wonach 54 Prozent der Südtiroler eine Loslösung (Sezession) von Italien befürworten, und um eine breite Debatte unter den Bürgern Südtirols deutscher, italienischer und ladinischer Nationalität zu erlauben, lege ich den Verfassungsgesetzentwurf erneut vor, nachdem ich ihn aufgrund des Protestes der Südtiroler Volkspartei (SVP) zurückgezogen hatte (Akt des Senates Nr. 487).

Die Geschichte Südtirols und seiner Annexion an Italien nach dem Zweiten Weltkrieg ist eine ziemlich komplexe Angelegenheit. Südtirol, zusammen mit Osttirol, Nordtirol und dem italienischen Tirol, auch „Welschtirol", „Tirolo guelfo" oder „Trentino" genannt, bildeten die Grafschaft Tirol, seit mehreren Jahrhunderten katholisch und zweisprachig, wie das Trentino (selbst), mit den Königen von Böhmen und den Erzherzögen von Österreich verbunden (Trentino unterlag nie der Souveränität eines italienischen Staates oder Fürsten.). Die Grafschaft Tirol genoss stets einen Sonderstatus: Man bedenke, dass Tiroler Truppen nicht außerhalb des Tiroler Gebietes ohne die Zustimmung des Tiroler Landtages eingesetzt werden konnten. Tirol verfügte über Sondereinheiten: die Kaiserjäger (deren Trentiner Einheiten am 24. Mai 1915 als Erste in Gefechten mit den italienischen Finanzgardisten, die Cortina d'Ampezzo besetzten, verwickelt wurden. Eine Einheit der Kaiserjäger nahm später Cesare Battisti gefangen. Die Landwehr der Schützen hat die Niederlage des Österreichischen Kaiserreichs überlebt und ist als militärisch-kulturelle Einrichtung erhalten geblieben, nicht nur in Südtirol, sondern selbst im Trentino, wo sie heute über einen religiösen Assistenten (Kaplan) verfügt: Dieser ist der Vikar der Diözese Trient, vom Fürstbischof jener Stadt ernannt, der ein schönes Buch über die Tausende von Trentinern, die ihren Wehrdienst absolvierten und ruhmreich ihr Leben lassen mussten im Dienste des Kaisers und als Einheit des k. und k. Österreichischen Heeres, veröffentlicht hat.

Während des Risorgimento kam niemals der Gedanke auf, Tirol würde Bestandteil eines zukünftigen vereinten Italiens werden, mit der Ausnahme des Trentino, das, obwohl sehr stark von der italienischen Kultur geprägt, erst mit Cesare Battisti und mit dem Trentiner Sozialismus sich eine „irredentistische" Gesinnung aneignete.

Die Annexion Südtirols durch das Königreich Italien war auch nicht in den vertraulichen Protokollen des Londoner Vertrags vorgesehen, das Dokument, das den Übertritt Italiens zur Entente, mit Frankreich und mit dem Vereinigten Königreich verbunden, besiegelte und damit den Ausstieg aus dem historischen Dreierbündnis mit Österreich-Ungarn und mit dem Deutschen Kaiserreich.

Am Friedenstisch setzten sich die Vereinigten Staaten und Frankreich, die die Bildung des Königreichs der Serben, Kroaten und Slowenen favorisierten, gegen einen Anschluss an Italien von Dalmatien und der „erzitalienischen" Stadt Fiume ein. Im Gegenzug – dem Druck des Militärs, das von der Vorstellung besessen war, „die Staatsgrenze bis zu den Alpen zu bringen", folgend – setzte die italienische Regierung den Anschluss Südtirols durch. Dieses Zugeständnis (an Italien) entsprach den französischen Plänen zu einer Aufteilung Österreich-Ungarns, die später zur Entstehung des Dritten Reichs unter der Führerschaft des Nationalsozialismus führen würde. Die italienische Regierung, insbesondere der Faschismus, planten gleich die Entgermanisierung Südtirols und entfernten sich damit von den Idealen Mazzinis und der neuguelfischen Katholischen Kirche, die dem Risorgimento Pate gestanden hatten. Zuerst kam die italienische Kolonisierung und später, im Einvernehmen mit Adolf Hitler, die Ausweisung der Bürger deutscher Volkszugehörigkeit. Das besiegte Italien, das bereits Istrien, Fiume, Zara und beinahe Triest und Görz verloren hatte, konnte auf Südtirol nicht verzichten: Dieses wurde von einem geistig bescheidenen und verlogenen faschistischen Geografen „Alto Adige" genannt. Es kam in der Folge zum Kompromiss zwischen Italien und Österreich, der in Paris vom Italiener Alcide De Gasperi und vom Österreicher Gruber unterzeichnet wurde. Beide Akteure hatten an der Wiener Universität studiert und sprachen Deutsch. Dieser Kompromiss wurde nie richtig und vollständig durchgeführt, bis zu den Regierungen unter Moro und Andreotti. Eine Berichtigung der Grenzziehung ist stets als Gefahr für das internationale Gleichgewicht betrachtet worden: aber Italien und Österreich wie auch die Bundesrepublik Deutschland, die immer stärker die Nähe Österreichs zur Bildung der „Großen Deutschen Nation" Heines, Schillers, Grillparzers und Goethes suchen wird, sind heutzutage Mitglieder der Europäischen Union und Eurozone. Es würde sich folglich keine Gefährdung des bestehenden Gleichgewichts ergeben, wenn Südtirol in einer freien Volksabstimmung beschließen würde, durch den Anschluss an die Österreichische Republik oder an die Bundesrepublik Deutschland erneut der „Großen Deutschen Nation" beizutreten, der glorreichen Erbin des Heiligen Römischen Reichs Deutscher Nation Karls des Großen. Ohne die Geburt einer solchen Einrichtung, die dazu bestimmt ist, zusammen mit Frankreich die Rolle des Herzens der EU zu übernehmen, wäre Europa undenkbar.

Das Selbstbestimmungsrecht der Völker, das in den Erklärungen der Vereinten Nationen und des Europarates für unantastbar erklärt wurde, das die Grundlage der Auferstehung aus der Asche Jugoslawiens der unabhängigen Staaten Slowenien, Kroatien, Bosnien-Herzegowina, Makedonien und neulich auch Montenegro und in Zukunft auch korrekterweise Kosovo gewesen ist, kann dem Südtiroler Volk nicht vorenthalten werden. Wenn dieses, in einer „nicht nationalen" Vision seiner Zukunft, beschließen wird, nach wie vor Teil der Italienischen Republik zu bleiben, dann wird die Diskussion um Südtirol oder Alto

Adige endgültig beigelegt sein; weitere Forderungen wirtschaftlicher oder institutioneller Natur sind nicht möglich.

VERFASSUNGS-GESETZENTWURF

Art. 1

1. Dem Volk des Landes Südtirol-Autonome Provinz Bozen wird das Recht zur Selbstbestimmung zuerkannt.

Art. 2

1. Die Normen für die Durchführung der Volksabstimmung zur Selbstbestimmung werden durch ein Gesetz des Südtiroler Landtags – Rat der Autonomen Provinz Bozen geregelt und unterliegen keiner staatlichen Kontrolle, auch nicht jener des Verfassungsgerichtshofes.

Art. 3

1. Teilnahmeberechtigt an der Volksabstimmung zur Selbstbestimmung sind alle Wahlbürger für den Südtiroler Landtag – Rat der Autonomen Provinz Bozen, die Bürger deutscher und ladinischer Sprache, die im Land Südtirol – Autonome Provinz Bozen geboren wurden oder Kinder von Eltern sind, die zur Wahl des Südtiroler Landtags – Rat der Autonomen Provinz Bozen berechtigt sind, auch wenn sie selbst keine Wahlbürger sind.

Art. 4

1. Die bei der Volksabstimmung zur Selbstbestimmung gestellten Fragen werden lauten:

a) „Wollen Sie, dass das Land Südtirol – Autonome Provinz Bozen Bestandteil der Italienischen Republik bleibt?"

b) „Wollen Sie, dass das Land Südtirol – Autonome Provinz Bozen ein unabhängiger, freier und souveräner Staat wird?"

c) „Wollen Sie, dass das Land Südtirol-Autonome Provinz Bozen den Anschluss an die Republik Österreich verlangt?"

d) „Wollen Sie, dass das Land Südtirol-Autonome Provinz Bozen den Anschluss an die Bundesrepublik Deutschland verlangt?"

2. Es wird jene Auswahl obsiegen, die die Hälfte plus eins der Wählerstimmen erhalten wird. Sollte keine der Auswahlmöglichkeiten die oben genannte Mehrheit erlangen, dann wird nach 15 Tagen eine Stichwahl durchgeführt zwischen jenen beiden, die die meisten Stimmen erhalten haben. Als Wille des Volkes wird jene Auswahl betrachtet, die in der genannten Abstimmung die meisten Stimmen erhält.

Art. 5

1. Sollte das Volk des Landes Südtirol – Autonome Provinz Bozen beschließen, weiterhin Bestandteil der Italienischen Republik zu bleiben, dann wird nichts an seinem Status verändert

werden, und seine Beziehungen zum Staat und zur Autonomen Provinz Trient werden ebenfalls unverändert bleiben.

2. Sollte das Volk des Landes Südtirol – Autonome Provinz Bozen sich für die Bildung eines unabhängigen, freien und souveränen Staates aussprechen oder den Anschluss an die Republik Österreich oder an die Bundesrepublik Deutschland begehren, dann werden alle legislativen und administrativen Befugnisse, die in den Zuständigkeitsbereich des Landes Südtirol – Autonome Provinz Bozen, der Region Trentino – Alto Adige und des Staates liegen, bis zu einem diesbezüglichen Beschluss des Landrats-Provinzrats, vom Landrat-Provinzrat selbst respektive von der Landesregierung – Giunta Provinciale ausgeübt.

3. Sollte das Volk des Landes Südtirol – Autonome Provinz Bozen sich für die Bildung eines unabhängigen, freien und souveränen Staates aussprechen oder den Anschluss an die Republik Österreich oder an die Bundesrepublik Deutschland begehren, wird, bis der Landrat – Consiglio Provinciale einen anderweitigen Gesetzbeschluss gefasst hat, die Gerichtsbarkeit von den Richtern und Staatsanwälten, die von den italienischen Gesetzen eingesetzt worden sind, ausgeübt, weil die Zuständigkeiten des Bundesverfassungsgerichtes des italienischen Staates an das Oberlandesgericht Trient und diejenigen des Consiglio Superiore Della Magistratura des italienischen Staates an eine innerhalb dieses Rates mit eigenem Gesetz vom Landrat – Consiglio Provinciale zu diesem Zweck eingerichtete Kommission übertragen werden.

4. Sollte das Volk des Landes Südtirol – Autonome Provinz Bozen sich für die Bildung eines unabhängigen, freien und souveränen Staates aussprechen oder den Anschluss an die Republik Österreich oder an die Bundesrepublik Deutschland begehren, dann werden die Einheiten der italienischen Streitkräfte und

der Finanzgarde innerhalb von 48 Stunden das Gebiet des Landes Südtirol – Autonome Provinz Bozen verlassen. Die Einheiten, die Reviere und die Amtsstellen der „Arma dei Carabinieri" und der Staatspolizei werden weiterhin ihren Aufgaben nachgehen und ihre Funktionen als administrative Polizei, Sicherheitspolizei und Gerichtspolizei erfüllen. Dies wird geschehen unter der Aufsicht der Landesregierung – Giunta Provinciale und der zuständigen Gerichtsbarkeit.

Anhang 3: Tabelle: Der Weg von der Demokratie zur Diktatur[244]

Tabelle 30: *Der Weg von der Demokratie zur Diktatur*

	Matktwirtschaft Demokratie	Geschwächte Demokratie
Gesellschaft & Demokratie	Freiheit & direkte Demokratie als Grundsatz	Freiheit leicht eingeschränkt, viele Vorschriften und Gesetze (Bürokratie)
Medien & Plattformen	Freie, unabhängige Medien, Wettbewerb der Medien & Kanäle	Staatliche gesetzliche Medienabgabe für MSM
Dialogkultur & Meinungsfreiheit	Freie Meinungsäßerung, konsensorientierter Dialog	Cancel Culture, sanfte Zensur, Zerfall Diskussionskultur
Eigentum	Eigentum gefördert & gewährleistet	Enge Regeln für die Nutzung & hohe Steuern
Geldpolitik & Banken	Freie Geldwirtschaft, Zinsen, Wettbewerb der Banken	Tiefe oder negative Zinsen; Last für Staat tragbar machen
Wirtschaft & Unternehmer	Freier Markt, wenig Regulierungen & Vorschriften	Stark regulierter Markt, Verbote & Förderungen, Kartelle möglich
Wissenschaft	Analytisch, frei, innovationsorientiert & unabhängig	Muss gewisse nicht wissenschaftliche Ziele berücksichtigen

---

[244] Der Schweizer Unternehmensberater Matthias Gartenmann entwickelte diese Tabelle, die ich leicht modifiziert habe. Erläutert wird sie im Inter-netportal „Politik Spezial – Stimme der Vernunft" (Hrsg.) (23.03.2021) in der Sendung „Vorletzte Stufe ins Verderben ist geschafft – KLARTEXT". Online verfügbar unter https://www.youtube.com/watch?v=Y0BfewZ5Q5k (zuletzt abgerufen am 09.04.2021), ab Minute 1:00.

Sozialismus light	Sozialismus	Diktatur rot, grün oder schwarz
Freiheit stark eingeschränkt	Hausarrest & Ausgangsverbote	Freiheit als Ausnahme
Staatlich (via GEZ) finanzierte Medien	Staatsmedien mit klaren Vorgaben (Framing)	Verbot der freien Medien
Zensur (Wahrheitsministerium, Plattformrichtlinien; Beispiel: Vorgaben des Gender Mainstreaming)	Kritiker einsperren oder mundtot machen, Einheitsmeinung	Kritik verboten, Wahrheitsministerium entscheidet
Teilweise Enteignung, hohe Steuer auf Einkommen & Besitz	Enteignung entschädigt & auch hoch besteuert	Enteignung ohne Entschädigung
Staatsfinanzierung durch Zentralbank	Abschaffung Bargeld, Liquidation Geschäftsbanken	Digitales zugeteiltes Zentralbankgeld
Staat rettet Unternehmen, too big to fail	Zentrale Planung, New Green Deal	Plan- und Staatswirtschaft
Enge Bindung mit Politik & Staatsmacht, Beamte setzen Ziele	Wissenschaft Diener der Politik, Vorgaben bez. Aussagen	Pseudowissenschaft